Mikroökonomie

Von
Prof. Dr. Jörg Beutel

R. Oldenbourg Verlag München Wien

Bibliografische Information Der Deutschen Bibliothek

Die Deutsche Bibliothek verzeichnet diese Publikation in der Deutschen Nationalbibliografie; detaillierte bibliografische Daten sind im Internet über <http://dnb.ddb.de> abrufbar.

© 2006 Oldenbourg Wissenschaftsverlag GmbH
Rosenheimer Straße 145, D-81671 München
Telefon: (089) 45051-0
oldenbourg.de

Gedruckt auf säure- und chlorfreiem Papier
Gesamtherstellung: Grafik + Druck, München

ISBN   3-486-58116-3
ISBN 978-3-486-58116-4

Für Jan und Julia

Inhaltsverzeichnis

Vorwort

Der Stapel guter Lehrbücher der mikroökonomischen Theorie misst in meinem Arbeitszimmer mehr als einen Meter. Warum also noch ein neues Lehrbuch zur Mikroökonomie schreiben? Auf der Basis des gemeinsam mit meinen Lehrer Edwin von Böventer und anderen Kollegen verfassten Lehrbuchs zur Mikroökonomie[1] ist an der Hochschule Konstanz ein Skriptum zur Mikroökonomie entstanden, das sich im Unterricht in besonderer Weise bewährt hat. Welches sind aber die Besonderheiten dieses neuen Lehrbuches zur Mikroökonomie im Vergleich zu anderen? Die Stichworte sind: Berücksichtigung der geschichtlichen Entwicklung der Volkswirtschaftslehre, Integration von rechenbaren Beispielen, Entwicklung von Flussdiagrammen für Lösungswege, Excel-Programme für Übungsbeispiele, Berücksichtigung von Boxen mit zusätzlichen Informationen, Unterscheidung von Totalanalyse und Marginalanalyse, Integration des Wirtschaftskreislaufs, Berücksichtigung aller Märkte und Berechnung eines gesamtwirtschaftlichen Gleichgewichts.

Ein Exkurs über bedeutende Ökonomen erläutert die Entwicklung der Wirtschaftswissenschaften. Dieser Exkurs zeigt, wann die mikroökonomische Theorie entstanden ist, welche Bedeutung und Aufgabe sie heute hat und welchen Weg sie voraussichtlich noch gehen wird.

Praxisbezogene Fallbeispiele und zahlreiche rechenbare Beispiele verdeutlichen den Kern der mikroökonomischen Theorie und erleichtern den Zugang zum Verständnis. Die sorgfältige graphische Aufarbeitung der Abbildungen und Tabellen hilft, den richtigen Weg zu finden. Alle Abbildungen und Tabellen wurden mit Excel-Programmen erzeugt. Rechenbare Beispiele und maßstabsgerechte Zeichnungen verdeutlichen die Vorgehensweise.

Entscheidungen der Haushalte und Unternehmen stehen im Mittelpunkt der mikroökonomischen Analyse. Besonderer Wert wird auf eine umfassende Analyse von Angebot und Nachfrage von Haushalten und Unternehmen auf allen Märkten gelegt: dem Gütermarkt, dem Arbeitsmarkt und dem Kapitalmarkt. Rechenbare Beispiele sind in den Text integriert. So steht in der Regel neben dem allgemeinen Ansatz rechts daneben ein Fallbeispiel. Damit kann der Lösungsweg für das allgemeine Beispiel und für das gewählte Zahlenbeispiel gleichzeitig verfolgt werden.

Verschiedene Kreislaufdiagramme erfassen die Schnittstelle zwischen mikroökonomischer und makroökonomischer Analyse der Wirtschaft. Sie zeigen, wo und auf welche Weise die Märkte in das System der Gesamtwirtschaft eingebettet sind. Es ist nicht einfach zu verste-

---

[1] Böventer, Edwin von; Illing, Gerhard; Bauer, Antonie; Berger, Helge; Beutel, Jörg; John, Heimo Jürgen; Koll, Robert: Einführung in die Mikroökonomie, 9. Auflage, R. Oldenbourg Verlag, München/Wien 1997.

hen, welche Bedingungen erfüllt sein müssen, damit eine Volkswirtschaft ein gesamtwirtschaftliches Gleichgewicht erreicht. Ein Fallbeispiel demonstriert für eine einfache Modellwirtschaft, unter welchen Voraussetzungen ein gesamtwirtschaftliches Gleichgewicht erreicht wird. Damit ist die Grundlage für das Verständnis gelegt, wie der Selbststeuerungsmechanismus einer Marktwirtschaft funktioniert. Warum wird ein neues Gleichgewicht erreicht und nicht ein Chaos? Welche Auswirkungen haben Veränderungen der Parameter auf Angebot und Nachfrage der Haushalte und Unternehmen? Welchen Einfluss hat eine Änderung der relativen Preise auf die Allokation? Das Fallbeispiel erlaubt den Studentinnen und Studenten, die Auswirkungen auf die Allokation der Ressourcen (Arbeit, Kapital) und die Allokation von Gütern- und Dienstleistungen zu analysieren.

Bei den Abbildungen wird eine sorgfältige Unterscheidung zwischen Totalanalyse und Marginalanalyse getroffen. In den meisten Lehrbüchern liegt das Schwergewicht auf der Marginalanalyse, denn sie ist ausschlaggebend für die Optimalbedingungen. Die Marginalanalyse verstellt oft den Blick auf die Originalgrößen und damit die tatsächlichen Entscheidungen der Wirtschaftssubjekte. Für alle Optimierungsprobleme wird deshalb eine Darstellungsweise gewählt, die sicherstellt, dass Totalanalyse und Marginalanalyse in integrierten Abbildungen dargestellt werden.

Mein besonderer Dank gilt den Studenten des Studiengangs Betriebswirtschaftslehre der Hochschule Konstanz. Ihr kritisches Urteilsvermögen und Hinterfragen der neoklassischen Theorie waren eine große Hilfe. Sie haben mich angespornt und im Verlauf der Jahre für zahlreiche kontinuierliche Verbesserungen gesorgt. Meinem früh verstorbenen Lehrer Edwin von Böventer (1931–1994) danke ich für seine Unterstützung und Verbundenheit. Mein Kollege Heinz Mürdter von der Hochschule Konstanz hat mich über weite Strecken auf meinem Berufsweg begleitet. Wann immer ich ihn bat, ein kniffliges mathematisches Problem für mich zu lösen, war es im Nu geschehen. Mein Kollege Josef Wieland von der Hochschule Konstanz ist ein profunder Kenner der ethischen Dimension wirtschaftlichen Handelns. Er ist mir ein wertvoller Gesprächspartner bei der Einschätzung der historischen Entwicklung unserer Disziplin. Heinz D. Kurz von der Universität Graz hat mich mit seinen herausragenden Kenntnissen der ökonomischen Theorie, der Geschichte des ökonomischen Denkens und der Produktionstheorie unterstützt. Er hat mir die Augen geöffnet, die Bedeutung der Klassiker zu erkennen.

Meiner Frau Agnes Biró danke ich für die sorgfältige Durchsicht des Manuskripts und ihre Nachsicht. Die Sprache der Ökonomen ist nicht die Sprache der Dichter.

Cheflektor Martin M. Weigert vom R. Oldenbourg Verlag danke ich für seine spontane Bereitschaft, das Buch in das Verlagsprogramm aufzunehmen. Bereits im Jahr 1980 hat er als junger Lektor des Verlags die 1. Auflage des Lehrbuchs Edwin von Böventer u.a.: „Einführung in die Mikroökonomie" betreut. In diesen 25 Jahren hat er ein bemerkenswertes Verlagsprogramm für Lehr- und Handbücher der Wirtschafts- und Sozialwissenschaften des R. Oldenbourg Verlags aufgebaut, das für die Hochschulen und Universitäten eine Bereicherung ist.

Für Anregungen und Verbesserungsvorschläge bin ich unter beutel@htwg-konstanz.de dankbar.

Das Buch widme ich meinen Kindern Jan und Julia.

Konstanz   *Jörg Beutel*

1   Einführung

Alle ökonomischen Probleme entstehen aus der Tatsache, dass die Ressourcen im Vergleich zu den Bedürfnissen der Menschen knapp sind. Die meisten Bedürfnisse versuchen Menschen durch Konsum von Gütern und Dienstleistungen zu befriedigen, die sie für ihre Aktivitäten benötigen. Diese Güter und Dienstleistungen müssen aber erst durch den Einsatz von Produktionsfaktoren produziert werden.

Die wichtigsten Produktionsfaktoren sind Arbeit, Kapital (Gebäude, Maschinen, Transportmittel) und natürliche Ressourcen (Boden, Bodenschätze, Luft, Wasser, Tiere, Pflanzen). Sie werden als primäre Produktionsfaktoren für jede Wirtschaftsaktivität benötigt. Güter und Dienstleistungen werden aber auch in Form von Vorleistungen oder Zwischenprodukte als sekundäre Produktionsfaktoren für die Herstellung von Gütern und Dienstleistungen verwendet.

Jede Volkswirtschaft steht daher vor der Aufgabe, sich unter vielen Alternativen für einen bestimmten Einsatz dieser Ressourcen zu entscheiden. Zur Lösung dieses Problems sind folgende Fragen zu beantworten:

1. Welche Güter und Dienstleistungen sollen produziert und in welchen Mengen sollen sie hergestellt werden?

2. Mit welchen Produktionsfaktoren sollen diese Güter und Dienstleistungen hergestellt und welche Produktionsverfahren sollen angewendet werden?

3. Auf welche Weise und in welchen Mengen sollen die Güter und Dienstleistungen an die Mitglieder der Volkswirtschaft verteilt werden?

4. An welchem Standort soll produziert werden?

Im Prinzip geht es in den Wirtschaftswissenschaften darum, eine Antwort auf die zentrale Frage zu finden: Wer soll was, wann, wo, wie, womit und für wen produzieren?

Im Mittelpunkt der mikroökonomischen Theorie stehen einzelwirtschaftliche Entscheidungen von Haushalten und Unternehmen über die Nutzung von Produktionsfaktoren und die Produktion und die Verwendung von Gütern und Dienstleistungen. Anbieter und Nachfrager stehen sich auf Faktormärkten (Arbeit, Kapital, natürliche Ressourcen) und Gütermärkten (Güter, Dienstleistungen) gegenüber, sie tauschen Güter gegen Geld und einigen sich über Preise. Wovon hängt aber die Höhe des Marktpreises ab? Wie hoch muss der Preis mindestens sein, damit Unternehmen freiwillig bereit sind, Güter zu produzieren? Wie hoch muss der Preis sein, damit Haushalte in vielen Fällen auf den Kauf eines Gutes verzichten? Das sind einige der Fragen, die in diesem Buch behandelt werden.

In **Kapitel 1** (Einführung) werden die wichtigsten Fragestellungen und Methoden der Mikroökonomie diskutiert und die Entwicklung der Ökonomie als Wissenschaft aufgezeigt. Ein kurzer historischer Überblick über die zentralen Anliegen und Analysen bedeutender Ökonomen verdeutlicht den Stellenwert der Mikroökonomie. Verschiedene Kreislaufdiagramme zum Güter und Geldkreislauf einer Volkswirtschaft verdeutlichen das Grenzgebiet zwischen Mikroökonomie und Makroökonomie aber auch die Gemeinsamkeiten.

In **Kapitel 2** (Theorie der Haushalte) stehen die privaten Haushalte im Mittelpunkt der Analyse. Haushalte haben Bedürfnisse, die sie nach Möglichkeit befriedigen wollen. Bei vielen Konsumgütern gibt es eindeutige Sättigungsgrenzen, vor allen Dingen bei verderblichen Waren des täglichen Bedarfs. Bei zahlreichen langlebigen Konsumgütern dagegen sind viele Haushalte nahezu unersättlich, da das Einkommen zu gering ist und denkbare Sättigungsgrenzen noch weit entfernt sind. Welche Ziele verfolgen Haushalte und welche Nebenbedingungen haben sie bei der Realisierung von Konsumplänen zu beachten? Welche Größen bestimmen Angebot und Nachfrage der Haushalte auf den Gütermärkten und den Faktormärkten? Welchen Einfluss haben Preise, Einkommen und Präferenzen auf die Entscheidungen der Haushalte? Das Ziel dieses Kapitels ist es, die Bestimmungsgründe optimaler Konsumpläne zu benennen und zu zeigen, wie Haushalte auf Veränderungen der wichtigsten Parameter reagieren.

Kapitel 3 (Theorie der Unternehmung) behandelt ausführlich die Zusammenhänge zwischen Produktion, Faktoreinsatz und Kosten. In der Produktionstheorie werden ausführlich die Eigenschaften von Produktionsfunktionen diskutiert: Dazu zählen auch moderne Beispiele wie die Translog-Produktionsfunktion. Zur Bestimmung optimaler Pläne für Unternehmen ist eine eindeutige Zielsetzung wichtig. Welche Ziele verfolgen Unternehmen in einer Marktwirtschaft und welche Nebenbedingungen haben sie zu beachten? Auf welche Weise lassen sich für Unternehmen gewinnmaximale Produktionspläne ermitteln? Welche ökonomischen Größen bestimmen das Güterangebot und die Faktornachfrage der Unternehmen? Das sind die entscheidenden Fragen, die in diesem Kapitel behandelt werden. Es werden neoklassische Lösungen vorgestellt aber auch die Grundzüge der linearen Optimierung.

In **Kapitel 4** (Märke und Preisbildung) geht um die zentrale Frage, wie in einer Volkswirtschaft die Produktion von Gütern und Dienstleistungen und ihre Verteilung über Marktpreise gesteuert wird. Was ist ein Markt und welche Funktionen erfüllt er? Wie bilden sich durch Angebot und Nachfrage auf Märkten Preise? Wie funktioniert der dezentrale Selbststeuerungsmechanismus einer Marktwirtschaft? Welche Bedeutung haben in diesem Zusammenhang absolute und relative Preise? Welchen Einfluss haben unterschiedliche Marktformen auf Angebot und Nachfrage? Marktinterventionen des Staates werden ausführlich gewürdigt. Die Marktformen der vollkommenen Konkurrenz und des Monopols werden gegenübergestellt. Mit einem Fallbeispiel wird erläutert, welche Bedingungen erfüllt sein müssen, damit ein gesamtwirtschaftliches Gleichgewicht erreicht wird, das einem Pareto-Optium entspricht. Zum Abschluss werden die wichtigsten Unvollkommenheiten des Marktes erläutert. Fragen der Stabilität, Einfluss externer Effekte und Angebot und Nachfrage von öffentlichen Güter sind hier die Stichworte.

Aus Platzgründen werden andere Marktformen wie monopolistische Konkurrenz, Oligopole und Nachfragemonopol (Monopson) nicht behandelt. Das gilt auch für moderne Ansätze der Spieltheorie und der experimentellen Wirtschaftsforschung. Die klassischen Theorien der

Wirtschaftswissenschaften gehen davon aus, dass der Mensch rational und egoistisch ist und für sich nur das Beste will. In den Wirtschaftswissenschaften werden Ansätze, die auf dem Menschenbild des **homo oeconomicus** aufbauen, als Rational-Choice-Ansätze bezeichnet.

Mit Hilfe der **Spieltheorie** untersucht die experimentelle Wirtschaftsforschung die These, ob der Mensch in seinen Entscheidungen tatsächlich so egoistisch und rational ist, wie die klassische Theorie unterstellt. Die empirischen Befunde zeigen, dass das Konzept des homo oeconomicus in einigen Fällen zur Erklärung tatsächlichen menschlichen Verhaltens herangezogen werden kann, dass in zahlreichen anderen Fällen jedoch diese Verhaltenshypothese nicht bestätigt werden kann. Menschen haben ihren eigenen Egoismus. Sie schauen nicht nur darauf, was sie persönlich bekommen, sondern berücksichtigen auch, was andere bekommen und welchen Status sie haben. Diese neuen Ideen und empirischen Befunde führen dazu, dass sich die Wirtschaftswissenschaften langsam vom homo oeconomicus verabschiedet.

Sämtliche Abbildungen und Tabellen des Lehrbuchs wurden mit Excel-Programmen erzeugt, die für dieses Lehrbuch entwickelt wurden. Diese Vorgehensweise garantiert, dass alle Beispiele reproduzierbar und nachvollziehbar sind. Für E-Learning wurde zusätzlich ein umfangreiches Excel-Programm entwickelt, mit dem weitere Übungen und Simulationen einzelwirtschaftlicher Entscheidungen vorgenommen werden können. Dieses Programm kann über das Internet vom Server des Studiengangs Betriebswirtschaftslehre der Hochschule Konstanz kopiert werden.

1.1 Fragestellung und Methoden der Wirtschaftswissenschaften

Im Vergleich zu den klassischen Wissenschaften ist die Ökonomie eine relativ junge Wissenschaft, die sich erst mit der Industrialisierung entwickelt hat. Als Geburtsstunde der Wirtschaftswissenschaften wird vielfach das Jahr 1776 angesehen, in dem Adam Smith (1723–1790) sein Hauptwerk „Inquiry into the Nature and Causes of the Wealth of Nations" veröffentlichte. Eine wirklich dynamische Entwicklung als Wissenschaft nahm dagegen die Wirtschaftswissenschaft erst im 20. Jahrhundert.

Die Ökonomie ist wie jede Wissenschaft durch einen spezifischen Gegenstand und eine spezifische Methode gekennzeichnet. In der heutigen Zeit erfährt die Ökonomie sichtbare Anerkennung als Wissenschaft durch die jährliche Vergabe des Nobelpreises für Wirtschaftswissenschaften, der 1969 von der Schwedischen Nationalbank (Zentralbank) gestiftet wurde. Die ersten Nobel-Preisträger für Wirtschaftswissenschaften waren Ragnar Frisch (1895–1973) und Jan Tinbergen (1903–1994), die im Jahr 1969 gemeinsam den Preis für die Entwicklung und Anwendung dynamischer Modelle zur Analyse von Wirtschaftsprozessen erhielten. Bis in die heutige Zeit wird den Wirtschaftswissenschaften einerseits vorgeworfen, dass sie vielfach auf fragwürdige Weise Methoden angewendet, die eigentlich für die Fragestellungen der Physik entwickelt wurden. Die Differentialrechnung und Integralrechnung sind derartige Beispiele. Andererseits werden erst nach dem II. Weltkrieg zum ersten Mal in der Geschichte der Mathematik von Mathematikern für die speziellen Fragestellungen der

Wirtschaftswissenschaften neuartige Methoden entwickelt, die unter der Bezeichnung „Operations Research" breite Anwendung finden.

Gegenstand der Ökonomie sind die Herstellung, Verteilung und Verwendung von Waren und Dienstleistungen unter Berücksichtigung der Tatsache, dass die Produktionsfaktoren Arbeit, Kapital und Boden nur begrenzt zur Verfügung stehen. Diese primären Produktionsfaktoren dürfen in ihrer Definition nicht zu eng verstanden werden. So erfasst der Produktionsfaktor Arbeit das gesamte Humankapital (Human Capital). Es umfasst das Wissen, die Fähigkeiten und Fertigkeiten von Personen, das durch Ausbildung, Weiterbildung und Erfahrung erworben wird. Der Produktionsfaktor Kapital entspricht dem Sachkapital einer Volkswirtschaft in Form von Gebäuden, Maschinen und Transportmitteln (Man-made Capital). Der Produktionsfaktor Boden repräsentiert alle natürlichen Ressourcen in Form von Boden, Bodenschätzen, Wasser, Luft, Pflanzen und Tieren (Natural Resources).

Box 1.1

Fragestellung und Methoden der Wirtschaftswissenschaften

1. Die Ökonomie als Wissenschaft ist durch einen spezifischen Gegenstand und eine spezifische Methode gekennzeichnet.

2. Gegenstand der Ökonomie sind die Herstellung, Verteilung und Verwendung von Waren und Dienstleistungen unter Berücksichtigung der Tatsache, dass die Produktionsfaktoren Arbeit, Kapital und Boden nur begrenzt zur Verfügung stehen.

3. Die Ökonomie beschäftigt sich neben dieser Allokations- und Effizienzfrage auch mit der Einkommensverteilung (wirtschaftlich Schwache, wirtschaftlich Starke), mit den konjunkturellen Schwankungen (Produktion, Inflation, Arbeitslosigkeit) und mit dem Wachstum (Steigerung der Lebensqualität).

4. Während der Gegenstand der Ökonomie die Ökonomie eindeutig den Sozialwissenschaften zuordnet, lässt sie die analytische Methode immer mehr zu einer exakten Wissenschaft werden. Die moderne Ökonomie ist stark durch Abstraktion und Modellanalyse gekennzeichnet.

5. Von Fragestellung und Ansatz her ist zu unterscheiden zwischen Wirtschaftstheorie und Wirtschaftspolitik. Während die Wirtschaftstheorie volkswirtschaftliche Phänomene zu erklären sucht und dabei durch Wirtschaftsgeschichte und Statistik unterstützt wird, beschäftigt sich die Wirtschaftspolitik mit den Möglichkeiten der Beeinflussung wirtschaftlicher Prozesse und Strukturen.

Die Wirtschaftswissenschaften beschäftigen sich mit diesen Fragen zu Allokation und Effizienz. Mit Allokation (locus (lat.) = Ort) ist nicht nur die Standortfrage gemeint, an welchen Orten (wo?) produziert wird, sondern auch die Frage, mit welchen Ressourcen (womit?)

welche Güter und Dienstleistungen (was?) hergestellt werden. Effizient produzieren heißt, mit gegebenen Inputs einen maximalen Output produzieren oder einen gegebenen Output mit minimalen Einsatz an Inputs herstellen (Ökonomisches Prinzip).

Die Wirtschaftswissenschaften beschäftigen sich neben dieser Allokations- und Effizienzfrage auch mit der Einkommensverteilung auf wirtschaftlich Schwache und wirtschaftlich Starke, mit den konjunkturellen Schwankungen von Produktion, Inflation und Arbeitslosigkeit und mit dem Wachstum der Wirtschaft im Rahmen einer tragfähigen Entwicklung (Sustainable Development) mit dem Ziel der Steigerung der Lebensqualität.

Die moderne Ökonomie ist stark durch Abstraktion und Modellanalyse gekennzeichnet. Vielfach werden analytische Methoden eingesetzt, die diese Disziplin vermeintlich immer mehr zu einer exakten Wissenschaft werden lassen. Gleichwohl ist die Ökonomie eindeutig den Sozialwissenschaften zuzuordnen. Die Sozialwissenschaften umfassen jene Wissenschaften, die Phänomene des gesellschaftlichen Zusammenlebens der Menschen theoretisch untersuchen und empirisch ermitteln. Zu den Sozialwissenschaften zählen neben Volkswirtschaftslehre und Betriebswirtschaftslehre, Psychologie, Soziologie und Politische Wissenschaften. Wichtige Nachbardisziplinen der Wirtschaftswissenschaften sind die Rechtswissenschaften, die Mathematik, die Philosophie und die Geschichtswissenschaften.

Von Fragestellung und Ansatz her ist zu unterscheiden zwischen Wirtschaftstheorie und Wirtschaftspolitik. Während die Wirtschaftstheorie volkswirtschaftliche Phänomene zu erklären sucht und dabei durch Wirtschaftsgeschichte und Statistik unterstützt wird, beschäftigt sich die Wirtschaftspolitik mit den Möglichkeiten der Beeinflussung wirtschaftlicher Prozesse und Strukturen.

1.2 Bedeutende Ökonomen

Die Entwicklung der Wirtschaftswissenschaften ist untrennbar mit den Werken bedeutender Ökonomen verbunden, die einen wesentlichen Beitrag zum Entstehen dieser Wissenschaft geleistet haben. Besondere Bedeutung für die Wirtschaftswissenschaften haben Francois Quesnay, Adam Smith, David Ricardo, Karl Marx und John Maynard Keynes. Ihre Werke erfahren in diesem Kapitel eine besondere Würdigung.

Vorläufer

Ohne Zweifel reicht die Ökonomie bis in die Antike zurück. Auch im Mittelalter ist sie ein Bestandteil der Ethik und entwickelte sich als Lehre von der Versorgung des Haushalts und des Gemeinwesens.

Aristoteles (384–322 v. Chr.) ist der wichtigste Philosoph und Denker des Altertums, der sich mit Fragen der Wirtschaft und der Ethik auseinandersetzt. Die „Nikomachische Ethik" wird als sein Hauptwerk angesehen. Sie hat ihren Beinamen davon, dass Aristoteles sie seinem Sohne Nikomachos gewidmet hat. Sie behandelt die Lehre von den Tugenden. **Augustinus** (354–430) gilt als der einflussreichste Philosoph und Theologe der christlichen Spätantike. Sein Wirken hat das Denken des Abendlandes wesentlich geprägt.

Box 1.2

Bedeutende Ökonomen

Merkantilisten

Thomas Mun (1571–1641): England's Treasure by Foreign Trade

Jean-Baptiste Colbert (1619–1683): Mémoire de Colbert au roi

Johann Joachim Becher (1635–1682): Ursachen des Auf- und Abnehmens der Städte

Physiokraten

François Quesnay (1694–1774): Le tableau économique

Anne Robert Jaques Turgot (1727–1781): Réflexions sur la formation des richesses

Klassiker

Adam Smith (1723–1790): Inquiry into the Nature and Causes of the Wealth of Nations

Thomas Robert Malthus (1766–1834): An Essay on the Principle of Population

Jean-Baptiste Say (1767–1832): Traité d'économie politique

David Ricardo (1772–1823): On the Principles of Political Economy and Taxation

Johann Heinrich von Thünen (1783–1850): Der isolierte Staat

Karl Marx (1818–1883): Das Kapital

Pierro Sraffa (1898–1983): The Production of Commodities by Means of Commodities

Neoklassiker

Hermann Heinrich Gossen (1810–1858): Die Entwicklung des menschlichen Verkehrs

Léon Walras (1834–1910): Éléments d'économie politique pure

William Stanley Jevons (1835–1882): The Theory of Political Economy

Alfred Marshall (1842–1910): Principles of Economics

Vilfredo Pareto (1848–1923): Cours d'économie politique

Knut Wicksell (1851–1926): Interest and Prices

Arthur Cecil Pigou (1877–1959): The Economics of Welfare

Historische Schule

Gustav von Schmoller (1838–1917): Grundriss der allgemeinen Volkswirtschaftslehre

Werner Sombart (1863–1941): Der moderne Kapitalismus

Max Weber (1864–1920): Wirtschaft und Gesellschaft

Österreichische Schule

Carl Menger (1840–1921): Grundsätze der Volkswirtschaftslehre

Eugen von Böhm-Bawerk (1851–1914): Kapital und Kapitalzins

Joseph Alois Schumpeter (1883–1950): Theorie der wirtschaftlichen Entwicklung

Friedrich August von Hayek (1899–1992): Preise und Produktion

Mathematische Schule

John von Neumann (1903–1957): The Theory of Games and Economic Behavior

Jan Tinbergen (1903–1994): Econometrics

Wassily Leontief (1906–1999): Input-Output Economics

Paul A. Samuelson (*1915): Foundations of Economic Analysis

Kenneth Arrow (*1921): Social Choice and Individual Values

Keynesianer

John Maynard Keynes (1883–1946): General Theory of Employment, Interest and Money

Monetaristen

Milton Friedman (*1912): Capitalism and Freedom

Thomas von Aquin (1225–1274) gilt als einer der größten Philosophen und Theologen der Geschichte. In seinem Hauptwerk „Summa theologica" befasst er sich mit Fragen der Preisbildung und Geldwirtschaft. Ein wichtiger Beitrag für die Sozialwissenschaften kommt von **Ibn Khaldun** (1332–1404) aus Tunis. Er beschreibt einen zyklischen Verlauf zwischen Nomaden und Stadtbewohnern. Er zeigt, welchen Einfluss die Bevölkerungsdichte auf Arbeitsteilung und wirtschaftliches Wachstum hat. **Luca Pacioli** (1445–1514) war ein italienischer Mathematiker und Franziskaner-Mönch. Sein Buch „Summa de arithmetica, geometrica, propotioni et proportionalità" gilt als größte mathematische Arbeit der Renaissance. Das Buch enthält die erste geschlossene Darstellung der doppelten Buchführung.

Als autonome wissenschaftliche Disziplin entwickelt sich die Ökonomie aber erst mit dem Aufkommen des modernen Staates in der Zeit des Absolutismus. Vermehrt stehen jetzt nicht mehr die Bedürfnisse des einzelnen Haushaltes, sondern die Bedürfnisse des Staates im Vordergrund.

Merkantilisten

Der Merkantilismus (mercator: der Kaufmann) war die Wirtschaftslehre im Absolutismus vom 16. bis zum 18. Jahrhundert. Die absolutistischen Staaten benötigen große Geldmengen für das Militär, die Hofhaltung und die Beamtenschaft. Diese Doktrin stellt die Wirtschaft in den Dienst des Staates. Oberstes Ziel der merkantilistischen Wirtschaftpolitik ist es, die Existenz des Staates zu sichern, die Finanzkraft zu erhöhen und die Macht des Staates zu steigern. Die Bezeichnung ‚Merkantilismus' geht auf **Adam Smith** zurück, der in seinem Buch „The Wealth of Nations" (1776) die Geschichte der Wirtschaftswissenschaften in drei Phasen einteilt: Handelssystem (Merkantilisten), Agrikultursystem (Physiokraten), und das Industriesystem (Klassiker).

Physiokraten

In der Mitte des 18. Jahrhunderts gründen die Physiokraten die erste wirkliche Schule der Volkswirtschaftslehre. Die physiokratische Lehre war eine Reaktion auf die restriktive Wirtschaftspolitik des Merkantilismus. Die Physiokraten sind Anhänger des Freihandels und des Laissez-faire. **François Quesnay** ist der Begründer dieser Schule. In seinem Hauptwerk „Tableau économique" (1758) entwickelt Quesnay ein Modell des wirtschaftlichen Kreislaufs. Dieses Modell kann als Vorläufer der volkswirtschaftlichen Gesamtrechnung des 20. Jahrhunderts angesehen werden.

Klassiker

Die klassische Nationalökonomie beginnt mit **Adam Smith** in der zweiten Hälfte des 18. Jahrhunderts. Sie verdankt ihre Weiterentwicklung vor allen den britischen Ökonomen **Robert Malthus**, **David Ricardo** und **John Stuart Mill** sowie dem französischen Ökonomen **Jean-Baptiste Say**. Die Klassiker vertreten eine marktwirtschaftliche Wirtschaftsordnung und eine liberale Wirtschaftspolitik. Der Staat soll sich weitgehend aus dem Wirtschaftsleben heraushalten und das selbstverantwortliche Handeln der Einzelnen und Verfolgung der Eigeninteressen erlauben. Die klassischen Nationalökonomen fordern vollkommenen Wettbewerb, Freihandel und das Recht auf Privateigentum. 1803 stellte Jean-Baptiste Say das Saysche Theorem auf, nachdem bei vollkommenen Wettbewerb auf den Märkten jedes Angebot seine eigene Nachfrage schafft und es somit auch keine anhaltende Arbeitslosigkeit geben kann. Sobald produziert wird, entstehen Einkommen, die wiederum für Konsum und Investitionen verwendet werden und somit kaufkräftige Nachfrage schaffen. Das Theorem ist ein entscheidender Baustein zum Verständnis der klassischen, neoklassischen aber auch der modernen angebotsorientierten Wirtschaftstheorie.

Als Kritiker der klassischen Nationalökonomie tut sich vor allem **Karl Marx** hervor. Gleichwohl übernimmt Marx viele Ideen der Klassiker, insbesondere die Arbeitswertlehre von David Ricardo. Danach hängt der Wert eines Produktes und damit sein natürlicher Preis von der Menge der kumulativen Arbeit ab, die erforderlich ist, dieses Gut zu produzieren. Nur wenn die Summe aller Vergütungen für den Produktionsfaktor Arbeit dem Marktpreis eines Gutes entsprechen, findet nach Marx keine Ausbeutung der Arbeiter statt. Mit der Arbeitswertlehre erklärt Marx vor allem die Ausbeutung in einem Wirtschaftssystem. Nach Marx sind Gewinne und ihre Akkumulation in Form von Privateigentum nur möglich, weil eine Klasse die andere unterdrückt und ausbeutet. Die Kapitalisten beuten die Arbeiter aus, indem sie ihnen lediglich die Existenz erhaltende Löhne auszahlen und die Differenz zwischen den gezahlten Löhnen und den erzielten Marktpreisen als Gewinn und damit als Mehrwert einbehalten. Gemeinsam mit **Friedrich Engels** veröffentlicht Karls Marx 1848 das Kommunistische Manifest. Beide sind davon überzeugt, dass der Kapitalismus wegen seiner inneren Widersprüche ähnlich wie der Feudalismus oder die Leibeigenschaft verschwinden werde.

Pierro Sraffa entwickelt 1960 eine Theorie der Produktionspreise. Er verstand seine Modell als Kritik an neoklassischen Modellen. Ihm und anderen Neo-Ricardianern ist es zu verdanken, dass die Theorien der Klassiker von Ricardo bis Karl Marx in der heutigen Zeit wieder mehr Beachtung finden.

Neoklassiker

Die neoklassische Wirtschaftstheorie entwickelt die Gedanken der Klassiker weiter. Gegen Ende des 19. Jahrhunderts entsteht die Grenznutzenschule, deren wichtigste Vertreter **Carl Menger**, **Léon Walras** und **William Stanley Jevons** waren. Sie ersetzten die Arbeitswertlehre durch die Grenznutzentheorie. Danach hängt der Preis eines Gutes nicht von den Produktionskosten ab (objektive Wertlehre), sondern von dem Nutzen, den der einzelne Verbraucher einem Gut zuspricht (subjektive Wertlehre). Entscheidend für den Preis eines Gutes sei der Grenznutzen, also der Nutzen, der beim Konsum einer zusätzlichen Einheit eines Gutes entsteht. Gemeint ist damit zum Beispiel, dass bei einem Kneipenbummel der Grenznutzen von Bier abnimmt. Das dritte Bier stiftet nicht den gleichen Nutzenzuwachs, wie das zweite Bier, das man zuvor mit Freunden getrunken hat. Zum ersten Mal werden mikroökonomische Ansätze wie individuelle Nutzeneinschätzungen und Angebots- und Nachfragefunktionen behandelt. Unter dem Eindruck der Denkweise der Grenznutzenschule wird die Gedankenwelt der Klassik u.a. von **Alfred Marshall** zur Neoklassik weiterentwickelt. Subjektivistische Ansätze der Grenznutzenschule werden mit den objektivistischen Theorien der Klassiker in der Gleichgewichtsanalyse zusammengeführt. Alfred Marshall war einer der einflussreichsten Ökonomen seiner Zeit. Er hat sich vor allen Dingen durch sein Hauptwerk „Principles of Economics" (1890) bei der Weiterentwicklung der mikroökonomische Theorie einen Namen gemacht.

Nach neoklassischer Ansicht stellt sich bei unbeschränktem Wettbewerb auf jedem Markt ein Gleichgewicht ein. Durch Angebot und Nachfrage bildet sich ein Preis, zu dem genau so viele Gütermengen nachgefragt wie angeboten werden. Diese Aussage gilt nach Überzeugung der Neoklassiker auch für den Arbeitsmarkt und den Kapitalmarkt. Bei flexiblen Lohnsätzen finden alle Arbeitswilligen eine Arbeit. Ein flexibler Zins führt auch zum Gleichgewicht auf dem Kapitalmarkt. Der schwedische Ökonom **Knut Wicksell** (1851–1926) untersucht erstmals in systematischer Weise die Zusammenhänge von Geldmenge, Zinsen und Preisniveau. Er führt den Begriff des natürlichen Zinssatzes in die ökonomische Theorie ein. Sein einflussreichste Veröffentlichung ist „Interest and Prices" (1898).

Historische Schule

Die Historische Schule der Nationalökonomie prägt von 1850 bis 1950 die Sozialwissenschaft im deutschsprachigen Raum über ein Jahrhundert hinweg. Sie setzt sich mit der aufkommenden sozialen Frage auseinander, die durch die Verarmung breiter Schichten im Rahmen der Industrialisierung aufgeworfen wird. Die Vertreter der Historischen Schule betreiben eine praxisnahe Wissenschaft und versuchen Lösungen für aktuelle Probleme der Zeit aufzuzeigen. Die historische Schule übt deutliche Kritik an der klassischen Lehre und kann als direkter Vorläufer der Institutionenökonomik bezeichnet werden, die in unserer Zeit ähnliche Fragestellungen aufgreift.

Gustav Schmoller (1838–1917) beschäftigte sich intensiv mit gesellschaftlichen Institutionen. Die Menschen motiviert nicht nur der Eigennutz zum Handeln, sondern auch andere kulturelle Faktoren. Dem Eigennutz als Antrieb für menschliches Verhalten fügt er den Wunsch nach ethischem Handeln hinzu. Da die Wirtschaftswissenschaft sich mit dem Menschen beschäftigt, kann sie auch nur eine Sozialwissenschaft sein, keine Naturwissenschaft, als die sie die Klassiker vielfach aufgefasst haben. Sozialpolitisch engagierte Wissenschaftler gründen 1872 den ‚Verein für Socialpolitik', der bis zu dem heutigen Tag besteht. Dieser Verein ist die Bühne für die großen Debatten der damaligen Zeit: der Methodenstreit und die Werturteilsdebatte.

Bei dem Methodenstreit geht es um die Auseinandersetzung, welche Methoden in den Sozialwissenschaften anzuwenden seien. Mit der Etablierung der Soziologie als Wissenschaft entbrannt der Methodenstreit besonders in Deutschland zwischen den Vertreten eines naturwissenschaftlichen Methodenansatzes und den Gegnern, die eine Übernahme dieser Methoden in die Sozialwissenschaften ablehnen. **Max Weber** (1864–1920) formuliert die Grundposition einer eigenen Methodik für die Sozialwissenschaften. Eine besondere Rolle bei dieser Auseinandersetzung spielt das Postulat der Wertfreiheit der Wissenschaften, das Gegenstand des Werturteilsstreites wird. Damit ist die Frage verbunden, ob eine Wissenschaft nur deskriptive Aussagen machen darf oder auch normative, wertende Aussagen einschließen kann.

Österreichische Schule

Die Österreichische Schule ist eine Strömung der Volkswirtschaftslehre, die zu den Neoklassikern zu zählen ist. Allerdings vertritt sie den Standpunkt, dass menschliche Entscheidungen und Wirtschaften sich der Formalisierung weitgehend entziehen. Diese Formalisierung ist gerade in der heutigen Zeit in weiten Bereichen der Volkswirtschaftslehre üblich.

Als Begründer dieser Schule gilt **Carl Menger** (1840–1921), der in seinem Hauptwerk „Grundzüge der Volkswirtschaftslehre" (1871) das so genannte Wertparadoxon der Klassik mit Hilfe der Betrachtung des Grenznutzen auflöst. Diesen Weg sind vor ihm bereits Hermann **Heinrich Gossen**, **Léon Walras** und **William Stanley Jevons** gegangen. Widerspruch kommt insbesondere von der Historischen Schule und die Auseinandersetzung wird in dem so genannten Methodenstreit ausgetragen. Ein weiterer wesentlicher Unterschied zu den Neoklassikern besteht in der frühen Auseinadersetzung der Österreichischen Schule mit dem Marxismus, die mit einer radikalen Ablehnung jeglicher Art des Sozialismus und der Planwirtschaft verbunden ist. Das geht vor allen Dingen auf **Eugen von Böhm-Bawerk** (1851–1914) zurück, der in seinem Hauptwerk „Kapital und Kapitalzins" (1884) die Arbeitslehre von Karl Marx systematisch widerlegt. **Ludwig von Mieses** (1881–1973) entwickelt diese Theorien weiter und erhebt in seinem Werk „Die Gemeinwirtschaft" (1922) den Anspruch, den Sozialismus endgültig widerlegt zu haben. Bedeutender Nachfolger von Ludwig von Mieses ist **Friedrich August von Hajek**, der das System insbesondere um eine Konjunkturtheorie erweitert und einen markanten Gegensatz zum Keynesianimus entwickelt.

Joseph Schumpeter (1883–1941) kann nur bedingt der österreichischen Schule zugerechnet werden. Er nimmt in der Neoklassik eine Außenseiterrolle ein. Mit seinem berühmten Werk „Capitalism, Socialism und Democracy" (1942) nimmt Schumpeter großen Einfluss auf die Entwicklung der Politischen Wissenschaften und der Soziologie. Dieses Werk entsteht in der amerikanischen Emigration während des zweiten Weltkrieges. Auch sein Werk „History of Economic Analysis" (1954) zählt zu den großen Abhandlungen über die dogmengeschichtliche Entwicklung der Volkswirtschaftslehre. Schumpeter macht eine klare Unterscheidung zwischen Kapitalisten und Unternehmern (Entrepreneurs). Unternehmer zeichnen sich seiner Meinung nach dadurch aus, dass sie die wirtschaftliche Position ihres Unternehmens ständig durch Innovationen verbessern wollen. Es ist der Unternehmergeist, der Innovationen erzeugt und Wirtschaftswachstum und sozialen Wandel vorantreibt.

Mathematische Schule

In den vierziger Jahren des vergangenen Jahrhunderts entwickelten **John von Neumann** (1903–1957) und **Oskar Morgenstern** (1902–1977) die Spieltheorie. Für die Weiterentwicklung der mikroökonomischen Theorie war das von großer Bedeutung. In den neunziger Jahren erwachte erneut das Interesse an der Spieltheorie. **John Harsanyi** (1920–2000), **Reinhard Selten** (*1930) und **John Forbes Nash** (*1928) erhielten 1994 der Nobelpreis für Wirtschaftswissenschaften für ihre Beiträge zur Weiterentwicklung der Spieltheorie. **Wassily Leontief** (1906–1999) begründete die Input-Output-Analyse, die bis in die heutige Zeit ein wichtiges Instrument der sektoralen Analyse ist. Er erhielt im Jahr 1973 den 4. Nobelpreis für Wirtschaftswissenschaften.

Keynesianer

John Maynard Keynes (1883–1946) entwickelt eine Gegenposition zur Neoklassik. Er stellt die zentrale Aussage der Neoklassik in Frage, wonach eine Marktwirtschaft automatisch zur Vollbeschäftigung tendiert und Arbeitslosigkeit nur aufgrund starrer Lohnsätze entsteht. Das Denken von Keynes wird stark vom Ersten Weltkrieg und der Weltwirtschaftskrise mit ihrer Massenarbeitslosigkeit geprägt. In seinem Hauptwerk „The General Theory of Employment, Interest and Money" (1936) erklärt Keynes, dass die seit 1929 anhaltende Massenarbeitslosigkeit durch eine mangelnde gesamtwirtschaftliche Nachfrage nach Gütern und Dienstleistungen bedingt sei. In Zeiten hoher Arbeitslosigkeit soll der Staat durch ein Konjunkturprogramm die Wirtschaft ankurbeln. Vermehrte öffentliche Aufträge schaffen neue Arbeitsplätze, wodurch sich die Einkommen und damit die Gesamtnachfrage erhöht. Mit wachsender Nachfrage sinkt die Arbeitslosigkeit, die Wirtschaft nimmt einen Aufschwung und die wachsenden Steuereinnahmen helfen, die Staatsverschuldung zu senken.

Der Keynesianismus geht davon aus, dass die Wirtschaft inhärent instabil ist und keine immanente Tendenz zu Vollbeschäftigung besitzt. Dadurch wird ein antizyklisches Gegenlenken des Staates erforderlich. Durch staatliche Nachfragepolitik und Steuerpolitik (antizyklische Fiskalpolitik) wird die Wirtschaft an die Vollbeschäftigung herangeführt. Entscheidend ist, dafür zu sorgen, dass die Gesamtnachfrage nach Konsum- und Investitionsgütern eine Vollauslastung der Produktionskapazitäten bewirkt. Kurzfristige Schwankungen werden vielfach von der Nachfrageseite her bestimmt. In diesen Fällen kann eine nachfrageorientierte Wirtschaftspolitik erfolgreich sein. Der Neue Keynesianismus akzeptiert, dass langfristig angebotsseitige Faktoren von entscheidender Bedeutung für die Beschäftigung sind. Eng damit verbunden sind die Arbeiten von **John Richard Hicks** (1904–1989) und **Alvin H. Hansen** (1887–1975), die mit dem von ihnen entwickelten IS-LM-Modell die Theorie von Keynes populär machten. Insbesondere **James Tobin** (1918–2002) hat die Ideen des Keynesianismus weiterentwickelt. Gleichwohl gilt John Maynard Keynes als der eigentliche Begründer der Makroökonomie.

Monetaristen

Seit den sechziger Jahren des vergangenen Jahrhunderts gewinnt der von **Milton Friedmann** (*1912) begründete Theorieansatz des Monetarismus wachsende Bedeutung. Er stellt die Fiskalpolitik des Keynesianismus und staatliche Interventionen in das Wirtschaftsgeschehen grundlegend in Frage. Der Monetarismus setzt im Gegensatz zur keynesianischen Wirtschaftspolitik einseitig auf die staatliche Geldmengenregulierung, um Inflationsgefahren zu bekämpfen. Monetarismus steht also für eine Wirtschaftstheorie, nach der die Regulierung der Geldmenge von entscheidender Bedeutung für die gesamtwirtschaftliche Entwicklung ist. Eine starke Ausdehnung der Geldmenge führt zur Inflation und eine zu starke Reduktion des Geldmengenwachstums zur Deflation. Monetaristen wenden sich im Gegensatz zu den Keynesianern strikt gegen staatliche Interventionen in das Wirtschaftsgeschehen. Monetaristen gehen davon aus, dass die Störungen des wirtschaftlichen Ablaufs im Wesentlichen durch Interventionen des Staates hervorgerufen werden. Die Theorie des Monetarismus geht davon aus, dass das Saysche Theorem allgemein gültig ist, nachdem bei vollkommenem Wettbewerb jedes Angebot seine eigene Nachfrage schafft.

Andere Ökonomen der Neuzeit

Nach dem Zweiten Weltkrieg hat die neoklassische Wachstumstheorie in den fünfziger und sechziger Jahren große Beachtung gefunden. **Robert M. Solow** (*1924) ist der Begründer der neoklassischen Wachstumstheorie. Die weiter fortschreitende Mathematisierung und Spezialisierung hat die Wachstumstheorie danach einem breiteren Interesse der Ökonomen entzogen. Diese Situation hat sich gegen Ende der achtziger Jahre durch eine bewerkenswerte Wiederbelebung der Wachstumstheorie geändert. Durch die Arbeiten von **Paul M. Romer** (*1955) und **Robert E. Lucas** (*1937) ist die Neue Wachstumstheorie wieder in den Mittelpunkt der ökonomischen Forschung getreten. Sie ist eine Theorie des endogenen Wachstums. Ihr Anliegen ist nicht nur die modellendogene Erklärung der Wachstumsraten, sondern auch eine grundlegende Analyse staatlicher Eingriffsmöglichkeiten hinsichtlich der langfristigen Entwicklungsperspektiven von Industrie- und Entwicklungsländern.

Gary S. Becker (*1930) erhielt 1992 für seine Ausdehnung der mikroökonomischen Theorie auf einen weiten Bereich menschlichen Verhaltens und menschlicher Zusammenarbeit den Nobelpreis für Wirtschaftswissenschaften. Der indische Ökonom **Amartya Sen** (*1933)

erhielt 1998 den Nobelpreis für Wirtschaftswissenschaften für seine Arbeiten zur Wohlfahrtsökonomie und zur Theorie der wirtschaftlichen Entwicklung. Herausragend sind seine
Beiträge zur Interdependenz ökonomischer und individueller Freiheit, zur Armutsbekämp-
fung und der Theorie kollektiver Entscheidungen.

Box 1.3

François Quesnay (1694–1774)

Hauptwerk: Tableau économique (1758)

Das ‚Tableau économique' von Fran-
çois Quesnay ist das erste Schema des
wirtschaftlichen Kreislaufs einer
Volkswirtschaft. Das Modell kann als
Vorläufer der Volkswirtschaftlichen
Gesamtrechnung angesehen werden.
Mit dem Kreislaufdiagramm ist die
Erkenntnis einer allgemeinen Interde-
pendenz der Geld- und Güterströme
verbunden.

Nach Quesnay wird nur in der Landwirtschaft ein 'Reinertrag' erzeugt.
Deshalb zählt Quesnay die Pächter der
landwirtschaftlichen Grundstücke zu
der 'Classe productive' im Gegensatz
zu den Bodeneigentümers (Classe
distributive) sowie den Gewerbetrei-
benden und Händlern (Classe stérile).

- Erste Darstellung des Wirtschaftskreislaufs

- Erfassung von Güter- und Geldströmen

- Analyse des Mehrwerts und der
  Einkommensverteilung

1.2.1   François Quesnay

François Quesnay wurde 1694 in Méré bei Versailles geboren und starb 1774 in Versailles. Er war ein französischer Arzt und Kupferstecher und gilt als Begründer der physiokratischen Schule der Ökonomie.

Quesnay war Sohn eines einfachen Bauern, kam im Alter von 10 Jahren zu einem Wundarzt in die Lehre. Er ging 1711 nach Paris in die Lehre als Kupferstecher und studierte im Chirurgiekollegium von Saint-Côme (Paris) Medizin. 1717 wird er Meister der Künste, ein Jahr später wird er Chirurg. Er wird bekannt durch medizinische Schriften und sein Können als Leibarzt des Herzogs von Villeroy. 1744 wird er Doktor der Medizin und steigt schließlich 1749 zum Leibarzt der Madame de Pompadour und Ludwigs XV auf. Er wird 1751 in die Akademie der Wissenschaften gewählt und 1752 Mitglied der Royal Society. Im selben Jahr wird er vom König in den Adelsstand erhoben.

Quesnay wendete sich wirtschaftlichen Fragen zu und wurde mit seinem Hauptwerk „Tableau économique" (1758) Begründer des Physiokratismus. Er übertrug darin die Vorstellung des Blutkreislaufs auf den Wirtschaftskreislauf. Diese Darstellung wurde als ‚Tableau économique' berühmt und ist die erste Abbildung eines Wirtschaftskreislauf.

Die Physiokraten unterscheiden drei ökonomische Klassen: Bauern und Pächter (classe productive), Handwerker und Händler (classe stéril) und Grundeigentümer (classe proprietaire). Die fundamentale These lautet, dass einzig und allein die Landwirtschaft einen Mehrwert, einen Überschuss produziere. Die Landwirtschaft und damit die Bauern und Pächter wurde zur einzig produktiven Klasse (classe productive) erklärt. Bei den Merkantilisten dagegen wurde der Reichtum auf den Handel zurückgeführt. Eine konkrete Forderung an die Politik war daher der Rückzug des Staates aus den wirtschaftlichen Angelegenheiten. Sie wurde von Vincent Gournay in die berühmten Worte gefasst: ‚Laissez-faire, laissez-passer, le monde va de lui même'.

Das größte Verdienst von Quesnay für die Wirtschaftswissenschaften war jedoch die erste Darstellung von Güter- und Geldströmen als Wirtschaftskreislaufs. Diese Grundidee des Wirtschaftskreislaufs liegt noch heute der Volkswirtschaftlichen Gesamtrechnung zu Grunde, in der die wichtigsten makroökonomischen Daten einer Volkswirtschaft erfasst werden.

1.2.2   Adam Smith

Adam Smith wurde 1723 in im schottischen Ort Kirkcaidy geboren. Er besuchte die humanistisch orientierte Schule seines Geburtsortes, studierte anschließend Latein, Griechisch, Mathematik und Moralphilosophie. Bereits im Alter von 27 Jahren erhielt er eine Professur für Logik an der Universität Glasgow. 1752 übertrug man ihm den Lehrstuhl für Moralphilosophie.

1764 reiste Smith als Begleiter und Erzieher des jungen Herzogs von Buccleugh nach Frankreich, wo er mit bedeutenden Vertretern der Aufklärung in Kontakt kam. Neben Voltaire lernte er auch den Ökonomen und Staatsmann Turgot kennen, sowie Francois Quesnay, der als einer der wichtigsten Vertreter des Physiokratismus die Ansicht vertrat, die Natur produziere alle wichtigen Rohstoffe, die für den Unterhalt der Bevölkerung erforderlich sind, während Handwerker und Händler die Früchte des Bodens lediglich umformten und verarbeiteten, nicht aber neue Rohprodukte herstellten.

Box 1.4

Adam Smith (1723–1790)

Hauptwerk: Inquiry into the Nature and Causes of the Wealth of Nations (1776)

Adam Smith war ein schottischer Moralphilosoph und Ökonom. Er gilt als Begründer der klassischen Volkswirtschaftslehre. Smith betonte die Bedeutung der Arbeit als der eigentlichen Quelle des Wohlstands der Nationen. Er entdeckte die zentrale Bedeutung der Arbeitsteilung, von der die Steigerung der Produktivität abhängt.

Die Tauschvorgänge bilden die Grundlage des wirtschaftlichen Geschehens, und der Preis nimmt die zentrale Stellung für die Ausrichtung der Produktion und die Einkommensverteilung ein. Smith unterschied den Marktpreis, gebildet durch Angebot und Nachfrage, und den natürlichen Preis, der mit den Durchschnittskosten übereinstimmt. Der Marktwert schwankt um den natürlichen Wert, kann sich auf die Dauer aber nicht weit von ihm entfernen.

Voraussetzung für die Wirksamkeit des Preismechanismus und die immer weitere Ausdehnung der Arbeitsteilung sind ein freier Markt und eigennütziges Handeln der Menschen, das zu einem Zustand der Harmonie der ganzen Wirtschaft führt.

Smith zeigt, wie der Preismechanismus als unsichtbare Hand (invisible hand) dezentral die Wirtschaft steuert.

- Erster Klassiker der Nationalökonomie
- Arbeit ist Quelle des Wohlstands
- Bedeutung der Arbeitsteilung
- Wirkung des Preismechanismus
- Bedeutung freier Märkte

In Toulouse begann Smith mit der Arbeit an seinem Hauptwerk „Wohlstand der Nationen",
das er in seinem Geburtsort Kirkcaldy, wohin er sich als Privatgelehrter zurückzog, erst viele
Jahre später fertig stellen sollte und das 1776 veröffentlicht wurde. 1778 wurde Smith zum
Zollkontrolleur für Schottland ernannt. 1790 wurde er in seinem Geburtsort begraben.

Adam Smith wird als der erste Klassiker und Vater der Wirtschaftswissenschaften angesehen. Zeitlosen Ruhm erlangte er vor allem mit seinem Buch „Inquiry into the Nature and
Causes of the Wealth of Nations" Diese „Untersuchung über die Natur und Ursachen des
Wohlstands der Nationen" gilt bis heute als Grundlage des modernen Wirtschaftsliberalis-
mus. Mit dem Erscheinungsjahr 1776 des Buches setzt man auch vielfach den Beginn der
klassischen Nationalökonomie an. Die zentralen Gedanken, die Adam Smith in diesem Buch
entwickelte, betreffen die Arbeit als entscheidende Quelle des Wohlstandes einer Nation, die
Rolle der Arbeitsteilung, von der eine Steigerung der Produktivität abhängt, sowie die Bedeutung eines freien Marktes. Er zeigt, dass die Arbeitsteilung große Bedeutung für die Entwicklung der Produktivität hat. Der Markt wiederum garantiert über die Steuerungsmecha-
nismen Wettbewerb, Preis und Eigentum einen harmonischen Gesamtzustand der Wirtschaft.

Adam Smith kommt das Verdienst zu, das freie Spiel der Marktkräfte in seiner grundlegen-
den Bedeutung erkannt und in seinem Wirken logisch begründet zu haben. Auf seinem Werk
basiert die gesamte Weiterentwicklung der klassischen Nationalökonomie: nicht ohne Grund
wurde der „Wohlstand der Nationen" einmal als das erfolgreichste wissenschaftliche Werk
bezeichnet, das je veröffentlicht wurde.

1.2.3   David Ricardo

David Ricardo wurde 1772 als Sohn eines eingewanderten holländisch-jüdischen Börsen-
maklers in London geboren.

David Ricardo hatte 16 Geschwister. Er verließ mit 14 Jahren die Schule, um bei seinem
Vater das Maklergewerbe zu erlernen. Als er wegen seiner Heirat mit einer Quäkerin zum
anglikanischen Glauben konvertierte, enterbte ihn der Vater. Daraufhin eröffnete er sein
eigenes Maklerbüro und erwarb an der Börse innerhalb kürzester Zeit ein Millionenvermö-
gen. Mittlerweile einer der reichsten Männer Englands, studierte er Naturwissenschaften und
zog sich 1814 ganz aus dem Geschäftsleben zurück, um sich seinen ökonomischen Studien
zu widmen.

Als Mitglied des Unterhauses setzte er sich seit 1819 für die Aufhebung der protektionisti-
schen Zollpolitik ein. Als bedeutendster Vertreter der klassischen englischen Nationalökonomie entwickelte er im Anschluss an Adam Smith ein geschlossenes theoretisches System,
das auf dem Grundsatz der Wirtschaftsfreiheit beruht.

David Ricardo entwickelt 1806 die Theorie der komparativen Kostenvorteile, einem Kernpunkt der Außenhandelstheorie. Mit diesem Theorem zeigt Ricardo, dass Außenhandel sich
für alle Volkswirtschaften lohnt, auch für jene, die gegenüber anderen Staaten absolute Kostenvorteile besitzen. Mit dem Theorem der komparativen Kosten weist er die Überlegenheit
des Freihandels nach. Für sein berühmtes Beispiel von zwei Nationen (Portugal und England) und zwei Gütern (Wein und Textilien) legt Ricardo dar, dass Handel für beide Länder
vorteilhaft ist, obwohl Portugal bei beiden Gütern einen absoluten Kostenvorteil gegenüber

England besitzt. Dennoch können beide Länder aus dem bilateralen Handel dieser Güter Wohlfahrtsgewinne erzielen. Voraussetzung ist allerdings, dass sich beide Länder auf die Produktion desjenigen Gutes spezialisieren, bei denen sie jeweils einen komparativen (relativen) Vorteil besitzen.

Box 1.5

David Ricardo (1772–1823)

Hauptwerk: Principles of Political Economy and Taxation (1817)

Ricardo kam als Börsenmakler früh zu einem Vermögen, das ihm erlaubte, sich mit 42 Jahren ausschließlich mit ökonomischen Studien zu beschäftigen. Er gilt als ein bedeutender Vertreter der klassischen Nationalökonomie. Grundlage seines in sich geschlossenen Systems der Volkswirtschaftslehre ist die Wertlehre (Arbeitswerttheorie).

Nach dem Ricardoschen Arbeitswertgesetz tauschen sich die Güter im Verhältnis der auf sie verwendeten Arbeit, gemessen an der Zeit. Steigende Grundrenten entstehen aus dem Zwang, immer unfruchtbarere Böden zu bebauen.

Genial ist Ricardos Theorie der komparativen Kosten. Im Außenhandel gewinnt auch die Volkswirtschaft desjenigen Landes, die den anderen Ländern kostenmäßig absolut unterlegen ist, wenn sich die Länder auf die Produktion der Güter spezialisieren, bei denen vergleichsweise (komparative) Kostenvorteile bestehen.

- Weiterentwicklung der Arbeitswerttheorie
- Gütertausch nach den Arbeitswerten
- Begründer der Aussenwirtschaftstheorie
- Theorem der komparative Kosten

Seine Lehre hatte großen Einfluss auf spätere Theoretiker, unter anderem auf die Mehrwerttheorie von Karl Marx. Ricardo starb 1823 in London.

1.2.4　Karl Marx

Karl Marx wird 1818 in Trier geboren. 1835 schreibt er sich als Student der Rechte an der Universität Bonn ein. Nach einem Jahr wechselt er an die Berliner Universität. Dort tritt das Jura-Studium in den Hintergrund und Marx wendet sich verstärkt der Philosophie und Geschichtswissenschaft zu. 1841 promoviert Marx an der Universität Jena zum Doktor der Philosophie. Die Politik der preußischen Regierung verwehrt ihm eine akademische Laufbahn, denn Marx gilt als ein führender Kopf der oppositionellen an Hegel orientierten Linken. Ab 1842 arbeitet Marx für die „Rheinische Zeitung", bis diese 1843 wegen ihrer ständigen Angriffe gegen die Regierung verboten wird.

Box 1.6

Karl Marx (1818–1883)

Hauptwerk: Das Kapital (Band I 1867, Band II und III 1885–1894)

Karl Marx war Philosoph, politischer Journalist, Kritiker der bürgerlichen Ökonomie aber ohne Zweifel auch ein großer Ökonom. Er ist der wichtigste Vertreter des wissenschaftlichen Sozialismus. Die Bedeutung von Marx liegt in seinem geschichtsphilosophischen-soziologischen System und in seiner darauf aufbauenden Lehre. Beide zusammen werden als Marxismus bezeichnet.

In seiner Geschichtslehre ging Marx von der 'dialektischen Methode' Hegels aus, setzte aber an Stelle der Idee den materiellen Mechanismus. Nationalökonomisch fußt Marx auf den Klassikern.

In der Wertlehre verlässt Marx die Arbeitswerttheorie Ricardos (Theorie der relativen Preise). Die Arbeit wird bei Marx zur Substanz des Wertes. Neben dem Einfluss von Marx auf die Arbeiterbewegung und die rein sozialistische Literatur blieb sein Einfluss auf die 'orthodoxe' Nationalökonomie wegen des Auftretens der Grenznutzenschule relativ gering.

- Begründer des wissenschaftlichen Sozialismus
- Vertreter der Klassiker
- Wertlehre

Es folgen in den Jahren 1843–1849 erzwungene, von Ausweisung beendete Aufenthalte in Paris und Brüssel. „Philosophen haben die Welt nur verschieden interpretiert, es kommt darauf an, sie zu verändern" schreibt Karl Marx 1845.

1849 geht Marx mit seiner Familie ins Exil nach London. Dort bezieht der Begründer des Wissenschaftlichen Sozialismus zusammen mit seiner Frau Jenny von Westphalen und seinen sechs Kindern eine Dachwohnung. Die Familie lebt in dürftigen Verhältnissen. Finanzielle Unterstützung durch den reichen Fabrikantensohn Friedrich Engels und vereinzelte Honorare für journalistische Arbeiten verbessern nur vorübergehend die Situation.

Im Leseraum des Britischen Museums studiert Marx die Werke der klassischen Wirtschaftstheoretiker und macht sich erste Notizen für „Das Kapital". 1859 erscheint seine Schrift „Zur Kritik der politischen Ökonomie", 1867 später folgt der erste Band des „Das Kapital". Die beiden anderen Bände gibt Friedrich Engels nach dem Tod von Marx heraus.

In seinen Hauptwerken analysiert Marx die kapitalistische Produktionsweise, um der internationalen Arbeiterbewegung eine wissenschaftliche Grundlage für ihren revolutionären Kampf zu liefern. Bereits 1848 hat Karl Marx gemeinsam mit Friedrich Engels im Auftrag des Londoner Bundes der Kommunisten „Das Kommunistische Manifest" verfasst, das mit dem berühmten Satz beginnt: „Ein Gespenst geht um in Europa – das Gespenst des Kommunismus".

Bis Ende der 80er Jahre des vergangenen Jahrhunderts lebten rund anderthalb Milliarden Menschen in Staaten, deren maßgebliche Ideologie der Marxismus war. Männer wie Lenin und Mao stützten ihre revolutionäre Gesellschaftskritik auf ein Werk, das lange Zeit die geistige Basis des internationalen Sozialismus war. Die Nachfolger und Anhänger von Karl Marx wurden in dieser Hoffnung allerdings enttäuscht. Im Westen gelang es, das kapitalistische System zu reformieren und damit die von Marx zurecht kritisierte Ausbeutung des Proletariats zu beenden oder zumindest auf ein erträgliches Maß zu begrenzen. Der kapitalistische „Ausbeuterstaat" des 19. Jahrhunderts wurde auf diese Weise allmählich durch den „Wohlfahrtsstaat" ersetzt. Im Osten Europas entstanden dagegen zentral gesteuerte Wirtschaftssysteme mit streng hierarchisch gegliederten Gesellschaften, in denen die Forderung von Karl Marx nach Freiheit und Gleichheit nicht erfüllt wurde. Korruption, Unfreiheit, Misswirtschaft und eine geringe ökonomische Effizienz führten zum Zusammenbruch des „Realen Sozialismus".

Die Stärke von Karl Marx liegt in der Analyse des in der damaligen Zeit vorherrschenden Kapitalismus und nicht im Entwurf einer neuen Wirtschafts- und Gesellschaftsordnung. „Das Kapital" von Karl Marx nimmt gleichwohl in der Ökonomie eine ähnliche Stellung wie der „Wohlstand der Nationen" von Adam Smith ein. Das Gemeinsame dieser Werke ist der Versuch, nicht nur charakteristische Züge des Wirtschaftslebens, sondern das gesamte System der gesellschaftlichen Entwicklung analytisch zu erfassen.

1.2.5   John Maynard Keynes

John Maynard Keynes wird 1883, im Todesjahr von Karl Marx, als Sohn eines Professors für Logik und Politische Ökonomie in Cambridge geboren. Er ist ein typischer Spross der englischen Oberschicht und absolviert eine Elite-Ausbildung am Eton College und King's College in Cambridge. Zunächst studiert er Mathematik und später Volkswirtschaftslehre, da er sich zunehmend für politische Fragen interessiert. Seine Lehrer in Cambridge waren Alfred Marshall und Arthur Pigou.

Box 1.7

John Maynard Keynes (1883–1946)

Hauptwerk: General Theory of Employment, Interest and Money (1936)

John Maynard Keynes war ein englischer Ökonom. Er zählt zu den bedeutendsten Ökonomen der Wirtschaftswissenschaften.

Keynes gilt als Begründer der Makroökonomie. Sein Buch „The General Theory of Employment, Interest and Money" gilt als bedeutendster Beitrag der Wirtschafts- und Sozialwissenschaften im 20. Jahrhundert.

Sein bedeutendstes Werk stellt den Versuch einer allgemeinen Beschäftigungstheorie dar. Wovon hängt der Beschäftigungsgrad einer Volkswirtschaft ab? Dabei kommt Keynes zu drei psychologischen Determinanten: Propensity to consume (Hang zum Verbrauch), Liquidity preference (Liquiditätsvorliebe) und Marginal efficiency of capital (Grenzrentabilität des Kapitals).

Hervorzuheben ist seine Analyse vom Sparen und Investieren. Gleichgewicht ist nach Keynes auch bei Unterbeschäftigung möglich, deshalb Zwang zur Beschäftigungspolitik (antizyklische Fiskalpolitik).

Die Theorien von Keynes waren ein ungeheures Stimulans für die wissenschaftliche Forschung.

- Beschäftigungstheorie
- Sparen und Investieren
- Gleichgewicht bei Unterbeschäftigung
- Antizyklische Fiskalpolitik
- Begründer der Makroökonomie
- Nachfrageorientierte Wirtschaftspolitik

Nach einer zweijährigen Tätigkeit in der Royal Commission on Indian Currency and Finance in London kehrt er nach Cambridge zurück und nimmt ein Stipendium am King's College an. Er hält Vorlesungen über Geld, Kredit und Preise, wird Redakteur des „Economic Journal" und veröffentlicht sein erstes Buch über das indische Währungs- und Finanzwesen.

Als Vertreter des englischen Schatzamtes nimmt Keynes an der Versailler Friedenskonferenz (1919) teil. Aus Enttäuschung über die seiner Ansicht nach übertriebenen Reparationsforderungen der Alliierten zieht er sich aus der Kommission zurück und veröffentlicht seine Streitschrift „Die wirtschaftlichen Folgen des Friedensvertrages". Diese Schrift macht ihn in kürzester Zeit berühmt.

Anfang der dreißiger Jahre kommt es unter dem Eindruck der Weltwirtschaftskrise 1929 zum endgültigen Bruch mit der neoklassischen Lehre. 1936 veröffentlicht Keynes sein Hauptwerk „The General Theory of Employment, Interest and Money" (Allgemeine Theorie der Beschäftigung, des Zinses und des Geldes). In diesem Werk entwickelt er radikale Ideen, die bis heute einen großen Einfluss auf die ökonomischen und politischen Theorien nehmen. Dieses Buch ist äußerst dicht geschrieben: rein verbal, selten eine Formel, Abbildung oder Tabelle. Andere Ökonomen haben seine Ideen später erfolgreich in makroökonomischen Modellen abgebildet.

Keynes empfiehlt angesichts der Depression der dreißiger Jahre, die stagnierende Wirtschaft durch staatliche Investitionen und niedrige Zinsen wieder in Gang zu bringen. Die Notwendigkeit eines staatlichen Eingriffes begründet er damit, dass eine Volkswirtschaft auch in Situationen im Gleichgewicht sein kann, in denen zentrale gesellschaftliche Ziele nicht erreicht sind. Im Falle eines Gleichgewichtszustandes bei gleichzeitig hoher Unterbeschäftigung hat deshalb der Staat Maßnahmen zu ergreifen, die geeignet sind, die Beschäftigung maßgeblich zu erhöhen.

Keynes stellte die „Unsicherheit" in das Zentrum seiner Überlegungen. Unter dem Eindruck der großen Wirtschaftsdepression erkennt er, dass sich in kapitalistischen Wirtschaftssystemen im Fall einer Krise unter Umständen erst nach längerer Zeit wieder der Zustand der Vollbeschäftigung einstellt. Keynes kritisiert die klassische Gleichgewichtstheorie, die davon ausgeht, dass der Marktmechanismus allein dafür sorgt, dass sich immer wieder selbsttätig der optimale Zustand der Volkswirtschaft einstellt. Keynes geht es insbesondere um die Bewältigung akuter Krisen. Einer seiner berühmten Sätze lautet „Auf lange Sicht sind wir alle tot". Wer könnte diesen Satz bezweifeln.

1940 tritt Keynes wieder in den Staatsdienst ein. Keynes war englischer Verhandlungsführer auf der Konferenz des Weltwährungssystems in Bretton Woods (1944). Dort ist er an der Festlegung der internationalen Finanz- und Währungspolitik für die Zeit nach dem Zweiten Weltkrieg beteiligt. Keynes war ein außerordentlich erfolgreicher Investor, der ein beträchtliches Privatvermögen erwirtschaftete. Er hatte einen großen Freundeskreis, dem Virginia Woolf, Bertrand Russel und Ludwig Wittgenstein angehörten. 1946 starb Keynes in Firle, East Sussex. Er zählt zu den bedeutendsten Ökonomen überhaupt.

1.3   Mikroökonomie und Makroökonomie

Der Wirtschaftskreislauf von Güter- und Geldströmen ist von zentraler Bedeutung für das Verständnis der wichtigsten Zusammenhänge in einer Wirtschaft. Das gilt sowohl für die Analyse einzelwirtschaftlicher Entscheidungen in der Mikroökonomie als auch für die gesamtwirtschaftlichen Fragestellungen der Makroökonomie.

Im Mittelpunkt der mikroökonomischen Analyse stehen die Bestimmungsgründe einzelwirtschaftlicher Entscheidungen von Haushalten und Unternehmen über die Nutzung von Produktionsfaktoren und die Produktion und Verwendung von Gütern und Dienstleistungen. Die mikroökonomische Theorie versucht eine Antwort auf die zentrale Frage der Wirtschaftswissenschaften zu geben: Wer soll was, wann, wo, womit, wie und für wen produzieren?

Box 1.8

Mikroökonomie und Makroökonomie

Die Mikroökonomie beschäftigt sich im Rahmen der Volkswirtschaftslehre mit Studien des wirtschaftlichen Verhaltens einzelner Konsumenten (Haushaltstheorie) und Unternehmen (Theorie der Unternehmung) sowie der Problematik der Verteilung von knappen Gütern und Einkommen. In der Mikroökonomie werden die Haushalte als Anbieter von Arbeit und Kapital angesehen. Sie konsumieren die produzierten Güter mit dem Ziel der Nutzenmaximierung. Die Betriebe setzen die Produktionsfaktoren Arbeit, Boden, Kapital, technischen Fortschritt mit dem Ziel der Gewinnmaximierung ein.

Die Makroökonomie beschäftigt sich mit dem Verhalten der Wirtschaft insgesamt, z.B. mit Änderungen des Gesamteinkommens oder des Beschäftigungsgrades, der Inflationsrate oder Konjunkturschwankungen. Sie versucht Erklärungen für diese Schwankungen in der Wirtschaft zu finden und die relevanten Steuergrößen und ihre Abhängigkeiten zu ermitteln. Diese Steuergrößen können dazu benutzt werden, Ziele wie Preisniveaustabilität, Vollbeschäftigung oder Wirtschaftswachstum zu erreichen. Die Makroökonomik arbeitet dabei immer mit aggregierten Größen, also zum Beispiel mit dem Einkommen aller Haushalte, den Investitionen aller Unternehmen oder dem Budgetdefizit des Staates.

Welche Größen bestimmen aber Faktorangebot und die Güternachfrage der Haushalte? Welche Zusammenhänge bestehen zwischen Produktion, Faktoreinsatz und Kosten? Auf welche Weise lassen sich für Unternehmen gewinnmaximale Produktionspläne ermitteln, die wiederum das Güterangebot und die Faktornachfrage der Unternehmen bestimmen? Welche Ziele verfolgen Haushalte und Unternehmen und welchen Nebenbedingungen unterliegen sie? Wie bilden sich Preise? Welchen Einfluss haben unterschiedliche Marktformen auf Angebot und Nachfrage? Was ist ein Markt und welche Funktionen erfüllt er? Wie funktioniert der dezentrale Selbststeuerungsmechanismus der Marktwirtschaft? Die mikroökonomische Theorie versucht, auf diese Fragen eine Antwort zu geben.

Im Mittelpunkt der makroökonomischen Betrachtung steht die gesamtwirtschaftliche Analyse. Letztlich geht es um eine gesamtgesellschaftliche Sicht der Wirtschaft. Auf welche Weise können zugleich die wirtschaftspolitischen Ziele Vollbeschäftigung, Preisstabilität, Wirtschaftswachstum und außenwirtschaftliches Gleichgewicht erreicht werden? In der Volkswirtschaftlichen Gesamtrechnung werden zunächst die wichtigsten makroökonomischen Daten erfasst. Diese Daten erfassen in einem konsistenten Rahmen das Angebot und die Nachfrage einer Wirtschaft aus der gesamtwirtschaftlichen Sicht. Makroökonomische Modelle wiederum sind nicht nur in der Lage, den Wirtschaftskreislauf abzubilden, sondern dienen auch als Erklärungsmodelle für den gesamtwirtschaftlichen Ablauf der Wirtschaft. In ihnen spielen die Verhaltenfunktionen für Produktion, Import, Export, Konsum und Investition eine wichtige Rolle. Mit Hilfe dieser makroökonomischen Modelle wiederum, können die quantitativen Wirkungen alternativer wirtschaftspolitischer Maßnahmen auf die Gesamtwirtschaft analysiert werden.

1.3.1   Milliardenkreislauf der Volkswirtschaft

John Maynard Keynes gilt als Begründer der Makroökonomie und der modernen Kreislaufanalyse. Er hat die Grundlagen der Volkswirtschaftlichen Gesamtrechnung gelegt, in der die wichtigsten makroökonomischen Daten in einem konsistenten System von Angebot und Nachfrage dargestellt werden.

Mit der Darstellung des Wirtschaftskreislaufs in **Abbildung 1.1** wird der Versuch unternommen, für eine Volkswirtschaft alle Wirtschaftransaktionen eines Jahres zu erfassen. In dem Wirtschaftskreislauf werden aus der makroökonomischen Sicht alle wichtigen Transaktionen eines Wirtschaftsjahres dargestellt. Meldungen über diesen Milliardenkreislauf findet man fast jeden Tag im Wirtschaftsteil der Tageszeitung.

Jeden Tag treffen sich auf den Märkten Anbieter und Nachfrager und einigen sich über Preise und die gelieferten Mengen. Auf den Gütermärkten (Konsumgütermarkt, Investitionsgütermarkt) bieten Unternehmen Güter und Dienstleistungen an, die Haushalte als Konsumenten oder Investoren wiederum nachfragen. Auf den Faktormärkten (Arbeitsmarkt, Kapitalmarkt) bieten dagegen die Haushalte die Nutzung von Produktionsfaktoren (Arbeit, Kapital) an, die Unternehmen für ihre Produktionsaktivitäten nachfragen.

Aus dem Kreislaufdiagramm ist deutlich ersichtlich, dass die Geldströme den Mengenströmen entgegenlaufen. Das liegt in der Natur der Sache. Der Wirtschaftskreislauf ist vollständig erfasst, wenn für jede Institution (Haushalte, Unternehmen) und jeden Markt (Gütermärkte, Faktormärkte) die Wertsumme der einfließenden Geldströme genau der Wertsumme der ausfließenden Ströme entspricht. Es ist deshalb zwischen Markttransaktionen und Restgrößen (Salden) zu unterscheiden, die im Rahmen der Volkswirtschaftlichen Gesamtrechnung zu berechnen sind. Markttransaktionen sind beispielsweise Löhne, Konsum und Investition. Salden dagegen sind Gewinne und Ersparnisse. Typisch für Salden ist die Beobachtung, dass sie in ihrer vollen Höhe erst am letzten Tag eines Wirtschaftsjahres berechnet werden können.

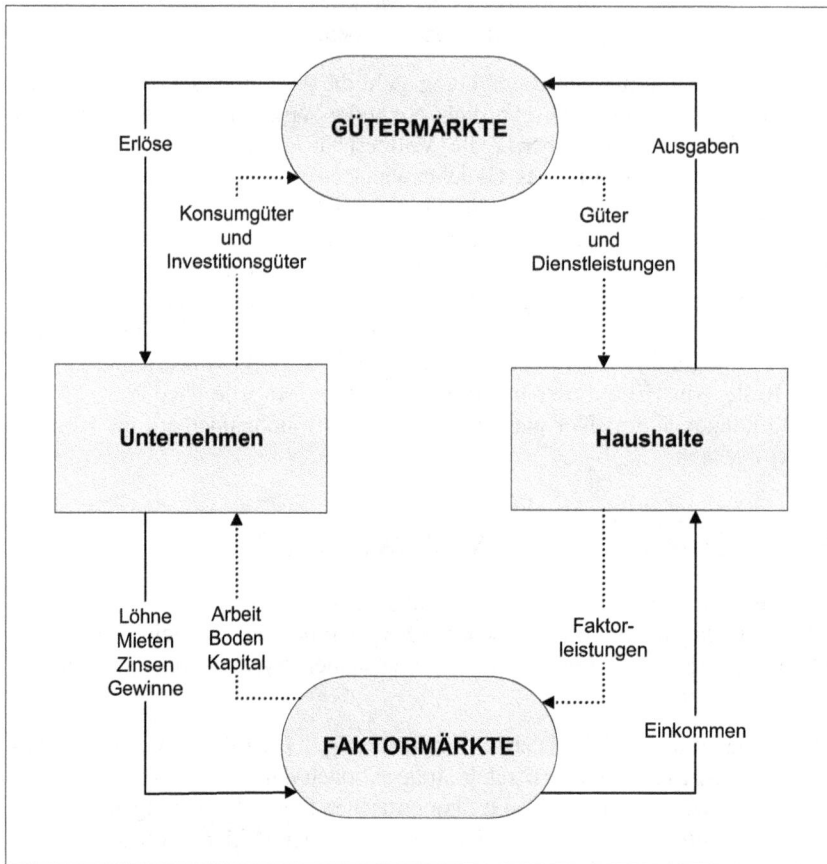

―――― = Werte (Geldströme)
------- = Mengen (Güterströme, Faktorströme)

Abbildung 1.1: Güter- und Geldströme einer Volkswirtschaft
In dem Flussdiagramm wird der Wirtschaftskreislauf für eine geschlossen Volkswirtschaft ohne Außenhandel dargestellt. Erfasst werden alle Güter- und Geldströme eines Jahres.

1.3.2   Märkte

In **Abbildung 1.2** wird der Milliardenkreislauf einer Volkswirtschaft aus der makroökonomischen Perspektive dargestellt. In dem Zahlenbeispiel ist zwischen Markttransaktionen (Löhne, Konsum, Bruttoinvestition) und Salden (Bruttogewinne, Bruttoersparnis) zu unterscheiden. Die tatsächliche Höhe der Gewinne und Ersparnisse lässt sich erst am letzten Tag eines Jahres als Restgröße bestimmen. Hier treffen sich, nicht wie bei den Markttransaktionen, Anbieter und Nachfrager auf einem Markt, die sich über Preise einigen müssen. Auch haben die Salden im eigentlichen Sinn keinen Mengencharakter.

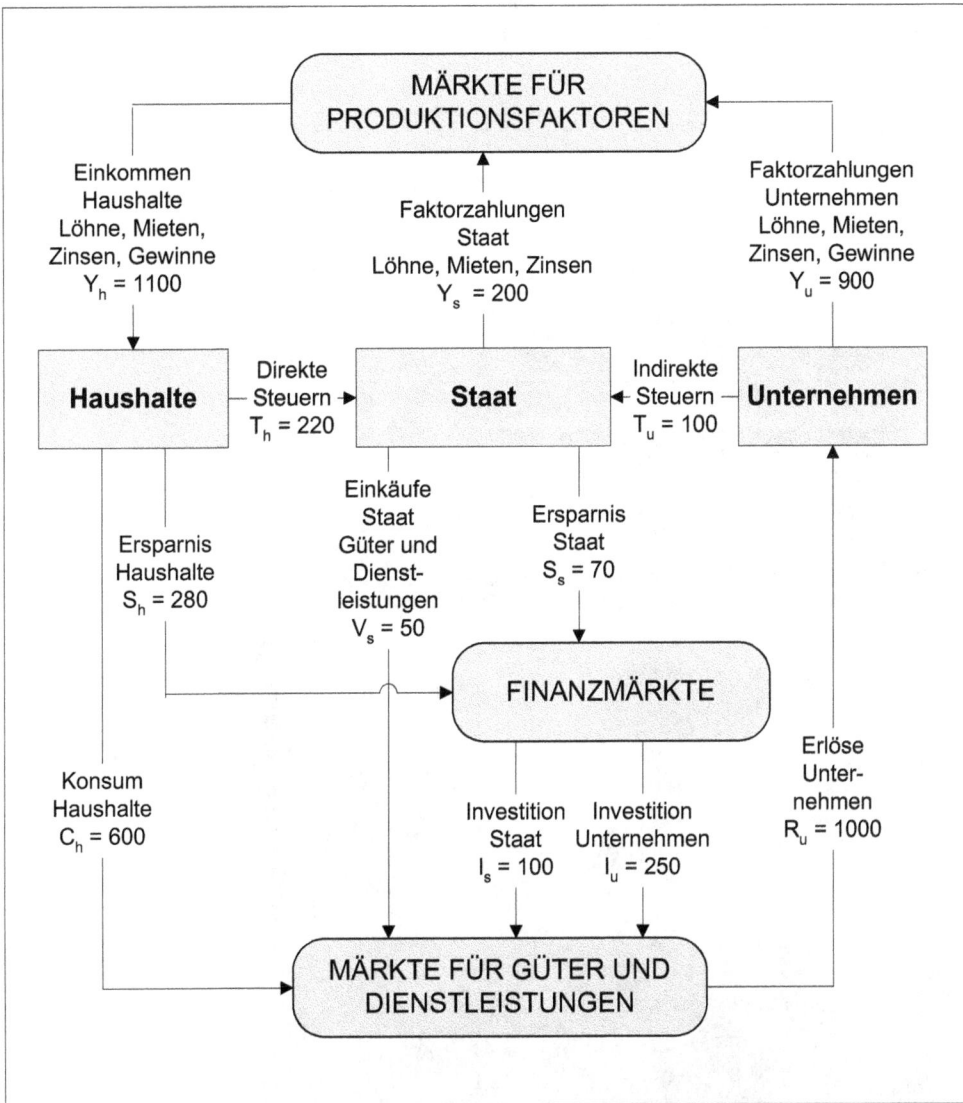

Abbildung 1.2: Der Milliardenkreislauf

In dem Flussdiagramm wird der Milliardenkreislauf einer Volkswirtschaft für ein Wirtschaftsjahr erfasst. Ausgewiesen werden die wichtigsten Transaktionen für die Institutionen Haushalte, Staat und Unternehmen. Auf den Märkten treffen sich Anbieter und Nachfrager, die sich über den Austausch von Gütern und Dienstleistungen sowie die Nutzung von Produktionsfaktoren zu den vereinbarten Preisen einigen.

Wichtig aus der Sicht der Kreislaufanalyse ist die Forderung, dass für jeden Pol (Produktion, Einkommen, Vermögensänderung) die Wertsumme der einfließenden Geldströme der Wertsumme der ausfließenden Geldströme entspricht. Nur so ist die Konsistenz der Volkswirtschaftlichen Gesamtrechnung gesichert, das der Wert des Angebots genau dem Wert der Nachfrage entspricht. Diese Konsistenz wird durch die Berechnung der Salden gesichert.

Abbildung 1.3: Händlermarkt der Commerzbank in Frankfurt am Main und Wochenmarkt in Winnenden bei Stuttgart
Auf dem Markt treffen sich Anbieter und Nachfrager, die sich über Kauf und Verkauf eines Gutes zu einem bestimmten Preis einigen.

Die wichtigste Grundlage der Makroökonomie ist zunächst, mit der Volkswirtschaftlichen Gesamtrechnung die makroökonomischen Daten eines Wirtschaftsjahres zu erfassen. Makroökonomische Modelle versuchen nun in einem System von Definitionsgleichungen und Verhaltensgleichungen den Wirtschaftsablauf zu erklären. Makroökonomische Modelle werden vielfach verwendet, um die Auswirkungen wirtschaftspolitischer Maßnahmen auf das Wirtschaftsgeschehen zu analysieren. Dabei stehen die gesamtwirtschaftlichen Ziele im Vordergrund, nach Möglichkeit zugleich Vollbeschäftigung, Preisstabilität, Wirtschaftswachstum und außenwirtschaftliches Gleichgewicht zu gewährleisten.

Das Hauptanliegen der Mikroökonomie ist, das Geschehen auf den Märkten zu analysieren. In dem obigen Wirtschaftskreislauf werden drei Märkte erfasst, auf denen sich Anbieter und Nachfrager gegenüberstehen und sich über Preise für die Güter und Produktionsfaktoren einigen müssen. Es sind der Arbeitsmarkt, der Konsumgütermarkt und der Investitionsgütermarkt.

Das zentrale Anliegen der Mikroökonomie ist es, zu erklären, wie der Marktmechanismus funktioniert. Dezentrale Entscheidungen von Haushalten und Unternehmen steuern über Preise die Wirtschaft. In einer Marktwirtschaft haben nicht nur absolute Preise, sondern insbesondere relative Preise einen maßgeblichen Einfluss auf die Allokation der Produktionsfaktoren. Die absoluten und relativen Preise bestimmen zugleich, welche Güter und Dienstleistungen in welchen Mengen produziert werden.

Das Modell von Angebot und Nachfrage steht im Mittelpunkt der mikroökonomischen Analyse. In der Regel sind Unternehmen bereit, bei hohen Preisen größere Gütermengen anzubieten. Haushalte dagegen reduzieren bei steigenden Preise ihre Nachfrage. Es ist Ziel dieses Lehrbuches, Angebots- und Nachfragefunktionen für Güter und Dienstleistungen aus den Optimierungskalkülen der Haushalte und Unternehmen abzuleiten.

In **Abbildung 1.4** werden die Angebots- und Nachfragefunktionen für einen Gütermarkt skizziert. Der Verlauf der Nachfragefunktion wird von den Güterpreisen, den Präferenzen und den Einkommen der Nachfrager bestimmt. Die Angebotsfunktion dagegen ist abhängig von den Güterpreise, Faktorpreisen und genutzten Produktionsfunktionen. Der Markt wird zum Gleichgewichtspreis $p_1{}^*$ und zur Menge $x_1{}^*$ geräumt. Im Marktgleichgewicht entspricht die angebotene menge der nachgefragten Menge. Nur der Marktpreis sorgt dafür, dass die Unternehmen genau die Menge produzieren, die Nachfrager zu kaufen wünschen. Bei anderen Preisen kommt es zur Unterversorgung oder Überproduktion.

Auf dem Arbeitsmarkt herrscht Gleichgewicht, wenn bei dem gleichgewichtigen Nominallohnsatz $q_1{}^*$ die angebotenen Arbeitsmenge der Haushalte mit der nachgefragten Arbeitsmenge der Unternehmen übereinstimmt. Bei diesem Lohnsatz herrscht Vollbeschäftigung, denn alle Beschäftigten, die zu diesem Lohnsatz einen Arbeitsplatz suchen, finden auch tatsächlich Beschäftigung. In **Abbildung 1.5** besteht ein Gleichgewicht auf dem Arbeitsmarkt wenn der Gleichgewichtslohnsatz $q_1{}^*$ zu der Gleichgewichtsmenge $_{v1}{}^*$ führt. Arbeitslosigkeit wird dagegen beobachtet, wenn die vereinbarten Lohnsätze über dem Gleichgewichtslohnsatz liegen. Liegen die Lohnsätze unter dem Gleichgewichtspreis, ist die Nachfrage nach Arbeit größer als das Angebot und es kann bei Öffnung des Arbeitsmarktes zu Zuwanderungen (Gastarbeiter) kommen.

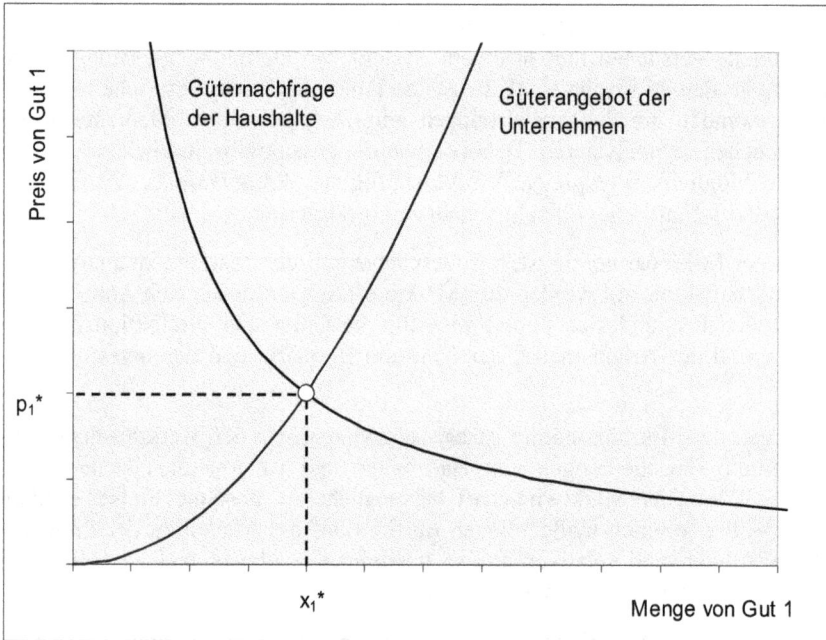

Abbildung 1.4: Gütermarkt
*Auf dem Gütermarkt bieten Unternehmen Güter und Dienstleistungen an, die von den Haus-
halten nachgefragt werden. Der Verlauf der negativ geneigten Nachfragefunktion wird von
den Güterpreisen, den Einkommen und den Präferenzen der Konsumenten bestimmt. Die
Angebotsfunktion gibt an, wie sich die angebotene Menge eines Gutes ändert, wenn sich der
Preis des Gutes am Markt ändert. Die Faktorpreise, Güterpreise und die Art der Produktionsfunktion bestimmen den Verlauf der positiv geneigten Angebotsfunktion.*

Entscheidend für die Arbeitsnachfrage der Unternehmen ist die Produktivität der Arbeit und
der Reallohnsatz. Ein Arbeitnehmer mit hoher Arbeitsproduktivität kann in der Regel auch
mit einer hohen Realentlohnung rechnen. Der Reallohnsatz ist definiert als das Verhältnis
von Faktorpreis zu Güterpreis. Er entspricht der realen Güterkaufkraft des Nominallohnsatzes.

Aber auch das Arbeitsangebot der Haushalte wird neben Überlegungen zu Freizeit und Konsum vom Reallohnsatz bestimmt. Was nützt es einem Arbeitnehmer einen hohen Nominal-
lohn nach Hause zu tragen, wenn durch steigende Güterpreise seine reale Kaufkraft abnimmt. Sein Arbeit-Konsum-Plan wird von seinen Präferenzen bezüglich Freizeit bzw. Arbeit und Konsum und dem Verhältnis von Nominallohnsatz zur Güterpreisen bestimmt.

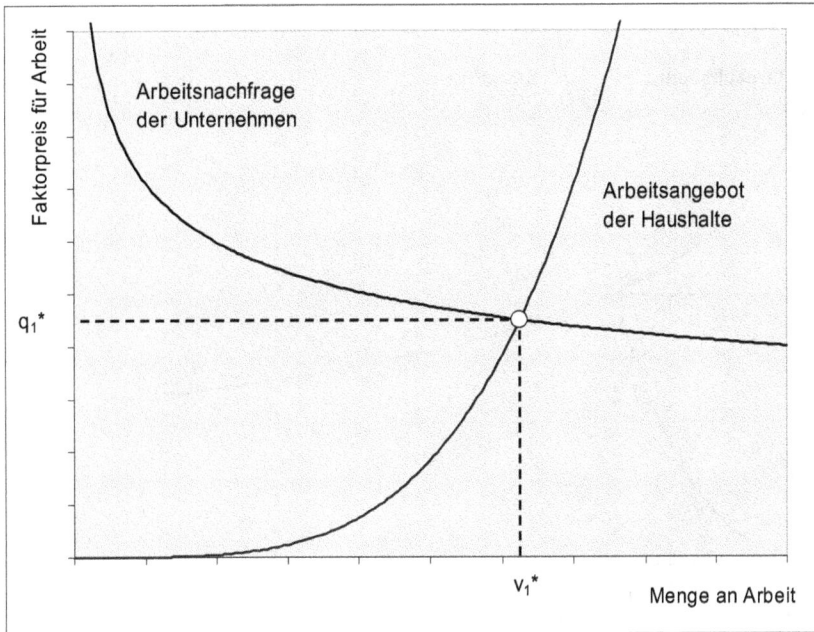

Abbildung 1.5: Arbeitsmarkt
*Auf dem Arbeitsmarkt bieten Haushalte ihre Arbeitskraft an und Unternehmen fragen Arbeit
nach. Der Verlauf der negativ geneigten Nachfragefunktion wird von der Grenzproduktivität
der Arbeit und dem Reallohnsatz bestimmt. Die Angebotsfunktion der Haushalte wird von
den Präferenzen für Arbeit und Konsum und dem Reallohnsatz bestimmt.*

Für eine geschlossene Volkswirtschaft ist ein makroökonomisches Gleichgewicht erreicht,
wenn die Höhe der Investitionen der volkswirtschaftlichen Ersparnis entspricht. **In Abbildung 1.6** werden die Investitions- und Sparfunktionen dargestellt. Es wird unterstellt, dass
sowohl die Höhe der Investitionen als auch die Höhe der Ersparnisse von der Höhe des Kapi-
talmarktzinssatzes abhängig sind. Die Investitionsnachfrage $I = f(r)$ signalisiert, dass die
Investoren bei einem hohen Kapitalmarktzinssatz ihre Nachfrage nach Investitionen kräftig
reduzieren, bei einer Senkung des Zinssatzes dagegen mit einer kräftigen Steigerung ihrer
Investitionsnachfrage reagieren. Die Angebotsfunktion auf dem Kapitalmarkt wird durch die
volkswirtschaftliche Ersparnis bestimmt. Sie reagiert weniger empfindlich auf die Höhe des
Zinssatzes. Ein Gleichgewicht auf dem Kapitalmarkt ist erreicht, wenn zu dem Gleichge-
wichtszinssatz r^* die tatsächlichen Investitionen I^* genau der volkswirtschaftlichen Ersparnis
S^* entspricht.

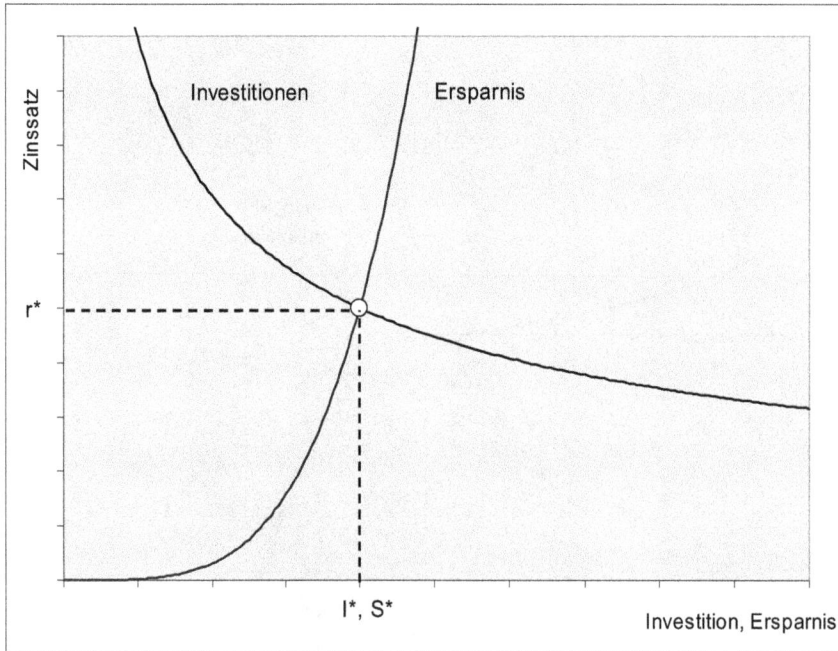

Abbildung 1.6: Finanzmarkt
Der Zinssatz als Kapitalnutzungspreis führt zum Gleichgewicht auf dem Finanzmarkt. Investoren nehmen am Kapitalmarkt Kredite auf, für die Zinszahlungen zu leisten sind. Sparer dagegen legen ihre Ersparnis auf dem Kapitalmarkt an und erwarten als gegenwert einen Nominalzins, der mehr als nur die Inflation abdeckt.

1.3.3   Ökologischer-ökonomischer Kreislauf

Die Umweltökonomie ist keine Spezialdisziplin der Volkswirtschaftslehre, sondern eine wichtige Erweiterung volkswirtschaftlicher Analyse um Umweltparameter. Es ist offenkundig, dass in den verschiedenen Produktions- und Konsumaktivitäten der Unternehmen, des Staates und der privaten Haushalte nicht nur erwünschte Produkte („Goods") hergestellt und geschaffen werden, sondern auch zahlreiche Schadstoffen aller Art („Bads") als unerwünschte Kuppelprodukte anfallen. In **Abbildung 1.7** wird der ökologische-ökonomische Kreislauf einer Volkswirtschaft aus der Perspektive der Makroökonomie dargestellt. In dem Kreislaufdiagramm werden die komplexen Beziehungen zwischen dem ökonomischen System und dem ökologischen System erfasst.

Es ist zu kurz gedacht, wenn auf der Inputseite einer Volkswirtschaft nur die klassischen Produktionsfaktoren Arbeit, Boden und Kapital berücksichtigt werden. Eine genauere Betrachtungsweise zeigt, dass neben Boden auch andere natürliche Ressourcen in der ökonomischen Analyse zu beachten sind. Sie wurden lange Zeit ignoriert, weil sie in vielen Fällen unentgeltlich der Natur entnommen werden. Das Kreislaufdiagramm tritt mit dem Anspruch an, dass auf der Inputseite alle primären Produktionsfaktoren berücksichtigt werden: Boden, Bodenschätze, Pflanze, Tiere, Luft und Wasser.

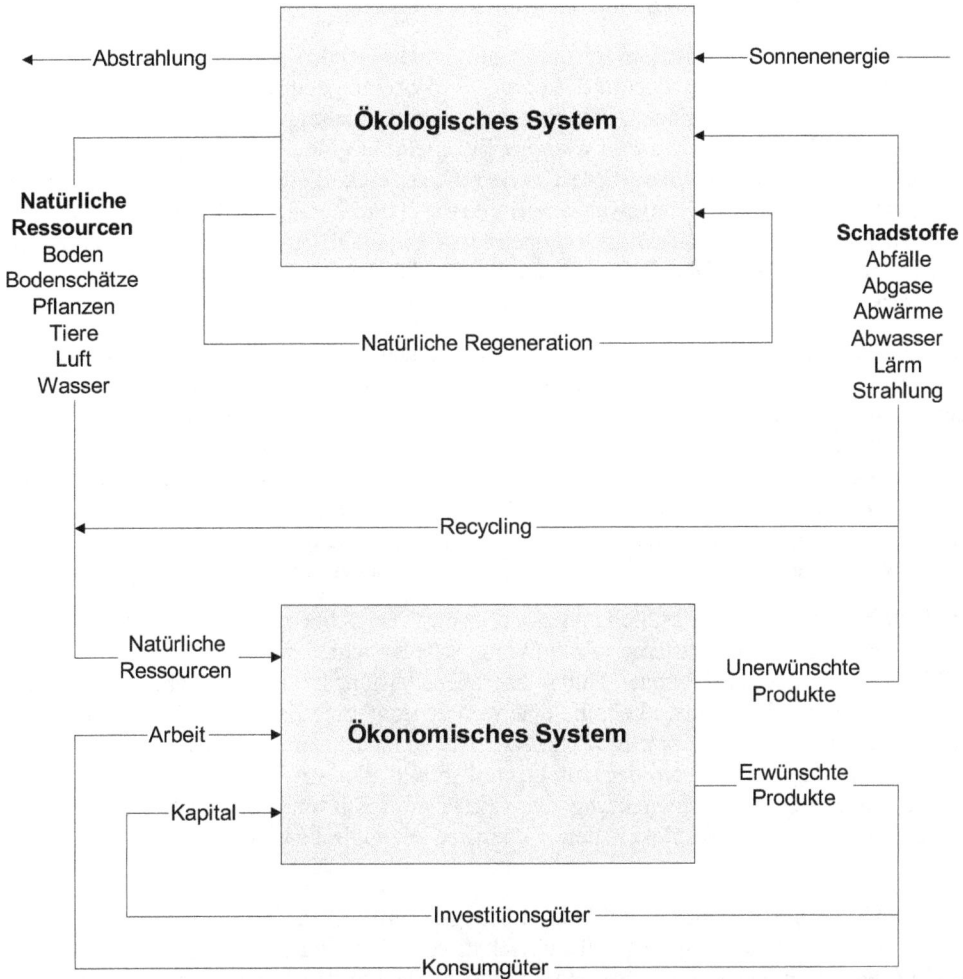

Abstrahlung ← — **Ökologisches System** — → **Sonnenenergie**

Natürliche Ressourcen
Boden
Bodenschätze
Pflanzen
Tiere
Luft
Wasser

— **Natürliche Regeneration** —

Schadstoffe
Abfälle
Abgase
Abwärme
Abwasser
Lärm
Strahlung

— **Recycling** —

Natürliche Ressourcen

Arbeit

Kapital

Ökonomisches System

Unerwünschte Produkte

Erwünschte Produkte

— **Investitionsgüter** —

— **Konsumgüter** —

Abbildung 1.7: Der ökologische-ökonomische Kreislauf
Die komplexen Beziehungen zwischen ökologischen und ökonomischen Systemen können als Kreislauf verstanden werden. In dem Diagramm werden alle natürlichen Ressourcen berücksichtigt, die ökonomische Systeme als Inputs nutzen. Auch werden alle Schadstoffe ausgewiesen, die von den ökonomischen System als unerwünschte Kuppelprodukte an die Umwelt abgegeben werden. Der Verbrauch und die Übernutzung natürlicher Ressourcen sowie die Emission von Schadstoffen durch ökonomische Systeme belasten die Funktionsfähigkeit der ökologischen Systeme.

Der Anspruch of Vollständigkeit gilt auch für die Outputseite der Volkswirtschaft. Es ist ohne Zweifel wichtig, sorgfältig die erwünschten Produkte des ökonomischen Systems zu erfassen, die in Form von Konsumgütern und Investitionsgüter auf Märkten verkauft werden. Unübersehbar ist aber auch, dass das ökonomische System viele unerwünschte Produkte generiert, die als Abfälle die ökologischen Systeme belasten.

Mit dem enormen Bevölkerungswachstum und einhergehenden Wirtschaftswachstum seit der Industrialisierung werden wichtige ökologische Systeme gefährdet. Waldsterben, Brandrodung tropischer Regenwälder, Artenrückgang, Klimaänderung, Abbau der schützenden Ozonschicht in der Stratosphäre sind wichtige Beispiele für globale Umweltprobleme. Diese Probleme beweisen, dass die natürliche Regenerationsfähigkeit vieler ökologischer Systeme durch das weltweite Bevölkerungswachstums und die starke Zunahmen der Produktion überfordert sind. Das Verbrennen fossiler Energieträger (Kohle, Öl, Gas) ändert die Strahlungsbilanz der Erde. Als Folge führt die Emission von Treibhausgasen zu sichtbaren Änderungen des Klimas.

Das ökonomische System nutzt neben dem klassischen Produktionsfaktor Boden weitere natürliche Ressourcen (Bodenschätze, Pflanzen, Tiere, Luft, Wasser), die nur zum Teil einen eigenen Markt und damit Preise haben. Gleichzeitig produziert das ökonomische System in den verschiedenen Produktions- und Konsumaktivitäten zahlreiche Schadstoffe, die in geringem Umfang über Recycling in den Wirtschaftskreislauf zurückgeführt werden. Gleichwohl wird es mit zunehmender Produktion von Gütern und Dienstleistungen immer wichtiger werden, einen größer werdenden Teil der unerwünschten Kuppelprodukte als Wertstoffe über Recycling wiederum in den Wirtschaftskreislauf zurückzuführen .

Schadstoffe in Form von Abfällen, Abgasen, Abwärme, Abwasser, Lärm und Strahlung belasten die ökologischen Systeme. Viele ökologische Systeme haben eine hohe Regenerationsfähigkeit. Mit der zunehmenden Güter- und Dienstleistungsproduktion haben sich jedoch globale Umweltprobleme entwickelt, die eine weitere tragfähige Entwicklung der Volkswirtschaften gefährden. Auf der Inputseite stellt der Abbau natürlicher Ressourcen ein ökonomisches Problem dar, während auf der Outputseite Abfälle aller Art die ökologischen Systeme belasten. Eine tragfähige Entwicklung der Wirtschaft („Sustainable Development") stellt sicher, dass die Funktionsfähigkeit der wichtigsten ökologischen Systeme nicht gefährdet wird.

Welche mikro- und makroökonomischen Lösungsansätze können verfolgt werden, damit einer tragfähige Entwicklung der Volkswirtschaft erreicht werden kann? Tragfähig ist eine Entwicklung, wenn das Wirtschaftssystem nicht die wichtigsten ökologischen Systeme gefährdet. Es geht aber auch darum, die Interessen der nachfolgender Generationen zu wahren und einen Entwicklungspfad zu betreten, der über länger Zeit in verantwortlicher Weise verfolgt werden kann.

In dem Kreislaufdiagramm der Abbildung 1.7 werden die Nutzung und Verwendung natürlicher Ressourcen und die Leistungsabgaben der primären Produktionsfaktoren Arbeit und Kapital erfasst, nicht dagegen die bestände an natürlichen Ressourcen Arbeit und Kapital. Das physische vom Menschen geschaffene Kapital in Form von Gebäuden und Maschinen entspricht den kumulativen Investitionen der Vergangenheit abzüglich der jeweiligen Abgänge. Für den Produktionsfaktor Arbeit wird unterstellt, dass die Arbeitskraft sich aus dem

Konsum regeneriert und die Wirtschaftssubjekte eine Entscheidung über den für sie optimalen Arbeit-Konsum-Plan treffen.

Eine sorgfältige Unterscheidung zwischen Beständen und Leistungsabgaben von primären Produktionsfaktoren ist wichtig für die volkswirtschaftliche Analyse. In **Abbildung 1.8** werden die wichtigsten Zusammenhänge zwischen Bestands- und Stromgrößen dargestellt.

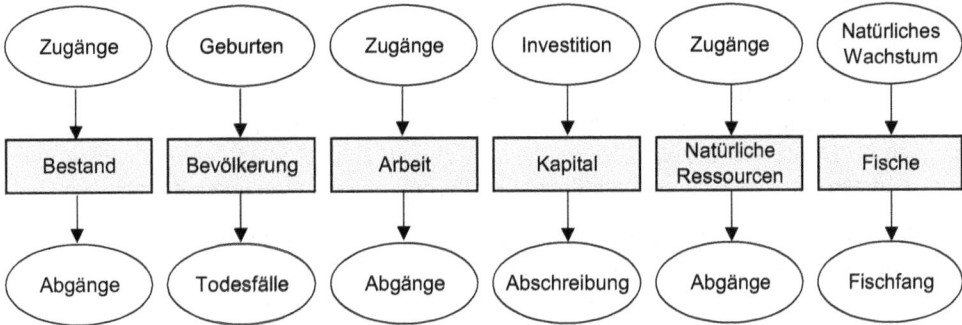

Abbildung 1.8: Bestands- und Stromgrößen einer Volkwirtschaft
Bestandsgrößen werden an einem Stichtag und Stromgrößen dagegen für eine Periode erfasst. Kapital bildet sich aus den kumulativen Investitionen der Vergangenheit. Abschreibungen erfassen den finanziellen Wert der Abgänge an Kapitalgütern.

Der Bestand der Bevölkerung wird an einem Stichtag (31.12.2000) erfasst, während die Zu- und Abgänge eines Jahres (1.1.–31.12.2000) durch die Stromgrößen Geburten und Todesfälle bestimmt sind. Ein Wald wird nachhaltig genutzt, wenn pro Periode genau so viel Holz gefällt wird, wie auf natürliche Weise in diesem Zeitraum wieder nachwächst. Entscheidend für die Entwicklung einer Volkswirtschaft ist die Ausstattung mit Arbeit (Humankapital), Gebäuden und Maschinen (Physisches Kapital) und natürlichen Ressourcen (Naturkapital). Tragfähig ist die Entwicklung einer Volkswirtschaft, wenn der Bruttokapitalstock aus Humankapital, physischem Kapital und natürlichen Ressourcen pro Kopf der Bevölkerung nicht zurückgeht. Zusätzlich ist zu fordern, dass die wichtigsten ökologischen Systeme nicht durch die ökonomischen Systeme in ihrer Existenz gefährdet werden und damit die Lebensgrundlagen zerstört werden.

2 Theorie des Haushalts

In der mikroökonomischen Theorie werden die Wirtschaftssubjekte Haushalte und Unternehmen unterschieden. In marktwirtschaftlichen Systemen befinden sich die meisten Unternehmen im Besitz von privaten Haushalten. In diesem Kapitel wird der Einfachheit halber angenommen, dass Haushalte Eigentümer aller Produktionsfaktoren und Unternehmen sind.

Haushalte bieten den Unternehmen die Nutzung von Produktionsfaktoren an und fragen Güter und Dienstleistungen zu Befriedigung ihrer Bedürfnisse nach. Die Theorie des Haushalts erforscht die Bestimmungsgründe einzelwirtschaftlicher Entscheidungen der Haushalte. Sie untersucht insbesondere Konsumentscheidungen der Haushalte, aber auch Entscheidungen der Haushalte über Arbeit und Kapital.

Der Endzweck allen Wirtschaftens ist der Konsum. Güter und Dienstleistungen, die direkt Bedürfnisse der Haushalte befriedigen können, heißen Konsumgüter. Investitionsgüter dienen indirekt diesem Zweck. Sie sind Güter, die über viele Periode im Produktionsprozess genutzt werden.

Haushalte sind vielfach nicht am mengenmäßigen Konsum einzelner Güter und Dienstleistungen interessiert, sondern an Güterbündeln, die unterschiedlichen Funktionen (Nahrung, Kleidung, Wohnung) oder Konsumaktivitäten (Wohnen, Essen, Sport, Reisen) dienen. Güter und Dienstleistungen fragt der Haushalt auf den Gütermärkten nach. Bei einem Kauf hat er den entsprechenden Preis zu zahlen. Das setzt allerdings voraus, dass der Haushalt über ein Einkommen verfügt. Leider lebt unser Haushalt nicht im Schlaraffenland. Dort kann man das Geld von den Bäumen schütteln.

Die wichtigste Quelle des Einkommens ist das Arbeitseinkommen. Viele Haushalte sind aber auch Eigentümer der Produktionsfaktoren Kapital und Boden. Unter Kapital verstehen wir hier alle langlebigen produzierten Produktionsmittel (Gebäude, Maschinen, Transportmittel). Als Entgelt für die Leistungen dieser Produktionsfaktoren beziehen die Haushalte Besitzeinkommen in Form von Mieten, Pachten und Zinseinnahmen. Da die Abgabe von Faktorleistungen im Allgemeinen auf der Grundlage von Verträgen zwischen Käufern und Verkäufern abgewickelt werden, bezeichnet man die Arbeits- und Besitzeinkommen auch als Kontrakteinkommen.

Neben Arbeits- und Besitzeinkommen verfügt der Haushalt auch über Gewinneinkommen, sofern er an Unternehmen beteiligt ist. Für diese dritte Einkommensquelle gibt es weder einen Markt noch einen Preis. Der Unternehmergewinn ist eine Residualgröße, die am Ende einer Produktionsperiode aus der Differenz zwischen Erlösen und Kosten berechnet wird. Der Unternehmergewinn wird deshalb auch als Residualeinkommen bezeichnet.

Box 2.1

Das Märchen vom Schlaraffenland

Pieter Bruegel der Ältere (1525–1569) ‚Schlaraffenland'

Ich weiß ein Land, dahin mancher gern ziehen möchte, wenn er wüsste, wo es liegt. Dieses schöne Land heißt Schlaraffenland. Da sind Häuser gedeckt mit Eierkuchen, die Türen sind von Lebzelten und die Wände von Schweinebraten. Um jedes Haus steht ein Zaun, der ist aus Bratwürsten geflochten. Aus allen Brunnen fließt süßer Wein und süßer Saft. Wer den gern trinkt, braucht nur den Mund unter das Brunnenrohr zu halten, und der süße Saft rinnt ihm nur so hinein. Die Fische schwimmen im Schlaraffenland oben auf dem Wasser. Sie sind auch schon gebacken oder gesotten und schwimmen ganz nahe am Ufer. Wenn aber einer gar zu faul ist und ein echter Schlaraff, der braucht nur bst! bst! rufen – und die Fische kommen aufs Land herausspaziert und hüpfen dem guten Schlaraffen in die Hand, dass er sich nicht zu bücken braucht. Das Geld kann man von den Bäumen wie gute Kastanien schütteln. Jeder mag sich das beste herunterschütteln, das mindere lässt er liegen.

Zwischen Arbeits- und Besitzeinkommen und Gewinneinkommen besteht ein wesentlicher Unterschied. Die Leistungen der Produktionsfaktoren Arbeit, Boden und Kapital werden auf den Faktormärkten angeboten und nachgefragt und bewertet. Die Höhe der Arbeits- und Besitzeinkommen hängen von den Preisen und Mengen ab, die der Haushalt zu den vereinbarten Preisen an die Unternehmen verkauft. Das Gewinneinkommen dagegen wird – wie bereits erwähnt – residual aus der Differenz von Erlös und Kosten berechnet. Bei Kapitalgesellschaften erfolgt eine Bewertung des Unternehmenserfolges durch den Aktienkurs an der Börse.

In diesem Kapitel behandeln wir Entscheidungen der Haushalte, die die Konsumgüternachfrage, das Arbeitsangebot und das Kapitalangebot der Haushalte betreffen. Bei der Planung dieser Entscheidungen verhält sich der Haushalt als Mengenanpasser. Er nimmt an, dass er als einer der vielen Anbieter und Nachfrager die geltenden Preise durch seine Angebots- und Nachfrageentscheidungen nicht beeinflusst kann. Das gilt für die Güterpreise, den Lohnsatz und den Zinssatz.

2.1 Konsumpläne

In einer Volkswirtschaft gibt es verschiedene Güter und Dienstleistungen, die der Haushalt in seine Konsumüberlegungen einbeziehen kann. Zu Beginn der betrachteten Periode stellt der Haushalt einen Konsumplan auf, der seinen Bedürfnissen und seinem Einkommen entspricht. In einem solchen Konsumplan legt der Haushalt fest, welche Güter er in welchen Mengen während der Periode kaufen und verbrauchen will. Ein nach Art und Menge genau spezifiziertes Sortiment von Gütern nennen wir ein Güterbündel. Mit der Aufstellung eines Konsumplan bestimmt der Haushalt also, welches Güterbündel er während der Konsumperiode verbrauchen will.

Bei der Aufstellung eines Konsumplans muss der Haushalt sich über seine Präferenzen und Zielsetzung klar werden. Zusätzlich ist erforderlich, dass er sich sorgfältig über die Güterpreise und Art und Qualität der Güter am Markt informiert. Schließlich hat er sein Einkommen zu berücksichtigen, das seine Konsummöglichkeiten begrenzt. Die Nachfragemöglichkeiten des Haushalts sind bei gegebenen Konsumgüterpreisen durch die Höhe des Einkommens bestimmt. Das kann auch eine vom Haushalt für Konsumzwecke festgelegte Budgetsumme sein.

Da der Haushalt mit einer gegebenen Einkommenssumme verschiedene Güterbündel nachfragen kann, ist er auch nicht von vorneherein auf einen ganz bestimmten Konsumplan festgelegt. Er hat vielmehr die Wahl zwischen einer Menge verschiedener Konsumpläne. Letztlich kann er mit seinem Einkommen viele alternative Güterbündel kaufen, aber immer nur jeweils ein Güterbündel, denn zu mehr reicht das Geld nicht. Es mag sein, dass die Konsumgewohnheiten den Haushalt dazu bewegen, Monat für Monat ein ähnliches Güterbündel zu kaufen. Das liegt aber hauptsächlich daran, dass sich weder seine Präferenzen noch sein Einkommen geändert haben und die Preise der Güter am Markt keinen großen Schwankungen unterworfen waren.

Das Einkommen stellt aber dennoch eine klare Beschränkung für den Haushalt dar. Da wir eine Verschuldungsmöglichkeit ausschließen, muss der Haushalt darauf achten, dass seine Konsumausgaben sein Einkommen nicht überschreiten. Die durch das Einkommen begrenzten Nachfragemöglichkeiten bestimmen den Entscheidungsspielraum, den der Haushalt bei seiner Konsumplanung hat.

Determinanten (Bestimmungsgründe)		Zielsetzung	Aktionsparameter sind die Konsumgütermengen x_i
Bedürfnisstruktur	f		Allgemeine Nachfragefunktionen
Konsumgüterpreise	p_1	Maximierung	$x_1 = f_1(p_1, p_2, ..., p_n, M)$
	p_2	des	$x_2 = f_2(p_1, p_2, ..., p_n, M)$
	:	Nutzens	
	p_n		$x_n = f_n(p_1, p_2, ..., p_n, M)$
			Budgetgleichung
Konsumsumme	M		$M = p_1 x_1 + p_2 x_2 + ... + p_n x_n$

Übersicht 2.1: Konsumplan eines Haushalts
Die Nachfrage nach Konsumgütern wird von der Bedürfnisstruktur, den Güterpreisen und dem Einkommen (Konsumsumme) bestimmt. Ein Konsumplan besteht aus Konsumgütermengen, die ein Haushalt in einer Periode kaufen will.

Aus der **Übersicht 2.1** sind die verschiedenen Determinanten eines optimalen Konsumplans ersichtlich. Es sind die Bedürfnisstruktur (Präferenzen), die Konsumgüterpreise und die Konsumsumme bzw. das Einkommen. Der Haushalt ist bemüht, den Nutzen zu maximieren, den er aus dem Konsumgütermengen bzw. aus der Entfaltung von entsprechenden Konsumaktivitäten ableitet.

Ein Konsumplan besteht aus den einzukaufenden Mengen der einzelnen Konsumgüter, ihren Preisen, den damit verbundenen Konsumausgaben und dem zur Verfügung stehenden Einkommen. Die Nachfrage nach den einzelnen Gütern wird also von den Präferenzen, den Konsumgüterpreisen und dem Einkommen bestimmt. Die Budgetgleichung sorgt dafür, dass der Haushalt sein Budget nicht überschreitet. Auf der linken Seite der Budgetgleichung wird das Einkommen erfasst und auf der rechten Seite die Konsumausgaben.

In der folgenden Analyse wird unterstellt, dass der Haushalt das Ziel der Nutzenmaximierung verfolgt. Er beabsichtigt nicht, aus der gegebenen Konsumsumme Ersparnisse zu bilden.

2.2   Budget des Haushalts

Für die Konsumwahl eines Haushalts ist die Budgetbeschränkung die entscheidende Beschränkung. Jeder mögliche Konsumplan ist mit einer bestimmten Ausgabensumme A verbunden. Die Ausgaben für einen Konsumplan lassen sich errechnen, indem man die einzelnen Verbrauchsmengen mit den jeweiligen Güterpreisen multipliziert und dann die einzelnen Ausgaben für alle Güter addiert. Die Preise der n Güter werden mit p_1, p_2, ..., p_n und die Mengen der Güter mit x_1, x_2, ..., x_n bezeichnet. Für die Ausgaben gilt:

(1) $A = p_1x_1 + p_2x_2 + ... + p_nx_n$ Ausgaben

Unter den möglichen Konsumplänen kann der Haushalt nur jene realisieren, für die sichergestellt ist, dass die Gesamtausgaben die zur Verfügung stehende Budgetsumme M nicht übersteigen. In unserem Fall entspricht die Budgetsumme dem Einkommen des Haushalts. Es gilt folgende Ungleichung:

(2) $A \leq M$ Budgetungleichung

Die Ungleichung (2) wird Budgetungleichung genannt. Ein Konsumplan, der bei gegebenen Güterpreisen (p) und bei gegebener Budgetsumme (M) die Budgetungleichung erfüllt, wird als möglicher Konsumplan bezeichnet. Die Summe aller möglichen Konsumpläne enthält alle Pläne, die einen Verbrauch an Gütern in solchen Mengen vorsehen, dass sie der Konsument bei gegebenen Einkommen und den geltenden Preisen auf den Gütermärkten auch nachfragen kann. Wenn das Einkommen (Budgetsumme) größer ist als die tatsächlichen Ausgaben, werden Ersparnisse gebildet. Wenn die Budgetsumme den tatsächlichen Ausgaben entspricht, wird das gesamte Einkommen für Konsum ausgegeben.

Wir wollen uns anhand des Zwei-Güter-Falls das Konzept der Budgetmenge graphisch veranschaulichen. Zu diesem Zweck betrachten wir zunächst nur jene Konsumpläne, für die die Ausgaben genauso groß sind wie die Budgetsumme. Für diese Konsumpläne wird die Budget-Ungleichung zur Budgetgleichung.

Die Budgetgleichung des Haushalts lautet:

Allgemein   *Beispiel*

(3) $M = p_1x_1 + p_2x_2$ $1500 = 50x_1 + 100x_2$ Budgetgleichung

M = Einkommen
p_1 = Preis des Gutes 1
p_2 = Preis des Gutes 2
x_1 = Menge des Gutes 1
x_2 = Menge des Gutes 2

Löst man die Gleichung (4) nach x_2 auf, so erhält man:

(4) $x_2 = M/p_2 - (p_1/p_2)x_1$ $x_2 = 1500/100 - (50/100)x_1$ Budgetgerade

$x_2 = 15 - 0.5\ x_1$

Box 2.2
Aufgaben zur Theorie des Haushalts

Aufgabe 1: Das Budget des Haushalts
Das Budget eines Haushalts sei gegeben mit 1500 Euro. Die Preise der Güter sind gegeben mit $p_1 = 50$ und $p_2 = 100$ Euro. Die Budgetgleichung des Haushalts lautet $M = p_1 x_1 + p_2 x_2$ bzw. $1500 = 50 x_1 + 100 x_2$. Skizzieren Sie die Budgetgleichung in einem x_1-x_2-Diagramm und erläutern sie die Konsummöglichkeiten des Haushalts.

Aufgabe 2: Die Präferenzordnung des Haushalts
Schildern sie die Grundzüge der Präferenzordnung eines Konsumenten. Definieren sie den Begriff der Indifferenzkurve. Skizzieren sie die Indifferenzkurvensysteme für komplementäre und substitutive Güter. Erläutern sie den Begriff der Grenzrate der Substitution.

Aufgabe 3: Der optimaler Konsumplan
Ein Haushalt konsumiert zwei Güter und maximiert seinen Nutzen bei einer gegebenen Budgetsumme M.
(a) Erläutern Sie die Elemente eines optimalen Konsumplans. Bestimmen Sie das Optimierungsproblem analytisch und skizzieren Sie das Haushaltsoptimum in einem Diagramm. Leiten Sie für den allgemeinen Fall ab, welche Bedingungen im Haushaltsoptimum erfüllt ein müssen.
(b) Gegeben seien die Nutzenfunktion eines Haushalts, seine Budgetsumme und die Preise der Güter: $U = x_1^{0.4} x_2^{0.6}$ (Nutzenindexfunktion), $M = 1500$, $p_1 = 50$, $p_2 = 100$. Ermitteln sie den optimalen Konsumplan. Wie groß sind x_1, x_2, M und U?

Aufgabe 4: Die Güternachfrage des Haushalts
Leiten Sie Nachfragefunktion $x_1 = f(p_1)$ für das Gut 1 ab. Der Preis des Gutes 1 ist variabel. Ansonsten gelten die Angaben der Aufgabe 3.

Aufgabe 5: Das Arbeitsangebot des Haushalts
Gegeben seien eine Nutzenfunktion für Konsum und Freizeit, der Lohnsatz, der Preis des Konsumgutes und die maximal zur Verfügung stehende Gesamtzeit für Arbeit und Freizeit. $U = F^{0.8} x^{0.4}$, U = Nutzenindex, F = Freizeit, x = Menge des Konsumgutes, q = 75 (Lohnsatz), p = 500 (Produktpreis), T = 24 (Gesamtzeit).
(a) Bestimmen Sie den optimalen Arbeit-Konsum-Plan für einen Arbeitstag.
(b) Leiten Sie graphisch die Arbeitsangebotsfunktion ab.

Aufgabe 6: Das Kapitalangebot des Haushalts
Ein Haushalt verdient in der Arbeitsperiode 100 000 Euro. Sein Ersparnisse sind die einzige Einkommensquelle im Alter. Der Zinssatz für seine Ersparnisse beträgt r = 5 Prozent. Bei einem Einheitspreis von $p_1 = 1.0$ für das Gut „Konsum Gegenwart" kann der Haushalt maximal $x_1 = 100\ 000$ Einheiten heute konsumieren oder $x_2 = 105\ 000$ Einheiten für das Gut „Konsum morgen". Seine Nutzenindexfunktion lautet $U = x_1^{0.7} x_2^{0.3}$.
(a) Bestimmen Sie den optimalen Konsumplan.
(b) Wie verändert sich der Konsumplan, wenn der Zinssatz auf r = 20 Prozent steigt?

Diese Aufgaben werden im Kapitel 2 (Theorie des Haushalts) behandelt.

Leitet man die Budgetgerade nach x_1 ab, so erhält man die Steigung der Budgetgeraden.

(5) $dx_2/dx_1 = -p_1/p_2$ $\qquad\qquad$ $dx_2/dx_1 = -50/100$ $\qquad$ Steigung der Budgetgeraden

$\qquad\qquad\qquad\qquad\qquad\qquad\qquad$ $dx_2/dx_1 = -0.5$

Die Steigung der Budgetgeraden wird von den relativen Preisen (p_1/p_2) bestimmt. Setzt man wahlweise die Mengen der Güter 1 und 2 in der Budgetgleichung gleich Null, so können die Schnittpunkte mit der Ordinaten und der Abszisse berechnet werden. Für den Fall, dass auf den Konsum des Gutes 1 ($x_1 = 0$) verzichtet wird, ergibt sich ein Ordinatenabschnitt von $x_1 = M/p_2 = 1500/100 = 15$. Entscheidet sich der Haushalt dagegen, auf den Konsum von Gut 2 ($x_2 = 0$) zu verzichten, so erhält man ein Abszissenabschnitt von $x_2 = M/p_1 = 1500/50 = 30$.

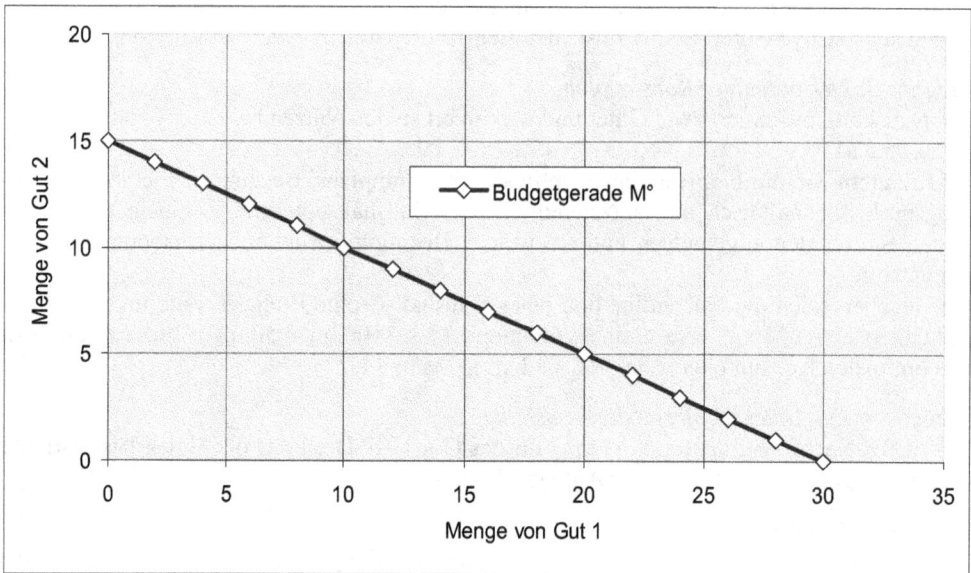

Abbildung 2.1: Budgetgerade
Die Budgetgerade bezeichnet alle Konsumpläne, die bei gegebenen Güterpreisen und gegebenem Einkommen realisiert werden können.

Die Ordinaten- und Abszissenabschnitte der Budgetgeraden in **Abbildung 2.1** besagen, dass der Haushalt mit seinem Budget (Einkommen) von 1500 Geldeinheiten maximal 30 Einheiten des Gutes 1 oder 15 Einheiten des Gutes 2 kaufen kann. Die Ordinaten- und Abszissenabschnitte entsprechen also der jeweiligen realen Kaufkraft des Einkommens. Die Steigung der Budgetgeraden wird von dem Preisverhältnis der beiden Güter bzw. den relativen Preisen (p_1/p_2) bestimmt. Die Lage der Budgetgerade im Raum wird maßgeblich von der Höhe des Einkommens beeinflusst. Die Konsummöglichkeiten des Haushalts werden durch die Budgetgerade begrenzt. Sie entsprechen dem Bereich von Konsumplänen, der von der Budgetgeraden begrenzt wird.

Die Budgetgerade teilt den Konsumraum in zwei Teile auf. Alle Punkte oberhalb der Budgetgeraden repräsentieren Konsumpläne, die für den Haushalt finanziell nicht realisierbar sind. Mögliche Konsumpläne sind dagegen alle Kombinationen auf und unterhalb der Budgetgeraden. Alle diese Punkte stellen Konsumpläne dar, für die die Gesamtausgaben nicht größer sind als die Budgetsumme. Punkte auf der Budgetgeraden bezeichnen Güterbündel, bei denen der Haushalt sein ganzes Einkommen für Konsum ausgibt. Punkte unterhalb der Budgetgeraden repräsentieren Konsumpläne, bei denen die Konsumausgaben kleiner als das Einkommen sind.

Im nächsten Schritt soll untersucht werden, welchen Einfluss eine Veränderung der Preise auf die Budgetgerade hat. Wir betrachten zunächst die Veränderung eines Preises. Es wird angenommen, dass der Preis des Gutes 1 von $p_1 = 50$ (Fall A) zunächst auf $p_1 = 100$ (Fall B) und dann auf $p_1 = 150$ (Fall C) steigt, während M und p_2 konstant bleiben. Diese Entwicklung ist ungünstig für den Haushalt, da seine reale Kaufkraft bei gegebenem Einkommen sinkt. Die Folge ist, dass die maximal mögliche Verbrauchsmenge des Gutes 1 sinkt, während die maximal mögliche Verbrauchsmenge des Gutes 2 konstant bleibt. Graphisch wirkt sich die Erhöhung von p_1 in einer Drehung der Budgetgeraden um den Abszissenabschnitt nach innen aus. Die drei Fälle A, B und C werden in **Abbildung 2.2** illustriert.

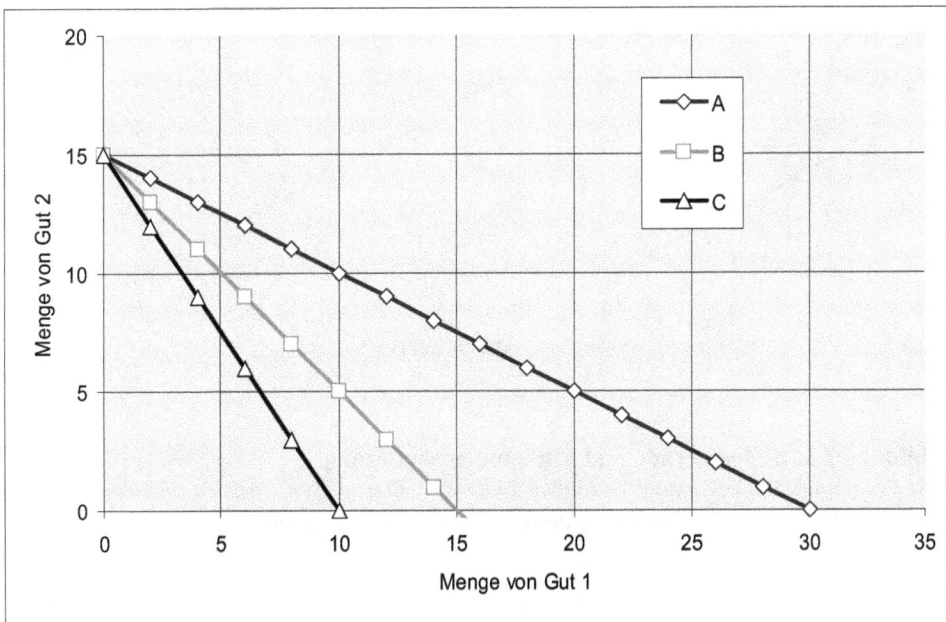

Abbildung 2.2: Budgetgerade und Preisänderung
Erhöht sich der Preis des Gutes 1 bei unverändertem Einkommen und konstantem Preis des Gutes 2, so vermindert sich die reale Kaufkraft des Haushalts. Die Budgetgerade dreht sich nach innen.

Im nächsten Schritt wird der Fall einer Veränderung des Einkommens (Budgetsumme) bei konstanten Preisen untersucht. Sinkt das Einkommen, so kann der Konsument von jedem Gut weniger nachfragen als vorher. Da die Preise und damit das Preisverhältnis sich nicht verändert haben, kann sich an der Steigung der Budgetgeraden nichts ändern. Dies bedeutet, dass sich bei einer Erhöhung von M die Budgetgerade parallel nach innen verschiebt. Dementsprechend führt eine Senkung des Einkommens zu einer Parallelverschiebung der Budgetgeraden in Richtung des Koordinatenursprungs. Für unser Beispiel nehmen wir an, dass das Einkommen von M = 1500 auf M = 1000 und M = 500 sinkt. Die drei Fälle A, D und E werden in **Abbildung 2.3** dargestellt.

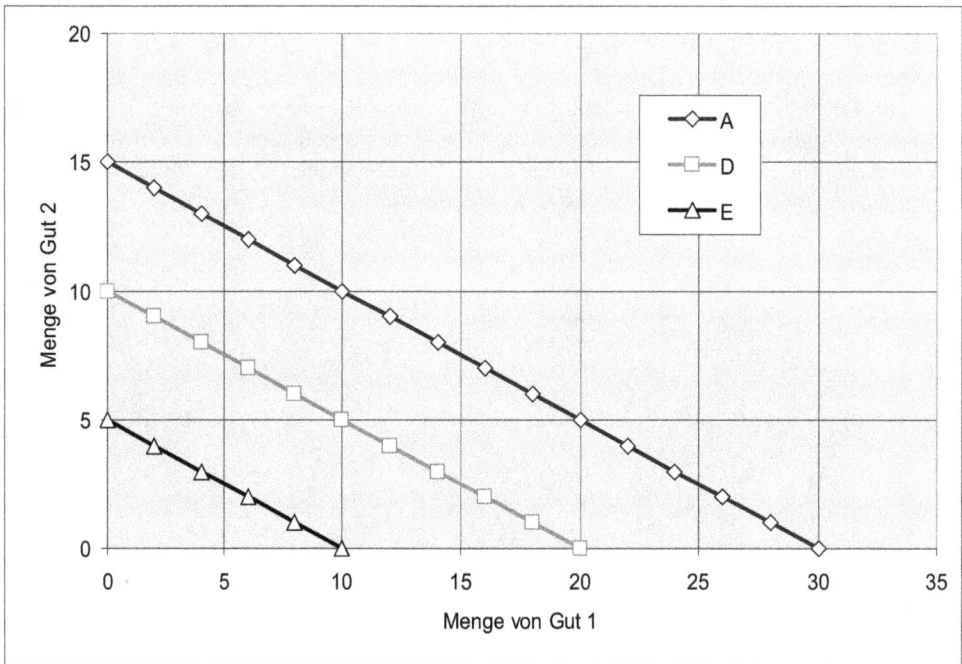

Abbildung 2.3: Budgetgerade und Einkommensänderung
Sinkt das nominale Einkommen bei unveränderten Güterpreisen, so wird die reale Kaufkraft des Haushaltes reduziert. Die Budgetgerade verschiebt sich parallel nach innen.

2.3   Präferenzen des Haushalts

Im letzten Abschnitt wurden die Beschränkungen diskutiert, die die Konsummöglichkeiten eines Haushaltes begrenzen. Das Nachfrageverhalten von Haushalten wird aber nicht nur von der Höhe des Einkommens und den Güterpreisen bestimmt. Die Präferenzen des Haushalts spielen eine ebenso wichtige Rolle. Eine Präferenzordnung kann nur aufgestellt werden, wenn der Haushalt in der Lage ist, zwischen Alternativen zu wählen und zugleich für die Alternativen eine Rangordnung anzugeben.

Wir nehmen an, dass der Haushalt in der Lage ist, alle möglichen Konsumpläne zu benennen und sie auf einer Liste so zu ordnen, dass seine subjektive Wertschätzung klar zum Ausdruck kommt. Die Liste beginnt mit dem Güterbündel, das sich der Haushalt am meisten wünscht, und endet mit dem Güterbündel, das sich der Haushalt am wenigsten wünscht. Dabei kann der Haushalt verschiedene Güterbündel als gleichwertig erachten. Die Reihenfolge, in der die Güterbündel auf der Liste aufgeführt sind, nennen wir die Präferenzordnung des Hauhalts. Diese Präferenzordnung bestimmt die Zielfunktion des Haushaltes. Auf der Basis dieser Präferenzordnung trifft der Haushalt seine Wahl.

Welchen Konsumplan aber soll der Haushalt wählen? Der Haushalt befolgt eine einfache Entscheidungsregel: Er wählt unter den möglichen Konsumplänen denjenigen aus, der in seiner Präferenzordnung den höchsten Rang einnimmt. Der Haushalt wählt unter den Konsumplänen, die er sich bei gegebenem Einkommen und gegebenen Güterpreisen leisten kann, den Konsumplan aus, den er sich am meisten wünscht. Diesen Konsumplan nennen wir den optimalen Konsumplan.

Der optimale Konsumplan ist selten jener Konsumplan, der in der Präferenzordnung des Haushalts den ersten Platz einnimmt. Der Haushalt hat nicht die Wahl zwischen jedem beliebigen Konsumplan, sondern er kann sich nur zwischen den durch die Budgetgleichung abgebildeten Konsumplänen entscheiden. Er muss lernen, zwischen berechtigten Träumen und Konsummöglichkeiten zu unterscheiden.

Es werden acht Axiome (Annahmen) getroffen, damit eine Präferenzordnung präzisiert werden kann, die genau die Wünsche und Bedürfnisse des Haushalts ausdrückt.

1. Nichtsättigung
2. Vollständigkeit
3. Transitivität
4. Rationale Wahl
5. Stetigkeit
6. Konvexität
7. Substitution
8. Differenzierbarkeit

1. Nichtsättigung

Für jedes Güterbündel wird angenommen, dass der Haushalt die Sättigungsgrenze keines einzigen Gutes erreicht hat. Es wird angenommen, dass der Haushalt lieber mehr als weniger Güter verbraucht. Wir nehmen also an, dass der Haushalt einen Konsumplan Z dem Konsumplan Y vorzieht, wenn Z von allen Gütern mindestens ebensoviel wie Y und von mindestens einem Gut mehr als Y enthält. Diese Nichtsättigungshypothese ist insbesondere für nicht-lagerfähige und verderbliche Lebensmittel wenig angemessen. In der folgenden Analyse wird unterstellt, dass das Einkommen der Haushalte so gering ist, dass für alle Konsumgüter die Nichtsättigungsannahme gegeben ist.

2. Vollständigkeit

Die Präferenzordnung soll vollständig sein. Der Haushalt kann für jedes beliebige Paar von Güterbündel angeben, ob die Alternative besser (>), schlechter (<) oder gleich gut (~) ist wie die Ausgangssituation.

Ausgangspunkt der Betrachtung ist der Konsumplan in der Mitte des Diagramms in **Abbildung 2.4** mit den Gütermengen x_1^* und x_2^*. Unterstellt man das Axiom der Unersättlichkeit, so sind alle Gütermengenkombinationen im Quadranten III als schlechter einzustufen. Alle Kombinationen im Quadranten II dagegen versprechen eine Verbesserung der Lebensbedingungen. In den Quadranten I und IV fallen die Aussagen für jeden Haushalt entsprechend ihrer Präferenzen verschieden aus.

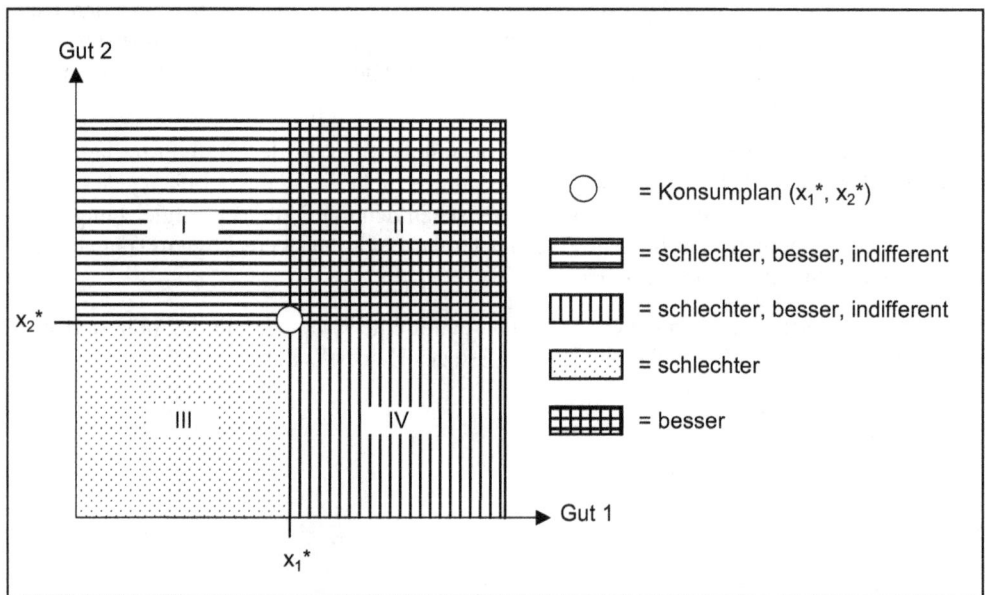

Abbildung 2.4: Vollständigkeit
Ausgehend von einem bestimmten Konsumplan, kann der Haushalt für jedes Güterbündel angeben, ob die Alternative besser, schlechter oder gleich gut ist.

3. Transitivität

Die Präferenzordnung soll transitiv (widerspruchsfrei) sein. Wenn ein Haushalt den Konsumplan Q dem Konsumplan P (Q>P) vorzieht und den Konsumplan P wiederum dem Konsumplan S vorzieht (P>S), dann folgt, dass der Haushalt den Konsumplan Q auch dem Konsumplan S (Q>S) vorzieht.

Dieser Zusammenhang wird in **Abbildung 2.5** dargestellt. Es wird also gefordert, dass der Haushalt sich bei seinen Antworten zur Beurteilung von Konsumplänen nicht in Widersprüche verwickelt.

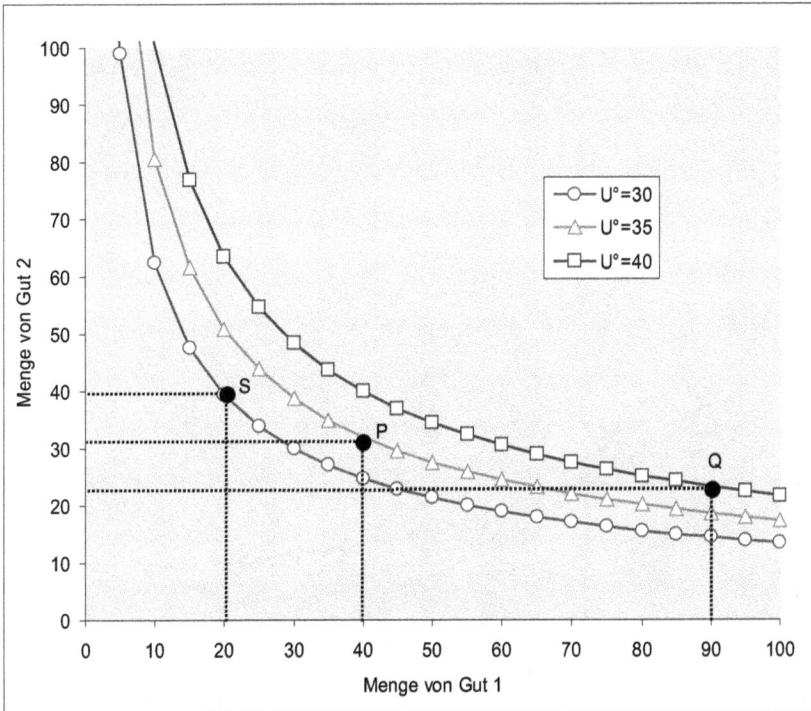

Abbildung 2.5: Transitivität
Bei der Befragung des Haushaltes zu seiner Präferenzordnung darf der Haushalt sich nicht in Widersprüche verwickeln.

4. Rationale Wahl

Wird der Konsumplan Z in **Abbildung 2.6** aus der Budgetmenge M gewählt, so gilt für alle Y in M, dass Z > Y. Da der Haushalt im Sinne seiner Zielsetzung, den Nutzen zu maximieren, sich für den Konsumplan Z auf der Budgetgeraden M entschieden hat, müssen alle anderen Konsumpläne auf dieser Budgetgeraden unterlegen oder gleichwertig sein. Der Konsumplan Y zeichnet sich dadurch aus, dass das gesamte Einkommen ausgegeben wird, aber kein maximales Nutzenindexniveau erreicht wird. Im Konsumplan Z dagegen wird der maximale Wert des Nutzenindex erreicht, der bei den gegeben Güterpreisen mit dem Einkommen finanziert werden kann.

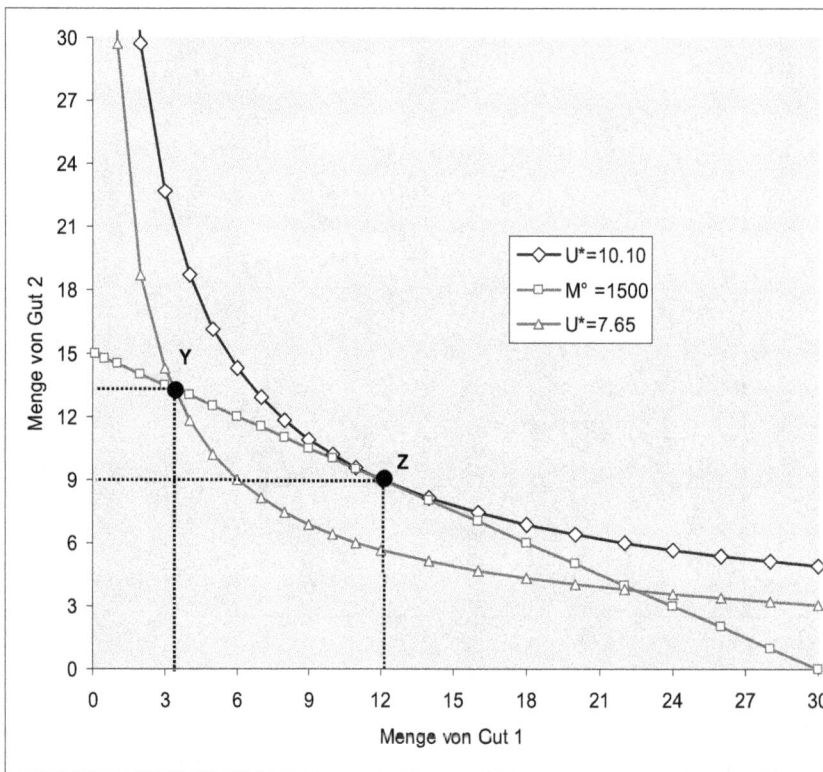

Abbildung 2.6: Rationale Wahl
Der Haushalt entscheidet sich für einen im Sinne seiner Zielsetzung optimalen Konsumplan unter Berücksichtigung der Nebenbedingungen (Einkommen, Güterpreise).

5. Stetigkeit

Die nächste Annahme, die wir treffen wollen, ist die, dass der Haushalt stetige Präferenzen hat. Es wird damit unterstellt, dass die Präferenzordnung keine Sprungstellen hat und die Nutzenindexfunktion stetig differenzierbar ist. Das kommt darin zum Ausdruck, dass die Indifferenzkurven („Höhenlinien") der Nutzenindexfunktion einen gleichförmigen Verlauf ohne Sprungstellen, Unterbrechungen oder plötzliche Richtungsänderungen haben. Die Annahme der Stetigkeit setzt voraus, dass die Güter beliebig teilbar sind, z.B. der Konsum von Weizen in Tonnen, Kilogramm, oder Gramm gemessen werden kann.

6. Konvexität

Es wird unterstellt, dass die Präferenzen des Haushalts streng konvex sind. Streng konvex ist eine Menge dann, wenn jede Kombination zwischen zwei Punkte der Menge im Inneren dieser Menge und damit nicht auf deren Rand liegt. Diese Annahme bedeutet, dass Indifferenzkurven einen – vom Koordinatenursprung aus betrachtet – durchgängig konvex gekrümmten Verlauf haben müssen. Eine gewisse sachliche Rechtfertigung für die Annahme eines konvexen Verlaufs der Indifferenzkurven liegt in der allgemeinen plausiblen Vorstellung, dass der Haushalt ein ausgewogenes proportioniertes Güterbündel einem sehr einseitig zusammengesetzten Güterbündel vorzieht.

7. Substitution

Es wird unterstellt, dass die Indifferenzkurven die Achsen der Konsumebenen nicht berühren. Durch diese Annahme schließen wir aus, dass die Konsumgüter vollständig substituiert werden. Das ist nur im Fall von absolut unverzichtbaren Konsumgütern wie Wasser und Brot, Wohnen und Essen plausibel. Diese Annahme erleichtert die Berechnung von optimalen Konsumplänen mit Hilfe der Differentialrechnung. Zur Bestimmung von optimalen Konsumplänen ist diese Annahme aber keineswegs erforderlich.

8. Differenzierbarkeit

Es wird die Annahme getroffen, dass die Indifferenzkurven an jedem Punkt stetig differenzierbar sind. Auf diese Weise kann für beliebige Konsumpläne die Steigung der Indifferenzkurven berechnet und für optimale Konsumpläne die Grenzrate der Substitution bestimmt werden.

Indifferenzkurvensysteme

Die Indifferenzkurve (lat. indifferens: sich nicht unterscheidend) stellt alle Kombinationen der Mengen zweier Güter dar, die dem Haushalt den gleichen Nutzen stiften. In dem folgenden Abschnitt wollen wir einen Überblick über verschiedene Indifferenzkurvensysteme geben. Die Indifferenzkurve ist der geometrische Ort aller Konsumpläne mit gleichem Nutzenindex. Die Indifferenzkurve ist also der Ort aller Konsumpläne, zwischen denen der Haushalt indifferent ist. Komplementäre Güter sind Güter, die nur gemeinsam sinnvoll genutzt werden können, z.B. Tee/Zucker, Fernsehapparat/Strom, Füllfederhalter/Tinte, Auto/Reifen/Benzin. Vollkommen substitutive Güter sind Güter, die durch andere Güter ganz oder teilweise ersetzt werden können, z.B. Wurst/Käse, Margarine/Butter. Beschränkt substitutive Güter sind dagegen Güter, die durch andere nur teilweise ersetzt werden können, z.B. Wasser/Brot, Wohnen/Essen.

In den folgenden Abbildungen werden folgende Indifferenzkurvensysteme erfasst:

- Beschränkt substitutive Güter (Abbildung 2.7)
- Unbeschränkt substitutive Güter mit abnehmender Grenzrate der Substitution (Abbildung 2.8)
- Unbeschränkt substitutive Güter mit konstanter Grenzrate der Substitution (Abbildung 2.9)
- Komplementäre Güter (Abbildung 2.10)

Box 2.3

Höhenlinien

Indifferenzkurven sind Höhenlinien der Nutzenindexfunktion. Höhenlinien sind bekannt von Wetterkarten oder Wanderkarten. So bezeichnen Isobaren auf Wetterkarten Orte gleichen Luftdrucks. Auf Wanderkarten werden dagegen Höhenschichtlinien eingezeichnet, um in der ebenen Abbildung des Geländes Höheninformationen darzustellen. Hierzu werden in regelmäßigen Intervallen (Äquidistanz) alle Punkte gleicher Höhe durch eine Kurve verbunden.

Wetterkarte   Wanderkarte

In **Abbildung 2.7** wird die Nutzenindexfunktion $U = 0.2 \, x_1^{0.4} \, x_2^{0.6}$ dargestellt. Die Indifferenzkurven schneiden nicht die Achsen. Das deutet in beiden Fällen auf lebensnotwendige Güter hin. Die Funktion weist keine Sättigungsgrenze auf. Es wird eine abnehmende Grenzrate der Substitution beobachtet. Diese Grenzrate der Substitution entspricht der Steigung der Indifferenzkurven. Sie spiegelt die Tauschbereitschaft des Haushalts wider. Je knapper die Güter werden, um so höher fällt die Kompensation durch das andere Gut aus.

Die Funktion in Abbildung 2.7 weist folgende Eigenschaften auf:

- Beschränkte Bereitschaft zur Substitution der Güter
- Keine Bereitschaft zur vollkommenen Substitution der Guter
- Abnehmende Grenzrate der Substitution
- Linearer Anstieg des Nutzenindex
- Keine Sättigungsgrenze

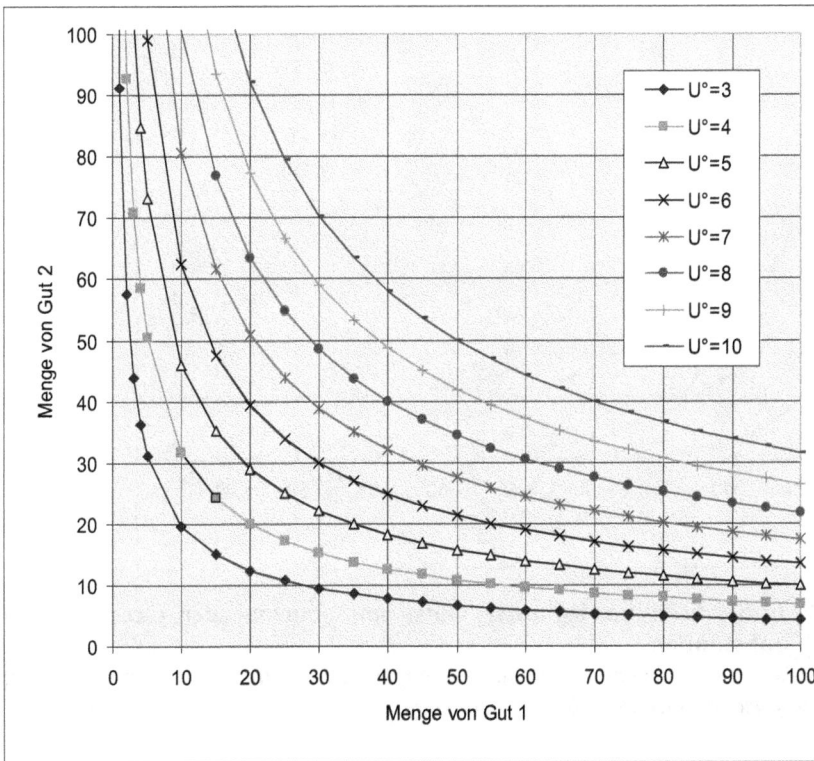

Abbildung 2.7: Beschränkt substitutive Güter

Der Haushalt ist nicht bereit, wahlweise auf eines der Güter zu verzichten. Gleichwohl ist er bereit, die beiden Güter in beschränktem Ausmaß zu tauschen. Es handelt sich um eine Präferenzordnung für zwei lebensnotwendige Güter.

In **Abbildung 2.8** wird die Nutzenindexfunktion $U = x_1^{0.5} + x_2^{0.5}$ dargestellt. Diese Funktion weist folgende Eigenschaften auf:

- Bereitschaft zur vollkommenen Substitution der Guter
- Abnehmende Grenzrate der Substitution
- Linearer Anstieg des Nutzenindex
- Keine Sättigungsgrenze

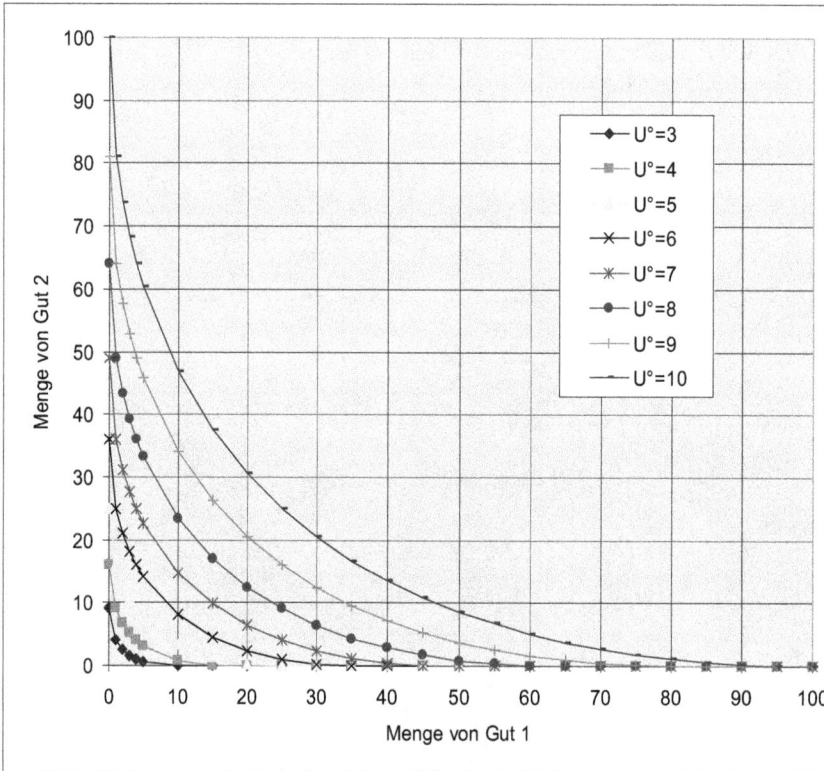

Abbildung 2.8: Unbeschränkt substitutive Güter mit abnehmender Grenzrate der Substitution

Der Haushalt ist bei beiden Gütern bereit, sie vollkommen zu substituieren. Seine Grenzrate der Substitution (Tauschbereitschaft) ist nicht konstant.

In **Abbildung 2.9** wird die Nutzenindexfunktion $U = 4.0\,x_1 + 2.0\,x_2$ dargestellt. Diese Funktion weist folgende Eigenschaften auf:

- Bereitschaft zur vollkommenen Substitution der Guter
- Konstante Grenzrate der Substitution
- Linearer Anstieg des Nutzenindex
- Keine Sättigungsgrenze

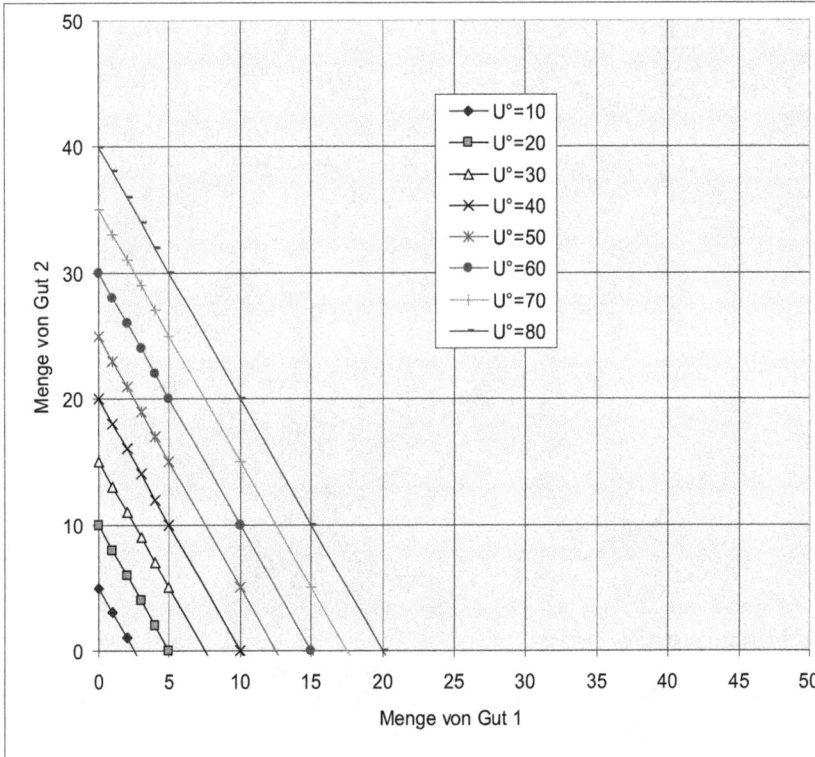

Abbildung 2.9: Unbeschränkt substitutive Güter mit konstanter Grenzrate der Substitution

Der Haushalt ist bereit, wahlweise auf beide Güter zu verzichten oder sie durch andere Güter zu substituieren. Seine Grenzrate der Substitution ist konstant.

In **Abbildung 2.10** wird die Nutzenindexfunktion $U = \min(4x_1, 2x_2)$ dargestellt Sie zeichnet sich durch ein festes (komplementäres) Einsatzverhältnis der Konsumgüter aus. Kochrezepte sind Beispiele für komplementäre Einsatzverhältnisse von Konsumgütern. Der Haushalt wünscht, die Güter im Verhältnis $x_1/x_2 = 2/4$ bzw. $x_1 = 0.5x_2$ zu konsumieren. Der Haushalt benötigt für eine Einheit des Gutes 2 jeweils 0.5 Einheiten des Gutes 1. Diese Funktion weist folgende Eigenschaften auf:

- Keine Bereitschaft zur Substitution der Güter
- Keine Grenzrate der Substitution
- Linearer Anstieg des Nutzenindex
- Keine Sättigungsgrenze

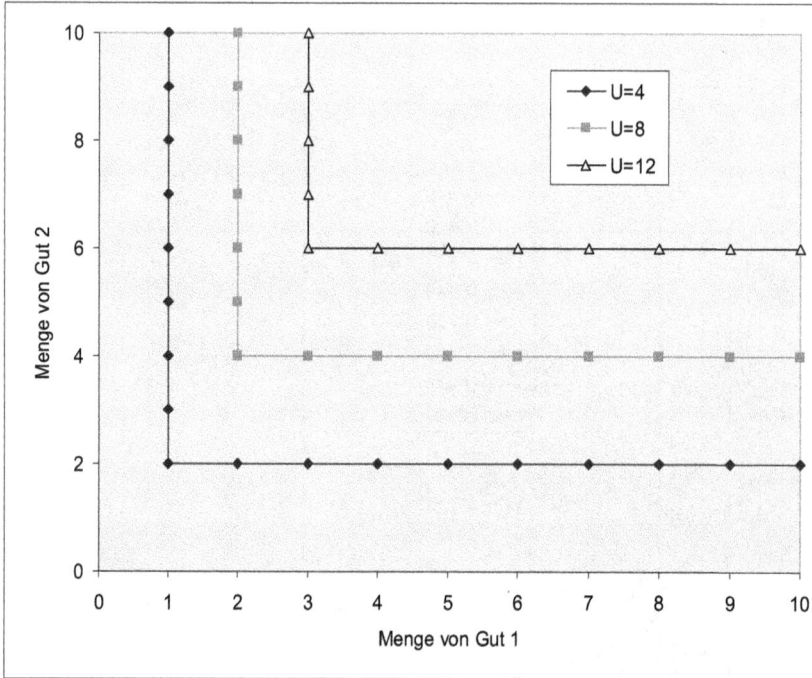

Abbildung 2.10: Komplementäre Güter
Bei diesen Gütern wünscht der Haushalt ein festes (komplementäres) Einsatzverhältnis der Konsumgüter. Die Grenzrate der Substitution ist nicht definiert, da der Haushalt nicht bereit ist, ein anderes Einsatzverhältnis zu wählen.

2.4 Optimaler Konsumplan

Die Budgetgleichung erfasst, welche Wahlmöglichkeiten der Konsument bei gegebenen Güterpreisen und gegebenem Einkommen hat. Damit sind die Beschränkungen beschrieben, die der Haushalt bei seinen Entscheidungen zu beachten hat. Die Zielfunktion des Haushaltes berücksichtigt die Präferenzen und damit die Wünsche und Bedürfnisse des Konsumenten.

Welchen Konsumplan soll der Haushalt bei gegebenem Einkommen und gegebenen Güterpreisen wählen? Die entscheidende Frage ist zunächst, auf welche Weise ein optimaler Konsumplan berechnet werden kann. Auf der Basis dieser Optimierungsüberlegungen werden dann allgemeine Nachfragefunktionen abgeleitet, die das Nachfrageverhalten der Haushalte auf den Gütermärkten erklärt. Abschließend wird erläutert, auf welche Weise der Haushalt mit seiner Konsumgüternachfrage auf Veränderungen des Einkommen und der Güterpreise reagiert.

Der Einfachheit halber betrachten wir wieder den Zwei-Güter-Fall. Gegeben seien die Präferenzordnung des Haushalts (Nutzenfunktion), das Einkommen und die Güterpreise. Der Haushalt geht bei seiner Konsumplanung von der Annahme aus, dass er weder das Einkommen noch die Güterpreise beeinflussen kann. Er handelt auf den Konsumgütermärkten als Mengenanpasser. Ein Mengenanpasser akzeptiert die vom Markt bestimmten Güterpreise und optimiert entsprechend seiner Zielsetzung unter Beachtung aller Nebenbedingungen die Gütermengen.

Bei der Bestimmung des optimalen Konsumplans steht der Haushalt vor folgendem Optimierungsproblem:

Allgemein   *Beispiel*

Maximiere

(6) $U = f(x_1, x_2)$ $U = 1.0 \, x_1{}^{0.4} x_2{}^{0.6}$ Zielfunktion (Nutzenfunktion)

unter der Nebenbedingung

(7) $M = p_1 x_1 + p_2 x_2$ $1500 = 50 \, x_1 + 100 \, x_2$ Beschränkung (Budget)

U = Nutzenindex
M = Konsumsumme (Einkommen)
p_1 = Preis des Gutes 1
p_2 = Preis des Gutes 2
x_1 = Menge des Gutes 1
x_2 = Menge des Gutes 2
f = Präferenzen

Gesucht sind die nutzenmaximalen Mengen der Güter 1 und 2. Die Zielsetzung des Haushalts ist es, den Nutzen zu maximieren unter der Nebenbedingung, dass das gegebene Einkommen nicht überschritten wird und die Produktpreise des Marktes in der Konsumplanung beachtet werden.

2.4.1   Geometrische Bestimmung des optimalen Konsumplans

Die Zielfunktion können wir im x_1-x_2-Diagramm durch eine Schar von Indifferenzlinien (Höhenlinien) abbilden, die Beschränkung (Nebenbedingung) dagegen wird bei gegebenen Produktpreisen und gegebenem Einkommen von einer Budgetgeraden bestimmt. Im optimalen Konsumplan Z entspricht die Steigung der Budgetgeraden der Steigung der Indifferenzkurve. Die geometrische Bestimmung des optimalen Konsumplans ist in **Abbildung 2.11** dargestellt.

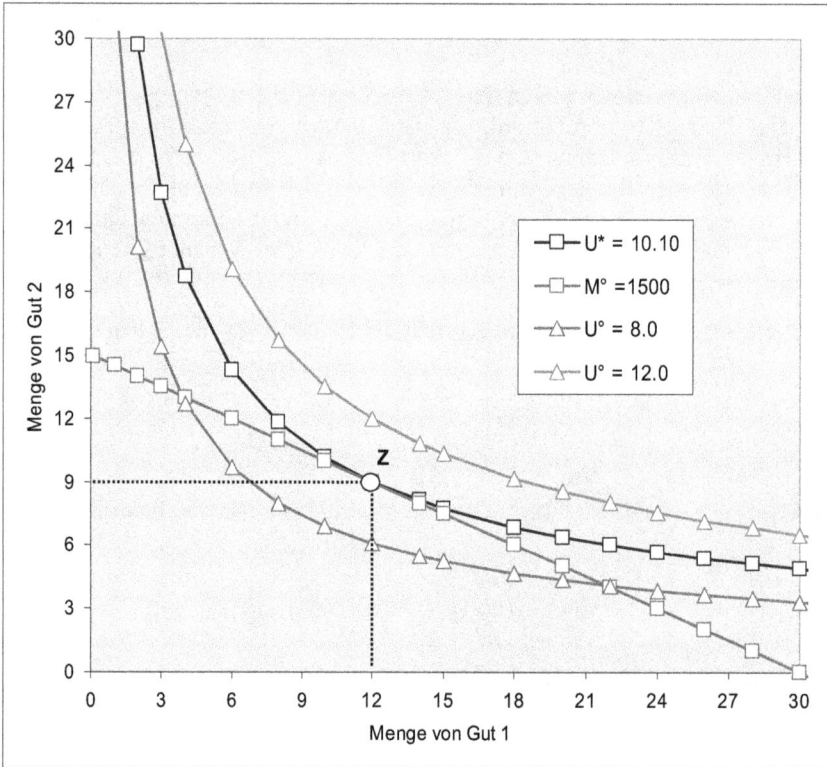

Abbildung 2.11: Der optimale Konsumplan
Im optimalen Konsumplan stimmt das Verhältnis der Güterpreise (Bewertung des Marktes) mit dem Verhältnis der Grenznutzen der beiden Güter (Bewertung des Haushaltes) überein. Im Haushaltsoptimum entspricht die Steigung der Budgetgerade (Beschränkung) der Steigung der Indifferenzkurve (Zielfunktion)

Die **Steigung der Budgetgeraden** kann ermittelt werden, indem man die Budgetgleichung nach x_2 auflöst (vgl. Gleichung 7). Die Steigung der Budgetgeraden $dx2/dx1$ wird von dem Preisverhältnis der beiden Güter (p_1/p_2) bestimmt.

(8) $x_2 = M/p_2 - (p_1/p_2)x_1$ Budgetgerade

(9) $dx_2/dx_1 = -p_1/p_2$ Steigung der Budgetgeraden
$-dx_2/dx_1 = p_1/p_2$

Da aber die Grenzrate der Substitution von Gut 2 durch Gut 1 gleich dem absoluten Wert der Steigung der Indifferenzkurve ist, muss der optimale Konsumplan die folgende Bedingung erfüllen:

(10) $|dx_2/dx_1| = p_1/p_2$ Steigung der Budgetgeraden

Der optimale Konsumplan des Haushalts ist dadurch charakterisiert, dass die Grenzrate der Substitution von Gut 2 durch Gut 1 gleich dem umgekehrten Verhältnis der beiden Güterpreise ist.

Eine Indifferenzkurve ist definitionsgemäß der geometrische Ort aller Konsumpläne, zwischen denen der Haushalt indifferent ist Folglich muss bei einer Bewegung entlang einer Indifferenzkurve das totale Differential der Nutzenfunktion gleich Null sein.

(11) $dU = (\partial U/\partial x_1)dx_1 + (\partial U/\partial x_2)dx_2 = 0$ Totales Differential der Nutzenfunktion

Daraus folgt:

(12) $-dx_2/dx_1 = (\partial U/\partial x_1)/(\partial U/\partial x_2)$ Steigung der Indifferenzkurve

dU = Totales Differential (absolute Veränderung des Nutzenindex)
dx_1 = absolute Veränderung der Gütermenge 1
$\partial U/\partial x_1$ = Partieller Grenznutzen des Gutes 1

Die Steigung einer Indifferenzkurve ist in jedem Punkt einer Indifferenzkurve gleich dem negativ reziproken Verhältnis der beiden partiellen Ableitungen der Nutzenfunktion. Damit gilt für die Grenzrate der Substitution von Gut 2 durch Gut 1:

(13) $|dx_2/dx_1| = (\partial U/\partial x_1)/(\partial U/\partial x_2)$ Grenzrate der Substitution

Die Grenzrate der Substitution zwischen zwei Gütern ist also gleich dem reziproken Verhältnis der beiden Güter. Berücksichtigen wird das Ergebnis der Gleichung (10), so muss für den optimalen Konsumplan gelten, dass das Verhältnis der Grenznutzen gleich dem Preisverhältnis der beiden Güter ist. Für n Güter gilt dann analog, dass der optimale Konsumplan dadurch gekennzeichnet ist, dass für jedes Güterpaar das Grenznutzenverhältnis gleich dem Preisverhältnis ist.

(14) $(\partial U/\partial x_1)/(\partial U/\partial x_2) = p_1/p_2$ Haushaltsgleichgewicht

Erfüllt die Präferenzordnung des Haushalts die Annahmen 1–8, so gibt es in jeder Preis-Einkommens-Konstellation nur einen optimalen Konsumplan. Für den optimalen Konsumplan gilt dann, dass

- die Gesamtausgaben gleich der Einkommen (Budgetsumme) sind, und

- für jedes Güterpaar das Grenznutzenverhältnis der beiden Güter gleich dem Preisverhältnis ist.

2.4.2 Analytische Bestimmung des optimalen Konsumplans

Für den Zwei-Güter-Fall lautet in allgemeiner Form das Optimierungsproblem:

Maximiere

(15) $U = f(x_1, x_2)$ Nutzenfunktion (Zielfunktion)

unter der Nebenbedingung

(16) $M = p_1 x_1 + p_2 x_2$ Budget (Beschränkung)

Die Produktpreise (p_1, p_2) und die Ausgabensumme (M) sind gegeben. Gesucht sind die optimalen Werte für x_1, x_2 und U. Die optimalen Verbrauchsmengen können unter Verwendung einer einfachen Technik verwendet werden: die Methode der Lagrange-Multiplikatoren.

Zur Vorbereitung der Lagrange-Funktion formt man die Budgetgleichung so um, dass auf einer Seite der Gleichung Null steht. Diese Schreibweise der Beschränkung besagt, dass für den Haushalt die Differenz von Einkommen und Ausgaben Null ergibt. Damit wird unterstellt, dass eine Verschuldung des Haushalts (Einkommen < Ausgaben) und Ersparnisse (Einkommen > Ausgaben) gemäß der Zielfunktion nicht erwünscht sind.

(17) $M - p_1 x_1 - p_2 x_2 = 0$ Einnahmen - Ausgaben

Die Lagrange-Funktion hat folgenden Aufbau:

(18) L = Zielfunktion + λ(Nebenbedingung)   Lagrange-Funktion

Im ersten Teil der Lagrange-Funktion wird die Zielfunktion (Nutzenfunktion) erfasst und im zweiten Teil die Nebenbedingung (Budget). Konkret multipliziert man die Nebenbedingung mit dem Lagrange-Multiplikator λ und addiert den erhaltenen Ausdruck zu der zu maximierenden Nutzenfunktion.

(19) $L = f(x_1, x_2) + \lambda(M - p_1 x_1 - p_2 x_2)$ Lagrange-Funktion

Die Lagrange-Funktion enthält drei unabhängige Variablen: x_1, x_2 und λ. Wesentlich ist, dass die Lagrange-Funktion genau an der Stelle ihr unbeschränktes Extremum hat, an der auch die Funktion ihr durch die Nebenbedingungen beschränktes Extremum hat. Damit kann man bei der Bestimmung des Extremums einer Funktion unter Nebenbedingungen in Form von Gleichungen bei Verwendung der Methode der Langrange-Multiplikatoren in der gleichen Weise vorgehen, wie man dies bei der Bestimmung des Extremums einer Funktion ohne Nebenbedingungen tut. Man bildet die partiellen Ableitungen der Lagrange-Funktion nach den unabhängigen Variablen und setzt diese anschließend gleich Null.

Für unser Problem benötigen wir die partiellen Ableitungen von L nach x_1, x_2 und λ.

(20) $\partial L / \partial x_1 = \partial U / \partial x_1 + \lambda(-p_1)$
(21) $\partial L / \partial x_2 = \partial U / \partial x_2 + \lambda(-p_2)$
(22) $\partial L / \partial \lambda = M - p_1 x_1 - p_2 x_2$

Setzten wir die partiellen Ableitungen von L gleich Null, so erhalten wir:

(23) $\partial U/\partial x_1 + \lambda(-p_1) = 0$
(24) $\partial U/\partial x_2 + \lambda(-p_2) = 0$
(25) $M - p_1 x_1 - p_2 x_2 = 0$

Die Extremwertbedingungen für L bestehen also aus einem System von 3 Gleichungen, dessen Lösungen die Werte der zwei Variablen x_1 und x_2 für die optimalen Verbrauchsmengen und der später noch zu erörternden Variablen λ liefert, für die die Lagrange-Funktion ein Extremum annimmt. Wir wollen uns nun überzeugen, dass das Extremum von L tatsächlich das gesuchte Maximum der Nutzenfunktion unter der gegebenen Beschränkung ist.

Die Umformung der Gleichungen (23) und (24) nach λ ergibt:

(26) $\lambda = (\partial U/\partial x_1)/p_1$ Gewogener Grenznutzen des Gutes 1
(27) $\lambda = (\partial U/\partial x_2)/p_2$ Gewogener Grenznutzen des Gutes 2

Die Verknüpfung von (26) und (27) über λ ergibt die Optimalbedingung für den Konsumplan:

(28) $(\partial U/\partial x_1)/p_1 = (\partial U/\partial x_2)/p_2$ Gewogener Grenznutzen der Güter

Der gewogene Grenznutzen (Grenznutzen/Produktpreis) der beiden Konsumgüter ist in dem optimalen Konsumplan Z gleich. Die Umformung des Ergebnisses ergibt die bekannte Optimalbedingung für das Haushaltsgleichgewicht:

(29) $(\partial U/\partial x_1)/(\partial U/\partial x_2) = p_1/p_2$ Gleichgewichtsbedingung

Das Verhältnis der Grenznutzen der Güter entspricht dem Verhältnis der Güterpreise (relative Preise). Die Lösung des Gleichungssystems (26) – (28) liefert die optimalen Verbrauchsmengen des Haushalts. Die allgemeine Gleichgewichtsbedingung für den optimalen Konsumplan eines Haushalts besagt, dass die Bewertung des Haushalts für beide Güter in Einklang mit der Bewertung des Marktes gebracht wird. Das besagt im einzelnen:

- Bewertung der Güter durch den Haushalt = Bewertung der Güter durch den Markt
- Grenzrate des Substitution = Preisverhältnis
- Verhältnis der Grenznutzen der Güter = Preisverhältnis

Die Bewertung der beiden Güter durch den Haushalt kommt in dem Verhältnis der Grenznutzen der beiden Güter zum Ausdruck. Dabei bezeichnet der Grenznutzen des Gutes 1 ($\partial U/\partial x_1$) den Anstieg des Nutzenindex, wenn ceteris paribus der Konsum des Gutes 1 um eine Einheit erhöht wird.

Die Bewertung der beiden Güter durch den Markt wird durch das Verhältnis der Güterpreise p_1/p_2 erfasst.

Die Grenzrate der Substitution $|dx_2/dx_1|$ spiegelt für die beiden Güter die Substitutionsbereitschaft des Haushalts wieder und damit seine Tauschbereitschaft.

Box 2.4

Joseph Louis Lagrange (1736–1813)

Der italienischen Mathematiker Joseph Louis Lagrange wurde 1736 in Turin als Sohn eines Kriegsschatzmeisters geboren. Sein Vater verlor durch gewagte Spekulationen sein Vermögen. Deshalb konnte der Sohn nicht die Offizierslaufbahn wählen, wie es Tradition in der Familie war, sondern musste eine weniger kostspielige Ausbildung durchmachen. Lagrange hat später den Verlust des väterlichen Vermögens, der seinen Lebensweg bestimmte, als sein Glück bezeichnet.

Er las die Werke von Johann und Jakob Bernoulli, sowie die Originalschriften und den Briefwechsel von Leibniz, Newton und Euler. 1755 wurde er Professor der Mathematik an der Artillerieschule in Turin. Zwei Jahre später wurde er korrespondierendes Mitglied der Berliner Akademie.

Mit 23 Jahren (1759) veröffentlichte er seine erste Arbeit über Minima und Maxima. Er korrespondierte seit 1755 mit Euler. Auf Eulers Vorschlag wurde er 1766 an die Berliner Akademie der Wissenschaften als sein Nachfolger berufen.

Bei einem Aufenthalt in Paris lernte er d´Alembert kennen. 1787 wurde er an die Pariser Akademie der Wissenschaften berufen, bei der er schon seit 1772 korrespondierendes Mitglied war. Noch in Berlin hatte Lagrange das Manuskript seines bedeutendsten Werkes, der „Mécanique analytique" (Analytische Mechanik), vollendet. 1795 wurde er Professor an der Ecole Normale. 1797 wurde er Professor an der Ecole Polytechnique. Im selben Jahr veröffentlichte er die „Théorie des fonctions analytiques".

Lagrange starb 1813 in Paris.

Ein Beispiel

Das folgende numerische Beispiel illustriert, wie die Lagrange-Methode bei der analytischen Bestimmung eines optimalen Konsumplans eingesetzt werden kann.

							Menge von Gut 1						
		0	1	2	3	4	5	6	7	8	9	10	11	12
	0	0.0	0.0	0.0	0.0	0.0	0.0	0.0	0.0	0.0	0.0	0.0	0.0	0.0
	1	0.0	1.0	1.3	1.6	1.7	1.9	2.0	2.2	2.3	2.4	2.5	2.6	2.7
	2	0.0	1.5	2.0	2.4	2.6	2.9	3.1	3.3	3.5	3.7	3.8	4.0	4.1
	3	0.0	1.9	2.6	3.0	3.4	3.7	4.0	4.2	4.4	4.7	4.9	5.0	5.2
Menge von Gut 2	4	0.0	2.3	3.0	3.6	4.0	4.4	4.7	5.0	5.3	5.5	5.8	6.0	6.2
	5	0.0	2.6	3.5	4.1	4.6	5.0	5.4	5.7	6.0	6.3	6.6	6.9	7.1
	6	0.0	2.9	3.9	4.5	5.1	5.6	6.0	6.4	6.7	7.1	7.4	7.6	7.9
	7	0.0	3.2	4.2	5.0	5.6	6.1	6.6	7.0	7.4	7.7	8.1	8.4	8.7
	8	0.0	3.5	4.6	5.4	6.1	6.6	7.1	7.6	8.0	8.4	8.7	9.1	9.4
	9	0.0	3.7	4.9	5.8	6.5	7.1	7.7	8.1	8.6	9.0	9.4	9.8	10.1
	10	0.0	4.0	5.3	6.2	6.9	7.6	8.2	8.7	9.1	9.6	10.0	10.4	10.8
	11	0.0	4.2	5.6	6.5	7.3	8.0	8.6	9.2	9.7	10.2	10.6	11.0	11.4
	12	0.0	4.4	5.9	6.9	7.7	8.5	9.1	9.7	10.2	10.7	11.2	11.6	12.0

Tabelle 2.1: Nutzenfunktion
Die Nutzenfunktion gibt das Nutzenindexniveau an, das ein Konsument durch den Konsum bestimmter Gütermengen erreichen kann.

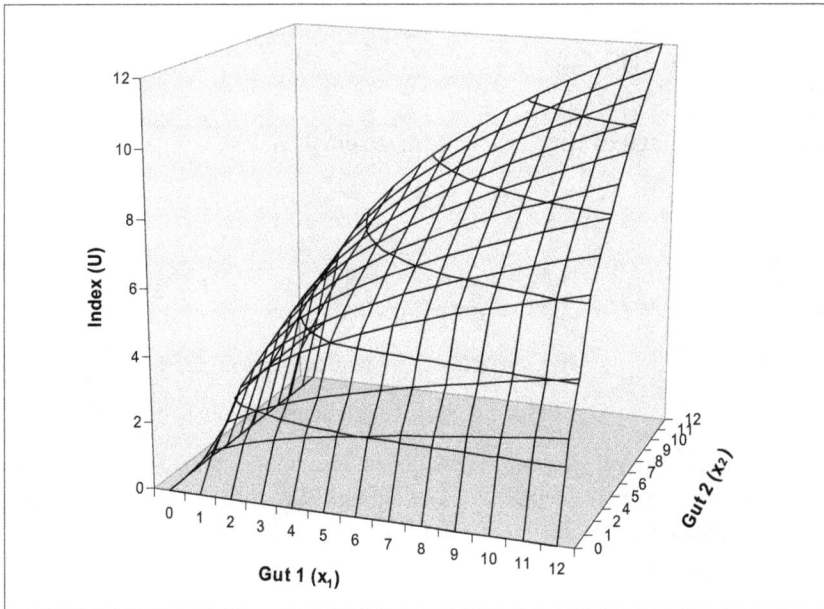

Abbildung 2.12: Nutzenfunktion
Die Nutzenfunktion erfasst die Präferenzen eines Haushalts bezüglich der beiden Konsumgüter.

Gegeben sind folgende Angaben:

$U = 1.0x_1^{0.4}x_2^{0.6}$ Nutzenfunktion
$M = 1500$ Budgetsumme
$p_1 = 50$ Preis des Gutes 1
$p_2 = 100$ Preis des Gutes 2

Die Eigenschaften der Nutzenfunktion sind aus **Tabelle 2.1** ersichtlich. Ein 3-dimensionales Abbild dieser Funktion findet sich in **Abbildung 2.12**.

Für unser Beispiel ergibt sich folgender Ansatz:

Maximiere:

(30) $U = f(x_1, x_2)$ $U = 1.0x_1^{0.4}x_2^{0.6}$ Zielfunktion

unter der Nebenbedingung

(31) $M = p_1x_1 + p_2x_2$ $1500 = 50x_1 + 100x_2$ Beschränkung

Die Lagrange-Funktion lautet:

(32) $L = f(x_1,x_2) + \lambda(M - p_1x_1 - p_2x_2)$ $L = x_1^{0.4}x_2^{0.6} + \lambda(1500 - 50x_1 - 100x_2)$

Es werden folgende Variablen beobachtet: x_1, x_2, λ. Die Ableitung der Lagrange-Funktion nach den Variablen ergibt:

(33) $\partial L/\partial x_1 = 0.4x_1^{-0.6}x_2^{0.6} + \lambda(-50)$
(34) $\partial L/\partial x_2 = 0.6x_1^{0.4}x_2^{-0.4} + \lambda(-100)$
(35) $\partial L/\partial \lambda = 1500 - 50x_1 - 100x_2$

Setzten wir die partiellen Ableitungen von L gleich Null, so erhalten wir:.

(36) $0.4x_1^{-0.6}x_2^{0.6} + \lambda(-50) = 0$
(37) $0.6x_1^{0.4}x_2^{-0.4} + \lambda(-100) = 0$
(38) $1500 - 50x_1 - 100x_2 = 0$

Die Umformung der Gleichungen (36) und (37) nach λ ergibt:

(39) $\lambda = (0.4x_1^{-0.6}x_2^{0.6})/50$ Gewogener Grenznutzen des Gutes 1

(40) $\lambda = (0.6x_1^{0.4}x_2^{-0.4})/100$ Gewogener Grenznutzen des Gutes 2

Der gewogene Grenznutzen λ (Grenznutzen/Produktpreis) der beiden Konsumgüter ist in dem optimalen Konsumplan Z gleich. Gemäß der Gleichung (28) entsprechen die gewogenen Grenznutzen der beiden Güter $(\partial U/\partial x_1)/p_1 = (\partial U/\partial x_2)/p_2$:

(41) $(0.4x_1^{-0.6}x_2^{0.6})/50 = (0.6x_1^{0.4}x_2^{-0.4})/100$
     $(0.4x_2^{0.6})/ x_1^{0.6}50 = (0.6x_1^{0.4})/100x_2^{0.4}$
     $0.4x_2/50 = 0.6x_1/100$
     $(0.4/0.6)(x_2/x_1) = 50/100$

Für Nutzenfunktionen dieses Typs (Cobb-Douglas) kann das optimale Einsatzverhältnis nach folgender Regel bestimmt werden:

(42) $(b/c)(x_2/x_1) = p_1/p_2$ Optimales Einsatzverhältnis

Das Ergebnis in (42) führt zu folgendem optimalem Einsatzverhältnis der Konsumgüter:

(43) $x_2 = (0.6/0.4)(50/100)x_1$
     $x_2 = 0.75x_1$

Das Verhältnis der Grenznutzen der Güter entspricht dem Verhältnis der Güterpreise (relative Preise). Das Ergebnis besagt, dass der Haushalt sich bei den gegebenen Güterpreisen und seinen Nutzenvorstellungen entscheidet, bei einer Einheit des Gutes 1 zugleich 0.75 Einheiten des Gutes 2 bzw. jedes entsprechende Vielfache zu konsumieren.

Berücksichtigt man das optimale Einsatzverhältnis für Konsumgüter (41) in der Budgetgleichung (31), so kann man die optimale Konsummenge für das Gut 1 berechnen.

(44) $1500 = 50x1 + 100x_2$
     $1500 = 50x1 + 100(0.75x_1)$
     $1500 = 125x_1$
     $x_1 = 12.0$

Unter den gegebenen Bedingungen entscheidet sich der Haushalt, 12 Einheiten des Gutes 1 zu konsumieren. Berücksichtigt man dieses Ergebnis in (44), so erhält man die optimale Konsummenge des Gutes 2.

(45) $x_2 = 0.75x_1 = 0.75(12) = 9.0$

Die graphische Lösung des optimalen Konsumplans wurde bereits in **Abbildung 12** vorgestellt. Die quantitativen Angaben für den optimalen Konsumplan umfassen folgende Angaben:

Mengen
$x_1 = 12$ Menge des Gutes 1
$x_2 = 9$ Menge des Gutes 2

Preise
$p_1 = 50$ Preis des Gutes 1
$p_2 = 100$ Preis des Gutes 2

Werte
$p_1x_1 = 600$ Ausgaben für Gut 1
$p_2x_2 = 900$ Ausgaben für Gut 2
A = 1500   Ausgaben

Nutzenindex
$\partial U/\partial x_1 = 0.3366$ Grenznutzen des Gutes 1
$\partial U/\partial x_2 = 0.6732$ Grenznutzen des Gutes 2
U = 10.10   Nutzenindex

Gleichgewicht

$(\partial U/\partial x_1)/(\partial U/\partial x_2) = 0.50$ Verhältnis der Grenznutzen (Steigung der Zielfunktion)

$\partial p_1/p_2 = 0.50$ Verhältnis der Güterpreise (Steigung der Budgetgeraden)

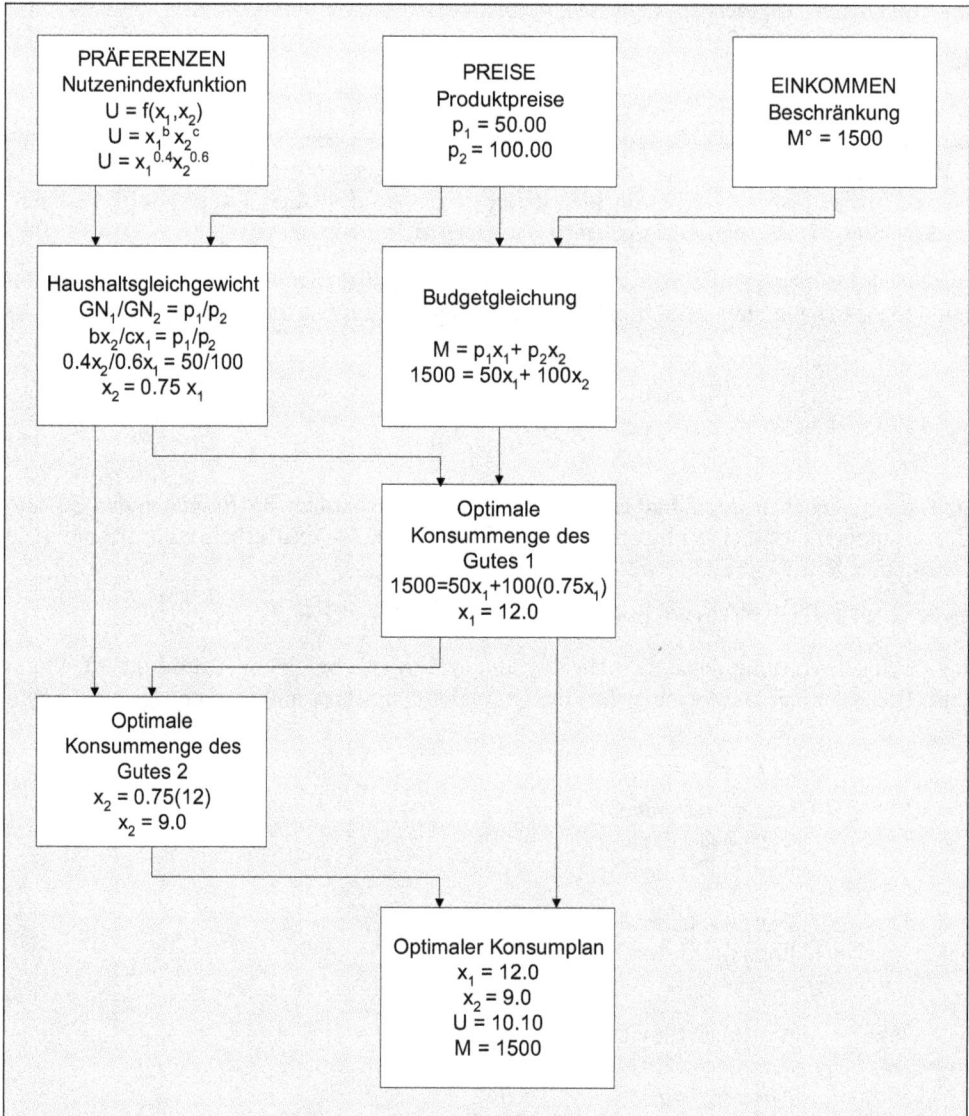

Übersicht 2.2: Flussdiagramm des optimalen Konsumplans

Das Flussdiagramm verdeutlicht den Lösungsweg bei der Bestimmung des optimalen Konsumplans. Maximiert wird der Wert der Nutzenindexfunktion (Zielfunktion) unter der Nebenbedingung der gegebenen Güterpreise und des gegebenen Einkommens.

Das Flussdiagramm in **Übersicht 2.2** verdeutlicht den Lösungsweg zur Ermittlung des optimalen Konsumplans. In der ersten Ebene des Diagramms sind die Angaben eingeblendet, die der Haushalt bei der Lösung des Optimierungsproblems zu beachten hat. Auf der zweiten Ebene wird für die Güter das optimale Einsatzverhältnis bestimmt und die Budgetgleichung aufgestellt. Auf der dritten Ebene wird die optimale Konsummenge für Gut 1 bestimmt, indem man das optimale Einsatzverhältnis der Güter in der Budgetgleichung berücksichtigt. Im nächsten Schritt wird die optimale Menge für Gut 2 bestimmt. Auf der untersten Ebene werden alle Angaben des optimalen Konsumplans zusammengefasst.

Es wurde sorgfältig analysiert, wie sich ein optimaler Konsumplan analytisch aus dem Optimierungskalkül ableiten lässt und welche Bedingung den optimalen Konsumplan charakterisiert. Gleichwohl wird die abgeleitete Bedingung für den optimalen Konsumplan häufig missverstanden. Wir unterstellen nicht, dass Haushalte ihre Konsumplanung mit Hilfe der Differentialrechnung oder anderer mathematischen Techniken durchführen. Vielmehr benutzen wir die mathematischen Methoden, um die ökonomischen Bestimmungsgründe Konsumgüternachfrage untersuchen zu können.

Die Vollausschöpfung des Budgets sowie die Gleichheit von Grenzrate der Substitution und des Preisverhältnis sind spezifische Eigenschaften des Konsumplans. Die Optimalbedingung für das Haushaltsgleichgewicht garantiert, dass kein besserer Konsumplan gefunden werden kann, wenn der Haushalt eine rationale Entscheidung im Sinne seiner erklärten Zielsetzung trifft. Der optimale Konsumplan weist diese Eigenschaften allerdings nur dann auf, wenn alle Annahmen, von denen wir bisher ausgegangen sind, auch Gültigkeit besitzen.

In **Abbildung 2.13** werden unterschiedliche optimale Konsumpläne (Z) dargestellt. In allen vier Fällen werden die gleichen Produktpreise und die gleiche Budgetsumme angenommen. Dagegen unterscheiden sich die Haushalte bezüglich ihrer Präferenzen sehr prägnant. Haushalt A ist bereit die beiden Güter zu substituieren, schätzt sie aber als lebensnotwenig ein. Haushalt B hat abnehmende Grenzraten der Substitution, ist aber im Extremfall auch bereit, wahlweise auf die Güter zu verzichten. Haushalt C hat eine konstante Grenzrate der Substitution und ist bereit, die Güter vollkommen zu substituieren. Haushalt D dagegen, wünscht ein festes Einsatzverhältnis der beiden Güter, egal wie sich die Preis am Markt entwickeln. Er ist überhaupt nicht bereit, die Güter zu substituieren.

Fall A	*Fall B*	*Fall C*	*Fall D*	
				Ausgangsdaten
$U = x_1^{0.5} x_2^{0.5}$	$U = x_1^{0.5} + x_2^{0.5}$	$U = 4x_1 + 2x_2$	$U = \min(4x_1, 2x_2)$	Nutzenindexfunktion
$M = 1500$	$M = 1500$	$M = 1500$	$M = 1500$	Budget
$p_1 = 50$	$p_1 = 50$	$p_1 = 50$	$p_1 = 50$	Preis des Gutes 1
$p_2 = 100$	$p_2 = 100$	$p_2 = 100$	$p_2 = 100$	Preis des Gutes 2
				Optimaler Konsumplan
$x_1 = 15.0$	$x_1 = 20.0$	$x_1 = 30.0$	$x_1 = 6.0$	Menge des Gutes 1
$x_2 = 7.5$	$x_2 = 5.0$	$x_2 = 0.0$	$x_2 = 12.0$	Menge des Gutes 2
$A = 1500.00$	$A = 1500.00$	$A = 1500$	$A = 1500$	Ausgaben
$U = 10.61$	$U = 6.71$	$U = 120.00$	$U = 24.00$	Nutzenindex
$G_1/G_2 = p_1/p_2$	$G_1/G_2 = p_1/p_2$	$G_1/G_2 > p_1/p_2$	Nicht bestimmt	Gleichgewichtbedingung

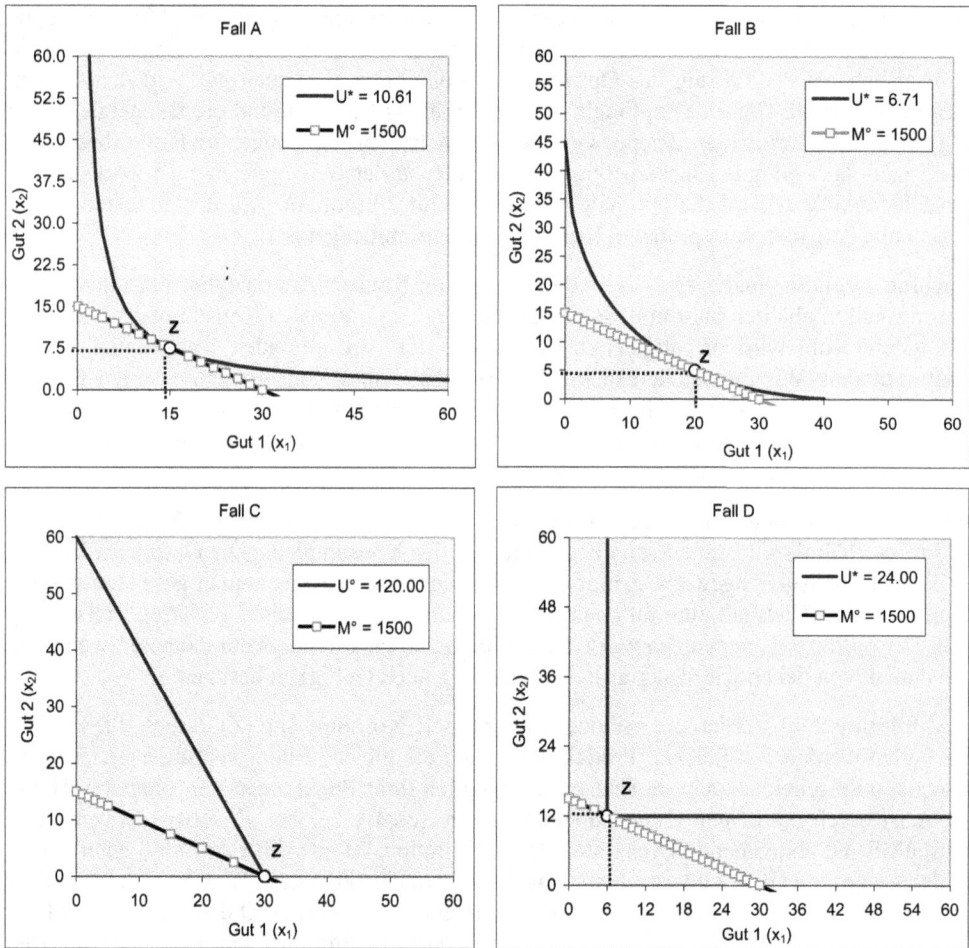

Abbildung 2.13: Optimale Konsumpläne

Optimale Konsumpläne zeichnen sich dadurch aus, dass bei gegebenen Güterpreisen und Einkommen kein Konsumplan gefunden werden kann, der zu einem höheren Nutzenindex führt.

Die allgemeine Gleichgewichtsbedingung für den optimalen Konsumplan besagt, dass die Verhältnisse der Grenznutzen der beiden Güter in Einklang mit den relativen Güterpreisen gebracht werden muss. Diese Gleichgewichtsbedingung ist nur in den beiden ersten Fällen erfüllt. Die Steigung der Indifferenzkurve ist vom Verhältnis des Grenznutzen des Gutes 1 (G_1) zu dem Grenznutzen des Gutes 2 (G_2) bestimmt. Im Fall C ist die Steigung der Indifferenzkurve (G1/G2) steiler als die Steigung der Budgetgeraden (p_1/p_2). Und dennoch handelt es sich um einen optimalen Konsumplan. Wenn die Steigung der Budgetgeraden flacher ist als die Steigung der Indifferenzkurve, entscheidet sich der Haushalt für das Gut 1 und verzichtet auf den Konsum des anderen Gutes. Ist die Steigung der Budgetgeraden jedoch steiler als die Indifferenzkurve, so verzichtet der Haushalt C auf Gut 1 und konsumiert ausschließlich das Gut 2. In beiden Fällen kommt es zu einer Randlösung. Im Fall D hat das Preisverhältnis keinen Einfluss auf das optimale Verhältnis der Gütermengen. Eine Grenzrate der Substitution ist nicht bestimmbar.

2.4.3   Übungsaufgaben zum optimalen Konsumplan

Aufgabe 1: Präferenzordnung der Haushalte

Skizzieren sie die Präferenzordnung eines Haushaltes für folgende Indifferenzkurvensysteme: Beschränkt substitutive Güter, unbeschränkt substitutive Güter mit abnehmender Grenzrate der Substitution, unbeschränkt substitutive Güter mit konstanter Grenzrate der Substitution, komplementäre Güter.

Geben sie jeweils ein Beispiel aus ihrem Erfahrungsbereich. Begründen sie den Verlauf der Indifferenzlinien. Wie können sie Sättigungsgrenzen berücksichtigen?

Aufgabe 2: Ein Taxifahrer in Thailand

In der Zeitschrift brandeis 04/2004 findet sich folgender Artikel:

EINSTIEG _MIKROÖKONOMIE
Zur Lage der kleinsten wirtschaftlichen Einheit, dem Menschen

Ein Taxifahrer in Thailand
Text: Stefanie Bilen

Boonyeun Srito ist 36 Jahre alt, verheiratet und hat zwei Söhne. Er arbeitet in Bangkok als Taxifahrer und wohnt gemeinsam mit acht Verwandten in einer Einzimmerwohnung. Seine Frau und seine Kinder leben 500 Kilometer nördlich der thailändischen Hauptstadt auf einem kleinen Bauernhof. Wann immer es geht, besucht er sie.
Verdienst, Grundkosten, Altersvorsorge: *Srito verdient rund 500 Euro im Monat. Die Hälfte davon bekommt der Taxiunternehmer, 70 Euro kostet das Benzin, zehn Euro zahlt er für die Unterkunft. Eine Busfahrt zur Familie aufs Land kostet zwölf Euro.*
Wie und wie oft machen Sie Urlaub? *„Jedes Jahr im April fahre ich zu meiner Frau und meinen Söhnen in die Provinz Surin. Weil wir dann auch den Reis auf unseren Feldern anpflanzen, verbringe ich die meiste Zeit des Urlaubs mit Arbeit."*
Was tun Sie in der Freizeit? *„Das ist eine komische Frage (lacht). Ich fahre von vier Uhr nachmittags bis vier Uhr nachts Taxi, sechs Tage die Woche. Da bleibt keine Zeit für Hobbys. Ich schlafe, ab und zu treffe ich Freunde, mit denen ich etwas trinken gehe."*
Was tun Sie, wenn Sie sich etwas Besonderes gönnen wollen? *„Ich habe es geschafft, keine Schulden zu machen. Das ist etwas Besonderes für einen thailändischen Reisbauern. Ich mache mir keine Gedanken darüber, was ich mir gönnen könnte. Gelegentlich kaufe ich mir etwas zum Anziehen. Und nach der Ernte feiert unser Dorf ein großes Fest."*
Was ist das wichtigste in Ihrem Leben? *„Meine Söhne. Sie sollen eine gute Ausbildung bekommen, einmal zur Universität gehen. Das will ich ihnen unbedingt ermöglichen."*
Was möchten Sie in Ihrem Leben verändern? *„Ich möchte bei meiner Familie leben,. Ich mag Bangkok nicht, der Verkehr ist schrecklich – aber wir brauchen das Geld. Die Arbeit*

> *auf dem Feld, das ich von meinem Vater geerbt habe, ist etwas anderes: Auch wenn sie an-*
> *strengend ist – sie macht mich stolz. "*
> **2005 wird die U-Bahn in Bangkok eröffnet.** *„Davor graut mir jetzt schon. "*

(a) Welches Ziel verfolgt der Taxifahrer von Thailand? Verhält er sich als rationaler Konsument? Was ist eigentlich mit rationalem Verhalten der Konsumenten und Produzenten gemeint?

(b) Kann die mikroökonomische Theorie das Konsumverhalten des Taxifahrers von Bangkok erklären? Erläutern Sie den klassischen Ansatz und prüfen Sie, ob dieser Ansatz für diesen Fall verwendet werden kann.

Aufgabe 3: Haushaltsgleichgewicht

Gegeben sei die Nutzenindexfunktion $U = f(x_1, x_2)$ und die Budgetgleichung $M° = p_1x_1 + p_2x_1$ für einen Haushalt. U = Nutzenindex, x_1 = Menge des Gutes 1, x_2 = Menge des Gutes 2, $M°$ = Einkommen, p_1 = Preis des Gutes 1 und p_2 = Preis des Gutes 2.

(a) Zeigen Sie, wie auf analytische Weise ein optimaler Konsumplan ermittelt wird. Formulieren Sie das Optimierungsproblem und bestimmen Sie die entsprechende Lagrange-Funktion. Wie lautet die Optimalbedingung für den nutzenmaximalen Konsumplan? Interpretieren Sie diese Bedingung. Skizzieren Sie die Lösung (Abb. 1) und erläutern Sie die Präferenzen dieses Haushalts.

(b) Unter welchen Bedingungen kann es zu Randlösungen kommen? Wie lautet in diesem Fall die Optimalbedingung für einen nutzenmaximalen Konsumplan? Erläutern Sie ein Beispiel (Abb. 2).

(c) Nehmen Sie an, dass der Haushalt wünscht, die beiden Güter in einem komplementären Einsatzverhältnis zu konsumieren. Skizzieren Sie für diesen Fall den nutzenmaximalen Konsumplan (Abb. 3). Wie ändert sich der Konsumplan, wenn sich der Preis des Gutes 1 verdoppelt? Erläutern sie die Ergebnisse. Wie würden Sie in diesem Fall die optimalen Konsumgütermengen berechnen?

Aufgabe 4: Optimaler Konsumplan

Der Nutzen eines Haushalts wird durch die Gütermengen x_1 und x_2 bestimmt. Die Präferenzordnung des Haushalts lasse sich durch die Nutzenfunktion $U = f(x_1, x_2)$ bzw. $U = x_1 + x_2$ beschreiben. Der Haushalt hat ein Einkommen von $M = 1000$. Die Preise für diese Güter sind gegeben durch $p_1 = 10$ und $p_2 = 20$.

(a) Formulieren Sie den Lagrange-Ansatz zur Nutzenmaximierung allgemein und konkret für diesen Fall. Erläutern Sie das Optimierungsproblem. Wie lautet die Optimalbedingung für den nutzenmaximalen Konsumfall in dem gegebenen Fall? Ändert sich ihre Aussage bei anderen Preisen?

(b) Skizzieren Sie graphisch den optimalen Konsumplan (Abb.1) und bestimmen sie die numerische Werte für folgende Größen: Menge des Gutes 1 (x_1), Menge des Gutes 2 (x_2), Nutzenindex (U), Ausgaben (A), Grenzrate der Substitution (GRS), Preisverhältnis (p_1/p_2). Begründen Sie die Entscheidung des Haushalts.

2.5 Güternachfrage des Haushalts

Wir wollen nun untersuchen, ob und in welchem Ausmaß die nachgefragten Gütermengen durch Änderungen der Budgetsumme und der Güterpreise beeinflusst werden. Dabei nehmen wir eine analytische Vereinfachung vor. Wir nehmen an, dass dem Haushalt zur Finanzierung seiner Konsumausgaben nur sein Einkommen zur Verfügung steht, das er während der betrachteten Konsumperiode bezieht. Die Budgetbeschränkung, die der Haushalt für seine Konsumplanung festsetzt, entspricht genau seinem Einkommen. Der Haushalt plant also keine Ersparnisse aus seinem laufenden Einkommen.

2.5.1 Allgemeine Güternachfragefunktion

Die optimalen Verbrauchsmengen der Güter hängen von der gegebenen Präferenzordnung, den Güterpreisen und dem Haushaltseinkommen ab. Die nachgefragte Menge jeden Gutes i ist eine Funktion des Preises dieses Gutes i, der Preise aller anderen Güter sowie des Einkommens.

(46) $x_1 = f_1(p_1, p_2, ..., p_n, E)$ Allgemeine Nachfragefunktionen für n Güter
     $x_2 = f_2(p_1, p_2, ..., p_n, E)$
     $\vdots$
     $x_n = f_n(p_1, p_2, ..., p_n, E)$

x_i = nachgefragte Menge von Gut i
f_i = Präferenzen für Gut i
p_i = Preis von Gut i
E = Einkommen

(47) $x_i = f(p_1, p_2, ..., p_n, E)$ Allgemeine Nachfragefunktion

Die Funktion $x_i = f_i(p_1, p_2, ..., p_n, E)$ bezeichnet man als allgemeine Nachfragefunktion für das Gut i. Die Präferenzen, die Güterpreise und das Einkommen beeinflussen die nachgefragte Gütermenge. Sobald die Präferenzen, die Güterpreise und das Einkommen variieren, wird sich auch die nachgefragte Gütermenge ändern.

2.5.2 Güternachfragefunktion bei Veränderung des Einkommens

Zunächst wollen wir den Zusammenhang zwischen der Höhe des Einkommens und den nachgefragten Gütermengen untersuchen. Dabei nehmen wir an, dass sich die Präferenzen nicht ändern und alle Güterpreise konstant sind. So ist es möglich, die Auswirkungen von Einkommensänderungen auf die Güternachfrage getrennt von anderen möglichen Änderungen zu untersuchen.

Bei diesem Vorgehen handelt es sich um eine Untersuchungstechnik, die in der ökonomischen Theorie häufig angewendet wird. Bei der Betrachtung eines komplexen Ursache-Wirkungs-Zusammenhangs zwischen abhängigen und unabhängigen Modellvariablen wird unterstellt, dass sich lediglich eine der erklärenden Variablen ändert, während alle anderen unabhängigen Variablen konstant bleiben. Diese Analysetechnik wird als Ceteris-Paribus-Analyse bezeichnet (lat. ceteris paribus = alle übrigen bleiben gleich).

Damit eindeutig ist, welche Modellgrößen wir als variable und welche wir als konstant ansehen, werden wir jeweils die als konstant angesetzten Modellgrößen mit dem Symbol ° kennzeichnen.

Im nächsten Schritt wird der Einfluss von Einkommensänderungen auf die Nachfrage untersucht. Damit soll für einen Haushalt die funktionale Beziehung zwischen Nachfragemengen und Haushaltseinkommen bei Konstanz der Güterpreise geklärt werden.

(48) $x_i = f(p_1°, p_2°, ..., p_n°, E)$ Spezielle Nachfragefunktion mit variablem Einkommen

Geht man vom Zwei-Güter-Fall aus, so bedeutet eine Veränderung des Einkommens bei Konstanz der Preise eine Parallelverschiebung der Budgetgeraden. Wie sich die Einkommensänderung auf die nachgefragten Gütermengen auswirkt, hängt von der Präferenzordnung ab.

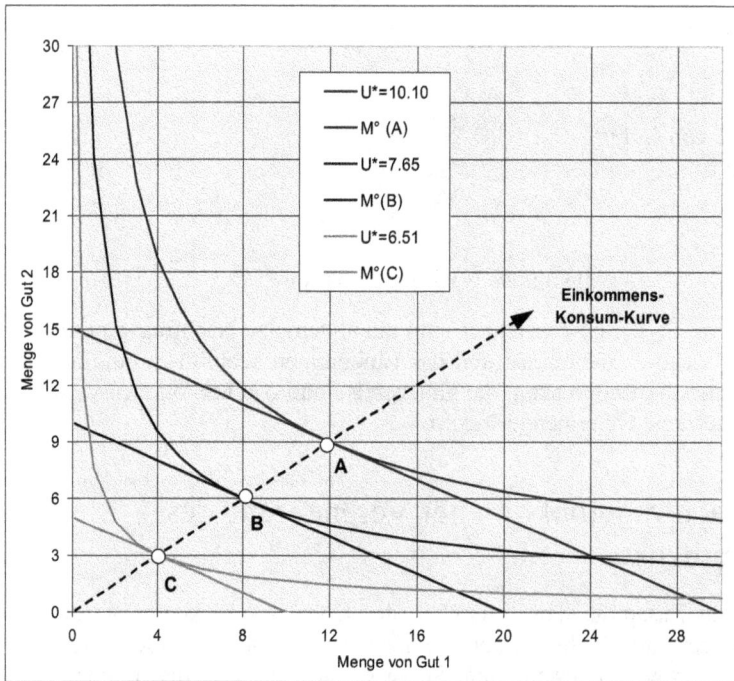

Abbildung 2.14: Einkommens-Konsum-Kurve
Die Einkommens-Konsum-Kurve ist die Verbindung aller Haushaltsoptima im Güterdiagramm bei alternativen Einkommenshöhen.

In **Abbildung 2.14** haben wir ein Indifferenzkurvensystem, bei dem Einkommensvariationen jeweils zu gleichgerichteten Nachfrageänderungen für beide Güter führen. Die Lösungen entsprechen den Annahmen unseres Fallbeispiels. Berücksichtigt man nun eine breite Skala von unterschiedlichen Einkommen, so erhält man viele parallel verschobene Budgetgeraden und damit unendlich viele Berührungspunkte zwischen Budgetgeraden und Indifferenzkurven. Die Tangentialpunkte bilden einen Expansionspfad in der Konsumebene, der Einkommens-Konsum-Kurve genannt wird.

In **Tabelle 2.2** werden die Angaben und Lösungen für drei vorgegebene Szenarien zusammengestellt, die eine Einkommens-Konsum-Kurve bestimmen.

	Szenario		
	A	B	C
	Angaben		
a = Niveauparameter	1.00	1.00	1.00
b = Nutzenelastizität des Gutes 1	0.40	0.40	0.40
c = Nutzenelastizität des Gutes 2	0.60	0.60	0.60
p_1 = Preis desGutes 1	50.00	50.00	50.00
p_2 = Preis des Gutes 2	100.00	100.00	100.00
M = Einkommen	1500.00	1000.00	500.00
	Optimaler Konsumplan		
U = Nutzenindex	10.10	6.73	3.37
x_1 = Menge des Gutes 1	12.00	8.00	4.00
x_2 = Menge des Gutes 2	9.00	6.00	3.00
Ausgaben	1500.00	1000.00	500.00

Tabelle 2.2: Haushaltsgleichgewicht und Einkommen
Eine Reduktion der Einkommen bei gleichen Güterpreisen führt zu einer proportionalen Verringerung der Gütermengen.

2.5.3 Güternachfragefunktion bei Veränderung der Güterpreise

Wie ändert sich die Nachfrage des Haushalts nach einem Gut, wenn sich am Markt die Preise der Güter verändern? Wiederum werden wir den Effekt von Preisänderungen unter der Ceteris-paribus-Annahme analysieren. Untersucht wird der Fall, wenn der Preis des betrachteten Gutes sich verändert, während das Haushaltseinkommen und die Preise aller anderen Güter konstant bleiben.

Konkret untersuchen wir die funktionale Beziehung zwischen Nachfragemenge und Preis des Gutes 1 bei Konstanz aller übrigen Variablen der allgemeinen Nachfragefunktion für dieses Gut.

(49) $x_1 = f(p_1, p_2^°, ..., p_n^°, E^°)$ Spezielle Nachfragefunktion mit variablem Produktpreis

Diesen Spezialfall der allgemeinen Nachfragefunktion bezeichnet man üblicherweise als die Nachfragefunktion für ein Gut. Spricht man von einer Nachfragefunktion, so ist damit immer der Zusammenhang zwischen der nachgefragten Menge (abhängige Variable) und dem Preis dieses Gutes (bei Konstanz aller anderen Variablen) gemeint. Vielfach wird deshalb die spezielle Nachfragefunktion in vereinfachter Schreibweise wie folgt notiert:

(50) $x_1 = f(p_1)$ Spezielle Nachfragefunktion

Die Gleichgewichtsbedingung für den optimalen Konsumplan bei variablen Preisen des Gutes 1 lautet:

Allgemein *Beispiel*

(51) $(\partial U/\partial x_1)/(\partial U/\partial x_2) = p_1/p_2$ $(0.4/0.6)(x_2/x_1) = p_1/100$ Gleichgewichtsbedingung

Aufgelöst nach x_2 ergibt:

(52) $x_2 = (c/b)(p_1/p_2{}^\circ)x_1$ $x_2 = (0.6/0.4)(p_1/100)x_1$

$x_2 = 0.015 p_1 x_1$

Berücksichtigt man dieses Ergebnis in der Nebenbedingung bei variablen Produktpreis p_1, so erhält man:

(53) $M^\circ = p_1 x_1 + p_2{}^\circ x_2$ $1500 = p_1 x_1 + 100 x_2$

$M^\circ = p_1 x_1 + p_2{}^\circ(c/b)(p_1/p_2{}^\circ)x_1$ $1500 = p_1 x_1 + 100(0.015\ p_1 x_1)$

$M^\circ = p_1 x_1 + (c/b)(p_1)x_1$ $1500 = 2.5\ p_1 x_1$

$M^\circ = [1 + (c/b)]\ p_1 x_1$

(55) $p_1 x_1 = M^\circ/[1 + (c/b)]$ $p_1 x_1 = 600$

Die Nachfragefunktion wird üblicherweise geschrieben als $x_1 = f(p_1)$.

(55) $x_1 = M^\circ/[1 + (c/b)]p_1$ $x_1 = 600/p_1$ Nachfragefunktion

Das folgende Flussdiagramm in **Übersicht 2.3** verdeutlicht den Lösungsweg zur Bestimmung von Nachfragefunktionen im Zwei-Güter-Fall.

$$
\begin{array}{|c|c|c|}
\hline
\text{PRÄFERENZEN} & \text{PREISE} & \text{EINKOMMEN} \\
\text{Nutzenindexfunktion} & \text{Produktpreise} & \text{Beschränkung} \\
U = f(x_1, x_2) & p_1 = \text{variabel} & M° = 1500 \\
U = x^b x_2^c & p_2 = 100.00 & \\
U = x_1^{0.40} x_2^{0.60} & & \\
\hline
\end{array}
$$

Haushaltsgleichgewicht
$GN_1/GN_2 = p_1/p_2$
$bx_2/cx_1 = p_1/p_2$
$0.4x_2/0.6x_1 = p_1/100$
$x_2 = 0.015\, p_1 x_1$

Budgetgleichung
$M = p_1 x_1 + p_2 x_2$
$1500 = p_1 x_1 + 100 x_2$

Ausgaben für Gut 1
$1500 = p_1 x_1 + 100(0.015 p_1 x_1)$
$p_1 x_1 = 600$

Nachfragefunktion für Gut 1
$x_1 = f(p_1)$
$x_1 = 600/p_1$

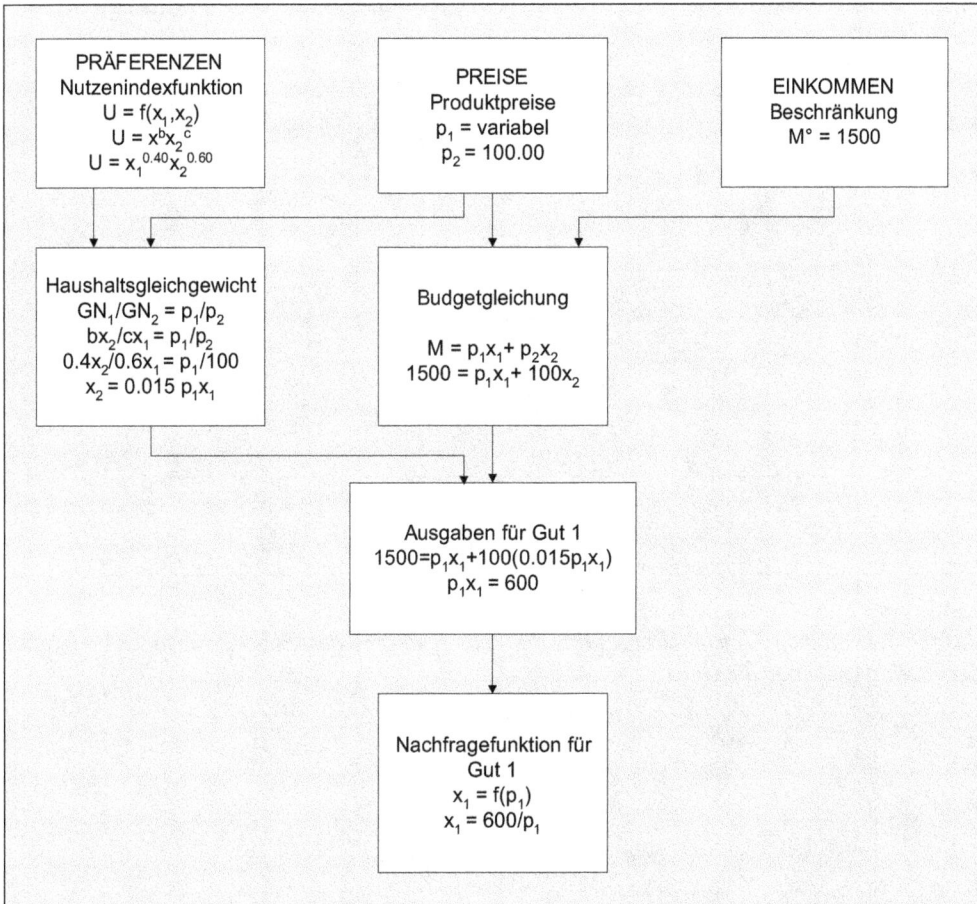

Übersicht 2.3: Flussdiagramm für Nachfragefunktion des Gutes 1

Jede Preis-Mengen-Kombination der Nachfragefunktion entspricht einem optimalen Konsumplan. Bei der Ableitung der Nachfragefunktion aus dem Haushaltsgleichgewicht wird der Produktpreis des Gutes 1 als Variable betrachtet.

Die graphische Ableitung der Nachfragefunktion wird in **Abbildung 2.15** und **Abbildung 2.16** erfasst. In Abbildung 2.14 werden zunächst die drei optimalen Konsumpläne ermittelt, die der Haushalt bei unterschiedlichen Preisen des Gutes 1 realisiert. Die nachgefragten Mengen für das Gut 1 werden in einem zweiten Schritt in die Abbildung 2.14 übertragen. Damit wird deutlich, dass jede Preis-Mengen-Kombination auf der Nachfragefunktion optimale Konsumpläne des Haushalts bei unterschiedlichen Produktpreisen bezeichnet.

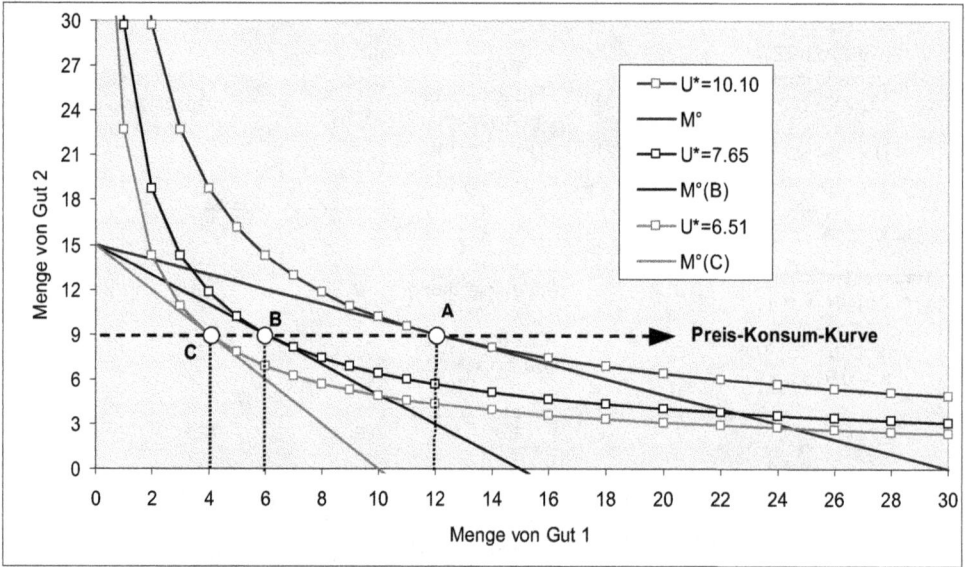

Abbildung 2.15: Optimale Konsumpläne
Ausgehend von dem Konsumplan A führt die Preiserhöhung des Gutes 1 zur einer Reduktion der Nachfragemenge für Gut 1.

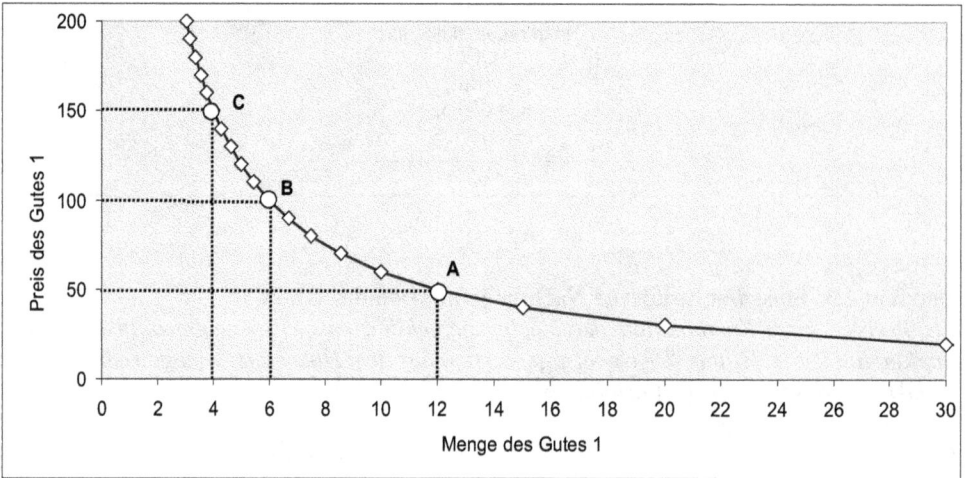

Abbildung 2.16: Nachfragefunktion
Die Nachfragefunktion zeigt, wie sich die Marktnachfrage nach einem Gut in Abhängigkeit vom Preis verändert. Jede Preis-Mengen-Kombination der Nachfragefunktion ist ein optimaler Konsumplan des Haushalts.

Die Nachfragekurve zeigt an, welche Mengen eines Gutes der Haushalt bei verschiedenen Preisen dieses Gutes nachfragt, wenn die Preise der anderen Güter und das Einkommen konstant sind.

Die Tatsache, dass die Nachfrage nach dem Gut 2 von den Preisveränderungen des Gutes 1 nicht beeinflusst wird, liegt an den besonderen Eigenschaften der unterstellten Nutzenfunktion. Trotz Preisänderungen des Substituts verharrt die mengenmäßige Nachfrage konstant bei 9 Mengeneinheiten. Die unterstellte Nutzenfunktion entspricht einer Cobb-Douglas-Produktionsfunktion. In diesem Fall können die Exponenten der Funktion als Verteilungsparameter interpretiert werden. Das hat zur Folge, dass der Haushalt in allen drei Szenarien 600 Euro oder 40 Prozent seines Einkommens für den Konsum des Gutes 1 ausgibt. Diese Beobachtung gilt aber nur für die unterstellte Nutzenfunktion unseres Fallbeispiels.

In **Tabelle 2.3** werden zum besseren Verständnis der Zusammenhänge die Angaben und Lösungen für die drei Szenarien zur Ableitung der Nachfragefunktion zusammengestellt.

	Szenario		
	A	B	C
	Angaben		
a = Niveauparameter	1.00	1.00	1.00
b = Nutzenelastizität des Gutes 1	0.40	0.40	0.40
c = Nutzenelastizität des Gutes 2	0.60	0.60	0.60
p_1 = Preis desGutes 1	50.00	100.00	150.00
p_2 = Preis des Gutes 2	100.00	100.00	100.00
M = Einkommen	1500.00	1500.00	1500.00
	Optimaler Konsumplan		
U = Nutzenindex	10.10	7.65	6.51
x_1 = Menge des Gutes 1	12.00	6.00	4.00
x_2 = Menge des Gutes 2	9.00	9.00	9.00
Ausgaben	1500.00	1500.00	1500.00

Tabelle 2.3: Haushaltsgleichgewicht und Preise
Eine Erhöhung des Preises für Gut 1 führt zu einem Rückgang der Nachfragemenge für dieses Gut. Das Ergebnis ist eine nicht-lineare fallende Nachfragefunktion.

2.5.4   Übungsaufgaben zur Güternachfrage der Haushalte

Aufgabe 1: Nachfrage nach Benzin

Die Energiekrisen von 1974 und 1979 führten in zahlreichen Ländern zu Preiskontrollen, Rationierungen und Sonntagsfahrverboten auf dem Benzinmarkt. Im November 2003 wurde in Deutschland eine LKW-Maut für Lastkraftwagen auf den deutschen Autobahnen eingeführt.

(a) Leiten Sie für einen Haushalt graphisch die Nachfragefunktion $x_1^N = f(p_1)$ für Benzin ab. Zeigen Sie die Zusammenhänge zwischen optimalen Konsumplänen (Abb. 1) und Nachfragefunktion (Abb.2) in getrennten Diagrammen und diskutieren sie den Verlauf der von ihnen ermittelten Nachfragefunktion.

(b) Nehmen Sie an, dass eine Mineralölsteuer als Mengensteuer eingeführt wird. Welche Veränderung der Konsumpläne und der Nachfragefunktion ergeben sich? Wie beurteilen Sie die Situation des Haushalts nach Einführung der Mineralölsteuer? Diskutieren Sie die Höhe der Realeinkommen und der erreichten Bedürfnisbefriedigung vor und nach Einführung der Mineralölsteuer.

(c) Nehmen Sie an, dass in diesem Land eine proportionale Einkommensteuer bei gleichzeitiger Gewährung einer Kilometergeldpauschale für den Weg zum Arbeitsplatz eingeführt wird. Welche Veränderung der Konsumpläne und der Nachfragefunktion ergeben sich in diesem Fall?

(d) Welche Änderungen ergeben sich, wenn alternativ Autobahngebühren für alle Verkehrsteilnehmer eingeführt werden?

Begründen Sie jeweils Ihre Antwort.

Aufgabe 2: Nachfrage nach Wohnraum

In der Wirtschaftswoche vom 31.1.2003 erschien die folgende Anzeige mit einem schönen Bild renovierter Gründerzeitwohnungen.

Leipziger Freiheit

3 Zimmer, City, 120 m2, Stuck, Balkon, sonnig, 600 Euro.

Bitte reagieren sie jetzt nicht so wie ein normaler Großstädter, wenn er eine solche Wohnung unbedingt haben will: Terrorisieren sie also nicht den Vermieter mit Anrufen. Heiraten sie also nicht überstürzt. Und erfinden sie keine Beamtenlaufbahn. Bleiben sie ganz gelassen. Denn in Leipzig gibt es frisch renovierte Gründerzeitwohnungen. Und bis jetzt hat noch jeder seine Traumwohnung gefunden. Ansonsten können sie sich aber in Leipzig wie ein normaler Großstädter verhalten: Gehen sie in malerischen Parks spazieren, besuchen sie beliebte Szenencafés und bummeln Sie in unseren einrucksvollen Einkaufspassagen. Das ist die Leipziger Freiheit.

(a) Formulieren Sie eine allgemeine Nachfragefunktion für Ihre persönliche Nachfrage nach Wohnraum. Von welchen Bestimmungsgründen wird Ihre Nachfrage nach Wohnraum bestimmt? Welche Überlegungen führen zur speziellen Nachfragefunktion nach Wohnraum?

(b) Welcher Zusammenhang besteht zwischen Nachfragefunktion und optimalem Konsumplan? Formulieren Sie den Lagrange-Ansatz für das Optimierungsproblem, vor dem der Haushalt bei seinen Konsumentscheidungen steht. Welche Größen sind gegeben, welche sind gesucht? Zeigen Sie graphisch, wie man aus optimalen Konsumplänen eine Nachfragefunktion ableiten kann.

(c) Prüfen Sie, ob die obige Anzeige Ihr Nachfrageverhalten nach Wohnraum beeinflussen kann. Welche Bestimmungsgründe der Nachfrage würden gegebenenfalls berührt? Sie diskutieren, ob Ihre persönlichen Nachfragefunktionen nach Wohnraum in Leipzig oder München gleich sind.

Aufgabe 3: Theorie des Haushalts (20 Punkte)

Der Nutzen eines Haushalts wird durch die Mengen x_1 und x_2 der Güter 1 und 2 bestimmt. Die Präferenzordnung des Haushalts lasse ich durch die Nutzenfunktion $U = x_1^{2.0} x_2^{2.0}$ beschreiben. Der Haushalt hat ein Einkommen von M und die Preise der Güter sind gegeben mit p_1 und p_2.

(a) Wie lautet die Budgetgleichung des Haushalts? (2 P)

(b) Formulieren Sie den Lagrange-Ansatz zur Nutzenmaximierung. (4 P)

(c) Zeigen Sie, dass die Nachfragefunktionen des Haushalts für Gut 1 durch $x_1 = M/2p_1$ und für Gut 2 durch $x_2 = M/2p_2$ gegeben sind. (10 P)

(d) Wie verändert sich der Anteils des Einkommens, den der Haushalt für das Gut 1 ausgibt, wenn der Preis des Gutes 1 steigt? (4 P)

2.6 Arbeitsangebot des Haushalts

Der Kauf von Konsumgütern setzt voraus, dass der Haushalt über ein Einkommen verfügt. Bisher wurde nicht analysiert, woher das Einkommen kommt und wie es entstanden ist. Für die meisten Einkommen ist der wichtigste Einkommensbestandteil das Arbeitseinkommen. Sofern man in der Lage ist, aus dem Einkommen Ersparnisse zu bilden oder gar ein eigenes Unternehmen gründet, entstehen neben dem Arbeitseinkommen Einkommen aus Unternehmertätigkeit und Vermögen.

Wir erweitern nun das Modell des Konsumentenverhaltens um Arbeitseinkommen, die zu einer modellendogenen Variablen werden. Damit ist gemeint, dass Arbeit Konsum ermöglicht und Einkommen erst verdient werden müssen, ehe sie ausgegeben werden können.

Der Haushalt bietet seine Arbeitsleistung auf dem Arbeitsmarkt an und Unternehmen fragen sie nach. Je nach Arbeitsqualifikation wird ein Lohnsatz (Arbeitseinkommen je Arbeitsstunde) vereinbart, der durch Angebot und Nachfrage auf dem Arbeitsmarkt bestimmt ist. Wir unterstellen, dass der Haushalt sowohl auf dem Arbeitsmarkt als auch auf dem Konsumgütermarkt als Mengenanpasser agiert. Er geht davon aus, dass die von ihm angebotene Menge an Arbeitsleistung den geltenden Lohnsatz am Markt nicht beeinflusst. Für die betrachtete Periode ist damit der Lohnsatz konstant. Die Höhe des Arbeitseinkommens variiert proportional mit den geleisteten Arbeitsstunden.

Wir unterstellen weiter, dass es dem Haushalt völlig frei steht, darüber zu entscheiden, wie lange er während der betrachteten Konsumperiode arbeiten möchte. Außerdem unterstellen wir, dass der Haushalt zu dem herrschenden Lohnsatz immer einen Arbeitsplatz für die von ihm gewünschte Arbeitszeit findet.

2.6.1 Allgemeine Arbeitsangebotsfunktion

Unter diesen Umständen hat der Haushalt ein weiteres Entscheidungsproblem. Er muss nicht nur entscheiden, welche Konsumgüter er in welchen Mengen konsumieren will, sondern er hat auch eine Entscheidung darüber zu treffen, wie lange er zu arbeiten wünscht. Die Entscheidungen über Konsum und Arbeit sind aber nicht unabhängig voneinander, denn die Länge der Arbeitszeit bestimmt die Höhe seines Arbeitseinkommens und diese wiederum seine Konsummöglichkeiten. Die Entscheidungen über Konsum und Arbeit müssen daher simultan getroffen werden. Für die folgende Analyse nehmen wir an, das die Arbeits- und Konsumperiode ein Tag von 24 Stunden ist.

Die allgemeine Arbeitsangebotsfunktion erfasst die funktionale Beziehung zwischen der Angebotsmenge an Arbeit und ihren Bestimmungsgründen. Im vorliegenden Fall wird angenommen, das die Angebotsmenge an Arbeit abhängig ist von den Präferenzen des Haushalts für Freizeit und Arbeit, den Güterpreisen, dem nominalen Lohnsatz und dem Gewinneinkommen.

(56) $v_1 = f(p_1, p_2, ..., p_n, q_1, G)$ Allgemeine Angebotsfunktion für Arbeit

v_1 = angebotene Menge an Arbeit
f = Präferenzen für Arbeit (Freizeit – Konsum)
p_1 = Preis von Gut 1
q_1 = Lohnsatz
G = Gewinneinkommen

Wir untersuchen zunächst die funktionale Beziehung zwischen der Angebotsmenge an Arbeit und dem Lohnsatz bei Konstanz aller übrigen Variablen der allgemeinen Angebotsfunktion für Arbeit.

(57) $v_1 = f(p_1°, p_2°, ..., p_n°, q_1, G°)$ Spezielle Angebotsfunktion für Arbeit
(58) $v_1 = f(q_1)$

2.6.2   Optimaler Arbeit-Konsum-Plan

Wir gehen wiederum vom Zwei-Güter-Fall aus. In diesem Fall sind die zwei Güter aber Freizeit und Konsum. Gegeben ist eine Nutzenindexfunktion für Konsum und Freizeit, der Lohnsatz, der Preis des Konsumgutes und die maximal zur Verfügung stehende Gesamtzeit für Arbeit und Freizeit. Wie bereits erwähnt wurde, wird unterstellt, dass pro Arbeitstag eine Gesamtzeit von 24 Stunden zur Verfügung steht. Die Präferenzordnung für Arbeit und Konsum ist durch die gegebene Nutzenfunktion abgebildet. Der Lohnsatz und der Produktpreis wird durch Angebot und Nachfrage vom Markt bestimmt.

Allgemein	*Beispiel*	
(59) $U = F^b x^b$	$U = F^{0.8} x^{0.4}$	Nutzenfunktion
(60) $T = T°$	$T = 24$	Gesamtzeit
(61) $q = q°$	$q = 75$	Lohnsatz
(62) $p = p°$	$p = 50$	Produktpreis

U = Nutzenindex
b = Nutzenelastizität der Freizeit
c = Nutzenelastizität des Konsums
F = Freizeit
T = Gesamtzeit (24 Stunden).
v = Arbeitszeit (T–F)
x = Menge des Konsums
q = Lohnsatz
p = Preis des Gutes 1

Das Optimierungsproblem für den Haushalt lautet:

Maximiere

(63) $U = F^b x^c$ $U = F^{0.8} x^{0.4}$ Zielfunktion

unter der Nebenbedingung

(64) $q(T–F) = px$ $75(24–F) = 50x$ Beschränkung

Gesucht sind die nutzenmaximalen an Arbeit und Konsum. Die Nebenbedingung entspricht der Budgetgeraden des Haushalts für Konsum und Freizeit. Der Abszissenabschnitt der Budgetgeraden in **Abbildung 2.17** wird durch die Zeitbarriere von 24 Stunden bestimmt. Die Steigung der Budgetgeraden entspricht dem Reallohn und der Ordinatenabschnitt der mit dem Reallohn bewerteten Zeit. Dieser Zusammenhang wird ersichtlich, wenn man die Budgetgeraden nach derjenigen Variablen auflöst, die auf der Ordinaten (x_1) erfasst wird.

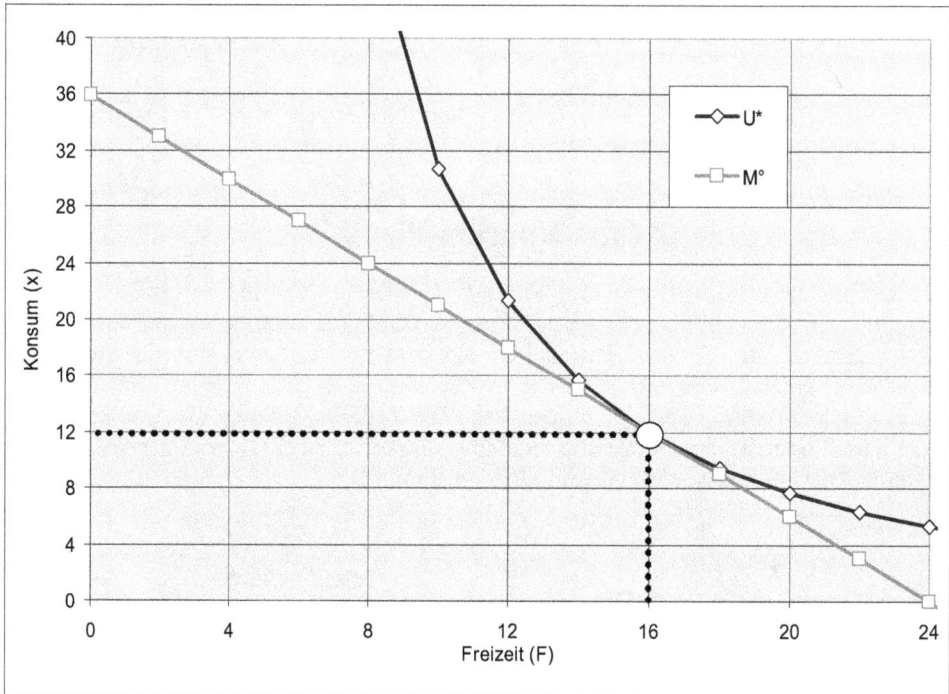

Abbildung 2.17: Optimaler Freizeit-Konsum-Plan
Bei dem Freizeit-Konsum-Plan wird angenommen, dass das Einkommen erst durch Arbeit erwirtschaftet wird. Der Haushalt maximiert bei gegebenem Lohnsatz und Konsumgüterpreis den Nutzen aus Freizeit und Konsum unter der Nebenbedingung eines Zeitbudgets.

(65) $x = (q/p)T - (q/p)F$

Die Lagrange-Funktion lautet für den Freizeit-Konsum-Fall lautet:

(66) $L = f(F, x) + \lambda(q(T-F) - px)$ $\qquad$ $L = F^{0.8} x^{0.4} + \lambda(75(24-F) - 50x)$
$\qquad\qquad\qquad\qquad\qquad\qquad\qquad\qquad$ $L = F^{0.8} x^{0.4} + \lambda(1800 - 75F - 50x)$

Es werden folgende Variablen beobachtet: F, x, λ. Die Ableitung der Lagrange-Funktion nach den Variablen ergibt:

(67) $\partial L/\partial F = 0.8F^{-0.2}x^{04} + \lambda(-75)$
(68) $\partial L/\partial x = 0.4F^{0.8}x^{-0.6} + \lambda(-50)$
(69) $\partial L/\partial \lambda = 1800 - 75F - 50x$

PRÄFERENZEN	PREISE	ZEIT
Nutzenindexfunktion	Faktor- und	Beschränkung
$U = f(F,x)$	Produktpreise	$v = T - F$
$U = F^b x^c$	$q = 75.00$	$v = 24 - F$
$U = F^{0.8} x^{0.4}$	$p = 50.00$	

Haushaltsgleichgewicht
$GN_F/GN_x = q/p$
$(b/c)(x/F) = q/p$
$(0.4/0.8)(x/F) = 75/50$
$x = 0.75 F$

Budgetgleichung
Arbeitseinkommen =
Konsumausgaben
$qv = px$
$q(T-F) = px$
$75(24-F) = 50x$

Optimale Menge an Freizeit
$75(24-F) = 50(0.75F)$
$F^* = 16.0$

Optimale Konsummenge
$x = 0.75F$
$x = 0.75(16)$
$x^* = 12.0$

Optimale Menge an Arbeit
$v = T - F$
$v = 24 - 16$
$v^* = 8.0$

Arbeit-Konsum-Plan
$x^* = 12.0$
$v^* = 8.0$
$K = px = 50(12) = 600$
$L = qv = 75(8) = 600$

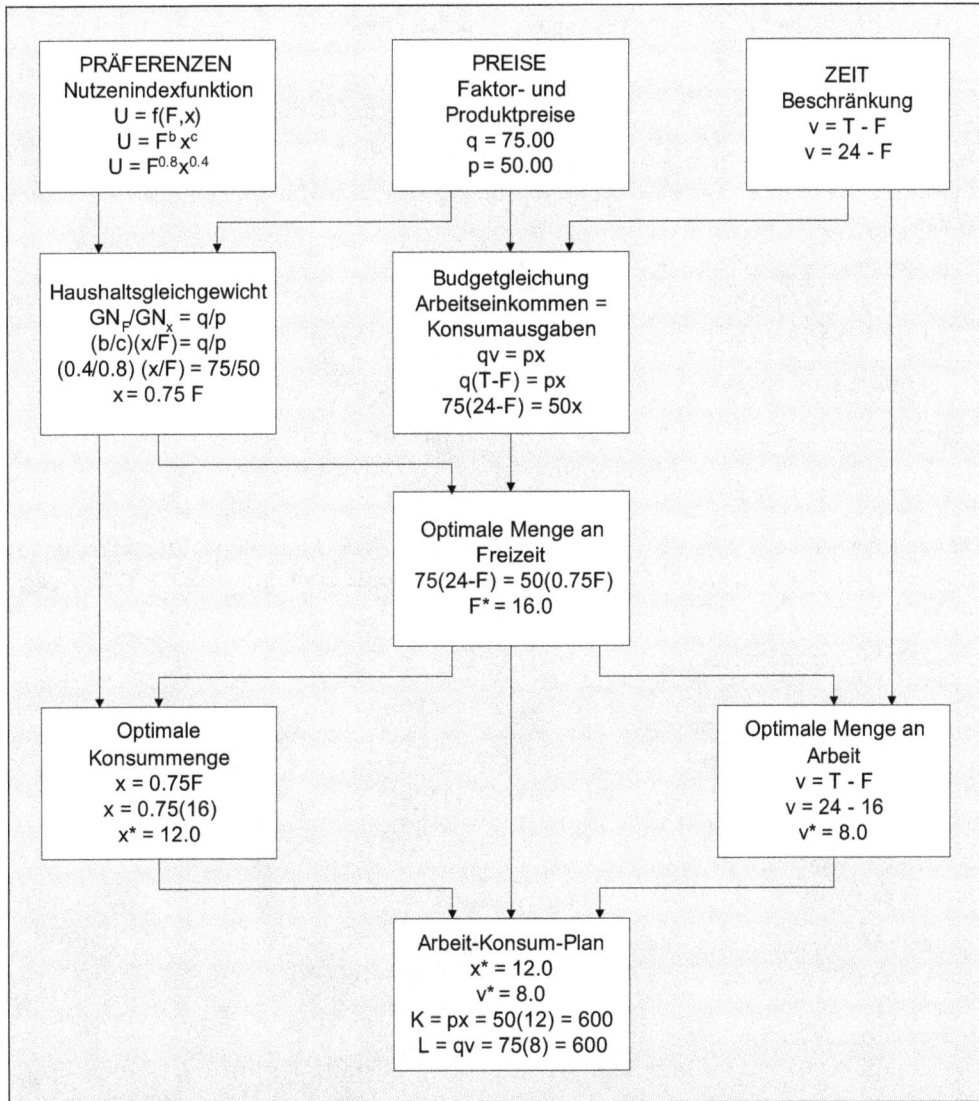

Übersicht 2.4: Flussdiagramm für optimalen Arbeit-Konsum-Plan
Der Arbeits-Konsum-Plan zeichnet sich dadurch aus, dass erst ein Arbeitseinkommen erwirtschaftet werden muss, ehe Konsumausgaben getätigt werden können.

Setzten wir die partiellen Ableitungen von L gleich Null, so erhalten wir:

(70) $0.8F^{-0.2}x^{04} + \lambda(-75) = 0$
(71) $0.4F^{0.8}x^{-0.6} + \lambda(-50) = 0$
(72) $1800 - 75F - 50x = 0$

Die Umformung der Gleichungen (39) und (40) nach λ ergibt:

(73) $\lambda = (0.8F^{-0.2}x^{0.4})/75$ Gewogener Grenznutzen der Freizeit

(74) $\lambda = (0.4F^{0.8}x^{-0.6})/50$ Gewogener Grenznutzen des Gutes 1

Der gewogene Grenznutzen λ (Grenznutzen/Produktpreis) der beiden Güter Freizeit und Konsumgut ist in dem optimalen Konsumplan Z gleich. Die Umformung des Ergebnisses ergibt:

(75) $(0.8F^{-0.2}x^{0.4})/75 = (0.4F^{0.8}x^{-0.6})/50$

     $(0.8x)/75 = (0.4F)/50$

     $(0.8/0.4)(x/F) = 75/50$

Das optimale Einsatzverhältnis für Freizeit und Konsum lautet:

(76) $(b/c)(x/F) = q/p$ $(0.4/0.8)(x/F) = 75/50$

     $x = (q/p)(c/b)F$ $x = (75/50)(0.4/0.8)F$

                               $x = 0.75\,F$

Für den Haushalt ist es optimal, Freizeit und Konsum im Verhältnis $x = 0.75F$ zu konsumieren. Wenn der Haushalt sich für F=1.0 entscheidet, so sollte er aufgrund seiner Präferenzen und der geltenden Preise zugleich $x = 0.75$ konsumieren.

Optimale Menge an Freizeit

(77) $q(T-F) = px$ $75(24-F) = 50x_1$

     $q(T-F) = p(q/p)(c/b)F$ $75(24-F) = 50(0.75F)$

     $qT-q_1F = p(q/p)(c/b)F$ $1800-75F = 37.50F$

     $qT = p(q/p)(c/b)F+qF$ $112.50F = 1800$

     $qT = F(p(q/p)(c/b)+q)$ $F^* = 16$

     $F = qT/[(qc/b)+q)]$

     $F = T/[(c/b)+1]$

Optimale Menge an Arbeit:

(78) $v = T - F^*$ $v = 24 - 16$

                           $v = 8.0$

Optimale Menge an Konsum

(79) $x = (q/p)(c/b)F = 0.75*16 = 12.0$ $x = (75/50)(0.80/0.40)16$

                               $x = 0.75*16$

                               $x = 12.0$

Nutzenmaximum

(80) $U = F^b x^c$ $U = F^{0.8} x^{0.4} = 16^{0.8}\, 12^{0.4} = 24.83$

                               $U = 16^{0.8}\, 12^{0.4}$

                               $U = 24.83$

Arbeitseinkommen

(81) $L = qv$ $M = 75(8)$

                               $M = 600.00$

Konsumausgaben

(82) $K = px$ $M = 50*12$

                               $M = 600.00$

2.6.3   Angebotsfunktion für Arbeit

Wir wollen nun die Arbeitsangebotskurve des Haushalts ableiten. Dazu geben wir in **Tabelle 2.4** drei Szenarien vor, die sich durch einen unterschiedlich hohen Lohnsatz auszeichnen.

	Szenario		
	A	B	C
	Angaben		
a = Niveauparameter	1.00	1.00	1.00
b = Nutzenelastizität der Freizeit	0.80	0.80	0.80
c = Nutzenelastizität des Gutes 1	0.40	0.40	0.40
q = Lohnsatz	75.00	50.00	25.00
p = Preis des Konsums	50.00	50.00	50.00
T = Gesamtzeit (Stunden)	24.00	24.00	24.00
	Optimale Arbeit-Konsum-Pläne		
U = Nutzenindex	24.83	21.11	16.00
x = Menge des Konsums	12.00	8.00	4.00
F = Freizeit	16.00	16.00	16.00
v = Menge an Arbeit (T-F)	8.00	8.00	8.00
qv = Arbeitseinkommen	600.00	400.00	200.00
px = Konsumausgaben	600.00	400.00	200.00

Tabelle 2.4: Szenarien für Angebot an Arbeit
Es wird untersucht, wie sich die Senkung des Lohnsatzes auf die Nachfragemenge an Arbeit auswirkt.

Die Arbeitsangebotskurve ist – ganz in Analogie zur Nachfragekurve – die unter der Ceteris-paribus-Bedingung abgeleitete geometrische Darstellung des Zusammenhangs zwischen Höhe des Lohnsatzes und der vom Haushalt angebotenen Arbeitsleistung.

In diesem Modell (Cobb-Douglas) wird die Nachfrage nach Freizeit weder vom Lohnsatz noch vom Produktpreis beeinflusst. Maßgeblich für das Arbeitsangebot sind lediglich die Nutzenelastizitäten von Freizeit und Konsum. Diese wirken ähnlich wie in der Produktions-theorie wie Verteilungsparameter. Bei dieser Nutzenfunktion wird unabhängig von der Ver-änderung der relativen Preise 8 Stunden am Tag gearbeitet. Man begnügt sich mit dem in dieser Zeit erwirtschafteten Gütern. Mal ist es mehr (hoher Reallohn), mal weniger (niedriger Reallohn).

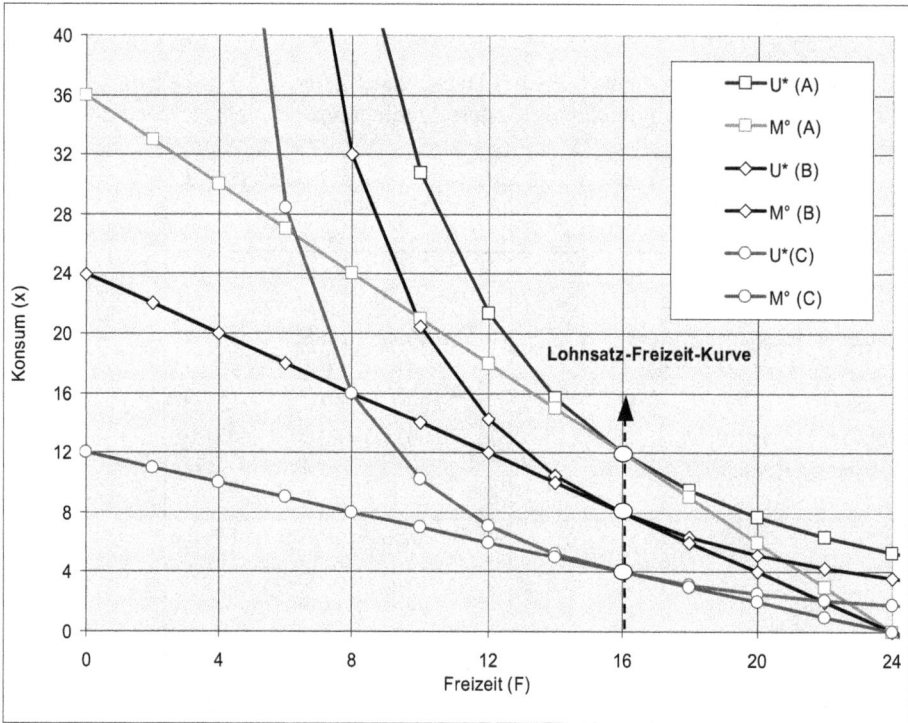

Abbildung 2.18: Optimale Freizeit-Konsum-Pläne
Die optimalen Freizeit-Konsum-Pläne entsprechen Haushaltsgleichgewichten für Konsum und Freizeit.

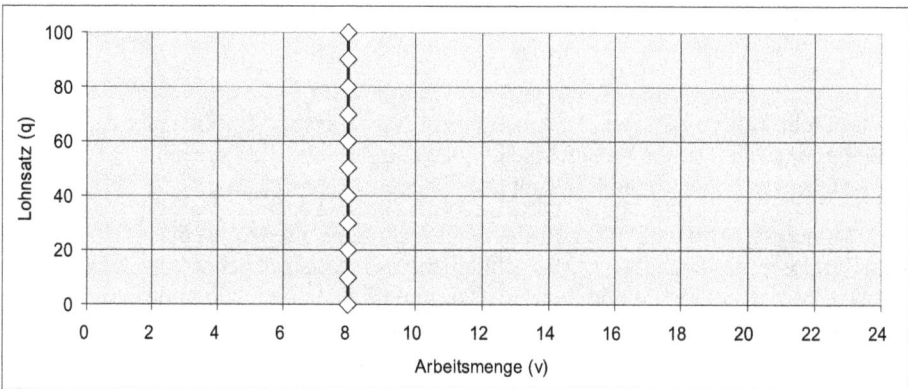

Abbildung 2.19: Angebotsfunktion
Die verwendete Nutzenindexfunktion für Konsum und Freizeit führt zu einem starren Angebotsverhalten der Haushalte auf dem Arbeitsmarkt. Unabhängig von der Höhe des Lohnsatzes wünschen die Haushalte eine tägliche Arbeitszeit von 8 Stunden.

PRÄFERENZEN	PREISE	ZEIT
Nutzenindexfunktion	Faktor- und	Beschränkung
$U = f(F,x)$	Produktpreise	$v = T - F$
$U = F^b x^c$	q = variabel	$v = 24 - F$
$U = F^{0.8} x^{0.4}$	$p = 50.00$	

Haushaltsgleichgewicht
$$GN_F/GN_x = q/p$$
$$(b/c)(x/F) = q/p$$
$$(0.4/0.8)\,(x/F) = q/50$$
$$x = 0.01qF$$

Budgetgleichung
Arbeitseinkommen =
Konsumausgaben
$$qv = px$$
$$q(T-F) = px$$
$$q(24-F) = 50x$$

Optimale Menge an Freizeit
$$q(24-F) = 50(0.01qF)$$
$$24 - F = 0.5F$$
$$F^* = 16.0$$

Optimale Konsummenge
$$x = 0.01q{*}F$$
$$x = 0.01q(16)$$
$$x^* = 0.16q$$

Optimale Menge an Arbeit
$$v = T - F$$
$$v = 24 - 16$$
$$v^* = 8.0$$

Angebotsfunktion für Arbeit
$$v = f(q)$$
$$v^* = 8.0$$

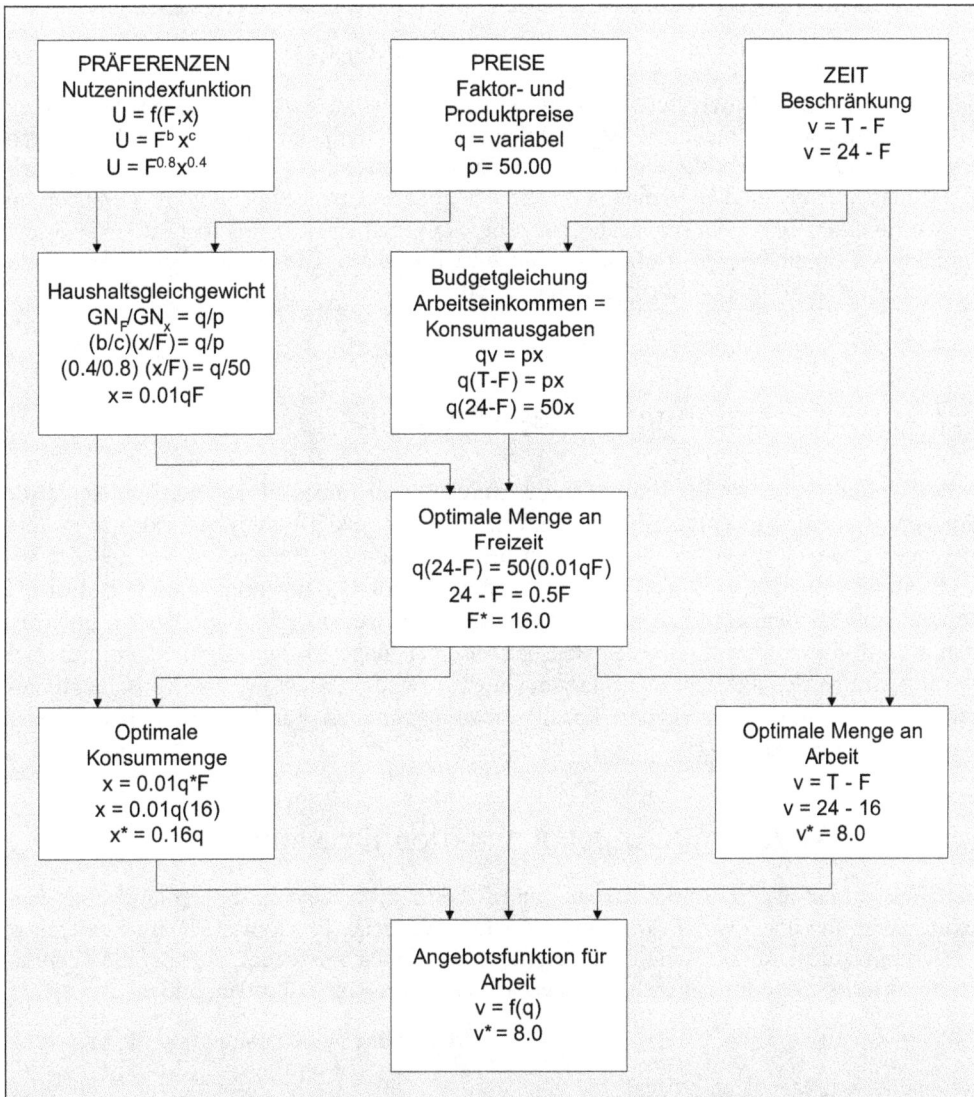

Übersicht 2.5: Flussdiagramm für Angebotsfunktion der Arbeit
In diesem Modell entsteht ein Arbeitseinkommen, das ausschließlich für Konsumzwecke verwendet wird. Die verwendete Nutzenindexfunktion für Konsum und Freizeit führt zu einem starren Arbeitsangebot.

In **Abbildung 2.18** werden die optimalen Freizeit-Konsumpläne abgebildet, die sich bei unterschiedlichen Lohnsätzen ergeben. Der verbindende Pfad der Haushaltsoptima wird auch Lohn-Freizeit-Kurve genannt.

Die Angebotsfunktion des Haushalts für Arbeit $v_1 = f_1(q_1)$ lautet in unserem Fall:

(83) $v_1 = T-T/[(c/b)+1]$ $v_1 = 24-24/[(0.4/0.8)+1] = 8$

Bei der unterstellten Nutzenfunktion zeigt der Haushalt ein a-typischen Angebotsverhalten. Er reagiert mit seinem mengenmäßigen Arbeitsangebot überhaupt nicht auf Veränderungen des Lohnsatzes. Gleichgültig wie hoch der Lohnsatz auch sei, der Haushalt entscheidet sich für 8 Stunden Arbeit und 16 Stunden Freizeit. Die gleiche Aussage gilt auch für Veränderung des Konsumgutpreises oder des Reallohnes. Dieses wenig plausible Ergebnis ist – wie gesagt – alleine auf die unterstellte Nutzenfunktion zurückzuführen. Die entsprechende Arbeitsangebotsfunktion wird in **Abbildung 2.19** dargestellt.

2.7   Kapitalangebot des Haushalts

Jeder Haushalt steht vor der Entscheidung, welchen Teil seines Einkommens er heute für Konsum verwenden möchte und welchen Teil er in der Zukunft ausgeben möchte. In dem folgenden Beispiel gehen wir von der Annahme aus, dass der Haushalt in der Zeit der Erwerbstätigkeit Ersparnisse bildet, um sein Alter zu sichern. Die Ersparnisse seien das einzige Einkommen, das dem Haushalt nach der Periode der Erwerbstätigkeit zur Verfügung steht. Damit wird angenommen, dass der Haushalt in einer längerfristigen Betrachtung das Ziel verfolgt, den Nutzen aus dem Konsum von Gütern bzw. der Entfaltung von Konsumaktivitäten über die gesamte ihm vergönnte Lebenszeit zu maximieren. Für seine Erben bildet dieser Haushalt keine Ersparnisse.

2.7.1   Allgemeine Angebotsfunktion für Kapital

Der Haushalt hat nicht nur über Konsum und Arbeit zu entscheiden, sondern auch über Gegenwartskonsum und Zukunftskonsum und damit über seine Ersparnisse. Diese Ersparnisse wiederum werden auf den Kapitalmärkten für Investitionen verwendet, die über die kumulativen Ersparnisse und Investitionen der Vergangenheit den Kapitalbestand bilden.

(84) $v_2 = f(p_1, p_2, q_2)$ Allgemeine Angebotsfunktion für Kapital

v_2 = angebotene Menge an Kapital
f = Präferenzen für Gegenwartskonsum und Zukunftskonsum
p_1 = Preis von Gut 1 (Gegenwartskonsum)
p_2 = Preis von Gut 2 (Zukunftskonsum)
q_2 = Kapitalnutzungspreis (Zinssatz, Leasingrate, Mietpreis)

Mit der speziellen Angebotsfunktion für Kapital wird der Einfluss des Kapitalnutzungspreises (Miete, Leasingrate, Zinssatz) auf die angebotene Menge an Kapital untersucht. Dabei wird unterstellt, dass alle anderen Variablen der allgemeinen Angebotsfunktion für Kapital sich nicht verändern.

(85) $v_2 = f(p_1°, p_2°, q_2)$ Spezielle Angebotsfunktion für Kapital
      $v_2 = f(q_2)$

2.7.2   Optimaler Kapital-Konsum Plan

Bei seinen Überlegungen hat der Haushalt zu beachten, dass für Ersparnisse am Kapitalmarkt Zinsen erzielt werden können, die seine späteren Konsummöglichkeiten vergrößern. Der Gegenwartskonsum ist mit Opportunitätskosten verbunden, da bei hohem Gegenwartskonsum die entgangenen Zinsen die künftigen Konsummöglichkeiten reduzieren.

Wir wollen diese Zusammenhänge durch ein einfaches Beispiel erläutern. Dabei betrachten wir der Einfachheit halber nur zwei Perioden: die Arbeitsperiode und die Ruhestandsperiode. Der Haushalt verdient in der Arbeitsperiode 1000 Euro. Seine Ersparnisse sind die einzige Einkommensquelle im Alter. Der Zinssatz für seine Ersparnisse beträgt r = 5 Prozent. Bei einem Einheitspreis von p_1 = 1.0 für das Gut „Konsum Gegenwart" kann der Haushalt maximal x_1 = 1000 Einheiten heute konsumieren oder x_2 = 1050 Einheiten für das Gut „Konsum morgen". Seine Nutzenindexfunktion für die Güter Gegenwartskonsum und Zukunftskonsum lautet U = $x_1^{0.7}$ $x_2^{0.3}$. In dieser Nutzenindexfunktion kommt eine hohe Wertschätzung des Haushalts für Gegenwartskonsum zum Ausdruck.

Der Zukunftswert seines Einkommens im Jahr t ist $M(1+r)^t$. Der Gegenwartswert des zukünftigen Einkommens im Jahr t ist dagegen $M/(1+r)^t$. Wenn wir lediglich die zwei Perioden Arbeit und Ruhestand betrachten, dann steigt der Zukunftswert des Einkommens im Jahr t von M = 1000 auf $M(1+r)^t$ = 1000(1+0.05) = 1050. Der Gegenwartswert des zukünftigen Einkommens im Jahr t in Höhe von M = 1050 ist dagegen $M/(1+r)^t$ = 1050/(1+0.05) = 1000. Zu Berechnung des Gegenwartswertes einer Ersparnis nach t Jahren wird der Abzinsungsfaktor $1/(1+r)^t$ verwendet. Will man dagegen den Zukunftswert einer Ersparnis im Jahr t berechnet, so wird der Aufzinsungsfaktor $(1+r)^t$ benutzt.

In dieser Situation steht der Haushalt vor dem folgenden Optimierungsproblem:

Maximiere

Allgemein	*Beispiel*	
(86) U = f(x_1, x_2)	U = $x_1^{0.7}$ $x_2^{0.3}$	Zielfunktion

unter der Nebenbedingung

(87) M = p_1x_1 + p_2x_2	1000 = 1.0x_1 + (1.0/1+0.05)x_2	Beschränkung
M = p_1x_1 + ($p_1/(1+r)$)x_2	1000 = x_1 + 0.9524x_2	

Legende
U = Nutzenindex
x_1 = Menge des Gutes 1 (Konsum Gegenwart)
x_2 = Menge des Gutes 2 (Konsum Zukunft)
M = Einkommen
p_1 = Preis des Gutes 1 (Konsum Gegenwart)
p_2 = Preis des Gutes 2 (Konsum Zukunft)
r = Zinssatz

Die Budgetgerade für Gegenwartskonsum und Zukunftskonsum lautet:

(88) $x_2 = M/(p_1/1+r) - (1+r)x_1$ $x_2 = 1050 - 1.05x_1$ Budgetgerade

Der Haushalt kann mit seinem Einkommen wahlweise eine Güterbündel von $x_1 = 100000$ heute oder alternativ ein Güterbündel von $x_2 = 105000$ morgen kaufen. Die Gleichgewichtsbedingung für den optimalen Konsumplan lautet:

Allgemein   *Beispiel*

(89) $(\partial U/\partial x_1)/(\partial U/\partial x_2) = p_1/p_2$ $(0.7/0.3)(x_2/x_1) = 1.0/(1.0/(1+0.05))$ Optimalbedingung
    $(\partial U/\partial x_1)/(\partial U/\partial x_2) = 1+r$ $(0.7/0.3)(x_2/x_1) = 1.0/0.9524$

Das Verhältnis der Grenznutzen von Gegenwartskonsum zu Zukunftskonsum entspricht dem Aufzinsungsfaktor 1+r. Bei einem Zinssatz von r=0 würde der Haushalt sein Einkommen genauso aufteilen, dass der Grenznutzen des Gegenwartskonsum genau dem Grenznutzen des Zukunftskonsum entspricht.

Aufgelöst nach x_2 ergibt:

(90) $x_2 = (c/b)(p_1/p_2)x_1$ $x_2 = (0.3/0.7)(1.0/0.9524)x_1$
                                      $x_2 = 0.45x_1$ Optimales Verhältnis

Berücksichtigt man dieses optimale Einsatzverhältnis für Gegenwartskonsum und Zukunftskonsum in der Nebenbedingung, so kann man die optimale Entscheidung für den Gegenwartskonsum berechnen.

(91) $M = p_1x_1 + p_2x_2$ $1000 = 1.0x_1 + 0.9542(0.45x_1)$
                                      $1000 = 1.0x_1 + 0.4286x_1$
                                      $x_1 = 700$ Gegenwartskonsum

Der Zukunftskonsum berechnet sich mit:

(92) $x_2 = (c/b)(p_1/p_2)x_1$ $x_2 = 0.45(700)$
                                      $x_2 = 315$ Zukunftskonsum

Bei einem Zinssatz von 5 % (r = 0.5) lautet der optimale Konsumplan:

$p_1 = 1.0$ Preis Gegenwartskonsum
$p_2 = p_1/(1+r) = 1.0/1.05 = 0.9524$ Preis Zukunftskonsum
$x_1 = 700$ Menge Gegenwartskonsum
$x_2 = 315$ Menge Zukunftskonsum
$A = 1015$ Ausgaben
$M = 700 + 315/1.05 = 700 + 300 = 1000$ Gegenwartswert Budget
$\partial U/\partial x_1 = 0.5509$ Grenznutzen Gegenwartskonsum
$\partial U/\partial x_2 = 0.5247$ Grenznutzen Zukunftskonsum
$\partial U/\partial x_1/\partial U/\partial x_2 = 1.05$ Verhältnis der Grenznutzen
$p_1/p_2 = 1.0/0.9524 = 1.05$ Verhältnis der Preise

Wie wird der Haushalt mit seiner Ersparnis reagieren, wenn sich der Zinssatz ändert? Wird sich der Konsumplan ändern, wenn der Zinssatz auf r = 20 Prozent steigt? Das Ergebnis für beide Konsumpläne ist in **Abbildung 2.20** dargestellt. Im vorliegenden Fall reagiert der Haushalt mit seiner Entscheidung über die Ersparnisse nicht auf die Höhe des Zinssatzes. Dieses Ergebnis ist auf die Eigenschaften der verwendeten Nutzenindexfunktion zurückzuführen.

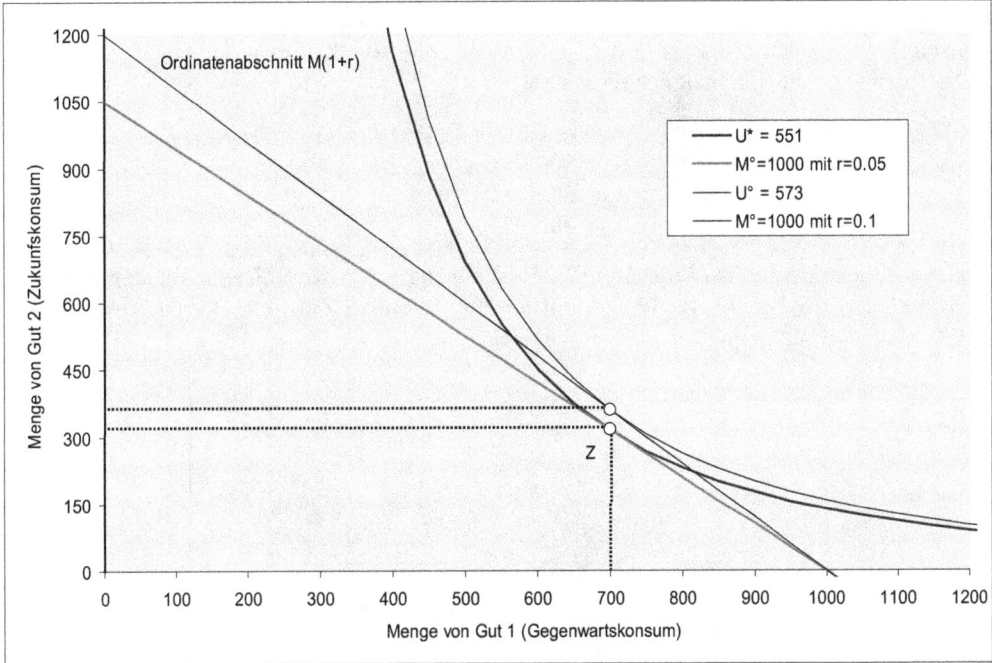

Abbildung 2.20: Kapitalangebot des Hauhalts

Das Kapitalangebot des Haushalts wird von den Präferenzen für Gegenwartskonsum und Zukunftskonsum bestimmt. Je höher der Zinssatz für Ersparnisse am Kapitalmarkt ausfällt, desto höher fällt die reale Kaufkraft für Zukunftskonsum aus.

2.7.3   Angebotsfunktion für Kapital

Im vorliegenden Fall ergibt sich eine steile Angebotsfunktion des Haushalts für Kapital. Bei einem Zinssatz von $r = 0$ würde der Haushalt 700 Einheiten heute konsumieren und 300 sparen. Steigt dagegen der Zinssatz auf 20 Prozent ($r = 0.20$), so würde der Haushalt 360 Einheiten sparen.

Die Angebotsfunktion kann direkt aus der Optimalbedingung für das Haushaltsgleichgewicht und der Budgetgleichung abgeleitet werden.

(93) $(\partial U/\partial x_1)/(\partial U/\partial x_2) = p_1/p_2$ $(0.7/0.3)(x_2/x_1) = 1.0/(1.0/(1+r))$ Optimalbedingung

$(0.7/0.3)(x_2/x_1) = 1+r$

(94) $M = p_1x_1 + p_2x_2$ $1000 = 1.0x_1 + (1.0/1+r)x_2$ Budgetgleichung
     $M = p_1x_1 + (p_1/(1+r))x_2$ $1000 = x_1 + (1/(1+r))x_2$

Löst man die Gleichgewichtsbedingung nach x_1 auf, so erhält man:

(95) $x_1 = (b/c)(p_2/p_1)x_2$ $x_1 = (0.7/(0.3)(1+r))x_2$ Optimales Verhältnis

Berücksichtigt man das optimale Einsatzverhältnis von Gegenwartskonsum und Zukunftskonsum bei variablem Zinssatz in der Budgetgleichung, so erhält man die Angebotsfunktion
für Ersparnis in Abhängigkeit des Zinssatzes.

(96) $M = p_1(b/c)(p_2/p_1)x_2 + p_2x_2$ $1000 = (0.7/(0.3)(1+r))x_2 + (1/(1+r))x_2$
     $x_2 = 1000(0.3)(1+r)$
     $x_2 = 300(1+r)$
     $x_2 = 300 + 300r$

Das Angebot an Ersparnis (**Abbildung 2.21**) ist abhängig von der Höhe des Einkommens der
Preiselastizität der Nachfrage für Zukunftskonsum und dem Zinssatz. Der Gegenwartswert
des Zukunftskonsum beträgt $x_2/(1+r) = 300$ Geldeinheiten.

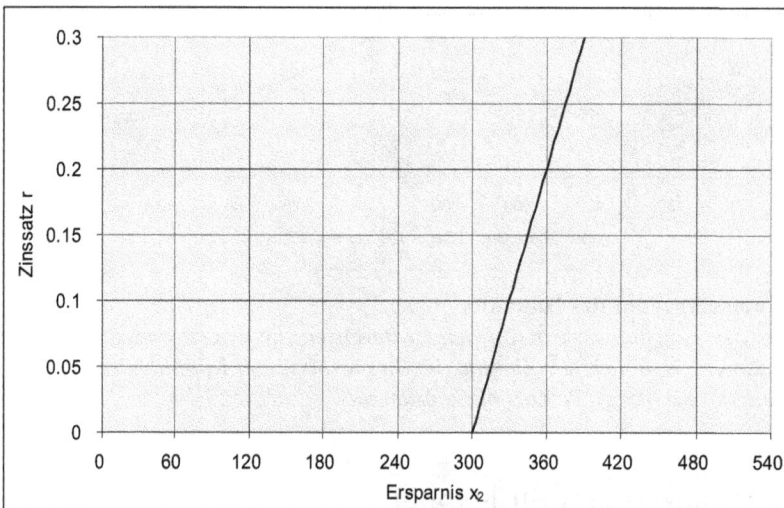

Abbildung 2.21: Angebotsfunktion für Kapital
*Die Angebotsfunktion für Kapital in Abhängigkeit des Zinssatzes verläuft linear. Der Haus-
halt ist bereit, höhere Ersparnisse zu bilden, wenn der Zinssatz steigt.*

Die Entscheidung des Haushalts über den Gegenwarts- und Zukunftskonsum kann auch als
eine Entscheidung über die Ersparnis und damit das Kapitalangebot es Haushalts interpretiert
werden. Das Einkommen in der Zukunft ist aber nur gesichert, wenn die Ersparnisse auf dem
Kapitalmarkt angeboten und für Investitionen verwendet werden. Die Substanzerhaltung der
Ersparnisse und Zinszahlungen, die zu einer positiven Realverzinsung des Kapitals führen,
sind davon abhängig, ob Investoren bereit sind, zu dem vereinbarten Kapitalmarktzinssatz

Kredite aufzunehmen und entsprechenden Zinszahlungen zu leisten. Damit wird auch aus der mikroökonomischen Sicht verständlich, wie bedeutend die Transformation volkswirtschaftlicher Ersparnis in Investitionsgüter ist. Für eine geschlossene Volkswirtschaft oder eine offene Volkswirtschaft mit ausgeglichener Leistungsbilanz gilt in diesem Fall die Identität I = S, d.h. der Wert der volkswirtschaftlichen Ersparnis entspricht dem Wert der Investitionen.

2.7.4   Übungsaufgaben zum Arbeits- und Kapitalangebot der Haushalte

Aufgabe 1: Arbeitsangebot

Gegeben seien die Nutzenindexfunktion für Konsum und Freizeit, der Lohnsatz, der Preis des Konsumgutes und die maximal zur Verfügung stehende Gesamtzeit für Arbeit und Freizeit.

$U = F^{0.5} x^{0.5}$ Nutzenindexfunktion
$T = 24$ Gesamtzeit in Stunden
$v = T\text{-}24$ Arbeitszeit
$q = 10$ Lohnsatz
$p = 20$ Produktpreis
U = Nutzenindex, F = Freizeit, x = Menge des Konsumgutes

(a) Bestimmen Sie den optimalen Arbeit-Konsum-Plan für einen Arbeitstag. Gesucht sind die optimalen Mengen für Freizeit und Konsum. Wie hoch sind das Arbeitseinkommen und die Konsumausgaben?

(b) Leiten Sie graphisch die Arbeitsangebotsfunktion ab. Begründen Sie den Verlauf.

Aufgabe 2: Konsum und Ersparnis

Jeder Erwerbstätige hat eine Entscheidung zu treffen, wie viel er von seinem Einkommen heute für Konsum verwendet und wie viel er für die Zukunft spart. Analysieren Sie das Entscheidungsproblem von Otto, einem Arbeiter, der für seinen Ruhestand plant. Der Einfachheit wird das Leben von Otto in zwei Perioden geteilt. In der ersten Periode ist Otto jung und arbeitet, in der zweiten Periode ist er alt und lebt im Ruhestand. Otto verdient in der ersten Periode insgesamt 100.000,- DM. Seine Ersparnisse sind die einzige Einkommensquelle im Alter. Eine Rente erhält er nicht.

In Periode 1 teilt Otto sein Einkommen in Konsumausgaben und Ersparnis auf. In Periode 2 konsumiert er in Höhe seiner Ersparnisse einschließlich der Zinsen, die für seine Ersparnis ausgezahlt wurden. Der Zinssatz beträgt 10 Prozent. Für jede DM die Otto spart, kann er als alter Mann 1,10 DM konsumieren.

(a) Betrachten Sie die Variablen „Konsum Gegenwart" (x_1) und „Konsum Zukunft" (x_2) als zwei Güter. Bei einem Einheitspreis von $p_1 = 1.0$ für „Konsum Gegenwart" kann Otto maximal $x_1 = 100.000$ Einheiten heute oder maximal $x_2 = 110.000$ Einheiten morgen konsumieren. Skizzieren Sie die Budgetgerade in einem Diagramm mit den Variablen x_1 = Konsum Gegenwart und x_2 = Konsum Zukunft. Skizzieren Sie den Verlauf der Budgetgeraden

(Abb. 1). Wie lautet die Budgetgerade? Welchen Einfluss hat der Zinssatz auf die Steigung der Budgetgeraden?

(b) Skizzieren Sie ein plausibles Indifferenzkurvensystem (Abb. 2), in dem sich Ihre Präferenzen für dieses Problem widerspiegeln. Erläutern Sie Ihre Präferenzen.

(c) Formulieren Sie das Optimierungsproblem und bestimmen Sie graphisch den optimalen Plan für den Gegenwartskonsum und den Zukunftskonsum von Otto (Abb. 3). Erläutern Sie das Ergebnis. Welche Gleichgewichtsbedingung muss erfüllt sein? Geben Sie dieser Bedingung eine überzeugende Interpretation.

(d) Nehmen Sie an, dass der Zinssatz auf 20 Prozent steigt. Für welchen Konsumplan werden Sie sich nun entscheiden? Skizzieren Sie die neue und alte Lösung in einem Diagramm (Abb. 4). Erläutern Sie das Ergebnis, insbesondere den Zusammenhang zwischen Zinssatz, Ersparnis und Konsum. Wie würde ein sparsamer Schwabe auf die Zinserhöhung reagieren? Skizzieren Sie seine Pläne (Abb. 5) und begründen Sie das Ergebnis.

3 Theorie der Unternehmung

Es ist die Aufgabe der Unternehmung, mit Produktionsfaktoren (Inputs) Güter und Dienstleistungen (Output) zu produzieren. Diese Güter und Dienstleistungen werden auf den Gütermärkten an Haushalte, den Staat und andere Unternehmen verkauft. Aus den erzielten Erlösen werden die Ausgaben für die Produktionsfaktoren gedeckt. Die Produktionskosten umfassen Arbeitsleistungen, Nutzung von Kapital (z.B. Gebäude, Maschinen, Transportmittel) und natürlichen Ressourcen (Boden, Bodenschätze) und Kauf von Zwischenprodukten bei anderen Unternehmungen. Diese Inputs müssen auf den Faktormärkten besorgt werden.

Der Gewinn berechnet sich als Differenz von Erlösen und Kosten Der Gewinn kann entweder an die Haushalte, soweit sie Eigentümer der Unternehmung sind, ausgeschüttet werden oder im Unternehmen belassen und zum Kauf von Investitionsgütern verwendet werden. Sowohl die Haushalte als Eigentümer der Unternehmen wie auch die Unternehmensleitung haben ein Interesse an einem Gewinn. Der Gewinn gilt als Maß für den Erfolg der Unternehmung. In der folgenden Analyse unterstellen wir, dass es das alleinige Ziel der Unternehmung sei, Gewinne zu maximieren. Wir werden allerdings auch analysieren, wie sich andere Zielsetzungen der Unternehmung auf die Produktionsplanung auswirken. Die Öffnung der Märkte wird in vielen Sektoren hohe residuale Gewinne durch Wettbewerb und Konkurrenz reduzieren. Es gilt aber auch die Beobachtung, dass Arbeitsplätze in einem Unternehmen nur gesichert sind, wenn die Produktionskosten durch die Erlöse gedeckt sind.

3.1 Produktionsplan

Die Ermittlung eines gewinnmaximalen Produktionsplans ist ein komplexes Entscheidungsproblem. Die wichtigsten Elemente eines Produktionsplans werden in **Übersicht 3.1** dargestellt. Auf der Inputseite muss entschieden werden, welche Produktionsfaktoren eingesetzt werden und in welchen Mengen und Preisen sie auf den Faktormärkten beschafft werden können. Mit Hilfe des besten technisch-organisatorischen Wissens werden diese Produktionsfaktoren zur Güterproduktion eingesetzt. Doch welche Gütermengen sollen produziert werden, und zu welchen Preisen können sie auf den Gütermärkten verkauft werden? Entscheidend ist, dass die Entscheidungen über die optimalen Faktormengen und Gütermengen gleichzeitig getroffen werden.

Wir nehmen an, dass die Bedingungen der vollkommenen Konkurrenz sowohl auf den Faktormärkten wie auch auf den Gütermärkten erfüllt sind. In diesem Fall bestimmen die Märkte die Preise und Unternehmen agieren sowohl auf den Faktormärkten als auch auf den Gütermärkten als Mengenanpasser. Das setzt voraus, dass auf den Märkten viele Anbieter und viele Nachfrager beobachtet werden, freier Marktzutritt möglich ist und Nachfrager und Anbieter vollkommene Information über sämtliche Gegebenheiten des Marktes besitzen.

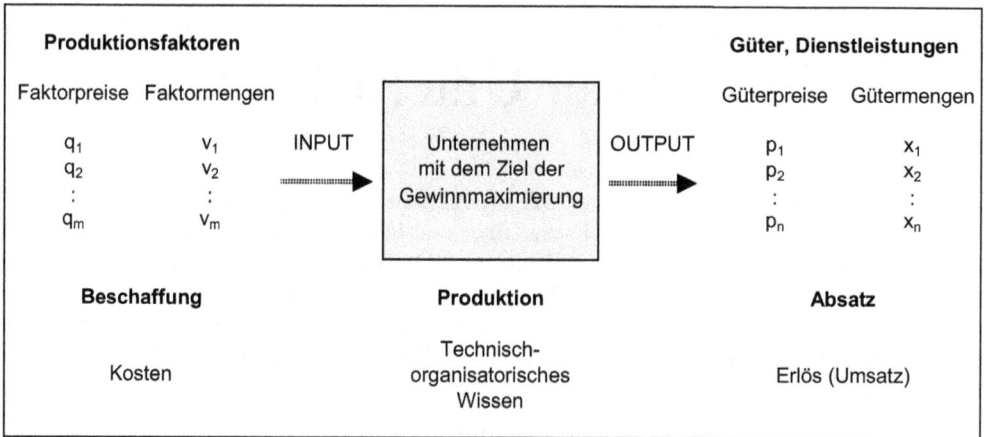

Übersicht 3.1: Produktionsplan

Die Unternehmung verfolgt das Ziel, Gewinne zu maximieren. Dazu ist es erforderlich, einen Produktionsplan aufzustellen, der zu diesem Ziel führt. Es muss festgelegt werden, welche Produktionsfaktoren in welchen Mengen und zu welchen Faktorpreisen auf den Faktormärkten beschafft werden. Gleichzeitig muss entschieden werden, welche Güter in welchen Mengen produziert und zu welchen Güterpreisen diese Güter auf den Gütermärkten verkauft werden können.

Die Unternehmung hat sich über alle ökonomischen Tatbestände Informationen zu beschaffen, die bei Verfolgung des Unternehmenszieles relevant sind. Aus der Fülle der Überlegungen greifen wir hier nur einige heraus. Wird der Markt ein neu entwickeltes Produkt aufnehmen und wenn ja, in welchen Mengen und zu welchen Preisen? Wird der Marktpreis die Produktionskosten abdecken? Wie lange wird am Markt noch Nachfrage nach den alten Produkten bestehen? Werden die Preise fallen? Gibt es andere Produktionsverfahren, die bei gegebenen Einsatzmengen der Produktionsfaktoren zu geringeren Produktionskosten führen? Ist mit weiteren Kostensteigerungen durch Preiserhöhungen wichtiger Inputs zu rechnen? Diese Fragen deuten an, wie wichtig Marktforschung für Unternehmen ist. Auch sind viele Entscheidungen der Unternehmung unter Risiko und Unsicherheit zu treffen. Wer kann die Entwicklung der Wechselkurse oder Energiepreise voraussagen? Es ist ein Ziel der Marktforschung, diese Unsicherheiten zu reduzieren.

In der Produktion kommt ein bestimmtes technisches Wissen zur Anwendung. Dieses technische Wissen lässt sich durch Investitionen in Forschung und Entwicklung verbessern. Technisch-organisatorisches Wissen manifestiert sich aber auch in der Qualifikation der Arbeitskräfte und Leistungsfähigkeit des Sachkapitals in Form von Gebäuden, Maschinen und Transportmitteln. Man kann neue billigere Produktionsverfahren suchen und zugleich die Produktinnovation vorantreiben. Wenn neue Verfahren angewendet werden, sind Investitionen in Sachkapital und Humankapital erforderlich. Die Unternehmung hat die Entscheidung über die Nutzung und Entwicklung des **technisch-organisatorischen Wissen** zu treffen.

Je nach Art des produzierten Gutes und der verwendeten Produktionsfaktoren ergeben sich unterschiedliche Transportkosten. Soll die Produktion zentral in einer Betriebsstätte oder dezentral an verschiedenen Orten durchgeführt werden. Welche Rolle spielt die Nähe zu den Arbeitsmärkten, Rohstofflagern und Verbrauchern? Die Unternehmung hat Entscheidungen über **optimale Standorte** für Produktion und Vertriebs zu treffen.

Viele Unternehmen verringern die Fertigungstiefe und kaufen **Zwischenprodukte** bei anderen Unternehmen ein. Ist es günstiger, Vorprodukte bei anderen Unternehmen einzukaufen oder in einem integrierten innerbetrieblichen Produktionsprozess selbst zu fertigen? Die Unternehmung hat eine Entscheidung über die optimale Nutzung der Arbeitsteilung zu treffen. Sie betrifft die Verlagerung und Aufgabe von Produktionsstätten. Die Unternehmung hat Entscheidungen über die Fertigungstiefe und den Bezug der **Zwischenprodukte** zu treffen.

Investitionen können über einbehaltene Gewinne, Kreditaufnahme oder Emission von Aktien oder Anleihen auf dem Kapitalmarkt finanziert werden. Auch die laufenden Einnahmen und Ausgaben können zu Finanzierungsproblemen führen. Die Unternehmung hat eine Entscheidung über die optimale **Finanzierung** zu treffen.

Mit dieser Aufzählung haben wir keineswegs alle relevanten Entscheidungtatbestände erwähnt, über die sich Unternehmung Klarheit verschaffen muss. Mit ihnen beschäftigt sich ausführlich die **Betriebswirtschaftslehre**. Im Rahmen der Mikroökonomie wollen wir weder die erwähnten noch die nicht erwähnten Probleme insgesamt analysieren. Wir beschränken uns auf die zentralen Entscheidungsprobleme bezüglich der Produktionsmengen und Faktoreinsatzmengen. Diese Selbstbeschränkung ist notwendig, um die Analyse so einfach wie möglich zu halten. Sie ist sinnvoll, weil die Theorie der Unternehmung Baustein eines umfassenderen, aber immer noch überschaubaren Gesamtmodells der Wirtschaft sein soll. Die **mikroökonomische Theorie** kann daher auch als die theoretische Grundlage der Betriebswirtschaftslehre verstanden werden.

Diese Aufzählung umfasst keineswegs alle Entscheidungen, die in einer Unternehmung zu treffen sind. Damit beschäftigt sich ausführlich die **Betriebwirtschaftslehre**. Dort stehen im Mittelpunkt der Analyse der Aufbau des Betriebs, die Produktion, der Absatz, Investition und Finanzierung sowie das betriebliche Rechnungswesen.

In der **Mikroökonomie** beschäftigen wir uns mit den zentralen Entscheidungsproblemen der Unternehmung bezüglich der Produktionsmengen und Faktoreinsatzmengen. Das Ziel der Theorie der Unternehmung ist es, das Angebots und Nachfrageverhalten von Unternehmen auf Gütermärkten und Faktormärkten zu erklären.

Zur Vereinfachung der Analyse einer Modellunternehmung werden folgende **Annahmen** getroffen:

1. **Vollkommene Information**

   Die Unternehmung besitzt vollkommene Information über alle relevanten Fakten. Informationsprobleme und Informationskosten gibt es daher nicht. Informationen über das technisch-organisatorische Wissen sind frei zugänglich. Der Stand des technischen Wissens ist vorgegeben und ändert sich in der betrachteten Periode nicht.

2. Zeit

Bei den Entscheidungen sind keine zeitlichen Dimensionen zu beachten. Unsere Modellwirtschaft existiert nur eine Periode. Investitionen sind daher nicht erforderlich. In dieser Zeit unterliegen die Kapitalgüter keinerlei Verschleiß. Der Gewinn der Unternehmung wird vollständig an die Haushalte verteilt. Wir bewegen uns in der Welt der komparativ-statischen Analyse.

3. Unsicherheit

Es gibt keinerlei Unsicherheiten über irgendwelche ökonomischen Entscheidungstatbestände. Es ist unnötig, Lager anzulegen, da die Beschaffungspreise und die Produktpreise bekannt sind und keinerlei Versorgungsengpässe auftreten.

4. Mengenanpasser

Auf den Faktormärkten können zu den geltenden Faktorpreisen jederzeit beliebige Mengen an Produktionsfaktoren gekauft und auf den Produktmärkten zu den gegebenen Güterpreisen beliebige Mengen der produzierten Güter absetzt werden. Die Unternehmen handeln als Mengenanpasser, da sie als kleine Einheit keinen Einfluss auf den Preis haben und nur über die Mengen entscheiden können. Wir analysieren auch die ökonomischen Entscheidungen eines Monopolisten, der Mengen und Preise innerhalb gewisser Grenzen festlegen.

5. Finanzierung

Es gibt keine Finanzierungsprobleme. Das Produkt kann zum Marktpreis in beliebiger Menge abgesetzt werden. Bei jedem Produktionsplan, der einen Gewinn aufweist, können aus den Erlösen problemlos die Kosten bestritten werden. Ein- und Auszahlungen fallen in der gleichen Periode an.

6. Standort

Es gibt keine Transportkosten und räumliche Dimensionen. Der Standort stellt kein Problem dar. Alle ökonomischen Aktivitäten erfolgen in einem Punkt.

7. Teilbarkeit

Wir unterstellen beliebige Teilbarkeit aller Mengen. Das gilt für Inputs wie Outputs. Durch diese Annahme ist die stetige Differenzierbarkeit aller Funktionen gewährleistet. So können die zu analysierenden Zusammenhänge auf einfache Weise mathematisch dargestellt werden.

8. Vorleistungen

Die Produkte werden in integrierten Unternehmen gefertigt, die als Inputs lediglich primäre Produktionsfaktoren (Arbeit, Kapital, Boden) benötigen. Die Unternehmen beziehen die Inputs direkt von den Haushalten und sie verkaufen die produzierten Güter ebenfalls unmittelbar an die Haushalte. Vorleistungen werden nur jeweils betriebsintern ausgetauscht.

In den verschiedenen Abschnitten des Kapitels 3 (Theorie der Unternehmung) werden folgende Themen behandelt:

- Produktionsfunktionen
- Kosten der Produktion
- Optimaler Produktionsplan
- Güterangebot der Unternehmung
- Faktornachfrage der Unternehmung
- Verhalten der Unternehmung am Markt

3.2   Produktionsfunktion

Unter Produktion versteht man die Umwandlung von Produktionsfaktoren in Güter (Waren und Dienstleistungen). Die aus dem Produktionsprozess hervorgehenden Waren und Dienstleistungen können unmittelbar zur Befriedung von Bedürfnissen (Konsumgüter) dienen oder als Zwischenprodukte oder Investitionsgüter wieder im Produktionsprozess verwendet werden. Je nachdem, ob in einem Unternehmen ein oder mehrere Güter produziert werden, unterscheidet man einfache und verbundene Produktion. **Einfache Produktion** liegt vor, wenn in einem Unternehmen ein Produkt in einem technisch unabhängigen Verfahren ohne Verbindung mit anderen Produktionen hergestellt wird. Von **verbundener Produktion** spricht man, wenn in einer Unternehmung mehrere Güter hergestellt werden.

Auf der Input-Seite sind folgende **Produktionsfaktoren** sind zu unterscheiden:

- Arbeit
- Natürliche Ressourcen (Boden, Rohstoffe, Luft, Wasser, Pflanzen, Tiere)
- Wertstoffe (Metall, Kunststoff, Papier, Glas, usw.)
- Kapitalgüter (Gebäude, Maschinen, Transportmittel)
- Vorleistungen (Zwischenprodukte)

Je nachdem, ob die Produktionsfaktoren im Produktionsprozess eingesetzt oder verbraucht werden, unterscheidet man bei Produktionsfaktoren Verbrauchsmengen (z. B. Rohstoffe, Elektrizität) und Einsatzmengen (z.B. Reifen, Benzinpumpe).

Für die Analyse ist es aber auch wichtig, eine klare Unterscheidung zwischen Stromgrößen und Bestandsgrößen von Produktionsfaktoren zu treffen. So unterscheidet man Stromgrößen (z. B. Arbeitseinsatz in Stunden, Stromverbrauch) und Bestandsgrößen (z.B. Boden, Gebäude, Maschinen), die durch Zugänge und Abgänge verändert werden. Stromgrößen beziehen sich auf eine Periode, während Bestandsgrößen an einem Stichtag erfasst werden.

Box 3.1

Aufgaben zur Theorie der Unternehmung – Produktion

Aufgabe 7: Substitutionale Produktionsfunktion
Zur Herstellung eines homogenen Gutes steht einer Unternehmung folgende Cobb-Douglas Produktionsfunktion zur Verfügung:

$$x_1 = av_1^{b}v_2^{c} \qquad\qquad x_1 = 2.42v_1^{0.29}v_2^{0.42}$$

x_1 = Produktionsmenge; v_1 = Faktoreinsatzmenge Arbeit; v_2 = Faktoreinsatzmenge Kapital; a = Niveauparameter; b = Produktionselastizität Arbeit; c = Produktionselastizität Kapital.
(a) Tragen Sie für die gegebene Produktionsfunktion die Produktionsmengen in eine Produkttabelle (Matrix für jeweils 10 Einheiten) ein.
(b) Definieren Sie den Begriff der Produktionsfunktion allgemein. Welche Eigenschaften hat die gewählte Produktionsfunktion? Erläutern Sie die vier Schnitte durch das Ertragsgebirge.
(c) Die Einsatzmenge des Produktionsfaktors Kapital sei mit $v_2 = 6$ vorgegeben. Ermitteln Sie die partielle Ertragsfunktion, Grenzertragsfunktion und Durchschnittsertragsfunktion. Skizzieren Sie diese Funktionen in entsprechenden Diagrammen.
(d) Was versteht man unter einer Isoquanten? Wie lautet die Funktionsgleichung der Isoquanten für $x_1 = 7{,}85$?
(e) Ermitteln Sie graphisch und algebraisch die Grenzrate der technischen Substitution für die beiden Produktionsfaktoren.
(f) Leiten Sie die Produktionselastizitäten der beiden Produktionsfaktoren ab und interpretieren Sie das Ergebnis.
(g) Welche Aussagen über die Form des Ertragsgebirges bzw. die Art der Produktionsfunktion ermöglicht Ihnen die Betrachtung der Niveauvariation? Ermitteln Sie die Skalenelastizität der Funktion.

Aufgabe 8: Limitationale Produktionsfunktion
Gegeben sei folgende Leontief-Produktionsfunktion:

$$x_1 = \min(v_1/a_1, \, v_2/a_2) \qquad\qquad x_1 = \min(4v_1, \, 2v_2)$$

a_1 = Produktionskoeffizient der Arbeit; a_2 = Produktionskoeffizient des Kapitals.
(a) Schildern Sie die Eigenschaften dieser Produktionsfunktion. Legen Sie wiederum vier entsprechende Schnitte durch das Ertragsgebirge, die Aussagen über Ertrag, Substitution und Niveauvariation von Produktionsfaktoren auf die Produktion ermöglichen.
(b) Tragen Sie für die gegebene Leontief-Produktionsfunktion die Produktmengen in eine Produkttabelle ein.
(c) Die Einsatzmenge des Produktionsfaktors Kapital sei wiederum mit $v_2 = 6$ vorgegeben. Ermitteln Sie die partielle Ertragsfunktion, Grenzertragsfunktion und Durchschnittsertragsfunktion. Skizzieren Sie das Ergebnis in entsprechenden Diagrammen.
(d) Ermitteln Sie die Skalenelastizität der Funktion.

Diese Aufgaben werden im Kapitel 3.2 (Produktionsfunktion) behandelt.

In **Abbildung 3.1** wird aus der Sicht der Mikroökonomie die Einbindung einer einzelnen Unternehmung in den ökologischen-ökonomischen Kreislauf dargestellt. In dem Flussdiagramm werden alle Inputs (Vorleistungen, Arbeit, Kapital, natürliche Ressourcen) erfasst, die für die Produktion benötigt werden. Auf der Outputseite werden wiederum nicht nur erwünschte Produkte („Goods") in Form von Konsumgütern, Investitionsgütern und Zwischenprodukte, sondern auch unerwünschte Kuppelprodukte („Bads") in Form von Abfällen aller Art ausgewiesen. Ein Teil der Abfallprodukte kann in Form von Wertstoffen über Recycling wieder in den Produktionsprozess zurückgeführt werden.

Konsumaktivitäten sind Wirtschaftsaktivitäten, die ähnlich strukturiert sind wie Produktionsaktivitäten. Für eine bestimmte Konsumaktivität (z.B. Wohnen, Essen, Weg zur Arbeit, Hobby, Freizeitgestaltung) werden Güter und Dienstleistungen als intermediäre Inputs benötigt und primäre Produktionsfaktoren in Form von Arbeit (Arbeitszeit), Kapital (langlebige Konsumgütern) und natürliche Ressourcen. Bezieht man den Gedanken der Konsumaktivität mit ein, so hilft das Flussdiagramm, den gesamten Produktzyklus eines Produktes zu erfassen. Abfallprodukte entstehen nicht nur bei der Produktion eines Gutes, sondern werden auch bei der Nutzung des Konsumgutes generiert. Entscheidend für die Umwelt ist auch die Frage, auf welche Weise Kapitalgüter und langlebige Konsumgüter entsorgt werden, die aus den Produktionsprozessen und Konsumaktivitäten ausscheiden.

Auf der Output-Seite wird die Produktion von **Gütern und Dienstleistungen** (erwünschte Güter) und **Abfällen** aller Art (unerwünschte Güter) erfasst. Sie umfassen:

- Konsumgüter (Güter und Dienstleistungen)
- Kapitalgüter (Gebäude, Maschinen, Transportmittel)
- Vorleistungen (Zwischenprodukte)
- Abfälle (Abfall, Abgase, Abwasser, Wärme, Lärm, Strahlung)
- Wertstoffe (Metalle, Kunststoffe, Glas, Papier, Öl, usw.)

Einen **Produktionsplan** nennen wir jede Kombination von Inputmengen und Outputmengen. **Technisch effizient** heißt ein realisierbarer Produktionsplan dann, wenn mit einer gegebenen Faktormenge die größtmögliche Produktmenge hergestellt wird und die Einsatzmenge keines einzelnen Faktors hätte geringer sein können. Die Gesamtheit aller technisch effizienten Produktionspläne heißt **Produktionsfunktion**.

Eine **Produktionsfunktion** ordnet im allgemeinen Fall jeder Kombination von Einsatzmengen der m Faktoren Kombinationen technisch effizient produzierter Outputmengen der n Güter zu. Im Fall der einfachen Produktion, den wir hier zunächst untersuchen, ordnet die Produktionsfunktion jeder Kombination an Faktoreinsatzmengen eine bestimmte, technisch effizient produzierte Menge Output zu. Das Flussdiagramm in **Übersicht 2** verdeutlicht die Zusammenhänge.

(1) $x_1 = f(v_1, v_2, ..., v_m)$ $\qquad\qquad\qquad\qquad$ Produktionsfunktion

x_1 = Menge des Gutes 1
v_1 = Menge des Produktionsfaktors 1
f = technisch-organisatorische Wissen der Unternehmung

| Natürliche Ressourcen |
| Boden |
| Bodenschätze |
| Luft |
| Wasser |
| Pflanzen |
| Tiere |

| Arbeit | Boden | Boden-schätze | Wertstoffe | Kapital Gebäude Maschinen | Vor-leistungen |

Unternehmung

| Abfallprodukte | Konsumgüter | Investitions-güter | Zwischen-produkte |

| **Schadstoffe** Abfälle Abgase Abwärme Lärm Strahlung | **Wertstoffe** Metall Kunststoff Papier Glas usw. |

| Abfall | Recycling |

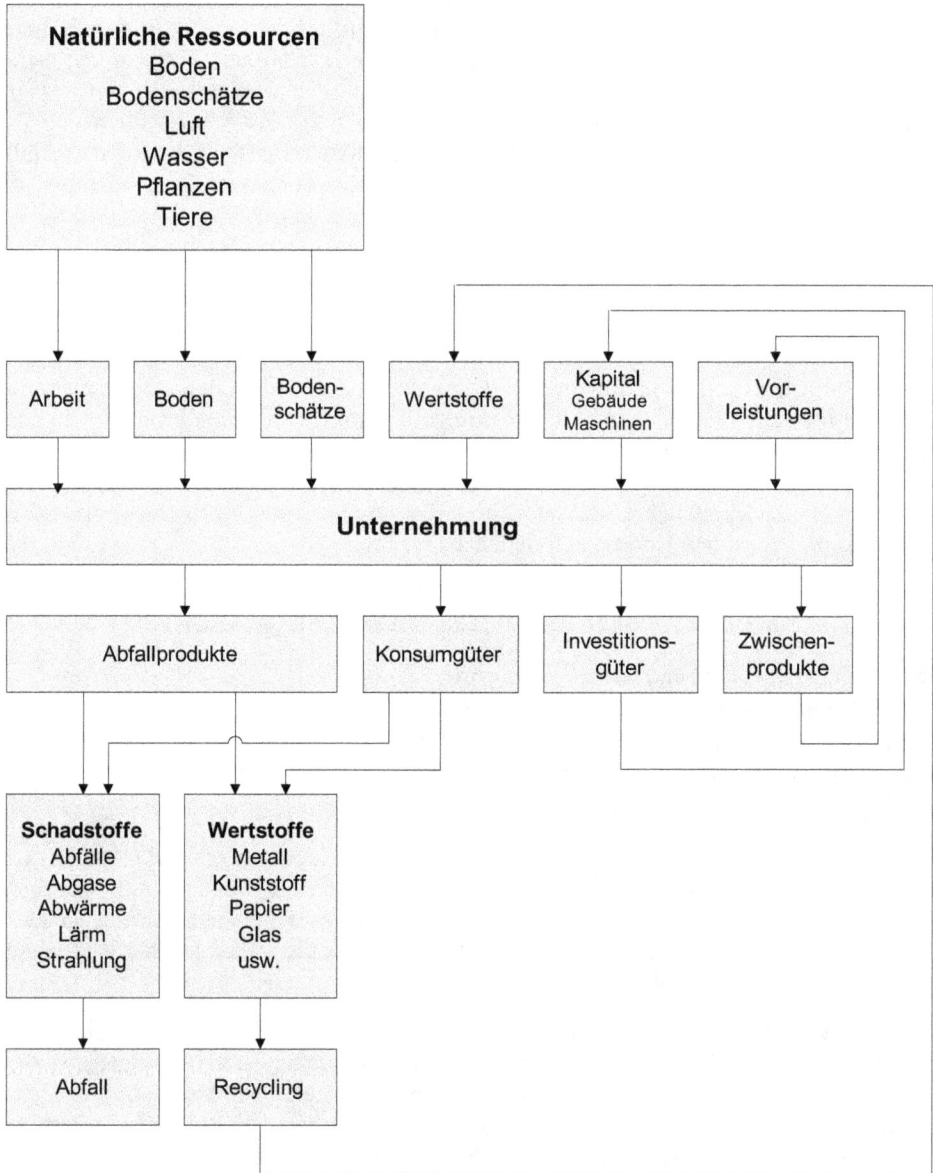

Abbildung 3.1: Input und Output von Unternehmen

In dem Flussdiagramm werden sämtliche Inputs der Unternehmen erfasst, die für die Produktion benötigt werden: Vorleistungen, Arbeit, Kapital und natürliche Ressourcen. Auf der Outputseite werden die erwünschten Produkte ausgewiesen: Konsumgüter, Investitionsgütern und Zwischenprodukte. Es werden aber auch unerwünschte Kuppelprodukte erfasst: Schadstoffe und Wertstoffe. Ihre ordnungsgemäße Beseitigung oder Rückführung in den Produktionsprozess verursacht oft hohe Kosten.

Unterscheidet man bei einer Produktionsfunktion Vorleistungen und die primären Produktionsfaktoren Arbeit, Boden und Kapital, kann eine allgemeine Produktionsfunktion auch in folgender Weise erfasst werden:

(2) $x_j = f(x_{ij}, A_j, K_j, B_j)$												Produktionsfunktion

x_j = Menge des Gutes j
x_{ij} = Vorleistung des Sektor i für Sektor j
A_j = Arbeitseinsatz im Sektor j
K_j = Kapitaleinsatz im Sektor j
B_j = Bodennutzung im Sektor j
f = technisch-organisatorische Wissen der Unternehmung bei der Produktion des Gutes j

Ein Beispiel soll verdeutlichen, dass die Ermittlung einer Produktionsfunktion jeweils als ein Maximierungsproblem oder als das duale Minimierungsproblem aufgefasst werden kann. Als Beispiel nehmen wir an, dass für eine Unternehmung die Produktionsfunktion $x = v^{0.5}$ für die Einfaktorproduktion ermittelt wurde. Der Verlauf der Funktion wird in **Abbildung 3.2** dargestellt.

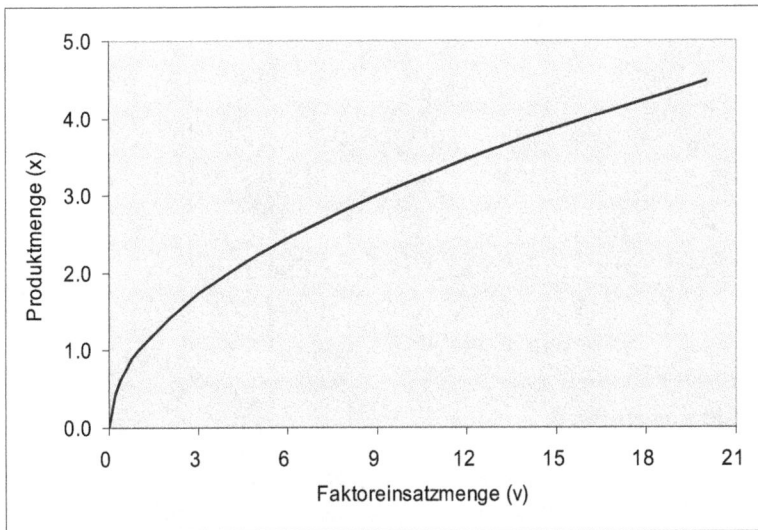

Abbildung 3.2: Produktionsfunktion für Einfaktorproduktion
Die Produktionsfunktion gibt für eine Menge an Inputs die maximalen Outputmengen an.

Allgemein						*Beispiel*

(3) $x = f(v)$						$x = v^{0.5}$						Produktionsfunktion

x = Produktmenge (Output)
v = Arbeitseinsatz (Input)
f = technisch-organisatorisches Wissen

Realisierbare Produktionspläne sind alle (v, x)-Kombinationen, die auf und unterhalb der Produktionsfunktion liegen. Effiziente Produktionspläne sind ausschließlich Pläne, die auf der Produktionsfunktion liegen.

Maximierungsproblem

Das Maximierungsproblem der Unternehmung (**Abbildung 3.3**) besteht darin, mit einer vorgegebenen Menge an Input ($v^\circ = 9$) und dem zur Verfügung stehenden technisch-organisatorischen Wissen einen maximalen Output ($x^{max} = 3$) zu produzieren. Dieses Beispiel beschreibt möglicherweise die Situation einer Unternehmung, die bei einer schlechten Auftragslage nicht gleich ihre Mitarbeiter entlassen möchte.

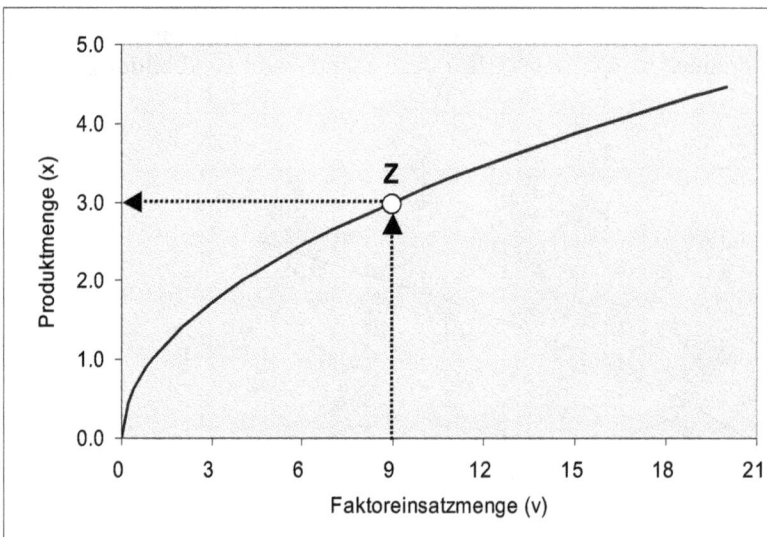

Abbildung 3.3: Maximierungsproblem
Das Maximierungsproblem der Unternehmung besteht darin, mit einer gegebenen Faktoreinsatzmenge an Arbeit eine maximale Produktmenge zu produzieren.

Minimierungsproblem

Das duale Minimierungsproblem der Unternehmung (**Abbildung 3.4**) besteht darin, eine vorgegebenen Menge an Output ($x^\circ = 3$) und dem zur Verfügung stehenden technisch-organisatorischen Wissen mit einem minimalen Input ($v^{min} = 9$) zu produzieren. In diesem Fall wird unterstellt, dass eine Unternehmung einen Auftrag angenommen hat und sich am Arbeitsmarkt die für diesen Auftrag optimale Arbeitseinsatzmenge besorgt.

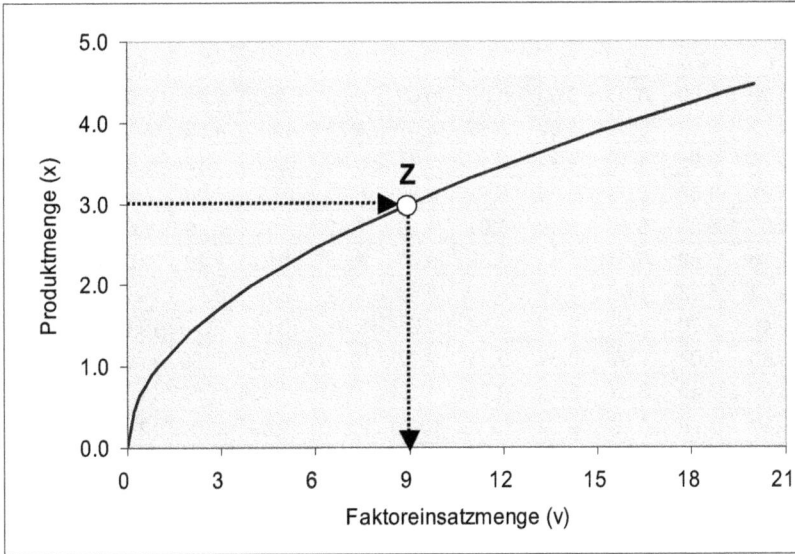

Abbildung 3.4: Minimierungsproblem
Das Minimierungsproblem der Unternehmung besteht darin, einen gegebene Produktmenge mit minimalen Faktoreinsatz an Arbeit zu produzieren.

Im Falle der **Zweifaktorproduktion** lässt sich die Produktionsfunktion am besten in einer Produkttabelle erfassen. Die allgemeinen Eigenschaften von Produktionsfunktionen werden am Beispiel einer Produktionsfunktion erläutert, die in einer empirischen Untersuchung[2] ermittelt wurde. Diese Untersuchung wird im folgenden Abschnitt über beschränkt substitutionale Produktionsfunktionen vorgestellt.

Allgemein   Beispiel

(4) $x_1 = f(v_1, v_2)$ $x_1 = a \, v_1^b \, v_2^c$ Produktionsfunktion
                                   $x_1 = 2.42 \, v_1^{0.29} \, v_2^{0.42}$

x_1 = Output
v_1 = Arbeit
v_2 = Kapital
f = technisch-organisatorisches Wissen

Aus **Tabelle 3.1** geht hervor, dass die Produktionsfaktoren nur in beschränkten Maß substituiert werden können, da es sich bei den Produktionsfaktoren Arbeit und Kapital um unverzichtbare Produktionsfaktoren handelt.

---

[2] Tintner, Gerhard: Econometrics, New York, London 1952.

		Arbeit (v_1)										
		0	1	2	3	4	5	6	7	8	9	10
K	0	0.00	0.00	0.00	0.00	0.00	0.00	0.00	0.00	0.00	0.00	0.00
a	1	0.00	2.42	2.96	3.33	3.62	3.86	4.07	4.25	4.42	4.58	4.72
p	2	0.00	3.24	3.96	4.45	4.84	5.16	5.44	5.69	5.92	6.12	6.31
i	3	0.00	3.84	4.69	5.28	5.74	6.12	6.45	6.75	7.02	7.26	7.49
t	4	0.00	4.33	5.30	5.96	6.48	6.91	7.28	7.62	7.92	8.19	8.45
a	5	0.00	4.76	5.82	6.54	7.11	7.59	8.00	8.36	8.70	9.00	9.28
l	6	0.00	5.14	6.28	7.06	7.68	8.19	8.64	9.03	9.39	9.71	10.01
	7	0.00	5.48	6.70	7.54	8.19	8.74	9.21	9.63	10.02	10.36	10.68
	8	0.00	5.80	7.09	7.97	8.66	9.24	9.74	10.19	10.59	10.96	11.30
(v_2)	9	0.00	6.09	7.45	8.37	9.10	9.71	10.24	10.71	11.13	11.52	11.87
	10	0.00	6.37	7.78	8.75	9.52	10.15	10.70	11.19	11.63	12.04	12.41

▢ = Faktormengen   ▢ = Produktmengen

Tabelle 3. 1 : Produkttabelle
In der Produkttabelle werden die Ergebnisse der Produktionsfunktion erfasst. Sie bildet die Summe aller effizienten Produktionspläne ab.

In **Abbildung 3.5** wird das drei-dimensionale Abbild dieser Funktion erfasst. Die Fläche wird auch Ertraggebirge genannt. Die verschiedenen Produktionsfunktionen der Unternehmen unterscheiden sich in der Gestalt dieses Ertragsgebirges.

Realisierbare Produktionspläne sind alle (v_1, v_2, x)-Kombinationen, die auf und innerhalb des Ertragsgebirges liegen. Effiziente Produktionspläne sind dagegen ausschließlich Produktionspläne, die auf der Oberfläche des Ertragsgebirges liegen.

Die Eigenschaften von Produktionsfunktionen lassen sich am besten durch vier Schnitte durch das Ertragsgebirge analysieren. Diese Schnitte dienen folgenden Fragestellungen:

- Produktivität der Arbeit (vertikaler Schnitt)
- Produktivität des Kapitals (vertikaler Schnitt)
- Substitution der Produktionsfaktoren (horizontaler Schnitt)
- Niveauvariation der Produktionsfaktoren (diagonaler Schnitt)

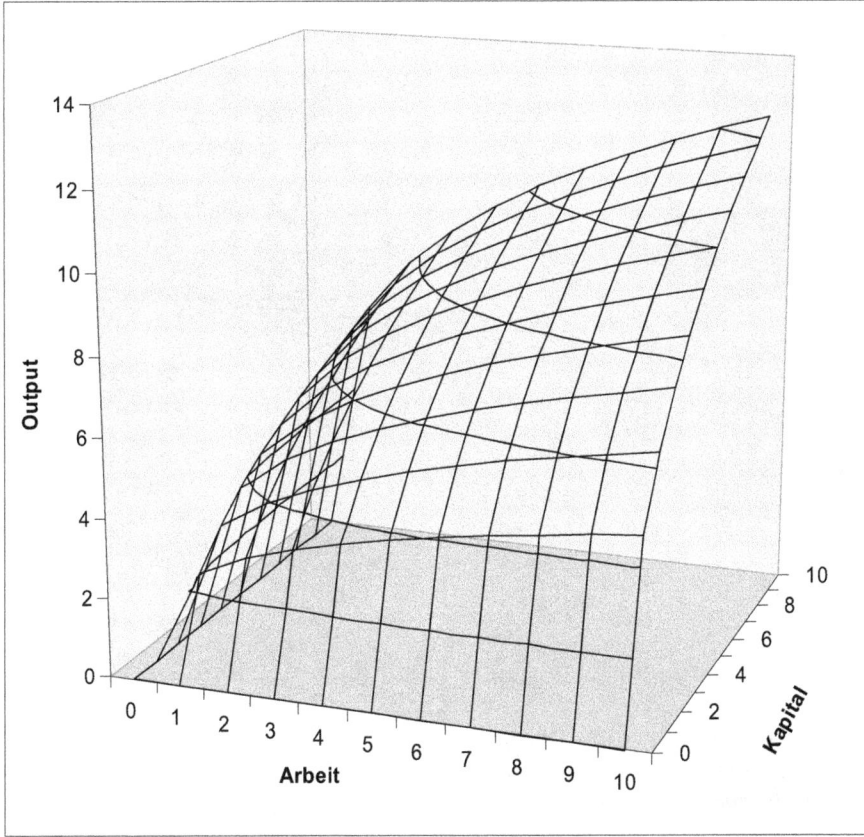

Abbildung 3.5: Produktionsfunktion
Das Ertragsgebirge für Arbeit und Kapital ist ein Abbild der Produktionsfunktion.

Partielle Variation des Produktionsfaktors Arbeit

Mit dem ersten vertikalen Schnitt durch das Ertragsgebirge parallel zur Arbeitsachse soll die Produktivität der Arbeit untersucht werden. Wir untersuchen in diesem Fall, wie die Veränderung eines einzigen Faktors die Ausbringungsmenge beeinflusst, wenn die Einsatzmengen aller anderen Faktoren konstant bleibt. Wir setzen in der Produktionsfunktion alle Produktionsfaktoren außer einem Faktor konstant und erhalten die partielle Ertragsfunktion eine Produktionsfaktors. Im Zweifaktormodell lautet die partielle Ertragsfunktion des Produktionsfaktors Arbeit:

Allgemein

(5) $x_1 = f(v_1, v_2^{\circ})$

Beispiel

$x_1 = 2.42\, v_1^{0.29}\, (6.0)^{0.42}$ Partielle Ertragsfunktion
$x_1 = 5.14\, v_1^{0.29}$ für Arbeit

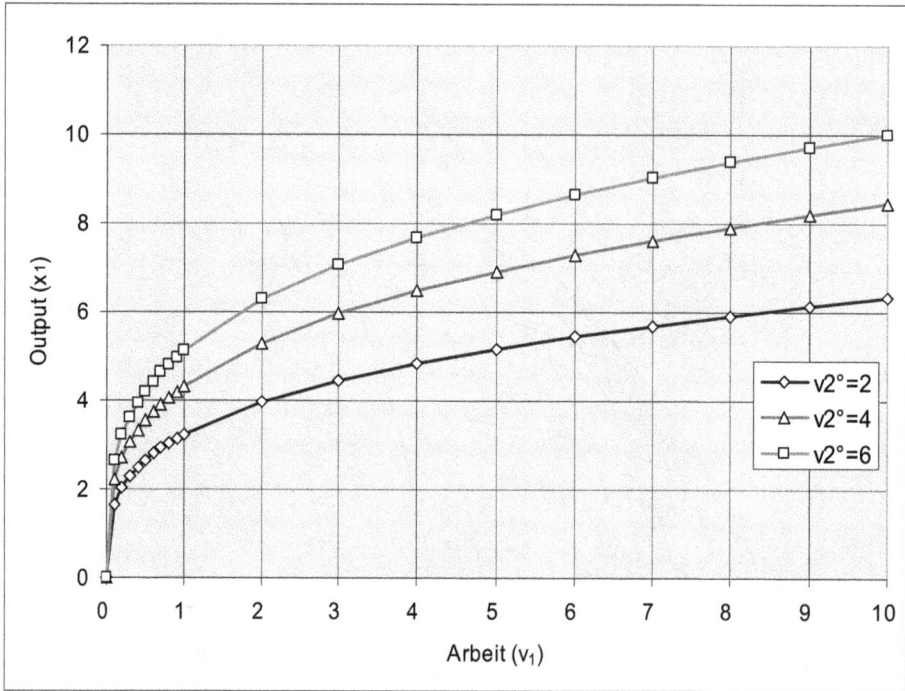

Abbildung 3.6: Ertragsfunktion für Arbeit
Die partielle Ertragsfunktion für Arbeit entspricht einem vertikalen Schnitt durch das Ertragsgebirge parallel zur Arbeitsachse.

		Arbeit (v_1)									
		0	1	2	3	4	5	6	7	8	9	10
Ertrag	x_1	0.00	5.14	6.28	7.06	7.68	8.19	8.64	9.03	9.39	9.71	10.01
Grenzertrag	$\delta x_1/\delta v_1$	-	1.49	0.91	0.68	0.56	0.48	0.42	0.37	0.34	0.31	0.29
Durchschnittsertrag	x_1/v_1	-	5.14	3.14	2.35	1.92	1.64	1.44	1.29	1.17	1.08	1.00
Produktionselastizität	ε	-	0.29	0.29	0.29	0.29	0.29	0.29	0.29	0.29	0.29	0.29

Kapitaleinsatz $v_2° = 6$

Tabelle 3.2: Ertragsfunktion für Arbeit
Die partielle Ertragsfunktion für Arbeit weist abnehmende Ertragszuwächse auf. Mit zunehmendem Arbeitseinsatz wird der Grenzertrag der Arbeit geringer.

Für unterschiedliche Werte des Produktionsfaktors Kapital ($v_2°$) erhält man unterschiedliche partielle Ertragsfunktionen für den Produktionsfaktor Arbeit. In **Abbildung 3.6** sind jeweils 2 Einheiten ($v_2° = 2$), 4 Einheiten ($v_2° = 4$) und 6 Einheiten ($v_2° = 6$) des Produktionsfaktors Kapital fest vorgegeben. Die partiellen Ertragsfunktionen für Arbeit entsprechen einem vertikalen Schnitt durch das Ertragsgebirge parallel zur v_1-Achse. Aus der Abbildung ist ersicht-

lich, dass die partiellen Ertragsfunktionen von abnehmenden Grenzerträgen der Arbeit gekennzeichnet sind. Mit jeder zusätzlichen Arbeitseinheit wächst zwar der Output, doch nicht
in dem gleichen Umfang wie mit der zuvor eingesetzten Einheit. In **Tabelle 3.2** werden die
entsprechenden Grenzerträge und Durchschnittserträge erfasst.

Der **Grenzertrag der Arbeit** ($\delta x_1/\delta v_1$) erfasst für einen Produktionsplan, um wie viele (physische) Einheiten der Output zunimmt, wenn der Arbeitseinsatz um eine Einheit erhöht wird.
Der Grenzertrag eines Faktors lässt sich somit durch die Steigung der partiellen Ertragsfunktion ausdrücken (Tangente an die Produktionsfunktion).

Der **Durchschnittsertrag der Arbeit** (x_1/v_1) setzt dagegen für einen Produktionsplan die
insgesamt eingesetzte Arbeit in Beziehung zum Produktionsergebnis. (Fahrstrahl an die
Produktionsfunktion)

$\delta x_1/\delta v_1$ = Partieller Grenzertrag der Arbeit
x_1/v_1 = Partieller Durchschnittsertrag der Arbeit

Betrachtet man beispielsweise den Produktionsplan Z mit 10 Arbeitseinheiten, 6 Kapitaleinheiten und einem Output von 10.01 Einheiten, so beträgt der **Grenzertrag** der zuletzt eingesetzten Arbeitseinheit $\delta x_1/\delta v_1$ =.0.29. Der Grenzertrag der Arbeit entspricht der Steigung der
partiellen Produktionsfunktion im Produktionsplan Z und damit dem Tangens des Winkels
α einer Tangente in Z.

Der **Durchschnittsertrag** im Produktionsplan Z beträgt x_1/v_1 = 1.00. In diesem Fall entspricht der Durchschnittsertrag dem Tangens des Winkels β eines Fahrstrahls aus dem Ursprung zum Produktionsplan Z. Der Durchschnittsertrag misst die Menge Output, die im
Durchschnitt je eingesetzte Einheit des Faktors 1 erbracht wird.

Die **Produktionselastizität** ε des Faktors 1 gibt an, um wie viel Prozent sich der Output
unter sonst gleichen Bedingungen ändert, wenn die Einsatzmenge des Faktors 1 um ein Prozent variiert. Sie entspricht dem Verhältnis von Grenzproduktivität und Durchschnittsproduktivität dieses Faktors. Im Produktionsplan Z beträgt die Produktionselastizität der Arbeit
e = 0.29. Das gilt bei dieser Produktionsfunktion auch für alle anderen effizienten Produktionspläne. Die Produktionselastizität von ε = 0.29 besagt, dass (ceteris paribus) der Output
um 0.29 Prozent zunimmt, wenn der Arbeitseinsatz um 1.0 Prozent erhöht wird.

ε = ($\delta x_1/\delta v_1$)/(x_1/v_1) = Produktionselastizität des Produktionsfaktors Arbeit

Wie man in Abbildung 3.5 erkennen kann, werden für den Produktionsfaktor Arbeit mit
zunehmendem Einsatz abnehmende Ertragszuwächse beobachtet, obwohl alle eingesetzten
Arbeitsmengen die gleiche Eigenschaften (homogener Produktionsfaktor) besitzen. Die hohe
Grenzproduktivität der ersten Arbeitseinheiten ist nicht auf Fleiß, Geschicklichkeit und besondere Fertigkeiten dieser Arbeitskraft zurückzuführen, sondern ausschließlich auf die Beschränkung anderer wichtiger Produktionsfaktoren (z. B. Boden, Kapital).

Partielle Variation des Produktionsfaktors Kapital

In diesem Abschnitt untersuchen wir eine ähnliche Fragestellung für den Produktionsfaktor Kapital. Dazu benutzen wir einen zweiten vertikalen Schnitt durch das Ertragsgebirge parallel zur Kapitalachse.

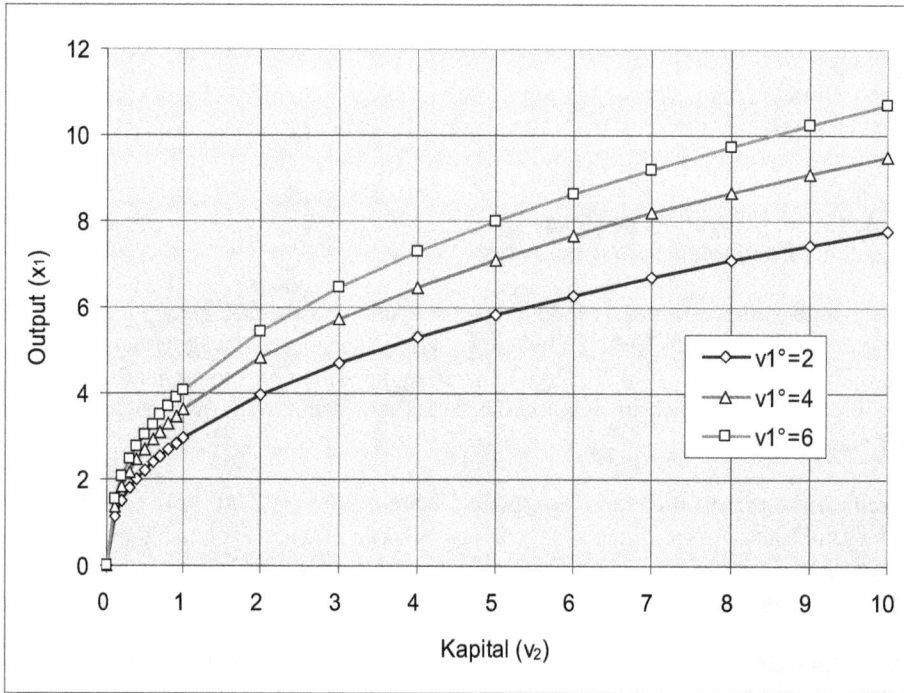

Abbildung 3.7: Ertragsfunktion für Kapital
Die partielle Ertragsfunktion für Kapital entspricht einem vertikalen Schnitt durch das Ertragsgebirge parallel zur Kapitalachse.

		Kapital (v_2)									
		0	1	2	3	4	5	6	7	8	9	10
Ertrag	x_1	0.00	4.07	5.44	6.45	7.28	8.00	8.64	9.21	9.74	10.24	10.70
Grenzertrag	$\delta x_1/\delta v_2$	-	1.71	1.14	0.90	0.76	0.67	0.60	0.55	0.51	0.48	0.45
Durchschnittsertrag	x_1/v_2	-	4.07	2.72	2.15	1.82	1.60	1.44	1.32	1.22	1.14	1.07
Produktionselastizität	ε	-	0.42	0.42	0.42	0.42	0.42	0.42	0.42	0.42	0.42	0.42

Arbeitseinsatz $v_1° = 6$

Tabelle 3.3: Ertragsfunktion für Kapital
Die partielle Ertragsfunktion für Kapital ist durch abnehmende Ertragszuwächse gekennzeichnet. Mit zunehmendem Kapitaleinsatz wird der Grenzertrag des Kapitals geringer.

Für unterschiedliche Werte des Produktionsfaktors Arbeit ($v_1°$) werden in Abbildung 6 wiederum drei partielle Ertragsfunktionen für den Produktionsfaktors Kapital abgebildet. Fest vorgegeben sind jeweils 2 Einheiten ($v_1° = 2$), 4 Einheiten ($v_1° = 4$) und 6 Einheiten ($v_1° = 6$) des Produktionsfaktors Arbeit. Die partiellen Ertragsfunktionen für Kapital entsprechen einem vertikalen Schnitt durch das Ertragsgebirge parallel zur v_2-Achse. Für unser Beispiel ergeben sich wiederum abnehmende Ertragszuwächse.

Die partielle Ertragsfunktion des Produktionsfaktors Kapital lautet:

Allgemein   Bespiel

(6) $x_1 = f(v_1°, v_2)$ $x_1 = 2.42 \, (6.0)^{0.29} v_2^{0.42}$ Partielle Ertragsfunktion
                                       $x_1 = 4.07 v_2^{0.42}$ für Kapital

Wie man aus **Tabelle 3.3** ersehen kann, realisiert die Unternehmung bei partieller Variation des Produktionsfaktors Kapital höhere Erträge als bei entsprechender Variation des Produktionsfaktors Arbeit. Ursache ist die höhere Produktionselastizität des Kapitals, die für dieses Beispiel gemessen wurde.

Der Grenzertrag des Kapitals ($\delta x_1/\delta v_2$) erfasst für einen Produktionsplan, um wie viele (physische) Einheiten der Output zunimmt, wenn der Kapitaleinsatz um eine Einheit erhöht wird. Der Durchschnittsertrag des Kapitals (x_1/v_2) ermittelt dagegen für einen Produktionsplan das Verhältnis von Output zu der insgesamt eingesetzten.

$\delta x_1/\delta v_2$ = Partieller Grenzertrag des Kapitals
x_1/v_2 = Partieller Durchschnittsertrag des Kapitals
$(\delta x_1/\delta v_2)/(x_1/v_2)$ = Produktionselastizität des Produktionsfaktors Kapitals

Im Produktionsplan Z mit 10 Kapitaleinheiten, 6 Arbeitseinheiten und einem Output von 10.70 Einheiten beträgt der Grenzertrag der zuletzt eingesetzten Kapitaleinheit $\delta x_1/\delta v_2 = 0.45$. Der Durchschnittsertrag im Produktionsplan Z beträgt $x_1/v_2 = 1.07$. Die höhere Produktivität des Produktionsfaktors Kapital gegenüber dem Produktionsfaktor Arbeit ist auf die im Beispiel unterstellte höhere Produktionselastizität ($\varepsilon = 0.42$) des Faktors Kapitals zurückzuführen.

Substitution der Produktionsfaktoren

Die Frage der Substituierbarkeit der Produktionsfaktoren ist für die Unternehmung nicht nur aus technischen Gründen wichtig, sondern auch – wie wir später sehen werden – wegen der Faktorpreise. Unterschiedliche Faktoreinsatzverhältnisse führen bei gegebenen Faktorpreisen zu unterschiedlichen Kosten. Wir untersuchen deshalb im nächsten Schritt, welche Dispositionsmöglichkeiten die Unternehmung hat, wenn sie eine bestimmte Outputmenge durch unterschiedliche Kombinationen von Faktormengen technisch effizient produzieren will.

Diese Analyse entspricht im Zweifaktorfall einem **horizontalen Schnitt** durch das Ertragsgebirge in Höhe einer vorgegebenen Produktmenge. Projiziert man die sich bei horizontalen Schnitten ergebenden Höhenlinien in einem v_1-v_2-Diagramm., erhält man Kurven gleichen Ertrags, die auch Isoquanten (**Abbildung 3.8**) genannt werden. Die **Isoquante** ist der geo-

metrische Ort aller Kombinationen von Faktormengen, mit denen eine bestimmte Outputmenge technisch effizient produziert werden kann.

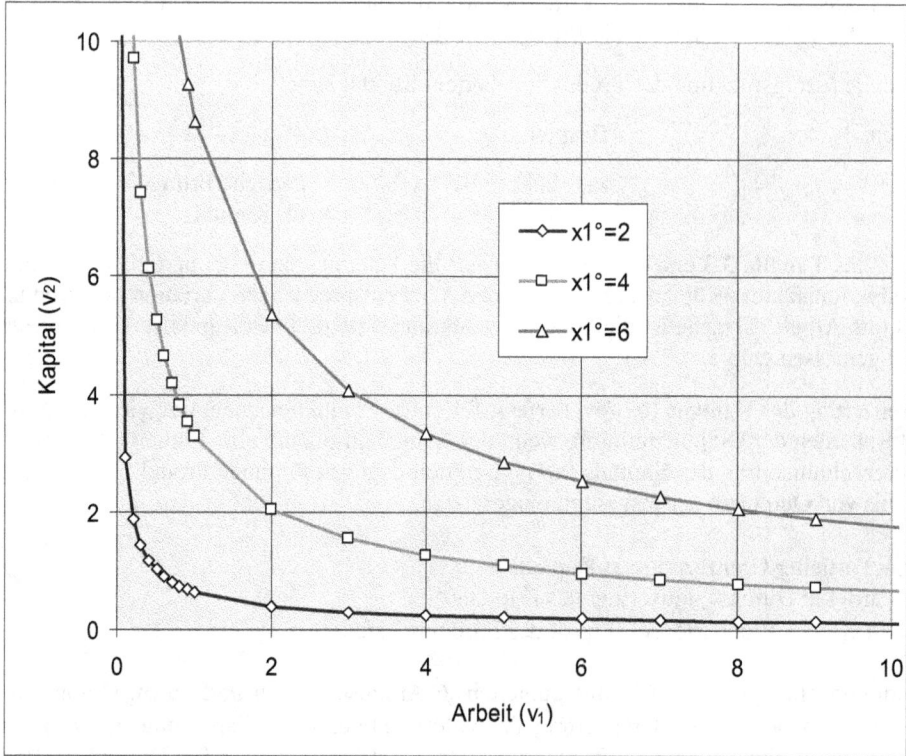

Abbildung 3.8: Isoquanten
*Isoquanten sind der geometrische Ort aller Kombinationen von Produktionsfaktoren, die den
gleichen Output erzeugen.*

In impliziter Schreibweise lautet die Gleichung der Isoquanten im Zwei-Faktor-Fall:

Allgemein   *Beispiel*

(7) $x_1° = f(v_1, v_2)$ $6.0 = 2.42\, v_1^{0.29} v_2^{0.42}$ Horizontaler Schnitt

Wählen wir die Einsatzmenge des Faktors 2 als abhängige Variable, dann lautet die algebraische Formulierung der Isoquante zur Ausbringungsmenge $x_1°$:

(8) $v_2 = g(x_1°, v_1)$ $v_2^{0.42} = (6.0/2.42)\, v_1^{-0.29}$ Isoquante für $x_1°$
$\qquad\qquad\qquad\qquad\qquad\quad v_2 = (2.4793\, v_1^{-0.29})^{100/42}$
$\qquad\qquad\qquad\qquad\qquad\quad v_2 = (2.4793\, v_1^{-0.29})^{2.3810}$
$\qquad\qquad\qquad\qquad\qquad\quad v_2 = 8.6875/v_1^{0.6905}$

Aus der Ableitung der obigen Funktion nach einem der Faktoren lässt sich **die Grenzrate der technischen Substitution** bestimmen. Sie entspricht der Steigung der Isoquanten in einem Produktionsplan. Sie gibt an, auf welche Mengen des Faktors 2 man verzichten kann, wenn man zur technisch-effizienten Produktion der Outputmenge $x_1°$ eine zusätzliche Einheit des Faktors 1 einsetzt.

Es lassen sich Zusammenhänge zwischen der Grenzrate der technischen Substitution und den Grenzproduktivitäten herstellen. Nehmen wir erneut das Konzept des **totalen Differentials** zu Hilfe und wenden es auf die Produktionsfunktion für den Zwei-Faktor-Fall an:

(9) $dx_1 = (\partial x_1/\partial v_1)dv_1 + (\partial x_1/\partial v_2)dv_2$ Totales Differential der Produktionsfunktion

dx_1 = Totales Differential (absolute Veränderung der Outputmenge)
dv_1 = absolute Veränderung des Einsatzmenge von Faktor 1
$\partial x_1/\partial v_1$ = Partielles Grenzprodukt von Faktor 1

Die Veränderung der Ausbringungsmenge geht zurück auf die Veränderung der Inputmengen (dv_i), die mit den jeweiligen Grenzprodukten ($\partial x_1/\partial v_i$) gewichtet wurde. Für die Isoquante gilt definitionsgemäß $dx_1 = 0$. Eine einfache Beziehung zwischen der Grenzrate der technischen Substitution und den Grenzprodukten erhalten wir bei Zwei-Faktor-Produktion. Es gilt:

(10) $(\partial x_1/\partial v_1)dv_1 + (\partial x_1/\partial v_2)dv_2 = 0$ Grenzrate der technischen Substitution
    $-dv_2/dv_1 = (\partial x_1/\partial v_1)/(\partial x_1/\partial v_2)$

Die Grenzrate der technischen Substitution des zweiten Faktors durch den ersten Faktor ($-dv_2/dv_1$) ist gleich dem reziproken Verhältnis der Grenzprodukte der Faktoren 1 und 2 ($\partial x_1/\partial v_1)/(\partial x_1/\partial v_2$). Je höher das Grenzprodukt des Faktors 1 im Vergleich zu dem Grenzprodukt des Faktors 2 ist, desto größer ist diejenige Menge des Faktors 2, auf die man bei Einsatz einer zusätzlichen Einheit des Faktors 1 verzichten kann.

Niveauvariation von Produktionsfaktoren

Bei Variation aller Faktoren können wir nur dann eine eindeutige Aussage über die Veränderung des Outputs machen, wenn wir wissen, ob und wie sich das Verhältnis der Faktoren zueinander ändert. Bei Zwei-Faktor-Produktion entspricht die Niveauvariation einem **Diagonalschnitt** durch das Ertragsgebirge vom Koordinatenursprung aus. Bei diesem vierten Schritt handelt es sich um einen vertikalen Schnitt durch das Ertragsgebirge, der diagonal durch das Ertragsgebirge verläuft. Mit diesem Schnitt wird der Einfluss einer Niveauvariation der Produktionsfaktoren auf die Produktionsmenge untersucht. Vorgegeben ist ein bestimmtes Einsatzverhältnis der Produktionsfaktoren, z.B. das technisch neutrale Einsatzverhältnis $v_1 = 1.0 \ v_2$ oder das arbeitsintensive Einsatzverhältnis der Produktionsfaktoren mit $v_1 = 2.0v_2$.

Für unser Fallbeispiel erweist sich, dass bei einer Niveauvariation der Produktionsfaktoren sinkende Skalenerträge beobachtet werden. In der **Abbildung 3.9** ist zu beachten, dass an die dargestellten Arbeitsmengen jeweils die vorgegebenen Kapitaleinsatzmengen gekoppelt sind, die in der Grafik angezeigt sind. So führt in unserem Beispiel eine Verdoppelung der Inputs für Arbeit und Kapital in einem gegebenen Einsatzverhältnis nicht zu einer Verdoppelung des Outputs, sondern zu einem geringeren Ergebnis.

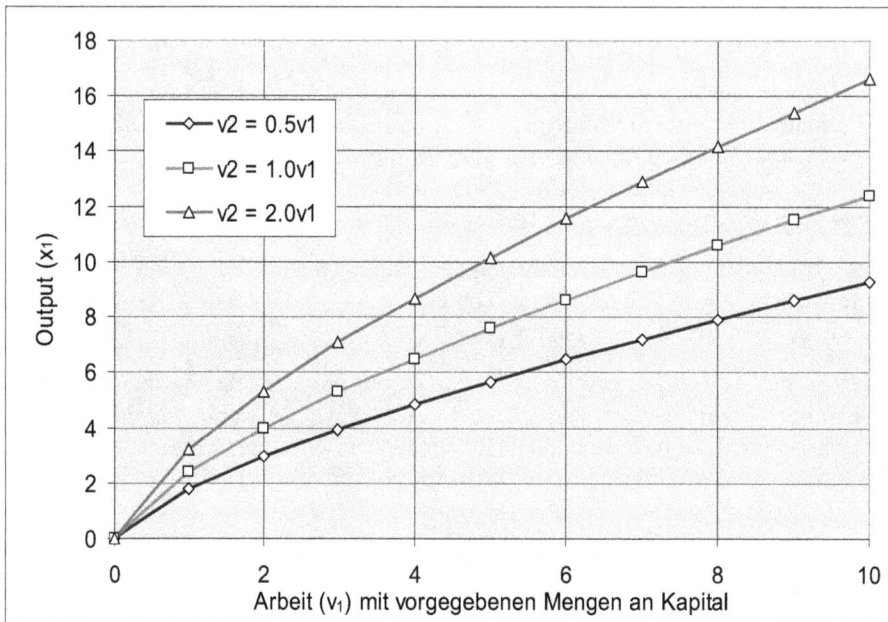

Abbildung 3.9: Niveauvariation der Produktionsfaktoren
Die Niveauvariation der Produktionsfaktoren entspricht einer Vervielfachung der Faktoreinsatzmengen in einem bestimmten Einsatzverhältnis.

Zur Analyse der Niveauvariation führen wir die Niveauvariable h ein. Erhöht die Einsatzmengen der Produktionsfaktoren Arbeit und Kapital um den Vervielfachungsfaktor h, so ist zu prüfen, ob der Output ebenfalls um das h-fache oder das h^r-fache anwächst. Der Exponent r bezeichnet die Skalenelastizität.

(11) $x_1° = f(v_1°, v_2°)$ Produktion

(12) $x_1 = h^r x_1° = f(hv_1°, hv_2°)$ Niveauvariation der Produktion

h = Vervielfachungsfaktor
r = Skalenelastizität (Homogenitätsgrad)

- **Lineare Skalenerträge**
  Hat r der Wert von Eins, spricht man von linear-homogenen Produktionsfunktionen oder konstanten Skalenerträgen. Eine Verdopplung der Inputs führt in diesem Fall zu einer Verdopplung des Output.

- **Sinkende Skalenerträge**
  Liegt r unter Eins, spricht man von unterlinear-homogenen Produktionsfunktionen oder sinkenden Skalenerträgen. Dieser Fall liegt bei unserem Beispiel vor, das in Abbildung 6 abgebildet ist.

- **Steigende Skalenerträge**
  Liegt die Skalenelastizität r über Eins, hat man überlinear-homogen Produktionsfunktionen oder steigende Skalenerträge. In diesem Fall führt eine Verdopplung der Inputs zu mehr als der Verdopplung des Outputs.

- **Homogene Produktionsfunktion**
  Eine Produktionsfunktion ist dann homogen, wenn sich die Art der festgestellten Skalenerträge sich für große und kleine Faktoreinsatzmengen nicht ändert.

Für unser Fallbeispiel ergibt eine Skalenelastizität von r = 0.71. Erhöht man die Faktoreinsatzmengen in einem gegebenen Verhältnis um jeweils 1.0 Prozent, so nimmt der Output um 0.71 Prozent zu. Dieses Ergebnis verdeutlichen die Berechnungen in **Tabelle 4**.

	Szenario 1			Szenario 2			Szenario 3		
	(A)	(B)	Wachstumsrate in %	(A)	(B)	Wachstumsrate in %	(A)	(B)	Wachstumsrate in %
Arbeit v_1	100.0	101.0	1.00	20.0	20.2	1.00	60.0	60.6	1.00
Kapital v_2	100.0	101.0	1.00	40.0	40.4	1.00	30.0	30.3	1.00
Output x_1	63.7	64.1	0.71	27.2	27.4	0.71	33.1	33.3	0.71

Tabelle 3.4: Skalenelastizität
Die Skalenelastizität gibt an, um wie viel Prozent die Produktionsmenge (Output) sich erhöht, wenn die Einsatzmengen der Produktionsfaktoren, der Inputs, gleichzeitig um ein Prozent erhöht werden.

3.2.1 Substitutionale und limitationale Produktionsfunktionen

Wir wollen hier nicht alle in der ökonomischen Literatur üblichen Produktionsfunktionen vorstellen, sondern nur die einfachsten Prototypen. Unser Ziel ist es, die Rolle der **Technologie** innerhalb der ökonomischen Theorie der Unternehmung zu verstehen.

Wie wir noch sehen werden, beeinflussen die Eigenschaften von Produktionstechnologien ganz wesentlich die Entscheidungen der Unternehmungen. Zunächst werden wir eine Klassifikationen von Produktionsfunktionen vornehmen, die für die weitere Analyse hilfreich ist. In der praktischen Darstellung dagegen werden wir uns auf zwei Prototypen von wichtigen Produktionsfunktionen beschränken.

In der ökonomischen Theorie werden folgende **Arten von Produktionsfunktionen** unterschieden:

Substitutionale Produktionsfunktionen

- Beschränkt substitutionale Produktionsfunktionen
- Vollkommen substitutionale Produktionsfunktionen

Limitationale Produktionsfunktionen

- Leontief-Produktionsfunktion
- Gutenberg-Produktionsfunktion

Substitutionale Produktionsfunktionen

Bei den substitutionalen Produktionsfunktionen handelt es sich um Produktionsfunktionen, bei denen ein und dieselbe Outputmenge effizient durch unterschiedliche Kombinationen von Inputmengen erzeugt werden kann. Die Technologie erlaubt also eine Substitution der Produktionsfaktoren. Substitutionale Produktionsfaktoren können gegeneinander ausgetauscht werden, ohne dass dadurch die Produktionsmenge verändert wird. Unternehmen können in diesem Fall Produktionsfaktoren mit hohen Faktorpreisen durch Substitution ausweichen. Hohe Faktorpreise sind aber vielfach auch Ausdruck hoher Produktivität. Entscheidend für das optimale Einsatzverhältnis der Produktionsfaktoren in einer Unternehmung ist deshalb das Verhältnis von Produktivität und Faktorpreisen. Grundsätzlich ist aber festzuhalten, dass Substitutionsmöglichkeiten für die Unternehmung von Vorteil sind.

Können Produktionsfaktoren zwar substituiert, aber nicht ersetzt werden, weil sie unverzichtbar sind, liegt eine **beschränkt substitutionale Produktionsfunktion** vor. Natürlich sind auch Mischformen denkbar. In der Produktion einer bestimmten Outputmenge kann ein Faktor den anderen nicht völlig ersetzen. Diese unabdingbare Notwendigkeit von Produktionsfaktoren ist eigentlich nur bei unverzichtbaren primären Produktionsfaktoren wie Arbeit. Kapital und Boden denkbar. Positive Ausbringungsmengen sind also nur möglich, wenn von allen Produktionsfaktoren positive Mengen eingesetzt werden.

Wenn jeder der Produktionsfaktoren vollkommen durch andere Produktionsfaktoren ersetzt werden kann, spricht man von **unbeschränkt substitutionalen Produktionsfunktionen.**

Limitationale Produktionsfunktion

Bei den limitationalen Produktionsfunktionen dagegen ist eine Substitution der Produktionsfaktoren aus technischen Gründen nicht möglich. Die Inputmengen stehen in einem technisch bedingten festen Einsatzverhältnis zur geplanten Produktionsmenge. Zur Erzeugung eines bestimmten Ertrages ist eine technisch genau festgelegte Einsatzmenge jedes limitationalen Produktionsfaktors erforderlich. Die Faktorpreise haben keinen Einfluss auf dieses Einsatzverhältnis. Beispiele für limitationale Produktionsfunktionen sind Produktionsprozesse in der chemischen Industrie. Wenn die Inputs auf den Märkten nicht in beliebigen Mengen besorgt werden können, „limitiert" der Engpassfaktor die Produktionsmöglichkeiten. Daher stammt die Bezeichnung „Limitationale Produktionsfunktionen".

Wie wir gesehen haben, steht dem Unternehmen bei substitutionaler Technologie eine grosse Menge technische effizienter Produktionspläne zur Produktion zur Verfügung. Müssen dagegen zur technisch effizienten Produktion aus technischen Gründen die Faktoren in einem festen Verhältnis eingesetzt werden, bleibt dem Unternehmen kein Entscheidungsspielraum bezüglich der Faktormengenkombinationen für den jeweiligen Output. So werden in einer weitgehend automatisierten Fabrik Rohstoffe, Maschinen und Arbeiter in fixen Proportionen verwendet. Es gibt zur Outputmenge eines Gutes nur einen technische effizienten Produktionsplan. Eine solche Technologie heisst limitational. Besteht dazu noch ein proportionaler Zusammenhang zwischen den Inputmengen und dem Output, dann nennt man eine solche Technologie linear-limitational.

Das wichtigste Beispiel für die Klasse der linear-limitationalen Produktionsfunktionen ist die **Leontief-Produktionsfunktion**. Kein Produktionsfaktor ist substituierbar und alle Faktoren sind voll komplementär. In der Produktion ist aus technischen Gründen ein festes Einsatzverhältnis der Produktionsfaktoren zu beachten. Die Leistungsabgabe der Faktoren pro Zeiteinheit ist festgelegt.

Die **Gutenberg-Produktionsfunktion** gehört zur Klasse der limitationalen Produktionsfunktionen. Kein Produktionsfaktor ist substituierbar, aber die Leistungsabgaben aller Produktionsfaktoren pro Zeiteinheit variiert. Die Nutzungsintensität der Produktionsfaktoren variiert. Maschinen können schneller oder langsamer laufen. Damit ist eine geänderte Einsatzmenge anderer Faktoren verbunden. So nimmt der Dieselverbrauch eines Motors bei größerer Laufgeschwindigkeit zu. Der Zusammenhang zwischen Nutzungsintensität von Produktionsfaktoren und dem Verbrauch komplementärer Faktoren wird durch Faktorverbrauchsfunktionen beschrieben. Produktionsfunktionen dieses Typs werden als Gutenberg-Produktionsfunktionen bezeichnet.

In dieser Einführung werden drei wichtige Prototypen von Produktionsfunktionen ausführlich behandelt: die Cobb-Douglas-Produktionsfunktion und das klassische Ertragsgesetz als Beispiele für substitutionale Produktionsfunktionen sowie die Leontief-Produktionsfunktion als Beispiel für limitationale Produktionsfunktionen.

3.2.2   Cobb-Douglas-Produktionsfunktion

Die amerikanischen Ökonomen Charles W. Cobb und Paul H. Douglas[3] verwendete im Jahre 1928 die Funktion für gesamtwirtschaftliche Analysen. Für den Zwei-Faktor-Fall lautet die Funktion:

(19) $x_1 = a\, v_1^{\,b}\, v_2^{\,c}$ $\qquad\qquad$ mit a > 0, 0 < b < 1 und 0 < c < 1

x_1 = Output des Gutes 1
v_1 = Faktoreinsatzmenge des Faktors 1 (Arbeit)
v_2 = Faktoreinsatzmenge des Gutes 2 (Kapital)
a = Niveauparameter
b = Produktionselastizität des Faktors 1
c = Produktionselastizität des Faktors 2

---

[3] Cobb, Charles W., and Paul H. Douglas: A Theory of Production, in: American Economic Review, Vol. 18 (Supplement), March 1928, pp. 139–165.

Box 3.2

Paul H. Douglas (1892–1976)

Lehrbücher und Fachartikel ignorieren zum großen Teil, dass zahlreiche Ökonomen sich bereits im 18. und 19. Jahrhundert intensiv mit Produktionsfunktionen beschäftigt haben. In den meisten Lehrbüchern beginnt die Einführung in die Produktionstheorie mit einer Cobb-Douglas-Produktionsfunktion, die als Produktionsfaktoren Arbeit und Kapital berücksichtigt. Diese Funktion entstand 1927, als der Ökonom Paul Douglas von der Universität Chicago während eines Forschungssemesters am Amherst College in Massachusetts den Mathematikprofessor Charles W. Cobb bat, eine Funktion zu benennen, die eine Zeitreihe von empirischen Daten für die Periode 1889–1922 über Output, Arbeitseinsatz und Kapitaleinsatz für die amerikanische Industrie abbildet. Die Bemühungen von Douglas, Produktionsfunktionen auf empirische Weise zu schätzen, führten gemeinsam mit dem Mathematiker Charles W. Cobb zu der berühmten Cobb-Douglas- Produktionsfunktion.

Zusammen mit Henry Schulz zählt Paul Howard Douglas zu einer Gruppe von Studenten der Columbia University in New York, die die empirischen Untersuchungen der neoklassischen Theorie und statistischen Tests der Grenzproduktivitätstheorie von Henry L. Moore fortsetzen. Douglas verließ 1942 die Universität und schloss sich dem United States Marine Corps an. 1948 wurde er als Senator für den Bundesstaat Illinois in den Senat der Vereinigten Staaten von Amerika gewählt. Er wurde einer der führenden und anerkanntesten Senatoren der Demokraten. Nachdem er 1966 die Wiederwahl für den Senat verlor, übernahm eine Professur an der New School for Social Research in New York City.

Die vorgeschlagene Funktion $Y = a\,L^b\,C^{1-b}$ setzt die Produktionsmenge Y mit den Variablen Arbeit L und Kapital C in Beziehung. Andere Produktionsfaktoren wie Boden und Materialeinsatz werden nicht berücksichtigt. Die Funktion zeichnet sich durch konstante Skalenerträge (Verdopplung der Inputs bewirkt Verdopplung des Output), beschränkte Substitutionsmöglichkeit der Faktoren und abnehmende Ertragszuwächse aus. Der Niveauparameter a misst die totale Faktorproduktivität. Die Exponenten b und 1-b ergänzen sich zu eins und scheinen damit das Kernstück der Grenzproduktivitätstheorie der Verteilung zu erfassen. Die Exponenten entsprechen den Produktionselastizitäten von Arbeit und Kapital. Diese Elastizitäten können aber auch als Verteilungsparameter interpretiert werden, die den Anteil der Arbeits- und Kapitaleinkommen am Gesamteinkommen bestimmen. Im Modell der vollkommenen Konkurrenz werden die Faktoren mit ihren Grenzprodukten entlohnt. In diesem Fall ergänzen sich die Verteilungsparameter zu eins und schöpfen das gesamte Volkseinkommen aus. Unter diesen Voraussetzungen entstehen keine residuale Gewinne.

Die beschränkte Substitutionalität findet in dem algebraischen Ausdruck in der multiplikativen Verknüpfung der beiden Produktionsfaktoren. Ein Faktor kann den anderen nicht völlig ersetzen, wenn ein positiver Output erzeugt werden soll.

Der Koeffizient a wird als **Niveauparameter** bezeichnet, da er für die „Höhe" des Ertragsgebirges verantwortlich ist. Er ist abhängig von den Maßeinheiten, in den Input und Output gemessen werden, von anderen spezifizieren oder nicht spezifizierbaren Produktionsfaktoren und vom Niveau des technischen Wissens.

Der Koeffizient b erfasst die **Produktionselastizität des Arbeit**. Sie gibt an, um wieviel Prozent sich der Output verändert, wenn die Einsatzmenge des Faktors Arbeit (ceteris paribus) um ein Prozent verändert.

Der Koeffizient c erfasst die **Produktionselastizität des Kapitals**. Sie gibt an, um wieviel Prozent sich der Output verändert, wenn die Einsatzmenge des Faktors Kapital (ceteris paribus) um ein Prozent verändert.

Die Summe der Exponenten r = b + c gibt die **Skalenelastizität der Produktionsfunktion** an. Die Skalenelastizität gibt an, um wie viel Prozent sich der Output erhöht, wenn die Inputs in einem gegebenen Einsatzverhältnis um ein Prozent erhöht werden.

Für unser Fallbeispiel werden die Parameter der Produktionsfunktion in Anlehnung an Tintner[4] gewählt. Tintner hat 1942 für 609 Weizenfarmen in Iowa eine entsprechende Produktionsfunktion geschätzt. Ermittelt wurden entsprechende Angaben für den Output, den Einsatz an Arbeit, Kapital und Boden. Die Schätzung der Produktionsfunktion ergab folgendes Ergebnis:

$$(20)\ x_1 = 1.0\ v_1^{\ 0.29}\ v_2^{\ 0.42}\ v_3^{\ 0.16} \qquad\qquad \text{Produktionsfunktion}$$

wobei x_1 = Output, v_1 = Arbeit, v_2 = Kapital, v_3 = Boden,

Für unser Zwei-Faktor- Beispiel unterstellen wir eine gegebene Fläche von $v_3° = 250$ Hektar. In diesem Fall beträgt der Niveauparameter a = 2.42 und es ergibt sich folgende Produktionsfunktion:

$$(21)\ x_1 = 1.0\ v_1^{\ 0.29}\ v_2^{\ 0.42}\ 250^{\ 0.16} \qquad\qquad \text{Ertragsfunktion für } v_3° = 250$$
$$x_1 = 2.42\ v_1^{\ 0.29}\ v_2^{\ 0.42}$$

Für unser Beispiel spiegelt diese Produktionsfunktion die technisch-organisatorischen Möglichkeiten der Unternehmung wider. Bei der Produktion des Gutes kann auf keinen der beiden Produktionsfaktoren vollkommen verzichtet werden. Es ist jedoch möglich, in beschränktem Maß Arbeit durch Kapital und Kapital durch Arbeit zu substituieren. Der Niveauparameter (a = 2.42) umfasst neben anderen Größen den fixen Produktionsfaktor Boden. Die Produktionselastizität des Faktors Arbeit (b = 0.29) ist deutlich geringer als diejenige des Faktors Kapital (c = 0.42). Es liegen sinkende Skalenerträge (r = b + c = 0.71) vor, die überwiegend auf den für unser Beispiel beschränkten Produktionsfaktor Boden zurückzuführen sind.

---

[4] Tintner, G.: Econometrics, New York, London 1952, S. 54.

Für den Zwei-Faktor-Fall unterstellen wir in Zukunft folgende Produktionsfunktion:

Allgemein   *Beispiel*

(22) $x_1 = a\,v_1^b\,v_2^c$ $x_1 = 2.42v_1^{0.29}\,v_2^{0.42}$ Produktionsfunktion

Die Produkttabelle dieser Cobb-Douglas-Produktionsfunktion wurde bereits in Tabelle 3.1 vorgestellt und das entsprechende 3-dimensionale Abbild in Abbildung 3.4.

Die **partiellen Ertragsfunktionen** der Cobb-Douglas-Technologie zeigen positive, aber durchweg abnehmende Ertragszuwächse, da die Parameter b und c annahmegemäß kleiner als Eins sind. **Abbildung 3.10** zeigt diesen Zusammenhang für den Faktor 1. Berücksichtigt man in der Produktionsfunktion die vorgegebene Faktorbeschränkung von $v_2^\circ = 6.0$, so erhält man die partielle Ertragsfunktion für den Arbeitseinsatz. Die partielle Ertragsfunktion gibt den Output für den Fall an, dass nur die Einsatzmenge eines Produktionsfaktors variiert wird.

Allgemein   *Beispiel*

(23) $x_1 = av_1^b\,(v_2^\circ)^c$ $x_1 = 2.42v_1^{0.29}\,(6.0)^{0.42}$ Partielle Ertragsfunktion
    $\quad x_1 = dv_1^b$ $\quad x_1 = 5.1362v_1^{0.29}$

wobei $d = a(v_2^\circ)^c$

Die **Grenzertragsfunktion** ermittelt man, indem man die partielle Ertragsfunktion nach v_1 ableitet. Die Grenzertragsfunktion gibt den Ertrag einer zusätzlichen (marginalen) Arbeitseinheit an. Sie entspricht der Steigung der partiellen Ertragsfunktion. Aus **Abbildung 3.11** ist ersichtlich, dass das Bild der partiellen Ertragsfunktion eine durchwegs fallende Kurve ist. Ein zusätzliche Einsatz des Faktors 1 vermehrt zwar die Outputmenge, deren Zunahme fällt aber mit wachsenden Einsatzmengen immer geringer aus.

(24) $\partial x_1/\partial v_1 = bdv_1^{b-1}$ $\partial x_1/\partial v_1 = 0.29(5.1362v_1^{0.29-1})$ Grenzertragsfunktion
                                                $\partial x_1/\partial v_1 = 1.4895/v_1^{0.71}$

Die **Durchschnittsertragsfunktion** wird berechnet, indem man den partiellen Ertrag durch den Arbeitseinsatz dividiert. Die Durchschnittsertragsfunktion setzt die gesamte Produktionsmenge in Beziehung zur insgesamt eingesetzten Arbeitsmenge.

(25) $x_1/v_1 = dv_1^b/v_1$ $x_1/v_1 = 5.1362v_1^{0.29}/v_1$ Durchschnittsertragsfunktion
    $\quad x_1/v_1 = dv_1^{b-1}$ $x_1/v_1 = 5.1362v_1^{0.29-1}$
                                                $x_1/v_1 = 5.1362/v_1^{0.71}$

Das Bild der Durchschnittsertragsfunktion in Abbildung 3.11 ist eine ebenfalls fallende Kurve. Sie weist jedoch für jede Einsatzmenge des Faktors 1 höhere Werte auf als die Grenzertragsfunktion.

Die wesentlichen Beziehungen zwischen Ertrag, Grenzertrag und Durchschnittsertrag sind aus **Tabelle 3.5** ersichtlich. Für dieses Fallbeispiel bestätigt sich das „Gesetz vom abnehmenden Ertragszuwachs". Während die erste Arbeitseinheit noch einen hohen Grenzertrag von 1.49 Mengeneinheiten bewirkt, sinkt der Grenzertrag der zehnten Arbeitseinheit auf 0.29 Tonnen. Verantwortlich für die abnehmenden Ertragszuwächse sind in unserem Fallbeispiel im Wesentlichen die fixen Produktionsfaktoren Kapital ($v_2^\circ = 6$) und Boden ($v_3^\circ = 250$).

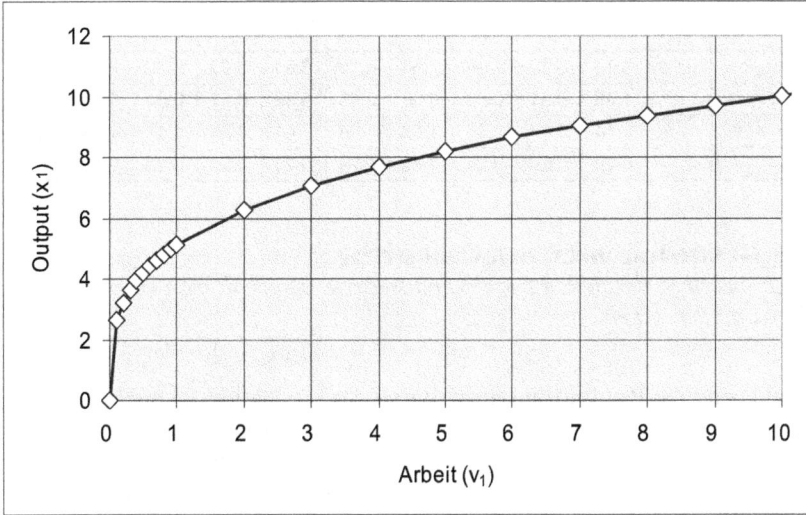

Abbildung 3.10: Partielle Ertragsfunktion
Bei konstantem Kapitaleinsatz nehmen die Ertragszuwächse mit steigendem Arbeitseinsatz ab.

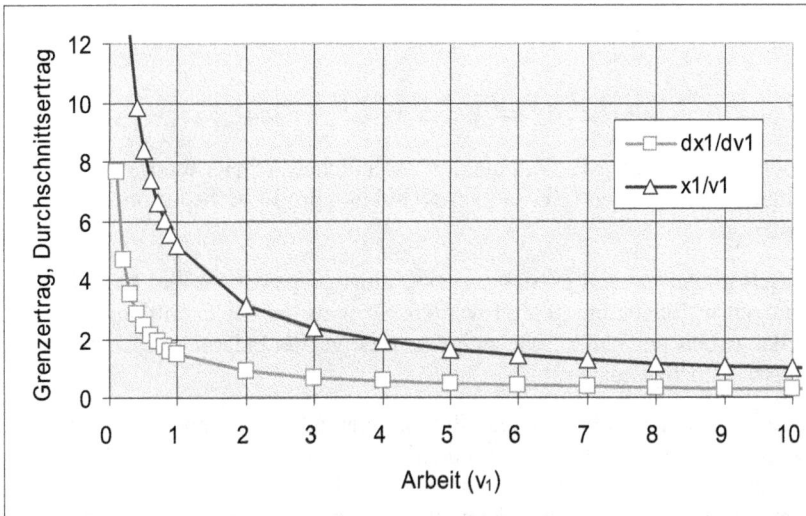

Abbildung 3.11: Grenzertragsfunktion und Durchschnittsertragsfunktion
Die Grenzerträge des Produktionsfaktors Arbeit nehmen kontinuierlich ab. Die Durchschnittserträge sind stets höher als die Grenzerträge.

		Arbeit (v_1)										
		0	1	2	3	4	5	6	7	8	9	10
Ertrag	x_1	0.00	5.14	6.28	7.06	7.68	8.19	8.64	9.03	9.39	9.71	10.01
Grenzertrag	$\delta x_1/\delta v_1$	-	1.49	0.91	0.68	0.56	0.48	0.42	0.37	0.34	0.31	0.29
Durchschnittsertrag	x_1/v_1	-	5.14	3.14	2.35	1.92	1.64	1.44	1.29	1.17	1.08	1.00
Produktionselastizität	ε	-	0.29	0.29	0.29	0.29	0.29	0.29	0.29	0.29	0.29	0.29

Kapitaleinsatz $v_2° = 6$

Tabelle 3.5: Ertrag, Grenzertrag und Durchschnittsertrag
Dividiert man den Grenzertrag durch den Durchschnittsertrag, so erhält man einen Wert für die Produktionselastizität der Arbeit.

Die Parameter b und c sind die **Produktionselastizitäten** der Produktionsfaktoren. Die Produktionselastizität eines Produktionsfaktors gibt an, um wie viel Prozent der Output steigt, wenn die Einsatzmenge dieses Produktionsfaktors um ein Prozent erhöht wird (ceteris paribus). Wie wir bereits zuvor gezeigt haben, entspricht die Produktionselastizität dem Verhältnis von Grenzertrag zu Durchschnittsertrag.

(26) $\varepsilon = (\partial x_1/x_1)/(\partial v_1/v_1) = (\partial x_1/\partial v_1)/(x_1/v_1)$ Produktionselastizität

Allgemein   *Cobb-Douglas*   *Beispiel*

(27) $\varepsilon = (\partial x_1/\partial v_1)/(x_1/v_1)$ $\varepsilon = (bav_1^{b-1}(v_2°)^c)/(x_1/v_1)$ $\varepsilon = 1.4895/v_1^{0.71}/5.1362/v_1^{0.71}$

$\varepsilon = (bav_1^b(v_2°)^c/v_1)/(x_1/v_1)$ $\varepsilon = 0.29$

$\varepsilon = (bx_1/v_1)/(x_1/v_1)$

$\varepsilon = b$

(28) $\varepsilon = (\partial x_1/\partial v_2)/(x_1/v_2)$ $\varepsilon = (ca(v_1°)^b v_2^{c-1})/(x_1/v_1) = c$ $\varepsilon = 0.42$

$\partial x_1/\partial v_1$ = Grenzprodukt der Arbeit (z.B. Output einer zusätzlichen Arbeitsstunde)
x_1/v_1 = Durchschnittsertrag der Arbeit (z.B. Gesamtproduktion pro Erwerbsperson)
ε = Produktionselastizität

Bei der Produktionselastizität handelt es sich um eine dimensionslose Größe, da zwei prozentuale Veränderungen in Beziehung gesetzt werden. So wird bei der Ermittlung der Produktionselastizität der Arbeit untersucht, wie sich eine relative Veränderung des Arbeitseinsatzes auf die Produktionsmenge auswirkt.

Für das gewählte Beispiel einer Cobb-Douglas Produktionsfunktion ergeben sich folgende Produktionselastizitäten von b = 0.29 für die Produktionselastizität der Arbeit und c = 0.42 für die Produktionselastizität des Kapitals. Wenn ceteris paribus die Faktoreinsatzmenge an Arbeit (Kapital) um 1 Prozent erhöht wird, dann ist damit zu rechnen, dass der Output um 0.29 (0.42) Prozent zunimmt.

Die **Isoquante ist** der geometrische Ort aller technisch effizienten Faktormengenkombinationen, die zu einer vorgegebenen Produktionsmenge führen. Die Gleichung der Isoquanten lautet bei vorgegebener Outputmenge von $x_1° = 7.85$:

Allgemein	*Cobb-Douglas*	*Beispiel*
(29) $x_1^\circ = f(v_1, v_2)$	$x_1^\circ = a\, v_1^{\ b}\, v_2^{\ c}$	$7.85 = 2.42\, v_1^{0.29} v_2^{0.42}$

Wählen wir die Einsatzmenge des Faktors 2 als abhängige Variable, dann lautet die algebraische Formulierung der Isoquante zur Ausbringungsmenge x_1°:

(30) $v_2 = g(x_1^\circ, v_1)$	$v_2^{\ c} = x_1^\circ/(a\, v_1^{\ b})$	$v_2^{0.42} = 7.85/(2.42\, v_1^{0.29})$
	$v_2 = [x_1^\circ/(a\, v_1^{\ b})]^{1/c}$	$v_2 = (3.2438/v_1^{0.29})^{\ 1/\,0.42}$
		$v_2 = (3.2438/v_1^{0.29})^{\ 2.3810}$
		$v_2 = 16.4739/v_1^{0.6905}$

Die Isoquante für die Outputmenge $x1^\circ = 7.85$ wird in **Abbildung 3.12** erfasst. Aus dem asymptotischen Verlauf der Isoquanten ist ersichtlich, dass es sich bei den Produktionsfaktoren Arbeit und Kapital um unverzichtbare Faktoren handelt.

Die **Grenzrate der technischen Substitution** spiegelt die Substitutionsmöglichkeiten der Produktionsfaktoren wider. Sie entspricht der Steigung der Isoquanten und wird von dem Verhältnis der Grenzprodukte der Produktionsfaktoren bestimmt.

(31) $-dv_2/dv_1 = (\partial x_1/\partial v_1)/(\partial x_1/\partial v_2)$ Grenzrate der technischen Substitution

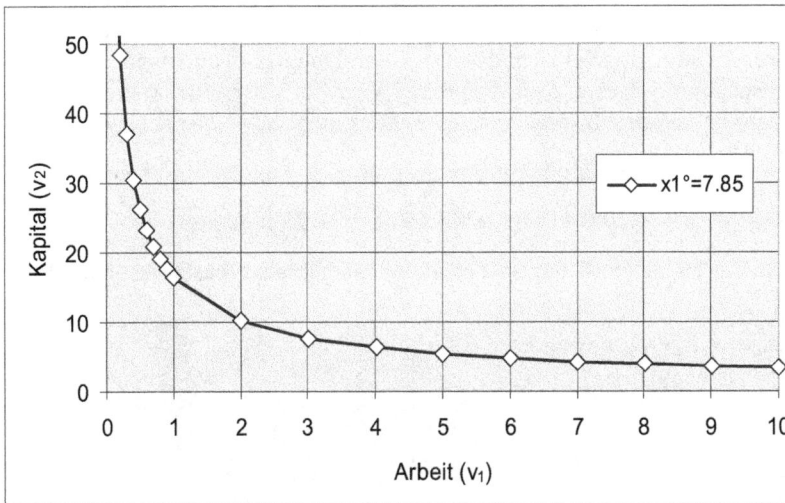

Abbildung 3.12: Isoquante
Die Isoquante ist der geometrische Ort aller Faktormengenkombinationen von Arbeit und Kapital, die den gleichen Output erzeugen.

Im nächsten Schritt wird die Grenzrate der technischen Substituition für die gewählte Cobb-Douglas Produktionsfunktion bestimmt. Zunächst werden die partiellen Grenzprodukte berechnet. Die Ableitungen der Produktionsfunktion nach v1 und v2 ergeben:

$$(32) \; \partial x_1/\partial v_1 = bav_1^{b-1}v_2^{c} \qquad\qquad \text{Grenzprodukt der Arbeit}$$
$$= b(av_1^{b}v_2^{c})/v_1$$
$$= bx_1/v_1$$

$$(33) \; \partial x_1/\partial v_2 = cav_1^{b}v_2^{c-1} \qquad\qquad \text{Grenzprodukt des Kapitals}$$
$$= c(av_1^{b}v_2^{c})/v_2$$
$$= cx_1/v_2$$

Die Grenzrate der technischen Substitution für die Cobb-Douglas Produktionsfunktion wird bestimmt von:

$$(34) \; (\partial x_1/\partial v_1)/(\partial x_1/\partial v_2) = (bx_1/v_1)/(cx_1/v_2) \qquad \text{Grenzrate der technischen Substitution}$$
$$= (bv_2)/(cv_1)$$
$$= (b/c)(v_2/v_1)$$

Die Grenzrate der technischen Substitution (GRTS) lautet:

Allgemein   *Cobb-Douglas*   *Beispiel*

$$(35) \; -dv_2/dv_1 = (\partial x_1/\partial v_1)/(\partial x_1/\partial v_2) \quad -dv_2/dv_1 = (b/c)(v_2/v_1) \quad -dv_2/dv_1 = (0.29/0.42)(v_2/v_1)$$

Für jede beliebige Faktormengenkombination einer Cobb-DouglasProduktionsfunktion kann nun die Steigung der Isoquanten angegeben werden. Sie gibt für einen Produktionsplan an, in wieweit die Produktionsfaktoren substituiert werden können, wenn die gleiche Produktionsmenge produziert werden soll. Es zeigt sich, dass bei Cobb-Douglas-Technologie die Grenzrate der technische Substitution neben dem reziproken Verhältnis der Produktionselastizitäten (b/c) nur noch vom Faktoreinsatzverhältnis, der Faktorintensität (v2/v1) abhängt.

Die Steigung der Isoquanten in dem Produktionsplan A mit $v_1 = 2$ und $v_2 = 10$ beträgt

$$(36) \; -dv_2/dv_1 = (b/c)(v_2/v_1) = (0.29/0.42)(10/2) = 3.45 \qquad \text{GRTS in A}$$

Die **Niveauvariation** wird bei Cobb-Douglas-Technologie algebraisch beschrieben mit

$$(37) \; x_1^{\circ} = a \, (v_1^{\circ})^{b} (v_2^{\circ})^{c}$$
$$(38) \; x_1 = a \, (hv_1^{\circ})^{b} (hv_2^{\circ})^{c} = a \, h^{b}(v_1^{\circ})^{b} h^{c}(v_2^{\circ})^{c}$$
$$(39) \; x_1 = h^{b+c} a \, (v_1^{\circ})^{b} (v_2^{\circ})^{c}$$
$$(40) \; x_1 = h^{b+c} x_1^{\circ}$$

Leitet man das Ergebnis in (40) nach h ab, so erhält man:

$$(41) \; \partial x_1/\partial h = (b+c) \, h^{b+c-1} x_1^{\circ}$$
$$= (b+c) \, h^{b+c} x_1^{\circ}/h$$
$$= (b+c) \, x_1/h$$

Die Skalenelastizität ist definiert als $(\partial x_1/\partial h)(h/x_1)$. Erweitert man (37) um h/x, so gilt:

$$(42) \; (\partial x_1/\partial h)(h/x_1) = [(b+c) \, x_1/h][h/ \, x_1]$$
$$= b+c$$

Die **Skalenelastizität** r ist also gleich der Summe der Produktionselastizitäten. In unserem Fallbeispiel hat die Produktionsfunktion eine Skalenelastizität von r = 0.71.

Technischer Fortschritt

Die Cobb-Douglas-Produktionsfunktion ist in der Wachstumstheorie[5] verwendet worden, um die Bestimmungsgründe des Wirtschaftswachstums zu analysieren. Es zeigt sich, dass nicht eine hohe Sparquote, sondern der technische Fortschritt die eigentliche Quelle wirtschaftlichen Wachstums ist.

Das Ausmaß des technischen Fortschritts lässt sich nicht nur aus einer Zeitreihe von geeigneten Daten über Output, Arbeitseinsatz und Kapitaleinsatz abschätzen, sondern auch aus den Veränderungen der Parametern der Produktionsfunktion. So kann aus der Erhöhung des Niveauparameters auf eine Erhöhung der totalen Faktorproduktivität und damit auf einen neutralen technischen Forschritt geschlossen werden, der sich nicht den einzelnen Produktionsfaktoren zurechnen lässt, sondern nur dem gesamten Prozess.

Ausgangspunkt der Wachstumstheorie ist eine Cobb-Douglas-Produktionsfunktion mit linearen Skalenerträgen. Die Exponenten der Funktion sind als Verteilungsparameter der Einkommensverteilung zu interpretieren.

Allgemein	*Cobb-Douglas*	*Beispiel*
(43) $Y = f(L, K)$	$Y = L^{1-\alpha} K_2^{\alpha}$	$x_1 = L^{0.60} K^{0.40}$

Eine Zunahme der Arbeitseffizienz um den Effizienzfaktor E führt zu einer Erhöhung des Niveauparameters.

(44) $Y = f(EL, K)$	$Y = (EL)^{1-\alpha} K_2^{\alpha}$	$x_1 = (1.03L)^{0.60} K^{0.40}$
	$Y = E^{1-\alpha} L^{1-\alpha} K_2^{\alpha}$	$x_1 = 1.0179\ L^{0.60} K^{0.40}$

Y = Output
L = Arbeit
K = Kapital
E = Effizienzfaktor für den Produktionsfaktor Arbeit
α = Produktionselastizität des Kapitals

Der Effizienzparameter bewirkt eine Erhöhung des Niveauparameter der Ertragsfunktion. Diese Erhöhung wird als Verbesserung der totalen Faktorproduktivität interpretiert. Geht man von einem fixen Kapitalbestand oder gar von einem optimalen Kapitalbestand im Sinne der „Golden Rule" aus, so kann das Wirtschaftswachstum durch die gleichzeitige Veränderung der totalen Faktorproduktivität und die Veränderung des Arbeitseinsatzes, sowie des Kapitaleinsatzes erklärt werden, die jeweils mit den Verteilungsparametern zu gewichten sind.

(45) $\Delta Y/Y = \Delta a/a +\ b\ \Delta L/L +\ c\ \Delta K/K$ Wachstum des Output

---

[5] Solow, Robert M.: A Contribution to the Theory of Economic Growth, in Quarterly Journal of Economics Band 70, 1956, S. 65–94.

$\Delta Y/Y$ = Wachstum der Produktionsmenge
$\Delta a/a$ = Wachstum der totalen Faktorproduktivität
$\Delta L/L$ = Wachstum der Arbeitseinsatzmenge
$\Delta K/K$ = Wachstum der Kapitaleinsatzmenge
b = Produktionselastizität der Arbeit
c = Produktionselastizität des Kapitals

In empirischen Untersuchungen zum Wachstum wird die Rate des technischen Fortschritt auch als Trendvariable in Abhängigkeit der Zeit geschätzt. In diesem Ansatz wird der neutrale technische Forschritt, der keinem Produktionsfaktor zugerechnet werden kann, durch eine Zeitvariable erklärt. Der durch Arbeit und Kapital direkt induzierte Forschritt wird durch die Entwicklung der Produktionselastizitäten erklärt. Der neutrale technische Forschritt wird durch die Exponentialfunktion $e^{r^{*}t}$ mit der Eulerschen Zahl e erfasst.

Allgemein   *Cobb-Douglas*

(46) $Y = f(K, L, t)$ $Y = a\, L^{b}\, K^{c}\, e^{rt}$ mit $a > 0, 0 < b < 1$ und $0 < c < 1$

Bei diesem Ansatz werden die Daten logarithmiert, damit ein linearer Ansatz geschätzt werden kann.

(47) $\ln Y = \ln a + b \ln L + c \ln K + rt$

Y = Output des Gutes 1
L = Faktoreinsatzmenge des Faktors 1 (Arbeit)
K = Faktoreinsatzmenge des Gutes 2 (Kapital)
a = Niveauparameter (totale Faktorproduktivität)
b = Produktionselastizität des Faktors 1 (Arbeit)
c = Produktionselastizität des Faktors 2 (Kapital)
t = Zeit
r = Rate des technischen Fortschritts

3.2.3   Leontief-Produktionsfunktion

Die linear-limitationale Produktionsfunktion wurde von dem Ökonomen Wassily Leontief[6] entwickelt. Sie besitzt in der Ökonomischen Theorie eine ähnliche Bedeutung wie die neoklassische Cobb-Douglas-Produktionsfunktion und spielt in der Forschungspraxis eine grosse Rolle. Sie gilt als gute Annäherung zur Beschreibung industrieller Produktionsprozesse und bildet die Grundlage der von Leontief in den 30er Jahren entwickelten **Input-Output Analyse** zur Untersuchung sektoraler Produktionsverflechtungen. Außerdem ist sie der wichtigste Baustein der **Linearen Programmierung**, die sich bei der Steuerung von Produktionsprozessen im Fertigungsbereich und Transportwesen bewährt hat.

---

[6] Leontief, Wassily: Input-Output Economics. New York 1966.

Bei linear-limitationaler Technologie variieren alle Faktoreinsatzmengen $_i$ proportional mit der herzustellenden Produktmenge x_1. Es ergeben sich zugleich folgende Faktorverbrauchsfunktionen $v_i = f(x_j)$:

Allgemein   *Beispiel*

(48) $v_i = a_i x_j$ $v_1 = 0.25x_1$ Arbeitsverbrauch für Gut1
                                   $v_2 = 0.50x_1$ Kapitalverbrauch für Gut 1

a_i = Produktionskoeffizient für Faktor i

Unser Beispiel auf der rechten Seite bezieht sich wieder auf den Zwei-Faktor-Fall. Für das Gut 1 werden pro Produkteinheit 0.25 Einheiten des Faktors 1 (Arbeit) und 0.5 Einheiten des Faktors 2 Kapital) benötigt. Von allen anderen Faktoren sehen wir der Einfachheit halber ab. Die Faktoreinsatzmengen sind eindeutig von der Ausbringungsmenge abhängig. Die Umkehrung der Falktoreinsatzfunktionen zeigt, dass auch die Ausbringungsmenge eindeutig von den Faktoreinsatzmengen abhängig ist.

(49) $x_1 = v_i / a_i$ $x_1 = 4.0v_1$ Ertragsfunktion für Arbeit
                                   $x_1 = 2.0v_2$ Ertragsfunktion für Kapital

$1/a_i$ = Produktivität des Faktors i

Die Koeffizienten a_i bezeichnen konstante **Produktionskoeffizienten**. Sie geben an, welche Faktormengen jeweils erforderlich sind, um eine Produktionseinheit herzustellen.

(50) $a_i = v_i / x_1$ $a_1 = 0.25$ Produktionskoeffizient für Arbeit
                                   $a_2 = 0.50$ Produktionskoeffizient für Kapital

Der Kehrwert des Produktionskoeffizienten ($1/a_i$) ist die **Produktivität**. Sie gibt an, wie viele Einheiten eines Produkts mit einer Einheit des Faktors i hergestellt werden können.

(51) $1/a_i = x_i / v_1$ $1/a_1 = 4.0$ Produktivität der Arbeit

                                   $1/a_2 = 2.0$ Produktivität des Kapitals

Wenn wir davon ausgehen, dass beliebige Mengen der m Faktoren auf den Märkten beschafft werden können und auch tatsächlich eingesetzt werden, dann lässt sich die linear-limitationale Produktionsfunktion allgemein schreiben als:

(52) $x_1 = \min(v_1/a_1, ..., v_m/a_m)$ $x_1 = \min(4.0v_1, 2.0v_2)$ Leontief-Produktionsfunktion

In der Klammer der Produktionsfunktion stehen jene Produktmengen, die erzeugt werden könnten, wenn das Produktionsergebnis allein von jenem Faktor abhinge. Diese fiktiven Produktmengen ergeben sich aus geplanter Einsatzmenge des Faktors i mal dessen (konstanter) Produktivität. Die **linear-limitationale Produktionsfunktion** gibt also an, dass von den fiktiven Produktmengen nur die kleinste realisiert werden kann, die auf die Beschränkung eines Faktors zurückzuführen ist. Daher schreibt man den Minimumoperator „min" vor die Klammer.

Box 3.3

Wassily Leontief (1906–1999)

Wassily Leontief erhielt 1973 den Nobelpreis für Wirtschaftswissenschaften. In der Begründung hieß es: „Für die Ausarbeitung der Input-Output-Methode sowie für ihre Anwendung bei wichtigen wirtschaftlichen Problemen".

Leontief wurde 1906 in St. Petersburg, Russland geboren. Nach mehreren Verhaftungen als Oppositioneller verließ er 1925 Russland und setzte seine Studien an der Universität Berlin fort. Dort promovierte er im Jahr 1929. Von 1927–1930 arbeite er am Kieler Institut für Weltwirtschaft und emigrierte 1931 in die USA. Ab 1932 lehrte Leontief an der Harvard University und ab 1975 an der New York University. Leontief starb 1999 in New York.

Der Name von Wassily Leontief ist untrennbar mit der Input-Output-Analyse verbunden, einem wichtigen Gebiet der quantitativen Wirtschaftsforschung. Die Input-Output-Analyse wurde durch Arbeiten von Karl Marx und die allgemeine Gleichgewichtstheorie von Léon Walras inspiriert und geht letztlich auf die Kreislaufanalyse des Tableau Economique von François Quesnay zurück. Sie analysiert die Verflechtung der Produktionsbereiche. Die Input-Output-Analyse kann als Weiterentwicklung des multi-sektoralen Ansatzes der Kieler Schule um Adolph Lowe verstanden werden. Mit wechselnder Popularität hat sich die Input-Output-Analyse in den vergangenen 50 Jahren in aller Welt als ein wichtiges Instrument der empirischen Wirtschaftsforschung erwiesen. Sie wird in der Wirtschaftspolitik und Entwicklungsplanung mit Erfolg eingesetzt.

Ab 1932 lehrte und arbeitete Leontief an der Harvard University im Department of Economics. In dieser Zeit begann Leontief mit seinen Arbeiten an einem empirischen Beispiel für sein Input-Output System. 1941 veröffentlichte er sein Buch „Structure of the American Economy 1919–1929", das große Beachtung fand. Seine weiteren Arbeiten im Bereich der Input-Output Analyse inspirierten zahlreiche umfangreiche empirische Forschungsprojekte.

Seine Arbeiten sind von großer theoretischer Bedeutung für die Entwicklung von linearen ökonomischen Systemen. Sie bilden die Basis der modernen Neo-Walrasianischen Gleichgewichtstheorie. Das Leontief-System ist bedeutsam für das Comeback der Neo-Ricardianischen Theorie. Pierro Sraffa übernimmt die Grundidee der Input-Output-Analyse und versteht sein Modell als Kritik an neoklassischen Modellen. Leontief, Sraffa und anderen Neo-Ricardianern ist es zu verdanken, dass die Theorien der Klassiker von David Ricardo bis Karl Marx wieder stärkere Beachtung finden.

Jener Produktionsfaktor, der die tatsächlich realisierbare Outputmenge x bestimmt, heißt **Engpassfaktor**. Wenn seine Einsatzmenge erhöht wird, kann das realisierbare Produktionsergebnis gesteigert werden, und zwar so weit, bis die Beschränkung durch einen anderen Faktor wirksam wird. Die übrigen Faktoren, deren Einsatzmengen das insgesamt realisierbare Produktionsergebnis nicht beschränken, nennt man Überschussfaktoren. Ihre geplanten Einsatzmengen sind größer, als es die durch den Engpassfaktor bestimmte Produktmenge erforderte.

Die geplanten Einsatzmengen der Überschussfaktoren können reduziert werden. Sie sollten jedoch mindestens so hoch sein, dass die durch den Engpassfaktor bestimmte Outputmenge realisiert werden kann. Diesen Zusammenhang beschreibt man allgemein durch **Beschränkungsgleichungen** für die einzelnen Faktoren.

Allgemein   *Beispiel*

(53) $a_i x_1 \leq v_i^{\circ}$ $0.25 x_1 \leq 100$ Beschränkungsgleichung für Arbeit

                                $0.50 x_1 \leq 200$ Beschränkungsgleichung für Kapital

Für die geplante Outputmenge x_1 legen die Beschränkungsgleichungen die **Mindesteinsatzmengen** der Produktionsfaktoren fest. Setzt der Unternehmer weniger als dieses minimalen Mengen ein, ist die geplante Produktionsmenge x1 nicht produzierbar.

		Arbeit (v_1)									
		0	1	2	3	4	5	6	7	8	9	10
	0	0.0	0.0	0.0	0.0	0.0	0.0	0.0	0.0	0.0	0.0	0.0
	2	0.0	4.0	4.0	4.0	4.0	4.0	4.0	4.0	4.0	4.0	4.0
K	4	0.0	4.0	8.0	8.0	8.0	8.0	8.0	8.0	8.0	8.0	8.0
a	6	0.0	4.0	8.0	12.0	12.0	12.0	12.0	12.0	12.0	12.0	12.0
p	8	0.0	4.0	8.0	12.0	16.0	16.0	16.0	16.0	16.0	16.0	16.0
i	10	0.0	4.0	8.0	12.0	16.0	20.0	20.0	20.0	20.0	20.0	20.0
t	12	0.0	4.0	8.0	12.0	16.0	20.0	24.0	24.0	24.0	24.0	24.0
a	14	0.0	4.0	8.0	12.0	16.0	20.0	24.0	28.0	28.0	28.0	28.0
l	16	0.0	4.0	8.0	12.0	16.0	20.0	24.0	28.0	32.0	32.0	32.0
	18	0.0	4.0	8.0	12.0	16.0	20.0	24.0	28.0	32.0	36.0	36.0
	20	0.0	4.0	8.0	12.0	16.0	20.0	24.0	28.0	32.0	36.0	40.0

[ ] = Faktoreinsatz   [ ] = Output

Tabelle 3.6: Leontief- Produktionsfunktion
Die Produktionsfunktion besteht nur aus denjenigen Faktormengenkombinationen, in denen das technisch bestimmte Einsatzverhältnis der Produktionsfaktoren berücksichtigt wird. Alle anderen Produktionspläne der Arbeitstabelle sind ineffizient.

In **Tabelle 3.6** wird das Produktionsergebnis der Leontief-Produktionsfunktion $x_1 = \min(4 v_1, 2 v_2)$ erfasst. **Abbildung 3.13** zeigt für unser Beispiel das Ertragsgebirge der linearlimitationalen Produktionsfunktion für den Zwei-Faktor-Fall.

Zur Darstellung der wesentlichen Eigenschaft der Leontief-Produktionsfunktion können wiederum vier Schnitte durch das Ertragsgebirge gelegt werden.

Mit dem ersten Schnitt in **Abbildung 3.14** wird die Produktivität der Arbeit untersucht. Es wird angenommen, dass lediglich die Einsatzmenge des Produktionsfaktors Arbeit variiert wird. Die Einsatzmenge des Produktionsfaktors Kapital (z.B. $v_2° = 2.0$) ist fest vorgegeben (ceteris paribus Klausel). Die partielle Ertragsfunktion für Arbeit $x_1 = f(v1, v_2°)$ besagt, dass die Unternehmung unter diesen Voraussetzungen bis zur Kapazitätsgrenze mit konstanten Grenzerträgen rechnen kann. Danach sinken die Grenzerträge auf Null. Es handelt sich um einen vertikalen Schnitt durch das Ertragsgebirge, der parallel zur v_1-Achse verläuft.

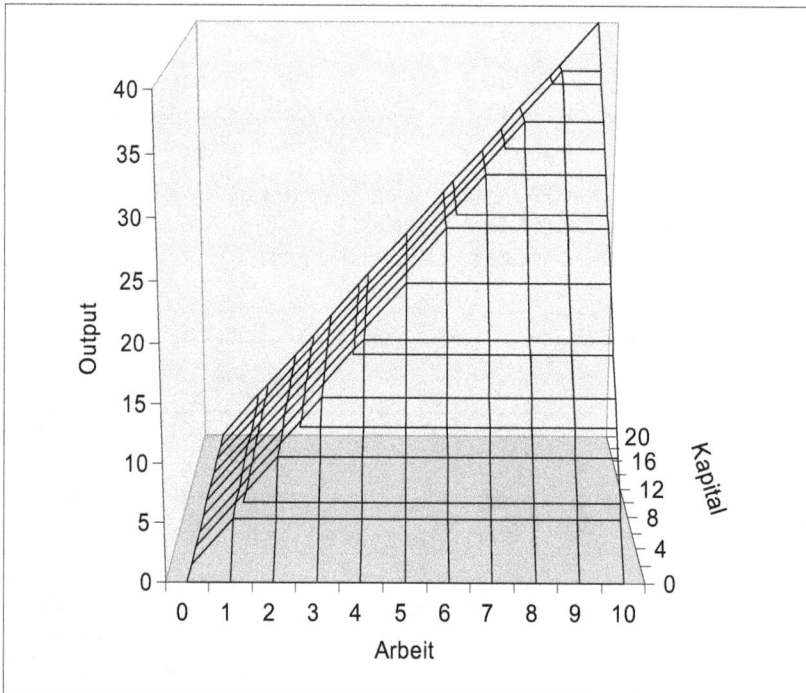

Abbildung 3.13: Leontief-Produktionsfunktion
Die Leontief Produktionsfunktion ist eine limitationale Produktionsfunktion. Unabhängig von Den Faktorpreisen ist ein technisch bestimmtes Einsatzverhältnis der Produktionsfaktoren zu beachten. Die Produktionsfunktion als die Summe aller effizienten Produktionspläne besteht nur aus der Kante des Pyramidenausschnitts.

Mit dem zweiten Schnitt in **Abbildung 3.15** wird analog die Produktivität des Kapitals untersucht. Dabei wird wiederum angenommen, dass lediglich die Einsatzmenge des Produktionsfaktors Kapital variiert und die Einsatzmenge des Produktionsfaktors Arbeit mit einem festen Wert (ceteris paribus) vorgegeben ist. Die partiellen Ertragsfunktionen für Kapital zeigt, dass die Unternehmung wiederum bis zur Kapazitätsgrenze mit konstanten Grenzerträgen rechnen kann. Es handelt sich um einen vertikalen Schnitt durch das Ertragsgebirge, der parallel zu der v_2-Achse verläuft.

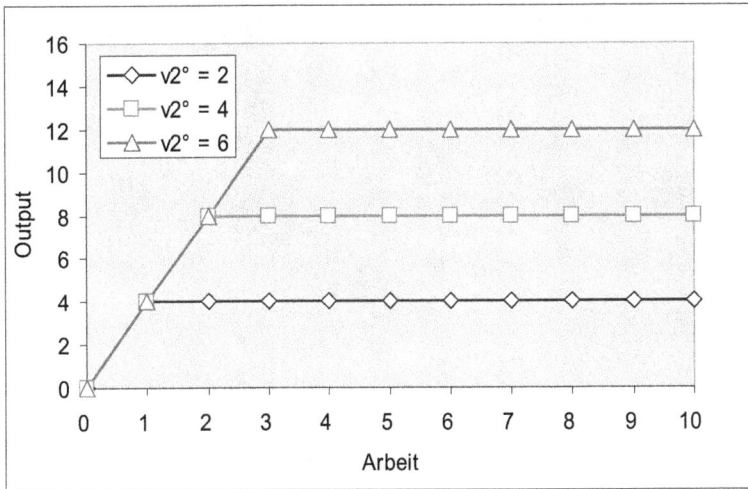

Abbildung 3.14: Produktivität der Arbeit

Die partielle Ertragsfunktion für Arbeit ermöglicht Aussagen über die Entwicklung der Produktivität. Für vorgegebene Kapitaleinsatzmengen ist die Arbeitsproduktivität bis zur jeweiligen Kapazitätsgrenze konstant.

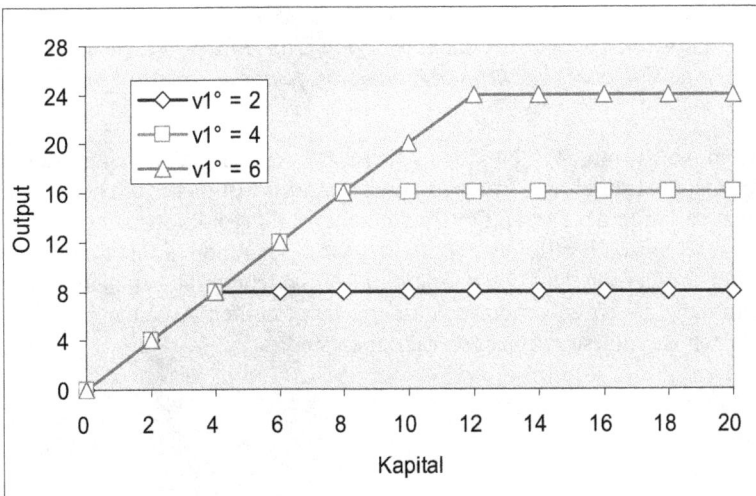

Abbildung 3.15: Produktivität des Kapitals

Für vorgegebene Arbeitseinsatzmengen ist die Produktivität des Kapitals bis zur jeweiligen Kapazitätsgrenze konstant.

Mit dem dritten Schnitt in **Abbildung 3.16** wird die Substitutionsmöglichkeit der Produktionsfaktoren untersucht. In diesem Fall handelt es sich um einen horizontalen Schnitt durch das Ertragsgebirge, der für einen vorgegebenen Output (z.B. $x_1 = 4$) die alternativen Produktionsmöglichkeiten abbildet. Eine Schar von Isoquanten (Höhenlinien des Ertragsgebirges) belegt für unser Fallbeispiel, dass eine Substitution der Produktionsfaktoren nicht möglich ist.

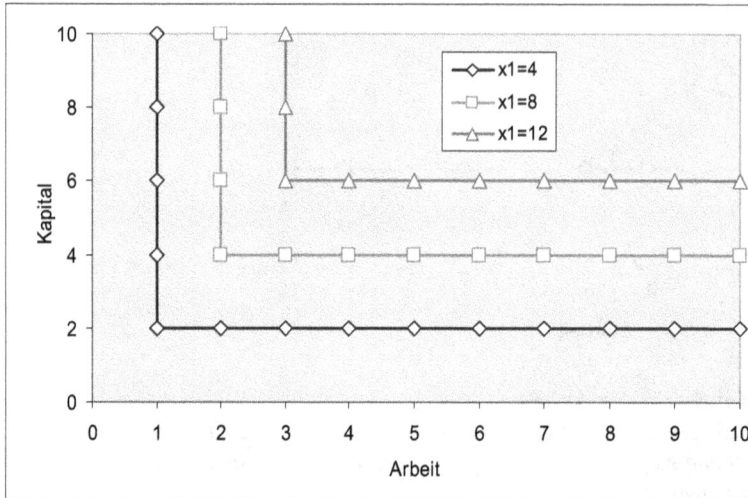

Abbildung 3.16: Substitution von Arbeit und Kapital
Eine Substitution der Produktionsfaktoren ist nicht möglich. Nur in den Eckpunkten des Isoquanten wird das optimale Einsatzverhältnis der Produktionsfaktoren realisiert.

Bei dem vierten Schritt in **Abbildung 3.17** handelt es sich um einen vertikalen Schnitt durch das Ertragsgebirge, der diagonal durch das Ertragsgebirge verläuft. Mit diesem Schnitt wird der Einfluss einer Niveauvariation der Produktionsfaktoren auf die Produktionsmenge untersucht. Vorgegeben ist das technisch bestimmte Einsatzverhältnis der Produktionsfaktoren ($v_1 = 0.5v_2$). Für die Leontief-Produktionsfunktion werden lineare Skalenerträge beobachtet. Bei der Darstellung in Abbildung 19 ist zu beachten, dass die dargestellten Arbeitsmengen jeweils mit den vorgegebenen Kapitaleinsatzmengen gekoppelt sind.

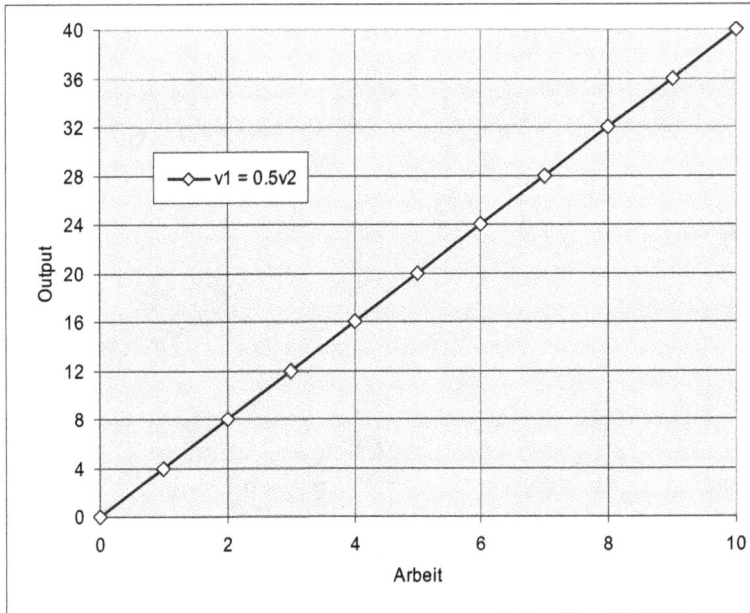

Abbildung 3.17: Niveauvariation der Produktionsfaktoren
Bei Niveauvariation der Produktionsfaktoren ergeben sich lineare Skalenerträge. In dem vorliegenden Fall werden jeweils doppelt so viel Kapital wie Arbeit eingesetzt. Ein anderes Einsatzverhältnis ist aus technischen Gründen nicht sinnvoll.

Die **partiellen Ertragsfunktionen** der Leontief-Technologie zeigen konstante Ertragszuwächse bis zur Kapazitätsgrenze, die durch fixe Produktionsfaktoren gesetzt wird. **Abbildung 3.18** zeigt diesen Zusammenhang für den Faktor 1. Die partielle Ertragsfunktion des Faktors 1 bei vorgegebener Menge des Faktors 2 ($v_2^\circ = 6$) lautet:

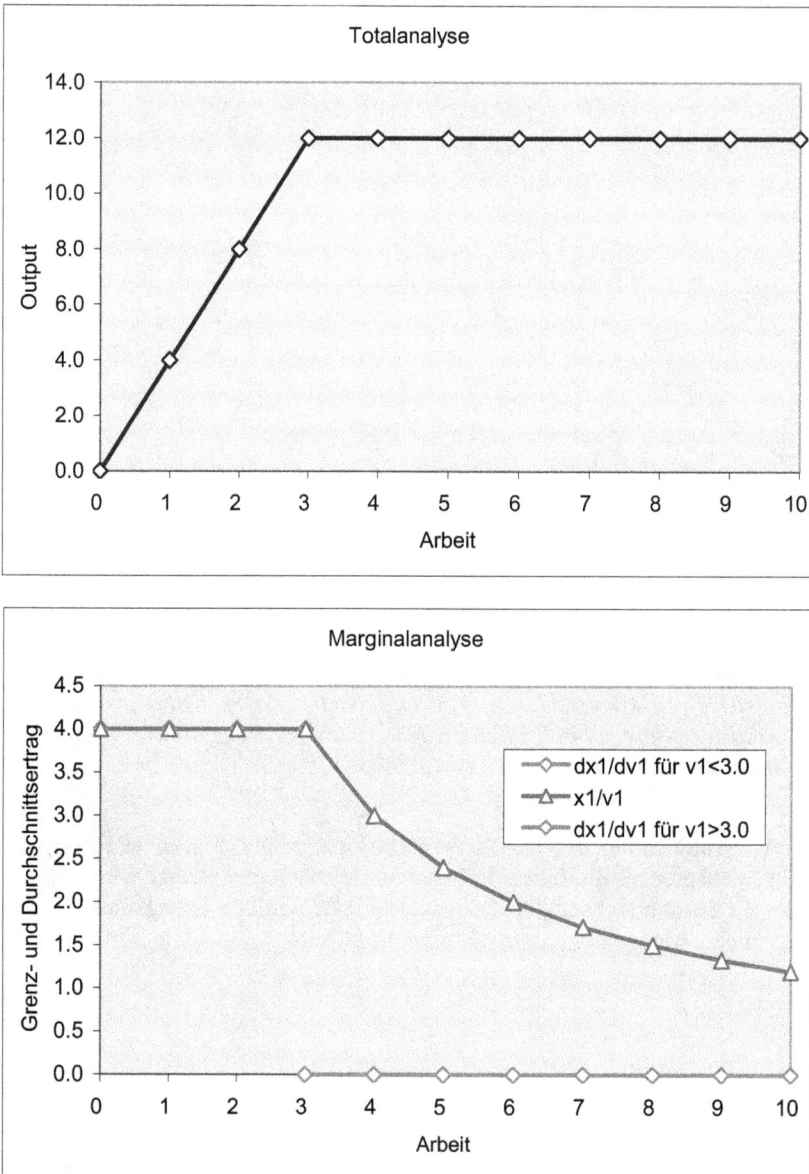

Abbildung 3.18: Partielle Ertragsfunktion

In dem vorliegenden Fall wird die partielle Ertragsfunktion für den fixen Kapitaleinsatz von $v_2 = 6.0$ dargestellt. Die Grenz- und Durchschnittserträge sind bis zur Kapazitätsgrenze konstant und gleich hoch. Unter den gegebenen Voraussetzungen ist es nicht sinnvolle, mehr als $x_1 = 12$ Gütereinheiten zu produzieren.

Allgemein   *Beispiel*

(54) $x_1 = (1/a_1)v_1$ für $v_1 \leq (a_1/a_2)v_2°$ $x_1 = 4.0v_1$ für $v_1 \leq 3$ Partielle Ertragsfunktion
     $x_1^{max} = (1/a_2)v_2°$ für $v_1 \geq (a_1/a_2)v_2°$ $x_1^{max} = (2)(6) = 12$

Die **Grenzertragsfunktion** ermittelt man, indem man die partielle Ertragsfunktion nach v_1 ableitet. Die Grenzertragsfunktion gibt den Ertrag einer zusätzlichen (marginalen) Arbeitseinheit an. Sie entspricht der Steigung der partiellen Ertragsfunktion.

Allgemein   Beispiel

(55) $\partial x_1/\partial v_1 = 1/a_1$ für $v_1 \leq (a_1/a_2)v_2°$ $\partial x_1/\partial v_1 = 4.0$ für $v_1 \leq 3$ Grenzertragsfunktion
     $\partial x_1/\partial v_1 = 0$ für $v_1 \geq (a_1/a_2)v_2°$ $\partial x_1/\partial v_1 = 0$ für $v_1 > 3$

Die **Durchschnittsertragsfunktion** wird berechnet, indem man die partielle Ertragsfunktion (3) durch den Arbeitseinsatz dividiert. Die Durchschnittsertragsfunktion setzt die gesamte Produktionsmenge in Beziehung zur insgesamt eingesetzten Arbeitsmenge.

Allgemein   Beispiel

(56) $x_1/\partial v_1 = 1/a_1$ für $v_1 \leq (a_1/a_2)v_2°$ $x_1/v_1 = 4.0$ für $v_1 \leq 3$ Durchschnittsertrag
     $x_1/v_1 = x_1^{max}/v_1$ für $v_1 \geq (a_1/a_2)v_2°$ $x_1/v_1 = 12/v_1$ für $v_1 \geq 3$

Bis zur Kapazitätsgrenze stimmen Grenzertrag und Durchschnittsertrag der Arbeit überein. Bei weiterem Arbeitseinsatz sinkt der Durchschnittsertrag entsprechend. Die wesentlichen Beziehungen zwischen Ertrag, Grenzertrag und Durchschnittsertrag sind aus **Tabelle 3.7** ersichtlich. Sämtliche Angaben gelten nur für den Fall, dass der Kapitaleinsatz mit $v_2° = 6.0$ vorgegeben ist. Die Produktionselastizität des Faktors Arbeit beträgt bis zur Kapazitätsgrenze $e = 1.0$. Danach sinkt sie auf den Wert $e = 0$, da eine weitere Erhöhung des Arbeitseinsatzes keine Auswirkung auf den Output hat.

		Arbeit (v_1)									
		0	1	2	3	4	5	6	7	8	9	10
Ertrag	x_1	0.0	4.0	8.0	12.0	12.0	12.0	12.0	12.0	12.0	12.0	12.0
Grenzertrag	dx_1/dv_1	4.0	4.0	4.0	4.0	0.0	0.0	0.0	0.0	0.0	0.0	0.0
Durchschnittsertrag	x_1/v_1	4.0	4.0	4.0	4.0	3.0	2.4	2.0	1.7	1.5	1.3	1.2
Produktionselastizität	ε	1.0	1.0	1.0	1.0	0.0	0.0	0.0	0.0	0.0	0.0	0.0

Faktoreinsatz Kapital $v_2° = 6$

Tabelle 3.7: Ertrag, Grenzertrag und Durchschnittsertrag der Arbeit
Bei partieller Faktorvariation ist bis zur Kapazitätsgrenze bei Leontief-Produktionsfunktionen Grenzertrag und Durchschnittsertrag gleich hoch.

3.2.4   Ertragsgesetz

Das klassische „Ertragsgesetz" wurde ursprünglich zur Darstellung der Produktionszusammenhänge in der Landwirtschaft aufgestellt. Es beschreibt eine Technologie, in der die partiellen Ertragsfunktionen sowohl steigende wie sinkende Ertragszuwächse aufweisen. Nach diesem „Gesetz" hat der variable Faktor anfangs steigende, dann sinkende und schließlich gar negative Grenzerträge. Bei Vermehrung eines Faktors und Konstanthaltung der übrigen Produktionsfaktoren nimmt die Produktmenge zunächst überproportional zu, von einem gewissen Punkt dann unterproportional zu und schließlich absolut ab.

		Arbeit										
		0	1	2	3	4	5	6	7	8	9	10
	0	0.00	0.00	0.00	0.00	0.00	0.00	0.00	0.00	0.00	0.00	0.00
	1	0.00	11.00	9.88	6.80	5.11	4.07	3.39	2.90	2.53	2.25	2.02
	2	0.00	5.65	22.00	23.75	19.76	16.22	13.61	11.68	10.21	9.06	8.15
	3	0.00	2.85	17.07	33.00	36.75	33.78	29.65	25.94	22.89	20.41	18.39
Kapital	4	0.00	1.74	11.29	29.06	44.00	49.04	47.51	43.67	39.53	35.74	32.45
	5	0.00	1.20	7.80	22.31	40.86	55.00	60.91	60.72	57.61	53.54	49.41
	6	0.00	0.89	5.71	16.94	34.14	52.47	66.00	72.53	73.50	71.26	67.56
	7	0.00	0.69	4.38	13.15	27.74	46.15	63.94	77.00	83.99	85.92	84.56
	8	0.00	0.56	3.49	10.48	22.59	39.31	58.11	75.30	88.00	95.34	98.07
	9	0.00	0.47	2.86	8.56	18.63	33.25	51.22	69.97	86.59	99.00	106.62
	10	0.00	0.40	2.40	7.14	15.60	28.24	44.62	63.22	81.73	97.82	110.00

Tabelle 3.8: Produkttabelle für das Ertragsgesetz
Die Produkttabelle erfasst die Produktmengen des klassischen Ertragsgesetzes. Bei partieller Faktorvariation nehmen die Grenzerträge zunächst zu und ab einem Wendepunkt wieder Ab. Bei Niveauvariation werden lineare Skalenerträge beobachtet.

Als Beispiel möge folgende linear-homogene Produktionsfunktion dienen, die partiell dem **klassischen Ertragsgesetz** unterliegt:

Allgemein   *Beispiel*

(57) $x_1 = a(bv_1^3v_2^2 + v_1^2v_2^3)/(v_1^4 + v_2^4)$ $x_1 = 2(10v_1^3v_2^2 + v_1^2v_2^3)/(v_1^4 + v_2^4)$

x_1 = Output
v_1 = Arbeitseinsatz
v_2 = Kapitaleinsatz
a = Niveauparameter
b = Parameter

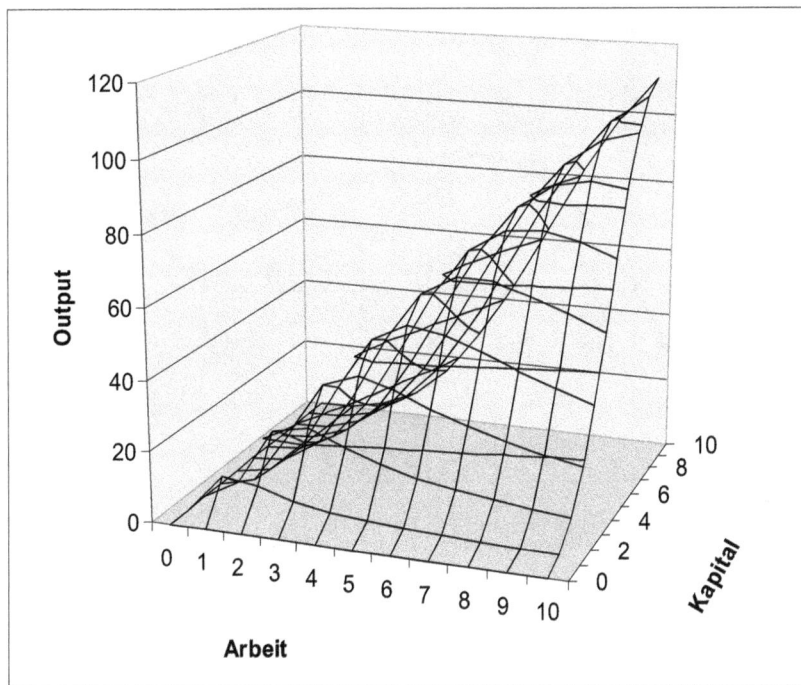

Abbildung 3.19: Klassisches Ertragsgesetz
Das Ertragsgebirge zeigt den S-förmigen Verlauf der partiellen Ertragsfunktionen. Die linearen Skalenerträge können an dem linearen Grad der Gebirgskante erkannt werden.

		Arbeit										
		0	1	2	3	4	5	6	7	8	9	10
Ertrag	x_1	0.0	1.2	7.8	22.3	40.9	55.0	60.9	60.7	57.6	53.5	49.4
Grenzertrag	$\delta x_1/\delta v_1$	-	3.2	10.5	17.8	17.6	10.0	2.3	-2.1	-3.8	-4.2	-4.0
Durchschnittsertrag	x_1/v_1	-	1.2	3.9	7.4	10.2	11.0	10.2	8.7	7.2	5.9	4.9
Produktionselastizität	ε	-	2.7	2.7	2.4	1.7	0.9	0.2	-0.2	-0.5	-0.7	-0.8

Tabelle 3.9: Ertrag, Grenz- und Durchschnittsertrag für das klassische Ertragsgesetz
Das klassische Ertragsgesetz zeichnet sich durch wechselnde Grenz- und Durchschnittserträge aus. Sofern ein Produktionsfaktor in beschränkten Mengen zur Verfügung steht, wird ein Produktionsmaximum beobachtet.

Totalanalyse

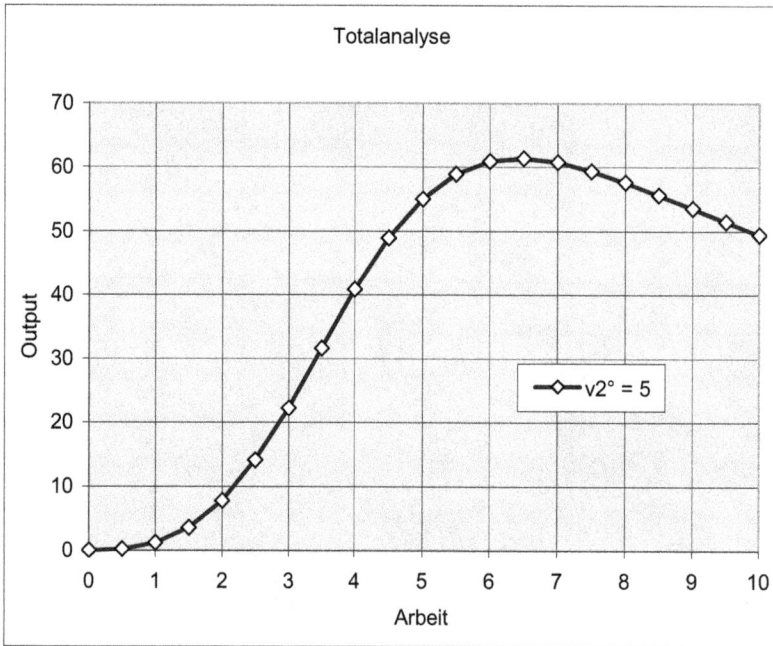

Marginalanalyse

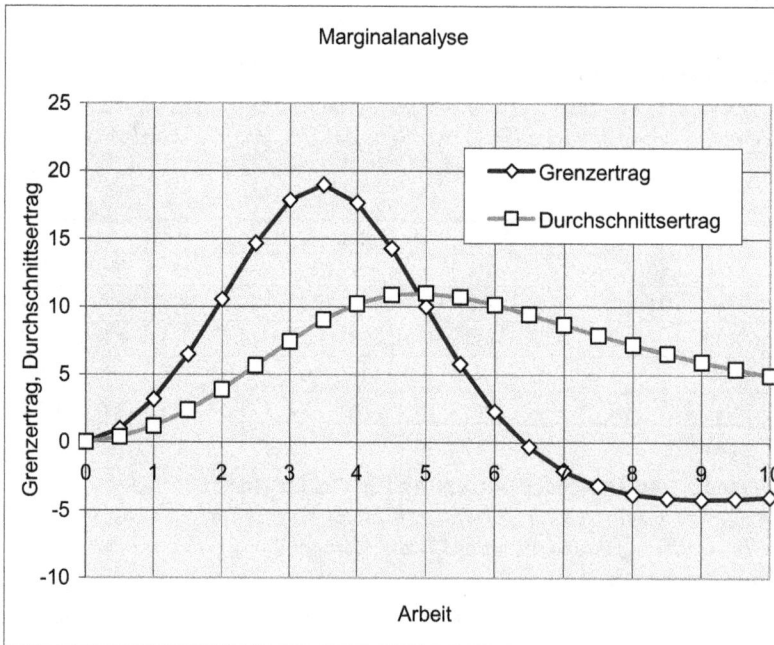

Abbildung 3.20: Klassisches Ertragsgesetz
Beim klassischen Ertragsgesetz wird bei partieller Faktorvariation ein wechselnder Verlauf der Grenz- und Durchschnittserträge und ein Produktionsmaximum beobachtet.

Aus der Produkttabelle in **Tabelle 3.8** ist ersichtlich, dass es sich bei dieser Produktionsfunktion um eine linear-homogene Produktionsfunktion handelt. Auf dem Diagonalschnitt der Produkttabelle führt eine Verdopplung der Inputs zu einer Verdopplung des Outputs.

Abbildung 3.19 veranschaulicht das klassische Ertragsgesetz für den Zwei-Faktor-Fall in einem dreidimensionalen Diagramm. Der lineare Expansionspfad lässt erkennen, dass es sich um eine linear-homogen Produktionsfunktion (r = 1.0) handelt. Die vertikalen partiellen Schnitte durch das Ertragsgesetz zeigen zunehmende, abnehmende und negative Ertragszuwächse. Bei partieller Faktorvariation wird jeweils eine maximale Outputmenge beobachtet.

In **Abbildung 3.20** wird das Ertragsgesetz für den Fall abgebildet, dass die Einsatzmenge an Kapital ($v_2^\circ = 5$) fest vorgegeben ist. Die partielle Ertragsfunktion für Arbeit und die entsprechenden Grenz- und Durchschnittsertragsfunktionen belegen den typischen Verlauf des klassischen Ertragsgesetzes. Im Wendepunkt der partiellen Ertragsfunktion wird der steilste Anstieg gemessen und damit der maximale Grenzertrag. Im Schnittpunkt der Grenzertrags- und Durchschnittsertragsfunktion sind Grenzertrag und Durchschnittsertrag gleich groß, Dieser Schnittpunkt entspricht der Tangente aus dem Ursprung an die Ertragsfunktion. Im Ertragsmaximum ist der Grenzertrag Null, danach wird er negativ.

Markante Punkte des **Ertragsgesetzes** sind der Wendepunkt (Maximum des Grenzertrags), der Tangentialpunkt eines Fahrstrahls aus dem Ursprung (Maximum des Durchschnittsertrags) und das Produktionsmaximum (Maximaler Ertrag).

Wie wir wissen, ist die **Produktionselastizität** eines Faktors das Verhältnis von Grenzproduktivität zu Durchschnittsproduktivität dieses Faktors. Aus **Tabelle 3.9** ist ersichtlich, dass sich Grenzertrag und Durchschnittsertrag unterschiedlich entwickeln. An den Ergebnissen kann man ablesen, dass das Ertragsgesetz im Gegensatz zur neoklassischen Cobb-Douglas-Produktionsfunktion variable Produktionselastizitäten aufweist. Bis zum Produktionsmaximum ist die Produktionselastizität positiv, danach wird sie negativ.

Die **Skalenelastizität** dagegen ist konstant, da wir eine homogene Produktionsfunktion unterstellt haben. Das Ertragsgesetz ist mit steigenden, konstanten und fallenden Skalenerträgen vereinbar.

Eine Variante des klassischen Ertragsgesetzes ist die **Sato-Produktionsfunktion**. Die unterliegt bei partieller Faktorvariation dem klassischen Ertragsgesetz, weist dagegen kein Produktionsmaximum auf. Eine Erhöhung der Produktionsfaktoren führt also stets zu einer Erhöhung des Output. Auf eine nähere Analyse dieser Produktionsfunktion wird an dieser Stelle verzichtet.

Allgemein

(58) $x_1 = (v_1^2 v_2^2)/(a v_1^3 + b v_2^3)$

Beispiel

$x_1 = (v_1^2 v_2^2)/(3 v_1^3 + 4 v_2^3)$

x_1 = Output
v_1 = Arbeitseinsatz
v_2 = Kapitaleinsatz
a = Parameter für Arbeit
b = Parameter für Kapital

3.2.5   Vollkommen substitutionale Produktionsfunktionen

Bei vollkommen substitutionaler Produktionsfunktion ist es möglich, das Produkt mit nur einem der zur Auswahl stehenden Produktionsfaktoren herzustellen. Auf den ersten Blick scheint diese Technologie wenig mit der Realität zu tun haben.. Man kann sich schwer vorstellen, dass man bei der Produktion eines Gutes auf einen der primären Produktionsfaktoren Arbeit, Boden und Maschinen verzichten kann. Insofern ist es berechtigt, den beschränkt substitutionalen Produktionsfaktoren besondere Aufmerksamkeit zu widmen.

Es kommt jedoch vor, dass Produktionsfaktoren unterschiedliche, aber doch sehr ähnliche Eigenschaften besitzen. So ist es denkbar, dass ein Unternehmen ein Grundstück durch ein günstiger gelegenes ersetzt, eine Arbeitskraft mit bestimmter Qualifikation entlässt, um eine andere mit ähnlichen Kenntnissen einzustellen, oder eine alte Maschine gegen eine neu austauscht. Bei strenger Definition **homogener Produktionsfaktoren** handelt es sich in allen Fällen um zwei verschieden Produktionsfaktoren. Ihre vollkommene Substitution ist möglich, wenn sie ähnlich genug sind.

Die einfachste Form einer vollkommen substiututionalen Produktionsfunktion lautet:

Allgemein

(59) $x_1 = a_1 v_1 + a_2 v_2 + ... + a_n v_n$

a_i = Produktivität des Faktors i

Beispiel

$x_1 = 2.0 v_1 + 4.0 v_2$

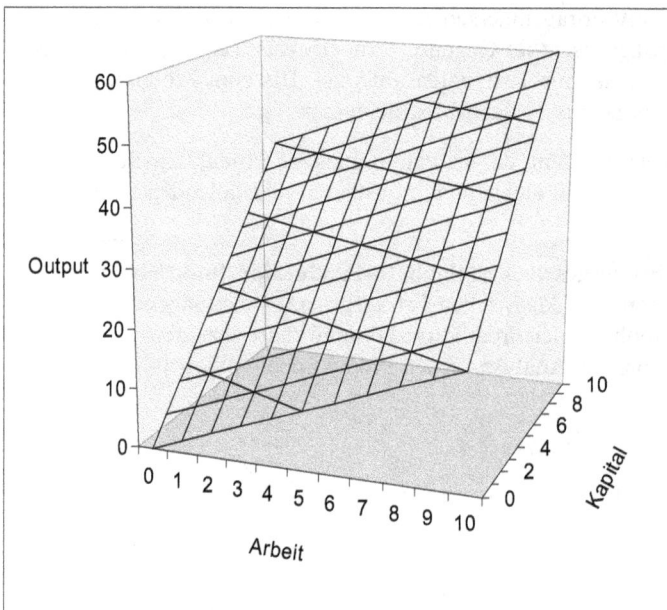

Abbildung 3.21: Substitutionale Produktionsfunktion mit konstanten Grenzerträgen
Diese Produktionsfunktion ist streng linear. Eine vollständige Substitution der Produktionsfaktoren ist möglich.

Diese Produktionsfunktion ist linear-homogen, Sie weist bei partieller Faktorvariation konstante Grenzerträge und bei Niveauvariation konstante Skalenerträge auf. Die Produktionsfaktoren sind vollkommen substituierbar. Die Grenzrate der Substitution ist konstant. Damit ist ein ganz bestimmtes festes Austauschverhältnis der Faktoren gegeben. Die Isoquanten sind linear und schneiden die Achsen. Die partiellen Ertragsfunktionen verlaufen linear. Eine Skizze des Ertragsgebirges findet sich in **Abbildung 3.21**.

Eine streng konkave Produktionsfunktion mit vollkommen substitutionalen Produktionsfaktoren kann folgende Form annehmen:

Allgemein   *Beispiel*

$$(60)\ x_1 = a_1 v_1^{\alpha 1} + a_2 v_2^{\alpha 2} + \ldots + a_n v_n^{\alpha n} \qquad x_1 = 1.0 v_1^{\,0.5} + 2.0 v_2^{\,0.3}$$

a_1 = Niveauparameter des Faktors 1
α_i = Produktionselastizität des Faktors 1 ($\alpha_i < 1$)

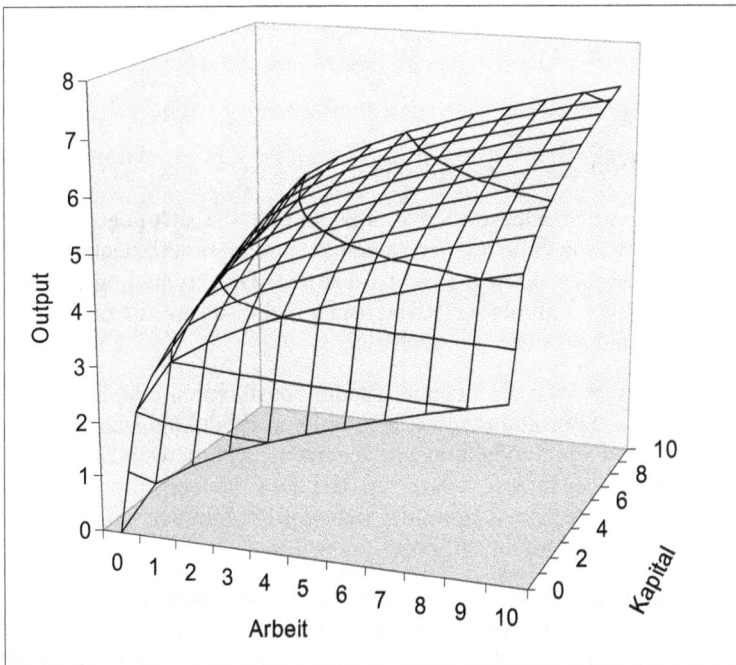

Abbildung 3.22: Substitutionale Produktionsfunktion mit abnehmenden Grenzerträgen
Diese Produktionsfunktion ermöglicht eine vollkommene Substitution der Produktionsfaktoren mit wechselnder Grenzrate der Substitution. Bei partieller Faktorvariation wird das Gesetz des abnehmenden Ertragszuwachses beobachtet.

Wiederum wird unterstellt, dass das Produkt mit einem der benannten Produktionsfaktoren allein hergestellt werden kann. Die Produktionsfunktion weist bei partieller Faktorvariation abnehmende Ertragszuwächse auf und bei Niveauvariation sinkende Skalenerträge, sofern die Produktionselastizitäten kleiner Eins sind. Da die Exponenten unterschiedlich sind, ist die Produktionsfunktion nicht homogen. Wegen $\alpha<1$ gehört sie zur Klasse der streng konkaven Produktionsfunktionen. Die Isoquanten in **Abbildung 3.22** sind konvex zum Ursprung und treffen die Achsen.

3.2.6   Weitere Beispiele für Produktionsfunktionen

Neben dem klassisches Ertragsgesetz, der Cobb-Douglas-Produktionsfunktion und der Leontief-Produktionsfunktion gibt es weitere Beispiele für Produktionsfunktion, die in der letzten Zeit in der empirischen Wirtschaftsforschung eingesetzt werden. Im Prinzip stellen diese Beispiele Verallgemeinerungen der Cobb-Douglas-Produktionsfunktion oder der Leontief-Produktionsfunktion dar.

Folgende Beispiele werden kurz erläutert:

- Gutenberg-Produktionsfunktion
- CES-Produktionsfunktion
- Translog-Produktionsfunktion
- Diewert-Produktionsfunktion

Gutenberg-Produktionsfunktion

Die Gutenberg-Produktionsfunktion versucht, die Kritik aufzugreifen, die sich gegen Leontief-Produktionsfunktionen und ihre Annahme der konstanten Produktionskoeffizienten richtet. Im Mittelpunkt des Ansatzes stehen deshalb Potentialfaktoren. Die Produktionstheorie von Erich Gutenberg[7] ist bis heute der zentrale betriebswirtschaftliche Ansatz zur Erklärung von Input-Output-Beziehungen in industriellen Unternehmen.

Die Gutenberg-Produktionsfunktion ist wie die Leontief-Produktionsfunktion eine limitationale Produktionsfunktion, bei der eine bestimmte Kombination von Produktionsfaktoren zu berücksichtigen ist. Allerdings sind die Produktionskoeffizienten nicht notwendigerweise immer konstant, sondern können mit der Intensität variieren. Bei der Gutenberg-Produktionsfunktion handelt es sich um eine Weiterentwicklung der Leontief-Produktionsfunktion, die als Spezialfall die Leontief-Produktionsfunktion abbildet.

Bei der Leontief-Produktionsfunktion wird angenommen, dass alle Produktionsfaktoren untereinander ein festes technisch bestimmtes Einsatzverhältnis haben und zugleich eine feste Beziehung zur Produktmenge besteht. Bei der Gutenberg-Produktionsfunktion wird dagegen angenommen, dass bei bestimmten Inputs lediglich eine lose Koppelung der Produktionsfaktoren untereinander besteht. Produktionsfaktoren werden für einzelne Bereiche (Arbeitsplätze, Maschinen) ermittelt und Gebrauchsfaktoren und Verbrauchsfaktoren unterschieden.

---

[7] Gutenberg, Erich: Grundlagen der Betriebswirtschaftslehre, Band I (Die Produktion), Band II (Der Absatz), Band III (Die Finanzen), Berlin/Heidelberg 1983.

Im Gegensatz zur Leontief-Produktionsfunktion berücksichtigt die Gutenberg-Produktionsfunktion nicht nur lineare Produktionskoeffizienten, sondern auch nicht-lineare Produktionskoeffizienten. Dabei wird der Faktorverbrauch durch Faktorverbrauchsfunktionen erfasst. Diese geben an, welche Inputmengen benötigt werden, um bei einer bestimmten Intensität eine Einheit Output zu produzieren. Die Intensität gibt an, wie viele Einheiten Input pro Zeiteinheit ein Betrieb oder eine Anlage benötigt. Maschinen können langsam oder schnell laufen. Der damit verbundene Energieverbrauch ist nicht gleich. Da der Verbrauch eines Faktors eine Funktion der Intensität ist, können faktoroptimale Intensitäten bestimmt werden. Zusätzlich kann eine kostenoptimale Intensität berechnet werden, wenn die Faktorpreise bekannt sind.

Die wesentlichen Merkmale der Gutenberg Produktionsfunktion sind:

- Produktionsfaktoren sind nicht substituierbar und in vielen Fällen begrenzt.
- Es wird eine Unterscheidung zwischen Gebrauchsfaktoren (Maschinen) und Verbrauchsfaktoren gemacht.
- Es besteht keine direkte lineare Beziehung zwischen dem Einsatz von Verbrauchsfaktoren und der Outputmenge. Es wird die Intensität der Nutzung der Gebrauchsfaktoren und ihre Einsatzzeit berücksichtigt.
- Der mengenmäßige Verbrauch je Leistungseinheit ist von der Nutzungsintensität abhängig.

CES-Produktionsfunktion

Die CES-Produktionsfunktion wurde unter dem Namen „Constant Elasticity of Substitution Production Function" 1961 von Arrow, Chenery, Minhas und Solow[8] entwickelt. Wie die Bezeichnung ausdrückt, ist bei dieser Produktionsfunktion die Substitutionselastizität der Produktionsfaktoren konstant und kann beliebige Werte zwischen null und unendlich einnehmen.

Die Cobb-Douglas-Produktionsfunktion hat eine konstante Substitutionselastizität der Produktionsfaktoren von d = 1.0, die Leontief-Produktionsfunktion dagegen eine Substitutionselastizität von d = 0. Damit schließt die CES-Produktionsfunktion als allgemeine Produktionsfunktion die Cobb-Doulglas-Produktionsfunktion und die Leontief-Produktionsfunktion als Spezialfälle ein.

Die Substitutionselastizität der Produktionsfaktoren gibt für eine Produktionsfunktion an, wie leicht ein Produktionsfaktor (z.B. Arbeit) durch einen anderen Produktionsfaktor (z.B. Kapital) ersetzt werden kann, wenn die Produktmenge gegeben ist. Sie zeigt auch, wie sich eine relative Änderung des Kapitaleinsatzes auf die relative Veränderung des Arbeitseinsatz auswirkt, wenn die gleiche Produktmenge erzeugt werden soll.

(61) $d = (dL/L)/(dk/K) = (dL/dK)/(L/K)$ Substitutionselastizität der Produktionsfaktoren

---

[8] Arrow, Kenneth; Hollis B. Chenery; Bagicha Singh Minhas; Robert M. Solow: Capital-Labor Subsitution and Economic Efficiency, in: Review of Economics and Statistics, Vol. 43, 1961, S. 225–250.

Legende
L = Arbeitseinsatz
K = Kapitaleinsatz
dL = Absolute Veränderung des Arbeitseinsatzes
dL/L = Relative Änderung des Arbeitseinsatzes
dK = Absolute Veränderung des Kapitaleinsatzes
dK/K = Relative Änderung des Kapitaleinsatzes
dL/dK = Grenzrate der Substitution
L/K = Ausgangsniveau von Arbeit und Kapital
d = Substitutionselastizität

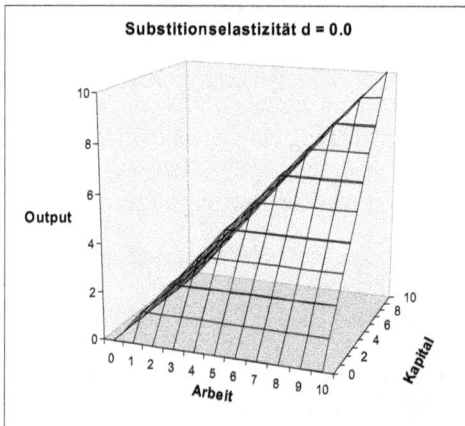

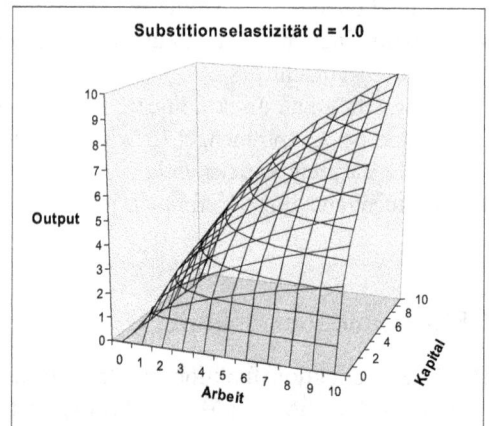

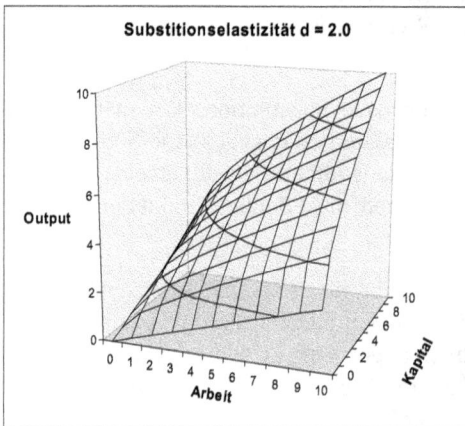

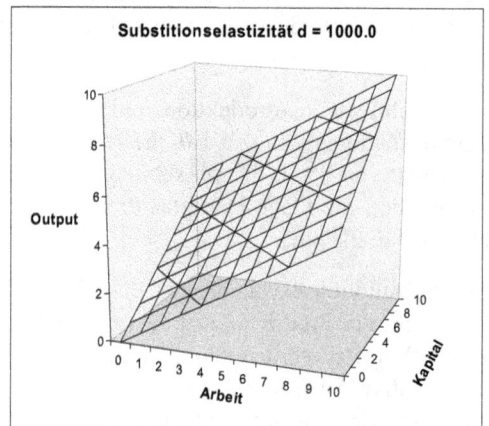

Abbildung 3.23: CES-Produktionfunktion
Die CES-Produktionsfunktion erlaubt, wahlweise substitutionale und limitationale Produktionsfunktionen mit einheitlicher Substitutionselastizität zu schätzen. Die Höhe der Substitutionselastizität bestimmt den Funktionstyp.

Die CES-Produktionsfunktion lautet:

(62) $Y = a[(1-c)L^{-s} + cK^{-s}]^{-e/s}$ CES-Produktionsfunktion

Legende
Y = Output
a = Effizienzparameter (Niveauparameter)
c = Verteilungsparameter für Kapital
1-c = Verteilungsparameter für Arbeit
d = Substitutionselastizität
s = (1/d) –1 Substitutionsparameter
e = Skalenelastizität (Homogenitätsgrad der Produktionsfunktion)

Für die CES-Produktionsfunktion werden in **Abbildung 3.23** folgende vier Szenarien abgebildet:

- Limitationale Produktionsfunktion - Leontief-Produktionsfunktion (Szenario A)
- Beschränkt substitutionale Produktionsfunktion – Cobb-Douglas-Produktionsfunktion (Szenario B)
- Unbeschränkt substitutionale Produkionsfunktion mit abnehmender Grenzrate der Substitution (Szenario C)
- Unbeschränkt substitutionale Produktionsfunktion mit konstanter Grenzrate der Substitution (Szenario D)

In **Tabelle 3.10** werden die Annahmen erfasst, die zu den vier 3-dimensionalen Ertragsgebirgen der CES-Produktionsfunktion führen. Im Szenario A wird die Leontief-Produktionsfunktion als Beispiel für limitationale Produktionsfunktionen berechnet. In den folgenden Szenarien werden drei substitutionale Produktionsfunktionen vorgestellt, die mit der CES-Produktionsfunktion ermittelt wurden.

		Wert	Szenarien			
			A	B	C	D
a	Effizienzparameter	1.00	1.00	1.00	1.00	1.00
1-c	Verteilungsparameter für Arbeit	0.50	0.50	0.50	0.50	0.50
c	Verteilungsparameter für Kapital	0.50	0.50	0.50	0.50	0.50
d	Substitutionselastizität	1.00	0.00	1.00	2.00	∞
s	Substitutionsparameter s = (1/d)-1	0.00	∞	0.00	-0.50	-1.00
e	Skalenelastizität	1.00	1.00	1.00	1.00	1.00

Tabelle 3.10: Test der CES-Produktionsfunktion
In den vier Szenarien wird lediglich die Substitutionselastizität der Produktionsfaktoren verändert. In allen vier Fällen handelt es sich um eine linear-homogene Produktionsfunktion mit einheitlichen Produktionselastizitäten.

Im Szenario B wird die Cobb-Douglas-Produktionsfunktion als Spezialfall der CES-Produktionsfunktion vorgestellt. Mit den letzten beiden Szenarien wird nachgewiesen, dass die CES-Produktionsfunktion auch unbeschränkt substitutionale Produktionsfunktionen abbildet. Im Szenario C ist das Ergebnis eine Produktionsfunktion mit unbeschränkt substitutionalen Produktionsfaktoren, die durch Isoquanten mit abnehmender Grenzrate der Substitution gekennzeichnet ist. Im Szenario D ist das Ergebnis eine streng lineare Produktionsfunktion mit vollkommen substituierbaren Produktionsfaktoren und einer konstanten Grenzrate der Substitution.

Die Substitutionselastizät (d) und der entsprechende Substitutionsparameter (s) haben folgende Auswirkungen auf den Verlauf der Isoquanten der CES-Produktionsfunktion:

$d=0$	$s=\infty$	Verlauf der Isoquanten rechtwinklig (Szenario A)
$d<1$	$0<s<\infty$	Konvex zum Ursprung, nähern sich asymptotisch Parallelen zu den Achsen
$d=1$	$s=0$	Konvex zum Ursprung, nähern sich asymptotisch den Achsen (Szenario B)
$d>1$	$-1<s<0$	Konvex zum Ursprung, stoßen auf die Achsen (Szenario C)
$d=\infty$	$s=-1$	Linear mit negativer Steigung (Szenario D)

Translog-Produktionsfunktion

Christensen, Jorgenson und Lau[9] haben 1973 eine Produktionfunktion vorgestellt, die die Restriktionen der Cobb-Douglas-Produktionsfunktion und der allgemeiner gefassten CES-Produktionsfunktion überwindet. Diese Restriktionen betreffen insbesondere die Annahme der Additivität, Homogenität und Substitutionsmöglichkeiten. Der Name Translog-Produktionsfunktion geht auf die Bezeichnung „Transcendental Logarithmic Production Frontiers" zurück. Sowohl die Cobb-Douglas-Produktionsfunktion als auch die CES-Produktionsfunktion sind als Spezialfälle der Translog-Produktionsfunktion anzusehen. Mit der Translog-Produktionsfunktion ist eine allgemeine Fassung einer Produktionsfunktion entwickelt worden, die viele Beschränkungen überwindet, die durch neoklassische Produktionsfunktionen gegeben sind. Bei empirischen Schätzungen der Translog-Funktion ist zu beachten, dass die Anforderungen an die Datenerhebung sehr anspruchsvoll sind.

Die Translog-Funktion weist gegenüber den meisten anderen Produktionsfunktionen den Vorteil einer größeren Flexibilität auf.

Ausgangspunkt der Überlegungen ist die Cobb-Douglas-Produktionsfunktion, die als Prototyp der neoklassischen Produktionsfunktion anzusehen ist. Damit die Produktionsfunktion mit der Regressionsanalyse geschätzt werden kann, werden die Daten in Logarithmen überführt.

(63) $Y = a\,L^b\,K^c$ Cobb-Douglas-Produktionsfunktion
(64) $\ln Y = \ln a + b \ln L + c \ln K$

---

[9] Christensen, Laurits R.; Jorgenson, Dale W.; Lau, Lawrence J.: Transcendental Logarithmic Production Frontiers, in: The Review of Economics and Statistics, February 1973, S. 28–45.

Legende
Y = Output
L = Arbeit
K = Kapital
a = Niveauparameter
b = Produktionselastizität der Arbeit
c = Produktionselastizität des Kapitals

Christensen, Jorgenson und Lau erweitern die Cobb-Douglas-Produktionsfunktion zu einer umfassenderen und flexibleren Form einer Produktionsfunktion. Ihre Translog-Produktions-funktion für zwei Inputs lautet:

(65) $\ln Y = \ln a_0 + a_1 \ln L + a_2 \ln K + 0.5\, a_3 (\ln L)^2 + 0.5\, a_4 (\ln K)^2 + a_5 \ln L \ln K$

In **Abbildung 3.24** wird die Translog-Produktionsfunktion der Gleichung (66) bzw. der Gleichung (67) abgebildet.

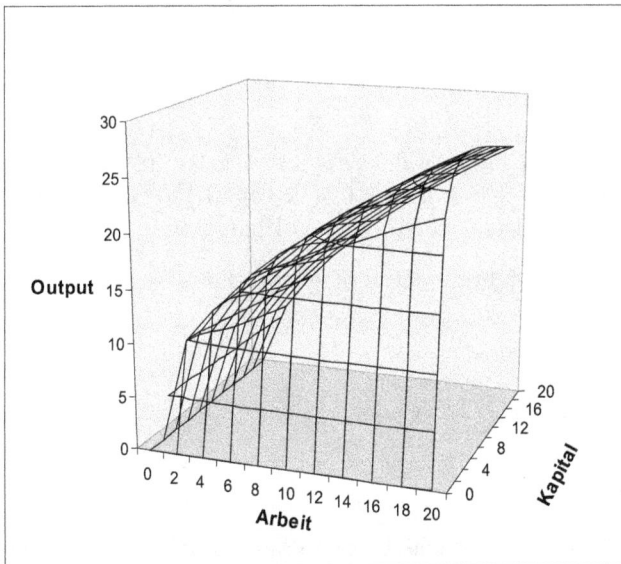

Tabelle 3.24: Translog-Produktionsfuntkion
Eine Alternative zur Cobb-Douglas-Produktionsfunktion ist die Translog-Produktions-funktion. Sie ist ein Prototyp für substitutionale Produktionsfunktionen, die als Spezialfälle die Cobb-Douglas- und die CES-Produktionsfunktionen umfasst. Für die Produktionsfakto-ren ist keine einheitliche Substitutionselastizität vorgegeben.

Diese Produktionsfunktion stellt eine transzendent-logarithmische Produktionsfunktion dar, die unter dem verkürzten Namen Translog-Produktionsfunktion bekannt wurde. Die flexible Funktion lässt sich als quadratische Approximation einer nicht näher spezifizierten Funktion unter Verwendung der Taylor-Reihen darstellen. Ein besonderer Vorteil liegt darin, dass diese nicht-homothetische Funktion mit dem linearen Regressionsmodell geschätzt werden kann. Unter bestimmten Restriktionen lässt sich die CES-Produktionsfunktion durch eine Translog-Produktionsfunktion approximieren. Eine homothetische Produktionsfunktion ist entweder homogen oder eine streng monotone Transformation einer homogenen Produktionsfunktion. Alle homogenen Produktionsfunktionen sind homothetische, aber nicht alle homothetischen Funktionen sind homogen. Für $a_{ij} = 0$ für alle i und j enthält die Translog-Funktion eine Cobb-Douglas-Produktionsfunktion als Spezialfall.

Die Translog-Produktionsfunktion ist eine nicht-homothetische Funktion. Nicht-homothetische Funktionen sind sehr allgemein gefasste Funkionen, bei denen bei gegeben Faktorpreisen das optimale Einsatzverhältnis nicht a priori vorbestimmt ist, sondern auch von der Höhe der Produktionsmenge abhängig ist. Bei homothetischen Funktionen dagegen ist ein konstantes Einsatzverhältnis der Produktionsfaktoren bei gegebenen Faktorpreisen gegeben und nicht von der Produktionsmenge abhängig. Zu den homothetischen Produktionsfunktionen zählen die Cobb-Douglas-Produktionsfunktion und die CES-Produktionsfunktion.

Die Translog-Produktionsfunktion hat attraktive flexible Eigenschaften Die Funktion hat zugleich lineare und quadratische Terme und kann um beliebig viele Inputs erweitert werden. Näherungslösungen sind durch Taylor-Reihen zweiter Ordnung möglich. Für den 2-Faktor-Fall wird folgendes Beispiel entwickelt:

(66) $\ln Y = \ln a_0 + a_1 \ln L + a_2 \ln K + 0.5\, a_3 (\ln L)^2 + 0.5\, a_4 (\ln K)^2 + a_5 \ln L\, \ln K$

$\ln Y = 2 + (1/3)\ln L + (1/10)\ln K + 0.5(-2/100)(\ln L)^2 + 0.5(-2/10)(\ln K)^2 + (1/10)\ln L \ln K$

$\ln Y = 2 + 0.33 \ln L + 0.1 \ln K - 0.01(\ln L)^2 - 0.1(\ln K)^2 + 0.1 \ln L \ln K$

Die Translog-Produktionsfunktion kann auch in der delogarithmierten Form als Produktionsfunktion $Y = f(L, K)$ geschrieben werden als:

(67) $Y = a_0\, L^{a_1}\, K^{a_2}\, e^{0.5\, a_3 (\ln L)(\ln L) + 0.5\, a_4 (\ln K)(\ln K) + a_5 \ln L\, \log K}$

$Y = 7.39\, L^{0.33}\, K^{0.1}\, e^{0.5\,(-0.02)\,(\ln L)(\ln L) + 0.5\,(-0.2)\,(\ln K)(\ln K) + 0.1 \ln L\, \log K}$

$Y = 7.39\, L^{0.33}\, K^{0.1}\, e^{-0.01(\ln L)(\ln L) - 0.1(\ln K)(\ln K) + 0.1\ln L\, \log K}$

Diewert-Produktionsfunktion

W. Erwin Diewert[10] entwickelte 1971 die „Allgemeine Lineare Produktionsfunktion" (General Linear Production Function) und die Allgemeine Leontief Kostenfunktion (Generalised Leontief Cost Function). Wie bei der Entwicklung der Translog-Produktionsfunktion werden in einem Dualitätsansatz (Duality Theory) zugleich die passenden Produktionsfunktionen und die Kostenfunktionen entwickelt.

---

[10] Diewert, W. Erwin: An Application of the Shepard Duality Theorem: A Generalized Linear Production Function, in: Journal of Political Economy, Vol. 79, No: 3, S. 481–507, 1971.
Diewert, W. Erwin: Applications of Duality Theory, in: Michael D. Intriligator and David A. Kendrick (eds.): Frontiers of Quantitative Economics, Vol. II, S. 106–171, Amsterdam 1974.

Die Diewert-Produktionsfunktion gehört wie die Translog-Produktionsfunktion zu den nicht-homothetischen Funktionen. Sie weist eine ähnliche flexible Struktur wie die Translog-Produktionsfunktion auf. Bei der Diewert-Produktionsfunktion und der entsprechenden Diewert-Kostenfunktion ist die Substitutionselastizität nicht a priori durch einen bestimmten Wert festgelegt.

Die Produktionsfunktion (Generalised Linear Production Function) und duale Kostenfunktion (Generalised Leontief Cost Function) von Diewert lauten:

$$(72)\ x = \sum_{i=1}^{n} \sum_{j=1}^{n} a_{ij} v_i^{1/2} v_j^{1/2} \text{ mit } a_{ij} = a_{ji} \text{ und } a_{ij} \geq 0 \qquad \text{Diewert-Produktionsfunktion } x = f(v)$$

$$(73)\ C = \sum_{i=1}^{n} \sum_{j=1}^{n} b_{ij} q_i^{1/2} q_j^{1/2} \text{ mit } b_{ij} = b_{ji} \text{ und } b_{ij} \geq 0 \qquad \text{Diewert-Kostenfunktion } c = f(q)$$

Legende:
x = Produktionsmenge
v = Faktoreinsatzmenge
C = Kosten
q = Faktorpreis
a = Parameter der Produktionsfunktion
b = Parameter der Kostenfunktion

In der ursprünglichen Form erfasst die Diewert-Produktionsfunktion lineare Skalenerträge (constant returns to scale). Sie kann zu einer allgemeinen Produktionsfunktion mit unterschiedlichen Skalenerträgen auf folgende Weise erweitert werden.

$$(74)\ x = (\sum_{i=1}^{n} \sum_{j=1}^{n} a_{ij} v_i^{1/2} v_j^{1/2})^e \qquad \text{Diewert-Produktionsfunktion } x = f(v)$$

e = Skalenelastizität

In **Abbildung 3.25** wird die Diewert-Produktionsfunktion für ein einfaches Beispiel vorgestellt. In dem Beispiel werden zwei Produktionsfaktoren (Arbeit, Kapital) und eine Skalenelastizität von e = 1.0 berücksichtigt.

Allgemein | *Beispiel*

$$(75)\ Y = (a_{11}L + a_{22}K + b_{12}L^{0.5}K^{0.5})^e$$

$$Y = (0.2L + 0.5K + 0.3L^{0.5}K^{0.5})^{1.0}$$
$$Y = 0.2L + 0.5K + 0.3L^{0.5}K^{0.5}$$

Legende:
Y = Produktionsmenge
L = Arbeit
K = Kapital
a,b = Parameter
e = Skalenelastizität

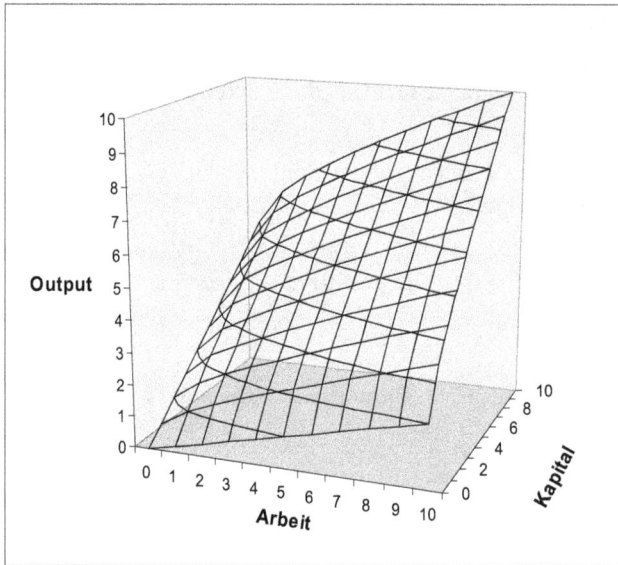

Tabelle 3.25: Diewert-Produktionsfunktion
Die Diewert-Produktionsfunktion ist eine allgemeine lineare Produktionsfunktion, die unter-
schiedliche Substitutionselastizitäten der Produktionsfaktoren berücksichtigt.

Bei dem Beispiel handelt es sich um eine Produktionsfunktion mit den Produktionsfaktoren
Arbeit und Kapital, die sich durch lineare Skalenerträge (e=1.0) auszeichnet. Die
Verteilungsparameter addieren sich zu $a_{ij} = 1.0$.

3.2.7   Produktionsmöglichkeiten für Mehrprodukt-Unternehmungen

Werden in einem Unternehmen aus einem gegebenen Faktorbestand mehrere Güter hergestellt, spricht man von verbundener Produktion. Für die Analyse der Mehrgüterproduktion
unterstellen wir im Folgenden einen fest vorgegebenen (beschränkten) Bestand an Faktoren.

Je nach der technischen Abhängigkeit der Produktionsprozesse unterscheidet man konkurrierende Produktion, Kuppelproduktion und parallele Produktion.

- **Parallele Produktion**
  Bei paralleler Produktion sind die Produktionsprozesse technisch voneinander völlig un-
  abhängig. Die Faktoren sind in diesem Fall jeweils nur zur Herstellung eines bestimmten
  Gutes geeignet. Es liegt je Gut eine einfache Produktion vor. Ein Beispiel für parallele
  Produktion ist die Produktion von Computer-Chips in einem Halbleiterwerk und die Pro-
  duktion von Kartoffeln in einem landwirtschaftlichen Betrieb.

- **Kuppelproduktion**
  Bei Kuppelproduktion besteht ein komplementäres Verhältnis zwischen den Produktionsprozessen. Bei der Produktion eines Gutes wird technisch notwendig das andere Gut hergestellt. Vollständige Spezialisierung auf die Produktion eines Gutes ist ex definitione
  nicht möglich. Beispiele für Kuppelproduktion sind die Herstellung von Koks und Kokereigas in einer Kokerei, die Produktion von Elektrizität und Trinkwasser in einer Entsalzungsanlage oder die Produktion von Benzin und Schweröl bei der Verarbeitung von
  Rohöl in einer Raffinerie.

- **Konkurrierende Produktion**
  Eine unbeschränkte Wahlmöglichkeit besteht dagegen bei der konkurrierenden Produktion. Die Produktionsprozesse hängen technisch insofern voneinander ab, als sie dieselben
  Produktionsfaktoren verwenden, also gleichsam um sie konkurrieren. Beispiele für konkurrierende Produktion sind die Herstellung von Damenschuhen und Herrenschuhen in
  einer Schuhfabrik oder die Produktion verschiedener Autotypen in einer Automobilfabrik.

Leontief-Produktionsfunktion (Lineare Optimierung)

Leontief-Produktionsfunktionen, mit denen in konkurrierender Produktion zwei Güter hergestellt werden, bilden die Grundlage der Linearen Optimierung.

Die meisten Unternehmen sind in der Lage, mit ihren primären Produktionsfaktoren konkurrierende Produkte herzustellen. In dem folgenden Fallbeispiel der **verbundenen Produktion**
unterstellen wir, dass zwei konkurrierende Produkte auf drei Maschinen A, B und C bearbeitet werden, deren Kapazität fest vorgegeben ist. Die Technologien seien durch Leontief-
Produktionsfunktionen beschrieben. In **Tabelle 3.11** werden die Bearbeitungszeiten der
Güter auf den Maschinen A B und C und die Kapazitäten der drei Maschinen erfasst.

	Gut 1	Gut 2	Kapazität
Maschine A	18	12	216
Maschine B	14	14	196
Maschine C	12	24	288

Tabelle 3.11: Zwei-Produkt-Unternehmung
Die Tabelle erfasst für eine Produktionsperiode die Bearbeitungszeiten von zwei Gütern auf
drei Maschinen. Die Kapazität der drei Maschinen ist begrenzt.

Damit sind folgende Leontief-Produktionsfunktionen gegeben:

(76) $x_1 = \min(v_1/a_{11}, v_2/a_{21}, v_3/a_{31})$ $\qquad x_1 = \min(v_1/18, v_2/14, v_3/12)$ Gut 1

(77) $x_2 = \min(v_1/a_{12}, v_2/a_{22}, v_3/a_{32})$ $\qquad x_1 = \min(v_1/12, v_2/14, v_3/24)$ Gut 2

Es sind folgende **Faktorbeschränkungen** beachten:

(78) $v_{11} + v_{12} \leq v_1^\circ$	$v_{11} + v_{12} \leq 216$	Kapazität A
(79) $v_{21} + v_{22} \leq v_2^\circ$	$v_{21} + v_{22} \leq 196$	Kapazität B
(80) $v_{31} + v_{32} \leq v_3^\circ$	$v_{31} + v_{32} \leq 288$	Kapazität C

Berücksichtigt man die Leontief-Produktionsfunktionen in den Faktorbeschränkungen, s erhält man das folgende System von **Beschränkungsgleichungen**:

(81) $a_{11}x_1 + a_{12}x_2 \leq v_1^\circ$	$18x_1 + 12x_2 \leq 216$	Beschränkung A
(82) $a_{21}x_1 + a_{22}x_2 \leq v_2^\circ$	$14x_1 + 14x_2 \leq 196$	Beschränkung B
(83) $a_{31}x_1 + a_{32}x_2 \leq v_3^\circ$	$12x_1 + 24x2 \leq 288$	Beschränkung C

a_{ij} = Maschinenstunden pro Einheit des Gutes j
v_{ij} = Einsatzmenge des Produktionsfaktors i in der Produktion des Gutes j
v_i° = Kapazität des Produktionsfaktors i
x_j = Produktmenge des Gutes j

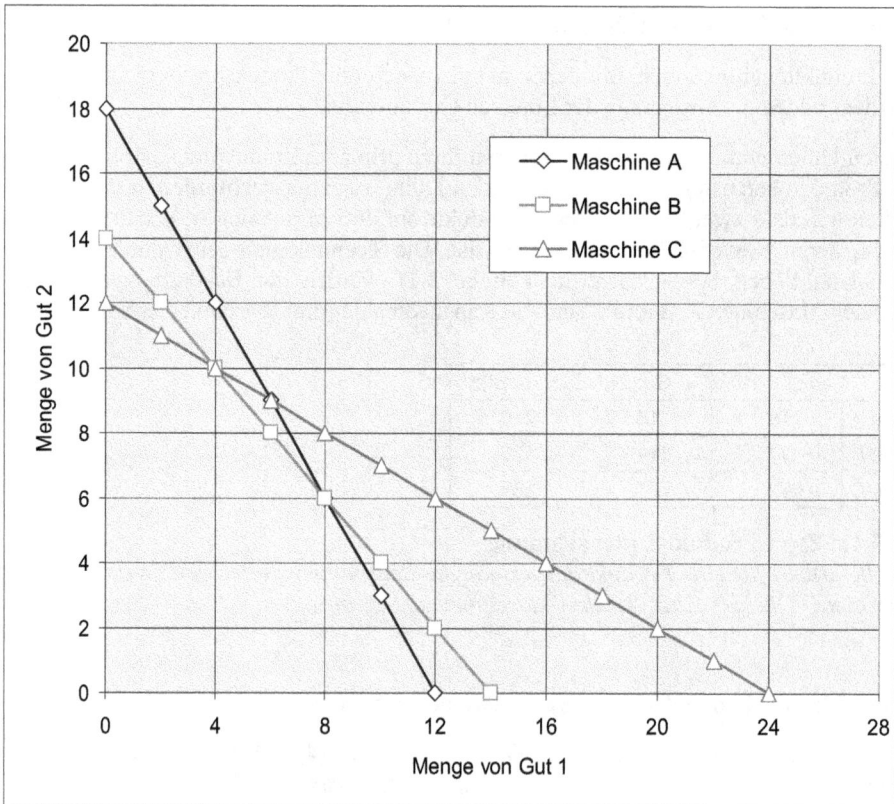

Abbildung 3.26: Transformationsfunktion
Der Beschränkungspolyeder bestimmt die Transformationsfunktion der Unternehmung. Sie erfasst die Produktionsmöglichkeiten für beide Güter.

Die Beschränkungsgleichungen bilden in **Abbildung 3.26** einen Beschränkungspolyeder. Dieser Polyeder mit 5 Ecken ist die Transformationsfunktion der Unternehmung. Die erste Beschränkungsgleichung besagt, dass mit der Kapazität der Maschine A in Höhe von 216 Maschinenstunden entweder 12 Einheiten des Gutes 1 oder 18 Einheiten des Gutes 2 bzw. alle Linearkombinationen auf der Beschränkungsgleichung A bearbeitet werden können. Fertig bearbeitet ist dagegen das Produkt erst, wenn es alle drei Maschinen durchlaufen hat. Deshalb besteht die Transformationsfunktion aus den inneren Segmenten der Beschränkungsgleichungen.

Die Lage der Transformationsfunktion zum Koordinatenursprung hängt ab von der Größe der gegebenen Kapazitäten und der Produktivität des Produktionsfaktoren ab. Die Gestalt der Transformationsfunktion wird von den linear-homogenen Leontief-Produktions-funktionen und den Faktorvorräten bestimmt. Sie verläuft abschnittsweise linear mit Sprungstellen in den Schnittpunkten der Beschränkungsgleichungen. Es können nur Gütermengenkombinationen produziert werden, die vom Ursprung her gesehen von allen drei Beschränkungsgleichungen erfasst werden

Wegen der Sprungstellen ist die Transformationsfunktion nicht stetig differenzierbar. Deshalb wurden in der Nachkriegszeit zur Lösung derartiger Gleichungssysteme neuartige mathematische Verfahren entwickelt, die unter der Bezeichnung „Lineare Optimierung" und „Operations Research" bekannt wurden. Zur Lösung linearer Optimierungsmodelle bilden derartige Systeme von Beschränkungsgleichungen den Kern der **Linearen Optimierung.** Dantzig[11] entwickelte 1951 den Simplex Algorithmus zur Lösung von linearen Optimierungsproblemen. Der Simplex Algorithmus ist immer noch die wesentliche Grundlage der linearen Optimierung und des Operations Research.

Cobb-Douglas-Produktionsfunktion (Neoklassik)

Im folgenden soll ein Beispiel für konkurrierende Produktion entwickelt werden. Der Einfachheit halber unterstellen wir, dass zwei Konsumgüter (x_1, x_2) wahlweise mit nur einem Produktionsfaktor (v_1) hergestellt werden können und dieser Produktionsfaktore nur in begrenzter Weise zur Verfügung steht. Die Produktionsfunktionen der Einfaktorproduktion und die Ausstattung des begrenzten Faktors seien gegeben. Für das Unternehmen soll die Transformationsfunktion ermittelt werden.

Allgemein

(84) $x_1 = v_{11}{}^a$
(85) $x_2 = v_{12}{}^b$
(86) $v_1{}^\circ = v_{11} + v_{12}$

Beispiel

$x_1 = v_{11}{}^{0.5}$ Produktionsfunktion für Gut 1
$x_2 = v_{12}{}^{0.25}$ Produktionsfunktion für Gut 2
$256 = v_{11} + v_{12}$ Faktorbeschränkung für Arbeit

---

[11] Dantzig, George B.: Maximisation of a Linear Function of Variables Subject to Linear Inequalities, in: Activity Analysis of Production and Allocation, ed. By. T. C. Koopmans. New York 1951, pp. 339–347.

Berücksichtigt man die beiden Produktionsfunktionen in der Faktorbeschränkung, so erhält man einen impliziten Ausdruck für die Transformationsfunktion.

$$(87)\ v_1^\circ = x_1^{1/a} + x_2^{1/b} \qquad\qquad 256 = x_1^{2.0} + x_2^{4.0}$$

Die Transformationsfunktion $x_2 = f(x_1)$ lautet:

$$(88)\ x_2 = (v^\circ - x_1^{1/a})^b \qquad\qquad x_2 = (256 - x_1^{2.0})^{0.25}$$

v_{11} = Einsatzmenge des Produktionsfaktors 1 in der Produktion des Gutes 1
v_{12} = Einsatzmenge des Produktionsfaktors 1 in der Produktion des Gutes 2
v_1° = Beschränkung für Produktionsfaktor 1
x_1 = Outputmenge des Gutes 1
x_2 = Outputmenge des Gutes 2
a = Parameter der Produktionsfunktion 1
b = Parameter der Produktionsfunktion 2

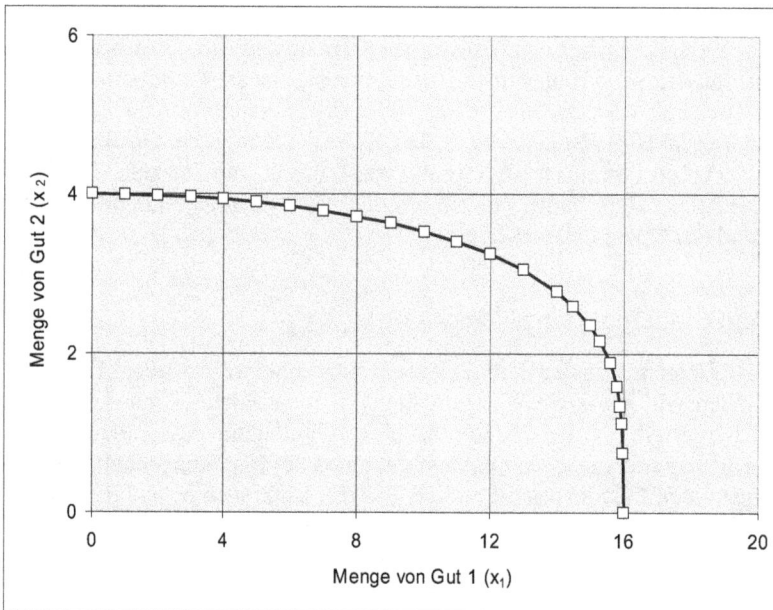

Abbildung 3.27: Transformationsfunktion für die Ein-Faktor-Unternehmung
Die Transformationsfunktion erfasst die Produktionsmöglichkeiten der Unternehmung. Die Produktionsmöglichkeiten werden von den beiden Produktionsfunktionen und der Faktorbeschränkung für Arbeit bestimmt.

Die **Transformationsfunktion** in **Abbildung 3.27** wird vielfach auch als Funktion der Produktionsmöglichkeiten bezeichnet. Wird der gesamte Faktorvorrat an Arbeit ($v_1^\circ = 256$) in der Produktion des Gutes 1 eingesetzt, so können bei effizienter Produktion maximal $x_1^{max} = 16$ Einheiten hergestellt werden. Wird dagegen alternativ der gesamte Faktorvorrat an Arbeit in der Produktion des Gutes 2 eingesetzt, beträgt die maximale Produktion $x_2^{max} = 4$. Die Transformationsfunktion zeigt die Produktionsmöglichkeiten für alternative Aufteilungen des Produktionsfaktors Arbeit auf beide Produktionen.

Die Lage der Transformationsfunktion zum Koordinatenursprung hängt ab von der Größe des gegebenen Faktorvorrats und der Produktivität des Produktionsfaktors. Die Gestalt der Transformationsfunktion (linear, konvex, konkav) wird von den Parametern der Produktionsfunktion bestimmt.

Im Zwei-Faktor-Fall liegen die Dinge etwas komplizierter. Die Lage der Transformationsfunktion wird in diesem Fall von den Faktorvorräten der verschiedenen Produktionsfaktoren und der Verlauf der Produktionsfaktoren von den Faktoreinsatzverhältnissen und der Art der Skalenerträge bestimmt. Abgesehen von einigen Spezialfällen ist es für diesen Fall entschieden schwieriger, einen analytischen Lösungsweg aufzuzeigen, die Transformationsfunktion numerisch zu spezifizieren. Es können Gleichungen fünften und höheren Grades auftreten, die allenfalls näherungsweise lösbar sind.

Die Produktionsmöglichkeiten werden von den Faktorbeständen und dem effizienten Einsatz der Produktionsfaktoren bestimmt. Mit der Edgeworth-Box lässt sich am anschaulichsten zeigen, welche Voraussetzungen für effiziente Produktionspläne erfüllt sein müssen. Die Edgeworth-Box eignet sich zur Analyse der Aufteilung zweier Inputfaktoren auf zwei Unternehmen (Produktionstheorie) oder zur Analyse der Allokation von zwei verschiedenen Gütern zwischen zwei Haushalten(Haushaltstheorie).

Die Edgeworth-Box wurde nach dem englischen Ökonomen **Francis Ysidro Edgeworth** (1845–1926) benannt, geht aber eigentlich auf **Vilfredo Pareto** (1848–1923) zurück. Sie ist ein grafisches Konstrukt, das sich aus zwei Diagrammen mit Isoquanten für zwei Unternehmen zusammensetzt. Die Größe der Box wird von der Faktorausstattung mit Arbeit und Kapital bestimmt. Typisch für die Edgeworth-Box ist, dass die Unternehmen in den sich gegenüberliegenden Ursprüngen angesiedelt sind. Das Isoquantensystem der Unternehmung B steht also quasi auf dem Kopf.

Der Produktionsplan Q in **Abbildung 3.28** ist ein technisch effizienter Produktionsplan. Der Plan Q ist dem Plan P überlegen, da im Plan P der Output des Gutes 1 gesteigert werden kann, ohne dass der Output des Gutes 2 davon betroffen wird. Aus dieser Beobachtung ergibt sich, dass sämtliche Produktionspläne in der Linse unterhalb des Produktionsplans Q dem Produktionsplan P überlegen sind. Und dennoch sind nicht alle Pläne innerhalb dieser Linse technisch effizient. Das Problem würde nur auf eine andere Stufe verlagert. Ineffiziente Produktionspläne innerhalb der Linse würden nur neue, kleinere Linsen entstehen lassen.

Berücksichtigt man dieses optimale Einsatzverhältnis der Produktionsfaktoren in den Beschränkungsgleichungen, so kann man eine Gleichung für die Kurve der effizienten Produktion ermitteln. Der Verlauf der Kurve der effizienten Produktion wird bei der neoklassischen Cobb-Douglas-Produktionsfunktion von den Produktionselastizitäten der Produktionsfaktoren bestimmt.

Als Schlussfolgerung ergibt sich, dass lediglich die Tangentialpunkte der Isoquanten effiziente Produktionspläne bezeichnen. Diese Pläne zeichnen sich dadurch aus, dass bei gegebenen Output eines Gutes der Output des anderen Gutes durch eine auch noch so geschickte Kombination der Produktionsfaktoren nicht mehr gesteigert werden kann.

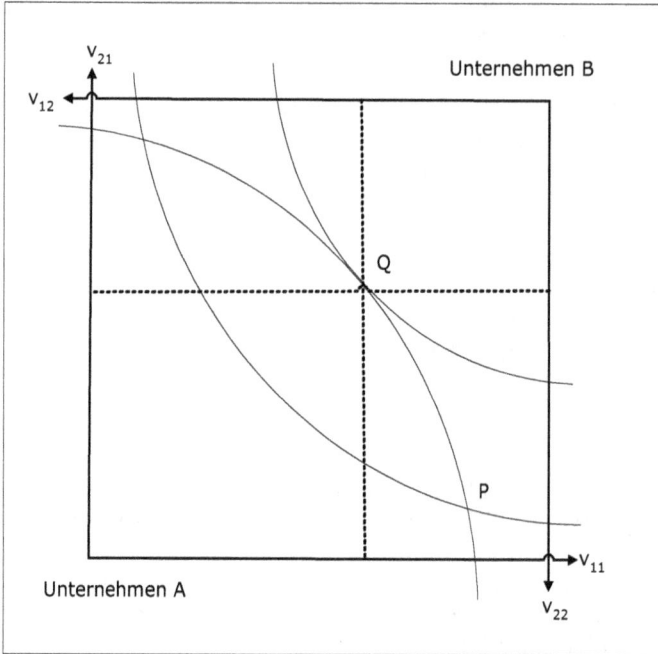

Abbildung 3.28: Edgeworth-Box

In der Edgeworth-Box werden die gegenüberliegenden Isoquantensystem von zwei Unternehmen erfasst. Die Dimension der Box wird von der Faktorausstattung mit Arbeit und Kapital bestimmt. Der Produktionsplan Q ist ein effizienter Produktionsplan, der Plan P dagegen nicht.

Da bei beliebiger Teilbarkeit der Produktionsfaktoren wir beliebig viele Isoquanten in die Faktorbox einzeichnen können, gibt es unendlich viele Tangentialpunkte der Isoquanten. Diese Tangentialpunkte werden in **Abbildung 3.29** zur Kurve der effizienten Produktion verbunden.

Daraus ergibt sich die Konsequenz, dass bei effizienter Produktion in beiden Produktionsprozessen die Grenzrate der technischen Substitution der beiden zur Verfügung stehenden Produktionsfaktoren gleich groß sein müssen. Bei beschränkt substitutionalen Produktionsfunktionen wird die Grenzrate der technischen Substitution (GRTS) von dem Verhältnis der Grenzprodukte bestimmt.

Wir ermitteln deshalb zunächst für beide Produktionsfunktionen die Grenzrate der technischen Substitution

(89) $x_1 = f(v_{11}, v_{21})$ Produktionsfunktion Unternehmen A

(90) $-dv_{21}/dv_{11} = (\partial x_1/\partial v_{11})/(\partial x_1/v_{21})$ Verhältnis der Grenzprodukte Unternehmen A

(91) $x_1 = f(v_{12}, v_{22})$ Produktionsfunktion Unternehmen B

(92) $-v_{22}/dv_{12} = (\partial x_2/\partial v_{12})/(\partial x_2/v_{22})$ Verhältnis der Grenzprodukte Unternehmen B

In den Tangentialpunkten der Kurve der effizienten Produktion ist das Verhältnis der Grenzproduktivitäten beider Produktionsfaktoren in beiden Unternehmen gleich groß. Das gilt natürlich auch für die Grenzraten der technischen Substitution.

(93) $(\partial x_1/\partial v_{11})/(\partial x_1/v_{21}) = (\partial x_2/\partial v_{12})/(\partial x_2/v_{22})$ Verhältnis der Grenzprodukte

Die Kurve der effizienten Produktion ist im Grunde die Transformationsfunktion der Produktionsmöglichkeiten, da man in den Tangentialpunkten der Isoquanten die effizient produzierten Gütermengen ablesen kann. Zur Ermittlung der Transformationsfunktion berücksichtigt man das Ergebnis der Kurve der effizienten Produktion in den Produktionsfunktionen, wandelt diese in Faktorverbrauchsfunktionen um und verknüpft sie mit den Beschränkungsgleichungen.

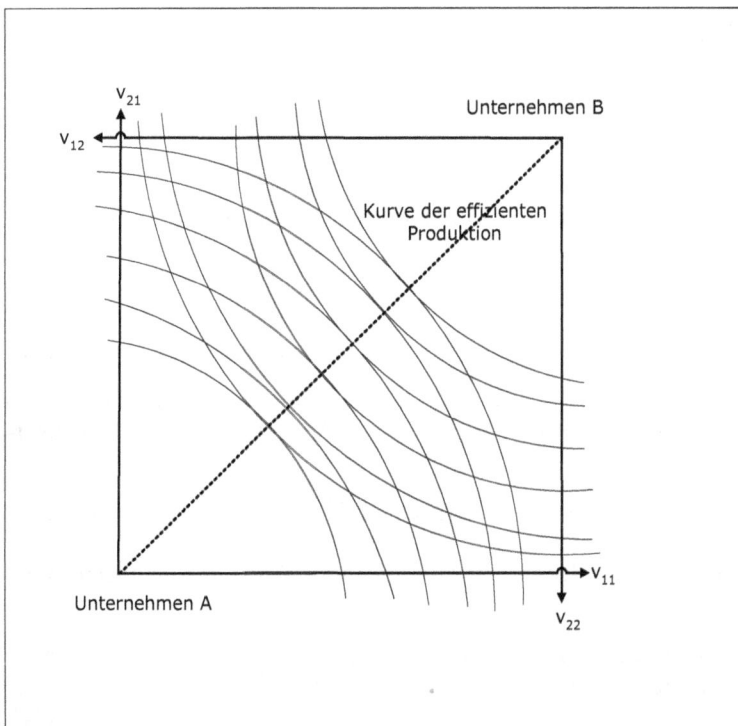

Abbildung 3.29: Kurve der effizienten Produktion
Die Kurve der effizienten Produktion bezeichnet alle effizienten Produktionspläne. In einem effizienten Produktionsplan stimmt die Steigung der Isoquante (Grenzrate der Substitution) der Unternehmung A mit der Steigung der Isoquante der Unternehmung B überein. Die Grenzrate der Substitution wird von dem Verhältnis der Grenzprodukte bestimmt.

Wir wollen den Lösungsweg für ein Zahlenbeispiel erläutern.

Allgemein   *Beispiel*

(93) $x_1 = v_{11}{}^a v_{21}{}^b$ $x_1 = v_{11}{}^{(1/3)} v_{21}{}^{(1/3)}$ Produktionsfunktion für Gut 1 (A)

(94) $x_2 = v_{12}{}^c v_{22}{}^d$ $x_2 = v_{12}{}^{(1/4)} v_{22}{}^{(1/4)}$ Produktionsfunktion für Gut 1 (B)

(95) $v_1{}^\circ = v_{11} + v_{12}$ $100 = v_{11} + v_{12}$ Faktorbeschränkung für Arbeit

(96) $v_2{}^\circ = v_{21} + v_{22}$ $100 = v_{21} + v_{22}$ Faktorbeschränkung für Kapital

Legende

v_{11} = Einsatzmenge an Arbeit in Unternehmen A

v_{21} = Einsatzmenge an Kapital in Unternehmen A

x_1 = Outputmenge des Gutes 1

a = Produktionselastizität der Arbeit in Unternehmen A

b = Produktionselastizität des Kapitals in Unternehmen A

v_{12} = Einsatzmenge an Arbeit in Unternehmen B

v_{22} = Einsatzmenge an Kapital in Unternehmen B

x_2 = Outputmenge des Gutes 2

c = Produktionselastizität der Arbeit in Unternehmen B

d = Produktionselastizität des Kapitals in Unternehmen B

$v_1{}^\circ$ = Beschränkung Arbeit

$v_2{}^\circ$ = Beschränkung Kapital

Zunächst ist das optimale Einsatzverhältnis der Produktionsfaktoren zu bestimmen. Es wird von dem Verhältnis der Grenzprodukte bestimmt.

Allgemein   *Beispiel*

(97) $(\partial x_1/\partial v_{11})/(\partial x_1/v_{21})=(\partial x_2/\partial v_{12})/(\partial x_2/\partial v_{22})$ $v_{21}/v_{11} = v_{22}/v_{12}$ Optimales Einsatzverhältnis

Berücksichtigt man das optimale Einsatzverhältnis in den Beschränkungsgleichungen, so erhält man als Ergebnis die Kurve der effizienten Produktion für Unternehmen A und Unternehmen B.

(98) $v_{21}/v_{11} = (100 - v_{21})/(100-v_{11})$ Kurve der effizienten Produktion für Unternehmen A

   $v_{21} = v_{11}$

(99) $v_{22}/v_{12} = (100 - v_{22})/(100-v_{12})$ Kurve der effizienten Produktion für Unternehmen B

   $v_{22} = v_{12}$

Berücksichtigt man die Kurven der effizienten Produktion in den Produktionsfunktionen, so ergeben sich folgende Ertragsfunktionen:

(100) $x_1 = v_{11}{}^{(1/3)} (v_{11})^{(1/3)}$ Ertragsfunktion für Unternehmen A

   $x_1 = v_{11}{}^{(2/3)}$

(101) $x_2 = v_{12}{}^{(1/4)} (v_{12})^{(1/4)}$ Ertragsfunktion für Unternehmen B

   $x_2 = v_{12}{}^{(2/4)}$

Im nächsten Schritt werden die entsprechenden Faktorverbrauchsfunktionen ermittelt.

(102) $v_{11} = x_1{}^{(3/2)}$ Faktorverbrauchsfunktion für Arbeit Unternehmen A

(103) $v_{12} = x_2{}^{(4/2)}$ Faktorverbrauchsfunktion für Arbeit Unternehmen B

Berücksichtigt man diese Faktorverbrauchsfunktion für Arbeit in der ersten Beschränkungs-gleichung, so erhält man die Gleichung der Transformationsfunktion.

(104) $100 = v_{11} + v_{12}$ Transformationsfunktion
$\quad\quad 100 = x_1^{(3/2)} + x_2^{(4/2)}$
$\quad\quad x_2^{2.0} = 100 - x_1^{3/2}$
$\quad\quad x_2 = (100 - x_1^{3/2})^{1/2}$

Die Achsenabschnitte der Transformationsfunktion in **Abbildung 3.30** betragen $x_1 = 21.54$ und $x_2 = 10$. Der konvexe Verlauf der Transformationsfunktion ist auf sinkende Skalenerträ-ge in beiden Produktionen zurückzuführen. Jeder Produktionsplan auf der Transformations-funktion ist ein effizienter Produktionsplan.

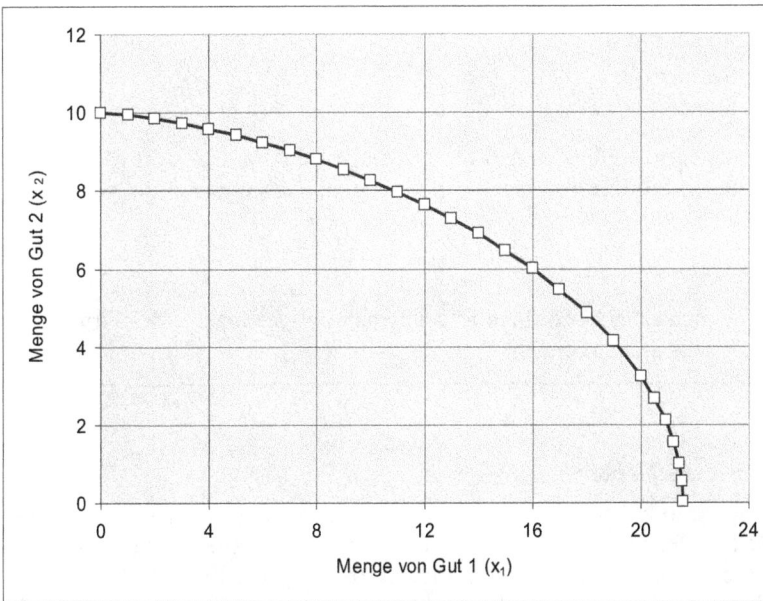

Abbildung 3.30: Transformationsfunktion für die Zwei-Faktoren-Unternehmung
Diese Transformationsfunktion erfasst die Produktionsmöglichkeiten einer Unternehmung, zwei Güter mit zwei Produktionsfaktoren (Arbeit, Kapital) zu produzieren, die nur in be-schränktem Umfang zur Verfügung stehen.

Die Steigung der Transformationsfunktion bestimmt die Grenzrate der Transformation. Sie kann über das totale Differential aus den entsprechenden Faktorverbrauchsfunktionen abge-leitet werden.

(105) $dx_2/dx_1 = -(\partial v_{11}/\partial x_1)/(\partial v_{12}/\partial x_2) = -(\partial v_{21}/\partial x_1)/(\partial v_{22}/\partial x_2)$ Grenzrate der Transformation
$\quad\quad dx_2/dx_1 = (1/2)(100 - x_1^{3/2})^{-0.5}((-3/2)x_1^{0.5})$
$\quad\quad dx_2/dx_1 = ((-3/2)x_1^{0.5})/2(100 - x_1^{3/2})^{0.5}$

3.2.8   Übungsaufgaben zur Produktionstheorie

Aufgabe 1: Effiziente Produktion

(a) Erläutern Sie das „Ökonomische Prinzip". Wie kann eine gegebene Produktmenge mit minimalen Faktoreinsatz (Abb. 1: Minimierungsproblem) erzeugt werden bzw. eine gegebene Faktoreinsatzmenge so eingesetzt werden kann, dass eine maximale Produktmenge (Abb. 2: Maximierungsproblem) erzeugt wird.

(b) Definieren Sie den Begriff der Produktionsfunktion.

(c) Gegeben sind vier Produktionsfunktionen $x_1 = f(v_1, v_2)$ mit x_1 = Produktmenge des Gutes 1, v_1 = Einsatzmenge des Faktors Arbeit, v_2 = Einsatzmenge des Faktors Kapital.

$x_1 = 2.0 \, v_1^{0.2} \, v_2^{0.3}$ Standort A
$x_1 = 3.0 \, v_1^{0.3} \, v_2^{0.7}$ Standort B
$x_1 = 2.0 \, v_1^{0.3} \, v_2^{0.5}$ Standort C
$x_1 = \min(3v_1, 6v_2)$ Standort D

Welche Rangfolge der Standorte ergibt sich und für welchen Produktionsstandort würden Sie sich entscheiden? Begründen Sie Ihre Aussage. Welche Eigenschaften haben die genannten Produktionsfunktionen?

Aufgabe 2: Produktionsfunktion

In der DIE ZEIT vom 21. Januar 1999 erschien folgende halbseitige Anzeige der Firma Siemens AG mit dem Photo eines Stahlarbeiters:

> *Innovation*
>
> *ist, wenn wir seiner Fabrik das Denken beibringen.*
>
> Je komplexer das Leben, desto höher unsere Ansprüche. Als Folge davon wachsen auch die Anforderungen an Werkstoffe. Geht es dann auch noch um so sensible Prozesse wie die Stahlherstellung, bedarf es intelligenter Lösungen. In Fabriken sorgen neuronale Netze dafür, dass alle am Prozess beteiligten Komponenten sowohl miteinander kommunizieren als auch aus ihren Aufgaben lernen. So entstehen nicht nur qualitativ hochwertige Stahlbleche, sondern auch neue Formen intelligenten und effektiveren Arbeitens.
>
> *Siemens.*
>
> *Die Kraft des Neuen.*

(a) Besteht ein Unterschied zwischen technischem Wissen, Technologie und Produktionsfunktion? Erläutern Sie diese Begriffe.

(b) Können Produktionsfunktionen derart komplexe Produktionsprozesse erfassen, wie sie in der Anzeige beschrieben werden? Erläutern Sie Möglichkeiten und Grenzen.

Aufgabe 3: Auswahl von Produktionsfunktionen

Für zwei Unternehmen sind folgende Produktionsfunktionen gegeben:

Leontief-Unternehmen

$x_1 = \min (2v_1, 3v_2)$ Standort A

$x_1 = \min (4v_1, 6v_2)$ Standort B

$x_1 = \min (3v_1, 4v_2)$ Standort C

Legende:

x_1 = Output

v_1 = Arbeit

v_2 = Kapital

Cobb-Douglas-Unternehmen

$x_1 = 3 \, v_1^{0.5} v_2^{0.4}$ Standort D

$x_1 = 2 \, v_1^{0.4} v_2^{0.3}$ Standort E

$x_1 = 4 \, v_1^{0.5} v_2^{0.5}$ Standort F

(a) Bestimmen Sie zunächst getrennt für die beiden Unternehmen, an welchen Standorten sie produzieren würden.

(b) Interpretieren Sie die Parameter der ausgewählten Produktionsfunktionen.

(c) Für welchen Standort würden Sie sich entscheiden, wenn für die Produktion wahlweise alle Standorte zur Verfügung stehen und beliebige Mengen der benötigten Produktionsfaktoren auf den Faktormärkten zur Verfügung stehen? Begründen sie ihr Ergebnis. Welche Vor- und Nachteile sind mit Ihrer Wahl verbunden?

Aufgabe 4: Schätzung von Produktionsfunktionen

(a) Erläutern Sie für die Cobb-Douglas-Produktionsfunktion $x = a \, A^b \, K^c$ die ökonomische Bedeutung der Parameter a, b und c, wobei x = Output, A = Arbeit und K = Kapital.

(b) In empirischen Untersuchungen wurden folgende Schätzungen für Cobb-Douglas-Produktionsfunktionen ermittelt:

Nr.	Sektor	Land	b	c	b+c
1	Kohle	Großbritannien	0.79	0.29	1.08
2	Kohle	Indien	0.71	0.44	1.15
3	Gas	Frankreich	0.83	0.10	0.93
4	Elektrizität	Indien	0.20	0.67	0.87
5	Chemie	Indien	0.80	0.37	1.17
6	Papier	USA	0.62	0.37	0.99
7	Papier	Indien	0.64	0.45	1.09
8	Nahrungsmittel	USA	0.72	0.35	1.07
9	Maschinenbau	USA	0.71	0.26	0.97
10	Telekommunikation	Kanada	0.70	0.41	1.11
11	Telekommunikation	Russland	0.80	0.38	1.18

Quelle: Edwin Mansfield: Applied Microeconomics, New York 1997, S. 216.

Wie beurteilen Sie die Ergebnisse der empirischen Schätzungen? Wie sind die Ergebnisse für die gleichen Branchen in verschiedenen Ländern (Kohle, Papier, Telekommunikation) zu beurteilen? Für den Sektor Elektrizität wurde in Indien eine vergleichsweise geringer Wert für die Produktionselastizität des Produktionsfaktors Arbeit ermittelt. Welche Bestimmungsgründe könnten zu diesem Ergebnis geführt haben? In welchen Sektor würden Sie investieren? Welche zusätzlichen Informationen benötigen Sie für Ihre Entscheidung?

Aufgabe 5: Produktivität

Für eine Unternehmung wurde folgende Produktionsfunktion ermittelt:

$x_1 = 20 \, v_1^{0.2} \, v_2^{0.6}$ Cobb-Douglas-Produktionsfunktion

$x_1 = \min(8v_1, 16v_2)$ Leontief-Produktionsfunktion

(a) Für welche Produktionsfunktion würden Sie sich entscheiden? Begründen Sie Ihre Aussage. Welcher Unterschied besteht zwischen Produktivität und Produktionselastizität?

(b) Ein Jahr später wird festgestellt, dass sich durch gezielte Ausgaben für Forschung und Entwicklung für beide Produktionsfunktionen die totale Faktorproduktivität um 10 % erhöht hat. Wie lauten die neuen Produktionsfunktionen? Interpretieren Sie den Begriff der totalen Faktorproduktivität.

3.3   Kosten der Produktion

Eine sorgfältige Beschreibung der technologischen Beziehungen ist Voraussetzung für die Ermittlung der Kosten einer Unternehmung. Im Mittelpunkt der Produktionstheorie stehen die Beziehungen Faktormengen (Input) und Gütermengen (Output). Es geht also ausschließlich um Beziehungen zwischen Mengen. Die Produktionsfunktion gibt an, welche Produktionspläne technisch effizient sind und welche Faktormengen für vorgegebene Produktmengen eingesetzt werden sollen. Bei der Schätzung einer Produktionsfunktion wird vielfach der Einfluss der Faktorpreise vernachlässigt. Es wird zunächst ermittelt, was technisch machbar ist und dann festgelegt, welche Pläne technisch effizient sind. In dieser gedanklichen Welt der reinen Naturalwirtschaft spielen Preise und Bewertungen keine Rolle.

Was technisch machbar oder gar effizient ist, kann zu erheblichen Kosten führen. Kosten, die möglicherweise durch die Erlöse nicht gedeckt sind. Im Mittelpunkt der Kostentheorie stehen daher Mengen, Preise und Werte.

3.3.1   Erlöse und Kosten

Wenn Unternehmen primär das Ziel der Gewinnmaximierung verfolgen, vergleichen und bewerten sie verschiedene Produktionspläne anhand der realisierbaren Gewinne. Der Gewinn wird als Differenz von Erlösen und den Kosten ermittelt. Der Erlös ist der Wert des gesamten Outputs und die Kosten der Wert des gesamten Inputs. Die Werte berechnen sich jeweils als Produkt von Preis und Menge.

Wir nehmen an, dass alle Produktpreise und Faktorpreise auf den Märkten bestimmt werden. Wenn auf diesen Märkten die Bedingungen der vollkommenen Konkurrenz gegeben sind, handeln Unternehmer als Mengenanpasser. Sie akzeptieren die Marktpreise für ihre Planungen und Entscheidungen, da sie annehmen, dass sie keinen Einfluss auf die Preise nehmen können. Über die Mengen dagegen können sie frei entscheiden.

Die wichtigsten Bedingungen für einen Markt mit **vollkommener Konkurrenz** sind:

- Viele Anbieter
- Viele Nachfrager
- Freier Marktzugang
- Vollkommene Information

Zur Vereinfachung der Analyse wird zusätzlich unterstellt, dass Raum und Zeit für die Planung der Unternehmung nicht explizit berücksichtigt werden. Transportkosten, Produktionsdauer, Zinsen, Diskontierungen u. ä. werden nicht behandelt.

Wenn Unternehmen gezwungen sind, als **Mengenanpasser** zu agieren, ist der Übergang von Mengengrößen zu Wertgrößen einfach. Alle Güterpreise und alle Faktorpreise werden durch Angebot und Nachfrage vom Markt bestimmt und sind dem Unternehmen bekannt. Jedem Produktionsplan können daher eindeutig Erlöse und Kosten zugeordnet werden.

(1) $E = p_1 x_1 + p_2 x_2 + \ldots + p_n x_n$ \hspace{2em} Erlöse
(2) $K = q_1 v_1 + q_2 v_2 + \ldots + q_m v_m$ \hspace{2em} Kosten

Legende
E = Erlös
K = Kosten
p = Produktpreis
x = Produktmenge
q = Faktorpreis
v = Faktormenge

Im Modell der vollkommenen Konkurrenz muss ein Unternehmer, der für sein Produkt einen höheren Preise als den Marktpreis verlangt, damit rechnen, dass niemand bei ihm kauft. Ist er dagegen bereit, sein Produkt zu einem geringeren Preis als dem Marktpreisen zu verkaufen, verstößt er gegen sein zuvor erklärtes Ziel der Gewinnmaximierung.

Eine ähnliche Argumentation gilt für die Faktorpreise. Im Modell der vollkommenen Konkurrenz wird ein Unternehmer, der für die benötigten Produktionsfaktoren geringere Faktorpreise zahlt, als der Markt erfordert, feststellen, dass niemand bereit ist, ihm die nachgefragten Produktionsfaktoren zu verkaufen. Bezahlt er dagegen den Eigentümern der Produktionsfaktoren höhere Faktorpreise, als der Markt erfordert, verletzt er sein Ziel der Gewinnmaximierung.

3.3.2 Kostenfunktion

Bei der Diskussion der Kostenfunktion beschränken wir uns auf den Fall der einfachen Produktion (Ein-Produkt-Unternehmung). Soll eine bestimmte Menge eines Gutes produziert werden, so muss die Unternehmung zu diesem Zweck einen technisch realisierbaren Produktionsplan wählen. Verschiedene Produktionspläne verursachen in der Regel verschieden

Kosten. Da die Kosten den Gewinn mindern, entscheidet sich die Unternehmung für jenen Produktionsplan, der die geringsten Kosten verursacht. Die Funktion, die jeder geplanten Produktmenge die minimalen Kosten zuordnet, heißt **Kostenfunktion**. Das Ziel ist also, für beliebige Produktmengen die minimalen Kosten zu ermitteln. Die Kostenfunktion ist eine wichtige Entscheidungshilfe bei der Ermittlung des gewinnmaximalen Produktionsplans.

Box 3.4

Aufgaben zur Theorie der Unternehmung – Kosten

Aufgabe 9: Kostenfunktionen

Zwei Unternehmen A und B produzieren ein Konsumgut mit den Produktionsfaktoren Arbeit und Kapital. Die Produktionsfunktionen lauten:

Cobb-Douglas   Beispiel

(1) $x_1 = a \, v_1^b v_2^c$ $x_1 = 2.42 \, v_1^{0.29} v_2^{0.42}$ Produktionsfunktion A

x_1 = Produktionsmenge des Gutes 1
v_1 = Einsatzmenge des Produktionsfaktors 1
v_2 = Einsatzmenge des Produktionsfaktors 2
a = Niveauparameter
b = Produktionselastizität der Arbeit
c = Produktionselastizität des Kapitals

Leontief   Beispiel

(2) $x_1 = \min(v_1/a_1, v_2/a_2)$ $x_1 = \min(4v_1, 2v_2)$ Produktionsfunktion B

a_1 = Produktionskoeffizient der Arbeit
a_2 = Produktionskoeffizient des Kapital

Die Faktorpreise sind für beide Unternehmen mit q_1 = 58.00 Euro und q_2 = 84.00 Euro gegeben.

(a) Langfristige Kostenfunktionen

Ermitteln Sie die Kostenfunktionen der Unternehmen unter der Annahme, dass die Produktionsfaktoren Arbeit und Kapital langfristig in beliebigen Mengen zur Verfügung stehen. Skizzieren Sie die Funktionen der Gesamtkosten, Grenzkosten und Durchschnittskosten.

(b) Kurzfristige Kostenfunktionen

Ermitteln Sie die Kostenfunktionen der Unternehmen unter der Annahme, dass der Produktionsfaktor Kapital kurzfristig nicht variiert werden kann und mit v_2 = 6 Einheiten fest vorgegeben ist. Unterscheiden Sie zwischen fixen und variablen Kosten. Skizzieren Sie die Funktionen der Gesamtkosten, Grenzkosten, variablen Durchschnittskosten und gesamten Durchschnittskosten.

Die Aufgaben werden imKapitel 3.3 (Kosten der Produktion) behandelt.

(3) $K = f(x_1)$ Kostenfunktion

Spätestens jetzt muss zwischen verschiedenen Entscheidungssituationen unterschieden werden. Zu unterscheiden ist einerseits zwischen variablen und fixen Produktionsfaktoren und andererseits zwischen kurzfristigen und langfristigen Kostenfunktionen.

In kurzfristiger Betrachtung ist jede Unternehmung an zahlreiche fixe Produktionsfaktoren gebunden, die nicht beliebig vermehrt werden können. Zahlreiche Kapitalgüter werden nur auf Bestellung produziert und ihre Produktion nimmt vielfach geraume Zeit in Anspruch. Andere Produktionsfaktoren wie Boden und andere natürliche Ressourcen sind nicht beliebig vermehrbar. Durch Arbeits-, Miet- und Lieferverträge sind die Unternehmen vielfach für eine gewisse Zeit an den Einsatz bestimmter Faktormengen gebunden. Deshalb wird in der folgenden Analyse zwischen variablen Produktionsfaktoren und fixen Produktionsfaktoren unterschieden. Die variablen Faktoren verursachen variable Kosten (K_v) und die fixen Faktoren ihrerseits fixe Kosten (K_f). Da die fixen Produktionsfaktoren kurzfristig nicht variiert werden können, verändern sich die fixen Produktionskosten nicht mit der Produktionsmenge. Die kurzfristige Gesamtkostenfunktion lautet deshalb:

(4) $K_k = K_f + K_v(x_1)$ Kurzfristige Kostenfunktion

Sind alle Faktormengen frei variierbar und auf den Märkten in beliebigen Mengen zu beschaffen, sprechen wir von einer langfristigen Kostenfunktion. Diese Bezeichnung wird gewählt, da diese Situation wohl eher in längerfristigen Entscheidungssituationen zu beobachten ist. In diesem Fall lautet die Kostenfunktion:

(5) $K_l = K_l(x_1)$ Langfristige Kostenfunktion

Wenn man die optimalen Produktionsmenge bestimmen will, ist es von Interesse zu wissen, wie stark sich die Kosten in Abhängigkeit von der Outputmenge verändern. Die erste Ableitung der Kostenfunktion heißt **Grenzkostenfunktion**. Für jede Outputmenge können die Mehrkosten einer zusätzlichen Produkteinheit angegeben werden.

(6) $dK/dx_1 = f(x_1)$ Grenzkostenfunktion

dK = Veränderung der Kosten
dx_1 = Veränderung der Outputmenge
dK/dx_1 = Grenzkosten

Verteilt man dagegen die gesamten Produktionskosten auf die produzierte Gütermenge, so kommt man zum Konzept der **Durchschnittskosten** oder Stückkosten. Die Durchschnittskostenfunktion geben für jede Gütermenge an, welche Kosten pro Mengeneinheit entstanden sind.

(7) $K/x_1 = f(x_1)$ Durchschnittskostenfunktion

Während die Gesamtkosten eine reine Wertgröße (Preis x Menge) sind, haben die Grenzkosten und Durchschnittskosten die Dimension Werteinheit pro Mengeneinheit, also die Dimension einer Preisgröße.

Im Folgenden werden Kostenfunktionen abgeleitet, die sich bei einzelnen Technologien ergeben. Im Mittelpunkt dieser Analyse stehen die Leontief-Produktionsfunktion (linear-limitationale Produktionsfunktion) und die Cobb-Douglas-Produktionsfunktion (beschränkt substitutionale Produktionsfunktion).

3.3.3   Kostenfunktion für limitationale Produktionsfunktionen

Das Unternehmen hat entschieden, ein Gut unter Anwendung einer linear-limitationalen Produktionsfunktion zu produzieren. Für die Produktion dieses Gutes steht nur ein linear-limitationaler Prozess zur Verfügung. Auf den Faktormärkten sind die Bedingungen der vollkommenen Konkurrenz erfüllt. Das Unternehmen handelt auf den Faktormärkten als Mengenanpasser. Die Faktorpreise sind gegeben und können von dem Unternehmen nicht beeinflusst werden.

Zunächst soll die langfristige Kostenfunktion ermittelt werden. In diesem Fall wird unterstellt, dass alle Inputs zu den gegebenen Faktorpreisen des Marktes in beliebigen Mengen beschafft werden können.

Langfristige Kostenfunktion für limitationale Produktionsfunktionen

Der Unternehmer nimmt an, dass er auf den Faktormärkten beliebige Mengen der Produktionsfaktoren zu den gegebenen Faktorpreisen beschaffen kann. Bei linear-limitationalen Produktionsfaktoren ist das optimale Einsatzverhältnis der Produktionsfaktoren ist ausschließlich von der Technologie bestimmt. Die Faktorpreise nehmen in diesem Fall keinen Einfluss auf das optimale Einsatzverhältnis der Produktionsfaktoren.

Für den Zwei-Faktor-Fall ergeben sich folgende Angaben:

Allgemein	*Beispiel*	
(8) $x_1 = \min(v_1/a_1, v_2/a_2)$	$x_1 = \min(4.0\,v_1,\ 2.0\,v_2)$	Produktionsfunktion
(9) $q_1 = q_1°$	$q_1 = 58$	Faktorpreis für Arbeit
(10) $q_2 = q_2°$	$q_2 = 84$	Faktorpreis für Kapital

Zunächst wird die Definitionsgleichung der Kosten aufgestellt. In ihr werden die gegebenen Faktorpreise für Arbeit und Kapital berücksichtigt. Die Kostendefinition der Unternehmung lautet:

(11) $K = q_1 v_1 + q_2 v_2$	$K = 58 v_1 + 84 v_2$	Kostendefinition

Gesucht ist eine Kostenfunktion $K = f(x1)$ in Abhängigkeit der Produktionsmenge. Deshalb wird zunächst im nächsten Schritt die partiellen Ertragsfunktionen für Arbeit und Kapital ermittelt. Es ist zu beachten, dass diese partiellen Ertragsfunktionen bei linear-limtationaler Technologie simultan erfüllt sein müssen.

(12) $x_1 = v_1/a_1$	$x_1 = 4\,v_1$	Ertragsfunktion für Arbeit
(13) $x_1 = v_2/a_2$	$x_1 = 2\,v_2$	Ertragsfunktion für Kapital

Durch Umkehrung des Funktionalzusammenhangs können diese partielle Ertragsfunktion in Faktorverbrauchsfunktionen für Arbeit $v_1 = f(x_1)$ und Kapital $v_2 = f(x_1)$ umgewandelt werden.

(14) $v_1 = a_1 x_1$ $v_1 = 0.25\, x_1$ Faktorverbrauch für Arbeit

(15) $v_2 = a_2 x_1$ $v_2 = 0.50\, x_1$ Faktorverbrauch für Kapital

Über die Faktorverbrauchfunktionen stehen die zu jeder Outputmenge x1 technisch notwendigen und damit auch minimalen Faktorverbrauchsmenge eindeutig fest. Berücksichtig man die Faktorverbrauchsfunktionen (14) und (15) in der Kostendefinition (11), so erhält man die **langfristige Kostenfunktion** $K = f(x_1)$ bei linear-limitationaler Technologie.

(16) $K = q_1 v_1 + q_2 v_2$ $K = 58\, v_1 + 84\, v_2$ Kostenfunktion

        $K = q_1(a_1 x_1) + q_2(a_2 x_1)$ $K = 58(0.25\, x_1) + 84(0.50\, x_1)$

        $K = (q_1 a_1 + q_2 a_2) x_1$ $K = 56.50\, x_1$

Die langfristige **Kostenfunktion** $K = f(x_1)$ verläuft linear durch den Ursprung mit der Steigung tg $\alpha = (q_1 a_1 + q_2 a_2)$ bzw. tg $\alpha = 56.50$. Annahmegemäß treten keine fixen Produktionsosten auf. Die Grenzkosten und Durchschnittskosten sind konstant und identisch.

Die **Grenzkostenfunktion** gewinnt man, indem man die Kostenfunktion (16) nach der Produktionsmenge ableitet. Die Grenzkostenfunktion gibt an, um welchen Betrag die Kosten ansteigen, wenn die Produktionsmenge um eine Einheit erhöht wird.

(17) $dK/dx_1 = q_1 a_1 + q_2 a_2$ $dK/dx_1 = 56.5$ Grenzkosten

Die **Durchschnittskostenfunktion** dagegen erhält man, indem man die Kostenfunktion (16) durch die Produktionsmenge dividiert. Die Durchschnittskostenfunktion gibt an, welche Kosten pro Produkteinheit für eine gegebene Produktionsmenge im Durchschnitt auftreten. Man spricht in diesem Fall auch von Stückkosten.

(18) $K/x_1 = q_1 a_1 + q_2 a_2$ $K/x_1 = 56.5$ Durchschnittskosten

		Output (x_1)										
		0	1	2	3	4	5	6	7	8	9	10
Kosten	$K(x_1)$	0.0	56.5	113.0	169.5	226.0	282.5	339.0	395.5	452.0	508.5	565.0
Grenzkosten	dK/dx_1	56.5	56.5	56.5	56.5	56.5	56.5	56.5	56.5	56.5	56.5	56.5
Durchschnittskosten	K/x_1	56.5	56.5	56.5	56.5	56.5	56.5	56.5	56.5	56.5	56.5	56.5

Tabelle 3.11: Langfristige Kosten für die linear-limitationale Produktionsfunktion
Die Kosten jeder produzierten Einheit sind gleich hoch. Die Grenzkosten entsprechen den Durchschnittskosten. Wenn der Produktpreis am Markt unter den Durchschnittskosten (Stückkosten) liegt, erleidet die Unternehmung Verluste.

Die entsprechenden Angaben für langfristige Kosten, Grenzkosten und Durchschnittskosten werden in **Tabelle 3.11** zusammengestellt. Die langfristige Kostenfunktion mit den entsprechenden Grenz- und Durchschnittskostenfunktionen wird in **Abbildung 3.31** dargestellt.

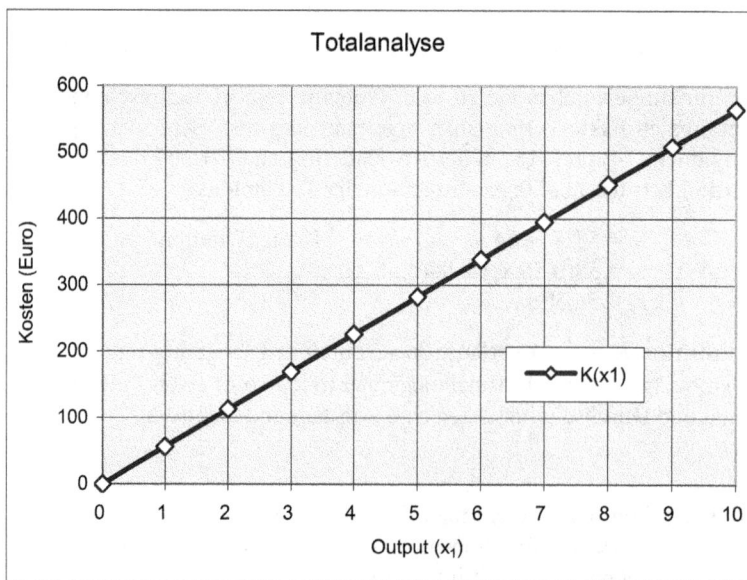

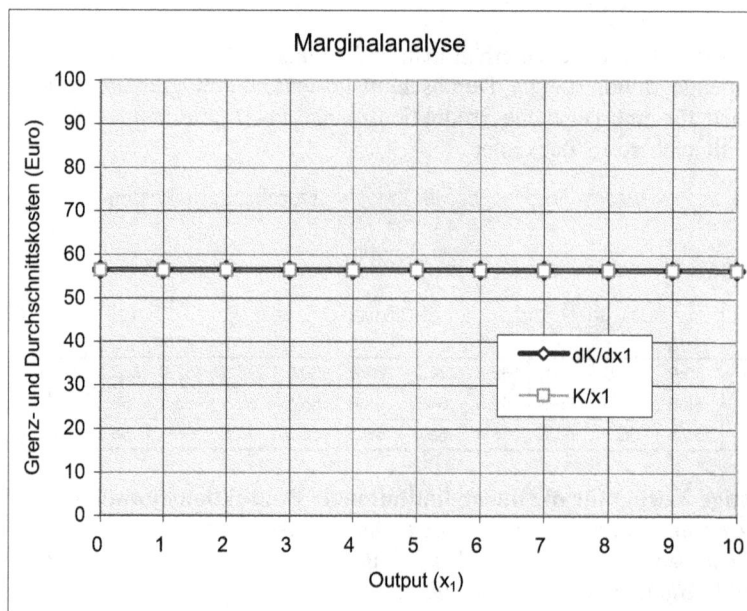

Abbildung 3.31: Langfristige Kostenfunktion für die Leontief Produktionsfunktion
Die Leontief-Produktionsfunktion ist eine streng lineare Produktionsfunktion. Bei konstanten Faktorpreisen ist das Ergebnis eine lineare Kostenfunktion. Bei variablen Faktormengen sind Grenzkosten und Durchschnittskosten identisch.

Das Flussdiagramm beschreibt den Lösungsweg zur Ermittlung der langfristigen Kostenfunktion.

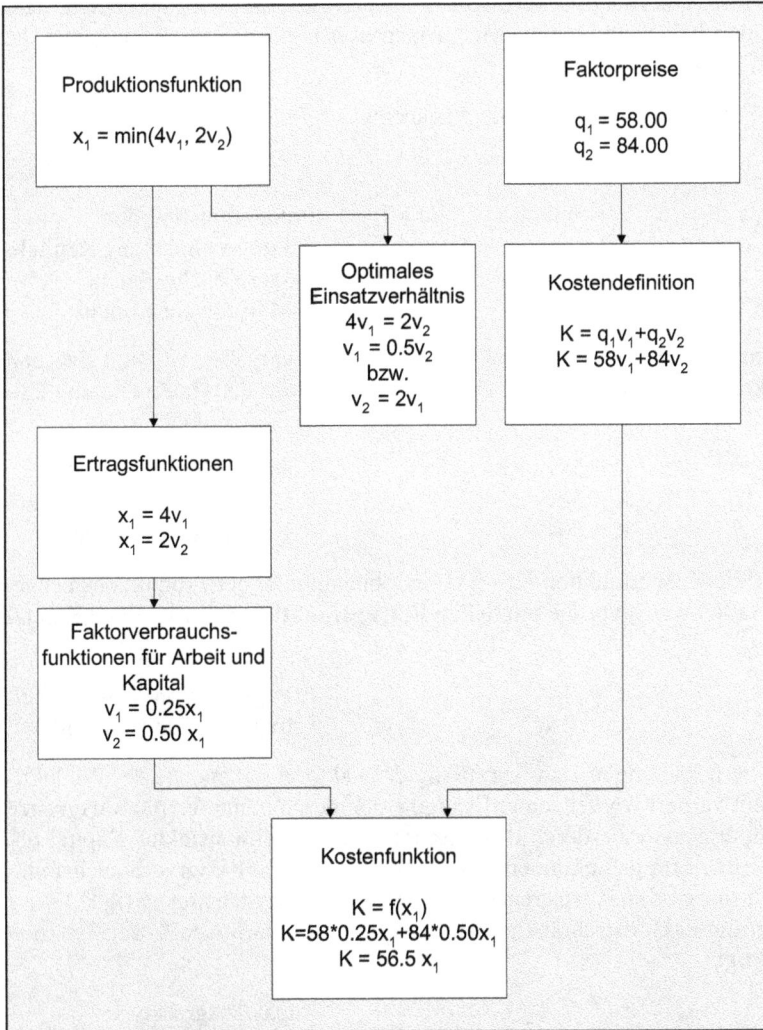

Produktionsfunktion

$x_1 = \min(4v_1, 2v_2)$

Faktorpreise

$q_1 = 58.00$
$q_2 = 84.00$

Optimales Einsatzverhältnis
$4v_1 = 2v_2$
$v_1 = 0.5v_2$
bzw.
$v_2 = 2v_1$

Kostendefinition

$K = q_1v_1 + q_2v_2$
$K = 58v_1 + 84v_2$

Ertragsfunktionen

$x_1 = 4v_1$
$x_1 = 2v_2$

Faktorverbrauchsfunktionen für Arbeit und Kapital
$v_1 = 0.25x_1$
$v_2 = 0.50 x_1$

Kostenfunktion

$K = f(x_1)$
$K = 58 \cdot 0.25x_1 + 84 \cdot 0.50x_1$
$K = 56.5 x_1$

Übersicht 3.2: Langfristige Kostenfunktion für die Leontief-Produktionsfunktion
Bei der Leontief-Produktionsfunktion haben die Faktorpreise keinen Einfluss auf das technisch bestimmte Einsatzverhältnis der Produktionsfaktoren. Grenzkosten und Durchschnittskosten sind gleich hoch.

Kurzfristige Kostenfunktion für limitationale Produktionsfunktionen

Mit dem nächsten Schritt soll die kurzfristige Kostenfunktion bei linear-limitationaler Technologie ermittelt werden. In diesem Fall wird unterstellt, dass kurzfristig die Einsatzmenge des Produktionsfaktors Kapital nicht variiert werden kann. Wiederum wird unterstellt, dass der Unternehmer auf den Faktormärkten als Mengenanpasser handelt. Ansonsten gelten die Angaben der langfristigen Analyse.

Für den Zwei-Faktor-Fall ergeben sich folgende Angaben:

Allgemein	*Beispiel*	
(19) $x_1 = \min(v_1/a_1, v_2/a_2)$	$x_1 = \min(4.0\,v_1,\ 2.0\,v_2)$	Produktionsfunktion
(20) $v_2 = v_2°$	$v_2° = 6$	Faktorbeschränkung Kapital
(21) $q_1 = q_1°$	$q_1 = 58$	Faktorpreis für Arbeit
(22) $q_2 = q_2°$	$q_2 = 84$	Faktorpreis für Kapital

Da die Faktoreinsatzmenge des Produktionsfaktors Kapital fest vorgegeben ist, sind fixe und variable Produktionskosten zu unterscheiden. Die **Kostendefinition** der Unternehmung lautet:

(23) $K = q_1 v_1 + q_2 v_2°$	$K = 58 v_1 + 84 v_2°$	Kostendefinition
	$K = 58 v_1 + 84(6)$	
	$K = 504 + 58 v_1$	Fixe und variable Kosten

Gesucht ist wiederum die Kostenfunktion $K = f(x_1)$ in Abhängigkeit der Produktionsmenge. Im nächsten Schritt werden wie zuvor die **partiellen Ertragsfunktion** für Arbeit und Kapital ermittelt.

(24) $x_1 = v_1/a_1$	$x_1 = 4\,v_1$	Ertragsfunktion für Arbeit
(25) $x_1 = v_2°/a_2$	$x_1 = 2\,v_2°$	Ertragsfunktion für Kapital

Allerdings ist nun zu berücksichtigen, dass kurzfristig der Faktoreinsatzmenge des Produktionsfaktors Kapital nicht variiert werden kann. Es ergibt sich deshalb eine **Kapazitätsgrenze** für die maximale Outputmenge, die durch den beschränkten Produktionsfaktor Kapital bestimmt wird. Die partiellen Ertragsfunktionen und die entsprechenden Faktorverbrauchsfunktionen sind nur bis zu dieser Kapazitätsgrenze definiert. Die Kapazitätsgrenze (x_1^{max}) wird berechnet, indem man die Faktorbeschränkung für Kapital in der partiellen Ertragsfunktion für Kapital berücksichtigt.

(26) $x_1^{max} = v_2°/a_2$	$x_1^{max} = 2(6)$	Kapazitätsgrenze
	$x_1^{max} = 12$	

Bis zu dieser Kapazitätsgrenze lautet die Faktorverbrauchsfunktion für den variablen Produktionsfaktor Arbeit $v_1 = f(x_1)$:

(27) $v_1 = a_1 x_1$	$v_1 = 0.25\,x_1$	Faktorverbrauch Arbeit

Berücksichtigt man die Faktorverbrauchsfunktion (27) in der Kostendefinition (6), so erhält man die kurzfristige **Kostenfunktion** $K = f(x1)$.

(28) $K = q_1v_1 + q_2v_2°$ $K = 504 + 58v_1$ Kostenfunktion für $x_1^{max} = 12$
         $K = q_1(a_1x_1) + q_2v_2°$ $K = 504 + 58(0.25\ x_1)$
                                        $K = 504 + 14.5\ x_1$

Der Ordinatenabschnitt der kurzfristigen Kostenfunktion wird von den fixen Produktionskosten für den vorgegebenen Kapitaleinsatz bestimmt. Mit steigender Produktionsmenge wird ein konstanter Anstieg der Kosten beobachtet. Ursache dieses konstanten Kostenanstiegs ist die konstante Grenzproduktivität der Arbeit bis zur Kapazitätsgrenze. Die Lage der Kostenfunktion wird maßgeblich von den Faktorpreisen mitbestimmt. So führt eine Erhöhung des Faktorpreises für Kapital zu einer Verschiebung der gesamten Kostenfunktion nach oben, während eine Erhöhung des Faktorpreises für Arbeit (Lohnsatz) eine Drehung der Kostenfunktion nach oben bewirkt.

Die **Grenzkostenfunktion** gewinnt man, indem man die Kostenfunktion (27) nach der Produktionsmenge ableitet. Diese Funktion gibt an, um welchen Betrag die Kosten ansteigen, wenn die Produktionsmenge um eine Einheit erhöht wird.

(29) $dK/dx_1 = q_1a_1$ $dK/dx_1 = 14.5$ Grenzkosten bis $x_1^{max} = 12$

Die **Durchschnittskostenfunktion** $K/x_1 = f(x_1)$ dagegen wird ermittelt, indem man die Kostenfunktion (27) durch die Produktionsmenge dividiert. Die Durchschnittskostenfunktion gibt an, welche Kosten pro Produkteinheit für eine gegebene Produktionsmenge im Durchschnitt auftreten. Man spricht hier auch von Stückkosten.

(30) $K/x_1 = q_1a_1 + q_2v_2°/x_1$ $K/x_1 = 14.5 + 504/x_1$ Totale Durchschnittskosten

Bei der Funktion der **variablen Durchschnittskosten** (K_v/x_1) kann man die fixen Produktionskosten vernachlässigen. Für unser Beispiel ergeben sich als variable Durchschnittskosten:

(31) $K_v/x_1 = q_1a_1$ $K_v/x_1 = 14.5$ Variable Durchschnittskosten

		Outputmenge (x_1)								
		0	2	4	6	8	10	12	14	16	18
Kosten	$K(x_1)$	504.0	533.0	562.0	591.0	620.0	649.0	678.0	-	-	-
Grenzkosten	dK/dx_1	14.5	14.5	14.5	14.5	14.5	14.5	14.5	-	-	-
Totale Durchschnittskosten	K/x_1	500.0	266.5	140.5	98.5	77.5	64.9	56.5	-	-	-
Variable Durchschnittskosten	K_v/x_1	14.5	14.5	14.5	14.5	14.5	14.5	14.5	-	-	-

Tabelle 3.12: Kurzfristige Kosten für die Leontief-Produktionsfunktion
Die kurzfristigen Kosten entwickeln sich linear. Jede zusätzliche Einheit des Gutes verursacht konstante Grenzkosten. Die Grenzkosten entsprechen den variablen Durchschnittskosten, die ausschließlich von dem variablen Produktionsfaktor Arbeit verursacht werden. Die begrenzte Faktorausstattung mit Kapital führt zur einer Kapazitätsgrenze für die Produktion.

Die entsprechenden Ergebnisse werden in **Tabelle 3.12** zusammengefasst. In **Abbildung 3.32** wird die kurzfristige Gesamtkostenfunktion mit den entsprechenden Grenz- und Durchschnittskostenfunktionen dargestellt. Die totale Durchschnittskostenfunktion nähert sich mit größeren Produktionsmengen der Grenzkostenfunktion.

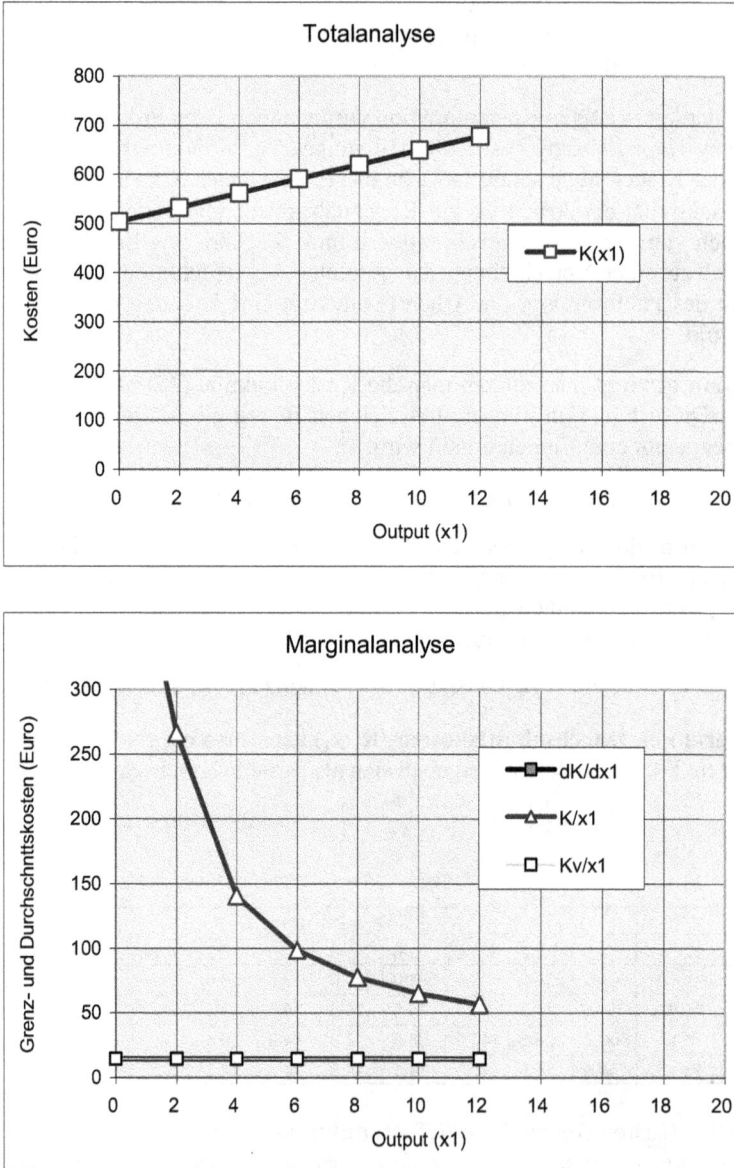

Abbildung 3.32: Kurzfristige Kostenfunktion für die Leontief-Prodktionsfunktion
*Die kurzfristige Kostenfunktion verläuft linear, ist aber nur bis zur Kapazitätsgrenze defi-
niert. Die Grenzkosten sind konstant, während die Durchschnittskosten fallen, aber stets
höher sind als die Grenzkosten.*

Das Flussdiagramm in **Übersicht 3.4** beschreibt den Lösungsweg zur Ermittlung der kurzfristigen Kostenfunktion bei linear-limitationaler Technologie.

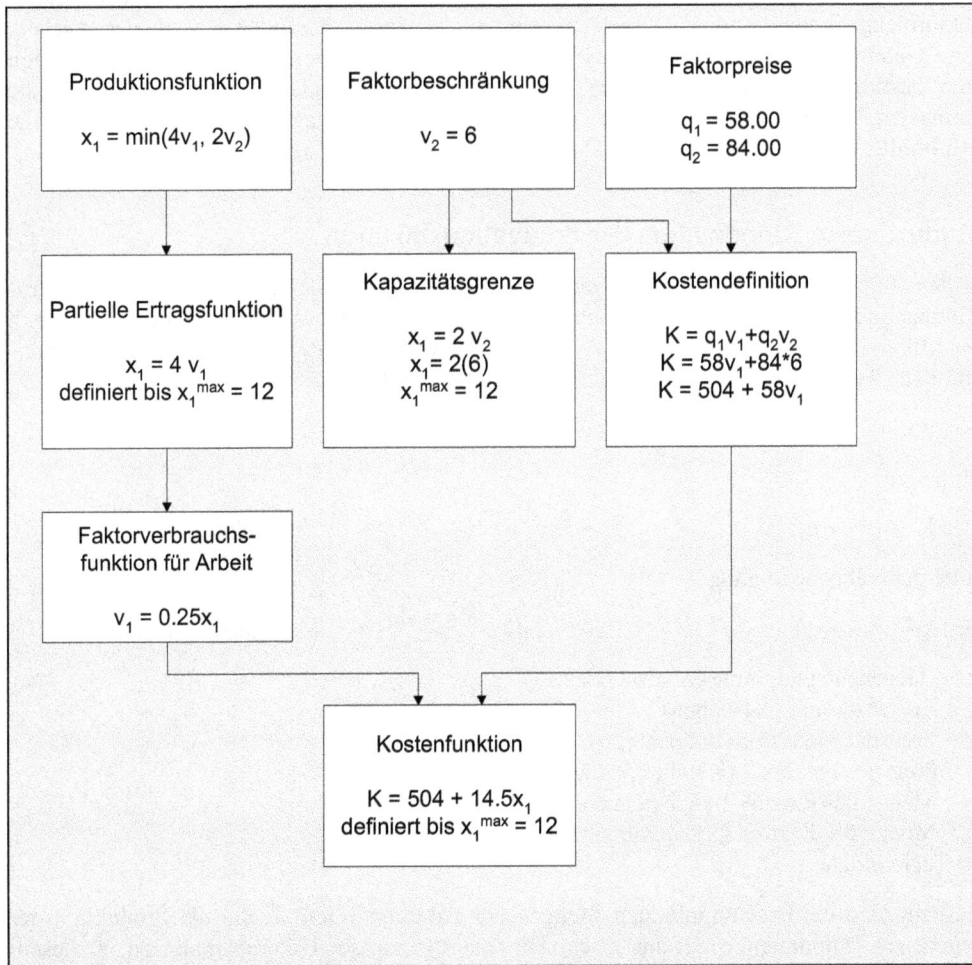

```
┌─────────────────────────────────────────────────────────────────────────────┐
│  ┌──────────────────────┐  ┌──────────────────────┐  ┌──────────────────────┐ │
│  │  Produktionsfunktion │  │ Faktorbeschränkung   │  │    Faktorpreise      │ │
│  │                      │  │                      │  │   q₁ = 58.00         │ │
│  │ x₁ = min(4v₁, 2v₂)   │  │      v₂ = 6          │  │   q₂ = 84.00         │ │
│  └──────────────────────┘  └──────────────────────┘  └──────────────────────┘ │
│                                                                               │
│  ┌──────────────────────┐  ┌──────────────────────┐  ┌──────────────────────┐ │
│  │ Partielle            │  │  Kapazitätsgrenze    │  │  Kostendefinition    │ │
│  │ Ertragsfunktion      │  │    x₁ = 2 v₂         │  │  K = q₁v₁+q₂v₂       │ │
│  │ x₁ = 4 v₁            │  │    x₁ = 2(6)         │  │  K = 58v₁+84*6       │ │
│  │ definiert bis        │  │    x₁max = 12        │  │  K = 504 + 58v₁      │ │
│  │ x₁max = 12           │  │                      │  │                      │ │
│  └──────────────────────┘  └──────────────────────┘  └──────────────────────┘ │
│                                                                               │
│  ┌──────────────────────┐                                                     │
│  │ Faktorverbrauchs-    │                                                     │
│  │ funktion für Arbeit  │                                                     │
│  │   v₁ = 0.25x₁        │                                                     │
│  └──────────────────────┘                                                     │
│                       ┌──────────────────────┐                                │
│                       │   Kostenfunktion     │                                │
│                       │  K = 504 + 14.5x₁    │                                │
│                       │ definiert bis x₁max = 12│                             │
│                       └──────────────────────┘                                │
└─────────────────────────────────────────────────────────────────────────────┘
```

The flow diagram contains the following boxes with their contents:

Produktionsfunktion
$$x_1 = \min(4v_1, 2v_2)$$

Faktorbeschränkung
$$v_2 = 6$$

Faktorpreise
$$q_1 = 58.00$$
$$q_2 = 84.00$$

Partielle Ertragsfunktion
$$x_1 = 4 v_1$$
definiert bis $x_1^{max} = 12$

Kapazitätsgrenze
$$x_1 = 2 v_2$$
$$x_1 = 2(6)$$
$$x_1^{max} = 12$$

Kostendefinition
$$K = q_1 v_1 + q_2 v_2$$
$$K = 58v_1 + 84*6$$
$$K = 504 + 58v_1$$

Faktorverbrauchsfunktion für Arbeit
$$v_1 = 0.25x_1$$

Kostenfunktion
$$K = 504 + 14.5x_1$$
definiert bis $x_1^{max} = 12$

Übersicht 3.3: Kurzfristige Kostenfunktion für die Leontief-Produktionsfunktion
Bei der Kurzfristigen Kostenfunktion ist zu beachten, dass sich bei der Leontief-Produktionsfunktion eine Kapazitätsgrenze ergibt. Die Kapazitätsgrenze wird durch den Produktionsfaktor Kapital verursacht, der nur in begrenzen Mengen zur Verfügung steht. Die Kostenfunktion verläuft bis zur Kapazitätsgrenze linear.

3.3.4   Kostenfunktion für substitutionale Produktionsfunktionen

Bei substitutionaler Technologie kann eine bestimmte Outputmenge durch verschiedene Faktormengenkombinationen hergestellt werden, die unterschiedliche Kosten verursachen. Eine Unternehmung, die das Ziel der Gewinnmaximierung verfolgt, wird zur Produktion einer bestimmten Outputmenge jenen technisch effizienten Produktionsplan wählen, der die geringsten Kosten verursacht. Zunächst ist deshalb für vorgegebene Produktmengen die **Minimalkostenkombination** der Faktoreinsatzmengen zu bestimmen.

Minimalkostenkombination der Produktionsfaktoren

In dem folgenden Beispiel wird angenommen, das der Unternehmung eine gegebene Produktmenge x_1° (Bestellung) mit minimalen Kosten produzieren möchte. Bei der Suche nach der Minimalkostenkombination der Produktionsfaktoren steht dem Unternehmen bei substitutionaler Technologie vor folgendem **Optimierungsproblem**:

Allgemein   *Beispiel*

Minimiere

$$(32)\ K = q_1 v_1 + q_2 v_2 \qquad\qquad K = 58 v_1 + 84 v_2 \qquad\qquad \text{Zielfunktion}$$

unter der Nebenbedingung

$$(33)\ x_1^\circ = f(v_1, v_2) \qquad\qquad 7{,}59 = 2.42 v_1^{\,0.29} v_2^{\,0.42} \qquad \text{Nebenbedingung}$$

x_1° = Gegebene Outputmenge des Gutes 1
K = Kostensumme (Ausgaben)
q_1 = Preis des Faktors 1 (Lohnsatz)
q_2 = Preis des Faktors 2 (Kapitalnutzungspreis)
v_1 = Menge des Faktors 1 (Arbeitsmenge)
v_2 = Menge des Faktors 2 (Kapitalmenge)
f = Technologie

Gesucht sind die kostenminimalen Mengen der Faktoren 1 und 2, die die Produktion der gegebenen Outputmenge gewährleisten. Die Zielsetzung der Unternehmung ist in diesem Fall, die Kosten zu minimieren unter der Nebenbedingung, dass das gegebene Produktmenge unter Beachtung der Faktorpreise auch tatsächlich produziert werden kann.

Graphische Bestimmung der Minimalkostenkombination

Die **Zielfunktion** können wir im v_1-v_2-Diagramm bei gegebenen Faktorpreisen und alternativen Kostensummen durch eine Schar von Isokostenlinien abbilden. Die **Beschränkung** (Nebenbedingung) dagegen wird bei gegebener Produktionsfunktion und gegebener Outputmenge durch eine Isoquante bestimmt.

Die Kostendefinition lässt sich in diesem Diagramm durch eine Gerade und die vorgegebene Produktmenge durch eine Isoquante darstellen. Diese Gerade ist der geometrische Ort aller

Mengenkombinationen der Faktoren 1 und 2, die bei gegebenen Faktorpreisen die gleichen Kosten verursachen. Sie heisst **Isokostengerade**. Ihre Steigung wird von den relativen Faktorpreisen (q_1/q_2) bestimmt. Die Isoquante bezeichnet alle Faktormengenkombinationen, die zu der vorgegebenen Outputmenge führen.

(34) $v_2 = K/q_2 - (q_1/q_2)v_1$ $v_2 = K/84 - (58/84)v_1$ Isokostengerade

(35) $v_2 = g(x_1°, v_1)$ $v_2 = [(7{,}59/2.42)v_1^{-0.29}]^{1/0.42}$ Isoquante

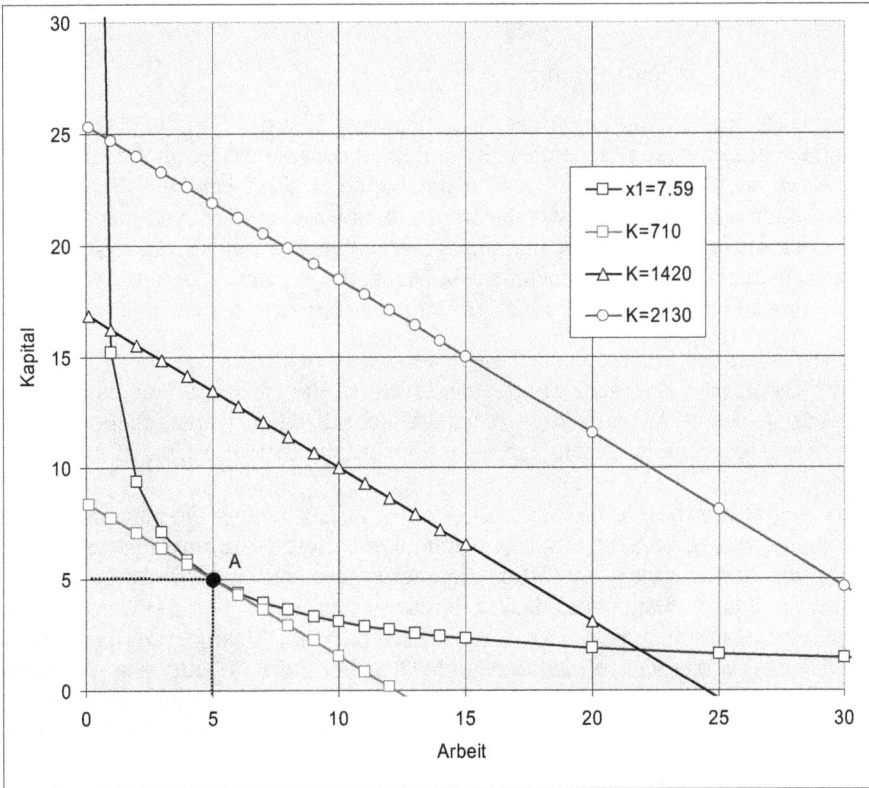

Abbildung 3.33: Minimalkostenkombination von Produktionsfaktoren
Eine Unternehmung realisiert eine Minimalkostenkombination von Produktionsfaktoren, wenn sie die Produktionsfaktoren so kombiniert, dass eine gegebene Produktmenge mit den geringsten Kosten produziert wird.

In **Abbildung 3.34** sind mehrere Isokostengeraden zu unterschiedlichen Kostensummen K eingetragen. Mit wachsendem Abstand vom Ursprung nimmt die Kostensumme jeweils zu. Im optimalen Plan A der **Minimalkostenkombination** (MKK)entspricht die Steigung der Isokostenlinie der Steigung der Isquoqanten. Die kostenminimale Mengenkombination der

Faktoren 1 und 2 (v_1^*, v_2^*) ist offenbar dort gefunden, wo die am weitesten innen liegende Isokostengerade die Isoquante zur Ausbringungsmenge $x_1°$ gerade noch berührt.Im Punkt A ist die Grenzrate der technischen Substitution (- dv_2/dv_1) gleich dem reziproken Faktorpreisverhältnis (q_1/q_2). Wie wir aus dem vorherigen Abschnitt wissen, ist bei substitutionalen Produktionsfunktionen in jedem Punkt der Isoquanten die Grenzrate der technischen Substitution gleich dem reziproken Verhältnis der Grenzproduktivitäten. Das Ergebnis der graphischen Analyse des Kostenminimierungsproblems führt zu folgender Bedingung:

(36) $\text{tg } \alpha = -dv_2/dv_1 = (\partial x_1/\partial v_1)/(\partial x_1/\partial v_2) = q_1/q_2$ Optimalbedingung für MKK

bzw.

(37) $|dv_2/dv_1| = (\partial x_1/\partial v_1)/(\partial x_1/\partial v_2) = q_1/q_2$

Im kostenminimalen Produktionsplan A der Outputmenge $x_1°$ ist das Verhältnis der Grenzproduktivitäten der beiden Faktoren gleich dem der Faktorpreise. Je größer die Grenzproduktivität eines Faktors im Vergleich zu der des anderen ist, desto höher kann der Preis für den produktiveren Faktor sein, den der Unternehmer zu zahlen bereit ist. Soll von einem Faktor (z.B. Arbeit) mehr zur Produktion der Outputmenge $x_1°$ eingesetzt werden, dann ist der Unternehmer, der eine Technologie mit abnehmenden Grenzerträgen anwendet, nur dazu bereit, wenn der Preis dieses Faktors (z.B. Lohnsatz) im Vergleich zum dem des anderen sinkt.

Das graphische Abbild der Minimalkostenkombination entspricht dem optimalen Konsumplan, der in der Theorie des Haushalts abgeleitet worden ist. Bei der Ermittlung des optimalen Konsumplans wird die Nutzenfunktion unter der Nebenbedingung maximiert, dass die Ausgaben für diesen Konsumplan einer gegebenen Budgetsumme entsprechen.

Die Unternehmung minimiert die Produktionskosten einer bestimmten Outputmenge unter der Nebenbedingung der technische effizienten Produktion dieser Ausbringungsmenge. Bei der Diskussion von Minimierungs- und Maximierungsproblemen wurde bereits ausgeführt, dass jedes Maximierungsproblem in das duale Minimierungsproblem überführt werden kann. Zu jedem Minimierungsproblem ist es möglich, das dazu passende Maximierungsproblem zu formulieren. Die dualen Ansätze führen zu den gleichen Lösungen. Würde man als Unternehmer von einer gegebenen Kostensumme (z.B. Kreditrahmen oder Budget für Forschung und Entwicklung) ausgehen und den Output maximieren, hätte man die vollständige Analogie des optimalen Konsumplans.

Analytische Bestimmung der Minimalkostenkombination

Bei gegebener Outputmenge $x_1°$ ist ein **Minimierungsproblem** unter einer Nebenbedingung zu lösen. Zu minimieren sind die Produktionskosten der Outputmenge $x_1°$. Das bedeutet, bei gegebenen Faktorpreisen sind die kostenminimalen Faktoreinsatzmengen v_1^* und v_2^* gesucht. Als Nebenbedingung ist zu beachten, dass mit diesen Faktormengen die geplante Ausbringungsmenge $x_1°$ technisch effizient produziert wird.

Wir führen die Analyse nebeneinander für den **Zwei-Faktor-Fall** anhand einer allgemein formulierten Technologie und einer Cobb-Douglas-Technologie durch. Wiederum unterstellen wir eine beschränkt substitutionale Produktionsfunktion mit abnehmenden Grenzerträgen.

Das Optimierungsproblem lautet:

| *Allgemein* | *Cobb-Douglas* | *Beispiel* |

Minimiere

(38) $K = q_1v_1 + q_2v_2$ $\qquad$ $K = q_1v_1 + q_2v_2$ $\qquad$ $K = 58v_1 + 84v_2$

unter der Nebenbedingung

(39) $x_1^\circ - f(v_1, v_2) = 0$ $\qquad$ $x_1^\circ - av_1^b v_2^c = 0$ $\qquad$ $7{,}59 - 2.42v_1^{0.29} v_2^{0.42} = 0$

Wir bilden die Lagrange-Funktion. Im ersten Teil der Lagrange-Funktion wird die Zielfunktion (Kostenminimierung) erfasst und im zweiten Teil die Nebenbedingung (Effiziente Produktion der vorgegebenen Outputmenge).

| *Allgemein* | *Cobb-Douglas* | *Beispiel* |

(40) $L = q_1v_1 + q_2v_2 + \lambda(x_1^\circ - f(v_1,v_2))$ $\quad$ $L = q_1v_1 + q_2v_2$ $\quad$ $L = 58v_1 + 84v_2$
$\qquad\qquad\qquad\qquad\qquad\qquad + \lambda(x_1^\circ - av_1^b v_2^c)$ $\qquad$ $+ \lambda(7{,}59 - 2.42v_1^{0.29} v_2^{0.42})$

Das Optimierungsproblem lautet: Minimiere die Kosten unter der Nebenbedingung, dass die vorgegebene Produktmenge effizient produziert wird. Gesucht sind die kostenminimierenden Einsatzmengen der Faktoren 1 und 2. Wir leiten nach den Variablen v_1 und v_2 und dem Lagrangemultiplikator λ ab.

(41) $\partial L/\partial v_1 = q_1 - \lambda(\partial x_1/\partial v_1)$ $\quad$ $\partial L/\partial v_1 = q_1 - \lambda bav_1^{b-1}v_2^c$ $\quad$ $\partial L/\partial v_1 = 58 - \lambda(0.29)$
$\qquad\qquad\qquad\qquad\qquad\qquad\qquad\qquad\qquad\qquad\qquad\qquad\qquad\qquad (2.42v_1^{0.29-1}v_2^{0.42})$

(42) $\partial L/\partial v_2 = q_2 - \lambda(\partial x_1/\partial v_2)$ $\quad$ $\partial L/\partial v_1 = q_2 - \lambda cav_1^b v_2^{c-1}$ $\quad$ $\partial L/\partial v_2 = 84 - \lambda(0.42)$
$\qquad\qquad\qquad\qquad\qquad\qquad\qquad\qquad\qquad\qquad\qquad\qquad\qquad\qquad (2.42v_1^{0.29}v_2^{0.42-1})$

(43) $\partial L/\partial \lambda = x_1^\circ - f(v_1,v_2)$ $\quad$ $\partial L/\partial \lambda = x_1^\circ - av_1^b v_2^c$ $\quad$ $\partial L/\partial \lambda = 7{,}59 - 2.42v_1^{0.29}v_2^{0.42}$

Im nächsten Schritt setzen wir die partiellen Ableitungen gleich Null und vereinfachen die Schreibweise.

(44) $q_1 - \lambda(\partial x_1/\partial v_1) = 0$ $\quad$ $q_1 - \lambda bav_1^{b-1}v_2^c = 0$ $\quad$ $58 - \lambda 0.29x_1/v_1 = 0$
$\qquad\qquad\qquad\qquad\qquad\qquad\qquad q_1 - \lambda bav_1^b v_2^c/v_1 = 0$
$\qquad\qquad\qquad\qquad\qquad\qquad\qquad q_1 - \lambda bx_1/v_1 = 0$

(45) $q_2 - \lambda(\partial x_1/\partial v_2) = 0$ $\quad$ $q_2 - \lambda cav_1^b v_2^{c-1} = 0$ $\quad$ $84 - \lambda 0.42x_1/v_2 = 0$
$\qquad\qquad\qquad\qquad\qquad\qquad\qquad q_2 - \lambda cav_1^b v_2^c/v_2 = 0$
$\qquad\qquad\qquad\qquad\qquad\qquad\qquad q_2 - \lambda cx_1/v_2 = 0$

(46) $x_1^\circ - f(v_1,v_2) = 0$ $\quad$ $x_1^\circ - av_1^b v_2^c = 0$ $\quad$ $7{,}59 - 2.42v_1^{0.29}v_2^{0.42} = 0$

Gleichung (46) zeigt, dass der kostenminimale Produktionsplan tatsächlich auch ein effizienter Produktionsplan ist. Die Rolle der Faktorpreise können wir in den Gleichungen (44) und (45) ablesen, die wir in Beziehung zueinander setzen. Zunächst lösen die Gleichungen (44) und (45) nach λ auf und erkennen damit, welche ökonomische Interpretation der Lagrange-Multiplikator bei diesem Optimierungsproblem hat. Er entspricht dem Faktorpreis gewogen mit dem Grenzertrag des Faktors.

(47) $\lambda = q_1/(\partial x_1/\partial v_1)$ $\qquad\qquad$ $\lambda = q_1 v_1/b x_1$ $\qquad\qquad$ $\lambda = 58 v_1/0.29 x_1$

(48) $\lambda = q_2/(\partial x_1/\partial v_2)$ $\qquad\qquad$ $\lambda = q_2 v_2/c x_1$ $\qquad\qquad$ $\lambda = 84 v_2/0.42 x_1$

Im nächsten Schritt verknüpfen wir die Gleichungen (47) und (48) über den Lagrange-Multiplikator λ und ordnen sie nach den Faktorpreisen und Grenzproduktivitäten.

Allgemein	*Cobb-Douglas*	*Beispiel*
(49) $q_1/(\partial x_1/\partial v_1) = q_2/(\partial x_1/\partial v_2)$	$q_1 v_1/b x_1 = q_2 v_2/c x_1$	$58 v_1/0.29 x_1 = 84 v_2/0.42 x_1$
(50) $q_1/q_2 = (\partial x_1/\partial v_1)/(\partial x_1/\partial v_2)$	$q_1/q_2 = (v_2/c x_1)/(v_1/b x_1)$	$58/84 = (0.29/0.42)(v_2/v_1)$
	$q_1/q_2 = (b/c)(v_2/v_1)$	$58/84 = (0.29/0.42)(v_2/v_1)$
		$v_2 = 1.0 v_1$

Gleichung (23) beschreibt zusammen mit Gleichung (19) die Bedingungen der Minimalkostenkombination. Bei substitutionalen Produktionsfunktionen sind die kostenminimalen Einsatzmengen der Produktionsfaktoren bei der Produktion einer bestimmten Outputmenge $x1°$ dann gefunden, wenn

- diese Outputmenge technisch effizient produziert wird und

- das Verhältnis der Grenzproduktivitäten der einzelnen Produktionsfaktoren gleich dem Verhältnis der Faktorpreise ist.

Für unser Fallbeispiel ergibt sich ein technisch neutrales Einsatzverhältnis der Produktionsfaktoren von $v_1 = 1.0\ v_2$. Eine hohe Produktionselastizität des Kapitals ($c = 0.42$) und ein hoher Faktorpreis für Kapital ($q_2 = 84$) steht einer niedrigeren Produktionselastizität der Arbeit ($c = 0.29$) und ein niedrigerem Faktorpreis für Arbeit ($q_1 = 58$) gegenüber. Trotz hoher Produktionselastizität des Kapitals ist es deshalb für die Unternehmung vorteilhaft, relativ viel Arbeit einzusetzen, da die geringere Produktionselastizität der Arbeit durch den niedrigen Lohnsatz kompensiert wird.

Die Optimalbedingung für die Minimalkostenkombination der Produktionsfaktoren besagt, dass die Grenzproduktivitäten der beiden Produktionsfaktoren in dem Unternehmen mit der Bewertung der beiden Produktionsfaktoren durch den Marktes in Einklang gebracht wurde. Das besagt im einzelnen:

- Verhältnis der Grenzproduktivitäten im Unternehmen = Bewertung der Produktionsfaktoren durch den Markt
- Verhältnis der Grenzproduktivitäten der Faktoren = Verhältnis der Faktorpreise
- Grenzrate des Substitution = reziprokes Verhältnis der Faktorpreise

Die Einschätzung der beiden **Produktionsfaktoren durch die Unternehmung** kommt in dem Verhältnis der Grenzproduktivitäten der beiden Produktionsfaktoren zum Ausdruck. Dabei bezeichnet die Grenzproduktivität des Faktors 1 ($\partial x_1/\partial v_1$) den Anstieg der Produktmenge, wenn ceteris paribus der Einsatz des Faktors 1 um eine (infinitesimale) Einheit erhöht wird.

Die Bewertung der beiden Produktionsfaktoren durch den Markt wird durch das Verhältnis der **Faktorpreise** (q_1/q_2) erfasst. Die **Grenzrate der Substitution** (dv_2/dv_1) spiegelt die Substitutionsbereitschaft der Unternehmung wider, die beiden Produktionsfaktoren zu substituieren bzw. auszutauschen.

Die **allgemeine Optimalbedingung** der Minimalkostenkombination für alle Arten von Produktionsfunktionen lautet im Zwei-Faktor-Fall also:

$$\frac{\text{Grenzproduktivität der Arbeit}}{\text{Grenzproduktivität des Kapitals}} = \frac{\text{Faktorpreis für Arbeit}}{\text{Faktorpreis für Kapital}}$$

$$(52) \quad \frac{\partial x_1/\partial v_1}{\partial x_1/\partial x_2} = \frac{q_1}{q_2} \qquad \text{Minimalkostenkombination allgemein}$$

Die Grenzproduktivitäten werden in der Unternehmung realisiert. Die Faktorpreise dagegen ergeben sich auf den Faktormärkten. Mit der Minimalkostenkombination ist damit dem Unternehmer die Aufgabe gestellt, die **Produktivitäten** seiner Unternehmung in Einklang mit der Bewertung der **Faktormärkte** zu bringen.

Für **Cobb-Douglas-Produktionsfunktionen** ergibt sich folgende einfache Regel zur Bestimmung der Minimalkostenkombination bzw. des optimalen Einsatzverhältnisses der Produktionsfaktoren

$$\frac{\text{Produktionselastizität Arbeit}}{\text{Produktionselastizität Kapital}} * \frac{\text{Einsatzmenge Kapital}}{\text{Einsatzmenge Arbeit}} = \frac{\text{Faktorpreis Arbeit}}{\text{Faktorpreis Kapital}}$$

$$(53) \quad \frac{b}{c} * \frac{v_2}{v_1} = \frac{q_1}{q_2} \qquad \text{Minimalkostenkombination Cobb-Douglas}$$

Das Ergebnis des **Cobb-Douglas-Beispiels** macht deutlich, dass das kostenminimale Faktoreinsatzverhältnis neben dem inversen Faktorpreisverhältnis auch abhängig ist vom Verhältnis der konstanten Produktionselastizitäten. Diese Aussage gilt allerdings nur für Cobb-Douglas-Produktions-funktionen. Je ergiebiger eine Produktionsfaktor (je größer seine Produktionselastizität), desto mehr ist ein Unternehmer bereit, für ihn zu zahlen. Die Angaben unseres Beispiels wurden so gewählt, dass die Minimalkostenkombination ein technisch neutrales Einsatzverhältnis der Produktionsfaktoren im Verhältnis 1:1 ergibt. Der Produktionsfaktor Kapital hat zwar eine deutlich höhere Produktionselastizität als der Produktionsfaktor Arbeit, aber er ist auch entschieden teurer. Bei dieser Konstellation von Produktionselastizitäten entscheidet sich der Unternehmer für das Einsatzverhältnis $v_2 = 1.0\, v_1$.

Wenn sich der **Lohnsatz** – unter sonst gleichen Bedingungen – von $q_1 = 58$ DM auf $q_1 = 29$ DM halbieren würde, würde der Unternehmer doppelt soviel Arbeit wie Kapital einsetzen. In diesem Fall lautet das optimale Einsatzverhältnis der Produktionsfaktoren $v_2 = 0.5\, v_1$.

Ferner bleiben bei Cobb-Douglas-Produktionsfunktionen bei einer Variation der Ausbringungsmenge – unter sonst gleichen Bedingungen – die Anteile der Zahlungen und die einzelnen Faktoren konstant und werden von dem Verhältnis der Produktionselastizitäten bestimmt: $q_1v_1/q_2v_2 = b/c$. Die Produktionskosten der Unternehmung sind gleich der Summe der Zahlungen and die einzelnen Produktionsfaktoren. Bei einem kostenminimalen Produktionsplan richten sich die Zahlungen der Unternehmung an die einzelnen Faktoren und damit die **Einkommensverteilung** nach deren Produktionselastizitäten.

Zu jedem Minimierungsproblem existiert ein duales **Maximierungsproblem**. Das Problem der Minimalkostenkombination lässt sich daher ohne weiteres in ein Maximierungsproblem überführen. Die Fragestellung lautet dann: Wie kann mit einer gegebenen Kostensumme ein maximaler Output erzeugt werden? Das Optimierungsproblem lautet in diesem Fall:

Allgemein   *Cobb-Douglas*   *Beispiel*

Maximiere

(53) $x_1 = f(v_1, v_2)$ $x_1 = av_1^b v_2^c$ $x_1 = 2.42v_1^{0.29} v_2^{0.42}$

unter der Nebenbedingung

(54) $K° - q_1v_1 - q_2v_2 = 0$ $K° - q_1v_1 - q_2v_2 = 0$ $710 - 58v_1 - 84v_2 = 0$

Die Lagrange-Funktion lautet:

(55) $L = f(v_1, v_2) + \lambda(K° - q_1v_1 - q_2v_2)$ $L = av_1^b v_2^c + \lambda(K° - q_1v_1 - q_2v_2)$ $L = 2.42v_1^{0.29} v_2^{0.42}$
$$+ \lambda(710 - 58v_1 - 84v_2)$$

Durch Differentiation nach den Variablen v_1 und v_2 erhalten wir wieder die Optimalbedingung für die Minimalkostenkombination. Die Differentiation nach dem Lagrange-Multiplikator λ ergibt, dass der zur Kostensumme $K°$ maximale Output nur erreicht werden kann, wenn die tatsächlichen Kosten der vorgegebenen (geplanten) Kostensumme entsprechen.

Die Minimalkostenlinie

Bisher haben wir das kostenminimale Faktoreinsatzverhältnis für eine vorgegebene Outputmenge $x_1°$ bestimmt. Auf die gleiche Weise lässt sich das Faktoreinsatzverhältnis für beliebige Outputmenge ermitteln. Der geometrische Ort der Minimalkostenkombinationen beliebiger Outputmenge bezeichnet man als **Minimalkostenlinie** oder Expansionspfad (Faktoranpassungskurve). Sie gibt für ein Faktorpaar an, welche Mengen des einzelnen Faktors bei unterschiedlichen Mengen des anderen Faktors eingesetzt werden müssen, damit die sich bei effizienter Produktion ergebende Outputmenge kostenminimal hergestellt wird. An dem Expansionspfad in **Abbildung 3.34** erkennt man, dass sich die Unternehmung in unserem Fallbeispiel für ein technisch neutrales Einsatzverhältnis von Arbeit und Kapital ($v_2 = 1.0 \ v_1$) entschieden hat.

Die Minimalkostenlinie verläuft für alle **homogenen Produktionsfunktionen** linear. An den konstanten Produktionselastizitäten und damit der konstanten Skalenelastizität der Cobb-Douglas-Produktionsfunktion erkennt man, dass diese Produktionsfunktion homogen ist. Übertragen wir die Kostensummen und Outputmengen, die zu jedem Punkt auf der Minimalkostenlinie gehören, in ein Kosten-Output-Diagramm, erhalten wir die **Kostenfunktion** $K = f(x_1)$.

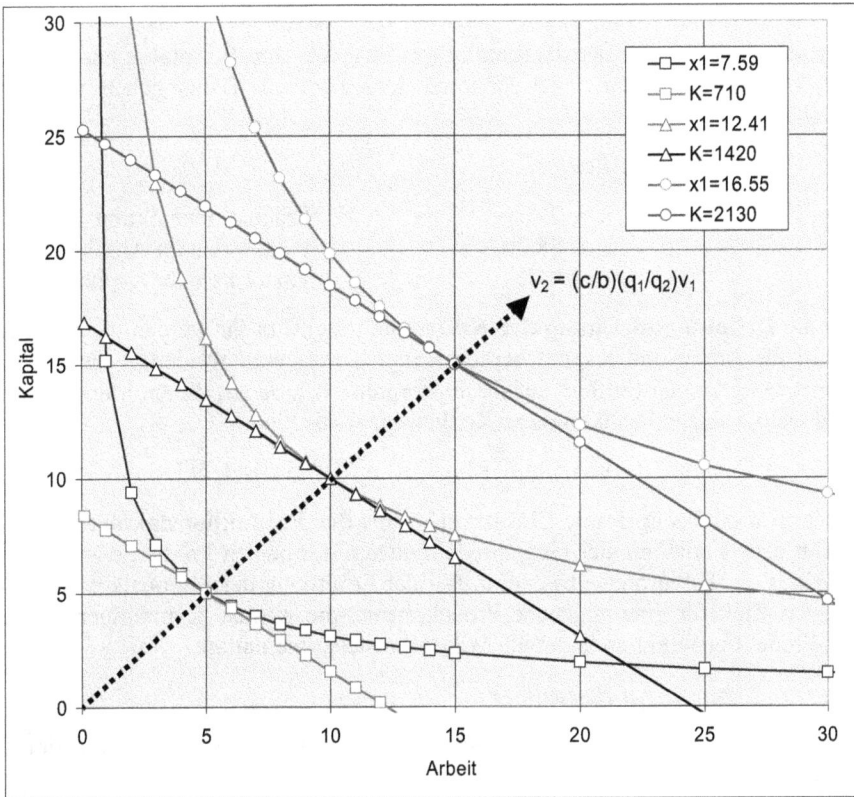

Diagramm-Legende:
- $x1=7.59$
- $K=710$
- $x1=12.41$
- $K=1420$
- $x1=16.55$
- $K=2130$

$v_2 = (c/b)(q_1/q_2)v_1$

Achsenbeschriftung: Kapital (vertikal), Arbeit (horizontal)

Abbildung 3.34: Die Minimalkostenlinie der Produktionsfaktoren
Die Minimalkostenlinie bezeichnet als Expansionspfad das optimale Einsatzverhältnis der Produktionsfaktoren unter Berücksichtigung ihrer Faktorpreise und Grenzprodukte.

Langfristige Kostenfunktion für substitutionale Produktionsfunktionen

Wir gehen davon aus, dass die Unternehmung die Mengen aller Faktoren frei variieren kann und auf den Faktormärkten beliebige Mengen beschafft werden können. Wiederum wird unterstellt, dass die Unternehmung keinen Einfluss auf die Faktorpreise hat. Wie wir aus den vorausgegangen Überlegungen ur Minimalkostenkombination wissen, sind die Produktionskosten der Outputmenge x_1 minimal, wenn diese technisch effizient produziert wird und die Faktoren in kostenminimalen Proportionen eingesetzt werden. Wir erhalten die Kostenfunktion $K = K(x_1)$, indem wir in die Kostengleichung die Bedingungen der Minimalkostenkombination und der technisch effizienten Produktion einbauen Die Ableitung der langfristigen

Kostenfunktion ist entschieden schwieriger als im Fall der kurzfristigen Analyse mit nur einem variablen Produktionsfaktor, da die Unternehmung bei einer substitutionalen Produktionsfaktoren zunächst das **optimale Einsatzverhältnis** der Produktionsfaktoren zu bestimmen hat. Dieses optimale Einsatzverhältnis der Produktionsfaktoren wird von dem Verhältnis der Grenzproduktivitäten und dem Verhältnis der Faktorpreise bestimmt.

Die Ableitung der langfristigen Kostenfunktion wollen wir am Beispiel einer **Cobb-Douglas-Produktionsfunktion** mit zwei Faktoren demonstrieren. Dabei gehen wir von folgenden Angaben aus:

Allgemein   *Beispiel*

$(56) \ x_1 = a v_1^b v_2^c$ $x_1 = 2.42 v_1^{0.29} v_2^{0.42}$ Produktionsfunktion

$(57) \ q_1 = q_1^\circ$ $q_1 = 58.00$ Faktorpreis für Arbeit

$(58) \ q_2 = q_2^\circ$ $q_2 = 84.00$ Faktorpreis für Kapital

Zunächst wird die **Definitionsgleichung der Kosten** aufgestellt. In ihr werden die gegebenen Faktorpreise für Arbeit und Kapital berücksichtigt. Dabei wird wiederum unterstellt, dass die Unternehmung keinen Einfluss auf die Faktorpreise hat, da auf diesen Märkte viele Nachfrager und viele Anbieter (vollkommene Konkurrenz) aktiv sind.

$(59) \ K = q_1 v_1 + q_2 v_2$ $K = 58 v_1 + 84 v_2$ Kostendefinition

Im nächsten Schritt wird das **optimale Einsatzverhältnis der Produktionsfaktoren** ermittelt. Es wird von dem Verhältnis der Grenzproduktivitäten der beiden Produktionsfaktoren und dem Verhältnis der Faktorpreise bestimmt. Bei der Ermittlung der Minimalkostenkombination ist es das Ziel, für eine gegebene Produktmenge die Kosten zu minimieren. Für Cobb-Douglas-Produktionsfunktion lautet die Minimalkostenkombination:

Cobb-Douglas   *Beispiel*

$(60) \ q_1/q_2 = (b/c)(v_2/v_1)$ $58/84 = (0.29/0.42)(v_2/v_1)$ Minimalkostenkombination

      $v_2 = (c/b)(q_1/q_2)v_1$ $v_2 = 1.0 v_1$

Dieses optimale Einsatzverhältnis der Produktionsfaktoren ist nun sowohl in der Kostengleichung als auch in der Produktionsfunktion zu berücksichtigen. Setzen wir die Bedingung der Minimalkostenkombination (35) in die Kostengleichung (34) ein, dann ergibt sich:

$(61) \ K = q_1 v_1 + q_2 v_2$ $K = 58 v_1 + 84 v_2$ Kostengleichung mit MKK

      $K = q_1 v_1 + q_2 (c/b)(q_1/q_2)v_1$ $K = 58 v_1 + 84(1.0 v_1)$

      $K = q_1 v_1 + (c/b)(q_1 v_1)$ $K = 58 v_1 + 84 v_1$

      $K = q_1 v_1 (b+c)/b$ $K = 142 v_1$

Im nächsten Schritt wird das optimale Einsatzverhältnis der Produktionsfaktoren (35) in der Produktionsfunktion (31) berücksichtigt.

Allgemein   *Beispiel*

$(62) \ x_1 = a v_1^b v_2^c$ $x_1 = 2.42 v_1^{0.29} v_2^{0.42}$ Produktionsfunktion

      $x_1 = a v_1^b [(c/b)(q_1/q_2)v_1]^c$ $x_1 = 2.42 v_1^{0.29}(1.0 v_1)^{0.42}$

      $x_1 = a v_1^{b+c} [(c/b)(q_1/q_2)]^c$ $x_1 = 2.42 v_1^{0.29}(1.0 v_1)^{0.42}$

      $x_1 = a v_1^{b+c} [(c/b)(q_1/q_2)]^c$ $x_1 = 2.42 v_1^{0.71}$

Durch Umkehrung des Funktionalzusammenhangs kann die ermittelte Ertragsfunktion in eine Faktorverbrauchsfunktion für Arbeit $v_1 = f(x_1)$ umgewandelt werden.

(63) $v_1^{b+c} = x_1 / \{a[(c/b)(q_1/q_2)]^c\}$ $\quad$ $v_1^{0.71} = (1/2.42) x_1$ $\quad$ Faktorverbrauch

$\quad\ \ v_1^{b+c} = x_1 / [a(c/b)^c(q_1/q_2)^c]$ $\quad$ $v_1^{0.71} = 0.4132 x_1$

$\quad\ \ v_1^{b+c} = x_1 / [a(c/b)^c(q_1/q_2)^c]$ $\quad$ $v_1 = [0.4132 x_1]^{1/0.71}$

$\quad\ \ v_1^{b+c} = (x_1/a)(q_1/b)^{-c}(q_2/c)^c$ $\quad$ $v_1 = 0.4132^{1.4085} x_1^{1.4085}$

$\quad\ \ v_1 = (x_1/a)^{1/(b+c)}(q_1/b)^{-c/(b+c)}$ $\quad$ $v_1 = 0.2880 x_1^{1.4085}$

$\quad\quad\quad (q_2/c)^{c/(b+c)}$

Berücksichtig man die Faktorverbrauchsfunktion (65) in der Kostendefinition (63), so erhält man die langfristige Kostenfunktion $K = f(x_1)$.

(64) $K = q_1 v_1 (b+c)/b$ $\quad\quad\quad$ $K = 142 v_1$ $\quad\quad$ Kostenfunktion

$\quad\ \ K = Bx_1^{1/(b+c)}$ mit $\quad\quad\quad$ $K = 142(0.2880 x_1^{1.4085})$

$\quad\ \ B = [(b+c)a^{-1/(b+c)}]$ $\quad\quad$ $K = 40.8960 x_1^{1.4085}$

$\quad\quad\quad (q_1/b)^{b/(b+c)}(q_2/c)^{c/(b+c)}$ $\quad$ $K = 40.8960 x_1^{1.4085}$

Das Flussdiagramm beschreibt den Lösungsweg zur Ermittlung der langfristigen Kostenfunktion für die Unternehmung A. Zunächst wird das optimale Einsatzverhältnis der Produktionsfaktoren bestimmt. Dieses Einsatzverhältnis wird in den nächsten Schritten sowohl in der Kostendefinition als auch in der Produktionsfunktion berücksichtigt. Darauf wird die Ertragsfunktion in eine Faktorverbrauchsfunktion umgewandelt, Berücksichtigt man dieses Ergebnis in der vereinfachten Kostendefinition, so folgt als Resultat die Kostenfunktion für zwei variable Produktionsfaktoren.

Die langfristige Kostenfunktion wird in **Abbildung 3.35** mit den entsprechenden Grenz- und Durchschnittskosten erfasst.

Die **Grenzkostenfunktion** gewinnt man, indem man die Kostenfunktion (39) nach der Produktionsmenge ableitet. Die Grenzkostenfunktion gibt an, um welchen Betrag die Kosten ansteigen, wenn die Produktionsmenge um eine Einheit erhöht wird. Die Grenzkosten sind bei Linear-Homogenität ($r = 1$) konstant, nämlich gleich B. Die Grenzkostenfunktion hat einen steigenden Verlauf bei sinkenden Skalenerträgen ($r<1$) wie in unserem Fallbeispiel ($r=0.71$) und einen fallenden Verlauf bei steigenden Skalenerträgen ($r>1$). Liegt die Skalenelastizität der Produktionsfunktion zwischen $r<1$ und $r>0.5$, hat die Grenzkostenfunktion den in Abbildung 10 dargestellten unterlinearen (konvexen) Verlauf. Liegt dagegen die Skalenelastizität in dem ungünstigeren Bereich zwischen $r<0.5$ und $r>0$, so verläuft die Grenzkostenfunktion überlinear (konkav).

Allgemein $\quad\quad\quad\quad\quad\quad\quad\quad\quad$ *Beispiel*

(65) $dK/dx_1 = [B/(b+c)]x_1^{(1-b-c)/(b+c)}$ $\quad$ $dKd/x_1 = 1.4085(40.8960 x_1^{1.4085-1.0})$

$\quad\quad\quad\quad\quad\quad\quad\quad\quad\quad\quad\quad\quad$ $dK/dx_1 = 57.60 x_1^{0.4085}$

Die **Durchschnittskostenfunktion** dagegen wird ermittelt, indem man die Kostenfunktion (39) durch die Produktionsmenge dividiert. Die Durchschnittskostenfunktion gibt an, welche Kosten pro Produkteinheit für eine gegebene Produktionsmenge im Durchschnitt auftreten. Man spricht hier auch von Stückkosten.

(68) $K/x_1 = Bx_1^{(1-b-c)/(b+c)}$ $\quad\quad\quad\quad$ $K/x_1 = 40.8960 x_1^{0.4085}$

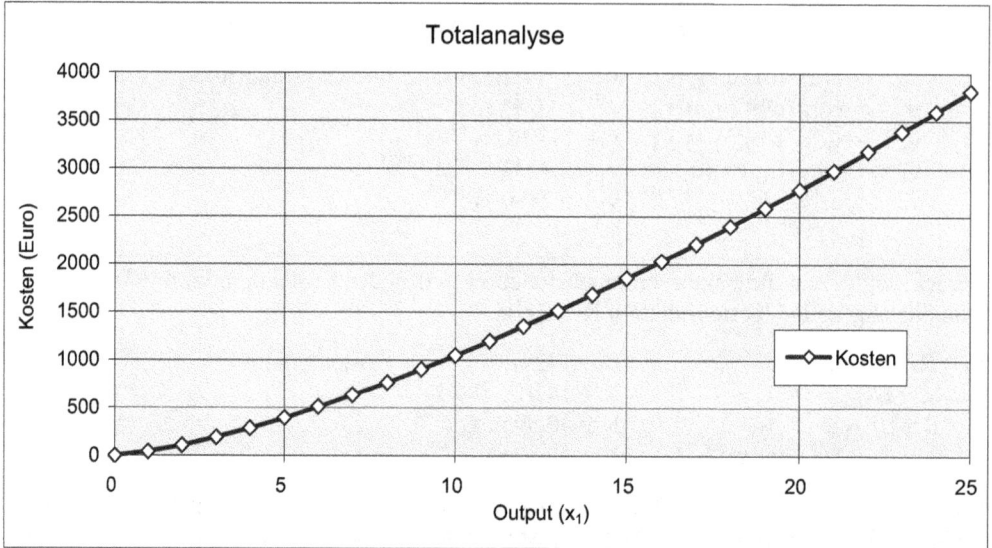

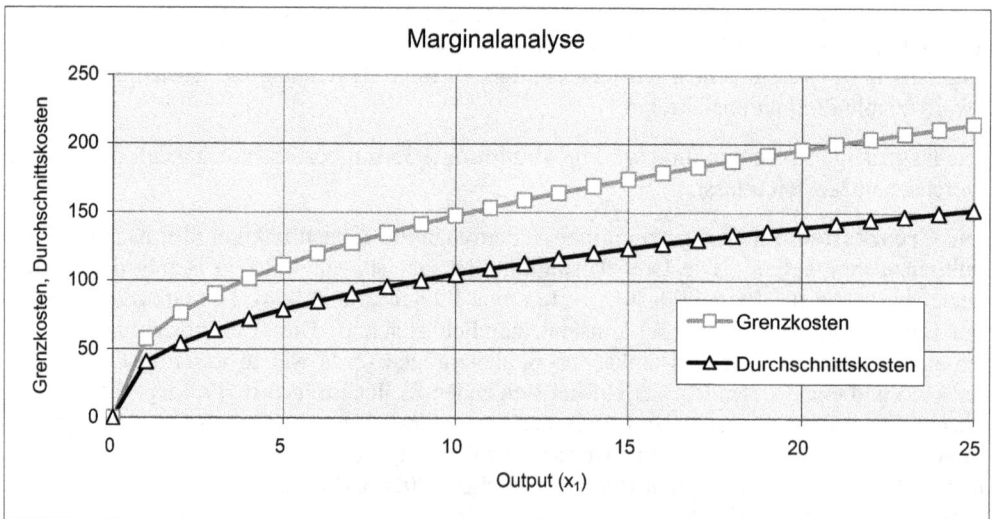

Abbildung 3.35: Langfristige Kostenfunktion

Die langfristige Kostenfunktion weist einen überproportionalen Anstieg der Kosten auf, der auf sinkende Skalenerträge in der Produktion zurückzuführen ist. Die Durchschnittskosten liegen stets unter den Grenzkosten, da die Grenzkosten mit größerer Produktmenge zunehmen.

Produktionsfunktion

$$x_1 = 2.42v_1^{0.29}v_2^{0.42}$$

Faktorpreise

$$q_1 = 58.00$$
$$q_2 = 84.00$$

Optimales Einsatzverhältnis der Produktionsfaktoren (Minimalkostenkombination)

$$GP_1/GP_2 = q_1/q_2$$
$$bv_2/cv_1 = q_1/q_2$$
$$0.29v_2/0.42v_1 = 58/84$$
$$v_2 = 1.0v_1$$

Kostendefinition

$$K = q_1v_1+q_2v_2$$
$$K = 58v_1+84v_2$$

Ertragsfunktion unter Berücksichtigung des optimalen Einsatzverhältnisses

$$x_1 = f(v_1)$$

$$x_1 = 2.42v_1^{0.29}[1.0v_1]^{0.42}$$

$$x_1 = 2.42v_1^{0.71}$$

Kostendefinition unter Berücksichtigung des optimalen Einsatzverhältnisses

$$K = f(v_1)$$

$$K = 58v_1 + 84[1.0v_1]$$

$$K = 142v_1$$

Faktorverbrauchsfunktion für Arbeit
$$v_1 = g(x_1)$$

$$v_1 = 0.2880x_1^{1.4085}$$

Kostenfunktion
$$K = f(x_1)$$

$$K = 40.8960x_1^{1.4085}$$

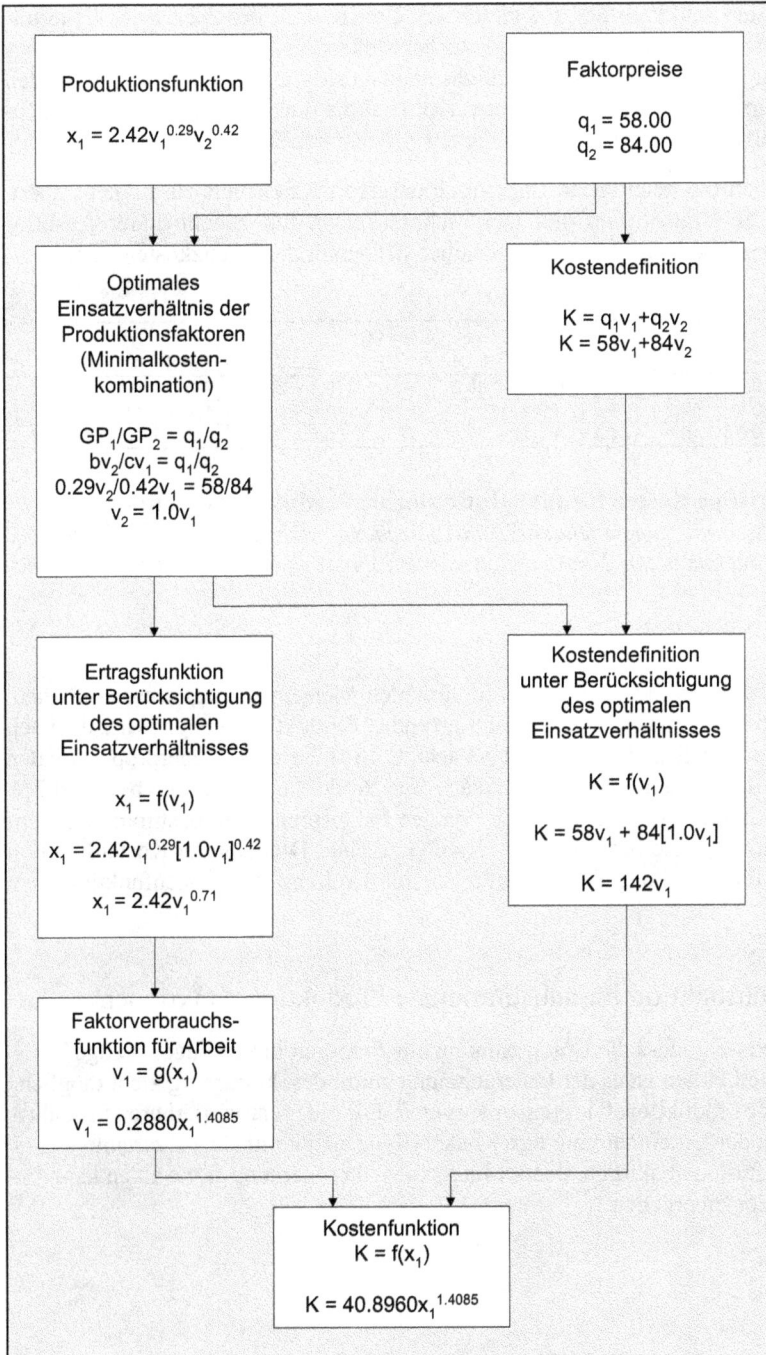

Übersicht 3.4: Berechnung der langfristigen Kostenfunktion
Die Kostenfunktion zeigt die Höhe der Kosten in Abhängigkeit der Produktmenge.

Die Durchschnittskosten sind konstant und gleich den Grenzkosten bei linearen Skalenerträgen. Sie nehmen mit der Ausbringungsmenge zu bei sinkenden Skalenerträgen, sind aber kleiner als die jeweiligen Grenzkosten. Die Durchschnittskostenfunktion hat einen fallenden Verlauf bei steigenden Skalenerträgen. In diesem Fall sind die durchschnittlichen Kosten für jede beliebige Ausbringungsmenge größer als die jeweiligen Grenzkosten.

In **Tabelle 3.13** werden die wichtigsten Ergebnisse unseres Fallbeispiels zusammengefasst. Es zeigt sich, dass die Grenzkosten und Durchschnittskosten mit zunehmender Ausbringungsmenge zunehmen, die Durchschnittskosten aber stets unter den Grenzkosten liegen.

	Output (x_1)										
	0	1	2	3	4	5	6	7	8	9	10
Kosten	0.0	40.9	108.6	192.2	288.2	394.6	510.1	633.8	765.0	903.0	1047.5
Grenzkosten	0.0	57.6	76.5	90.2	101.5	111.2	119.8	127.5	134.7	141.3	147.5
Durchschnittskosten	0.0	40.9	54.3	64.1	72.0	78.9	85.0	90.5	95.6	100.3	104.7

Tabelle 3.13: Langfristige Kosten für die substitutionale Produktionsfunktion
Die Grenzkosten steigen mit zunehmender Produktionsmenge. Die Durchschnittskosten geben an, welcher Produktpreis am Markt erzielt werden muss, damit kostendeckend produziert werden kann.

Da auf den Märkten die Produktionsfaktoren in variablen Mengen besorgt werden können, treten keine fixen Produktionskosten auf. Mit steigender Produktionsmenge wird dennoch ein überproportionaler Anstieg der Kosten beobachtet. Ursache dieses überproportionalen Kostenanstiegs sind die **sinkenden Skalenerträge** der Produktionsfunktion (b+c = 0.71). Die Lage der Kostenfunktion wird maßgeblich von den Faktorpreisen mitbestimmt. So führt eine Erhöhung der Faktorpreise für Arbeit und Kapital zu einer Drehung der Kostenfunktion nach oben, während eine Senkung der Faktorpreise eine Drehung der Kostenfunktion nach unten bewirkt.

Kurzfristige Kostenfunktion für substitutionale Produktionsfunktionen

Bisher haben wir unterstellt, dass die Unternehmung alle Faktoren in beliebiger Menge beschaffen kann. In vielen Fällen ist es der Unternehmung zumindest kurzfristig nicht möglich, die Einsatzmenge aller Produktionsfaktoren zu variieren. Für die nicht variierbaren Produktionsfaktoren entstehen der Unternehmung fixe Kosten (K_f). Dazu kommen als variable Kosten K_v die Ausgaben für jene Faktoren, deren Menge die Unternehmung frei wählen kann, so dass sich als Gesamtkosten ergeben:

(66) $K = Kf + Kv$

K = Gesamtkosten
Kf = Fixe Kosten
Kv = Variable Kosten

In unserem Fallbeispiel wird unterstellt, dass eine Unternehmung mit einer Cobb-Douglas-Produktionsfunktion (beschränkt substitutionalen Produktionsfunktion) produziert. Sie kann kurzfristig die Einsatzmenge des Produktionsfaktors Kapital nicht variieren und hat keinen Einfluss auf die Faktorpreise für Arbeit und Kapital.

Allgemein	*Beispiel*	
(67) $x_1 = av_1^b v_2^c$	$x_1 = 2.42v_1^{0.29} v_2^{0.42}$	Produktionsfunktion
(68) $v_2 = v_2^\circ$	$v_2^\circ = 6$	Faktorbeschränkung Kapital
(69) $q_1 = q_1^\circ$	$q_1 = 58.00$	Faktorpreis für Arbeit
(70) $q_2 = q_2^\circ$	$q_2 = 84.00$	Faktorpreis für Kapital

Die Kostendefinition der Unternehmung A lautet:

(71) $K = q_1v_1 + q_2v_2$ $K = 58v_1 + 84v_2$ Kosten

Da die Faktoreinsatzmenge des Produktionsfaktors Kapital fest vorgegeben ist, sind fixe und variable Produktionskosten zu unterscheiden.

(72) $K = q_1v_1 + q_2v_2^\circ$ $K = 58v_1 + 84(6.0)$ Fixe und variable Kosten
$K = 504 + 58v_1$

Gesucht ist eine Kostenfunktion $K = f(x_1)$ in Abhängigkeit der Produktionsmenge. Deshalb wird zunächst im nächsten Schritt die partielle Ertragsfunktion für Arbeit ermittelt. Sie berücksichtigt, dass der Faktoreinsatzmenge des Produktionsfaktors Kapital kurzfristig nicht variiert werden kann.

(73) $x_1 = av_1^b (v_2^\circ)^c$ $x_1 = 2.42v_1^{0.29}(6.0)^{0.42}$ Partielle Ertragsfunktion Arbeit
$x_1 = 5.1362 v_1^{0.29}$

Durch Umkehrung des Funktionalzusammenhangs kann diese partielle Ertragsfunktion in eine Faktorverbrauchsfunktion $v_1 = f(x_1)$ umgewandelt werden.

(74) $v_1^b = x_1(1/(av2^\circ)^c)$ $v_1^{0.29} = x_1/5.1362$ Faktorverbrauch
$v_1 = [x_1(1/(av2^\circ)^c]^{(1/b)}$ $v_1 = [0.1947 x1]^{(1/0.29)}$
$v_1 = 0.1947^{3.4483} x_1^{3.4483}$
$v_1 = 0.003544 x_1^{3.4483}$

Berücksichtigt man die Faktorverbrauchsfunktion (49) in der Kostendefinition (47), so erhält man die kurzfristige Kostenfunktion $K = f(x1)$.

(75) $K=q_1[x_1(1/(av2^\circ)^c]^{(1/b)}+q_2v_2^\circ$ $K = 504+58[0.003544x_1^{3.4483}]$ Kosten
$K = 504 + 0.2056 x_1^{3.4483}$

Die **Grenzkostenfunktion** gewinnt man, indem man die Kostenfunktion (50) nach der Outputmenge ableitet. Die Grenzkostenfunktion gibt an, um welchen Betrag die Kosten ansteigen, wenn die Produktionsmenge um eine Einheit erhöht wird.

(76) $dK/dx_1=(1/b)q_1[x_1(1/(av2^\circ)^c]^{(1/b)-1}$ $dK/dx_1 = 3.4483(0.2056 x_1^{2.4483})$ Grenzkosten
$dK/dx_1 = 0.7089 x_1^{2.4483}$

Die **Durchschnittskostenfunktion** dagegen wird ermittelt, indem man die Kostenfunktion (50) durch die Produktionsmenge dividiert. Die Durchschnittskostenfunktion gibt an, welche Kosten pro Produkteinheit für eine gegebene Produktionsmenge im Durchschnitt auftreten. Man spricht hier auch von Stückkosten.

(77) $K/x_1 = (q_1[x_1(1/(av2°)^c]^{(1/b)} + q_2v_2°)x_1$ $K/x_1 = 504/x_1 + 0.2056\ x_1^{2.4483}$ Durchschnitts-
                                                                                                            kosten

Bei der Funktion der **variablen Durchschnittskosten** kann man die fixen Produktionskosten vernachlässigen. Für unser Beispiel ergeben sich als variable Durchschnittskosten:

(78) $K_v/x_1 = (q_1[x_1(1/(av2°)^c]^{(1/b)})x_1$ $K_v/x_1 = 0.2056\ x_1^{2.4483}$ Variable Durch-
                                                                                                            schnittskosten

Das folgende Flussdiagramm beschreibt den Lösungsweg zur Ermittlung der kurzfristigen Kostenfunktion für Unternehmung A.

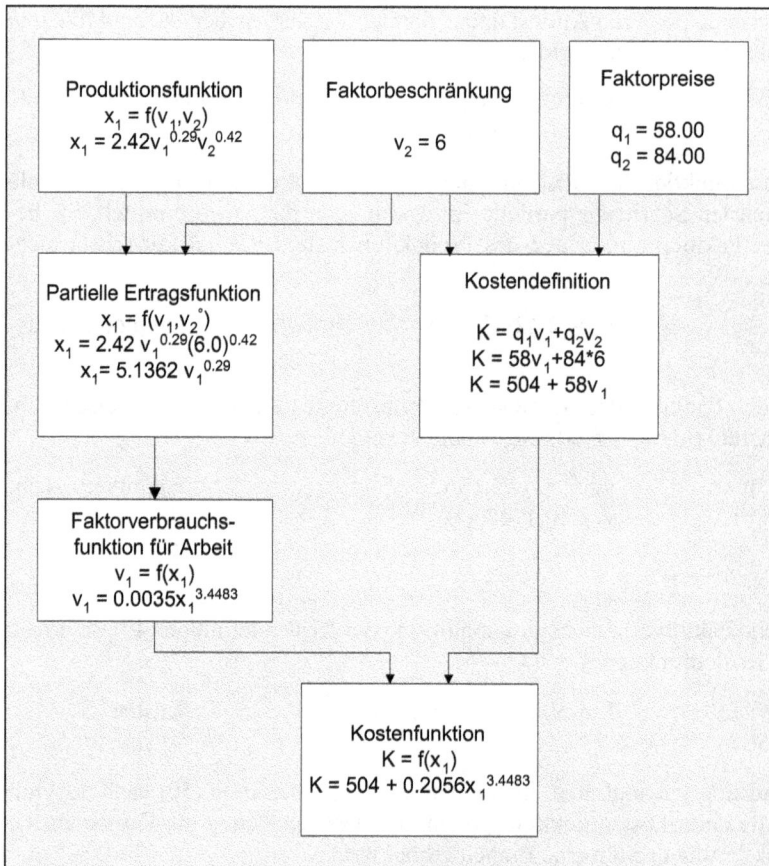

Übersicht 3.5: Berechnung der kurzfristigen Kostenfunktion
Die kurzfristige Kostenfunktion berücksichtig keine optimale Allokation der Produktionsfaktoren. Im vorliegenden Fall ist der überproportionale Anstieg der Kosten auf den variablen Produktionsfaktor zurückzuführen.

Die entsprechenden Grenz- und Durchschnittskosten werden in **Abbildung 3.35** erfasst. Die numerischen Ergebnisse für unser Fallbeispiel sind in **Tabelle 3.14** enthalten.

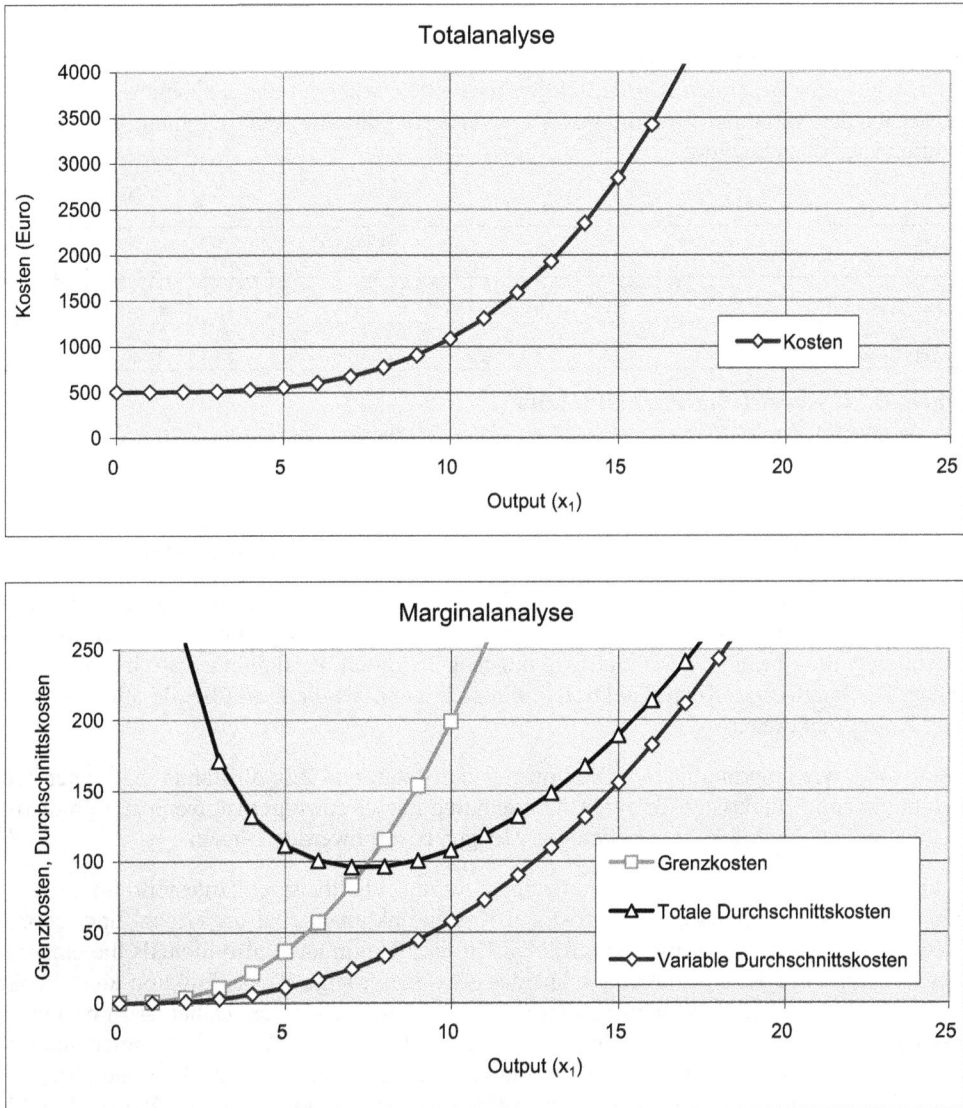

Abbildung 3.35: Kurzfristige Kostenfunktion
Die kurzfristige Kostenfunktion ist mit zunehmender Produktionsmenge durch einen stark ansteigenden Kostenanstieg gekennzeichnet. Die Grenzkosten nehmen ebenfalls einen un-günstigen Verlauf. Im Minimum der Durchschnittskosten durchschneidet die Grenzkosten-funktion die Durchschnittskostenfunktion.

Der Ordinatenabschnitt der kurzfristigen Kostenfunktion wird von den fixen Produktionskosten für den vorgegebenen Kapitaleinsatz bestimmt. Mit steigender Produktionsmenge wird ein überproportionaler Anstieg der Kosten beobachtet. Ursache dieses überproportionalen Kostenanstiegs sind die abnehmenden Ertragszuwächse der partiellen Ertragsfunktion für Arbeit. Die Lage der Kostenfunktion wird maßgeblich von den Faktorpreisen mitbestimmt.

Eine Erhöhung des Faktorpreises für den fixen Produktionsfaktor **Kapital** führt zu einer Verschiebung der gesamten Kostenfunktion nach oben, während eine Erhöhung des Faktorpreises für den variablen Produktionsfaktors **Arbeit** (Lohnsatz) eine Drehung der Kostenfunktion nach oben bewirkt.

	Output (x_1)										
	0	1	2	3	4	5	6	7	8	9	10
Kosten	504.0	504.2	506.2	513.1	528.5	556.9	603.1	672.7	771.3	905.3	1081.1
Grenzkosten	-	0.7	3.9	10.4	21.1	36.5	57.0	83.1	115.2	153.7	199.0
Totale Durchschnittskosten	-	504.2	253.1	171.0	132.1	111.4	100.5	96.1	96.4	100.6	108.1
Variable Durchschnittskosten	-	0.2	1.1	3.0	6.1	10.6	16.5	24.1	33.4	44.6	57.7

Tabelle 3.14: Kurzfristige Kostenfunktion
Mit steigender Produktionsmenge steigen die Grenzkosten stark an. Das Minimum der Stückkosten wird bei einer relativ kleinen Produktionsmenge erreicht.

Zusammenhang zwischen kurz und langfristigen Kostenfunktionen

Lässt man zu, dass alle Produktionsfaktoren in jeder beliebigen Menge zu beschaffen sind, es also weder Unteilbarkeiten; Lieferfristen oder unkündbare Verträge gibt, dann wird die Unternehmung nur jeweils den langfristig kostengünstigsten Produktionsplan in Erwägung ziehen. Die langfristige Kostenfunktion ergibt sich damit als die **Umhüllende** aller kurzfristigen Kostenfunktionen.

Wenn wir – wie ursprünglich angenommen – von Raum und Zeit abstrahieren, können wir auch argumentieren, dass es für eine Unternehmung immer günstiger ist, wenn alle Produktionsfaktoren auf den Märkten in beliebigen Mengen besorgt werden können.

In **Abbildung 3.36** wird dieser Zusammenhang für unser Fallbeispiel dargestellt. Im Tangentialpunkt der kurzfristigen und langfristigen Kostenfunktionen sind die Grenz- und Durchschnittskosten gleich hoch. Eine kurzfristige Kostenfunktion kann also niemals die entsprechende langfristige Kostenfunktion schneiden. Die langfristige Kostenfunktion kann Punkt für Punkt aus vielen kurzfristigen Kostenfunktion konstruiert werden. Dabei ist zu beachten, dass die kurzfristigen Kostenfunktionen niemals die langfristige Kostenfunktion schneiden, sondern nur jeweils in einem bestimmten Punkt die langfristige Kostenfunktion berühren. In diesen Tangentialpunkten ist für die kurzfristigen Kostenfunktion die Minimalkostenkombination der Produktionsfaktoren erfüllt.

Totalanalyse

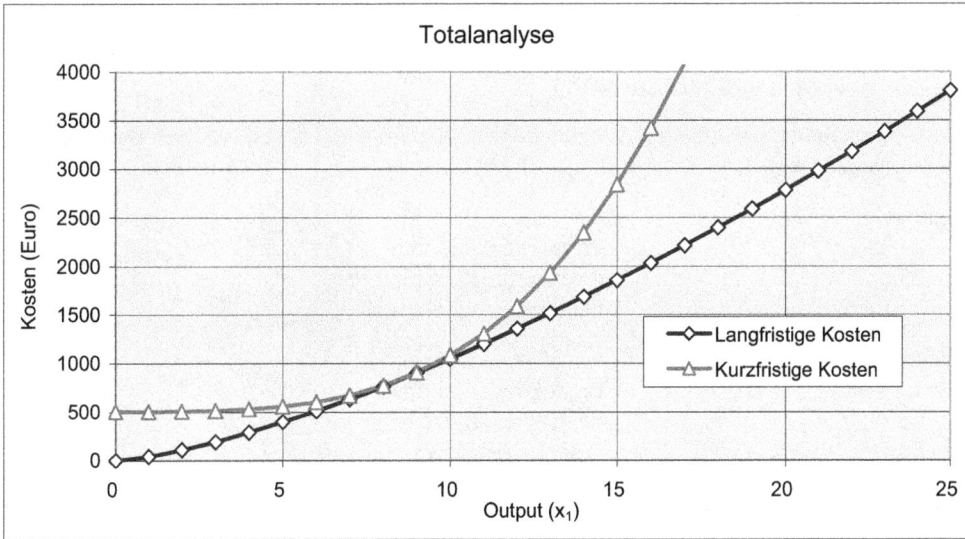

Kosten (Euro) — Output (x_1)

Legende:
- ◇ Langfristige Kosten
- △ Kurzfristige Kosten

Marginalanalyse

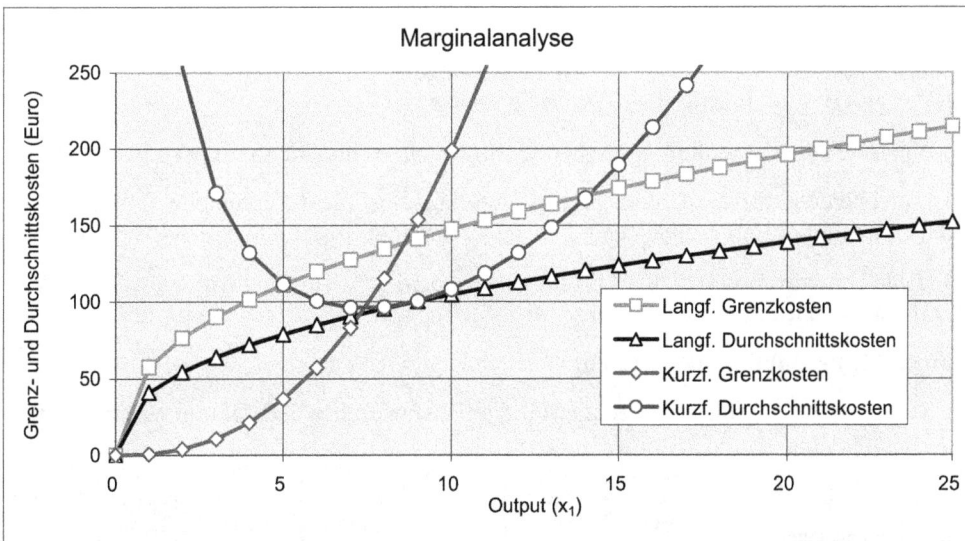

Grenz- und Durchschnittskosten (Euro) — Output (x_1)

Legende:
- □ Langf. Grenzkosten
- △ Langf. Durchschnittskosten
- ◇ Kurzf. Grenzkosten
- ○ Kurzf. Durchschnittskosten

Abbildung 3.36: Kurz- und langfristige Kostenfunktionen

Die kurzfristige Kostenfunktion berührt in einem Punkt die langfristige Kostenfunktion. Bei diesem Produktionsplan ist auch für die kurzfristige Kostenfunktion die Minimalkostenkombination der Produktionsfaktoren erreicht.

3.3.5   Übungsaufgaben zur Kostentheorie

Aufgabe 1: Kosten und Standortwahl

Zwei Unternehmen produzieren das gleiche Gut an zwei verschiedenen Standorten. Gegeben seien folgende Cobb-Douglas-Produktionsfunktionen $x_1 = a\,v_1^{b}\,v_2^{c}$ und die Faktorpreise:

Standort A
$x_1 = 2.0\,v_1^{0.2}\,v_2^{0.3}$ Produktionsfunktion
$q_1 = 25$ Faktorpreis für Arbeit
$q_2 = 20$ Faktorpreis für Kapital

Standort B
$x_1 = 1.0\,v_1^{0.3}\,v_2^{0.5}$ Produktionsfunktion
$q_1 = 60$ Faktorpreis für Arbeit
$q_2 = 50$ Faktorpreis für Kapital

Auf dem Kapital- und Arbeitsmärkten herrscht vollkommene Konkurrenz. Die Unternehmen können beliebige Mengen der Produktionsfaktoren zu den gegeben Preisen in der jeweiligen Region beschaffen.

(a) Ermitteln Sie das optimale Einsatzverhältnis der Produktionsfaktoren für beide Unternehmen. Verwenden Sie dabei die Optimalbedingung für die Minimalkostenkombination $(b/c)*(v_2/v_1) = q_1/q_2$. Interpretieren Sie das Ergebnis.

(b) Wie lauten die Kostenfunktionen der Unternehmen? Schildern Sie Ihre Vorgehensweise.

(c) Entwerfen Sie für die Unternehmung ein Diagramm für die ermittelte Kostenfunktion (Abb.1) und die entsprechenden Grenz- und Durchschnittskostenfunktionen (Abb. 2).

(d) Beide Unternehmen verkaufen ihr Produkt zu dem gleichen Produktpreis auf dem Weltmarkt. Für welchen Standort würden Sie sich entscheiden? Begründen Sie Ihr Ergebnis.

Aufgabe 2: Produktion und Kosten

Für vier Länder seien folgende Leontief-Produktionsfunktionen und Faktorpreise gegeben:

Länder	Produktionsfunktion	Arbeits-produkti-vität x_1/v_1	Kapital-produkti-vität x_1/v_2	Arbeits-verbrauch pro Produkt-einheit v_1/x_1	Kapital-verbrauch pro Produkt-einheit v_2/x_1	Faktor-preis für Arbeit q_1	Faktor-preis für Kapital q_2	Kosten-funktion $K = f(x_1)$
A	$x_1 = \min(4v_1, 5v_2)$					10	20	
B	$x_1 = \min(5v_1, 8v_2)$					20	40	
C	$x_1 = \min(4v_1, 4v_2)$					16	20	
D	$x_1 = \min(2v_1, 4v_2)$					8	15	

(a) Auf den Faktormärkten herrscht vollkommene Konkurrenz. Alle Produktionsfaktoren können zu den gegebenen Preisen in beliebigen Mengen beschafft werden. Berechnen sie sämtliche Angaben der Arbeitstabelle.

(b) Welches Land besitzt die ertragsreichste (produktivste) Produktionsfunktion und welches Land besitzt die günstigste Kostenfunktion? Begründen Sie die Ergebnisse. Erläutern Sie, wie Sie für dieses Land die Kostenfunktionen $K = f(x_1)$ berechnet haben.

(c) Nehmen Sie an, dass auf dem Weltmarkt ein einheitlicher Produktpreis p_1 für das Gut 1 gezahlt wird und Transportkosten vernachlässigt werden können. In welchem Land würden Sie als Unternehmer produzieren, der das Ziel der Gewinnmaximierung verfolgt? Wie hoch müsste der Weltmarktpreis mindestens sein, damit kostendeckend produziert werden kann?

(d) Welche Konsequenzen hat Ihre Entscheidung für den Außenhandel zwischen Industriestaaten und Entwicklungsländern? Welche Bedeutung haben in diesem Zusammenhang die Größen Ertrag, Kosten und Wirtschaftlichkeit für die Allokation von Produktionsfaktoren? Wie ändern sich Ihre Aussagen, wenn Schutzzölle eingeführt werden?

Aufgabe 3: Kostentheorie

Schildern Sie den Lösungsweg zur Beschreibung einer langfristigen Kostenfunktion für eine beschränkt substitutionale Produktionsfunktion $x_1 = f(v_1, v_2)$.

(a) Skizzieren Sie ein Flussdiagramm für den Lösungsweg zur Berechnung einer langfristigen Kostenfunktion $K = f(x_1)$. Erläutern Sie die verschiedenen Rechenschritte und diskutieren Sie die Bedeutung der Minimalkostenkombination für die Berechnungen.

(b) Welche Gleichgewichtsbedingung muss erfüllt sein, damit eine Minimalkostenkombination der Produktionsfaktoren erreicht ist? Skizzieren Sie die Minimalkostenkombination in einem Diagramm (Abb.2).

Aufgabe 4: Kostenfunktion mit fixen und variablen Kosten

Für eine Unternehmung seien folgende Angaben gegeben:

Produktionsfunktion
$x_1 = a\, v_1^{\,b}\, v_2^{\,c}\, v_3^{\,d} = 1.0\, v_1^{\,0.25}\, v_2^{\,0.25}\, v_3^{\,0.5}$

Faktorbeschränkung
$v_3^{\,\circ} = 400$

Faktorpreise
$q_1 = 160.00$
$q_2 = 10.00$
$q_3 = 1.25$

Legende
x_1 = Produktionsmenge des Gutes 1
v_1 = Einsatzmenge des Produktionsfaktors Arbeit
v_2 = Einsatzmenge des Produktionsfaktors Kapital
v_3 = Einsatzmenge des Produktionsfaktors Boden
q_1 = Faktorpreis für Arbeit
q_2 = Faktorpreis für Kapital
q_3 = Faktorpreis für Boden

(a) Geben Sie eine Definition der Produktionsfunktion. Interpretieren Sie die Parameter der Cobb-Douglas-Produktionsfunktion. Wie hoch ist die Skalenelastizität und welche ökonomische Bedeutung hat sie?

(b) Ermitteln Sie für die variablen Produktionsfaktoren Arbeit und Kapital das optimale Einsatzverhältnis (Minimalkostenkombination) der Produktionsfaktoren. Sollte das Unternehmen arbeits- oder kapitalintensiv produzieren? Von welchen Größen hängt diese Entscheidung ab?

(c) Entwerfen Sie ein Flussdiagramm zur Berechnung der Kostenfunktion. Ermitteln Sie die Kostenfunktion der Unternehmung $K = f(x_1)$. Erläutern sie ihre Vorgehensweise.

(d) Skizzieren Sie den Verlauf der Kostenfunktion (Abb. 1) und der Grenz- und Durchschnittskostenfunktionen (Abb. 2). Begründen Sie ihren Verlauf.

Aufgabe 5: Produktion, Faktorpreise und Kosten

Für ein Land seien an drei verschiedenen Standorten folgende Leontief-Produktionsfunktionen gegeben:

$x_1 = \min(2.5v_1; 4.0v_2)$ Unternehmen A
$x_1 = \min(2.0v_1; 8.0v_2)$ Unternehmen B
$x_1 = \min(4.0v_1; 5.0v_2)$ Unternehmen C

Da die Tarifpartner einen Flächentarifvertrag abgeschlossen haben, gilt der einheitliche Lohnsatz von $q_1 = 10$ Geldeinheiten pro Arbeitsstunde. Bezüglich des Kapitalnutzungspreises wird ebenfalls unterstellt, dass ein einheitlicher Preis von $q_2 = 20$ Geldeinheiten pro Einheit für alle drei Unternehmen zu zahlen ist.

(a) Welche Unternehmung ist am produktivsten? Können Sie eine eindeutige Aussage treffen? Interpretieren Sie die Parameter der Produktionsfunktionen.

(b) Auf den Faktormärkten seien die Bedingungen der vollkommenen Konkurrenz erfüllt. Die Unternehmen können zu den gegebenen Preisen beliebige Mengen an Arbeit und Kapital beschaffen. Ermitteln Sie die Kostenfunktionen der Unternehmen. Welches Unternehmen besitzt die günstigste Kostenfunktion? Gilt diese Aussage auch bei anderen Faktorpreisen?

(c) Erläutern Sie die Unterschiede zwischen Produktivität, Wirtschaftlichkeit und Rentabilität? Welche zusätzlichen Angaben benötigen Sie, um für alle drei Unternehmen entsprechende Kennziffern zu berechnen?

Aufgabe 6: Kostenfunktion (15 Punkte)

Skizzieren Sie die Kostenfunktion $K = f(x_1)$ für das klassische Ertragsgesetz (S-förmiger Verlauf der Ertragsfunktion). Berücksichtigen Sie fixe und variable Produktionskosten. Unterscheiden Sie zwischen Totalanalyse (Abb. 1) und Marginalanalyse (Abb.2) Begründen Sie den Verlauf der Kostenfunktion, der Grenzkostenfunktion und der Durchschnittskostenfunktion an einem konkreten Beispiel aus der landwirtschaftlichen Produktion.

Aufgabe 6: Kosten und Aufteilung der Produktion

Ein Unternehmen produziert das Gut 1 mit der Produktionsfunktion $x_1 = 2\, v_1^{0.5}\, v_2^{0.5}$

Der Preis pro Einheit Arbeit (v_1) ist $q_1 = 16$ und der Preis pro Einheit Kapital (v_2) ist $q_2 = 4$.

(a) Lösen Sie mit Hilfe des Lagrangeverfahrens zunächst das Kostenminimierungsproblem des Unternehmens. Stellen Sie dann die Kostenfunktion auf. Welche Interpretation hat der Lagrange-Multiplikator?

(b) Dem Unternehmen steht nun eine zweite Produktionstechnologie zur Produktion des Gutes 1 zur Verfügung. Die zweite Produktionsfunktion lautet $x_1 = 2\,v_2^{0.5}$

Berechnen Sie, wie eine Gesamtmenge des Gutes von $x_1 = 100$ auf die beiden Produktionstechnologien aufgeteilt werden sollte, wenn die gleichen Faktorpreise gelten. Begründen Sie Ihre Aussage.

Aufgabe 7: Kosten und Preisuntergrenze

Gegeben sei die Produktionsfunktion $x_1 = v_1^{0.5}\,v_2^{0.5}$ und die Faktorpreise mit $q_1 = 5$ und $q_2 = 80$. Der Produktionsfaktor Kapital sei beschränkt mit $v_2° = 16$. Berechnen Sie die Kostenfunktion $K = f(x_1)$, die Grenzkostenfunktion $dK/dx_1 = f(x_1)$ und die Durchschnittskostenfunktion $K/x_1 = f(x_1)$ der Unternehmung. Auf allen Märkten sind die Bedingungen der vollkommenen Konkurrenz erfüllt. Bestimmen Sie die Preisuntergrenze der Unternehmung und beschreiben Sie den Lösungsweg. Was ist eigentlich damit gemeint, wenn man von einem Grenzproduzenten spricht?

3.4   Optimaler Produktionsplan

Mit der Aufstellung eines Produktionsplans legt ein Unternehmen für eine bestimmte Produktionsperiode fest, welche Faktormengen zu bestimmten Preisen eingekauft werden (Beschaffungsbereich), wie mit Hilfe dieser Inputs bei Anwendung des besten verfügbaren technischen Wissens und organisatorischen Ablaufs der Produktion ein möglichst hoher Output erzielt wird (Produktionsbereich), welche Verkaufsmenge zu den zugehörigen Verkaufspreisen angeboten werden können (Absatzbereich) und wie hoch Kosten, Erlös und Gewinn voraussichtlich sein werden (Gewinn- und Verlustrechnung).

Das folgende Fallbeispiel behandelt unter vereinfachenden Annahmen Entscheidungen, die in einem Unternehmen getroffen werden müssen, wenn ein gewinnmaximaler Produktionsplan aufgestellt werden soll.

Das Ziel der Gewinnmaximierung des Unternehmens steht im Mittelpunkt der folgenden Analyse. Dieses Ziel kann auch als Ziel der Verlustminimierung verstanden werden. Die Arbeitsplätze in einem Unternehmen sind nur dann gesichert, wenn die Erlöse die gesamten Kosten abdecken. Gleichwohl verfolgen viele Unternehmen neben dem Ziel der Gewinnmaximierung auch zahlreiche andere Zielsetzungen.

Die wichtigsten Ziele der Unternehmen sind:

- Gewinnmaximierung
- Verlustminimierung
- Maximale Verzinsung des Kapitals
- Maximierung des Marktanteils
- Sicherung der Arbeitsplätze
- Maximierung der Beschäftigung
- Optimale Versorgung der Bevölkerung
- Sozialauftrag des Unternehmens
- Umweltschutz
- Lange Existenz am Markt
- Sicherung der Liquidität
- Förderung des technischen Fortschritts
- Optimaler Standort
- Verbesserung des Image
- Minimierung der Steuerzahlungen

In den folgenden Fallbeispielen werden für zwei Einprodukt-Unternehmen gewinnmaximale Produktionspläne ermittelt werden. Die Unternehmen benötigt zur Herstellung eines Gutes die Produktionsfaktoren Arbeit und Kapital (Maschinen). Andere Inputs (Boden, Bodenschätze, Gebäude, Vorleistungen) werden nicht berücksichtigt. Als Technologie steht dem Unternehmen A eine Cobb-Douglas-Produktionsfunktion und dem Unternehmen B eine Leontief-Produktionsfunktion zur Verfügung. Auf allen Märkten (Gütermarkt, Arbeitsmarkt, Kapitalmarkt) herrscht vollkommene Konkurrenz. Die Unternehmen sind überzeugt, dass sie keinen Einfluss auf die Preise nehmen können. Alleiniges Ziel der Unternehmen sei die Gewinnmaximierung.

In den folgenden Modellen werden sowohl Pläne erörtert, die zur kurzfristigen Gewinnmaximierung und langristigen Gewinnmaximierung führen. Im ersten Fall kann lediglich der Produktionsfaktor Arbeit variiert werden. Im zweiten Fall stehen alle Produktionsfaktoren in beliebigen Mengen zur Verfügung.

Es wird unterstellt, dass für beide Unternehmen die gleichen Faktor- und Güterpreise gegeben sind. Auf den Faktor- und Gütermärkten sind damit die Bedingungen der **vollkommenen Konkurrenz** erfüllt. Es handelt sich um folgenden Bedingungen:

- viele Anbieter
- viele Nachfrager
- vollkommene Information (Produkt, Technologie, Angebot, Nachfrage)
- freier Marktzutritt (Zölle, Patente, Urheberrechte, nicht-tarifäre Markthemmnisse)
- keine räumlichen Dimensionen (Transportkosten)
- keine zeitlichen Dimensionen (Anpassungsgeschwindigkeit)

Fallbeispiele

Die Produktionsfunktionen der Unternehmen lauten:

Allgemein	*Typ*	*Beispiel*	
(1) $x_1 = f(v_1, v_2)$	$x_1 = a v_1^b v_2^c$	$x_1 = 2.42 v_1^{0.29} v_2^{0.42}$	Unternehmen A
(2) $x_1 = f(v_1, v_2)$	$x_1 = \min(v_1/a_1, v_2/a_2)$	$x_1 = \min(4v_1, 2v_2)$	Unternehmen B

Die Produktionsfunktion gibt jeweils an, wie die von einer Unternehmung hergestellte Produktmenge bei Anwendung der günstigsten Technik von der Menge der in den Produktionsprozess eingehenden Faktoren bestimmt ist.

Für beide Unternehmen sei der Produktpreis mit $p_1 = 110$ gegeben. Die Faktorpreise betragen $q_1 = 58$ und $q_2 = 84$.

Allgemein	*Beispiel*	
(3) $E = p_1 x_1$	$E = 110 \, x_1$	Erlös (Umsatz)
(4) $K = q_1 v_1 + q_2 v_2$	$K = 58 \, v_1 + 84 \, v_2$	Kosten
(5) $G = E - K$	$G = 110 \, x_1 - 58 \, v_1 - 84 \, v_2$	Gewinn

Der Gewinn berechnet sich als Differenz von Erlös (Umsatz) und Kosten.

Legende:

x_1 = Produktionsmenge
v_1 = Einsatzmenge Arbeit
v_2 = Einsatzmenge Kapital
E = Erlös (Umsatz)
K = Kosten
G = Gewinn

p_1 = Produktpreis
q_1 = Faktorpreis für Arbeit
q_2 = Faktorpreis für Kapital

Box 3.5

Aufgaben zur Theorie der Unternehmung – Optimaler Produktionsplan

Aufgabe 9: Der gewinnmaximale Produktionsplan der Unternehmung

Zwei Unternehmen produzieren ein Konsumgut mit den Produktionsfaktoren Arbeit und Kapital. Die Produktionsfunktionen lauten:

(1) $x_1 = 2.42 \, v_1^{0.29} \, v_2^{0.42}$ Unternehmen A

(2) $x_1 = \min(4v_1, 2v_2)$ Unternehmen B

x_1 = Produktionsmenge des Konsumgutes 1, v_1 = Einsatzmenge des Produktionsfaktors Arbeit, v_2 = Einsatzmenge des Produktionsfaktors Kapital. Auf allen Märkten herrscht vollkommene Konkurrenz. Der Produktpreis ist mit $p_1 = 110$ und die Faktorpreise sind mit $q_1 = 58$ und $q_2 = 84$ gegeben. Beantworten Sie die folgenden Fragen getrennt für beide Unternehmen.

(a) Kurzfristige Gewinnmaximierung

Die Einsatzmenge des Produktionsfaktors Kapital sei kurzfristig mit $v_2 = 6$ vorgegeben. Bestimmen Sie den gewinnmaximalen Produktionsplan mit Hilfe der Outputregel. Berechnen Sie alternativ den gewinnmaximalen Produktionsplan mit Hilfe der Inputregel. Wie lautet die kurzfristige Angebotsfunktion der Unternehmung?

(b) Langfristige Gewinnmaximierung

Beide Produktionsfaktoren können auf den Märkten in beliebiger Menge beschafft werden. Ermitteln Sie die gewinnmaximalen Produktionspläne für beide Unternehmen. Bestimmen sie die Angebotsfunktion des Unternehmens. Vergleichen Sie die Ergebnisse der kurzfristigen und langfristigen Gewinnmaximierung. Welche Maßnahmen empfehlen Sie der jeweiligen Geschäftsführung des Unternehmens?

(c) Änderung der Preise

Wie ändern sich die Produktionspläne, wenn folgende Preissteigerungen zu beachten sind: Konsumgut +15 %, Arbeit +10 %, Kapital +5 %?

Ermitteln Sie für alle optimalen Produktionspläne der beiden Unternehmen die folgenden Angaben:

x_1 = Produktionsmenge   E = Erlös (Umsatz)
v_1 = Einsatzmenge Arbeit   K = Kosten
v_2 = Einsatzmenge Kapital   G = Gewinn

Die Aufgaben werden im Kapitel 3.4 (Optimaler Produktionsplan) behandelt..

Kapital (v₂)		Arbeit (v_1)												
		0	1	2	3	4	5	6	7	8	9	10	11	12
		Output $x_1 = a\,v_1^{\,b}\,v_2^{\,c} = 2.42\,v_1^{0.29}\,v_2^{0.42}$												
	0	0.0	0.0	0.0	0.0	0.0	0.0	0.0	0.0	0.0	0.0	0.0	0.0	0.0
	1	0.0	2.4	3.0	3.3	3.6	3.9	4.1	4.3	4.4	4.6	4.7	4.9	5.0
	2	0.0	3.2	4.0	4.5	4.8	5.2	5.4	5.7	5.9	6.1	6.3	6.5	6.7
	3	0.0	3.8	4.7	5.3	5.7	6.1	6.5	6.7	7.0	7.3	7.5	7.7	7.9
	4	0.0	4.3	5.3	6.0	6.5	6.9	7.3	7.6	7.9	8.2	8.4	8.7	8.9
	5	0.0	4.8	5.8	6.5	7.1	7.6	8.0	8.4	8.7	9.0	9.3	9.5	9.8
	6	0.0	5.1	6.3	7.1	7.7	8.2	8.6	9.0	9.4	9.7	10.0	10.3	10.6
	7	0.0	5.5	6.7	7.5	8.2	8.7	9.2	9.6	10.0	10.4	10.7	11.0	11.3
	8	0.0	5.8	7.1	8.0	8.7	9.2	9.7	10.2	10.6	11.0	11.3	11.6	11.9
	9	0.0	6.1	7.4	8.4	9.1	9.7	10.2	10.7	11.1	11.5	11.9	12.2	12.5
	10	0.0	6.4	7.8	8.8	9.5	10.2	10.7	11.2	11.6	12.0	12.4	12.8	13.1
		Erlös $E = p_1 x_1 = 110 x_1$												
	0	0.0	0.0	0.0	0.0	0.0	0.0	0.0	0.0	0.0	0.0	0.0	0.0	0.0
	1	0.0	266.2	325.5	366.1	397.9	424.5	447.6	468.0	486.5	503.4	519.0	533.6	547.2
	2	0.0	356.2	435.5	489.8	532.4	568.0	598.8	626.2	650.9	673.6	694.4	713.9	732.2
	3	0.0	422.3	516.3	580.7	631.2	673.4	710.0	742.5	771.8	798.6	823.4	846.5	868.1
	4	0.0	476.5	582.6	655.3	712.3	759.9	801.2	837.8	870.9	901.2	929.1	955.2	979.6
	5	0.0	523.3	639.8	719.7	782.3	834.6	879.9	920.1	956.5	989.7	1020.4	1049.0	1075.8
	6	0.0	565.0	690.8	777.0	844.6	901.0	949.9	993.4	1032.6	1068.5	1101.6	1132.5	1161.4
	7	0.0	602.8	737.0	828.9	901.0	961.3	1013.5	1059.8	1101.7	1139.9	1175.3	1208.2	1239.1
	8	0.0	637.5	779.5	876.7	953.0	1016.7	1071.9	1120.9	1165.2	1205.7	1243.1	1277.9	1310.6
	9	0.0	669.9	819.0	921.2	1001.4	1068.3	1126.3	1177.8	1224.3	1266.8	1306.1	1342.7	1377.1
	10	0.0	700.2	856.1	962.9	1046.7	1116.6	1177.3	1231.1	1279.7	1324.2	1365.2	1403.5	1439.4
		Kosten $K = q_1 v_1 + q_2 v_2 = 58 v_1 + 84 v_2$												
	0	0.0	58.0	116.0	174.0	232.0	290.0	348.0	406.0	464.0	522.0	580.0	638.0	696.0
	1	84.0	142.0	200.0	258.0	316.0	374.0	432.0	490.0	548.0	606.0	664.0	722.0	780.0
	2	168.0	226.0	284.0	342.0	400.0	458.0	516.0	574.0	632.0	690.0	748.0	806.0	864.0
	3	252.0	310.0	368.0	426.0	484.0	542.0	600.0	658.0	716.0	774.0	832.0	890.0	948.0
	4	336.0	394.0	452.0	510.0	568.0	626.0	684.0	742.0	800.0	858.0	916.0	974.0	1032.0
	5	420.0	478.0	536.0	594.0	652.0	710.0	768.0	826.0	884.0	942.0	1000.0	1058.0	1116.0
	6	504.0	562.0	620.0	678.0	736.0	794.0	852.0	910.0	968.0	1026.0	1084.0	1142.0	1200.0
	7	588.0	646.0	704.0	762.0	820.0	878.0	936.0	994.0	1052.0	1110.0	1168.0	1226.0	1284.0
	8	672.0	730.0	788.0	846.0	904.0	962.0	1020.0	1078.0	1136.0	1194.0	1252.0	1310.0	1368.0
	9	756.0	814.0	872.0	930.0	988.0	1046.0	1104.0	1162.0	1220.0	1278.0	1336.0	1394.0	1452.0
	10	840.0	898.0	956.0	1014.0	1072.0	1130.0	1188.0	1246.0	1304.0	1362.0	1420.0	1478.0	1536.0
		Gewinn $= E - K$												
	0	0.0	-58.0	-116.0	-174.0	-232.0	-290.0	-348.0	-406.0	-464.0	-522.0	-580.0	-638.0	-696.0
	1	-84.0	124.2	125.5	108.1	81.9	50.5	15.6	-22.0	-61.5	-102.6	-145.0	-188.4	-232.8
	2	-168.0	130.2	151.5	147.8	132.4	110.0	82.8	52.2	18.9	-16.4	-53.6	-92.1	-131.8
	3	-252.0	112.3	148.3	154.7	147.2	131.4	110.0	84.5	55.8	24.6	-8.6	-43.5	-79.9
	4	-336.0	82.5	130.6	145.3	144.3	133.9	117.2	95.8	70.9	43.2	13.1	-18.8	-52.4
	5	-420.0	45.3	103.8	125.7	130.3	124.6	111.9	94.1	72.5	47.7	20.4	-9.0	-40.2
	6	-504.0	3.0	70.8	99.0	108.6	107.0	97.9	83.4	64.6	42.5	17.6	-9.5	-38.6
	7	-588.0	-43.2	33.0	66.9	81.0	83.3	77.5	65.8	49.7	29.9	7.3	-17.8	-44.9
	8	-672.0	-92.5	-8.5	30.7	49.0	54.7	51.9	42.9	29.2	11.7	-8.9	-32.1	-57.4
	9	-756.0	-144.1	-53.0	-8.8	13.4	22.3	22.3	15.8	4.3	-11.2	-29.9	-51.3	-74.9
	10	-840.0	-197.8	-99.9	-51.1	-25.3	-13.4	-10.7	-14.9	-24.3	-37.8	-54.8	-74.5	-96.6

Tabelle 3.15: Produktionsplanung der Unternehmen A
Die Tabellen erfassen für eine Unternehmung, die mit einer Cobb-Douglas-Produktions-funktion produziert, die wichtigsten Ergebnisse.

		Arbeit (v_1)												
		0	1	2	3	4	5	6	7	8	9	10	11	12
		Output $x_1 = \min(v_1/a_1;\ v_2/a_2) = \min(4v_1;\ 2v_2)$												
Kapital (v_2)	0	0.0	0.0	0.0	0.0	0.0	0.0	0.0	0.0	0.0	0.0	0.0	0.0	0.0
	1	0.0	2.0	2.0	2.0	2.0	2.0	2.0	2.0	2.0	2.0	2.0	2.0	2.0
	2	0.0	4.0	4.0	4.0	4.0	4.0	4.0	4.0	4.0	4.0	4.0	4.0	4.0
	3	0.0	4.0	6.0	6.0	6.0	6.0	6.0	6.0	6.0	6.0	6.0	6.0	6.0
	4	0.0	4.0	8.0	8.0	8.0	8.0	8.0	8.0	8.0	8.0	8.0	8.0	8.0
	5	0.0	4.0	8.0	10.0	10.0	10.0	10.0	10.0	10.0	10.0	10.0	10.0	10.0
	6	0.0	4.0	8.0	12.0	12.0	12.0	12.0	12.0	12.0	12.0	12.0	12.0	12.0
	7	0.0	4.0	8.0	12.0	14.0	14.0	14.0	14.0	14.0	14.0	14.0	14.0	14.0
	8	0.0	4.0	8.0	12.0	16.0	16.0	16.0	16.0	16.0	16.0	16.0	16.0	16.0
	9	0.0	4.0	8.0	12.0	16.0	18.0	18.0	18.0	18.0	18.0	18.0	18.0	18.0
	10	0.0	4.0	8.0	12.0	16.0	20.0	20.0	20.0	20.0	20.0	20.0	20.0	20.0
		Erlös $E = p_1 x_1 = 110 x_1$												
Kapital (v_2)	0	0.0	0.0	0.0	0.0	0.0	0.0	0.0	0.0	0.0	0.0	0.0	0.0	0.0
	1	0.0	220.0	220.0	220.0	220.0	220.0	220.0	220.0	220.0	220.0	220.0	220.0	220.0
	2	0.0	440.0	440.0	440.0	440.0	440.0	440.0	440.0	440.0	440.0	440.0	440.0	440.0
	3	0.0	440.0	660.0	660.0	660.0	660.0	660.0	660.0	660.0	660.0	660.0	660.0	660.0
	4	0.0	440.0	880.0	880.0	880.0	880.0	880.0	880.0	880.0	880.0	880.0	880.0	880.0
	5	0.0	440.0	880.0	1100.0	1100.0	1100.0	1100.0	1100.0	1100.0	1100.0	1100.0	1100.0	1100.0
	6	0.0	440.0	880.0	1320.0	1320.0	1320.0	1320.0	1320.0	1320.0	1320.0	1320.0	1320.0	1320.0
	7	0.0	440.0	880.0	1320.0	1540.0	1540.0	1540.0	1540.0	1540.0	1540.0	1540.0	1540.0	1540.0
	8	0.0	440.0	880.0	1320.0	1760.0	1760.0	1760.0	1760.0	1760.0	1760.0	1760.0	1760.0	1760.0
	9	0.0	440.0	880.0	1320.0	1760.0	1980.0	1980.0	1980.0	1980.0	1980.0	1980.0	1980.0	1980.0
	10	0.0	440.0	880.0	1320.0	1760.0	2200.0	2200.0	2200.0	2200.0	2200.0	2200.0	2200.0	2200.0
		Kosten $K = q_1 v_1 + q_2 v_2 = 58 v_1 + 84 v_2$												
Kapital (v_2)	0	0.0	58.0	116.0	174.0	232.0	290.0	348.0	406.0	464.0	522.0	580.0	638.0	696.0
	1	84.0	142.0	200.0	258.0	316.0	374.0	432.0	490.0	548.0	606.0	664.0	722.0	780.0
	2	168.0	226.0	284.0	342.0	400.0	458.0	516.0	574.0	632.0	690.0	748.0	806.0	864.0
	3	252.0	310.0	368.0	426.0	484.0	542.0	600.0	658.0	716.0	774.0	832.0	890.0	948.0
	4	336.0	394.0	452.0	510.0	568.0	626.0	684.0	742.0	800.0	858.0	916.0	974.0	1032.0
	5	420.0	478.0	536.0	594.0	652.0	710.0	768.0	826.0	884.0	942.0	1000.0	1058.0	1116.0
	6	504.0	562.0	620.0	678.0	736.0	794.0	852.0	910.0	968.0	1026.0	1084.0	1142.0	1200.0
	7	588.0	646.0	704.0	762.0	820.0	878.0	936.0	994.0	1052.0	1110.0	1168.0	1226.0	1284.0
	8	672.0	730.0	788.0	846.0	904.0	962.0	1020.0	1078.0	1136.0	1194.0	1252.0	1310.0	1368.0
	9	756.0	814.0	872.0	930.0	988.0	1046.0	1104.0	1162.0	1220.0	1278.0	1336.0	1394.0	1452.0
	10	840.0	898.0	956.0	1014.0	1072.0	1130.0	1188.0	1246.0	1304.0	1362.0	1420.0	1478.0	1536.0
		Gewinn $= E - K$												
Kapital (v_2)	0	0.0	-58.0	-116.0	-174.0	-232.0	-290.0	-348.0	-406.0	-464.0	-522.0	-580.0	-638.0	-696.0
	1	-84.0	78.0	20.0	-38.0	-96.0	-154.0	-212.0	-270.0	-328.0	-386.0	-444.0	-502.0	-560.0
	2	-168.0	214.0	156.0	98.0	40.0	-18.0	-76.0	-134.0	-192.0	-250.0	-308.0	-366.0	-424.0
	3	-252.0	130.0	292.0	234.0	176.0	118.0	60.0	2.0	-56.0	-114.0	-172.0	-230.0	-288.0
	4	-336.0	46.0	428.0	370.0	312.0	254.0	196.0	138.0	80.0	22.0	-36.0	-94.0	-152.0
	5	-420.0	-38.0	344.0	506.0	448.0	390.0	332.0	274.0	216.0	158.0	100.0	42.0	-16.0
	6	-504.0	-122.0	260.0	642.0	584.0	526.0	468.0	410.0	352.0	294.0	236.0	178.0	120.0
	7	-588.0	-206.0	176.0	558.0	720.0	662.0	604.0	546.0	488.0	430.0	372.0	314.0	256.0
	8	-672.0	-290.0	92.0	474.0	856.0	798.0	740.0	682.0	624.0	566.0	508.0	450.0	392.0
	9	-756.0	-374.0	8.0	390.0	772.0	934.0	876.0	818.0	760.0	702.0	644.0	586.0	528.0
	10	-840.0	-458.0	-76.0	306.0	688.0	1070.0	1012.0	954.0	896.0	838.0	780.0	722.0	664.0

Tabelle 3.16: Produktionsplanung der Unternehmen B
Die Tabellen erfassen für eine Unternehmung, die mit einer Leontief-Produktionsfunktion produziert, die wichtigsten Ergebnisse.

In einem ersten pragmatischen Lösungsversuch werden die Mengen für den Output und die Werte für Umsatz, Kosten und Gewinn für beide Unternehmen in Arbeitstabellen eingetragen. Die entsprechenden Ergebnisse wurden in **Tabelle 3.15** für die Unternehmung A und in **Tabelle 3.16** für die Unternehmung B zusammengefasst.

Zunächst werden die Produktmengen berechnet, die mit den gegebenen Faktoreinsatzmengen produziert werden können. Die Ergebnisse erhält man, indem man die entsprechenden Faktormengen in die Produktionsfunktion einsetzt. Der Erlös ist das Produkt aus Produktpreis und Produktmenge. Die jeweiligen Mengen der Produkttabelle werden mit dem konstanten Produktpreis bewertet.

Die Kosten werden berechnet, indem man die entsprechenden Arbeits- und Kapitalmengen in der Arbeitsmatrix mit den entsprechenden Faktorpreisen multipliziert. Die Gewinne bzw. Verluste werden berechnet, indem man die Kostenmatrix von der Umsatzmatrix $G = U - K$ abzieht. Zur Ermittlung des gewinnmaximalen Produktionsplans müssen folgende Fragen beantwortet werden:

- Wie groß ist das Güterangebot der Unternehmung?
- Wie groß ist Nachfrage nach Arbeit?
- Wie groß ist Nachfrage nach Kapital?
- Wie hoch ist der Umsatz (Erlös)?
- Wie hoch sind die Kosten?
- Wie hoch ist der Gewinn?

| | | Unternehmen A | | Unternehmen B | |
		Langfristig	Kurzfristig	Langfristig	Kurzfristig
		Mengen			
Output	x_1	5.3	7.7	Unendlich	12.0
Arbeit	v_1	3.0	4.0	Unendlich	3.0
Kapital	v_2	3.0	6.0	Unendlich	6.0
		Preise			
Produktpreis	p_1	110.0	110.0	110.0	110.0
Lohnsatz	q_1	58.0	58.0	58.0	58.0
Faktorpreis für Kapital	q_2	84.0	84.0	84.0	84.0
		Werte			
Erlös	E	580.7	844.6	Unendlich	1320.0
Kosten	K	426.0	736.0	Unendlich	678.0
Gewinn	G	147.8	130.3	Unendlich	642.0

Tabelle 3.17: Optimale Produktionspläne für ganzzahlige Inputs
Alle Angaben wurden aus den Produkttabellen für die Unternehmung A und B abgeleitet. In der kurzfristigen Analyse ist der Kapitaleinsatz fest vorgegeben, in der langfristigen Analyse können beide Produktionsfaktoren in variablenMmengen besorgt werden.

In **Tabelle 3.17** werden die gewinnmaximalen Produktionspläne für die Unternehmen A und B für den Fall ausgewiesen, dass nur ganzzahlige Mengen der Inputs eingesetzt werden können.

Dieses pragmatische Vorgehen ermöglicht es lediglich, für ganzzahlige bzw. diskrete Einsatzmengen der Produktionsfaktoren gewinnmaximale Produktionspläne zu ermitteln. Im folgenden soll ein analytischer Weg aufgezeigt werden, der in beiden Fällen auf der Grundlage eines soliden theoretischen Ansatzes eine exakte Lösung findet. Dabei gehen wir von stetigen Funktionen und beliebiger Teilbarkeit der Inputs und Outputs aus. Zudem unterstellen wir eine konkave Technologie, das heißt sinkende Skalenerträge und sinkende Grenzerträge. Die Analyse erfolgt wieder auf zwei Ebenen, nämlich in allgemeiner Form und für eine Zwei-Faktor-Cobb-Douglas Technologie (Unternehmen A), bzw. eine Zwei-Faktor-Leontief-Technologie (Unternehmen B).

Man kann den gewinnmaximalen Produktionsplan nach zwei verschiedenen Verfahren ableiten:

- Ermittelt man zunächst die gewinnmaximale Outputmenge und danach die dazu passenden optimalen Mengen der variablen Produktionsfaktoren, so kommt man zur **Outputregel**.

- Bei der **Inputregel** werden dagegen zunächst die gewinnmaximalen Inputmengen der variablen Produktionsfaktoren und danach die entsprechende optimale Outputmenge bestimmt.

Beide Verfahren führen zum selben Ergebnis bezüglich der optimalen Output- und Inputmengen.

3.4.1 Outputregel

Zunächst soll ein kurzfristig gewinnmaximaler Produktionsplan für die Cobb-Douglas-Produktionsfunktion berechnet werden. Für die Unternehmung A sind folgende Angaben zu beachten:

Allgemein	*Beispiel*	
$x_1 = a\, v_1^{\,b} v_2^{\,c}$	$x_1 = 2.42\, v_1^{\,0.29} v_2^{\,0.42}$	Produktionsfunktion
$v_2 = v_2^{\,\circ}$	$v_2^{\,\circ} = 6$	Faktorbeschränkung für Kapital
$p_1 = p_1^{\,\circ}$	$p_1 = 110$	Produktpreis für Gut 1
$q_1 = q_1^{\,\circ}$	$q_1 = 58$	Faktorpreis für Arbeit
$q_2 = q_2^{\,\circ}$	$q_2 = 84$	Faktorpreis für Kapital

Bei der Outputregel wird zunächst die optimale Produktionsmenge bestimmt. Ziel der Analyse ist es, eine Umsatzfunktion und eine Kostenfunktion in Abhängigkeit der Produktionsmenge zu ermitteln. Aus der Differenz zwischen Umsatzfunktion und Kostenfunktion kann auf die Gewinnsituation der Unternehmung geschlossen werden. Das Optimierungsproblem der Unternehmung lautet:

Maximiere

(6) Gewinn = Erlös – Kosten   Zielfunktion

unter den Nebenbedingungen

(7) $E = f(x_1)$ Erlösfunktion
(8) $K = f(x_1)$ Kostenfunktion

Im Fall der vollkommenen Konkurrenz ist der Produktpreis für die Unternehmung gegeben. Verlangt das Unternehmen einen höheren Preis für ihr Produkt als den Marktpreis, werden alle Nachfrager bei der Konkurrenz kaufen. Bietet das Unternehmen dagegen das Produkt zu einem Preis unterhalb des Marktpreises an, verstößt sie gegen ihr erklärtes Ziel der Gewinnmaximierung. Die Umsatzfunktion $U = f(x_1)$ lautet in diesem Fall:

Allgemein   *Beispiel*

(9) $E = p_1 x_1$ $E = 110 x_1$ Erlösfunktion $E = f(x_1)$

Bei gegebenem Produktpreis verläuft die Umsatzfunktion linear. Die Steigung der Umsatzfunktion wird von der Höhe des Preises bestimmt.

Deutlich schwieriger ist es in unserem Fall, die Kostenfunktion in Abhängigkeit von der Produktionsmenge $K = f(x_1)$ zu ermitteln. Ausgangspunkt der Überlegungen ist folgende Kostendefinition:

(10) $K = q_1 v_1 + q_2 v_2$ $K = 58 v_1 + 84 v_2$ Kostendefinition

Im Fall der kurzfristigen Analyse ist die Faktormenge des Kapitals vorgegeben mit $v_2^\circ = 6$. Es sind deshalb fixe und variable Kosten zu unterscheiden.

(11) $K = q_1 v_1 + q_2 v_2^\circ$ $K = 58 v_1 + 84(6)$ Fixe und variable Kosten
$K = 504 + 58 v_1$

Die partielle Ertragsfunktion für $v_2^\circ = 6$ bei variablem Arbeitseinsatz lautet:

(12) $x_1 = a v_1^b v_2^c$ $x_1 = 2.42 v_1^{0.29} (6)^{0.42}$ Ertragsfunktion für Arbeit
$x_1 = 5.1362 v_1^{0.29}$

Mit dem nächsten Schritt wird die partielle Ertragsfunktion $x_1 = f(v_1, v_2^\circ)$ in eine Faktorverbrauchsfunktion für Arbeit $v_1 = f(x_1)$ umgewandelt.

(13) $v_1 = (x_1/a v_2^c)^{1/b}$ $v_1 = 0.003544 x_1^{3.4483}$ Faktorverbrauchsfunktion

Berücksichtigt man die Faktorverbrauchsfunktion für Arbeit (8) in der Kostendefinition (6), so erhält man die Kostenfunktion $K = f(x_1)$.

(14) $K = q_1(x_1/a v_2^c)^{1/b} + q_2 v_2$ $K = 504 + 58(0.003544 x_1^{3.4483})$ Kostenfunktion $K = f(x_1)$
$K = q_1 x_1^{1/b} (a v_2^c)^{-1/b} + q_2 v_2$ $K = 504 + 0.2056 x_1^{3.4483}$

Aufgrund der abnehmenden Ertragszuwächse in der Produktion steigen die Kosten mit zunehmender Ausbringungsmenge überproportional an.

Berücksichtigt man die Erlösfunktion (4) und die Kostenfunktion (9) in der Gewinndefinition (1), so erhält man die folgende Gewinngleichung:

(15) $G = p_1x_1 - [q_1x_1^{1/b}(av_2^c)^{-1/b} + q_2v_2]$ $\qquad$ $G = 110x_1 - [504 + 0.2056\,x_1^{3.4483}]$ Gewinn
$\qquad\quad G = p_1x_1 - q_1x_1^{1/b}(av_2^c)^{-1/b} - q_2v_2$ $\qquad$ $G = 110x_1 - 504 - 0.2056\,x_1^{3.4483}$

Der maximale Gewinn ist bei einer Ausbringungsmenge erreicht, bei der jede Veränderung des Outputs den Gewinn senken würde. Die Gewinnfunktion ist nach der Produktionsmenge abzuleiten und die Ableitung dann gleich Null zu setzen.

(16) $dG/dx_1 = p_1 - (1/b)q_1x_1^{(1-b)/b}(av_2^c)^{-1/b}$ $\quad$ $dG/dx_1 = 110 - 3.4483(0.2056x_1^{2.4483})$ Grenzgewinn
$\qquad\qquad\qquad\qquad\qquad\qquad\qquad\qquad\quad dG/dx_1 = 110 - 0.7088\,x_1^{2.4483}$

Setzt man die Grenzgewinnfunktion $dG/dx_1 = f(x_1)$ gleich Null, so erhält man die folgende Bedingung für den gewinnmaximalen Produktionsplan.

(17) $0 = p_1 - (1/b)q_1x_1^{(1-b)/b}(av_2^c)^{-1/b}$ $\qquad$ $0 = 110 - 0.7088\,x_1^{2.4483}$ $\qquad\qquad$ Outputregel

Aus Gleichung 12 folgt die allgemeine Outputregel für einen gewinnmaximalen Produktionsplan Produktpreis (Grenzerlös) = Grenzkosten:

(18) $p_1 = dK/dx_1$ $\qquad\qquad\qquad\qquad$ $110 = 0.7088\,x_1^{2.4483}$ $\qquad$ Produktpreis = Grenzkosten
$\quad p_1 = (1/b)q_1x_1^{(1-b)/b}(av_2^c)^{-1/b}$

Die gewinnmaximale Produktionsmenge errechnet sich als $x_1^* = f(p_1, q_1, q_2)$

(19) $x_1 = [(p_1\,b/q_1)(av_2^c)^{1/b}]^{b/(1-b)}$ $\qquad$ $x_1^{2.4483} = 155.18$ $\qquad$ Produktionsmenge Gmax
$\qquad\qquad\qquad\qquad\qquad\qquad\qquad\quad x_1 = 155.18^{\,0.4085}$
$\qquad\qquad\qquad\qquad\qquad\qquad\qquad\quad x_1 = 7.85$

Im Fall der vollkommenen Konkurrenz ist ein Produktionsplan gewinnmaximal, wenn die Grenzkosten dem Produktpreis (Grenzerlös) entsprechen. Die Produktionskosten der letzten Einheit (dK/dx_1) werden in diesem Fall durch den Verkaufserlös der letzen Einheit (dE/dx_1) aufgewogen. Die Grenzkostenfunktion $dK/dx_1 = f(x_1)$ erlaubt es, die Grenzkosten des gewinnmaximalen Produktionsplans zu berechnen.

(20) $dK/dx_1 = (1/b)q_1x_1^{(1-b)/b}(av_2^c)^{-1/b}$ $\quad$ $dK/dx_1 = 0.2056(3.4483)x_1^{2.4483}$ $\qquad$ Grenzkosten
$\qquad\qquad\qquad\qquad\qquad\qquad\qquad\quad dK/dx_1 = 0.2056(3.4483)7.85^{2.4483}$
$\qquad\qquad\qquad\qquad\qquad\qquad\qquad\quad dK/dx_1 = 110$

Die Grenzerlösfunktion $dE/dx_1 = f(x_1)$ wird ermittelt, indem man die Umsatzfunktion nach der Ausbringungsmenge ableitet.

(21) $\quad dE/dx_1 = p_1$ $\qquad\qquad\qquad\qquad$ $dE/dx_1 = 110,00$ $\qquad$ Grenzerlös

Graphisch wird der optimale Produktionsplan der Unternehmung durch den vertikal größten Abstand zwischen Erlösfunktion und Kostenfunktion bestimmt. So können Gewinn- und Verlustzonen unterschieden werden. Der maximale Gewinn ist erreicht, wenn die Steigung der Kostenfunktion (Grenzkosten) der Steigung der Erlösfunktion (Grenzerlös) entspricht.

Totalanalyse

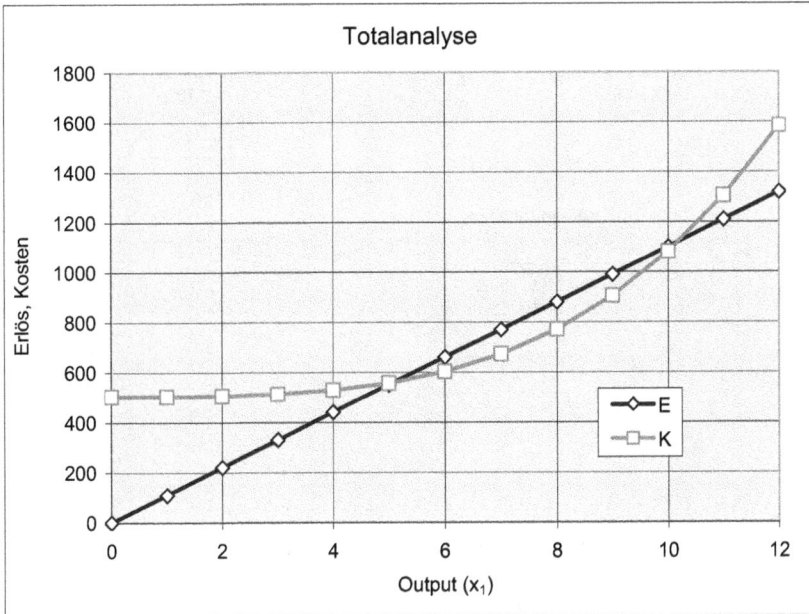

Marginalanalyse

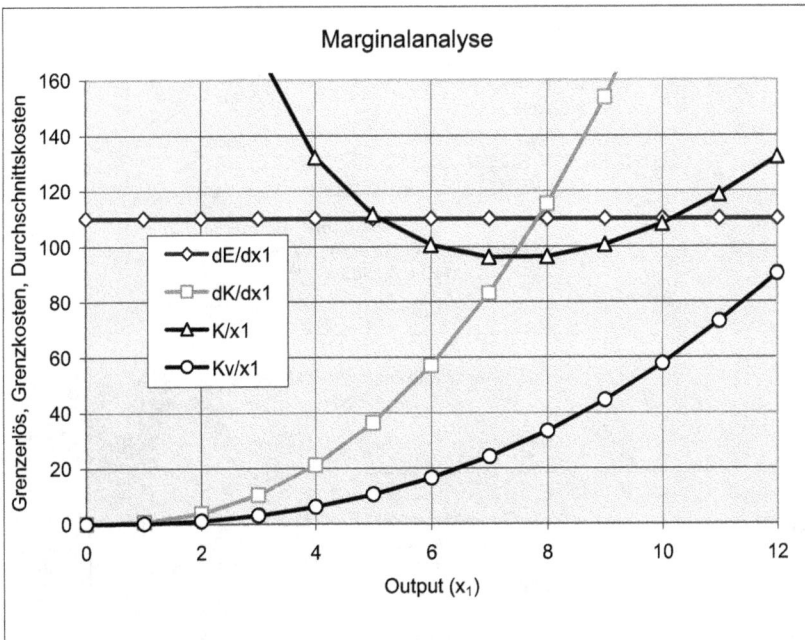

Abbildung 3.37: Erlös und Kosten für Cobb-Douglas-Technologie
Ein gewinnmaximaler Produktionsplan ist erreicht, wenn die Steigung der Erlösfunktion (Grenzerlös) der Steigung der Kostenfunktion(Grenzkosten) entspricht.

Produktionsfunktion $x_1 = f(v_1, v_2)$ $x_1 = 2.42\, v_1^{0.29} v_2^{0.42}$	Faktorbeschränkung $v_2^{\circ} = 6$	Faktorpreise $q_1 = 58.00$ $q_2 = 84.00$	Produktpreis $p_1 = 110$

Partielle
Ertragsfunktion
$x_1 = f(v_1, v_2^{\circ})$
$x_1 = 2.42 v_1^{0.29}(6)^{0.42}$
$x_1 = 5.1362\, v_1^{0.29}$

Kostendefinition

$K = q_1 v_1 + q_2 v_2$
$K = 58\, v_1 + 84[6]$
$K = 504 + 58\, v_1$

Faktorverbrauchs-
funktion für Arbeit
$v_1 = f(x_1)$
$v_1 = 0.0035\, x_1^{3.4483}$

Kostenfunktion
$K = f(x_1)$
$K = 504 + 0.2056\, x_1^{3.4483}$

Erlösfunktion
$E = f(x_1)$
$E = 110 x_1$

Grenzkostenfunktion
$dK/dx_1 = f(x_1)$
$K' = 0.7089\, x_1^{2.4483}$

Grenzerlösfunktion
$dE/dx_1 = 110$

Outputregel
Produktpreis (Grenzerlös) = Grenzkosten
$110 = 0.7088\, x_1^{2.4483}$

Gewinnmaximale Produktmenge
$x_1 = 7.85$

Gewinnmaximale
Arbeitsmenge
$v_1 = 4.32$

Gewinnmaximaler Produktionsplan
$p_1 = 110.00$	$x_1 = 7.85$	$E = 863.46$	$K = 754.40$
$q_1 = 58.00$	$v_1 = 4.32$	$Kv = 250.40$	$G = 109.06$
$q_2 = 84.00$	$v_2 = 6.00$	$Kf = 504.00$	

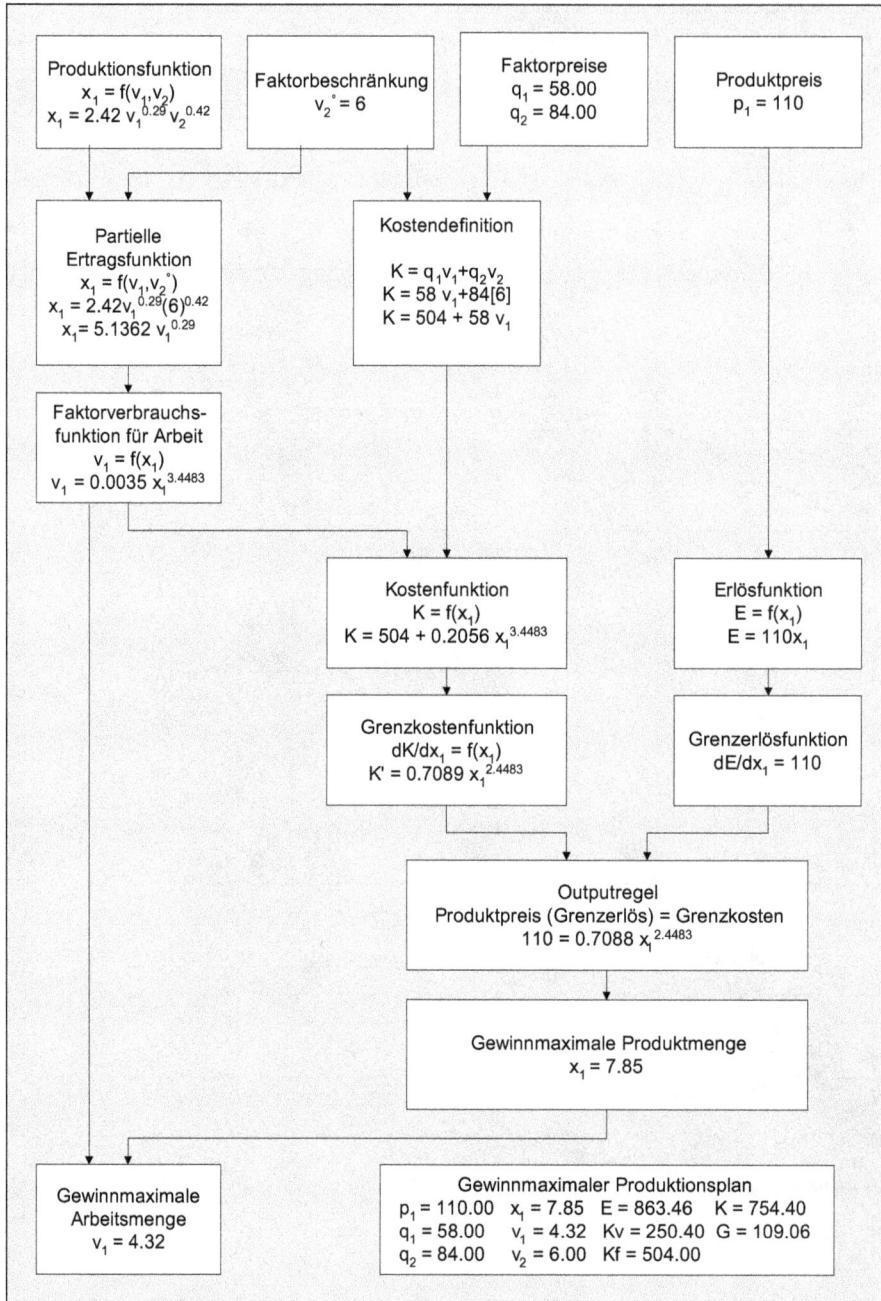

Übersicht 3.6: Outputregel

Mit Hilfe der Outputregel wird die gewinnmaximale Produktionsmenge berechnet. Die Outputregel ist erfüllt, wenn der Grenzerlös (Produktpreis) den Grenzkosten entspricht.

In **Abbildung 3.37** werden die Kosten- und Erlösfunktionen der Totalanalyse und die abgeleiteten Funktionen für Grenzerlös, Grenzkosten variable Durchschnittskosten und totale Durchschnittskosten der Marginalanalyse dargestellt. Das Flussdiagramm in **Übersicht 3.6** beschreibt den Lösungsweg zur Ermittlung der kurzfristig gewinnmaximalen Produktionsplans.

In **Tabelle 3.18** werden vier markante Produktionspläne benannt. Der Produktionsplan Z ist der gewinnmaximale Produktionsplan, die Produktionspläne A und B stellen Break-even-Pläne dar, bei denen die Erlöse genau die Kosten decken. Der Plan C führt zu den geringsten Stückkosten. Hier liegt die Preisuntergrenze der Unternehmung. Die Grenzerlöse und Grenzkosten zeigen an, ob ein gewinnmaximaler (verlustminimaler) Produktionsplan gefunden wurde. Die Stückerlöse und Stückkosten dagegen geben an, ob die Unternehmung gewinne oder Verluste macht.

Produkt-menge x_1	Produkt-preis p_1	Erlös E	Grenz-erlös dE/dx_1	Stück-erlös E/x	Kosten K	Grenz-kosten dK/dx_1	Stück-kosten K/x_1	Gewinn G	Stück-gewinn dG/dx_1	Pläne
0.00	110.00	0.00	-	-	504.00	-	-	-504.00	-	
1.00	110.00	110.00	110.00	110.00	504.21	0.71	504.21	-394.21	-394.21	
2.00	110.00	220.00	110.00	110.00	506.24	3.87	253.12	-286.24	-143.12	
3.00	110.00	330.00	110.00	110.00	513.08	10.44	171.03	-183.08	-61.03	
4.00	110.00	440.00	110.00	110.00	528.49	21.11	132.12	-88.49	-22.12	
5.00	110.00	550.00	110.00	110.00	556.87	36.46	111.37	-6.87	-1.37	
5.09	110.00	560.40	110.00	110.00	560.39	38.17	110.00	0.00	0.00	A
6.00	110.00	660.00	110.00	110.00	603.14	56.97	100.52	56.86	9.48	
7.00	110.00	770.00	110.00	110.00	672.69	83.10	96.10	97.31	13.90	
7.42	110.00	815.78	110.00	110.00	709.86	95.72	95.72	105.92	14.28	C
7.85	110.00	863.46	110.00	110.00	754.40	110.00	96.11	109.06	13.89	Z
8.00	110.00	880.00	110.00	110.00	771.33	115.23	96.42	108.67	13.58	
9.00	110.00	990.00	110.00	110.00	905.27	153.74	100.59	84.73	9.41	
10.00	110.00	1100.00	110.00	110.00	1081.07	198.99	108.11	18.93	1.89	
10.20	110.00	1122.22	110.00	110.00	1122.26	208.97	110.00	-0.04	0.00	B
11.00	110.00	1210.00	110.00	110.00	1305.60	251.29	118.69	-95.60	-8.69	
12.00	110.00	1320.00	110.00	110.00	1586.09	310.95	132.17	-266.09	-22.17	

A = Break even Point
B = Break even Point
C = Minimum der Stückkosten
Z = Gewinnmaximum

Tabelle 3.18: Gewinnmaximaler Produktionsplan
In dieser Arbeitstabelle werden die wichtigsten Wert- und Preisangaben erfasst, die für die Ermittlung eines gewinnmaximalen Produktionsplans von Bedeutung sind. Entscheidend ist die Spalte, in der die Gewinne und Verluste ausgewiesen werden.

Sobald die gewinnmaximale Produktionsmenge bekannt ist, kann mit Hilfe der Faktor-verbrauchsfunktion für Arbeit die optimale Beschäftigungsmenge berechnet werden. Damit sind alle Mengenangaben bekannt, die für den gewinnmaximalen Produktionsplan bestimmt werden müssen.

Der kurzfristig gewinnmaximale Produktionsplan für die Unternehmung A lautet:

Mengen
$x_1 = 7.85$ Produktmenge
$v_1 = 4.32$ Faktoreinsatzmenge für Arbeit
$v_2 = 6.0$ Faktoreinsatzmenge für Kapital

Preise
$p_1 = 110$ Produktpreis für Gut 1
$q_1 = 58$ Faktorpreis für Arbeit
$q_2 = 84$ Faktorpreis für Kapital

Werte
$E = 863.50$ Erlös (Umsatz)
$K = 754.40$ Kosten
$G = 109.06$ Gewinn

Indikatoren

$dE/dx_1 = 110.00$ Grenzerlös
$dK/dx_1 = 110.00$ Grenzkosten
$E/x_1 = 110.00$ Durchschnittserlös
$K/x_1 = 96.10$ Durchschnittskosten
$G/x_1 = 13.89$ Stückgewinn
$\partial x_1/\partial v_1 = 0.5273$ Grenzprodukt der Arbeit
$q_1/p_1 = 0.5273$ Reallohnsatz
$\partial x_1/\partial v_2 = 0.5495$ Grenzprodukt des Kapitals
$q_2/p_1 = 0.7636$ Realzinssatz

Für den gewinnmaximalen Produktionsplan ergibt sich, dass das Grenzprodukt des Kapitals kleiner ist als der Realzinssatz bzw. reale Nutzungspreis für Kapital, wenn eine Kapitalmen-ge von $v_2° = 6$ Einheiten gegeben ist. Die reale Entlohnung des Produktionsfaktors Kapital ist also größer als das erzeugte Produkt pro Kapitaleinheit. Es ist deshalb ratsam, die Faktor-ausstattung an Kapital zu reduzieren, bis das Grenzprodukt des Kapitals den Wert des Real-zinssatzes erreicht hat.

Outputregel für Leontief-Produktionsfunktionen

Wie lautet der gewinnmaximale Produktionsplan für die Unternehmung B, die mit einer Leontief-Produktionsfunktion produziert? Im Fall der kurzfristigen Analyse wird unterstellt, dass der Unternehmung ein variable Produktionsfaktor (Arbeit) und ein fixer Produktions-faktor (Kapital) zur Verfügung steht.

Es sind folgende Angaben zu beachten:

$x_1 = \min(4v_1, 2v_2)$ Produktionsfunktion
$v_2{}^\circ = 6$ Faktorbeschränkung für Kapital
$p_1 = 110$ Produktpreis für Gut 1
$q_1 = 58$ Faktorpreis für Arbeit
$q_2 = 84$ Faktorpreis für Kapital

Die Erlösfunktion (Umsatzfunktion) der Unternehmung B im Modell der vollkommenen Konkurrenz lautet:

Allgemein   *Beispiel*

(42) $E = p_1 x_1$ $E = 110 x_1$ Erlösfunktion $E = f(x_1)$

Die Kostendefinition der Unternehmung B lautet:

(43) $K = q_1 v_1 + q_2 v_2$ $K = 58 v_1 + 84 v_2$ Kostendefinition

Da die Faktoreinsatzmenge des Produktionsfaktors Kapital fest vorgeben ist, sind fixe und variable Produktionskosten zu unterscheiden.

(44) $K = q_1 v_1 + q_2 v_2{}^\circ$ $K = 58 v_1 + 84(6)$ Fixe und variable Kosten
                                      $K = 504 + 58 v_1$

Gesucht ist eine Kostenfunktion $K = f(x_1)$ in Abhängigkeit der Produktionsmenge. Deshalb wird zunächst im nächsten Schritt die partielle Ertragsfunktion für Arbeit ermittelt. Sie berücksichtigt, dass der Faktoreinsatzmenge des Produktionsfaktors Kapital kurzfristig nicht variiert werden kann.

(45) $x_1 = (1/a_1) v_1$ $x_1 = 4 v_1$ Partieller Ertrag für Arbeit

Diese partielle Ertragsfunktion ist nur bis zur Kapazitätsgrenze $x_1{}^{max}$ definiert.

(46) $x_1{}^{max} = (1/a_2) v_2{}^\circ$ $x_1{}^{max} = 2(6) = 12$ Kapazitätsgrenze

Durch Umkehrung des Funktionalzusammenhangs kann die partielle Ertragsfunktion für Arbeit in eine Faktorverbrauchsfunktion $v_1 = f(x_1)$ umgewandelt werden.

(47) $v_1 = a_1 x_1$ $v_1 = 0.25 x_1$ Faktorverbrauchsfunktion für Arbeit

Berücksichtigt man die Faktorverbrauchsfunktion (24) in der Kostendefinition (22), so erhält man die kurzfristige Kostenfunktion $K = f(x1)$.

(48) $K = q_1(a_1 x_1) + q_2 v_2{}^\circ$ $K = 58[0.25 x_1] + 504$ Kostenfunktion $K = f(x_1)$
                                      $K = 504 + 14.5 x_1$

Diese kurzfristige Kostenfunktion ist wiederum nur bis zur Kapazitätsgrenze von $x_1{}^{max} = 12$ definiert. Die entsprechenden Grenzkosten-, Durchschnittskosten- und Grenzerlösfunktionen lauten:

(49) $dK/dx_1 = q_1 a_1$ $dK/dx_1 = 14.5$ Grenzkosten
(50) $K/x_1 = q_1 a_1 + q_2 v_2{}^\circ/x_1$ $K/x_1 = 504/x_1 + 14.5$ Durchschnittskosten
(51) $dE/dx_1 = p_1$ $dE/dx_1 = 110$ Grenzerlös

Produktionsfunktion
$x_1 = f(v_1, v_2)$
$x_1 = \min(4v_1, 2v_2)$

Faktorbeschränkung
$v_2 = 6$

Faktorpreise
$q_1 = 58.00$
$q_2 = 84.00$

Produktpreis
$p_1 = 110$

Partielle
Ertragsfunktion
$x_1 = f(v_1, v_2^\circ)$
$x_1 = 4v_1$
bis $x_1^{max} = 12$

Kapazitätsgrenze
$x_1 = 2v_2$
$x_1 = 2(6)$
$x_1^{max} = 12$

Kostendefinition
$K = q_1 v_1 + q_2 v_2$
$K = 58v_1 + 84 \cdot 6$
$K = 504 + 58v_1$

Faktorverbrauchs-
funktion für Arbeit
$v_1 = f(x_1)$
$v_1 = 0.25x_1$

Kostenfunktion
$K = f(x_1)$
$K = 504 + 14.5x_1$
bis $x_1^{max} = 12$

Erlösfunktion
$E = f(x_1)$
$E = 110\, x_1$

Grenzkostenfunktion
$dK/dx_1 = f(x_1)$
$K' = 14.5$

Grenzerlösfunktion
$dE/dx_1 = 110$

Outputregel
Produktpreis (Grenzerlös) > Grenzkosten
$110 > 14.5$

Gewinnmaximale Produktmenge
$x_1^{max} = 12$

Gewinnmaximale
Arbeitsmenge
$v_1 = 3$

Gewinnmaximaler Produktionsplan
$p_1 = 110.00$ $x_1 = 12.00$ $E = 1320.00$ $K = 678.00$
$q_1 = 58.00$ $v_1 = 3.00$ $Kv = 174.00$ $G = 642.00$
$q_2 = 84.00$ $v_2 = 6.00$ $Kf = 504.00$

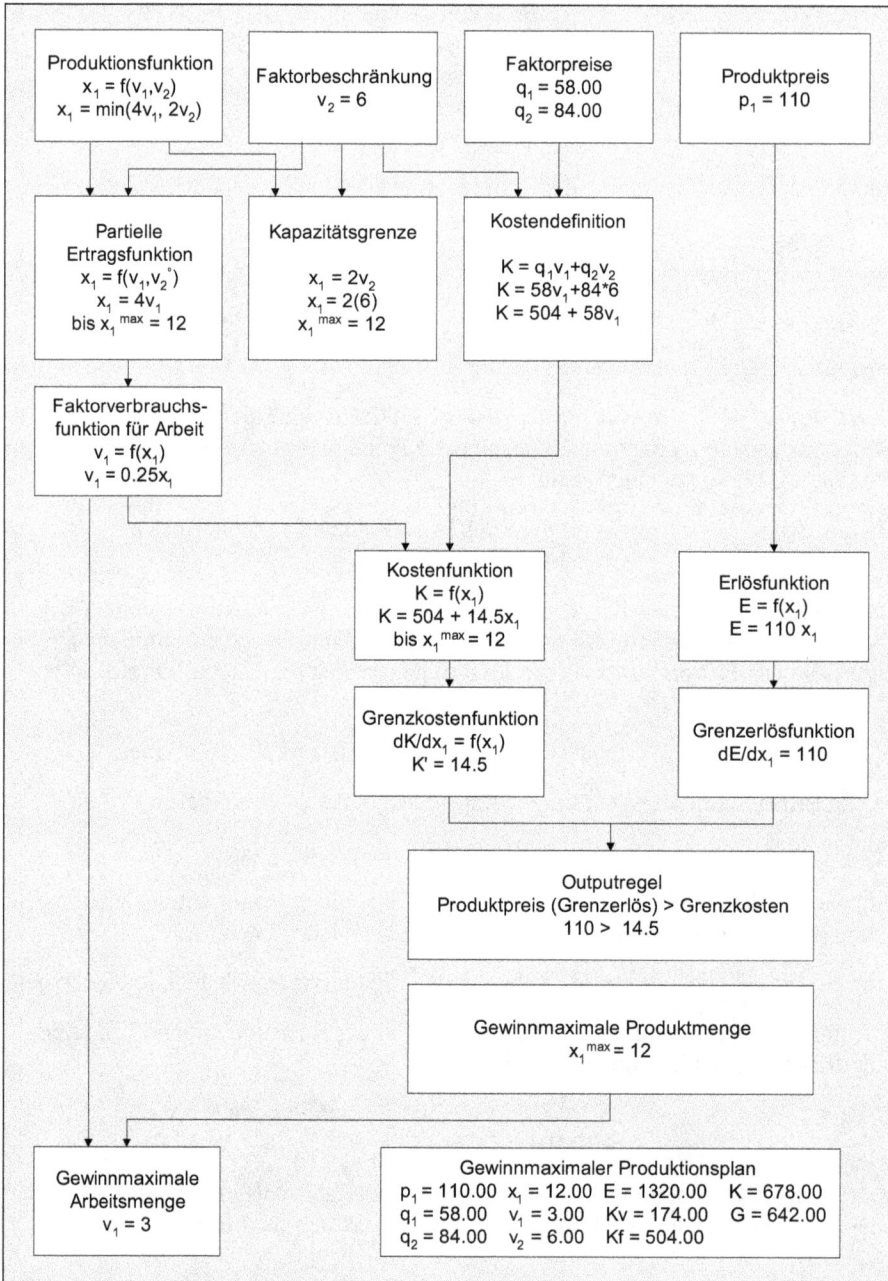

Übersicht 3.7: Outputregel für Leontief-Technologie
Bei einer Leontief-Produktionsfunktion ist das optimale Einsatzverhältnis technisch be-
stimmt. Bei dieser Technologie führt eine Faktorbeschränkung immer zu einer Kapazitäts-
grenze für die Produktionsmöglichkeiten.

Das Flussdiagramm in **Übersicht 3.7** beschreibt den Lösungsweg zur Ermittlung der kurzfristigen Kostenfunktion mit Hilfe der Outputregel. In **Abbildung 3.38** werden die kurzfristigen Kostenfunktionen für die Leontieftechnologie bis zur Kapazitätsgrenze abgebildet.

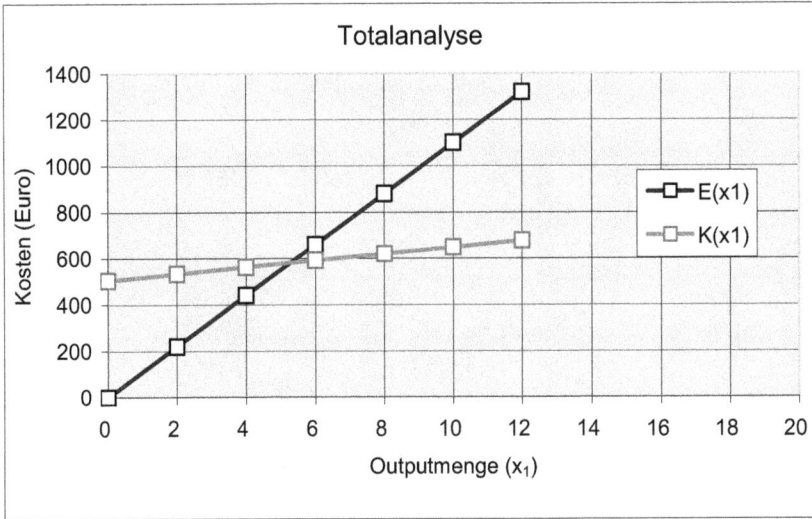

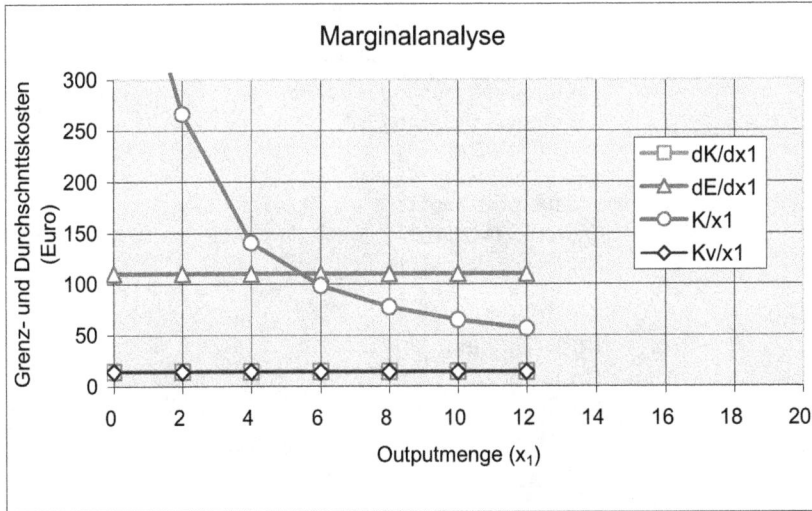

Abbildung 3.38: Erlös und Kosten für Leontief-Technologie
Durch die Faktorbeschränkung für Kapital ergibt sich in der kurzfristigen Analyse eine Kapazitätsbeschränkung für die Produktionsmenge. Der gewinnmaximale Produktionsplan liegt an der Kapazitätsgrenze.

Im Fall der Leontief-Produktionsfunktion lautet die Outputregel für den gewinnmaximalen Produktionsplan bei vollkommener Konkurrenz:

Allgemein   *Beispiel*

(52) $p_1 > dK/dx_1$ $110 > 14.5$ Produktpreis > Grenzkosten

Die Produktion der Unternehmung B ist offensichtlich ab dem Schnittpunkt der Erlösfunktion mit der Kostenfunktion profitabel. Es wird deshalb empfohlen, die Produktion bis an die Kapazitätsgrenze auszudehnen.

(53) $x_1^{max} = (1/a_2)v_2°$ $x_1^{max} = 2(6) = 12$ Kapazitätsgrenze

(54) $E = p_1x_1$ $E = 110x_1$ Erlös
                                      $E = 110(12)$
                                      $E = 1320$

(55) $K = q_1(a_1x_1) + q_2v_2°$ $K = 504 + 14.5x_1$ Kosten
                                      $K = 504 + 14.5(12)$
                                      $K = 678$

(56) $G = E - K$ $G = 1320 - 678$ Gewinn
                                      $G = 642$

Der gewinnmaximale Produktionsplan der Unternehmung B lautet:

Mengen
$x_1 = 12$ Produktmenge (Kapazitätsgrenze)
$v_1 = 3$ Faktoreinsatzmenge für Arbeit
$v_2 = 6$ Faktoreinsatzmenge für Kapital

Preise
$p_1 = 110$ Produktpreis für Gut 1
$q_1 = 58$ Faktorpreis für Arbeit
$q_2 = 84$ Faktorpreis für Kapital

Werte
$E = 1320$ Erlös (Umsatz)
$K = 678$ Kosten
$G = 642$ Gewinn

Langfristig gewinnmaximaler Produktionsplan für Cobb-Douglas-Produktionsfunktionen

Bei der langfristigen Analyse wird unterstellt, dass alle Produktionsfaktoren auf den Märkten zu den gegebenen Preisen in beliebigen Mengen beschafft werden können. Für die Unternehmung A sind folgende Angaben zu beachten:

Zunächst wird das optimale Einsatzverhältnis der Produktionsfaktoren (Minimalkostenkombination) bestimmt. Es wird von dem Verhältnis der partiellen Grenzerträge und dem Verhältnis der Faktorpreis bestimmt. Die partiellen Grenzerträge lauten:

(65) $\partial x_1 / \partial v_1 = b(a v_1^{b-1} v_2^c)$ $\quad \partial x_1 / \partial v_1 = 0.29(2.42\, v_1^{0.29-1}\, v_2^{0.42})$ $\quad$ Grenzertrag Arbeit
$\qquad\qquad\qquad\qquad\qquad\quad \partial x_1 / \partial v_1 = 0.29\, x_1 / v_1$

(66) $\partial x_1 / \partial v_2 = c(a v_1^b v_2^{c-1})$ $\quad \partial x_1 / \partial v_2 = 0.42(2.42\, v_1^{0.29}\, v_2^{0.42-1})$ $\quad$ Grenzertrag Kapitals
$\qquad\qquad\qquad\qquad\qquad\quad \partial x_1 / \partial v_2 = 0.42\, x_1 / v_2$

Die Minimalkostenkombination der Produktionsfaktoren lautet:

Allgemein $\qquad\qquad\qquad\qquad$ *Cobb-Douglas* $\qquad\qquad$ *Beispiel*

(67) $q_1/q_2 = (\partial x_1 / \partial v_1)/(\partial x_2 / \partial v_2)$ $\quad q_1/q_2 = (b x_1/v_1)/(c x_1/v_2)$ $\quad 58/84 = (0.29 x_1/v_1)/(0.42 x_1/v_2)$
$\qquad\qquad\qquad\qquad\qquad\qquad\qquad q_1/q_2 = (b/c)(v_2/v_1)$ $\qquad 58/84 = (0.29/0.42)(v_2/v_1)$
$\qquad\qquad\qquad\qquad\qquad\qquad\qquad\qquad\qquad\qquad\qquad\qquad\qquad 0.26905 = 0.26905(v_2/v_1)$

$\qquad\qquad\qquad\qquad\qquad\qquad\qquad v_2 = (q_1/q_2)(c/b)v_1$ $\qquad\quad v_2 = 1.0\, v_1$

Berücksichtigt man das optimale Einsatzverhältnis in der Kostendefinition und der Produktionsfunktion, so ergeben sich folgende Zusammenhänge:

(68) $K = q_1 v_1 + q_2 v_2$ $\qquad\qquad K = 58 v_1 + 84 v_2$ $\qquad\qquad$ Kostendefinition
$\qquad = q_1 v_1 + q_2(q_1/q_2)(c/b)v_1$ $\quad = 58 v_1 + 84(1.0 v_1)$
$\qquad = [(q_1 + q_1(c/b)]v_1$ $\qquad\quad\ = 142 v_1$

Die Ertragsfunktion für Arbeit unter Berücksichtigung des optimalen Einsatzverhältnisses der Produktionsfaktoren lautet:

(69) $x_1 = a v_1^b v_2^c$ $\qquad\qquad\qquad x_1 = 2.42\, v_1^{0.29} v_2^{0.42}$ $\qquad$ Produktionsfunktion
$\qquad x_1 = a v_1^b[(q_1/q_2)(c/b)v_1]^c$ $\quad x_1 = 2.42\, v_1^{0.29}(1.0 v_1)^{0.42}$
$\qquad x_1 = a(q_1/q_2)^c(c/b)^c v_1^{b+c}$ $\quad x_1 = 2.42\, v_1^{0.71}$

Im nächsten Schritt wird durch Umkehrung des Funktionalzusammenhangs die Faktorverbrauchsfunktion $v_1 = f(x_1)$ ermittelt.

(70) $v_1^{b+c} = x_1/a(q_1/q_2)^c(c/b)^c$ $\quad v_1^{0.71} = 0.4132\, x_1$ $\qquad$ Faktorverbrauchsfunktion
$\qquad v_1 = (x_1/a(q_1/q_2)^c(c/b)^c)^{1/(b+c)}$ $\quad v_1 = 0.2880\, x_1^{1.4084}$
$\qquad v_1 = x_1^{1/(b+c)}/[1/a(q_1/q_2)^c(c/b)^c]^{1/(b+c)}$

Berücksichtigt man die Faktorverbrauchsfunktion für Arbeit in der vereinfachten Kostendefinition (44), so ergibt sich:

(71) $K = [(q_1 + q_1(c/b)]v_1$ $K = 142\, v_1$ Kostenfunktion $K = f(x_1)$

      $K = [(q_1 + q_1(c/b)]\, x_1^{1/(b+c)}/[1/a(q_1/q_2)^c(c/b)^c]^{1/(b+c)}$

                            $K = 142(0.2880\, x_1^{1.4084})$

                            $K = 40.8980\, x_1^{1.4084}$

Die Erlösfunktion der Unternehmung A lautet:

(72) $E = p_1 x_1$ $E = 110\, x_1$ Erlösfunktion $E = f(x_1)$

Der gewinnmaximale Produktionsplan wird nach der Outputregel (Produktpreis = Grenzkosten) auf folgende Weise ermittelt:

(73) $dE/dx_1 = dK/dx_1$ $110 = 57.6029\, x_1^{0.408451}$ Outputregel

Der gewinnmaximale Produktionsmenge x_1^* lautet:

(74) x_1^* $x_1^* = 4.87$ Produktionsmenge

Der gewinnmaximale Produktionsplan lautet:

Mengen
$x_1 = 4.87$ Produktmenge
$v_1 = 2.68$ Faktoreinsatzmenge für Arbeit
$v_2 = 2.68$ Faktoreinsatzmenge für Kapital

Preise
$p_1 = 110.00$ Produktpreis für Gut 1
$q_1 = 58.00$ Faktorpreis für Arbeit
$q_2 = 84.00$ Faktorpreis für Kapital

Werte
$E = 536,08$ Erlös (Umsatz)
$K = 380,62$ Kosten
$G = 155,46$ Gewinn

Indikatoren
$dE/dx_1 = 110.00$ Grenzerlös
$dK/dx_1 = 110.00$ Grenzkosten
$E/x_1 = 110.00$ Durchschnittserlös
$K/x_1 = 78.10$ Durchschnittskosten
$G/x_1 = 31.90$ Stückgewinn
$\partial x_1/\partial v_1 = 0.5273$ Grenzprodukt der Arbeit
$q_1/p_1 = 0.5273$ Reallohnsatz
$\partial x_1/\partial v_2 = 0.7636$ Grenzprodukt des Kapitals
$q_2/p_1 = 0.7636$ Realzinssatz

Totalanalyse

Kosten (DM)

Output (x₁)

Erlös
Kosten

Marginalanalyse

Grenzkosten, Durchschnittskosten

Output (x₁)

Grenzerlös
Grenzkosten
Durchschnittskosten

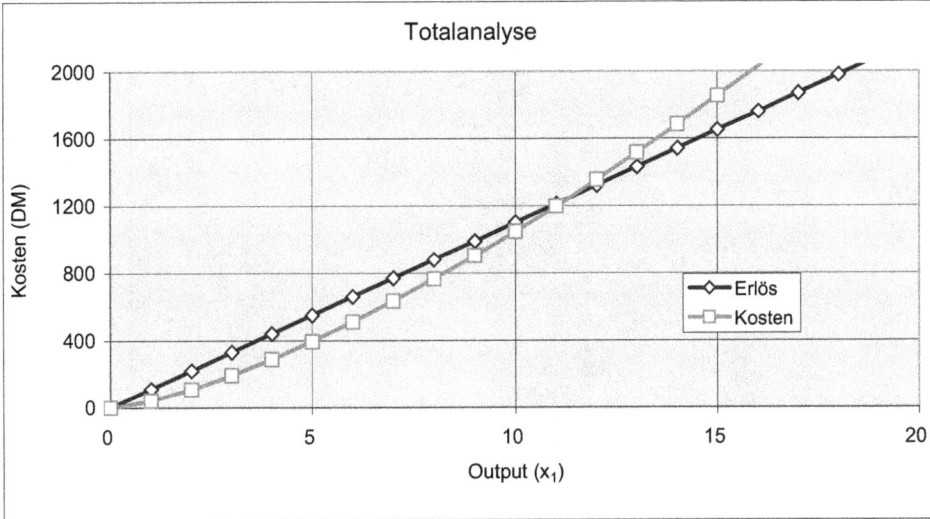

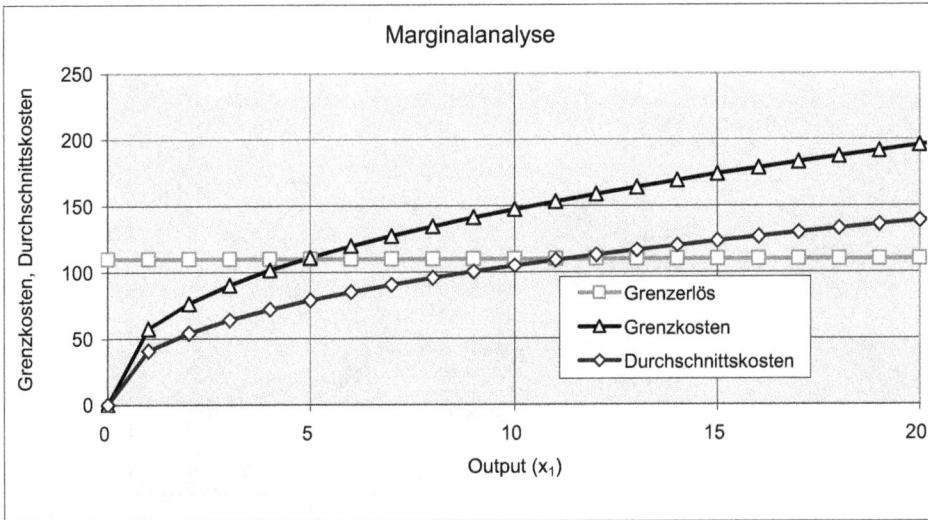

Abbildung 3.39: Langfristig gewinnmaximaler Produktionsplan

Der langfristig gewinnmaximale Produktionsplan für die Cobb-Douglas-Produktions-funktion führt zu einer optimalen Betriebsgröße. Voraussetzung hierfür sind sinkende Ska-lenerträge in der Produktion. Im gewinnmaximalen produktionsplan ist die Outputregel Grenzerlös = Grenzkosten erfüllt.

Produktionsfunktion $x_1 = 2.42v_1^{0.29}v_2^{0.42}$	Faktorpreise $q_1 = 58.00$ $q_2 = 84.00$	Produktpreis $p_1 = 110$

MKK
$GP_1/GP_2 = q_1/q_2$
$(0.29/0.42)(v_2/v_1)=58/84$
$v_2=1.0v_1$

Kostendefinition
$K = q_1v_1+q_2v_2$
$K = 58v_1+84v_2$

Ertragsfunktion mit MKK
$x_1 = 2.42v_1^{0.29}(1.0v_1)^{0.42}$
$x_1 = 2.42v_1^{0.71}$

Kostendefinition mit MKK
$K = 58v_1+84(1.0v_1)$
$K = 142v_1$

Faktorverbrauch Arbeit
$v_1 = 0.2880x_1^{1.4084}$

Kostenfunktion
$K = 142(0.2880x_1^{1.4084})$
$K = 40.8990x_1^{1.4084}$

Erlösfunktion
$E = p_1x_1$
$E = 110x_1$

Grenzkosten
$dK/dx_1 = 57.6029x_1^{0.4084}$

Grenzerlös
$dE/dx_1 = 110$

Outputregel
$p_1 = dK/dx_1$
$110 = 57.6029x_1^{0.4084}$
$x_1 = 4.87$

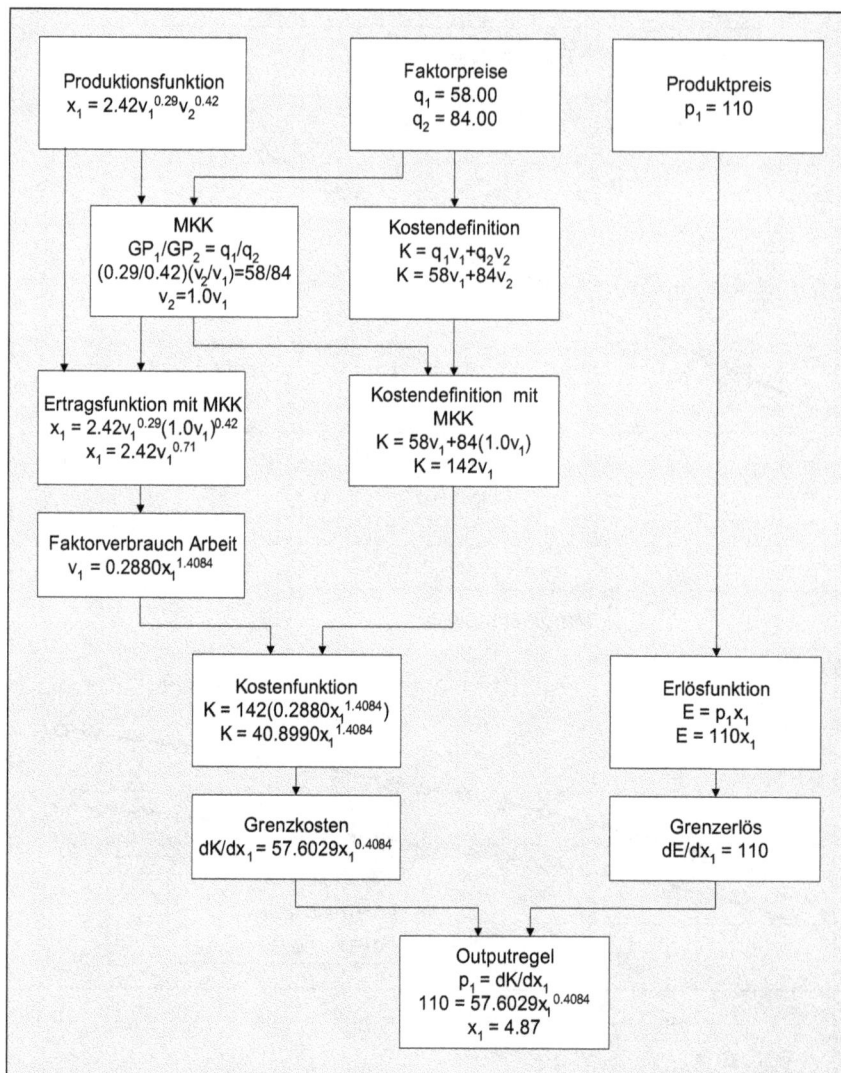

Übersicht 3.8: Langfristig gewinnmaximaler Produktionsplan für Cobb-Douglas

Das Flussdiagramm beschreibt den traditionellen Weg zur Bestimmung eines gewinnmaximalen Produktionsplan. Ziel der Berechnung ist es, die Kostenfunktion und Erlösfunktion der Unternehmung zu ermitteln. Die Outputregel führt zur optimalen Betriebsgrösse.

Das Flussdiagramm in **Übersicht 3.8** verdeutlicht die Vorgehensweise, wie für die Unternehmung A ein langfristig gewinnmaximaler Produktionsplan ermittelt werden kann. Zunächst wird mit Hilfe der Minimalkostenkombination (MKK) das optimale Einsatzverhältnis der Produktionsfaktoren bestimmt. Das optimale Einsatzverhältnis wird zur Vereinfachung der Funktionalzusammenhänge sowohl in der Kostendefinition als auch in der Produktionsfunktion berücksichtigt. Setzt man die entsprechend vereinfachte Faktorverbrauchsfunktion in die Kostendefinition ein, so erhält man die langfristige Kostenfunktion. Für die kurz- und langfristige Analyse ergibt sich die gleiche Erlösfunktion. Der gewinnmaximale Produktionsplan wird mit Hilfe der Outputregel Preis = Grenzkosten ermittelt.

Zur Ermittlung der langfristigen Angebotsfunktion $x_1 = f(p_1)$ wird wiederum die Gleichgewichtsbedingung Preis = Grenzkosten herangezogen. Wie wird die Unternehmung mit seinem mengenmäßigen Angebot auf Veränderungen des Produktpreises reagieren, die sich am Markt ergeben?

Allgemein   *Beispiel*

(75) $p_1 = dK/dx_1$ $p_1 = 57.6029\ x_1^{0.408451}$ Outputregel

Die Angebotsfunktion $x_1 = f(p_1)$ der Unternehmung A ist identisch mit der Grenzkostenfunktion der Unternehmung. Unter den genannten Voraussetzungen gibt es für die Unternehmung keine Preisuntergrenze. Die Angebotsfunktion beginnt im Ursprung. Sie lautet:

(76) $x_1 = f(p_1)$ $x_1 = 0.00004897\ p_1^{2.448274}$ Angebotsfunktion

Langfristig gewinnmaximaler Produktionsplan für Leontief-Produktionsfunktionen

Für die Unternehmung B sind folgende Angaben gegeben:

$x_1 = \min(4v_1, 2v_2)$	Produktionsfunktion
$p_1 = 110$	Produktpreis
$q_1 = 58$	Faktorpreis für Arbeit
$q_2 = 84$	Faktorpreis für Kapital

Die Kostendefinition der Unternehmung B lautet:

(77) $K = q_1 v_1 + q_2 v_2$ $K = 58v_1 + 84v_2$ Kostendefinition

Gesucht ist eine Kostenfunktion $K = f(x_1)$ in Abhängigkeit der Produktionsmenge. Deshalb wird zunächst im nächsten Schritt die partiellen Ertragsfunktionen für Arbeit und Kapital ermittelt.

(78) $x_1 = (1/a_1)v_1$ $x_1 = 4\ v_1$ Ertragsfunktion für Arbeit

(79) $x_1 = (1/a_2)v_2$ $x_1 = 2\ v_2$ Ertragsfunktion für Kapital

Durch Umkehrung des Funktionalzusammenhangs können diese partielle Ertragsfunktion, die zugleich erfüllt sein müssen, in Faktorverbrauchsfunktionen $v_1 = f(x_1)$ bzw. $v_2 = f(x_1)$ umgewandelt werden.

(80) $v_1 = a_1 x_1$ $v_1 = 0.25x_1$ Faktorverbrauch für Arbeit
(81) $v_1 = a_2 x_1$ $v_1 = 0.50x_1$ Faktorverbrauch für Kapital

Berücksichtig man die Faktorverbrauchsfunktionen (80) und (81) in der Kostendefinition (77), so erhält man die langfristige Kostenfunktion $K = f(x_1)$.

Allgemein   *Beispiel*

(82) $K = q_1v_1 + q_2v_2$ $K = 58\ v_1 + 84\ v_2$ Kostendefinition

$\quad\quad K = q_1a_1x_1 + q_2a_2x_1$ $K = 58(0.25x_1) + 84(0.50x_1)$ Kostenfunktion $K = (x_1)$

$\quad\quad\quad\quad\quad\quad\quad\quad\quad\quad\quad$ $K = 56.5\ x_1$

Die langfristige Kostenfunktion verläuft linear durch den Ursprung. Die Produktionsfaktoren können in variablen Mengen beschafft werden, die Faktorpreise sind gegeben und die verwendete Produktionsfunktion ist linear-homogen.

Die Erlösfunktion der Unternehmung B lautet:

(83) $E = p_1x_1$ $E = 110\ x_1$ Erlösfunktion $E = f(x_1)$

Die gewinnmaximale Produktionsplan wird nach der Outputregel (Grenzerlös > Grenzkosten) ermittelt.

(84) $dK/dx_1 = q_1(1/a_1) + q_2(1/a_2)$ $dK/dx_1 = 56{,}50$ Grenzkosten

(85) $dE/dx_1 = p_1$ $dE/dx_1 = 110$ Grenzerlös

Der gewinnmaximale Produktionsmenge kann in diesem Fall nicht berechnet werden. Die optimale Betriebsgröße der Unternehmung ist unbestimmt. Theoretisch liegt sie bei einer unendlich großen Produktionsmenge.

In dieser Situation wird die Unternehmung bemüht sein, auf den Faktormärkten soviel wie nur möglich einzukaufen. Allerdings sollten die gekauften Mengen der Produktionsfaktoren im Einklang mit dem technisch bestimmten Einsatzverhältnis der Faktoren stehen.

Der langfristig gewinnmaximale Produktionsplan der Unternehmung B lautet:

Mengen

x_1 = unendlich   Produktmenge (Kapazitätsgrenze)

v_1 = unendlich   Faktoreinsatzmenge für Arbeit

v_2 = unendlich   Faktoreinsatzmenge für Kapital

Preise

$p_1 = 110$ Produktpreis für Gut 1

$q_1 = 58$ Faktorpreis für Arbeit

$q_2 = 84$ Faktorpreis für Kapital

Werte

E = unendlich   Erlös (Umsatz)

K = unendlich   Kosten

G = unendlich   Gewinn

Das folgende Flussdiagramm beschreibt den Lösungsweg zur Ermittlung der langfristigen Kostenfunktion:

Produktionsfunktion
$x_1 = \min(4v_1, 2v_2)$

Faktorpreise
$q_1 = 58.00$
$q_2 = 84.00$

Produktpreis
$p_1 = 110$

Optimales
Einsatzverhältnis
$4v_1 = 2v_2$
$v_2 = 2.0v_1$

Kostendefinition
$K = q_1v_1 + q_2v_2$
$K = 58v_1 + 84v_2$

Ertragsfunktion für
Arbeit
$x_1 = 4v_1$

Kostendefinition mit
opt. Einsatzverhältnis
$K = 58v_1 + 84(2.0v_1)$
$K = 226v_1$

Faktorverbrauch Arbeit
$v_1 = 0.25x_1$

Kostenfunktion
$K = 226(0.25x_1)$
$K = 56.5x_1$

Erlösfunktion
$E = p_1x_1$
$E = 110x_1$

Grenzkosten
$dK/dx_1 = 56.5$

Grenzerlös
$dE/dx_1 = 110$

Outputregel
$p_1 > dK/dx_1$
$110 > 56.6$
$x_1 = $ unendlich

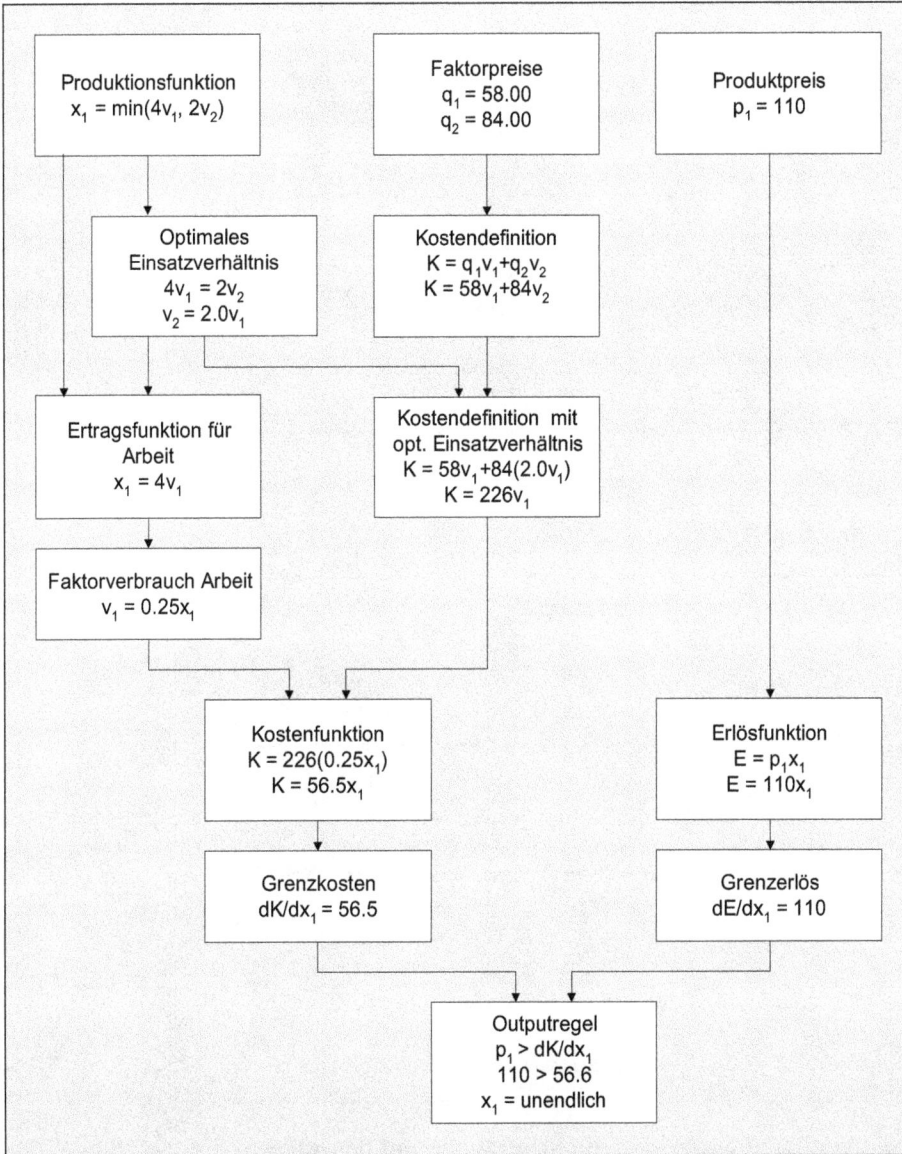

Übersicht 3.9: Langfristig gewinnmaximaler Produktionsplan für Leontief

Das optimale Einsatzverhältnis der Produktionsfaktoren ist technisch bestimmt, die Faktorpreise haben keinen Einfluss darauf. Im vorliegende Fall ist die optimale Betriebsgröße unbestimmt. Die Outputregel ergibt, dass der Grenzerlös größer als die Grenzkosten ist. Für das Unternehmen ist es vorteilhaft, die Produktion so weit wie möglich zu erhöhen.

Totalanalyse

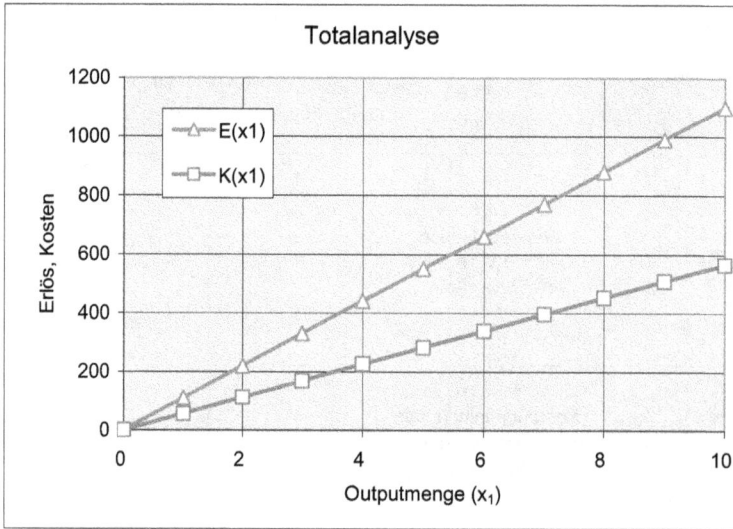

Marginalanalyse

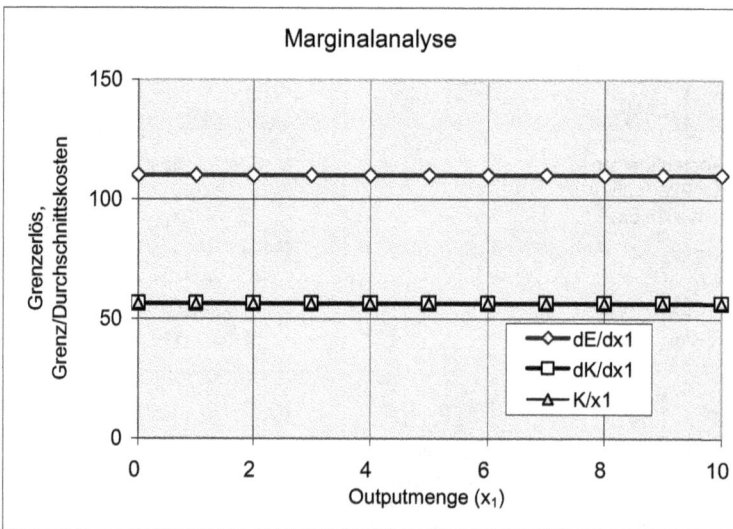

Abbildung 3.40: Langfristig gewinnmaximaler Produktionsplan
Sobald der Produktpreis (Grenzerlös) größer ist als die Grenzkosten, ist bei der Leontief-Technologie die optimale Betriebsgröße nicht bestimmt. Es ist für das Unternehmen vorteilhaft, auf den Faktormärkten große Mengen der Faktoren aufzukaufen, allerdings in dem technisch bedingten optimalen Einsatzverhältnis der Faktoren.

Zusammenfassung der Ergebnisse

- ### Unternehmung A

  Die Berechnungen haben ergeben, dass der gewinnmaximale Produktionsplan in der langfristigen Analyse bei variablen Einsatz beider Produktionsfaktoren zu einem höheren Gewinn als in der kurzfristigen Analyse (fixer Kapitaleinsatz) führen. Dies auf den ersten Blick überraschende Ergebnis führt zu einer relativ kleinen optimalen Betriebsgröße. Der höhere Gewinn ist mit einem geringeren Output und mit einem Verlust an Arbeitsplätzen verbunden. Dieses Ergebnis deutet auf Überkapazitäten an Kapital in der Situation der kurzfristigen Analyse hin. Für den Fall der kurzfristigen Analyse wird deshalb empfohlen, den Kapitalbestand von $v_2^\circ = 6.0$ auf $v_2^\circ = 2.68$ zu reduzieren. Voraussetzung für eine derartige Maßnahme ist allerdings, dass sich weder die Technologie (Produktionsfunktion) noch die Faktor- und Produktpreise in absehbarer Zeit ändern.

- ### Unternehmung B

  Im Fall der kurzfristigen Analyse wird das Unternehmen bei den gegebenen Faktor- und Produktpreisen an der Kapazitätsgrenze produzieren. Da es sich um eine profitable Unternehmung handelt, wird empfohlen, den Engpassfaktor Kapital durch entsprechende Investitionen zu beseitigen. Die langfristige Analyse zeigt allerdings, dass keine klare Aussage getroffen werden kann, wieviel investiert werden soll. Bei den gegebenen Faktor und Produktpreisen ist die optimale Betriebsgröße der Unternehmung im Fall der langfristigen Analyse nicht bestimmt. Da der Grenzerlös die Grenzkosten deutlich übersteigt, wird empfohlen, soviel wie nur möglich auf den Faktormärkten einzukaufen. Bei den Einkäufen ist jedoch darauf zu achten, dass die Beschaffung in dem technisch bedingten Einsatzverhältnis der Produktionsfaktoren erfolgt. Die Empfehlung lautet daher, doppelt soviel Kapital wie Arbeit anzuschaffen.

Für die Unternehmen A und B sind folgende Gleichgewichtsbedingungen für die gewinnmaximalen (verlustminimale) Produktionspläne zu beachten:

Unternehmen A	Unternehmen B
1. Kurzfristige Analyse	*1. Kurzfristige Analyse*
Outputregel $p_1 = dK/dx_1$ Inputregel $\partial x_1/\partial v_1 = q_1/p_1$ Keine Kapazitätsgrenze	Outputregel $p_1 > dK/dx_1$ Inputregel $\partial x_1/\partial v_1 > q_1/p_1$ Kapazitätsgrenze
2. Langfristige Analyse	*2. Langfristige Analyse*
Outputregel $p_1 = dK/dx_1$ Inputregel für Arbeit $\partial x_1/\partial v_1 = q_1/p_1$ Inputregel für Kapital $\partial x_2/\partial v_2 = q_2/p_1$ MKK $(\partial x_1/\partial v_1)/(\partial x_1/\partial v_2) = q_1/q_2$	Outputregel $p_1 > dK/dx_1$ Inputregel für Arbeit $\partial x_1/\partial v_1 > q_1/p_1$ Inputregel für Kapital $\partial x_1/\partial v_2 > q_2/p_1$ Optimales Einsatzverhältnis $v_1/v_2 = a_1/a_2$ Keine optimale Betriebgröße wenn $dE/dx_1 > dK/dx_1$

Legende:

Mengen
x_1 = Output von Gut 1
v_1 = Faktoreinsatzmenge von Faktor 1 (Arbeit)
v_2 = Faktoreinsatzmenge von Faktor 2 (Kapital)
$\partial x_1/\partial v_1$ = Grenzertrag des Faktors 1
$\partial x_1/\partial v_2$ = Grenzertrag des Faktors 2

Preise
p_1 = Preis des Gutes 1
q_1 = Preis des Faktors 1
q_2 = Preis des Faktors 2

Werte
E = Erlös
K = Kosten
G = Gewinn

Indikatoren
dE/dx_1 = Grenzerlös
dK/dx_1 = Grenzkosten
dG/dx_1 = Grenzgewinn
E/x_1 = Durchschnittserlös (Stückerlös)
K/x_1 = Durchschnittskosten (Stückkosten)
G/x_1 = Durchschnittsgewinn (Stückgewinn)

3.4.2   Inputregel

Dieser optimale Produktionsplan kann auch mit Hilfe der Inputregel ermittelt werden. In diesem Fall bestimmt der Unternehmer zunächst die optimalen Einsatzmengen der Produktionsfaktoren. Es handelt sich um ein alternatives Lösungsverfahren, das zum gleichen gewinnmaximalen Produktionsplan führt. Das Optimierungsproblem, das der Unternehmer bei gegebenen Preisen zu lösen hat, lautet in diesem Fall:

Maximiere

Allgemein   *Beispiel*

(26) Gewinn = Umsatz - Kosten   Zielfunktion
     $G = p_1x_1 - q_1v_1 - q_2v_2$ $G = 110x_1 - 58v_1 - 84v_2$

unter der Nebenbedingung effizienter Produktion

(27) $x_1 = f(v_1, v_2)$ $x_1 = 2.42\,v_1^{0.29}\,v_2^{0.42}$ Produktionsfunktion

wobei
p_1 = Produktpreis
q_1 = Faktorpreis für Arbeit

q_2 = Faktorpreis für Kapital

x_1 = Produktionsmenge

v_1 = Faktoreinsatzmenge an Arbeit

v_2 = Faktoreinsatzmenge an Kapital

f = technisch-organisatorisches Wissen

Bei der Produktionsfunktion (27) handelt es sich um eine beschränkt substitutionale Produktionsfunktion mit abnehmenden Skalenerträgen, d.h. die Produktionsfaktoren Arbeit und Kapital sind beschränkt substituierbar und eine Verdoppelung der Inputs führt zu weniger als einer Verdoppelung des Outputs. Bei partieller Faktorvariation werden abnehmende Ertragszuwächse beobachtet.

Wenn die Faktoreinsatzmenge an Kapital mit $v_2^\circ = 6$ fest vorgegeben ist, lautet die partielle Ertragsfunktion:

Allgemein   *Beispiel*

(28) $x_1 = av_1^b(v_2^\circ)^c$ $x_1 = 2.42v_1^{0.29}(6.0)^{0.42}$ Partielle   Ertragsfunktion

$\qquad\qquad\qquad\qquad$ $x_1 = 5{,}1361v_1^{0.29}$

Die partielle Ertragsfunktion (28) wird in der Totalanalyse der **Abbildung 3.41** abgebildet. Die Produktionsmöglichkeiten kann man durch eine entsprechende Schraffur verdeutlichen.

Zur graphischen Abbildung der Gewinngeraden wird die Gleichung (17) nach der Produktionsmenge x_1 aufgelöst. In der Abbildung wird eine Isogewinnlinie mit dem maximalen Gewinn von $G^* = 109.06$ erfasst. Man kann weitere Isogewinngeraden für alternative Gewinnhöhen durch Parallelverschiebung einzeichnen.

(29) $G^\circ = p_1x_1 - q_1v_1 - q_2v_2$ $G^\circ = 1110x_1 - 58v_1 - 84v_2$

$\qquad\qquad\qquad\qquad\qquad\qquad$ $x_1 = (G^\circ/p_1) + (q_1/p_1)v_1 + (q_2/p_1)v_2$

$\qquad\qquad\qquad\qquad\qquad\qquad$ $x_1 = (G^\circ/110) + (58/110)v_1 + (84/110)6.0$

$\qquad\qquad\qquad\qquad\qquad\qquad$ $x_1 = 4{,}58 + 0.5273\ v_1$ für $G^\circ = 0.00$

$\qquad\qquad\qquad\qquad\qquad\qquad$ $x_1 = 5{,}58 + 0.5273\ v_1$ für $G^\circ = 109.06$

$\qquad\qquad\qquad\qquad\qquad\qquad$ $x_1 = 6{,}58 + 0.5273\ v_1$ für $G^\circ = 220.00$

Den optimalen Produktionsplan der Unternehmung kann man graphisch ermitteln, indem man die Zielfunktion (Gewinnlinien) solange parallel verschiebt, bis die optimale Gewinnlinie gerade noch den Bereich der Produktionsmöglichkeiten tangiert.

Der optimale Produktionsplan ist gefunden, wenn weder durch eine Veränderung des Inputs noch des Outputs der Gewinn erhöht werden kann. Gesucht ist also ein Produktionsplan, bei dem die Steigungen der Zielfunktion und der Produktionsfunktion übereinstimmen.

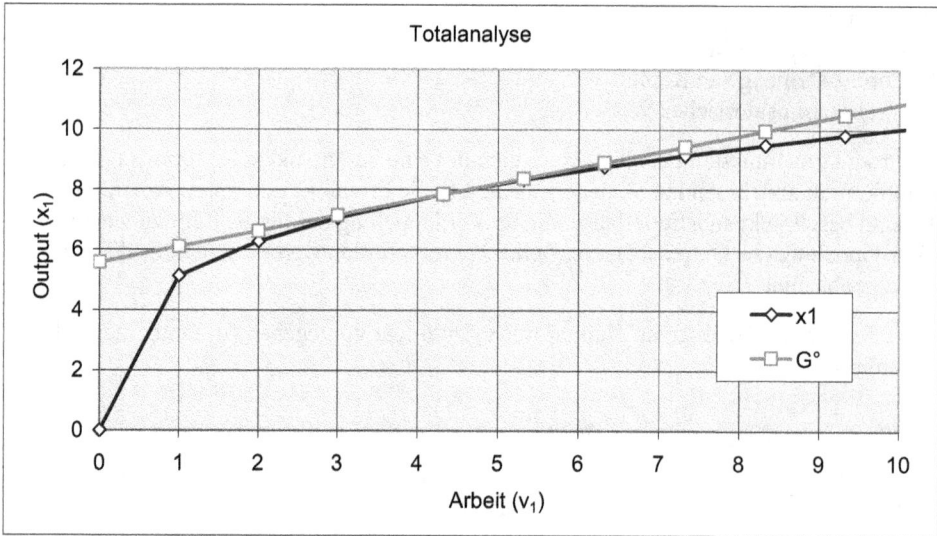

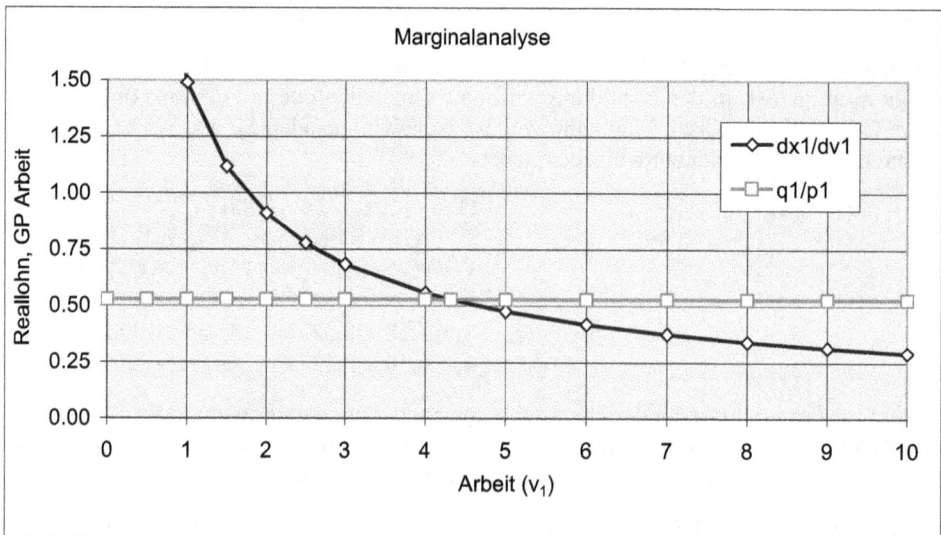

Abbildung 3.41: Ertrag und Gewinn
Die Inputregel erlaubt es, einen gewinnmaximalen Produktionsplan in einem reinen Mengendiagramm darzustellen. Die Steigung der Isogewinngeraden wird von dem Reallohnsatz bestimmt, die Steigung der Ertragsfunktion für Arbeit dagegen vom Grenzprodukt der Arbeit.

Die algebraische Lösung wird wie folgt ermittelt:

Maximiere

Allgemein	*Beispiel*	

(30) $G = p_1x_1 - q_1v_1 - q_2v_2°$ $G = 110x_1 - 58v_1 - 84v_2$ Zielfunktion

unter der Nebenbedingung

(31) $x_1 = av_1^b(v_2°)^c$ $x_1 = 5{,}1362\ v_1^{0.29}$ Ertragsfunktion

Die Steigung der Gewinngeraden (Zielfunktion) wird ermittelt, indem man die Zielfunktion (32) nach v_1 ableitet:

(32) $x_1 = (G°/p_1)+(q_1/p_1)v_1+(q_2/p_1)v_2$ $x_1 = (G°/110)+(58/110)v_1+(84/110)6$

(33) $\partial x_1/\partial v_1 = q_1/p_1$ $\partial x_1/\partial v_1 = 58/110$ Steigung Zielfunktion
        $\partial x_1/\partial v_1 = 0.5273$

Die Steigung der Zielfunktion wird von dem Verhältnis von Faktorpreis zu Produktpreis bestimmt. Dieses Verhältnis bezeichnet man auch als Reallohn. Die Steigung der partiellen Ertragsfunktion dagegen wird ermittelt, indem man die Funktion (19) nach v_1 ableitet.

(34) $x_1 = av_1^b(v_2°)^c$ $x_1 = 5{,}1361v_1^{0.29}$ Ertragsfunktion

(35) $\partial x_1/\partial v_1 = bav_1^{b-1}(v_2°)^c$ $\partial x_1/\partial v_1 = 0{,}29(5.1361v_1^{0.29-1})$ Steigung Ertragsfunktion
        $\partial x_1/\partial v_1 = 1.4895/v_1^{0.71}$

Die Steigung der partiellen Ertragsfunktion (Output einer zusätzlichen Arbeitseinheit) entspricht der Grenzproduktivität des Faktors Arbeit. Sie nimmt ständig ab, bleibt aber bei grossen Faktoreinsatzmengen stets positiv. Man spricht daher bei dieser Produktionsfunktion von abnehmenden Grenzerträgen $\partial x_1/\partial v_1$.

Der optimale Produktionsplan ist gefunden, wenn die Steigungen der Zielfunktion und der Produktionsfunktion übereinstimmen. Wir setzten deshalb Gleichung (23) und Gleichung (24) gleich und erhalten:

(36) $q_1/p_1 = \partial x_1/\partial v_1$ $58/110 = 1{,}4895/v_1^{0.71}$ Inputregel
     $q_1/p_1 = bav_1^{b-1}(v_2°)^c$ $v_1^* = 4.32$ Reallohn = Grenzprodukt
                                                          der Arbeit

Die optimale Faktoreinsatzmenge nach der Inputregel ist gefunden; sie beträgt $v_1^* = 4.32$ Arbeitsstunden. Der optimale Produktionsplan wird also von dem Verhältnis des Faktorpreises für Arbeit zum Produktpreis und der Grenzproduktivität des Faktor Arbeit bestimmt.

Im gewinnmaximalen Produktionsplan entspricht der Reallohnsatz (q_1/p_1) dem Grenzprodukt der Arbeit ($\partial x_1/\partial v_1$).

(37) $q_1/p_1 = 58/110 = 0.5273$ Reallohnsatz

(36) $\partial x_1/\partial v_1 = 1.4895/4.32^{0.71} = 0.5273$ Grenzprodukt der Arbeit

Produktionsfunktion
$x_1 = f(v_1, v_2)$
$x_1 = 2.42v_1^{0.29}v_2^{0.42}$

Faktor-
beschränkung für
Kapital
$v_2° = 6$

Faktorpreise
$q_1 = 58$
$q_2 = 84$

Produktpreis
$p_1 = 110$

Ertragsfunktion für
Arbeit
$x_1 = f(v_1, v_2°)$
$x_1 = 5.1361v_1^{0.29}$

Kosten
$K = q_1v_1 + q_2v_2$
$K = 504 + 58v_1$

Umsatz
$U = p_1x_1$
$U = 110x_1$

Grenzertragsfunktion
$dx_1/dv_1 = 1.4895/v_1^{0.71}$

Gewinn
$G = U - K$
$G = p_1x_1 - q_1v_1 - q_2v_2°$
$G = 110x_1 - 58v_1 - 504$

Isogewinngeraden
$x_1 = G°/p_1 + (q_1/p_1)v_1 + (q_2/p_1)v_2°$
$x_1 = G°/110 + (58/110)v_1 + (84/110)6$
$x_1 = G°/110 + 0.5273v_1 + 4.5818$

Steigung der Isogewinngeraden
$dx_1/dv_1 = q_1/p_1$
$dx_1/dx_1 = 58/110$

Inputregel
Grenzprodukt der Arbeit = Reallohnsatz
$dx_1/dv_1 = q_1/p_1$
$1.4895/v_1^{0.71} = 58/110$

Gewinnmaximale
Faktoreinsatzmenge
an Arbeit
$v_1* = 4.32$

Gewinnmaximale
Produktionsmenge
$x_1 = 5.1361v_1^{0.29}$
$x_1* = 7.85$

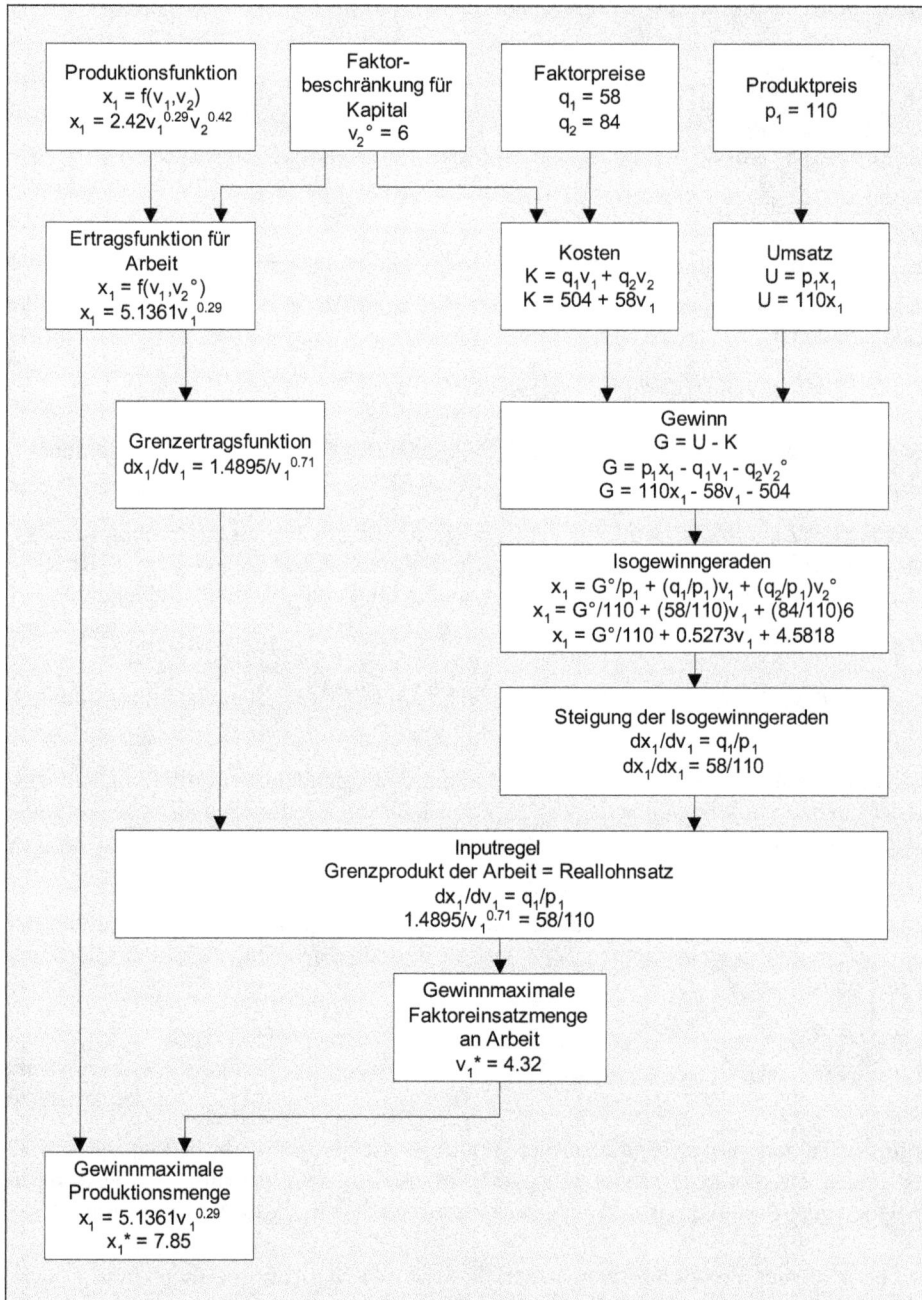

Übersicht 3.10: Inputregel für Cobb-Douglas-Technologie
Die Inputregel bestimmt, wie groß die Faktornachfrage nach Arbeit ist. Im gewinnmaximalen Produktionsplan entspricht das Grenzprodukt der Arbeit dem Reallohnsatz.

In dem Tangentialpunkt des optimalen Produktionsplans ist die Steigung der Isogewinngeraden (q_1/p_1) gleich der Steigung der partiellem Ertragsfunktion des Faktors Arbeit (dx_1/dv_1). Daraus ergibt sich folgende allgemeine Entlohnungsregel für Produktionsfaktoren:

(37) $q = (\partial x/\partial v)p$ Faktorpreis = Wertgrenzprodukt

Ein technisch effizienter Produktionsplan ist dann gewinnmaximal, wenn von jedem Faktor soviel eingesetzt wird, dass dessen Wertgrenzprodukt gleich dem Faktorpreis ist. Der Produktionsfaktor Arbeit wird in unserem Beispiel mit seinem Wertgrenzprodukt entlohnt. Das Wertgrenzprodukt entspricht dem Grenzprodukt bewertet mit dem Produktpreis.

Der optimale Produktionsplan nach der Inputregel führt zu den gleichen Ergebnissen wie die Outputregel. Der Lösungsweg wird in Übersicht 3.10 dargestellt.

Inputregel zur Bestimmung des gewinnmaximalen Produktionsplans

Das Optimierungsproblem der Unternehmung B lautet:

Maximiere

Allgemein   *Beispiel*

(57) $G = E - K$ $G = 110x_1 - 58v_1 - 84v_2$ Zielfunktion (Gewinn)
     $G = p_1x_1 - q_1v_1 - q_2v_2°$ $G = 110x_1 - 58v_1 - 84(6)$

unter den Nebenbedingungen

(58) $x_1 = \min(v_1/a_1, v_2/a_2)$ $x_1 = \min(4v_1, 2v_2)$ Produktionsfunktion

(59) $v_2 = v_2°$ $v_2° = 6$ Faktorbeschränkung

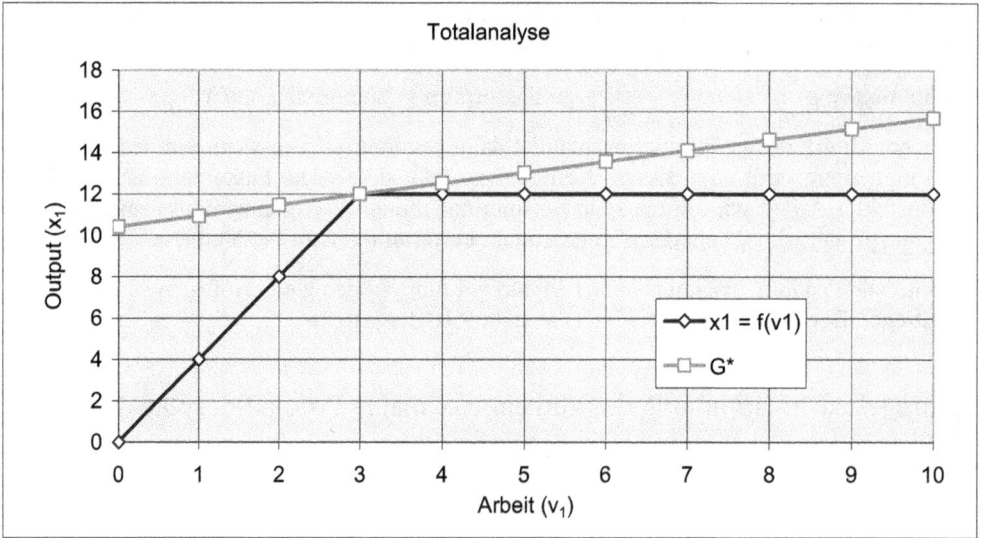

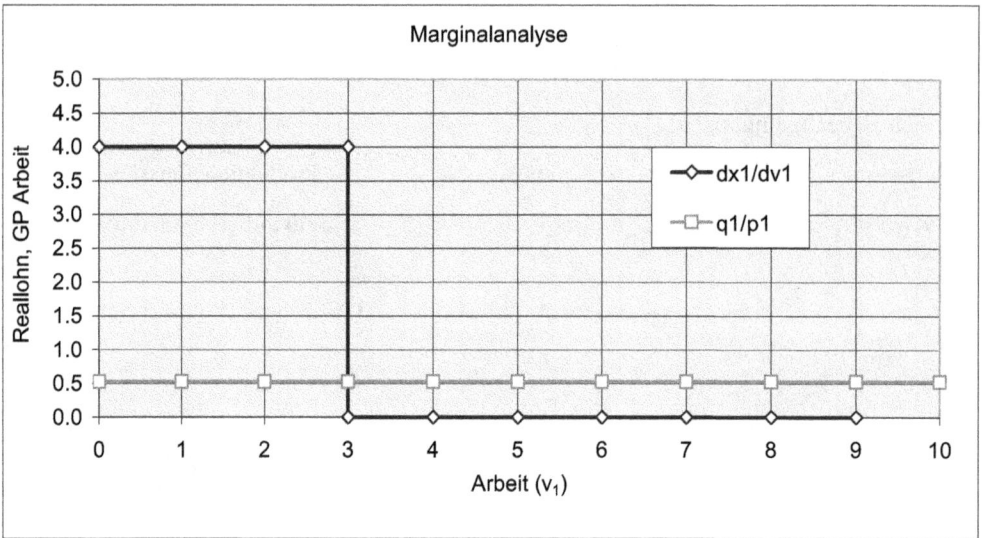

Abbildung 3.42: Inputregel für Leontief-Technologie

Bei der Leontief-Technologie kommt es zu Ecklösungen. Im vorliegenden Fall produziert die Unternehmung an der Kapazitätsgrenze. Dort ist der Reallohnsatz geringer als die Grenz- produktivität der Arbeit. Diese Differenz ermöglicht es dem Unternehmen residuale Gewinne zu erwirtschaften.

Die Zielfunktion kann x_1-v_1-Diagramm als eine Schar von Isogewinngeraden abgebildet werden.

Die Gleichung (57) wird deshalb nach der Variablen x_1 aufgelöst.

(60) $x_1 = G/p_1 + (q_2/p_1)v_2° + (q_1/p_1)v_1$ $x_1 = G/110 + (84/110)6 + (58/110)v_1$ Isogewinn-
                                                      $x_1 = G/110 + 4.5818 + 0.5273v_1$ gerade

Die partielle Ertragsfunktion des variablen Produktionsfaktors Arbeit lautet:

(61) $x_1 = v_1/a_1$ $x_1 = 4v_1$ Partielle Ertragsfunktion bis $x_1^{max} = 12$

Die Inputregel für den gewinnmaximalen Produktionsplan lautet Grenzprodukt > (Faktorpreis/Produktpreis).

Das Grenzprodukt der Arbeit ermittelt man aus (61) als:

(62) $\partial x_1/\partial v_1 = (1/a_1)$ $\partial x_1/\partial v_1 = 4$ Grenzprodukt Arbeit

(63) Reallohn = q_1/p_1 $q_1/p_1 = 58/110$ Reallohn
                                                         $q_1/p_1 = 0.5273$

(64) $\partial x_1/\partial v_1 > q_1/p_1$ $4.0 > 0.5273$ Inputregel

Im gewinnmaximalen Produktionsplan ist das Grenzprodukt der Arbeit deutlich höher als der ausgezahlte Reallohn.

Der gewinnmaximale Produktionsplan der Unternehmung B entspricht den Ergebnissen der Outputregel. Er lautet:

Mengen
$x_1 = 12$ Produktmenge (Kapazitätsgrenze)
$v_1 = 3$ Faktoreinsatzmenge für Arbeit
$v_2 = 6$ Faktoreinsatzmenge für Kapital

Preise
$p_1 = 110$ Produktpreis für Gut 1
$q_1 = 58$ Faktorpreis für Arbeit
$q_2 = 84$ Faktorpreis für Kapital

Werte
$E = 1320$ Erlös (Umsatz)
$K = 678$ Kosten
$G = 642$ Gewinn

3.4.3   Klassisches Ertragsgesetz

In Kapitel 3.2.1 wurde eine Produktionsfunktion vorgestellt, die dem klassischen Ertragsgesetz unterliegt. Bei dieser Produktionsfunktion werden in der Produktion zunächst steigende Grenzerträge, ab dem Wendepunkt abnehmende Ertragszuwächse und ab dem Produktionsmaximum negative Grenzerträge beobachtet. Dieser Verlauf entspricht einer S-förmige Ertragsfunktion. Bei gegebenen Faktorpreisen führt dieser Verlauf der Grenzerträge zu einer an gespiegelten S-förmigen Kostenfunktion, die in **Abbildung 3.43** abgebildet ist. Es handelt sich um eine kubische Kostenfunktion. Solange im Bereich zunehmender Grenzerträge produziert wird, wird die Steigung der Kostenfunktion immer flacher. Sowohl die Grenzkosten als auch die Durchschnittskosten fallen. Beim Übergang von sinkenden Grenzerträgen zu steigenden Grenzerträgen dagegen beginnen die Grenzkosten zu steigen. Ab dem Wendepunkt verläuft die Kostenfunktion immer steiler.

Allgemein   *Beispiel*

(65) $K = a + bx_1 + cx_1^2 + dx_1^3$ $K = 10 + 20x_1 - 10x_1^2 + 2x_1^3$ Kostenfunktion

(66) $dK/dx_1 = b + 2cx_1 + 3dx_1^2$ $dK/dx_1 = 20 - 20x_1 + 6x_1^2$ Grenzkosten

(65) $K/x_1 = a/x_1 + b + cx_1 + dx_{12}^2$ $K/x_1 = 10/x_1 - 20 - 10x_1 + 6x_1^2$ Durchschnittskosten

Im Modell der vollständigen Konkurrenz hat die Unternehmung keinen Einfluss auf den Produktpreis. Die Höhe des Produktpreises wird durch Angebot und Nachfrage am Markt bestimmt. Die Erlösfunktion der Unternehmung verläuft daher linear. Der Grenzerlös entspricht dem Produktpreis.

(66) $E = p_1 x_1$ $E = 14x_1$ Erlösfunktion

(67) $dE/dx_1 = p_1$ $dE/dx_1 = 14$ Grenzkosten

Die Outputregel führt zum gewinnmaximalen Produktionsplan der Unternehmung.

(68) $p_1 = dK/dx_1$ $14 = 20 - 20x_1 + 6x_1^2$ Grenzkosten

(69) $x_1 = x_1^*$ $x_1 = 3.0$ Optimale Produktmenge

Der optimale Produktionsplan der Unternehmung lautet:

Mengen

$x_1 = 3$ Produktmenge (Kapazitätsgrenze)

Preise

$p_1 = 110$ Produktpreis für Gut 1

Werte

$E = 42$ Erlös (Umsatz)

$K = 34$ Kosten

$G = 8$ Gewinn

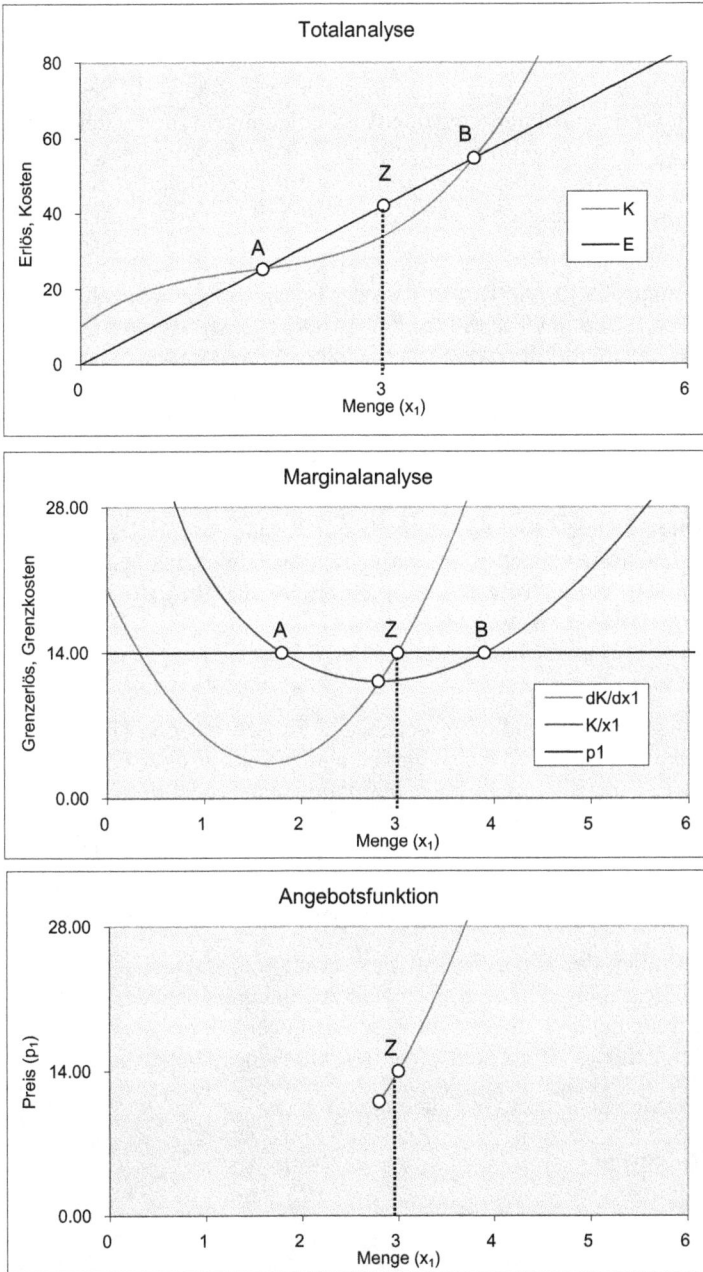

Abbildung 3.43: Optimaler Produktionsplan für das Ertragsgesetz

Das klassische Ertragsgesetz führt zu einem S-förmigen Kostenverlauf. Der gewinnmaximale Produktionsplan liegt in Z. In den Break-even-Plänen A und B decken die Erlöse die Gesamtkosten. Die Angebotsfunktion beginnt im Minimum der Durchschnittskosten.

3.4.4   Lineare Optimierung

In den bisherigen Kapiteln haben wir eine Vielzahl von Situationen behandelt, in denen die einzelnen Wirtschaftssubjekte Optimallösungen unter Nebenbedingungen zu erreichen suchen. Wir haben diese Probleme in der Regel mit Hilfe der Differentialrechnung gelöst. Dieses Werkzeug kann aber nur eingesetzt werden, wenn differenzierbare Funktionen zugrunde liegen. Es gibt jedoch zahlreiche Optimierungsprobleme, die nicht mit Hilfe der Differentialrechnung gelöst werden können.

Seit dem 2. Weltkrieg wurde spezielle für die Bedürfnisse der Ökonomie eine Anzahl neuer Optimierungsverfahren entwickelt, die unter dem Oberbegriff **Operations Research** (Optimalplanung) zusammengefasst werden. Wir wollen das wichtigste Werkzeug dieser Forschungsrichtung vorstellen: die **lineare Optimierung** (lineare Planungsrechnung). Sie geht auf George B. Dantzig zurück, der in den vierziger Jahren des vergangenen Jahrhunderts die Simplex-Methode entwickelt hat. Sie ist auch heute noch das wichtigste Verfahren zur Lösung linearer Optimierungsmodelle.

Die Simplex-Methode ist nichts anderes als eine Methode zur Lösung von linearen (Un-) Gleichungssystemen. Sie ist leicht zu verstehen, da sie keine besonderen mathematischen Kenntnisse voraussetzt. Besonders hilfreich für das Verständnis ist, dass in jeder Lösungsphase eine ökonomische Interpretation der Ergebnisse möglich ist.

Ein Beispiel

Wir wollen eine Unternehmung betrachten, die bei gegebenen Preisen auf den Güter- und Faktormärkten als Mengenanpasser handelt. Diese Unternehmung verfügt über das technische Wissen, zwei Produkte mit jeweils einem linear-limitationalen Produktionsverfahren herzustellen. In beiden Produktionen werden folgende Produktionsfaktoren benötigt: die Maschinen A, B und C und Arbeit. Wir wollen annehmen, dass die Produktionsanlage in Form der drei Maschinen fest installiert ist, die keinem Verschleiß unterliegen. Die Maschinen befinden sich im Eigentum der Unternehmung und verursachen daher keine Fixkosten.

Variable Kosten entstehen lediglich durch den Einsatz des Produktionsfaktors Arbeit. Pro Produktionsperiode hat die Unternehmung eine Kapazitätsbeschränkung für jede Maschine zu beachten, die sich aus der maximalen Laufzeit der Maschine abzüglich der Wartungszeiten ergibt. Durch den Produktionsfaktor Arbeit sind keine Beschränkungen gegeben.

Die Güter- und Faktorpreise je Mengeneinheit (ME) betragen in Euro:

	Preis	Menge
Produkt 1	$p_1 = 613$	x_1
Produkt 2	$p_2 = 717$	x_2
Maschine A	-	v_1
Maschine B	-	v_2
Maschine C	-	v_3
Arbeit	$w = 10$	L

Der Lohnsatz für Arbeit beträgt $w = 10$ Euro/Std.

Box 3.6

George Dantzig (1914 - 2005)

George Bernard Dantzig wurde 1914 in Portland (Oregon), USA, geboren. Er gilt als Vater der Linearen Optimierung, einem Teilgebiet des Operations-Research. Bekannt wurde er vor allem durch das von ihm entwickelte Simplex-Verfahren.

George Dantzig entstammt einer armen Familie. Er besuchte die Powell Junior High School in Washington, D.C. Dantzig studierte Mathematik an der Universität von Maryland. 1936 machte er seinen B.A. in Mathematik und Physik. 1937 beendete er sein Studium an der Universität von Michigan mit einem M.A. in Mathematik.

Von 1937 bis 1939 arbeitete Dantzig als Statistiker in Washington. Mit dem Eintritt der USA in den Zweiten Weltkrieg trat er in die Air Force ein. 1946 nahm er erneut sein Studium auf und promovierte. Anschließend arbeitete er als mathematischer Berater beim Verteidigungsministerium, wo er 1947 das Simplex-Verfahren publizierte. 1952 wechselte Dantzig zur RAND Corporation, wo er maßgeblich dafür verantwortlich war, die Lineare Programmierung auf Computern zu implementieren. 1960 nahm er eine Professur an der Universität Berkeley an und wechselte dann 1966 auf eine Professur Operations Research and Computer Science der Stanford-Universität.

Sein bedeutendster wissenschaftlicher Beitrag ist das von ihm entwickelte Simplex-Verfahren. Unter anderem erhielt Dantzig 1975 den John von Neumann Theory Prize für seine Arbeit auf dem Gebiet der Linearen Programmierung, die National Medal of Science 1976 und den National Academy of Sciences Award in Applied Mathematics and Numerical Analysis 1977.

In Tabelle 3.19 finden Sie eine Übersicht über die notwendigen Bearbeitungszeiten der einzelnen Produkte auf den drei Maschinen und eine Aufstellung der Verbrauchsmengen des variablen Produktionsfaktors Arbeit. Die Stückkosten der einzelnen Produkte errechnen sich aus der Summe der jeweils mit den Faktorpreisen bewerteten Verbrauchswerte an Arbeit. Der Stückerlös entspricht dem Produktpreis, der jeweils auf dem Markt erzielt werden kann. Die Differenz zwischen Stückerlös und Stückkosten ist der Stückgewinn.

Ziel der Unternehmung ist es, den Gewinn zu maximieren. Gesucht sind die optimalen Produktionsmengen der beiden Güter und die dafür erforderlichen Einsatzmengen der Produktionsfaktoren Maschinen und Arbeit.

		Produkt 1 x1	Produkt 2 x2	Kapazität (Std) Q
Fertigungszeit auf Maschine (Std./ME)	A	18	12	216
	B	14	14	196
	C	12	24	288
Arbeit (Std./ME)	L	60	70	unendlich
Stückerlös	E/x	613	717	
Stückkosten	K/x	600	700	
Stückgewinn	G/x	13	17	

Tabelle 3.19: Daten für die Mehrprodukt-Unternehmung
Die Tabelle enthält Bearbeitungszeiten (Std/ME), Kapazitäten (Std) und Werte pro Mengeneinheit (Euro/ME), die auch als Preise interpretiert werden können.

Die **Tabelle 3.19** kann auf folgende Weise ausgewertet werden: Die beiden ersten Spalten geben die linear-limitationalen Produktionsfunktionen der Unternehmung an, die ersten drei Zeilen dagegen die Restriktionen, die von der Unternehmung zu beachten sind. Die Inputkoeffizienten der Maschinen sind als Bearbeitungszeiten zu interpretieren, die pro Produkteinheit erforderlich sind. Diese Restriktionen ergeben sich aus den beschränkten Kapazitäten der Maschinen, die die Produktionsmöglichkeiten begrenzen.

Jedes lineare Programmierungsmodell besteht aus drei Bestandteilen. Den linearen Restriktionen, der linearen Zielfunktion und der Nichtnegativitätsbedingung für die Variablen. Es kann als Maximierungsproblem oder als Minimierungsproblem formuliert werden.

Lineares Programmierungsmodell

Das lineare Programmierungsmodell für unser Beispiel besteht aus folgenden Gleichungen:

	Allgemein		*Beispiel*
Maximiere	$z_1x_1 + z_2x_2 = G$	Zielfunktion	$13x_1 + 17x_2 = G$

unter den Nebenbedingungen

	Allgemein		*Beispiel*
Maschine A	$a_{11}x_1 + a_{12}x_2 \leq v_1°$	Restriktionen	$18x_1 + 12x_2 \leq 216$
Maschine B	$a_{21}x_1 + a_{22}x_2 \leq v_2°$		$14x_1 + 14x_2 \leq 196$
Maschine C	$a_{21}x_1 + a_{22}x_2 \leq v_3°$		$12x_1 + 24x_2 \leq 288$
	$x_1, x_2 > 0$	Nichtnegativitätsbedingung	

Die Restriktionen müssen von jeder Lösung eingehalten werden. In unserem Beispiel sind nur die Einsatzzeiten der drei Maschinen beschränkt. Die tatsächliche Einsatzzeit jeder Maschine ergibt sich aus den Bearbeitungszeiten jeder Produkteinheit mal den Mengen der insgesamt hergestellten Produkte. Sie darf nicht größer sein, als die insgesamt in einer Produktionsperiode zur Verfügung stehende maximale Einsatzzeit der Maschinen.

In der Zielfunktion kommt die Absicht der Unternehmung zum Ausdruck die Gewinne zu maximieren. Der Gewinn der Unternehmung ergibt sich aus den mit den Stückgewinnen zu multiplizierenden Produktionsmengen der beiden Güter. Die Nichtnegativitätsbedingung besagt, dass keine negativen Produktmengen hergestellt werden können.

Die graphische Lösung

Wir wollen zunächst die optimale Lösung graphisch ermitteln und damit zugleich den Lösungsweg des Simplex-Verfahrens beschreiben. Wenn wird annehmen, dass für die Restriktionen die Gleichheitszeichen gültig sind, lassen sich drei Kapazitätslinien in ein x_1-x_2-Diagramm der **Abbildung 3.44** einzeichnen.

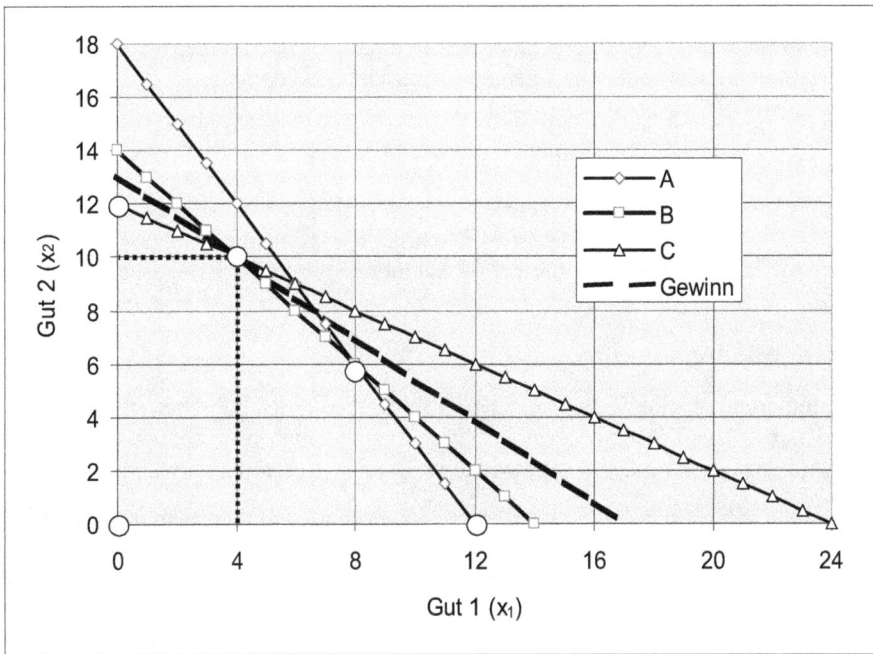

Abbildung 3.44: Der gewinnmaximale Produktionsplan
Der Beschränkungspolyeder erfasst die Produktionsmöglichkeiten der Unternehmen. Diese sind durch die Kapazitäten der Maschinen beschränkt. Die Steigung der Zielfunktion (gestrichelte Linie) wird von den Stückgewinnen bestimmt.

Mit den 216 Betriebsstunden der Maschine A lassen sich entweder 12 Mengeneinheiten des Gutes 1 oder 18 Mengeneinheiten des Gutes 2 beziehungsweise alle Linearkombinationen herstellen, die durch die Beschränkungsgleichung skizziert sind. Der schraffierte Bereich der drei Kapazitätslinien ist die Transformationsfunktion aller Produktionsmöglichkeiten. Sie umschließt alle Gütermengenkombinationen, die mit den zur Verfügung stehenden Einsatzmengen maximale produziert werden können. Die Steigung der Kapazitätslinie dx1/dx1 entspricht der Grenzrate der Transformation. Ihr Wert wird von dem Verhältnis der Produktionskoeffizienten bestimmt. So beträgt die Steigung der Kapazitätslinie A dem Wert von $dx_1/dx_2 = 18/12 = 1.5$.

Alle Punkte innerhalb des zulässigen Bereichs kommen für die Lösung in Frage. Gesucht wird aber der Produktionsplan mit dem maximalen Gewinn. Um ihn zu bestimmen, zeichnen wir die Zielfunktion ein. Da die Stückgewinne gegeben sind, ergeben sich für die verschiedenen Werte von G eine Schar von parallelen Geraden, die wir Isogewinngeraden nennen. Ihre Steigung wird vom Verhältnis der Stückgewinne bestimmt. Für unser Beispiel ergibt sich eine Steigung von $dx_1/dx_2 = z_1/z_2 = 13/17 = 0.76$.

Für alle auf der gleichen Isogewinngeraden liegenden Güterkombinationen wird der gleiche Gewinn erzielt. Auf der Suche nach dem gewinnmaximalen Produktionsplan werden vom Nullpunkt (Nulllösung) die Isogewinngeraden solange parallel nach außen verschoben, bis eine Isogewinngerade gerade noch die Transformationsfunktion berührt.

Der gewinnmaximale Produktionsplan ist in P erreicht. Jede Isogewinngerade höheren Niveaus schneidet oder berührt den zulässigen Bereich nicht mehr.

An den Kapazitätslinien können wir erkennen, welche Maschinen durch den Produktionsplan P voll ausgelastet sind. Es sind die Maschinen B und C. Der gewinnmaximale Produktionsplan P liegt unterhalb der Kapazitätslinie der Maschine A. Sie verfügt also noch über eine Restkapazität.

Das Simplex-Verfahren

Die lineare Optimierung ist eine mathematische Methode, die in der Betriebswirtschafts- und Volkswirtschaftslehre zur Lösung ökonomischer Entscheidungsprobleme herangezogen wird. Häufig wird dazu das von Dantzig entwickelte Simplex-Verfahren verwendet.

Die Ungleichungen (Restriktionen) werden durch Einführung von Hilfsvariablen in Gleichungen (Beschränkungsgleichungen) umgewandelt. Diese Hilfsvariablen y_1, y_2 und y_3 stellen die nicht genutzten Kapazitäten der drei Maschinen dar.

$$
\begin{aligned}
18x_1 + 12x_2 + y_1 \quad\quad &= 216 \quad\quad\quad &&\text{Beschänkungsleichungen}\\
14x_1 + 14x_2 \quad + y_2 \quad &= 196\\
12x_1 + 24x_2 \quad\quad + y_3 &= 288\\
13x_1 + 17x_2 \quad\quad\quad &= G_{max}! \quad\quad &&\text{Zielfunktion}
\end{aligned}
$$

Das Lösungsverfahren geht von der Nulllösung (Ausgangspunkt ist der Nullpunkt) aus, in der die Unternehmung die Produktion noch nicht aufgenommen wurde. Die Zielfunktion wird daher so umgeschrieben, dass die Stückgewinne mit negativen Vorzeichen als entgangenen Gewinne ausgewiesen werden. Das Ausgangstableau lautet:

		Gut 1	Gut 2	Hilfsvariablen			Kapazität
		x1	x2	y1	y2	y3	Q
Maschine A	y1	18	12	1	0	0	216
Maschine B	y2	14	14	0	1	0	196
Maschine C	y3	12	24	0	0	1	288
Zielfunktion	Z	-13	-17	0	0	0	0

Tabelle 3.20: Ausgangstableau
Das Ausgangstableau erfasst die Bearbeitungszeiten auf den drei Maschinen, die entgangenen Stückgewinne und die Kapazitäten der Maschinen. Die Hilfsvariablen überführen die Ungleichungen in Gleichungen.

In den Zeilen werden diejenigen Variablen (Basisvariablen) benannt, die sich jeweils in der Lösung befinden. Da wir die Bezeichnung der Spalten nicht ändern werden, erkennt man eine Variable, die sich in der Lösung befindet, daran, dass sich in ihrer Spalte lediglich eine Eins und sonst nur Nullen befinden. Welchen Wert diese Variable besitzt, wird in der gleichen Zeile der Eins in der Q-Spalte (z.B. $y_1 = 216$) ausgewiesen. Die Ausgangslösung lautet also $y_1 = 216$, $y_2 = 196$ und $y_3 = 288$. Keine der Kapazitäten ist genutzt.

Als Nichtbasisvariablen werden diejenigen Variablen bezeichnet, die sich nicht in der Lösung befinden. Im Ausgangstableau sind es die Variablen x1 und x2. Das Simplexverfahren besteht nun darin, solange Basisvariablen gegen Nichtbasisvariablen auszutauschen, bis ein maximaler Wert der Zielfunktion erreicht ist.

Vier einfache Regeln führen zur Optimallösung:

1. Regel: Auswahl des Pivotelements

Die Spalte mit dem größten entgangenen Gewinn wird als Pivotspalte ausgewählt. Der Kapazitätsengpass in dieser Spalte bestimmt die entsprechende Pivotzeile.

		Gut 1	Gut 2	Hilfsvariablen			Kapazität
		x1	x2	y1	y2	y3	Q
Maschine A	y1	18	12	1	0	0	216
Maschine B	y2	14	14	0	1	0	196
Maschine C	y3	12	24	0	0	1	288
Zielfunktion	Z	-13	-17	0	0	0	0

Tabelle 3.21: Nulllösung
In der sogenannten Nulllösung produziert die Unternehmung nicht. Die Hilfsvariablen bestimmen die Lösung. Ihre Werte entsprechen den ungenutzten Kapazitäten der Maschinen. Der Wert der Zielfunktion und damit der Gewinn ist G=0. Das Pivotelement bestimmt den nächsten Rechenschritt.

Für unser Beispiel ergeben sich für die Produktion des Gutes 2 folgende Kapazitätsengpässe:

A = 216/12 = 18
B = 196/14 = 14
C = 288/24 = 12

Der Kapazitätsengpass liegt bei der Maschine C. Die entsprecheneden Pivotspalten und – zeilen sind in **Tabelle 3.22** grau hervorgehoben. Das Pivotelement liegt im Fadenkreuz von Pivotspalte und Pivotzeile ($a_{31} = 24$).

Mit den Regeln 3-4 wird das nächste Tableau für den 1. Iterationsschritt berechnet.

2. Regel: Umwandlung der Pivotzeile

Alle Elemente der Pivotzeile in Tabelle 2 werden durch das Pivotelement dividiert. Die entsprechenden Ergebnisse werden in der dritten Zeile der Tabelle 3 eingetragen. Das Pivotelement a_{rs} der Tabelle 3 erhält dadurch in Tabelle 3 den neuen Wert von Eins.

		Gut 1	Gut 2	Hilfsvariablen			Kapazität
		x1	x2	y1	y2	y3	Q
Maschine A	y1	12.0000	0.0000	1.0000	0.0000	-0.5000	72
Maschine B	y2	7.0000	0.0000	0.0000	1.0000	-0.5833	28
Gut 2	x2	0.5000	1.0000	0.0000	0.0000	0.0417	12
Zielfunktion	Z	-4.5000	0.0000	0.0000	0.0000	0.7083	204

Tabelle 3.22: Zwischentableau (1. Iteration)
Zunächst wird die Produktion des Gutes 2 aufgenommen. Bei diesem Gut wird der höchste entgangenen Stückgewinn beobachtet.

3. Regel: Umwandlung der übrigen Elemente

Alle verbliebenen Elemente werden nach folgende Regel umgewandelt: Element aij abzüglich entsprechendes Pivotzeilenelement a_{rj} multipliziert mit entsprechendem Pivozspaltenelement ais dividiert durch Pivotelement a_{rs}. Für das Element a_{21} ergibt sich folgender Wert: $a_{21} = 14–14(12/24) = 7$.

4. Regel Optimallösung

Die Optimallösung ist erreicht, wenn sämtlichen negativen Werte aus der Zielfunktion eliminiert sind.

		Gut 1	Gut 2	Hilfsvariablen			Kapazität
		x1	x2	y1	y2	y3	Q
Maschine A	y1	12.0000	0.0000	1.0000	0.0000	-0.5000	72
Maschine B	y2	7.0000	0.0000	0.0000	1.0000	-0.5833	28
Gut 2	x2	0.5000	1.0000	0.0000	0.0000	0.0417	12
Zielfunktion	Z	-4.5000	0.0000	0.0000	0.0000	0.7083	204

Tabelle 3.23: Zwischentableau (1. Iteration mit neuem Pivotelement)
In der Zielfunktion für das Gut 1 ein entgangener Gewinn beobachtet. Die Produktion des Gutes 1 wird zusätzlich aufgenommen.

Für den nächsten Iterationsschritt wird zunächst in **Tabelle 3.22** die neue Pivotspalte und die neue Pivotzeile bestimmt. Das sich lediglich ein negativer Wert noch in der Zielfunktion befindet, wird die Spalte 1 zur Pivotspalte erklärt.

Für die Produktion des Gutes 1 ergeben sich folgende Kapazitätsengpässe:

$A = 72/12 = 6$
$B = 28/7 = 4$
$C = 12/0.5 = 24$

Die zweite Zeile ist die neue Pivotzeile. Das Optimaltableau wird wiederum mit den Regeln 1-3 berechnet. Ausgangspunkt ist nun das Zwischentableau.

		Gut 1	Gut 2	Hilfsvariablen			Kapazität
		x1	x2	y1	y2	y3	Q
Maschine A	y1	0.0000	0.0000	1.0000	-1.7143	0.5000	24
Gut 1	x1	1.0000	0.0000	0.0000	0.1429	-0.0833	4
Gut 2	x2	0.0000	1.0000	0.0000	-0.0714	0.0833	10
Zielfunktion	Z	0.0000	0.0000	0.0000	0.6429	0.3333	222

Tabelle 3.24: Optimaltableau
Die Unternehmung erzielt einen Gewinn von G = 222. In der Zielfunktion werden keine negativen Stückgewinne beobachtet. Ein besseres Ergebnis kann nicht erzielt werden. Die Schattenpreise für die ausgelasteten Maschinen B und C sind Knappheitsindikatoren, die für Investitionsentscheidungen herangezogen werden können.

Interpretation der Ergebnisse

Die Optimallösung lautet $x_1 = 4$, $x_2 = 10$ und $y_1 = 24$. Es werden beide Güter produziert. Die Restkapazität der Maschine A beträgt 24 Betriebsstunden. Der Gewinn (Wert der Zielfunktion) beträgt G = 222.

		Menge	Stück-gewinn	Wert
Maschine B	y2	1.0000	-	-
Gut 1	x1	0.1429	13.00	1.8571
Gut 2	x2	-0.0714	17.00	-1.2143
Insgesamt		-	-	0.6429

Tabelle 3.25: Schattenpreise
Diese Zusatzinformation ist hilfreich, um zu verstehen, auf welche Weise der Schattenpreis für die ausgelastete Maschine B berechnet wurde.

Die Maschinen B und C sind voll ausgelastet. Für Sie werden Schattenpreise berechnet, die aus der Zielfunktion ersichtlich sind. So beträgt der Schattenpreis der Maschine B $q_2 = 0.6429$. Dieser Wert berechnet sich auf folgende Weise: Wird die Kapazität der Maschine B um eine Einheit verringert, so muss man auf die Produktion von $x_1 = 0.1429$ Einheiten (bewertet mit 13 Geldeinheiten) verzichten, kann andererseits aber zusätzlich $x_2 = 0.0714$ Einheiten des Gutes 2 (bewertet mit 17 Geldeinheiten) produzieren. Die Differenz dieser beiden Geldbeträge entspricht dem Schattenpreis der Maschine B in Höhe von $q_2 = 0.6429$. Um diesen Wert würde der Wert der Zielfunktion sinken, wenn die Kapazität der Maschine B um eine Einheit verringert wird.

Die Schattenpreise drücken die Knappheit der beiden Produktionsfaktoren wieder. Die nicht ausgelastete Maschine erhält keinen Schattenpreis. Derartige Schattenpreise geben wertvolle Hinweise für Investitionsvorhaben.

Die übrigen Angaben in den Spalten y_2 und y_3 werden Konkurrenzzahlen genannt. Sie geben an, um wie viele Einheiten (z.B. -1.7143) ein Zeilenvektor (hier y_1) in einem Programm mehr ($-$) oder weniger ($+$) zu berücksichtigen ist, wenn eine Einheit des Spaltenvektors (hier 1 Std. der Maschine B) freigesetzt werden soll.

	Gut1			Gut1			
	Bearbeitungszeit von Gut 1	Menge Gut1	Freisetzung Maschinenstunden Gut 1	Bearbeitungszeit von Gut 1	Menge Gut1	Freisetzung Maschinenstunden Gut 1	Saldo Freisetzung abzüglich Bedarf
Maschine A y1	18	-0.1429	-2.5714	12	0.0714	0.8571	-1.7143
Maschine B y2	14	-0.1429	-2.0000	14	0.0714	1.0000	-1.0000
Maschine C y3	12	-0.1429	-1.7143	24	0.0714	1.7143	0.0000

Tabelle 3.26: Konkurrenzzahlen
Die Konkurrenzzahlen geben an, welche ökonomische Bedeutung die übrigen Werte des Optimaltableaus haben.

Die Freisetzung von 1 Stunde auf der Maschine B erfordert die Aufgabe von $x_1 = 0.1429$ Einheiten des Gutes 1 und den Zuwachs von $x_2 = 0.0714$ Einheiten des Gutes 2. Eine Aufstellung der Freisetzungen und des zusätzlichen Bedarfs an Maschinenstunden führt zu den Ergebnissen in **Tabelle 3.26**.

Die Gewinn- und Verlustrechnung der Unternehmung kann auf folgende Weise berechnet werden:

$E = p_1 x_1 + p_2 x_2$ Erlös $E = 613(4) + 717(10) = 9622$

$L = a_{41} x_1 + a_{51} x_2$ Arbeitseinsatz (Std.) $L = 60(4) + 70(10) = 940$

$K = q a_{41} x_1 + q a_{51} x_2$ Lohnkosten $K = (10)(60)(4) + (10)(70)(10) = 9400$

$G = E - K$ Gewinn $G = 9622 - 9400 = 222$

3.4.5 Übungsaufgaben zum optimalen Produktionsplan

Aufgabe 1: Kosten und Erlöse

Für eine Cobb-Douglas-Produktionsfunktion sind für eine Unternehmung folgende Parameter ermittelt worden: a = 1.0, b = 0.5 und c = 0.5. Die Faktorpreise betragen q_1 = 40 und q_2 = 40. Der Kapitaleinsatz ist mit $v_2°$ = 10 beschränkt. Das Unternehmen verfolgt das Ziel der Gewinnmaximierung.

Für die Unternehmung wurde die Kostenfunktion K = 400 + $4x^{2.0}$ ermittelt. Für die Gesamtkosten (K), Grenzkosten (dK/dx) und Stückkosten (K/x) ergibt sich folgende Tabelle:

X	2	4	6	8	10	12	14	16	18	20	22	24
K	416.0	464.0	544.0	656.0	800.0	976.0	1184.0	1424.0	1696.0	2000.0	2336.0	2704.0
dK/dx	16.0	32.0	48.0	64.0	80.0	96.0	112.0	128.0	144.0	160.0	176.0	192.0
K/x	208.0	116.0	90.7	82.0	80.0	81.3	84.6	89.0	94.2	100.0	106.2	112.7

(a) Ermitteln Sie die Grenzkostenfunktion dK/dx = f(x) und Stückkostenfunktion K/x = f(x). Skizzieren Sie die Kostenfunktion, Grenzkostenfunktion und Stückkostenfunktion in getrennten Diagrammen für die Totalanalyse (Abb.1) und Marginalanalyse (Abb 2). Schildern Sie Ihre Vorgehensweise und erläutern Sie die wesentlichen Merkmale dieser Kostenfunktion.

(b) Auf allen Märkten herrscht vollkommene Konkurrenz. Bestimmen Sie den gewinnmaximalen Produktionsplan für den Produktpreis von p = 160. Welche Gleichgewichtsbedingung muss erfüllt sein, damit ein gewinnmaximaler Produktionsplan gegeben ist? Begründen Sie Ihr Ergebnis. Ermitteln Sie für den gewinnmaximalen Produktionsplan Umsatz (U), Kosten (K), Gewinn (G), Produktionsmenge (x) und Arbeitseinsatzmenge (v_1).

(c) Wo liegt die Preisuntergrenze der Unternehmung bei vollkommener Konkurrenz? Wie hoch ist in dieser Situation der Preis und die Produktionsmenge? Begründen Sie das Ergebnis.

(d) Bei dem gegenwärtigen Marktpreis von p_1 = 100 beabsichtigt das Unternehmen, einen möglichst hohen Marktanteil zu gewinnen. Welche Menge wird produziert, wenn das Unternehmen das Ziel der Umsatzmaximierung unter der Bedingung verfolgt, dass keine Verluste entstehen? Wie hoch sind in diesem Fall Umsatz (U), Kosten (K), Gewinn (G), Produktionsmenge (x) und Arbeitseinsatzmenge (v_1)? Begründen Sie Ihr Ergebnis.

Hinweis: Die Lösungen der Gleichung $ax^2+bx+c=0$ lauten x=[-b±Quadratwurzel(b^2-4ac)]/2a

Aufgabe 2: Neue Produkte

Ein Unternehmen hat für ein neuartiges Produkt die folgende Kostenfunktion ermittelt:

K = 100 + $x_1^{2.0}$ Kostenfunktion

Zu Markteinführung des Produktes soll ein möglichst günstiger kostendeckender Preis berechnet werden. Skizzieren sie die Preisuntergrenze in einem Diagramm (Abb. 1). Wie hoch ist dieser Mindestpreis? Zur Abdeckung der Forschungs- und Entwicklungskosten beschließt die Unternehmung einen Gewinnaufschlag von 20 Prozent auf den Mindestpreis. Berechnen

Sie den verlangten Produktpreis, die gewinnmaximale Produktmenge, den Erlös, die Kosten und den Gewinn. Erläutern Sie ihre Berechnungen.

Aufgabe 3: Investitionen

Eine Unternehmung produziert das Gut 1 mit der Produktionsfunktion $x_1 = a \, v_1^b \, v_2^c$ mit den Parametern a (Niveauparameter), b (Produktionselastizität der Arbeit) und c (Produktionselastizität des Kapitals). Es wurde die Produktionsfunktion $x_1 = 4 \, v_1^{0.50} \, v_2^{0.25}$ geschätzt. Der Produktionsfaktor Kapital ist mit $v_2° = 16$ beschränkt. Die Faktorpreise betragen $q_1 = 10$ (Arbeit) und $q_2 = 200$ (Kapital). Der Güterpreis ist mit $p_1 = 100$ gegeben.

Berechnen Sie den gewinnmaximalen Produktionsplan. Skizzieren Sie den Lösungsweg. Lohnt es sich, in den Produktionsfaktor Kapital zu investieren? Begründen Sie ihre Aussage.

Aufgabe 4: Tanker

Wenn Frachtraten im internationale Schiffverkehr fallen, prüfen Schiffseigner, ob ein Tanker weiterfahren soll, verschrottet oder überholt werden soll. Der Schiffseigner wird eine Abschätzung vornehmen, ob die Erlöse aus den Frachtraten noch die variablen Kosten decken. Da Frachtraten im Seeverkehr außerordentlichen Schwankungen unterliegen und empfindlich auf politische und wirtschaftliche Ereignisse reagieren, ist diese Vorhersage schwierig. Wenn Frachtraten zurückgehen und längere Zeit auf einem niedrigen Niveau verharren, werden einige Eigner ihre Tanker zur Überholung in das Trockendock schicken oder verschrotten. Wie aber können mikroökonomische Prinzipien, die über Stilllegung und Verschrottung entscheiden, auf den Tankermarkt angewendet werden?

Fallbeispiel aus B. Peter Pashigian: Price Theory and Applications, New York 1995, S. 261.

(a) Zeigen Sie für das Modell der vollkommenen Konkurrenz, wie man für eine Unternehmung die Preisuntergrenze bestimmen kann. Unterscheiden Sie zwischen kurzfristiger und langfristiger Analyse.

(b) Nehmen Sie an, dass alte Tanker geringere fixe Kosten und höhere variable Kosten haben als neue Tanker. Skizzieren Sie den Verlauf der entsprechenden Kostenfunktionen, Grenzkostenfunktionen und Durchschnittskostenfunktionen Entwickeln Sie die Diagramme getrennt für alte Tanker (Abb.1) und neue Tanker (Abb.2). Unterscheiden Sie dabei die Totalanalyse und die Marginalanalyse. Begründen Sie den Verlauf der von ihnen gewählten Funktionen. Ermitteln Sie die jeweiligen Angebotsfunktionen der Reeder. Wo beginnt die kurzfristige Angebotsfunktion und wo die langfristige Angebotsfunktion für alte und neue Tanker? Bei welchen Frachtraten ist es ratsam, den Tanker außer Dienst zu stellen oder gar zu verschrotten?

(c) Welche Tanker werden bei einem Verfall der Frachtraten zuerst zur Überholung in das Trockendock geschickt? Erläutern Sie in diesem Zusammenhang das Konzept des Grenzproduzenten.

Aufgabe 5: Tabaksteuer

Am 1. Juli 2003 erschien folgende ganzseitige Anzeige in der Süddeutschen Zeitung:

Sehr geehrte Frau Bundesgesundheitsministerin Ulla Schmidt,
Sie planen eine Steuererhöhung von einem Euro pro Zigarettenpackung. Haben Sie bedacht,
welchen Preis wir dafür bezahlen müssen?

- *Über die Hälfte der rund 50.000 Tabakwarenfachgeschäfte, Kioske und Großhandlungen*
  werden in den finanziellen Ruin getrieben.
- *Bis zu 30.000 Arbeitsplätze bei Handel, Tabakpflanzern, Lieferanten und Industrie wer-*
  den verloren gehen.
- *Die ohnehin finanzschwachen Gemeinden werden auf bis zu 100 Millionen Euro Gewer-*
  besteuereinnahmen verzichten müssen.
- *Legale und illegale Einfuhren von Zigaretten werden stark zunehmen und die erhofften*
  zusätzlichen Einnahmen deutlich mindern.

Dieser Ausblick zeigt in aller Klarheit: Ihre Steuererhöhung hat drastische Auswirkungen
und belastet Deutschland. Zu einer Zeit, in der wir schon das dritte Jahr in Folge ein zu
geringes Wirtschaftswachstum verzeichnen. Dabei gibt es Alternativen.

Sie haben bei vielen Gelegenheiten für den konstruktiven Dialog plädiert. Wir sind gerne
bereit dazu. Lassen Sie uns jetzt einen solchen Dialog führen und eine gemeinsame Lösung
erarbeiten, ohne zwangläufig Abertausende von Existenzen zu vernichten.

Mit freundlichen Grüßen
Bundesverband des Tabakwaren-Einzelhandels e.V. (BTWE)
Bundesverband Deutscher Tabakwaren-Großhändler und Automatenaufsteller e.V. (BDTA)
Bundesverband Deutscher Tabakpflanzer (BdT)
Verband der Cigarettenindustrie (VdC)

Gegeben seien folgende Angaben für ein Unternehmen im Modell der vollkommenen Konkurrenz, das Tabak produziert.

$K = 100 + x^{2.0}$ Kostenfunktion $K = f(x)$
$E = px = 20x$ Erlösfunktion $E = f(x)$

(a) Bestimmen Sie den gewinnmaximalen Produktionsplan für dieses Unternehmen. Wie gross sind der Produktpreis (p), die Produktionsmenge (x), die Kosten (K), die Erlöse (E) und der Gewinn (G)? Diskutieren Sie die Situation dieser Unternehmung vor Einführung der Tabaksteuer. (10 P)

(b) Aus gesundheitlichen Erwägungen führt der Staat eine Tabaksteuer (Mengensteuer) von 2 Euro pro Packung ein. Die Unternehmen sind verpflichtet, diese Steuer direkt an den Staat abzuführen.

$T = tx = 2x$ Steuerfunktion $T = f(x)$

Berechnen Sie die neue Kostenfunktion unter Berücksichtigung der Tabaksteuer. Ermitteln Sie den neuen Produktionsplan unter der Annahme, dass die Unternehmung die Tabaksteuer voll überwälzen kann. Wo liegt die Preisuntergrenze der Unternehmung?

(c) Wie beurteilen Sie die Bedenken der Tabakindustrie gegen die Erhöhung der Tabaksteuer? Diskutieren Sie, ob die Regierung ihr gesundheitspolitischen Ziel erreichen kann.

Aufgabe 6: Gewinnmaximierung vs. Umsatzmaximierung

Gegeben sei die beschränkt substitutionale Produktionsfunktion
$x_1 = 2\, v_1^{0.5}\, v_2^{0.5}$
Die Menge des Produktionsfaktor Boden sei beschränkt mit $v_2 = 100$. Im Modell der vollkommenen Konkurrenz sind für das Unternehmen folgende Preise gegeben: $q_1 = 40$ (Faktorpreis für Arbeit), $q_2 = 10$ (Faktorpreis für Boden), $p_1 = 200$ (Produktpreis).

(a) Ermitteln Sie den gewinnmaximalen Produktionsplan für das Unternehmen. Skizzieren Sie die Lösung in einem Diagramm für die Totalanalyse (Abb. 1) und in einem weiteren Diagramm für die Marginalanalyse (Abb. 2). Interpretieren Sie den Lösungsweg.

(b) Wie ändert sich der Produktionsplan, wenn die Unternehmung das Ziel der Umsatzmaximierung unter der Nebenbedingung der Verlustvermeidung verfolgt? Auf welche Weise kann man in diesem Fall die optimale Produktionsmenge berechnen? Welche Strategien empfehlen Sie diesem Unternehmen, um andere Mitbewerber aus dem Markt zu drängen?

Hinweis: Die Lösungen der Gleichung $ax^2+bx+c=0$ lauten $x=[-b\pm\text{Quadratwurzel}(b^2-4ac)]/2a$

Aufgabe 7: Preisuntergrenze

Gegeben sei die beschränkt substitutionale Produktionsfunktion
$x_1 = 2\, v_1^{0.25}\, v_2^{0.25}\, v_3^{0.50}$
mit den Produktionsfaktoren Arbeit, Kapital und Boden.
x_1 = Produktionsmenge des Gutes 1
v_1 = Einsatzmenge des Produktionsfaktors Arbeit
v_2 = Einsatzmenge des Produktionsfaktors Kapital
v_3 = Einsatzmenge des Produktionsfaktors Boden

Die Menge des Produktionsfaktors Boden sei beschränkt mit $v_3 = 1$.

Im Modell der vollkommenen Konkurrenz sind für das Unternehmen folgende Preise gegeben:
$q_1 = 160$ Faktorpreis für Arbeit
$q_2 = 10$ Faktorpreis für Kapital
$q_3 = 2880$ Faktorpreis für Boden
$p_1 = 480$ Produktpreis für Gut 1

Die Unternehmung verfolgt das Ziel der Gewinnmaximierung.

(a) Formulieren Sie für dieses Beispiel das Optimierungsproblem. Ermitteln Sie den gewinnmaximalen Produktionsplan für das Unternehmen mit der Outputregel. Berechnen Sie folgende Größen: Produktionsmenge, Arbeitsmenge, Kapitalmenge, Erlöse, Kosten, Gewinne. Interpretieren Sie Ihr Ergebnis. Welche Preisuntergrenze ergibt sich für die Unternehmung? Ist die hohe Entlohnung des Produktionsfaktors Boden bei freiem Marktzutritt angemessen? Wäre es für die Unternehmung von Vorteil, wenn auch der Produktionsfaktor Boden in variablen Mengen zur Verfügung stehen würde?

(b) Zeigen Sie, dass für die optimalen Mengen an Arbeit und Kapital jeweils die Inputregel erfüllt ist. Geben Sie eine anschauliche Interpretation der Inputregel für ihre Ergebnisse. Welche Konsequenzen ergeben sich für die Faktornachfrage der Unternehmung?

Aufgabe 8: Kahlschlag

Im Wirtschaftsteil der Süddeutschen Zeitung vom 25. Januar 2006 wird über einen Stellen-abbau bei DaimlerChrysler berichtet.

Kahlschlag in Management und Verwaltung

DaimerChrysler baut weitere 6000 Stellen ab
Wegfall von Doppelfunktionen soll 1,5 Milliarden Euro jährlich sparen / Vorstand zieht näher an die Produktion in Untertürkheim

Drei Wochen nach seinem Amtsantritt krempelt DaimlerChrysler-Chef Dieter Zetsche jetzt auch das Management des Autokonzerns um. Bis Ende 2008 sollen weltweit 6000 Verwal-tungsjobs wegfallen. Davon erhofft sich Zetsche Einsparungen von 1,5 Milliarden im Jahr.

Im Modell der vollkommenen Konkurrenz agieren Unternehmen als Mengenanpasser. In dieser Situation haben sie keinen Einfluss auf die Produkt- und Faktorpreise. Für eine Unter-nehmung seien der Produktpreis (p), der Faktorpreis für Arbeit (q_1) und der Faktorpreis für Kapital (q_2) gegeben. Die Unternehmung produziert mit einer Cobb-Douglas-Produktions-funktion $x_1 = a v_1^b v_2^c$. Auf den Märkten stehen zu den gegebenen Faktorpreisen beliebige Mengen an Produktionsfaktoren zur Verfügung. Schildern Sie, auf welche Weise ein ge-winnmaximaler Produktionsplan bestimmt werden kann. Welche Unterschiede ergeben sich für den Lösungsweg, wenn eine Leontief-Produktionsfunktion $x_1 = \min(a v1, b v2)$ gegeben ist? Ist der Stellenabbau bei DaimlerChrysler mit dieser Theorie vereinbar?

Aufgabe 9: Outputregel und Inputregel

Gegeben sei die beschränkt substitutionale Produktionsfunktion
$$x_1 = 2 \, v_1^{0.5} \, v_2^{0.5}$$
mit den Produktionsfaktoren Arbeit und Kapital.
x_1 = Produktionsmenge des Gutes 1
v_1 = Einsatzmenge des Produktionsfaktors Arbeit
v_2 = Einsatzmenge des Produktionsfaktors Kapital
Die Menge des Produktionsfaktors Kapital sei beschränkt mit $v_2^\circ = 100$.

Im Modell der vollkommenen Konkurrenz sind für das Unternehmen folgende Preise gege-ben:
$q_1 = 20$ Faktorpreis für Arbeit
$q_2 = 45$ Faktorpreis für Kapital
$p_1 = 30$ Produktpreis für Gut 1

Für die Unternehmung wurden folgende Erlös- und Kostenfunktionen ermittelt:
$E = 30 x_1$ Erlösfunktion E = f(x_1)
$K = 4500 + 0.05 x_1^{2.0}$ Kostenfunktion K = f(x_1)
Die Unternehmung verfolgt das Ziel der Gewinnmaximierung.

Der gewinnmaximale Produktionsplan lautet:

MENGEN		PREISE	
$x_1 = 300$	Produktmenge des Gutes 1	$q_1 = 20$	Faktorpreis für Arbeit
$v_1 = 225$	Faktoreinsatzmenge an Arbeit	$q_2 = 45$	Faktorpreis für Kapital
$v_2 = 100$	Faktoreinsatzmenge an Kapital	$p_1 = 30$	Produktpreis für Gut1

WERTE
$E = 9000$ Erlös
$K = 9000$ Kosten
$G = 0$ Gewinn

(a) Wie lautet die Outputregel für einen gewinnmaximalen Produktionsplan? Zeigen Sie, dass die Outputregel für dieses Unternehmen erfüllt ist. Interpretieren Sie das Ergebnis.

(b) Wie lautet die Inputregel für den gewinnmaximalen Produktionsplan und welche Bedeutung hat sie für den gewinnmaximalen Produktionsplan dieser Unternehmung? Prüfen Sie für den Produktionsfaktor Arbeit, ob im gewinnmaximalen Produktionsplan die Inputregel für den Produktionsfaktor Arbeit erfüllt ist. Ermitteln Sie die partielle Ertragsfunktion für Arbeit und berechnen Sie mit Hilfe der Inputregel die optimale Arbeitseinsatzmenge.

(c) Interpretieren Sie den gewinnmaximalen Produktionsplan für diese Unternehmung. Ist die Inputregel für den Produktionsfaktor Kapital ebenfalls erfüllt? Gilt Ihre Aussage auch für andere Produktpreise? Begründen Sie ihre Aussage.

3.5   Güterangebot der Unternehmung

Welche Variablen bestimmen das Güterangebot einer Unternehmung? Wie wird die Unternehmung reagieren, wenn der Produktpreis sich am Markt verändert? Welcher Weg führt zur Angebotsfunktion der Unternehmung? Diese Fragen wollen wir im nächsten Abschnitt klären.

3.5.1   Allgemeine Güterangebotsfunktion

Die wichtigsten Bestimmungsgründe der angebotenen Menge einer Unternehmung sind

- das technisch-organisatorische Wissen der Unternehmung,
- die Produktpreise auf den Gütermärkten und
- die Faktorpreise auf den Faktormärkten.

Die allgemeine Angebotsfunktion der Unternehmung lautet:

(70) $x_1^A = f(p_1, p_2, ..., p_n; q_1, q_2, ..., q_m)$ Allgemeine Angebotsfunktion

Legende
x_1^A = Angebotene Menge des Gutes 1
f = Technisch-organisatorisches Wissen
p_1 = Produktpreis des Gutes 1
q_1 = Faktorpreis für Arbeit (Lohnsatz)
q_2 = Faktorpreis für Kapital (Kapitalnutzungspreis, z.B. Zinssatz, Leasingrate)

Die Angebotsfunktion erklärt, unter welchen Voraussetzungen die Unternehmung bereit ist, am Markt Güter anzubieten. Die angebotene Menge ist die zu abhängige Variable (endogene Variable), und ihre Bestimmungsgründe sind die unabhängigen Variablen (exogenen Variablen), die oft nicht beeinflusst werden können.

Es wird unterstellt, dass die Unternehmung auf den Faktormärkten die benötigten Faktormengen zu den gegebenen Preisen einkauft und das produzierte Gut zu dem gegebenen Marktpreis in den gewünschten Mengen verkauft.

In die Angebotsüberlegung einer Unternehmung geht nicht nur der Produktpreis des Gutes ein, das am Markt angeboten wird. Im Sinne der Opportunitätskosten (Opportunity Costs) hat ein Unternehmen auch zu prüfen, ob es nicht profitabler ist, mit den zur Verfügung stehenden Produktionsanlagen und Arbeitskräften alternative Produkte herzustellen.

Bei der speziellen Angebotsfunktion untersuchen wir den Einfluss des Produktpreises auf das Angebotsverhalten der Unternehmung. Dabei nehmen wir an, dass alle anderen Bestimmungsgründe des Güterangebots (Technisches Wissen, andere Produktpreise, Faktorpreise) sich nicht verändern. Bis auf den Produktpreis sind alle anderen Variablen mit konstanten Werten exogen vorgegeben. In diesem Fall lautet die Angebotsfunktion:

(71) $x_1^A = f(p_1, q_1°, q_2°, ..., q_n°)$ Spezielle Angebotsfunktion
      $x_1^A = f(p_1)$

Die spezielle Angebotsfunktion der Unternehmung wird der Einfachheit halber meistens nur in Anhängigkeit des variablen Produktpreises ausgedrückt. Es ist zu beachten, dass in dieser Schreibweise die Ceteris-paribus-Bedingung weiterhin Gültigkeit hat. Die Angebotsfunktion wird nicht nur vom Produktpreis bestimmt, sondern weiterhin vom technisch-organisatorischen Wissen und anderen exogen Größen.

3.5.2   Outputregel und Güterangebot

Zunächst wird die Angebotsfunktion für eine Unternehmung bestimmt, die mit einem fixen und einem variablen Produktionsfaktor produziert. Für diesen Fall der kurzfristigen Analyse sind die Kosten- und Erlösfunktionen aus Abschnitt 3.4.1 mit den entsprechenden Grenzerlös- und Grenzkostenfunktionen gegeben.

Allgemein   *Beispiel*

(72) $E = f(x_1)$ $E = p_1 x_1$ Erlös
(73) $K = f(x_1)$ $K = 504 + 0.2056 x_1^{3.4483}$ Kosten
(74) $dE/dx_1 = f(x_1)$ $dE/dx_1 = p_1$ Grenzerlös
(75) $dK/dx_1 = f(x_1)$ $dK/dx_1 = 0.7088\ x_1^{2.4483}$ Grenzkosten

Jede Preis-Mengen-Kombination der Angebotsfunktion ist ein gewinnmaximaler Produktionsplan der Unternehmung, der jeweils für den variablen Produktpreis berechnet wurde. Die Angebotsfunktion der Unternehmung kann deshalb direkt aus der Outputregel abgeleitet werden. Allerdings ist zu beachten, dass nun der Produktpreis eine Variable ist, die exogenen Schwankungen unterworfen ist.

Bei alternativen Produktpreisen wird die Unternehmung ihr Angebotsverhalten an dem Verlauf der Grenzkostenkurve ausrichten. Die Grenzkostenfunktion erhält man, indem man die Kostenfunktion nach der Ausbringungsmenge ableitet. Aufgrund der abnehmenden Ertragszuwächse in der Produktion nimmt die Grenzkostenfunktion einen steigenden Verlauf.

Allgemein   *Beispiel*

(76) $p_1 = dK/dx_1$ $p_1 = 0.7089 x_1^{2.4483}$ Preis = Grenzkosten

Die modifizierte Outputregel gibt für gegebenen Produktmengen an, welche Produktpreise am Markt erreicht werden müssen, damit die Unternehmung bereit ist, die Mengen auch tatsächlich zu produzieren und am Markt anzubieten.

3.5.3   Angebotsfunktion

Löst man die Optimalbedingung nach der abhängigen Variablen x_1 auf, so erhält man die Angebotsfunktion der Unternehmung. In diesem Fall ist die angebotene Menge die abhängige Variable und der Produktpreis die exogene Größe. Im Modell der vollständigen Konkurrenz hat die Unternehmung keinen Einfluss auf den Produktpreis. Dieser Preis kann sich jeden Tag am Markt ändern. Die angebotene Menge dagegen kann die Unternehmung selbst bestimmen.

Allgemein   *Beispiel*

(77) $x_1 = [(p_1 b/q_1)(av_2^c)^{1/b}]^{b/(1-b)}$ $x_1 = 1.1509\ p_1^{0,4084}$ Angebotsfunktion $x_1 = f(p_1)$

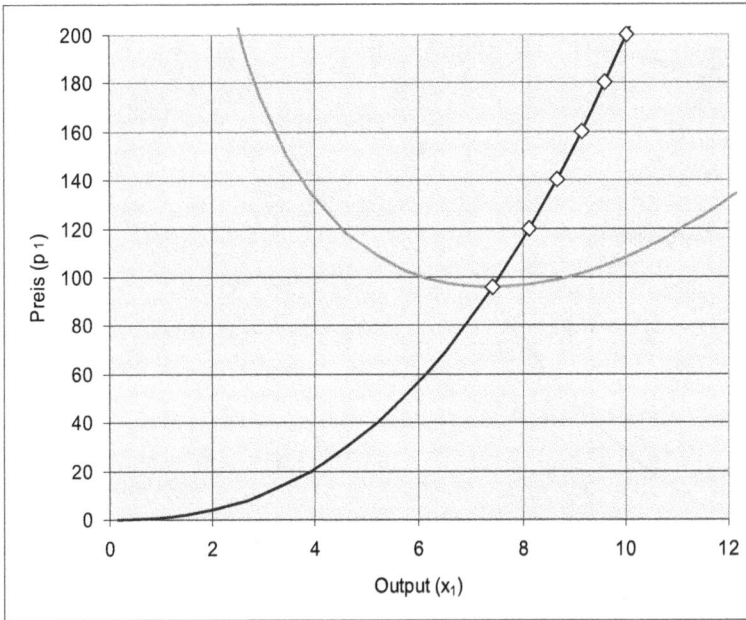

Abbildung 3.45: Angebotsfunktion der Unternehmung
Die Grenzkostenfunktion ist die Angebotsfunktion der Unternehmung. Im vorliegenden Fall ist die Unternehmung nur bereit, größere Produktmenge herzustellen, wenn am Markt höhere Preise realisiert werden. Die Preisuntergrenze der Unternehmung bestimmt, ab welchem Preis die Unternehmung Gewinne oder Verluste macht. Die Preisuntergrenze liegt im Minimum der Stückkosten.

In **Abbildung 3.46** wird die entsprechende Angebotsfunktion $x_1 = f(p_1)$ der Unternehmung abgebildet. Im vorliegenden Fall ist die Angebotsfunktion der Unternehmung identisch mit der Grenzkostenfunktion. Das ergibt sich aus der Outputregel. Damit ist nicht geklärt, ob die Unternehmung Gewinne oder Verluste erwirtschaftet. Die Outputregel führt auch zu einem Produktionsplan, der die Verluste minimiert. Das Ziel der Gewinnmaximierung ist zugleich auch ein Ziel der Verlustminimierung. Erst wenn der Produktpreis die gesamten Stückkosten deckt, ist die Gewinnschwelle erreicht.

Die Preisuntergrenze der Unternehmung. befindet sich im Minimum der Durchschnittskosten. Wenn die Unternehmung nicht bereit ist, Gütermengen anzubieten, die zu Verlusten führen, beginnt die Angebotsfunktion im Minimum der Stückkosten.

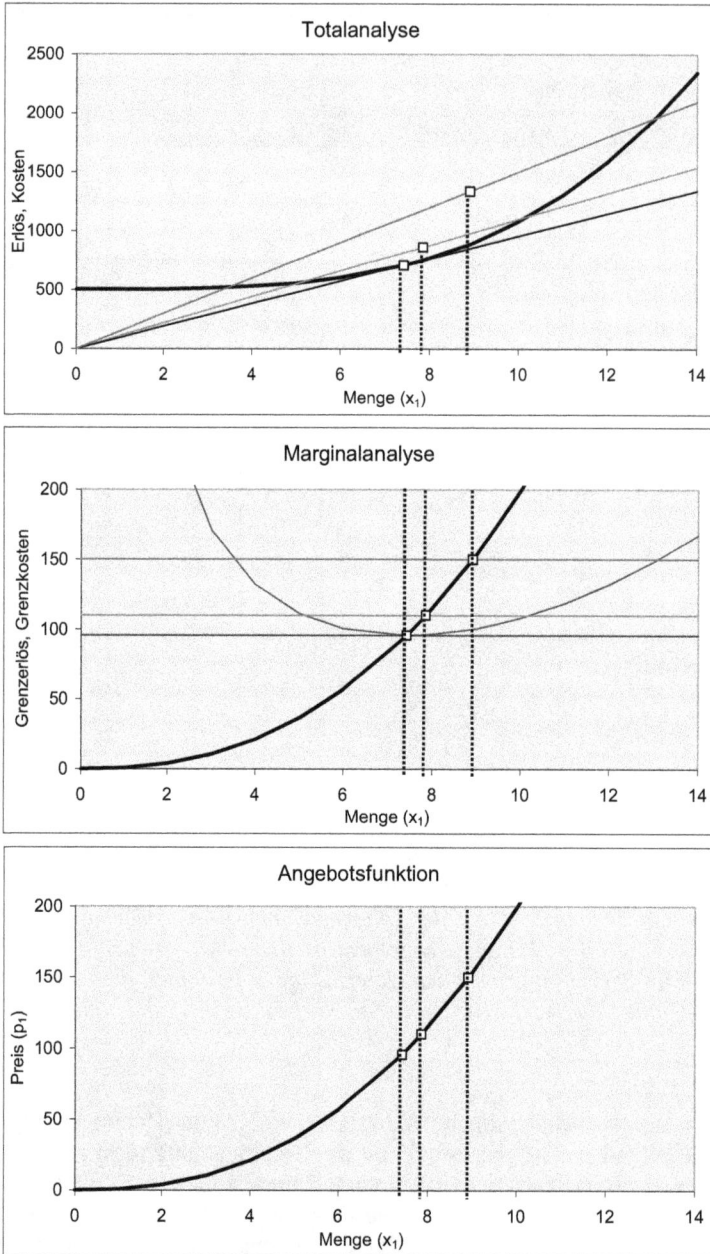

Abbildung 3.46: Graphische Bestimmung der Angebotsfunktion
Die Grenzkostenfunktion ist die Angebotsfunktion der Unternehmung. Jede Preis-Mengen-Kombination der Angebotsfunktion ist ein gewinnmaximaler Produktionsplan. Die Preisuntergrenze der Unternehmung liegt im Minimum der Durchschnittskostenfunktion.

Ist die Unternehmung dagegen bereit, kurzfristig Verluste zu ertragen, beginnt die Angebotsfunktion der Unternehmung im Minimum der Grenzkostenfunktion. Unterhalb der Preisuntergrenze (Gewinnschwelle) beginnt die Deckungsbeitragrechnung der Unternehmung. So können bei nicht kostendeckenden Preisen die Verluste in Grenzen gehalten ein Teil der fixen Produktionskosten gedeckt werden.

Abbildung 3.46 erläutert, auf welche Weise graphisch die Angebotsfunktion aus den Überlegungen zur Gewinnmaximierung abgeleitet werden kann. Es wird das Beispiel aus Kapitel 3.4.1 (Outputregel) mit den Produktpreisen $p_1 = 110.00$, $p_1 = 95.72$ (Preisuntergrenze) und $p_1 = 150.00$ dargestellt. Im ersten Schaubild der Totalanalyse werden die Erlös- und Kostenfunktionen der Unternehmung erfasst. Das zweite Schaubild der Marginalanalyse zeigt die entsprechenden Grenzerlös-, Grenzkosten und Durchschnittskosten. Ein gewinnmaximaler Produktionsplan liegt vor, wenn die Outputregel erfüllt ist. In diesem Fall stimmen Grenzerlös und Grenzkosten und damit die Steigungen der Erlösfunktion und der Kostenfunktion überein. Im Fall der vollständigen Konkurrenz ist die Grenzkostenfunktion die Angebotsfunktion der Unternehmung. Nicht alle Produktpreise führen aber zu einem befriedigendem Geschäftsergebnis. Die fixen und variablen Kosten sind erst gedeckt, wenn der Produktpreis am Markt die Preisuntergrenze erreicht hat. Die Preisuntergrenze der Unternehmung liegt im Minimum der Stückkosten. Bei diesem Preis kann man auch im Sinne von Adam Smith sagen, dass der natürliche Preis eines Gutes mit dem Marktpreis übereinstimmt. Der Marktpreis entspricht den Produktionskosten.

In **Abbildung 3.47** wird analysiert, wie sich unterschiedliche Produktionsfunktionen auf den Verlauf der Angebotsfunktionen auswirken. Die kurzfristige Analyse unterstellt, dass die Unternehmung mit einem variablen und ein fixen Produktionsfaktor produziert. Bei der langfristigen Analyse können alle Produktionsfaktoren in variablen Mengen zu den gegebenen Preisen auf den Faktormärkten beschafft werden.

Zur Ermittlung der Angebotsfunktionen für verschiedenartige Produktionsfunktionen werden folgende Kosten- und Erlösfunktionen verwendet. In der Abbildung werden nur diejenigen Preis-Mengen-Kombinationen der Angebotsfunktionen ausgewiesen, die zu keinen Verlusten führen. Die Angebotsfunktionen beginnen deshalb erst bei der Preisuntergrenzen der Unternehmung.

LEONTIEF-PRODUKTIONSFUNKTION

	Allgemein	*Kurzfristig*	*Langfristig*
Erlös	$E = p_1 x_1$	$E = 110 x_1$	$E = 110 x_1$
Kosten	$K = f(x_1)$	$K = 504 + 14.5 x_1$	$K = 56.5 x_1$
Outputregel	$p_1 > dK/dx_1$	$p_1 > 14.5$	$p_1 > 57.60$
Angebotsfunktion	$x_1 = f(p_1)$	$x_1 = 12$	$x_1 =$ unendlich
Preisuntergrenze	$p_1 = f(x_1)$	$p_1 = 56.50$	$p_1 = 56.50$

COBB-DOUGLAS-PRODUKTIONSFUNKTION

	Allgemein	*Kurzfristig*	*Langfristig*
Erlös	$E = p_1 x_1$	$E = 110 x_1$	$E = 110 x_1$
Kosten	$K = f(x_1)$	$K = 504 + 0.2056 x_1^{3.4483}$	$K = 40.8980 x_1^{1.4084}$
Outputregel	$p_1 = dK/dx_1$	$p_1 = 0.7089 x_1^{2.4483}$	$p_1 = 57.6029 x_1^{0.4084}$
Angebotsfunktion	$x_1 = f(p_1)$	$x_1 = 1.1509 p_1^{0.4089}$	$x_1 = 0.000049 p_1^{2.4486}$

Preisuntergrenze $p_1 = f(x_1)$ $p_1 = 95.72$ $p_1 = 0.00$

KLASSISCHES ERTRAGSGESETZ

Erlös	$E = p_1 x_1$	$E = 12x_1$	$E = 12x_1$
Kosten	$K = f(x_1)$	$K = (1/6)x_1^3 - x_1^2 + 6x_1 + 20$	$K = (1/10)x_1^3 - x_1^2 + 6x_1$
Outputregel	$p_1 = dK/dx_1$	$p_1 = 0.5x_1^2 - 2x_1 + 6$	$p_1 = 0.3x_1^2 - 2x_1 + 6$
Angebotsfunktion	$x_1 = f(p_1)$	$x_1 = 2 + (2p_1 - 8)^{0.5}$	$x_1 = (10/3) + (1.2p_1 - 3.2)^{0.5}/0.6$
Preisuntergrenze	$p_1 = f(x_1)$	$p_1 = 9.12$	$p_1 = 3.50$

Unternehmen, die mit limitationalen Produktionsfunktionen (z.B. Leontief-Produktions-funktionen) produzieren, sind an ein technisch bestimmtes festes Einsatzverhältnis der Pro-duktionsfaktoren (,Kochrezept') gebunden. Bei substitutionalen Produktionsfunktionen (z.B. Cobb-Douglas-Produktionsfunktion) ist dagegen eine Substitution der Produktionsfaktoren möglich. Bei dem klassischen Ertragsgesetz wird ein wechselnder Verlauf der Grenzerträge beobachtet. Auch ist ein Produktionsmaximum zu beachten, wenn wichtige Produktionsfak-toren (z.B. natürliche Ressourcen) die Produktionsmöglichkeiten beschränken.

Leontief-Produktionsfunktion

Bei Leontief-Produktionsfunktion limitiert ein in begrenzen Mengen zur Verfügung stehen-der Produktionsfaktor die Produktionsmöglichkeiten. Wenn der Produktpreis die minimalen Stückkosten deckt, produziert die Unternehmung an der Kapazitätsgrenze. Bei höheren Pro-duktpreisen verläuft die Angebotsfunktion vertikal, das die Kapazitätsgrenze nicht über-schritten werden kann.

Sind dagegen in langfristiger Sicht alle benötigten Inputs zu gegebenen Faktorpreisen in variablen Mengen verfügbar, so ergibt sich für die Unternehmung eine lineare Kostenfunkti-on. Die Unternehmung ist bereit, das Gut zu produzieren, sobald der Produktpreis die Grenz-kosten deckt. Bei höheren Preisen am Markt wird die Unternehmung versuchen, eine mög-lichst große Betriebsgröße zu erreichen. Die gewinnmaximale Produktionsmenge liegt bei einer sehr großen Menge. Die optimale Betriebsgröße ist in diesem Fall nicht bestimmbar.

Cobb-Douglas-Produktionsfunktion

Produziert die Unternehmung dagegen mit einer Cobb-Douglas-Produktionsfunktion, so kann ein gewinnmaximaler Produktionsplan nur erreicht werden, wenn der Produktpreis den Grenzkosten entspricht. Entscheidend für das Angebotsverhalten der Unternehmung und auch für die langfristige Existenz der Unternehmung ist die Frage, ob der Produktpreis des Marktes die gesamten Produktionskosten deckt. Die Angebotsfunktion der Unternehmung ist identisch mit der Grenzkostenfunktion. Wenn die Ertragszuwächse in der Produkt sinken, nimmt die Steigung der Grenzkostenfunktion in entsprechender Weise zu. Die Unterneh-mung ist nur bereit, die Produktion auszudehnen, wenn am Markt ein höherer Preis gezahlt wird.

Bei fixen Produktionskosten gibt es eine Preisuntergrenze für die Unternehmung. Die Ange-botsfunktion beginnt im Minimum der Durchschnittskosten (Stückkosten) und folgt der Grenzkostenfunktion.

Leontief-Produktionsfunktion   Cobb-Douglas-Produktionsfunktion   Klassisches Ertragsgesetz

Kurzfristig   Langfristig   Kurzfristig   Langfristig   Kurzfristig   Langfristig

KOSTEN UND ERLÖSE (Totalanalyse)

GRENZKOSTEN, DURCHSCHNITTSKOSTEN UND GRENZERLÖSE (Marginalanalyse)

ANGEBOTSFUNKTIONEN

Für E' > K'
x = unendlich

Für E' = K'

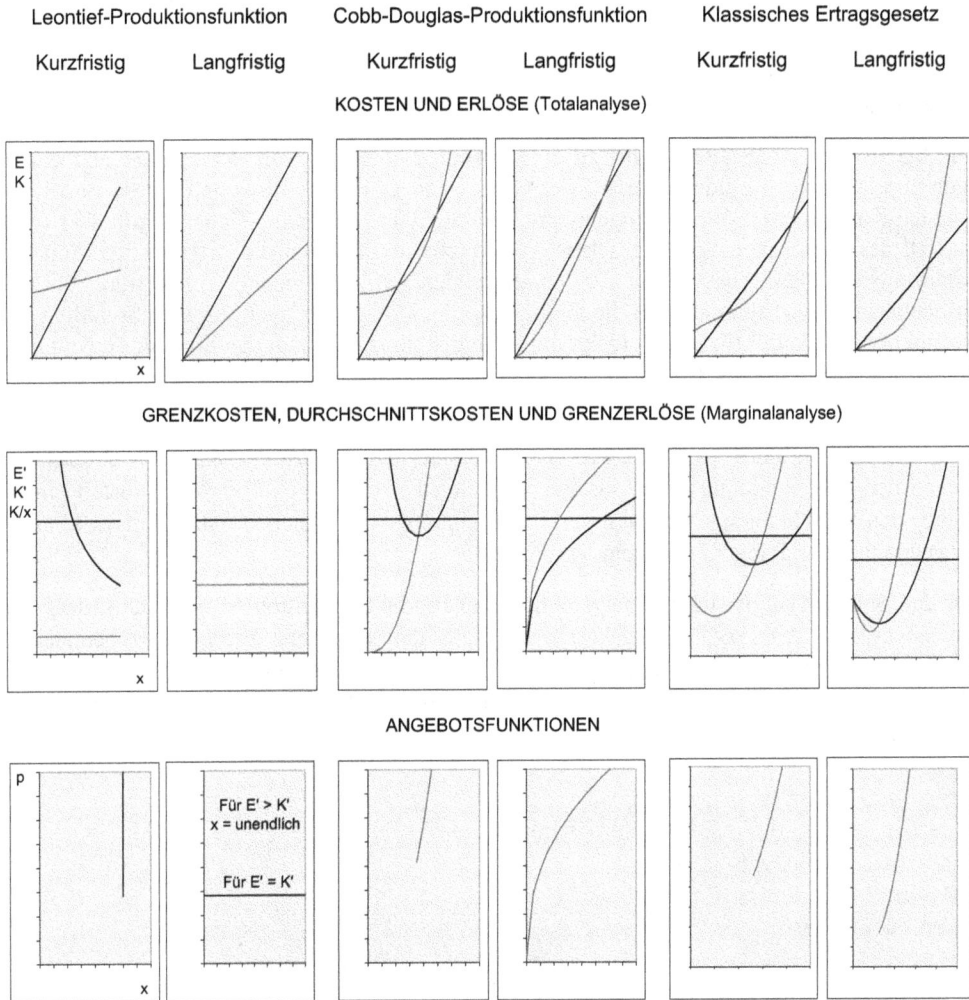

Abbildung 3.47: Angebotsfunktionen für unterschiedliche Produktionsfunktionen
Bei Leontief-Produktionsfunktionen ergibt sich ein eigenwilliges Angebotsverhalten der Unternehmungen. Entweder die Unternehmungen produzieren an der Kapazitätsgrenze oder sie sind zur Aufgabe gezwungen. Bei substitutionalen Produktionsfunktionen und dem klassischen Ertragsgesetzt ist die Grenzkostenfunktion die Angebotsfunktion der Unternehmung. Die Angebotsfunktion beginnt im Minimum der Durchschnittskosten (Preisuntergrenze). Erst ab diesem Produktpreis sind durch die Erlöse alle Kosten gedeckt.

Wenn alle Produktionsfaktoren zu den gegebenen Preisen in variablen Mengen beschafft werden können, hängt es von der Skalenelastizität der Produktionsfunktion ab, welchen Verlauf die Kostenfunktion nimmt. Im vorliegenden Fall wurden sinkende Skalenerträge unterstellt, die zu einem überproportionalen Anstieg der Gesamtkosten führen. Ohne fixe Kosten führt eine Senkung des Produktpreises zu einer Reduzierung der optimalen Betriebsgröße. Eine Preisuntergrenze existiert nicht.

Klassisches Ertragsgesetz

Das klassische Ertragsgesetz führt zu einem wechselndem Verlauf der Erträge und damit auch zu einem wechselndem Verlauf der Grenz- und Durchschnittskosten. Diese Beobachtung hat Konsequenzen für die Angebotsfunktion der Unternehmung. Generell gilt, dass auch im Fall des klassischen Ertragsgesetzes die Grenzkostenfunktion die Angebotsfunktion ist. Allerdings gilt diese Aussage nur für den steigenden Ast der Grenzkostenfunktion. Wie gut zu beobachten ist, haben sowohl die Grenzkostenfunktionen als auch die Durchschnittskostenfunktionen lokale Minima. Verfolgt die Unternehmung zugleich das Ziel der Gewinnmaximierung und Verlustvermeidung, so beginnt die Angebotsfunktion im Minimum der Durchschnittskosten.

Unter Berücksichtigung von fixen Produktionskosten liegt erwartungsgemäß die Preisuntergrenze der Unternehmung höher als bei variablen Kosten. Fixe Produktionskosten engen immer den Entscheidungsspielraum der Unternehmung. Bei gleichen Faktorpreisen können sie gegenüber variablen Kosten kein Vorteil sein.

Für den Fall der langfristigen Analyse ohne fixe Produktionskosten ist unterstellt, dass bei Niveauvariation der Produktionsfaktoren ebenfalls das klassische Ertraggesetz beobachtet wird. Dieser Verlauf der Produktionsfunktion ist nur mit der Wirkungsweise von anderen im Modell nicht spezifizierten fixen Produktionsfaktoren (z.B. natürliche Ressourcen) zu begründen.

3.5.4   Übungsaufgaben zum Güterangebot der Unternehmung

Aufgabe 1: Angebot der Unternehmung und Preisuntergrenze

Gegeben sei eine Unternehmung, die ein Produkt (x_1) mit zwei variablen Produktionsfaktoren (v_1, v_2) herstellt.

(a) Erläutern Sie, wie die spezielle Angebotsfunktion $x_1^A = f(p_1, q_1°, q_2°)$ für eine Unternehmung abgeleitet werden kann. Skizzieren Sie den Lösungsweg in einem Flussdiagramm und erläutern Sie Ihre Vorgehensweise.

(b) Ermitteln Sie die Preisuntergrenze der Unternehmung in entsprechenden Diagrammen für die Kosten- und Erlösfunktionen in der Totalanalyse (Abb. 1) und die Grenzerlösfunktion sowie Grenz- und Durchschnittskostenfunktionen in der Marginalanalyse (Abb.2). Erläutern Sie den Zusammenhang zur Angebotsfunktion. Wo liegt die optimale Betriebsgröße der Unternehmung?

Aufgabe 2: Güterangebot und optimale Betriebsgröße

(a) Skizzieren Sie zwei Kostenfunktionen K = f(x) mit fixen und variablen Produktionskosten für die neoklassische Cobb-Douglas-Produktionsfunktion (Abb.1) und eine Produktionsfunktion, die dem klassischen Ertragsgesetz (Abb. 2) unterliegt. Erläutern Sie Ihre Annahmen.

(b) Entwickeln Sie in zwei weiteren Diagrammen für die Marginalanalyse die entsprechenden Abbildungen für den Verlauf der Grenzkosten dK/dx = f(x) und Durchschnittskosten K/x = f(x). Begründen Sie den Verlauf dieser Funktionen. Diskutieren Sie den Zusammenhang zwischen Totalanalyse und Marginalanalyse.

(c) Ermitteln Sie die entsprechenden Angebotsfunktionen x = f(p) für beide Unternehmen und identifizieren Sie jeweils die Preisuntergrenze der Unternehmung in Ihren Diagrammen. Welche optimale Betriebsgröße ergibt sich jeweils in Ihren Diagrammen, wenn der Marktpreis lediglich die gesamten Kosten abdeckt? Erläutern Sie Ihre Überlegungen.

3.6   Faktornachfrage der Unternehmung

Al nächstes befassen wir uns mit den Fragen: Wie wird die Unternehmung reagieren, wenn der Lohnsatz sich am Markt verändert? In welchem Ausmaß reagieren aber die Unternehmungen auf Veränderungen der Faktorpreise? Wie lautet die Nachfragefunktion der Unternehmung nach Arbeit? Welche Variablen bestimmen die Nachfrage nach Arbeit? Bei höheren Faktorpreisen für Arbeit wird die Unternehmung voraussichtlich die Nachfrage nach Arbeit einschränken und kapitalintensiver produzieren, wenn die Produktionsfunktion diesen Weg erlaubt. Bei niedrigeren Lohnsätzen ist dagegen zu erwarten, dass die Unternehmung die Nachfrage nach Arbeit erhöht.

3.6.1   Allgemeine Faktornachfragefunktion

Die Nachfrage der Unternehmung nach Arbeit ist abhängig von

- dem technisch-organisatorischen Wissen der Unternehmung,
- den Produktpreisen auf den Gütermärkten und
- den Faktorpreisen auf den Faktormärkten.

Die allgemeine Nachfragefunktion der Unternehmung nach Arbeit lautet:

(78) $v_1^N = f(q_1, q_2, ..., q_m, p_1, p_2, ..., p_n)$ Allgemeine Nachfragefunktion

Legende
v_1^N = Nachgefragte Menge an Arbeit
f = Technisch-organisatorische Wissen
p_1 = Produktpreis des Gutes 1
q_1 = Faktorpreis für Arbeit (Lohnsatz)
q_2 = Faktorpreis für Kapital (Kapitalnutzungspreis, z.B. Zinssatz, Leasingrate)

Auf den ersten Blick sieht die Nachfragefunktion nach Arbeit nicht anders aus als die Angebotsfunktion der Unternehmung für Güter. Als erklärende Variablen werden das technisch-organisatorische Wissen, die Faktorpreise und die Produktpreise angesehen. Ziel der Unternehmung ist wiederum, die Gewinne zu maximieren. Nun ist aber die Aufgabe gestellt, eine optimale Menge an Arbeit zu suchen, die mit einem gewinnmaximalen Produktionsplan vereinbar ist.

Die Nachfragefunktion der Unternehmung nach Arbeit untersucht, wie die Unternehmung mit ihrer Nachfrage nach der Arbeitsmenge reagiert, wenn sich der Reallohnsatz (q_1/p_1) bzw. der nominale Lohnsatz (q_1) ändert. Im ersten Fall, ändern sich der nominale Lohnsatz (q_1) und der Produktpreis des Gutes 1 (p_1) gleichzeitig, während alle anderen Variablen konstant bleiben.

(79) $v_1^N = f(q_1, q_2°, ..., q_m°, p_1, p_2°, ..., p_n°)$ Spezielle Nachfragefunktion mit
      $v_1^N = f(q_1/p_1)$ Reallohnsatz

Im zweiten Fall dagegen wird unterstellt, dass sich am Markt lediglich der nominale Lohnsatz ändert.

(80) $v_1^N = f(q_1, q_2^\circ, ..., q_m^\circ, p_1^\circ, p_2^\circ, ..., p_n^\circ)$ Spezielle Nachfragefunktion mit
       $v_1^N = f(q_1)$ Nominallohnsatz

Die erste Nachfragefunktion für Arbeit bietet größere Freiheitsgrade, da zugleich Variationen des Lohnsatzes und des Produktpreises berücksichtigt werden. Entscheidend für die Allokation der Ressourcen sind Veränderungen der relativen Preise. Die effektive Nachfrage nach Arbeit wird von der Änderung des Reallohnsatzes und dem technisch-organisatorischen Wissen bestimmt. Dennoch ist es sinnvoll zu untersuchen, wie die Nachfrage nach Arbeit auf die Höhe des nominalen Lohnsatzes reagiert.

3.6.2   Inputregel und Faktornachfrage

Die Angebotsfunktion für das Gut 1 bei variablen Produktpreises wurde mit Hilfe der Outputregel ermittelt. Die Nachfragefunktion nach Arbeit lässt sich in Analogie am einfachsten mit der Inputregel berechnen. Die Inputregel besagt, dass in einem gewinnmaximalen Produktionsplan der Reallohnsatz mit dem Grenzprodukt der Arbeit übereinstimmt. Die gleiche Aussage gilt analog für den Produktionsfaktor Kapital. Die Inputregel ist erfüllt, wenn der Realzinssatz dem Grenzprodukt des Kapitals entspricht.

Für das folgende Beispiel sind die Angaben des Abschnittes 3.42 zur Inputregel gegeben. Es wird also eine Unternehmung behandelt, die über eine fixen Produktionsfaktor Kapital und einen variablen Produktionsfaktor Arbeit verfügt. Ziel der folgenden Überlegungen ist es, für die Unternehmung mit Hilfe der Inputregel die Nachfragefunktion für Arbeit zu berechnen.

Zur Bestimmung der Inputregel wird die Ertragsfunktion für Arbeit und der Reallohnsatz benötigt.

Allgemein	*Cobb-Douglas*	*Beispiel*	
(81) $x_1 = f(v_1, v_2^\circ)$	$x_1 = av_1^b (v_2^c)^\circ$	$x_1 = 4.1361x_1^{0.29}$	Ertragsfunktion
(82) q_1/p_1 = variabel	q_1/p_1 = variabel	q_1/p_1 = variabel	Reallohnsatz
(83) $\partial x_1/\partial v_1 = f(v_1, v_2^\circ)$	$\partial x_1/\partial v_1 = bav_1^{b-1} (v_2^\circ)^c$	$\partial x_1/\partial v_1 = 1.4895/v_1^{0.71}$	Grenzertrag

Wenn sich am Markt der nominale Lohnsatz und der Produktpreis des Gutes 1 zugleich ändern und alle anderen Bestimmungsgründe konstant bleiben, erklärt der Reallohnsatz die Nachfrage der Unternehmung nach Arbeit. In diesem Fall ist der Reallohnsatz (q_1/p_1) als unabhängige (exogene) Variable und die Einsatzmenge an Arbeit v_1 als abhängige (endogene) Variable betrachten.

(84) $q_1/p_1 = \partial x_1/\partial v_1$ $q_1/p_1 = bav_1^{b-1} (v_2^\circ)^c$ $q_1/p_1 = 1.4895/v_1^{0.71}$ Inputregel

Ändert sich dagegen nur der nominale Lohnsatz so ist nach der Inputregel der Faktorpreis für Arbeit als unabhängige (exogene) Variable und die Einsatzmenge an Arbeit als abhängige (endogene) Variable betrachten.

(85) $q_1/p_1^\circ = \partial x_1/\partial v_1$ $q_1/p_1^\circ = bav_1^{b-1} (v_2^\circ)^c$ $q_1/110 = 1.4895/v_1^{0.71}$ Inputregel

3.6.3   Faktornachfragefunktion

Löst man die Gleichgewichtsbedingung Reallohn = Grenzprodukt der Arbeit nach der abhängigen Variablen v_1 auf, so erhält man die Nachfragefunktion für Arbeit in Abhängigkeit des Reallohnsatzes. In diesem Fall variieren der Lohnsatz und der Produktpreis am Markt zugleich. Der Reallohnsatz (q_1/p_1) wird als unabhängige (exogene) Variable und die Einsatzmenge an Arbeit (v_1) als abhängige (endogene) Variable betrachtet. Die Nachfragefunktion in Abhängigkeit des Reallohnsatzes wird in **Abbildung 3.48** dargestellt.

Allgemein	*Cobb-Douglas*	*Beispiel*

$$(86) \quad v_1 = f(q_1/p_1) \qquad v_1 = \{[ba(v_2°)^c\, p_1]/q_1\}^{1/(1-b)} \qquad v_1 = \{[0.29(2.42(6)^{0.42}(p_1]/q_1\}^{1/(1-0.29)}$$
$$v_1 = [1.4895/(q_1/p_1)]^{1.4085}$$
$$v_1 = 1.7527/(q_1/p_1)^{1.4085}$$

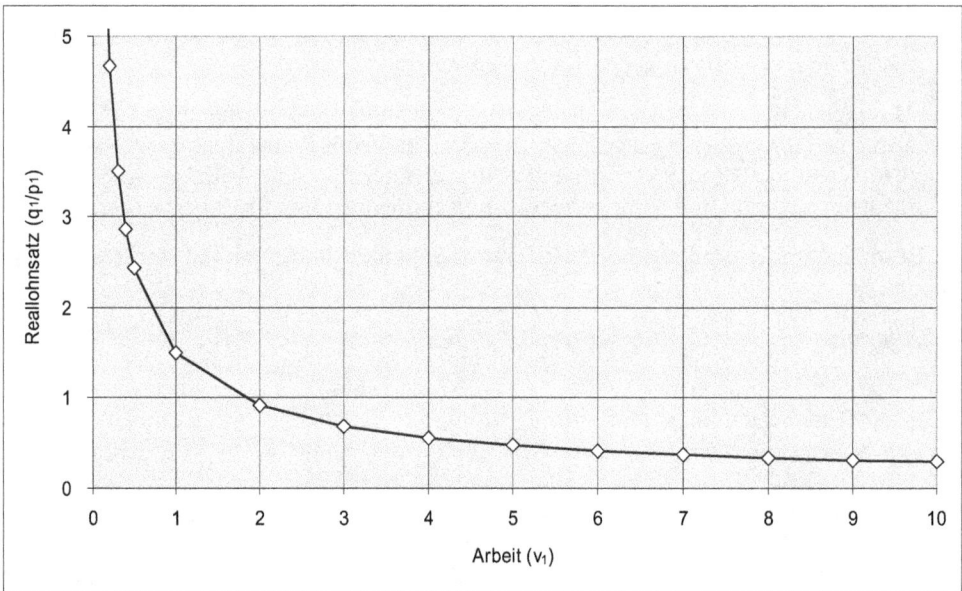

Abbildung 3.48: Nachfragefunktion für Arbeit in Abhängigkeit des Reallohnsatzes
Die Faktornachfragefunktion für Arbeit gibt an, wie die Nachfrage der Unternehmung nach Arbeit auf Änderungen des Reallohnsatzes reagiert. Hohe Reallöhne reduzieren die Nachfrage nach Arbeit, niedrige Löhne dagegen führen zu mehr Beschäftigung.

Im nächsten Schritt wird die Nachfrage nach Arbeit in Abhängigkeit des nominalen Lohnsatzes berechnet. Wir benutzen wiederum die Inputregel für die Ermittlung der Nachfragefunktion. Der Faktorpreis (q_1) ist die unabhängige (exogene) Variable und die Einsatzmenge an Arbeit (v_1) die zu erklärende abhängige (endogene) Variable.

Löst man die Gleichgewichtsbedingung (Reallohnsatz = Grenzprodukt der Arbeit) nach der abhängigen Variablen v_1 auf, so erhält man die Nachfragefunktion für Arbeit in Abhängigkeit des nominalen Lohnsatzes.

(87) $v_1 = [(ba(v_2^\circ)^c\, p_1)/q_1]^{1/(1-b)}$ $v_1 = [(0,29)(2,42)(6)^{0.42}(110)/q_1]^{1/(1-0.29)}$
$$v_1 = [163{,}8436/q_1]^{1.4085}$$
$$v_1 = 1314.97/q_1^{1.4085}$$

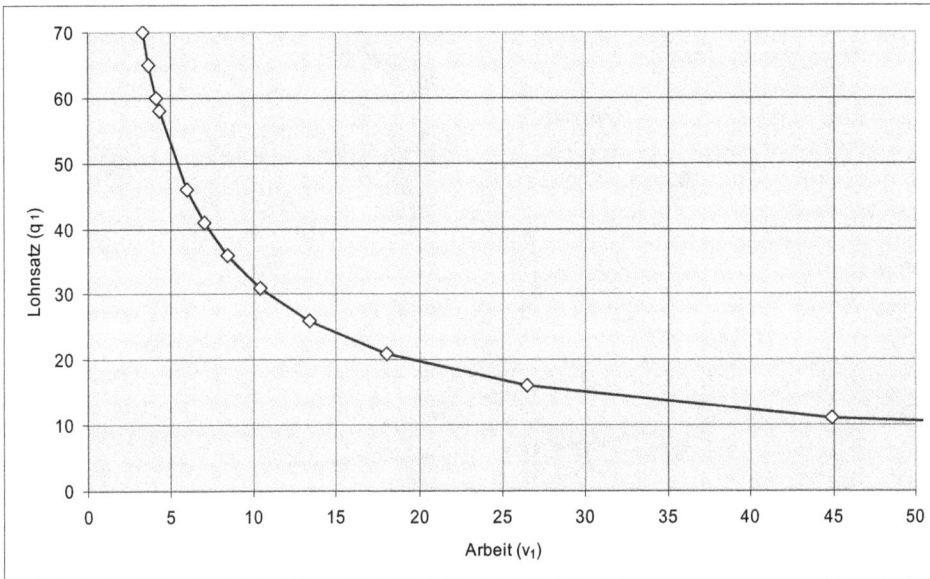

Abbildung 3.49: Nachfragefunktion für Arbeit in Abhängigkeit des Nominallohnsatzes
Die Faktornachfragefunktion für Arbeit gibt an, wie die Nachfrage der Unternehmung nach Arbeit auf Änderungen des Nominallohnsatzes reagiert. Hohe Nominallohnsätze reduzieren die Nachfrage nach Arbeit, niedrige Nominallöhne dagegen führen zu mehr Beschäftigung.

Die Nachfragefunktion in **Abbildung 3.49** spiegelt die Arbeitsnachfrage der Unternehmung in Abhängigkeit des nominalen Lohnsatzes wieder. In diesem Fall werden außer dem Lohnsatz alle anderen Variablen konstant (ceteris paribus) gehalten. Der Produktpreis des Gutes 1 ist also ebenfalls vorgegeben.

Die graphische Ermittlung der Faktornachfragefunktion für Arbeit wird in **Abbildung 3.50** demonstriert. Das erste Schaubild zeigt die partielle Ertragsfunktion für Arbeit und eine Schar von Isogewinngeraden. Die Steigungen des Isogewinngeraden wird vom Reallohnsatz q_1/p_1 bestimmt, die Steigung der Ertragsfunktion dagegen vom Grenzprodukt der Arbeit $\partial x_1/\partial v_1$.

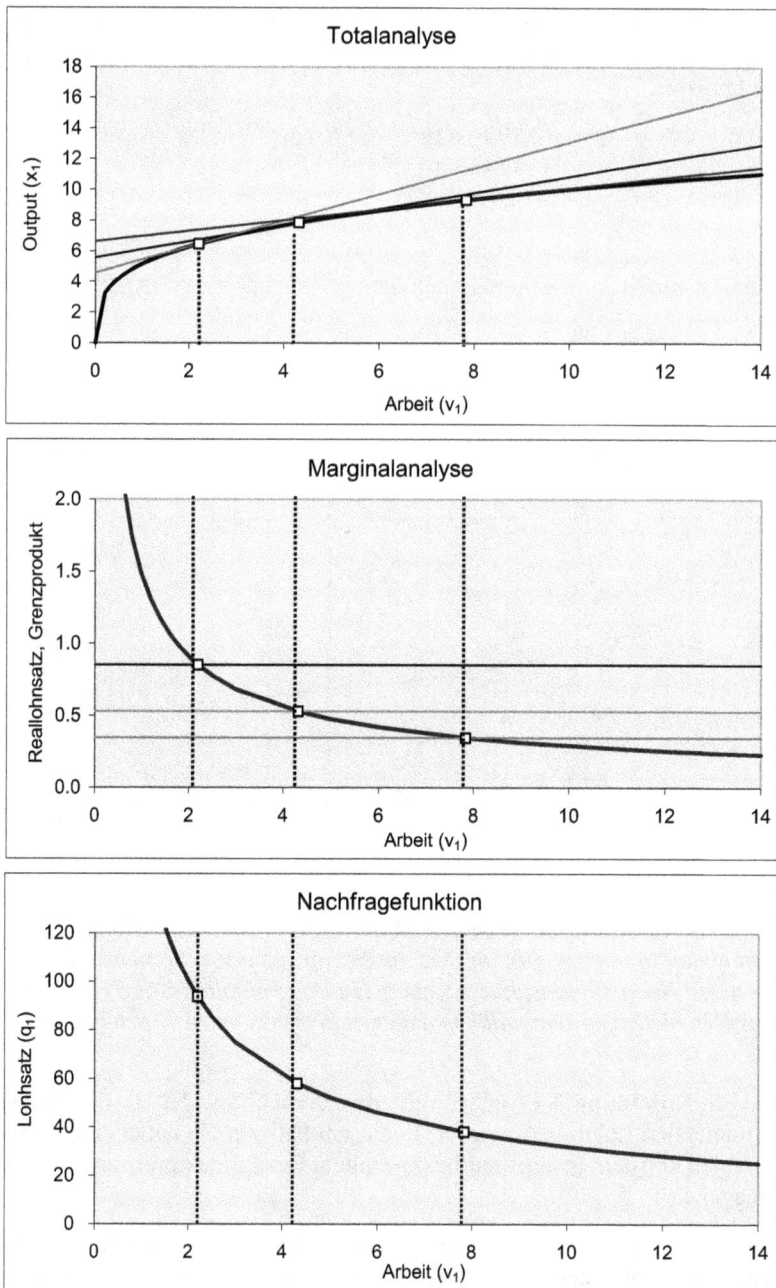

Abbildung 3.50: Graphische Bestimmung der Nachfragefunktion der Unternehmung
Die Inputregel bestimmt die Faktornachfragefunktion. Bei einem gewinnmaximalen Produktionsplan entspricht das Grenzprodukt der Arbeit dem Reallohnsatz. Die nachgefragte Menge an Arbeit ist abhängig von der Höhe des Reallohnsatzes.

Es werden drei Szenarien mit unterschiedlichen nominalen Lohnssätzen behandelt: In Szenario A wird die Situation des Fallbeispiels aus Kapitel 3.4.2 (Inputregel) mit $q_1/p_1 = 58.00/110.00 = 0.53$ dargestellt. Im Szenario B dagegen wird $q_1/p_1 = 93.70/110.00 = 0.85$ die Obergrenze für den Lohnsatz simuliert, bei der sich ein Gewinn von G = 0 ergibt. In Szenario C wird mit $q_1/p_1 = 38,00/110.00 = 0.35$ die Auswirkung eines niedrigen Lohnsatzes auf die Beschäftigung untersucht.

3.6.4   Nachfrage der Unternehmung nach Arbeit und Kapital

Wie verlaufen die Nachfragefunktionen für Arbeit und Kapital, wenn auf den Faktormärkten zu den gegebenen Faktorpreisen beliebige Mengen der Produktionsfaktoren beschafft werden können? Diese Frage wird für den Fall einer Ein-Produkt-Unternehmung behandelt, die mit zwei variablen Produktionsfaktoren und einer neoklassischen Cobb-Douglas-Produktionsfunktion produziert. Es werden sinkende Skalenerträge unterstellt, damit stets die optimale Betriebsgröße bestimmt ist und die Faktornachfrage eindeutig ermittelt werden kann.

Gesucht sind zunächst die Funktionen für die Nachfrage nach Arbeit und Kapital in Abhängigkeit der nominalen Faktorpreise.

(88) $v_1^N = f(q_1, q_2^\circ, p_1^\circ)$ Nachfragefunktion für Arbeit bei variablem Lohnsatz
      $v_1^N = f(q_1)$

(89) $v_2^N = f(q_1^\circ, q_2, p_1^\circ)$ Nachfragefunktion für Kapital bei variablem Kapital-
      $v_2^N = f(q_2)$ nutzungspreis (Zinssatz)

Für Unternehmen ist die Veränderung der relativen Preise entscheidend für die Nachfrage nach Arbeit und Kapital. So geschieht es jeden Tag am Markt, dass sich Faktorpreise und Produktpreise zugleich verändern. Entscheidend für die effektive Nachfrage nach Kapital und Arbeit ist in dieser Situation, ob beispielsweise die Faktorpreise stärker steigen als die Produktpreise. In diesem Fall wird das Unternehmen die Nachfrage nach Produktionsfaktoren einschränken. Erhöht sich dagegen der Produktpreis stärker als die Faktorpreise, so ist mit einer Ausdehnung der Faktornachfrage zu rechnen.

Es werden deshalb zugleich auch die Faktornachfragefunktionen in Abhängigkeit der realen Faktorpreise bestimmt.

(90) $v_1^N = f(q_1/p_1, q_2^\circ)$ Nachfragefunktion für Arbeit bei variablem Reallohnsatz
      $v_1^N = f(q_1/p_1)$

(91) $v_2^N = f(q_1^\circ, q_2/p_1)$ Nachfragefunktion für Kapital bei variablem realen
      $v_2^N = f(q_2/p_1)$ Kapitalnutzungspreis (Realzinssatz)

Eine Änderung des Lohnsatzes oder der Kapitalnutzungspreises (Zinssatz) verändert das optimale Einsatzverhältnis der Produktionsfaktoren (Minimalkostenkombination) und die optimale Betriebsgröße. Deshalb müssen für jede Änderung der Faktorpreise neue gewinnmaximale Produktionspläne berechnet werden.

Im gewinnmaximalen Produktionsplan müssen gleichzeitig die Gleichgewichtsbedingung für das optimale Einsatzverhältnis der Produktionsfaktoren (Minimalkostenkombination), die

Outputregel für die gewinnmaximale Produktionsmenge und die jeweiligen Inputregeln für den optimalen Faktoreinsatz erfüllt sein.

(92) $(\partial x_1/\partial v_1/\partial x_1/\partial v_2 = q_1/q_2$ Minimalkostenkombination
(93) $dE/dx_1 = dK/dx_1$ Outputregel für Produktionsmenge
(94) $\partial x_1/\partial v_1 = q_1/p_1$ Inputregel für Arbeit
(95) $\partial x_1/\partial v_2 = q_2/p_1$ Inputregel für Kapital

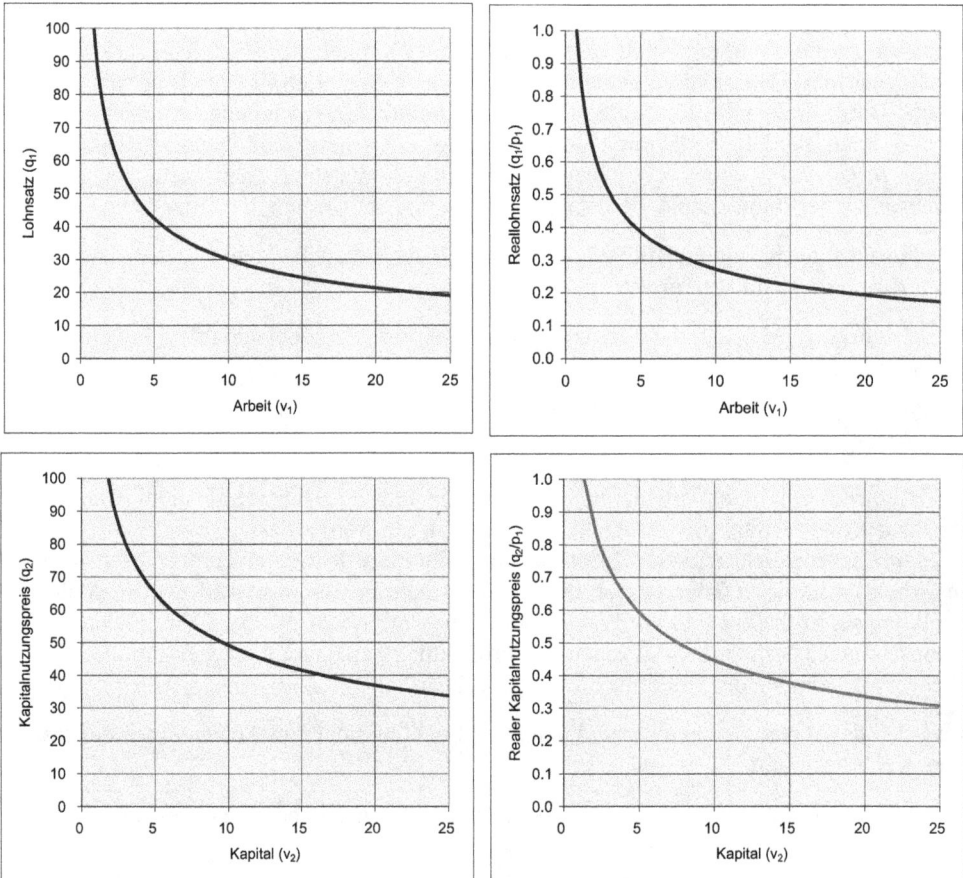

Abbildung 3.51: Nachfrage der Unternehmung nach Arbeit und Kapital
In der Abbildung wird die Nachfrage nach Arbeit und Kapital in Abhängigkeit der nominalen und realen Faktorpreise dargestellt. Für Unternehmen, die das Ziel der Gewinnmaximierung verfolgen, bestimmt der Reallohnsatz die Nachfrage nach Arbeit und der Realzinssatz die Nachfrage nach Kapital.

Im nächsten Schritt wird die Nachfragefunktion der Unternehmung in Abhängigkeit des variablen Lohnsatzes berechnet. Ausgangspunkt der Berechnungen ist der folgende Datensatz:

Allgemein	*Beispiel*	
$x_1 = a v_1{}^b v_2{}^c$	$x_1 = 2.42\, v_1{}^{0.29} v_2{}^{0.42}$	Produktionsfunktion
$p_1 = p_1{}^\circ$	$p_1 = 110$	Produktpreis für Gut 1
$q_1 = $ variabel	$q_1 = $ variabel	Faktorpreis für Arbeit
$q_2 = q_2{}^\circ$	$q_2 = 84$	Faktorpreis für Kapital

Bei einem variablen Lohnsatz muss die Unternehmung für jeden gegebenen Lohnsatz am Markt einen neuen gewinnmaximalen Produktionsplan berechnen. Deshalb wird auf dem Weg zur Nachfragefunktion für Arbeit zunächst die Angebotsfunktion der Unternehmung berechnet. Sie berücksichtigt die Minimalkostenkombination der Produktionsfaktoren. Wegen der sinkenden Skalenerträge ist ein überproportionaler Kostenanstieg zu erwarten. Fixe Produktionskosten treten nicht auf. Da die Grenzkostenfunktion der Unternehmung die Angebotsfunktion ist, werden zunächst die Erlös- und Kostenfunktionen ermittelt.

Allgemein für Cobb-Douglas Beispiel

(95) $E = p_1 x_1$	$E = 110 x_1$	Erlösfunktion
(96) $K = A x_1{}^z$	$K = 7.7881 q_1{}^{0.4085} x_1{}^{1.4085}$	Kostenfunktion

wobei

$$A = [q_1 + q_1(c/b)][1/(a(q_1/q_2)^c(c/b)^c)]^{1/(b+c)}$$
$$z = 1/(b+c)$$

Im nächsten Schritt werden die Grenzerlös- und Grenzkostenfunktion der Unternehmung berechnet.

(97) $dE/dx_1 = p_1$	$dE/dx_1 = p_1$	Grenzerlösfunktion
(98) $dK/dx_1 = z A\, x_1{}^{z-1}$	$dK/dx_1 = 10.9691 q_1{}^{0.4085} x_1{}^{0.4085}$	Grenzkostenfunktion

Ein gewinnmaximaler Produktionsplan ist erreicht, wenn der Grenzerlös den Grenzkosten enstpricht.

(99) $p_1 = z A x_1{}^{z-1}$	$p_1 = 10.9691 q_1{}^{0.4085} x_1{}^{0.4085}$	Outputregel

Die gewinnmaximale Produktionsmenge wird berechnet, indem man die Outputregel nach der Produktionsmenge auflöst.

(100) $x_1 = (p_1/zA)^{1/(z-1)}$	$x_1 = (0.002840/q_1)\, p_1{}^{2.4483}$	Angebotsfunktion
$\quad x_1 = (1/zA)^{1/(z-1)} p_1{}^{1/(z-1)}$		

Die Faktornachfragefunktion berücksichtigt die jeweils gültige Minimalkostenkombination der Produktionsfaktoren und zugleich die Bedingungen der Outputregel und Inputregeln. Nachdem die Angebotsfunktion berechnet ist, wird die Minimalkostenkombination in der Produktionsfunktion berücksichtigt.

Produktionsfunktion $x_1 = 2.42v_1^{0.29}v_2^{0.42}$	Faktorpreise q_1 = variabel q_2 = 84.00	Produktpreis $p_1 = 110$

MKK
$GP_1/GP_2 = q_1/q_2$
$(0.29/0.42)(v_2/v_1) = q_1/84$
$v_2 = 0.01724q_1v_1$

Kostendefinition
$K = q_1v_1+q_2v_2$
$K = q_1v_1+84v_2$

Ertragsfunktion mit MKK
$x_1 = 2.42v_1^{0.29}(0.01724q_1v_1)^{0.42}$
$x_1 = 0.4397v_1^{0.71}q_1^{0.42}$

Kostendefinition mit MKK
$K = q_1v_1 + 84(0.01724q_1v_1)$
$K = 2.4482q_1v_1$

Faktorverbrauch Arbeit
$v_1 = (2.2743x_1/q_1^{0.42})^{1.4085}$

Kostenfunktion
$K = 7.7881q_1^{0.4085}x_1^{1.4085}$

Erlösfunktion
$E = p_1x_1$
$E = 110x_1$

Grenzkosten
$dK/dx_1 = 10.9691q_1^{0.4085}x_1^{0.4085}$

Grenzerlös
$dE/dx_1 = 110$

Outputregel
$p_1 = dK/dx_1$
$110 = 10.9691q_1^{0.4085}x_1^{0.4085}$
$x_1 = 282.66/q_1$

Nachfrage nach Arbeit
$282.66/q_1 = 0.4397v_1^{0.71}q_1^{0.42}$
$v_1 = 9016,88/q_1^{2.0}$

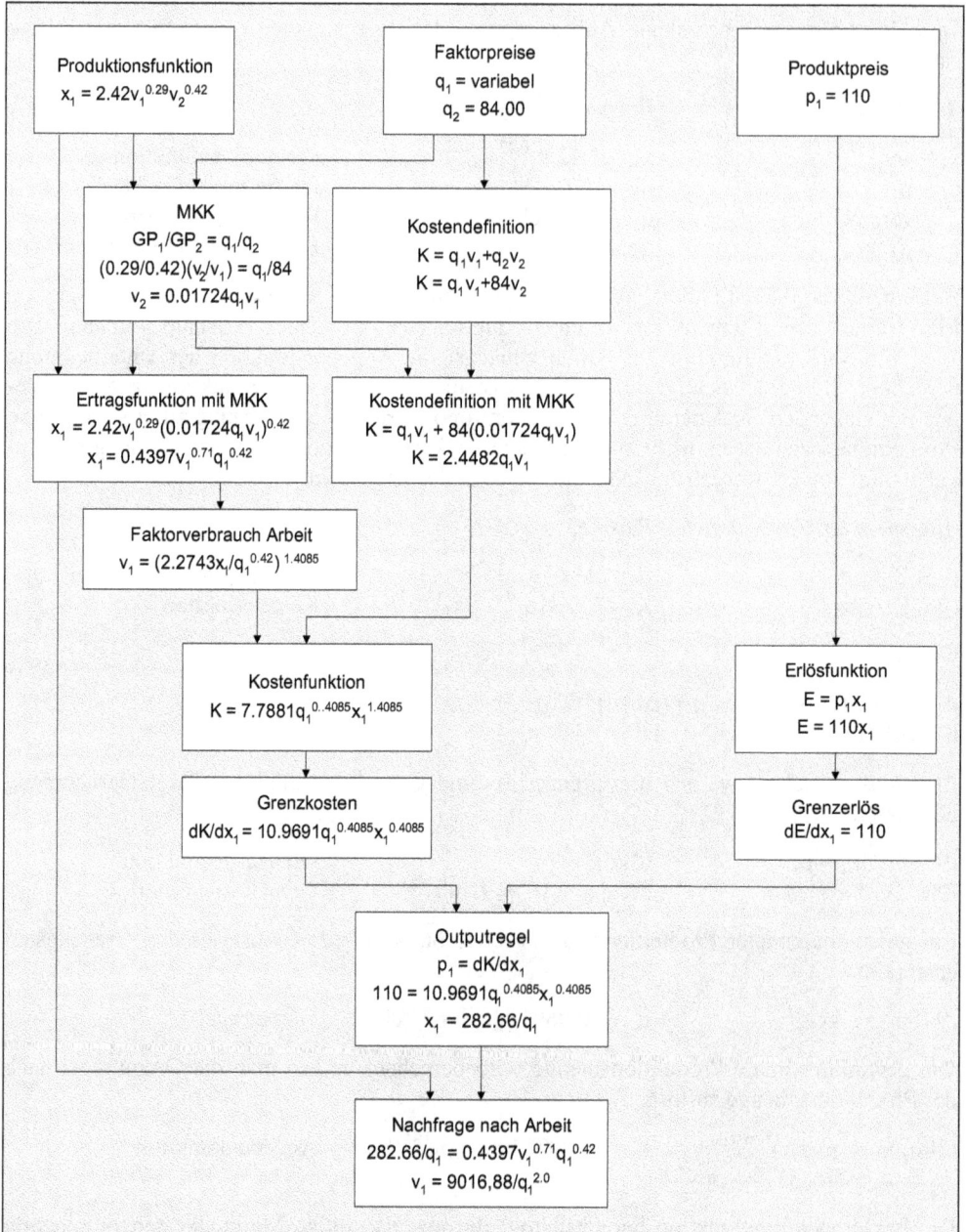

Übersicht 3.11: Nachfrage der Unternehmung nach Arbeit

Das Flussdiagramm verdeutlicht den Lösungsweg zur Bestimmung der Nachfrage nach Arbeit in Abhängigkeit des nominalen Lohnsatzes.

(101) $x_1 = av_1^b v_2^c$ $x_1 = 2.42\, v_1^{0.29} v_2^{0.42}$ Produktionsfunktion

(102) $bv_2/cv_1 = q_1/q_2$ $0.29v_2/0.42v_1 = q_1/84$ Minimalkostenkombination

$\quad\;\; v_2 = cv_1 q_1/bq_2$ $v_2 = 0.01724 q_1 v_1$

(103) $x_1 = av_1^b (cv_1 q_1/bq_2)^c$ $x_1 = 2.42 v_1^{0.29}(0.01724 q_1 v_1)^{0.42}$ Produktionsfunktion mit MKK

$\qquad\qquad\qquad\qquad\quad x_1 = 0.4397 v_1^{0.71} q_1^{0.42}$

Verknüpft man die Angebotsfunktion der Unternehmung (53) und die Produktionsfunktion unter Beachtung der MKK (56) über die Produktionsmenge, so erhält man die Nachfragefunktion für Arbeit in Abhängigkeit des Reallohnsatzes (q_1/p_1).

(103) $(1/zA)^{1/(z-1)} p_1^{1/(z-1)} = av_1^b (cv_1 q_1/bq_2)^c$ Nachfrage nach Arbeit

$\qquad (0.002840/q_1)\, p_1^{2.4483} = 0.4397 v_1^{0.71} q_1^{0.42}$

Berücksichtig man den gegebenen Produktpreis von $p_1 = 110$, so kann man die Nachfragefunktion des Unternehmens für Arbeit in Abhängigkeit des nominalen Lohnsatzes ermitteln.

(104) $(0.002840/q_1)\, 110^{2.4483} = 0.4397 v_1^{0.71} q_1^{0.42}$

$\qquad 282.66/q_1 = 0.4397 v_1^{0.71} q_1^{0.42}$

(105) $v_1 = B/q_1^{d-e}$ $v_1 = 9016.88/q_1^{2.0}$ Nachfragefunktion Arbeit

wobei

$B = a^d p_1^d\, b^{d-e}\, (c/q_2)^e$ $B = 9016.88$

$d = 1/(1-b-c)$ $d = 3.4483$

$e = c/(1-b-c)$ $e = 1.4483$

Bei der Ermittlung der Nachfragefunktion für Kapital ist analog zu verfahren. In diesem Fall ist für den gleichen Datensatz der Lohnsatz ($q_1^\circ = 58$) gegeben und der Faktorpreis für Kapital (q_2 = variabel) eine variable Grösse.

(106) $v_2 = C/q_2^{d-f}$ $v_2 = 137837/q_2^{2.4483}$ Nachfragefunktion Kapital

wobei

$B = a^d p_1^d\, (b/q_1)^f c^{d-f}$ $B = 137837$

$d = 1/(1-b-c)$ $d = 3.4483$

$f = b/(1-b-c)$ $f = 1.0000$

Der Verlauf der Nachfragefunktionen für Arbeit und Kapital in **Abbildung 3.51** belegt bei geringen nominalen und realen Faktorpreisen eine kräftige Veränderung der mengenmäßigen Nachfrage nach Arbeit und Kapital. Bei hohen Faktorpreisen dagegen reduziert das Unternehmen die Nachfrage nach Arbeit und Kapital soweit wie möglich und weicht durch Substitution den teuren Produktionsfaktoren aus. Wie aus den einzelnen Schaubildern deutlich ersichtlich ist, wirkt sich die geringere Produktionselastizität des Produktionsfaktors Arbeit ($b = 0.29$) deutlich auf die Lage der Nachfragefunktion aus. Die höhere Produktionselastizität des Kapitals ($c = 0.42$) führt bei allen vergleichbaren Preis-Mengen-Kombination der Nachfragefunktionen zu einer größeren Nachfrage nach Kapital.

3.6.5 Übungsaufgaben zur Faktornachfrage der Unternehmung

Aufgabe 1: Nachfrage der Unternehmung

Gegeben sei eine Unternehmung, die mit einem variablen Produktionsfaktor (Arbeit) und einem fixen Produktionsfaktor (Kapital) ein Gut mit der Ertragsfunktion $x_1 = f(v_1, v_2^\circ)$ produziert. Bei variablem Faktoreinsatz von Arbeit werden abnehmende Ertragszuwächse beobachtet. Auf allen Märkten herrscht vollkommene Konkurrenz. Die Preise sind gegeben (p_1, q_1, q_2). Die Unternehmung verfolgt das Ziel der Gewinnmaximierung.

(a) Formulieren Sie das Optimierungsproblem und zeigen Sie, wie man mit Hilfe der Input-regel den gewinnmaximalen Produktionsplan ermitteln kann. Skizzieren Sie die entsprechende Ertragsfunktion und Isogewinngeraden. Stellen Sie Ihre Lösung in einem Diagramm mit den Achsen x_1 (Ordinate) und v_1 (Abszisse) für die Totalanalyse (Abb. 1) dar. Welche Gleichgewichtsbedingung muss erfüllt sein, damit ein gewinnmaximaler Produktionsplan gefunden ist? Interpretieren Sie Ihr Ergebnis.

(b) Skizzieren Sie in einem zweiten Diagramm für die Marginalanalyse (Abb.2) mit den Achsen q_1/p_1 und $\partial x_1/\partial v_1$ (Ordinate) und v_1 (Abszisse) den Verlauf der entsprechenden Grenzertragsfunktion $\partial x_1/\partial v_1 = f(x_1)$ und der Reallohnfunktion $q_1/p_1 = f(x_1)$. Erläutern Sie die Zusammenhänge zwischen beiden Diagrammen.

(c) Ermitteln Sie für variable Lohnsätze die Faktornachfragefunktion $v_1 = f(q_1)$ in einem dritten Diagramm (Abb. 3) mit den Achsen q_1 (Ordinate) und v_1 (Abszisse). Von welchen Größen wird der Verlauf der Faktornachfragefunktion bestimmt? Nach welcher Regel wird in diesem Modell der Produktionsfaktor Arbeit entlohnt? Welche Beziehungen bestehen zur Totalanalyse und Marginalanalyse? Was halten Sie von der von Ihnen ermittelten Entlohnungsregel für Produktionsfaktoren? Sollten Tarifpartner nach dieser Regel verfahren?

Aufgabe 2: Angebot und Nachfrage der Unternehmung

Eine Unternehmung produziert das Gut 1 gemäß der Produktionsfunktion $x_1 = av_1^b = 2v_1^{0.5}$, wobei a (Niveauparameter) und b (Produktionselastizität der Arbeit) die Parameter bezeichnen. Der Faktorpreis für Arbeit (Lohnsatz) beträgt $q_1 = 10$ und der Güterpreis ist mit $p_1 = 20$ gegeben.

Auf allen Märkten (Gütermarkt, Arbeitsmarkt) sind die Bedingungen der vollkommen Konkurrenz erfüllt.

(a) Ermitteln Sie die Kostenfunktion $K = f(x_1)$. Erläutern Sie ihre Vorgehensweise. Wie lautet die Erlösfunktion $E = f(x_1)$? Welche Überlegungen führen zu dieser Erlösfunktion?

(b) Ermitteln Sie den gewinnmaximalen Produktionsplan. Erläutern Sie den Lösungsweg. Wie groß sind die Produktionsmenge (x_1), die Faktoreinsatzmenge für Arbeit (v_1), der Erlös (E), die Kosten (K) und der Gewinn (G)? Skizzieren Sie die Lösung in getrennten Diagrammen für die Totalanalyse (Abb.1) und die Marginalanalyse (Abb.2).

(c) Ermitteln Sie mit Hilfe der Outputregel die Angebotsfunktion für das Gut 1 $x_1^A = f(p_1)$. Welche Überlegungen führen zu dieser Funktion? Welcher Zusammenhang besteht zwischen Angebotsfunktion und Grenzkostenfunktion? Skizzieren Sie den Verlauf der Angebotsfunktion (Abb. 3).

(d) Ermitteln Sie die Nachfragefunktion für den Produktionsfaktor Arbeit $v_1^N = f(q_1)$. Verwenden Sie die Inputregel. Erläutern Sie den Lösungsweg und skizzieren sie den Verlauf der Faktornachfragefunktion (Abb. 4). Begründen sie den Verlauf der Nachfragefunktion.

Aufgabe 3: Arbeitsnachfrage

Im Sommer 2003 hat die IG-Metall im Kampf um die Einführung der 35-Stunden-Woche in Ostdeutschland eine der schwersten Niederlagen ihrer Geschichte einstecken müssen. Nach 4 Wochen Arbeitskampf war der Streik gescheitert. Ab 1. Juli 2003 wurde wieder normal gearbeitet, also 38 Stunden pro Woche. In der Wirtschaftswoche vom 10. Juli 2003 findet sich folgender Leitartikel:

Warum wir wieder länger arbeiten müssen
Bert Losse

Ein Streik kann auch Gutes bewirken. Das zeigt der grandios gescheiterte Arbeitskampf der IG Metall in Ostdeutschland. ... Schließlich, und das ist vielleicht die wichtigste Folge des Streiks, hat der gescheiterte Kampf um die 35-Stunden-Woche im Osten erstmals seit langem wieder die prinzipielle Frage aufgeworfen, ob die Deutschen in Zukunft nicht eher länger als kürzer arbeiten müssen, um ihren Wohlstand zu sichern und die heimische Wirtschaft in Schwung halten zu können. Denn in keiner Industrienation der Welt sind die Arbeitszeiten so kurz wie hier zu Lande.
Die tarifliche Jahresarbeitszeit eines Industriearbeiters lag 2002 in Westdeutschland bei 1557 Stunden (Ost 1685 Stunden). Die Kollegen in Italien, Österreich und Spanien bringen es dagegen auf rund 1720 Stunden, in Japan und Irland sind es 1800 Stunden, Spitzenreiter bei den Arbeitszeiten sind die USA: Hier müssen die Beschäftigten im Jahr 1904 Stunden ran

Wirtschaftswoche Nr. 29 vom 10.7.2003.

(a) Bestimmen Sie für das folgende Modell die Arbeitsnachfrage der Unternehmung.
Gegeben sei die beschränkt substitutionale Produktionsfunktion $x_1 = 10 \, v_1^{0.50} \, v_2^{0.50}$
mit den Produktionsfaktoren Arbeit und Kapital.
x_1 = Produktionsmenge des Gutes 1
v_1 = Einsatzmenge des Produktionsfaktors Arbeit (Personen)
v_2 = Einsatzmenge des Produktionsfaktors Kapital (Maschinen)
Die Menge des Produktionsfaktors Kapital sei beschränkt mit $v_2^\circ = 400$.
Im Modell der vollkommenen Konkurrenz sind für das Unternehmen folgende Preise gegeben:
$q_1 = 40$ Faktorpreis für Arbeit
$q_2 = 6000$ Faktorpreis für Kapital
$p_1 = 100$ Produktpreis für Gut 1

Die Unternehmung verfolgt das Ziel der Gewinnmaximierung. Berechnen Sie den gewinn-maximalen Produktionsplan. Wie hoch ist der Gewinn der Unternehmung? Wie groß ist die Arbeitsnachfrage (v_1)? Welche ökonomischen Größen bestimmen die Arbeitsnachfrage der Unternehmung?

(b) Die geforderte Reduktion der wöchentlichen Arbeitszeit von 38 Stunden pro Woche auf 35 Stunden pro Woche entspricht einer Verringerung des Arbeitseinsatzes pro Person um 7.9 Prozent. Nehmen Sie an, dass die totale Faktorproduktivität nach Einführung der 35-Stunden-Woche um 10 Prozent zurückgeht. Welche Wirkungen auf die Produktionsplanung erwarten Sie in diesem Fall? Skizzieren Sie den gewinnmaximalen Produktionsplan vor und nach der Einführung der 35-Stunden-Woche in einem Diagramm der Totalanalyse für Output und Arbeitseinsatz (Abb. 1 und in einem zweiten Diagramm der Marginalanalyse für Grenz-produkt der Arbeit/Reallohn und Arbeitseinsatz (Abb. 2). Erläutern Sie Ihre Ergebnisse.

(c) Welche Auswirkungen hätte die propagierte Verlängerung der Arbeitszeit auf den Ar-beitsmarkt? Setzen Sie sich mit den Argumenten der Gewerkschaften auseinander, dass län-gere Arbeitszeiten Jobs vernichten. Die Arbeitgeber dagegen argumentieren, dass bei länge-rer Arbeitszeit die Betriebe zu gleichen Arbeitskosten mehr Güter produzieren können und damit die internationale Wettbewerbsfähigkeit steigt. Zu welcher Empfehlung kommen Sie?

Aufgabe 4: Faktornachfrage

Diskutieren Sie für ein Unternehmen mit dem Ziel der Gewinnmaximierung die Bedeutung der Inputregel. Unterstellen Sie dabei ein Unternehmen, das lediglich mit dem Produktions-faktor Arbeit ein Gut produziert. Die Produktionsfunktion x = f(v) habe abnehmende Er-tragszuwächse. Der Produktpreis (p) und der Lohnsatz (q) seien Marktpreise, die von Ange-bot und Nachfrage am Markt bestimmt sind.

(a) Wie lautet die Inputregel? Geben Sie eine anschauliche Interpretation dieser Regel. Zei-gen Sie in einem Diagramm für die Totalanalyse (Abb. 1), wie das Unternehmen mit Hilfe der Inputregel einen gewinnmaximalen Produktionsplan bestimmen kann. Wie lautet das entsprechende Optimierungsproblem? Welche Rechenschritte sind erforderlich, um folgende Größen zu berechnen? Arbeitsnachfrage (v), Produktionsmenge (x), Erlös (E), Kosten (K), Gewinn (G).

(b) Von welchen ökonomischen Größen wird die Faktornachfrage der Unternehmen nach Arbeit bestimmt? Skizzieren Sie in getrennten Diagrammen für die Totalanalyse (Abb. 1) und die Marginalanalyse (Abb. 2), wie Sie die Faktornachfragefunktion v = f(q/p) ableiten können. Interpretieren Sie den Verlauf der Faktornachfragefunktion. Unter welchen Bedin-gungen kann es in einem Land zu hoher Arbeitslosigkeit kommen? Welchen Einfluss neh-men unterschiedliche Technologien (Cobb-Douglas/Leontief) auf den Arbeitsmarkt?

3.7 Verhalten der Unternehmung am Markt

3.7.1 Änderung der Preise

Wir untersuchen, wie sich Änderungen der Preise auf die Produktionsplanung der Unternehmung auswirken. Es gelten die bisherigen Angaben. Auf den Produkt- und Faktormärkten haben sich folgende Preisänderungen ergeben:

	Periode 1	*Periode 2*	*Änderung in %*
Produktpreis von Gut 1	110.00	126.50	+15.0
Faktorpreis für Arbeit	58.00	63.80	+10.0
Faktorpreis für Kapital	84.00	88.20	+5.00

Für die folgenden vier Fälle werden die optimalen Produktionspläne berechnet.

UNTERNEHMEN A (Cobb-Douglas-Produktionsfunktion)

1. Kurzfristige Analyse
   $x_1 = f(v_1, v_2^\circ)$ Ein fixer und ein variabler Produktionsfaktor
   $x_1 = 2.42\, v_1^{0.29}\, v_2^{0.42}$
   $v_2^\circ = 6$

2. Langfristige Analyse
   $x_1 = f(v_1, v_2)$ Zwei variable Produktionsfaktoren
   $x_1 = 2.42\, v_1^{0.29}\, v_2^{0.42}$

UNTERNEHMEN B (Leontief Produktionsfunktion)

3. Kurzfristige Analyse
   $x_1 = f(v_1, v_2^\circ)$ Ein fixer und ein variabler Produktionsfaktor
   $x_1 = \min(4v_1, 2v_2)$
   $v_2^\circ = 6$

4. Langfristige Analyse
   $x_1 = f(v_1, v_2)$ Zwei variable Produktionsfaktoren
   $x_1 = \min(4v_1, 2v_2)$

Tabelle 3.27 fasst die Ergebnisse der Berechnungen zusammen. In der Periode 2 steigen die Produktpreise stärker als die Preise beider Produktionsfaktoren. Es ist deshalb in allen vier Fällen zu erwarten, dass die Gewinne steigen. Bis auf Fall 1 werden alle Unternehmen ihre Produktionsmenge erhöhen. Die hohen residualen Gewinne der Unternehmen deuten darauf hin, dass bei freiem Marktzutritt sowohl die Produktpreise als auch die Faktorpreise langfristig keinen Bestand haben werden.

		Periode 1 Kurzfristig (1)	Periode 1 Langfristig (2)	Periode 2 Kurzfristig (3)	Periode 2 Langfristig (4)	Änderung in % Kurzfristig (5)	Änderung in % Langfristig (6)
Unternehmen A (Cobb-Douglas)				GEGEBEN			
Niveauparameter	a	2.42	2.42	2.42	2.42	0.0	0.0
Produktionselastizität Arbeit	b	0.29	0.29	0.29	0.29	0.0	0.0
Produktionselastizität Kapital	c	0.42	0.42	0.42	0.42	0.0	0.0
Faktoreinsatzmenge Kapital	v_2	6.00	-	6.00	-	0.0	-
Produktpreis	p_1	110.00	110.00	126.50	126.50	15.0	15.0
Faktorpreis für Arbeit	q_1	58.00	58.00	63.80	63.80	10.0	10.0
Faktorpreis für Kapital	q_2	84.00	84.00	88.20	88.20	5.0	5.0
				GESUCHT			
Produktmenge	x_1	7.85	4.87	7.99	5.81	1.8	19.3
Faktoreinsatzmenge Arbeit	v_1	4.32	2.68	4.60	3.34	6.5	24.6
Faktoreinsatzmenge Kapital	v_2	-	2.68	-	3.50	-	30.6
Faktoreinsatzverhältnis	v_2/v_1	1.39	1.00	1.31	1.05	-5.8	5.0
Erlös (Umsatz)	E	863.46	536.00	1011.18	735.28	17.1	37.2
Kosten	K	754.40	380.62	822.44	522.05	9.0	37.2
Gewinn	G	109.06	155.46	188.73	213.23	73.1	37.2
Stückerlös	E/x_1	110.00	110.00	126.50	126.50	15.0	15.0
Stückkosten	K/x_1	96.11	78.10	102.89	89.81	7.1	15.0
Stückgewinn	G/x_1	13.89	31.90	23.61	36.69	70.0	15.0
Umsatzrendite (%)	(G/E)100	12.63	29.00	18.66	29.00	47.8	0.0
Unternehmen B (Leontief)				GEGEBEN			
Arbeitsproduktvität	a_1	4.00	4.00	4.00	4.00	0.0	0.0
Kapitalproduktivität	b_1	2.00	2.00	2.00	2.00	0.0	0.0
Faktoreinsatzmenge Kapital	v_2	6.00	-	6.00	-	0.0	-
Produktpreis	p_1	110.00	110.00	126.50	126.50	15.0	15.0
Faktorpreis für Arbeit	q_1	58.00	58.00	63.80	63.80	10.0	10.0
Faktorpreis für Kapital	q_2	84.00	84.00	88.20	88.20	5.0	5.0
				GESUCHT			
Produktmenge	x_1	12.00	unendl	12.00	unendl	0.0	-
Faktoreinsatzmenge Arbeit	v_1	3.00	unendl	3.00	unendl	0.0	-
Faktoreinsatzmenge Kapital	v_2	-	unendl	-	unendl	-	-
Faktoreinsatzverhältnis	v_2/v_1	2.00	2.00	2.00	2.00	0.0	0.0
Erlös (Umsatz)	E	1320.00	unendl	1518.00	unendl	15.0	-
Kosten	K	678.00	unendl	720.60	unendl	6.3	-
Gewinn	G	642.00	unendl	797.40	unendl	24.2	-
Stückerlös	E/x_1	110.00	110.00	126.50	126.50	15.0	-
Stückkosten	K/x_1	56.50	56.50	60.05	60.05	6.3	-
Stückgewinn	G/x_1	53.50	unendl	66.45	unendl	24.2	-
Umsatzrendite (%)	(G/E)100	48.64	unendl	52.53	unendl	8.0	-

Tabelle 3.27: Änderung der Preise - Zusammenfassung der Ergebnisse
Wenn die Produktpreise stärker steigen als die Faktorpreise, erhöhen sich die Gewinne der Unternehmen. Die Produktionsmengen werden erhöht und die Beschäftigung nimmt zu, wenn keine Kapazitätsbeschränkung besteht.

Unternehmung A

Die Unternehmung A erhöht im Fall der kurzfristigen Analyse nur unwesentlich die Produktmenge (+1.8%). Die Beschäftigung nimmt allerdings weit stärker (+5.5%) zu. Dieses Ergebnis deutet darauf hin, dass die Unternehmung bereits im Bereich relativ geringer Grenzerträge produziert. Die Gewinne (+73.1) erhöhen sich kräftig, doch ist die Unternehmung gut beraten, den Kapitaleinsatz zu reduzieren. Es erweist sich auch bei den neuen Preisen, dass die optimale Betriebsgröße kleiner ist.

Wenn der Faktorpreis für Arbeit (Lohnsatz) stärker steigt als der Faktorpreis für Kapital (Kapitalnutzungspreis), wird die Unternehmung A im Fall von zwei variablen Produktionsfaktoren ein neues kapitalintensiveres Einsatzverhältnis der Produktionsfaktoren wählen. Bei variablem Faktoreinsatz kommt es zu einer kräftigen Ausdehnung der Produktmenge (+19.3%) mit positiven Folgen für die Beschäftigung (+24.4%) und den Kapitaleinsatz (+30.6%).

Unternehmung B

Die Änderung der Preise hat keinen Einfluss auf die Planungen der Unternehmung B im Fall der kurzfristigen Analyse. Die fixe Einsatzmenge an Kapital beschränkt die Produktionsmöglichkeiten. Gleichwohl erwirtschaftet diese Unternehmung in der Periode 2 einen höheren Gewinn (+24.2%).

Auch der neue Produktpreis liegt weit über den Stückkosten. Die Unternehmung wird auch bei den neuen Preisen bemüht sein, auf den Faktormärkten möglichst große Mengen einzukaufen, um mehr zu produzieren und die Gewinne zu erhöhen. Die optimale Betriebsgröße ist nicht bestimmt. Auch für diese Unternehmung ist nicht zu erwarten, dass bei freiem Marktzutritt die Preise langfristig Bestand haben werden.

3.7.2   Produktpreisuntergrenze für Güter

Erreicht der Produktpreis am Markt die Preisuntergrenze, so kann das Unternehmung keinen Gewinn erwirtschaften. Es erleidet aber auch keine Verluste und ist nicht in seiner Existenz bedroht, wenn die Preise nicht weiter fallen.

Bei der Preisuntergrenze sind gleichzeitig zwei Bedingungen erfüllt:

- Produktpreis = Grenzkosten (Outputregel)
- Erlös = Gesamtkosten

Die Unternehmung erwirtschaftet in dieser Situation keinen Gewinn (G = 0) und damit kein **Residualeinkommen**, da die Erlöse (Umsätze) lediglich die Kosten decken. In dieser Situation ist der Bestand der Unternehmung gewährleistet und alle Arbeitsplätze sind gesichert. Aus der Tatsache, dass es in dieser Situation keine Gewinneinkommen gibt, kann nicht gefolgert werden, dass damit auch Kapitaleinkommen ausgeschlossen sind. Mit der Lösung ist vereinbar, dass kontraktbestimmte Kapitaleinkommen entstehen, die vom Kapitalmarkt bestimmt sind. Die Entlohnung des Produktionsfaktors Kapital kann daher als ein derartiges **Kontrakteinkommen** der Kapitaleigner interpretiert werden.

Zur Berechnung der Preisuntergrenze für die Unternehmung A im Fall der kurzfristigen Analyse sind folgende Angaben zu gegeben:

Für die Unternehmung sind folgende Angaben zu beachten:

Allgemein	*Beispiel*	
$x_1 = a\, v_1^{\,b}\, v_2^{\,c}$	$x_1 = 2.42\, v_1^{\,0.29}\, v_2^{\,0.42}$	Produktionsfunktion
$v_2 = v_2^{\,\circ}$	$v_2^{\,\circ} = 6$	Faktorbeschränkung für Kapital
$p_1 = $ variabel	$p_1 = $ variabel	Produktpreis für Gut 1
$q_1 = v_1^{\,\circ}$	$q_1 = 58$	Faktorpreis für Arbeit
$q_2 = v_2^{\,\circ}$	$q_2 = 84$	Faktorpreis für Kapital

In dieser Situation wird ein Produktpreis gesucht, der dazu führt, dass die Erlöse die gesamten Produktionskosten decken, die fixen Kosten für das eingesetzte Kapital und die variablen Kosten. Zunächst wird die Kostenfunktion berechnet.

(108) $x_1 = 2.42\, v_1^{\,0.29}\, v_2^{\,0.42}$ Produktionsfunktion

(109) $x_1 = 2.42\, v_1^{\,0.29}\, [6.0]^{0.42}$ Ertragsfunktion $x_1 = f(v_1, v_2^{\,\circ})$
    $x_1 = 5.1362 v_1^{\,0.29}$

(110) $v_1 = 0.003544\, x_1^{\,3.4483}$ Faktorverbrauchsfunktion $v_1 = f(x_1)$

(111) $K = 58 v_1 + 84 v_2$ Kostendefinition

(112) $K = 58 v_1 + 84 [6.0]$ Fixe und variable Kosten
    $K = 504 + 58 v_1$

(113) $K = 504 + 58 [0.003544\, x_1^{\,3.4483}]$ Kostenfunktion $K = f(x_1)$
    $K = 504 + 0.2056\, x_1^{\,3.4483}$

Die Berechnung der Grenzkosten- und Durchschnittskostenfunktionen ergibt:

(114) $dK/dx_1 = 3.4483 [0.2056\, x_1^{\,2.4483}]$ Grenzkostenfunktion $dK/dx_1 = f(x_1)$
    $dK/dx_1 = 0.7088\, x_1^{\,2.4483}$

(115) $K/x_1 = 504/x_1 + 0.2056\, x_1^{\,2.4483}$ Durchschnittskostenfunktion $K/x_1 = f(x_1)$

Die Erlösfunktion der Unternehmung mit dem noch unbekannten Produktpreis (Preisuntergrenze) lautet:

(116) $E = p_1 x_1$ Erlösfunktion

Bei der Preisuntergrenze müssen die folgenden zwei Bedingungen erfüllt sein.

(117) $0.7088\, x_1^{\,2.4483} = p_1$ Grenzkosten = Produktpreis

(118) $p_1 x_1 = 504 + 0.2056\, x_1^{\,3.4483}$ Erlös = Kosten

Auflösen beider Gleichungen nach p_1 ergibt:

(119) $p_1 = 0.7088\, x_1^{\,2.4483}$ Produktpreis = Grenzkosten

(120) $p_1 = 504/p_1 + 0.2056\, x_1^{\,2.4483}$ Produktpreis = Durchschnittskosten

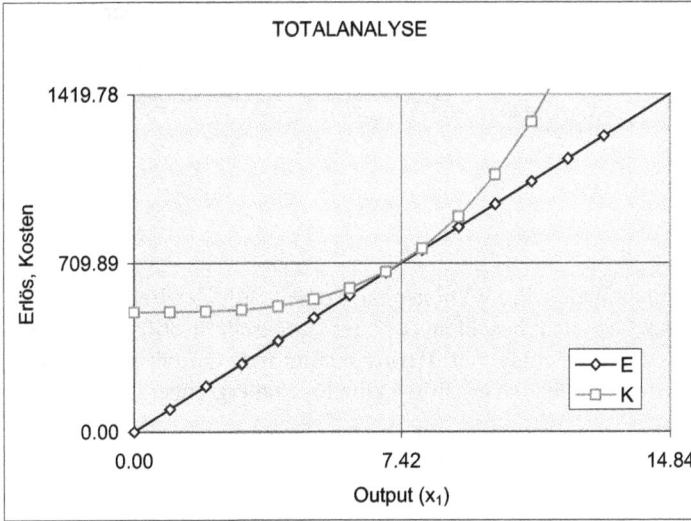

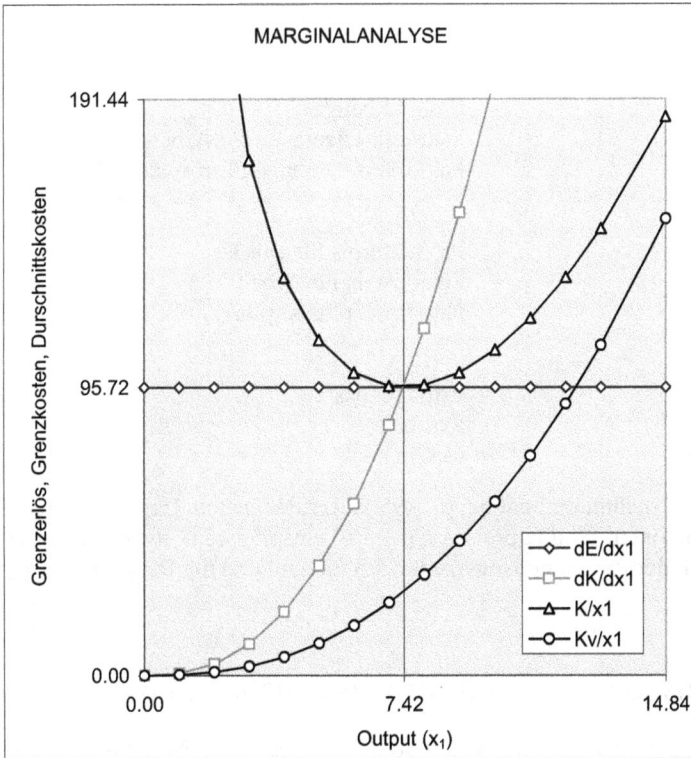

Abbildung 3.52: Preisuntergrenze der Unternehmung für den Produktpreis
Die Preisuntergrenze der Unternehmung liegt im Minimum der Durchschnittskosten.

Bei der Preisuntergrenze entsprechen die Grenzkosten den Durchschnittskosten der Unternehmung.

(121) $dK/dx_1 = K/x_1$ Grenzkosten = Durchschnittskosten
  $0.7088\ x_1^{2.4483} = 504/x_1 + 0.2056\ x_1^{2.4483}$
  $0.5032\ x_1^{2.4483} = 504/x_1$
  $0.5032\ x_1^{3.4483} = 504$
  $x_1^{3.4483} = 1001.43$
  $x_1 = 7.4162$

Da es sich um einen gewinnmaximalen Produktionsplan handelt, gilt die Bedingung Produktpreis = Grenzkosten. Zusätzlich ist zu beachten, dass der Durchschnittserlös (Stückerlös) den Durchschnittskosten (Stückkosten) entspricht. Berücksichtigt man die optimale Produktionsmenge x_1 in der Grenzkostenfunktion, so erhält man die Preisuntergrenze.

(122) $p_1 = dK/dx_1$ Preisuntergrenze (Outputregel)
  $p_1 = 0.7088\ x_1^{2.4483}$
  $p_1 = 0.7088\ (7.4162)^{2.4483}$
  $p_1 = 95.72$

Der gewinnmaximale Produktionsplan für die Preisuntergrenze lautet:

Mengen
$x_1 = 7.42$ Produktmenge
$v_1 = 3.55$ Faktoreinsatzmenge für Arbeit
$v_2 = 6.0$ Faktoreinsatzmenge für Kapital

Preise
$p_1 = 95.72$ Produktpreis für Gut 1
$q_1 = 58$ Faktorpreis für Arbeit
$q_2 = 84$ Faktorpreis für Kapital

Werte
$E = 709.86$ Erlös (Umsatz)
$K = 709.86$ Kosten
$G = 0.00$ Gewinn

Die Preisuntergrenze der Unternehmung liegt bei $p_1 = 95.72$ Geldeinheiten. Gegenüber der ursprünglichen Situation mit einem Produktpreis von $p_1 = 110$ entspricht das einer Reduktion des Preises um 13.0 Prozent, der Produktionsmenge um 5.5 Prozent und der Beschäftigung um 17.8 Prozent.

3.7.3   Faktorpreisobergrenze für Produktionsfaktoren

Angesichts hoher residualer Gewinne ist zu fragen, ob die herrschenden Produkt- und Faktorpreise am Markt Bestand haben. Zuvor wurde berechnet, wie weit der Produktpreis fallen kann, wenn neue Unternehmen in diesen Markt eintreten. Im nächsten Schritt soll ermittelt werden, welchen Spielraum es für Lohnerhöhungen gibt, wenn der Produktpreis am Markt sich nicht verändert.

Zur Berechnung der Preisobergrenze für den Lohnsatz gelten bis auf den Lohnsatz die glei-chen Angaben, die verwendet wurden, um die Preisuntergrenze auszurechnen. Der Produkt-preis ist gegeben mit $p_1 = 100$.

Es wird ein Faktorpreis für Arbeit (Lohnsatz) gesucht, der dazu führt, dass die Kosten alle Erlöse absorbieren. Zunächst wird die Kostenfunktion mit variablem Lohnsatz berechnet.

Allgemein	*Beispiel*	
$x_1 = a\, v_1^b\, v_2^c$	$x_1 = 2.42\, v_1^{0.29}\, v_2^{0.42}$	Produktionsfunktion
$v_2 = v_2^\circ$	$v_2^\circ = 6$	Faktorbeschränkung für Kapital
$p_1 = p_1^\circ$	$p_1 = 110$	Produktpreis für Gut 1
$q_1 = variabel$	$q_1 = variabel$	Faktorpreis für Arbeit
$q_2 = v_2^\circ$	$q_2 = 84$	Faktorpreis für Kapital

$$(123)\ x_1 = 2.42\, v_1^{0.29}\, v_2^{0.42} \qquad \text{Produktionsfunktion}$$
$$(124)\ x_1 = 2.42\, v_1^{0.29}\, [6.0]^{0.42} \qquad \text{Ertragsfunktion } x_1 = f(v_1, v_2^\circ)$$
$$x_1 = 5.1362 v_1^{0.29}$$
$$(125)\ v_1 = 0.003544\, x_1^{3.4483} \qquad \text{Faktorverbrauchsfunktion } v_1 = f(x_1)$$
$$(126)\ K = q_1 + 84 v_2 \qquad \text{Kostendefinition}$$
$$(127)\ K = q_1 v_1 + 84[6.0] \qquad \text{Fixe und variable Kosten}$$
$$K = 540 + 58 v_1$$
$$(128)\ K = 504 + q_1\, 0.003544\, x_1^{3.4483} \qquad \text{Kostenfunktion } K = f(x_1)$$

Die Berechnung der Grenzkosten- und Durchschnittskostenfunktionen ergibt:

$$(129)\ dK/dx_1 = 0.0122\, q_1\, x_1^{2.4483} \qquad \text{Grenzkostenfunktion } dK/dx_1 = f(x_1)$$

Im nächsten Schritt wird die Outputregel nach dem Lohnsatz aufgelöst.

$$(130)\ 110 = 0.0122\, q_1\, x_1^{2.4483} \qquad \text{Outputregel Produktpreis = Grenzkosten}$$
$$(131)\ q_1 = 9000.6/x_1^{2.4483} \qquad \text{Faktorpreis für Arbeit (Lohnsatz)}$$

Auch bei der Preisobergrenze für den Lohnsatz müssen die gleichen zwei Bedingungen er-füllt sein. Ein gewinnmaximaler Produktionsplan wird nur realisiert, wenn die Grenzkosten dem Produktpreis entsprechen. Die Obergrenze für den Lohnsatz wird dagegen nur erreicht, wenn die Gesamtkosten den Erlösen entsprechen.

$$(132)\ 0.0122\, q_1\, x_1^{2.4483} = 110 \qquad \text{Grenzkosten = Produktpreis}$$
$$(133)\ 110\, x_1 = 504 + q_1\, 0.003544\, x_1^{3.4483} \qquad \text{Erlös = Kosten}$$

Auflösen beider Gleichungen nach dem Lohnsatz ergibt:

$$(134)\ q_1 = 9000.6/x_1^{2.4483}$$
$$(135)\ q_1 = 31036 x_1^{-2.4483} - 142203\, x_1^{-3.4483}$$

Gleichsetzen der beiden Gleichungen führt zur Produktionsmenge für die Lohnsatzobergren-ze.

$$(136)\ 9000.6/x_1^{2.4483} = 31036 x_1^{-2.4483} - 142203\, x_1^{-3.4483}$$
$$9000.6 = 31036 - 142203\, x_1$$
$$x_1 = 6.4533$$

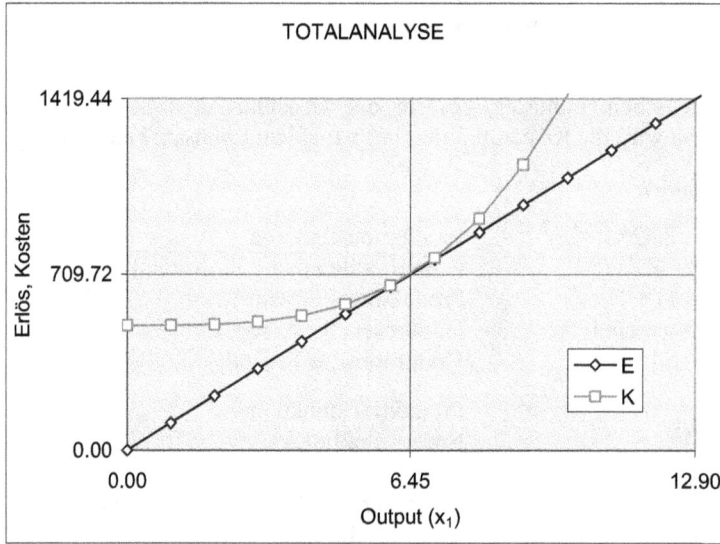

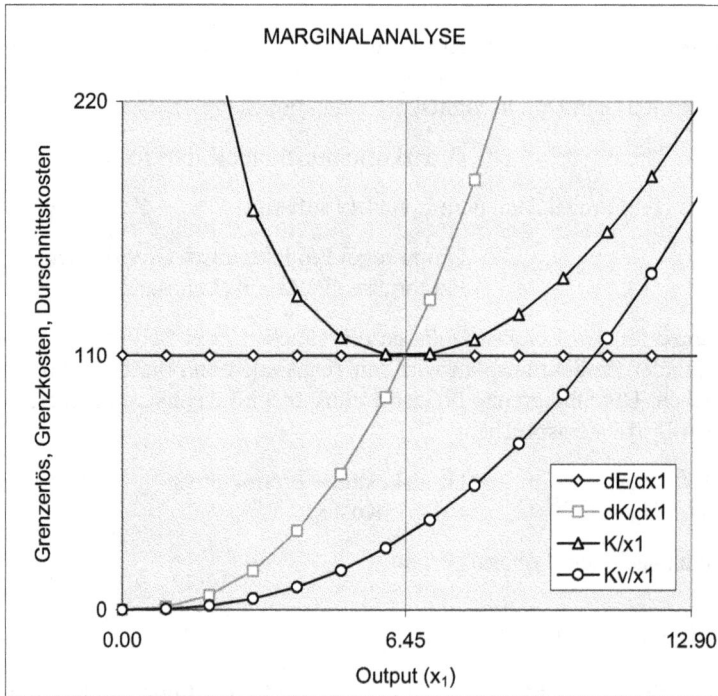

Abbildung 3.513 Preisobergrenze der Unternehmung für Lohnsatz
*Bei einem vorgegeben Produktpreis von $p_1 = 110$ dreht sich die Kostenfunktion durch Erhö-
hung des Lohnsatzes nach oben, bis residuale Gewinne verschwunden sind.*

Berücksichtigt man die ermittelte Produktionsmenge in der modifizierten Outputregel, so erhält man die Lohnsatzobergrenze.

(137) $110 = 0.0122 \, q_1 \, x_1^{2.4483}$ Outputregel

      $110 = 0.0122 \, q_1 \, (6.4533)^{2.4483}$

      $q_1 = 93.6928$ Lohnsatzobergrenze

Der gewinnmaximale Produktionsplan für die Lohnsatzobergrenze lautet:

Mengen
$x_1 = 6.45$ Produktmenge
$v_1 = 2.20$ Faktoreinsatzmenge für Arbeit
$v_2 = 6.0$ Faktoreinsatzmenge für Kapital

Preise
$p_1 = 110.00$ Produktpreis für Gut 1
$q_1 = 93.69$ Faktorpreis für Arbeit
$q_2 = 84.00$ Faktorpreis für Kapital

Werte
$E = 709.86$ Erlös (Umsatz)
$K = 709.86$ Kosten
$G = 0.00$ Gewinn

Die Lohnobergrenze der Unternehmung liegt bei $q_1 = 93.69$ Geldeinheiten. Gegenüber der ursprünglichen Situation mit einem Lohnsatz von $q_1 = 58.00$ entspricht das einer Erhöhung des Lohnsatzes um 65.0 Prozent, einem Rückgang der Produktionsmenge um 17.8 Prozent und eine Reduzierung der Beschäftigung um 49.1 Prozent. Es kommt also zu einer dramatischen Entwicklung auf dem Arbeitsmarkt. Die wenigen verblieben Arbeitskräfte realisieren zwar einen hohen Reallohn. Doch der wird erkauft durch eine erhebliche Freisetzung von Arbeit aufgrund des hohen Lohnsatzes. Die Kosten und Erlöse der Unternehmung stimmen mit der Lösung zur Preisuntergrenze überein.

3.7.4 Übungsaufgaben zum Verhalten der Unternehmung am Markt

Aufgabe 1: Markt und Einkommensverteilung

Für ein Unternehmen der vollkommenen Konkurrenz seien folgende Angaben gegeben:

$K = 500 + 0.2x_1^{2.0}$ Kostenfunktion

$p_1 = 20$ Produktpreis

Legende

K = Kosten

x_1 = Produktionsmenge des Gutes 1

p_1 = Produktpreis des Gutes 1

(a) Wann wird auf Märkten vollkommene Konkurrenz beobachtet? Erläutern Sie die wichtigsten Bedingungen der vollkommenen Konkurrenz. Welche Bedeutung haben die einzelnen Bedingungen?

(b) Wie lautet die Erlösfunktion $E = f(x_1)$ der Unternehmung? Ermitteln Sie den gewinnmaximalen Produktionsplan. Wie hoch ist die gewinnmaximale Produktionsmenge? Wie hoch sind Umsatz, Kosten und Gewinn Der Unternehmung? Wie beurteilen Sie die Situation der Unternehmung? Warum wird im Modell der vollkommenen Konkurrenz die Unternehmung als Mengenanpasser bezeichnet?

(c) Skizzieren Sie die Erlös- und Kostenfunktionen in einem Diagramm (Abb. 1) und die entsprechenden Grenzerlös-, Grenzkosten- und Durchschnittskostenfunktionen in einem zweiten Diagramm (Abb. 2) Erläutern Sie die Zusammenhänge zwischen Totalanalyse und Marginalanalyse.

(d) Nehmen Sie an, dass die folgenden Annahmen auch für diese Unternehmung zutreffen.

$x_1 = a\, v_1^b\, v_2^c\, v_3^d = 1.0\, v_1^{0.25}\, v_2^{0.25}\, v_3^{0.5}$ Produktionsfunktion

$v_3° = 400$ Faktorbeschränkung für Kapital

$q_1 = 160$ Faktorpreis für Arbeit

$q_2 = 10$ Faktorpreis für Kapital

$q_3 = 1{,}25$ Faktorpreis für Boden

x_1 = Produktionsmenge des Gutes 1

v_1 = Einsatzmenge des Produktionsfaktors Arbeit

v_2 = Einsatzmenge des Produktionsfaktors Kapital

v_3 = Einsatzmenge des Produktionsfaktors Boden

Wie hoch sind im Gewinnmaximum der Arbeitseinsatz und der Kapitaleinsatz? Wie hoch sind die Arbeitskosten, Kapitalkosten und die Bodenkosten (Fixkosten)? Wie hoch ist jeweils der Anteil der Arbeits-, Kapital- und Bodenkosten am Umsatz in Prozent? Von welchen ökonomischen Größen werden die Anteilswerte bestimmt?

Aufgabe 2: Marktpreis und Produktionsaufgabe

Ein Unternehmen auf einem Markt der vollkommenen Konkurrenz arbeite mit einer Leontief-Produktionsfunktion $x_1 = \min(0{,}2v_1;\ 0{,}5v_2)$. Die Faktorpreise betragen $q_1 = 2$ und $q_2 = 6$, die Fixkosten wurden mit $K_f = 1000$ ermittelt und es kann im Moment ein Marktpreis von p_1

= 30 für das Gut 1 erzielt werden. Die Kapazitätsgrenze der Unternehmung liegt bei x_1^{max} = 250 Stück.

(a) Diskutieren Sie die wesentlichen Eigenschaften dieser Produktionsfunktion und die Bedeutung der Parameter.

(b) Ab welcher sicheren Absatzmenge x_1° lohnt sich bei dem gegebenen Produktpreis für die Unternehmung die Aufnahme der Produktion? Ermitteln Sie den gewinnmaximalen Produktionsplan.

(c) Ab welchem Mindestpreis deckt das Unternehmen seine Gesamtkosten (G = 0)?

(d) Welcher Marktpreis würde den Betrieb veranlassen, die Produktion einzustellen? Bei welchen Preisen kann das Unternehmen zumindest einen Teil der Fixkosten decken?

4 Märkte und Preisbildung

Anbieter und Nachfrager treffen sich auf dem Markt. Haushalte fragen Güter und Dienstleistungen nach und bieten als Eigentümer der Produktionsfaktoren ihre Arbeitskraft und die Nutzung von Kapital und natürlichen Ressourcen an. Unternehmen dagegen bieten Güter und Dienstleistungen an und fragen Produktionsfaktoren nach. Doch es ist in einem marktwirtschaftlichen System keinesfalls sichergestellt, dass Unternehmen auch freiwillig bereit sind, alle Güter und Dienstleistungen in den gewünschten Mengen tatsächlich zu produzieren, die Haushalte nachfragen. Angesichts der hohen Arbeitslosigkeit in vielen Staaten ist es unübersehbar, dass Unternehmen bei den relativen Preisen des Marktes nicht unbedingt alle Produktionsfaktoren nachfragen, die Haushalte anbieten.

Die zentrale Fragestellung der Mikroökonomie ist zu erörtern, warum und unter welchen Umständen Unternehmen bereit sind, die Güter und Dienstleistungen zu produzieren, die Haushalte zu konsumieren wünschen.

4.1 Angebot und Nachfrage

Gesamtwirtschaftliche Angebots- und Nachfragefunktionen werden aus der Aggregation individueller Angebots- und Nachfragefunktionen gewonnen. Sie beschreiben für ein Wirtschaftsgebiet das Verhalten der Anbieter und Nachfrager auf dem Markt.

Die gesamtwirtschaftliche Nachfragefunktion für ein Gut ergibt sich durch die horizontale Aggregation der individuellen Nachfragefunktionen. Nicht alle Haushalte eines Wirtschaftsgebietes haben die gleichen Präferenzen und erzielen die gleichen Einkommen. Einige Haushalte sind selbst bei bescheidenem Einkommen bereit, für ein bestimmtes Gut einen hohen Preis zu zahlen, andere Haushalte weichen dagegen in dieser Situation auf ein substitutives Gut aus oder verzichten ganz auf den Konsum dieses Gutes. Wieder andere Haushalte haben bei einem geringen Preis des Gutes oft eine geringe Sättigungsgrenze, während einige Haushalte deutlich mehr konsumieren, wenn der Preis des Gutes niedrig ist.

In **Abbildung 4.1** wird die gesamtwirtschaftliche Nachfragefunktion für ein Gut aus den individuellen Nachfragefunktionen für drei Haushalte durch horizontale Aggregation gewonnen. Die gesamtwirtschaftliche Nachfragefunktion gibt an, welche Mengen eines Gutes bei alternativen Preisen in einer Volkswirtschaft bzw. am Markt konsumiert werden. Die gesamtwirtschaftliche Nachfragefunktion ist flacher geneigt als die individuellen Nachfragefunktionen. Jedoch gilt auch hier wie im Normalfall, dass die nachgefragte Menge desto größer ist je niedriger der Preis am Markt.

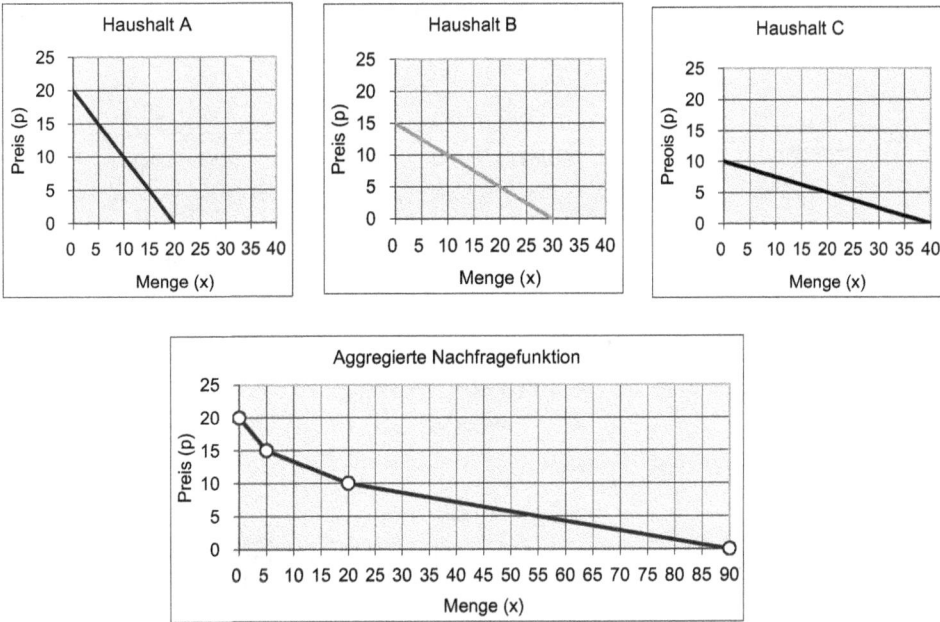

Abbildung 4.1: Aggregation der gesamtwirtschaftliche Nachfragefunktion
Die gesamtwirtschaftliche Nachfragefunktion ergibt sich für gegebene Preise durch horizontale Aggregation der nachgefragten Mengen aller Haushalte. Sie verläuft flacher als die individuellen Nachfragefunktionen.

Das Beispiel unterstellt, dass am Markt drei Nachfrager eines Gutes auftreten, deren Nachfrage jeweils durch eine lineare Nachfragefunktion beschrieben wird. Die Haushalte sind bereit, unterschiedliche Höchstpreise zu zahlen und zeichnen sich durch unterschiedliche Sättigungsgrenzen aus. Diese Unterschiede kann man auf unterschiedliche Präferenzen und Einkommen zurückführen.

Die gesamtwirtschaftliche Angebotsfunktion in **Abbildung 4.2** wird wie bei der Nachfragefunktion durch horizontale Aggregation der individuellen Angebotsfunktionen aller Unternehmen ermittelt, die ein homogenes Gut herstellen. Aus der Abbildung ist deutlich sichtbar, dass die aggregierte Angebotsfunktion flacher geneigt ist als die individuellen Angebotsfunktionen. Die gesamtwirtschaftliche Angebotsfunktion gibt an, welche Mengen eines Gutes bei alternativen Preisen angeboten werden. Die Angebotsfunktion hat im Normalfall einen steigenden Verlauf. Je höher der Preis des Gutes am Markt ist, desto größer ist das Angebot. Bei steigenden Preisen sind die Anbieter bereit, größere Gütermengen herzustellen und am Markt anzubieten. Zusätzlich treten bei steigenden Preisen neuer Anbieter auf, die bereit sind, dieses Gut zu produzieren.

In dem Beispiel ist der Einfachheit unterstellt, dass die individuellen Angebotsfunktionen der Unternehmen linearen Grenzkostenfunktionen entsprechen und unterschiedliche Preisuntergrenzen bestehen.

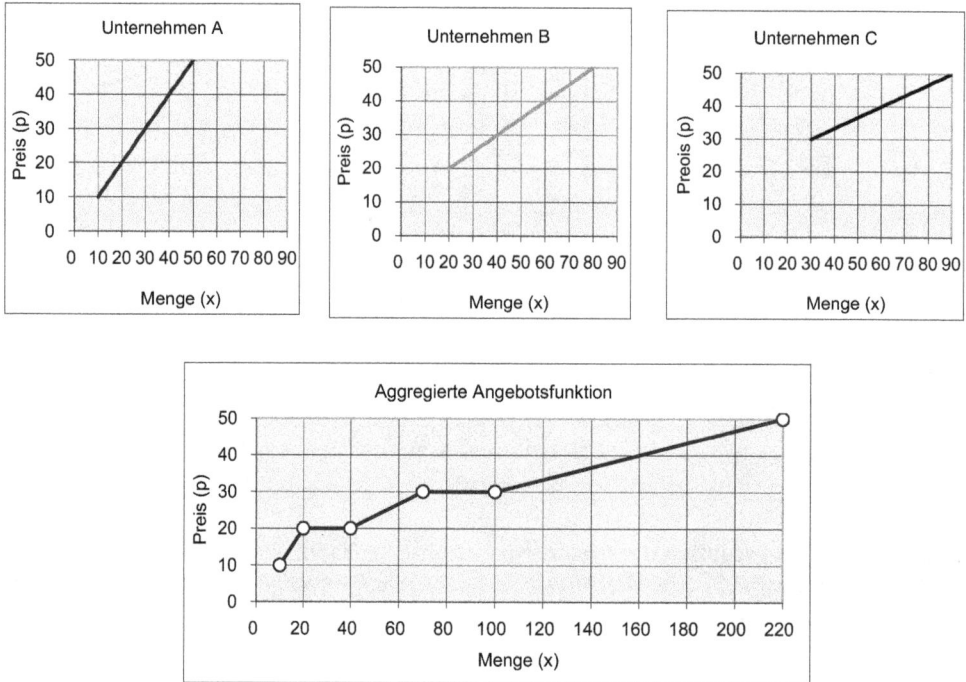

Abbildung 4.2: Aggregation der gesamtwirtschaftliche Angebotsfunktion
Die gesamtwirtschaftliche Angebotsfunktion ergibt sich für gegebene Preise durch horizontale Aggregation der angebotenen Mengen aller Unternehmen. Sie verläuft flacher als die individuellen Angebotsfunktionen.

4.2   Marktformen

Es ist zweckmäßig, Märkte nach der Zahl der Anbieter und Nachfrager in verschiedene Marktformen zu unterteilen. Ein entsprechendes Marktformenschema wird in **Tabelle 4.1** erfasst. Dieses Lehrbuch behandelt zwei wichtige Marktformen, die stellvertretend für das ganze Spektrum von Marktformen stehen: die vollständige Konkurrenz und das Monopol.

Für beide Marktformen wird unterstellt, dass die Unternehmer den gesamten Markt und damit viele Nachfrager zu versorgen haben.

Zahl der Nachfrager / Zahl der Anbieter	einer	wenige	viele
einer	Bilaterales Monopol	Beschränktes Angebotsmonopol	Angebotsmonopol
wenige	Beschränktes Nachfragemonopol	Bilaterales Oligopol	Angebotsoligopol
viele	Nachfragemonopol	Nachfrageoligopol	Vollständige Konkurrenz

Tabelle 4.1: Marktformen
Einteilungskriterium ist, ob auf dem Markt viele, wenige oder nur ein Anbieter und Nachfrager beobachtet werden.

Hier die wichtigsten Charakteristika der vollständigen Konkurrenz, des Monopols und des Oligopols:

- **Vollständige Konkurrenz**

  Bei dieser Markform werden viele Nachfrager und viele Anbieter am Markt beobachtet. Der Marktpreis wird durch Angebot und Nachfrage am Markt gebildet. Der einzelne Anbieter und der einzelne Nachfrager hat keinen Einfluss auf den einheitlichen Marktpreis. Anbieter und Nachfrager können daher lediglich über Mengen entscheiden. Sie werden deshalb auch als Mengenanpasser bezeichnet. Ein gutes Beispiel für die vollständige Konkurrenz ist die Börse, Hier treffen sich viele Anbieter und viele Nachfrager, die Wertpapiere kaufen und verkaufen. Es besteht eine hohe Markttransparenz und der Marktzutritt ist frei.

- **Monopol**

  Der Monopolist versorgt als einziges Unternehmen den Markt. Ihm stehen viele Nachfrager gegenüber. Er hat die Marktmacht, Preis und Menge festzulegen. Je nachdem, ob nun der Anbieter oder der Nachfrager das Monopol hält, wird zwischen Angebotsmonopol und Nachfragemonopol (Monopson) unterschieden. Beispiele für Angebotsmonopole sind: Deutsche Post AG (Briefmonopol), Deutsche Telekom (Ortsnetz), Stadtwerke (Wasserversorgung), Deutsche Bahn (Bahnverkehr). Beispiele für Nachfragemonopole sind: Verteidigungsministerium (Waffen), Bundesbahn (ICE-Züge), Staat (Richter).

- **Oligopole**

  Bei dieser Marktform versorgen wenige Anbieter den Markt. Weil es nur wenige Anbieter gibt, hat jedes Unternehmen Marktmacht und kann durch seine Entscheidungen über Preise und Mengen das Marktgeschehen beeinflussen. Die Oligopolisten haben die Möglichkeit, auf die Preis- und Mengenfestsetzungen der Konkurrenten zu reagieren. Es besteht eine strategische Interdependenz zwischen den Anbietern. Abgestimmte Verhaltensweisen bestimmen diese Marktform. Der Marktteilnehmer des Oligopols bezieht in seine Dispositionen sowohl die Reaktionen der Marktgegenseite als auch die der Mitkonkurrenten ein. Beispiele für Oligopole sind die Mineralölkonzerne und Unternehmen des Baugewerbes.

Das Modell der vollständigen Konkurrenz ist eine gedankliche Abstraktion der mikroökonomischen Theorie. In der Realität spielen zeitliche und räumliche Dimensionen bei wirtschaftlichen Entscheidungen eine wichtige Rolle. Allein die Berücksichtigung von Transportkosten führt zu der Beobachtung, dass nicht das Modell der vollständigen Konkurrenz, sondern das Modell der monopolistischen Konkurrenz das realitätsnähere Modell ist. Der individuelle Standort räumt wegen der Transportkosten jedem Unternehmen gegenüber der Konkurrenz ein räumliches Monopol ein.

Monopole

Für Monopole sind in der Realität unterschiedliche Ursachen gegeben. Es liegt nicht immer an mangelndem Wettbewerb, dass sich Monopole oder Oligopole bilden.

Natürliche Monopole

Natürliche Monopole liegen vor, wenn ein Anbieter alleine Zugriff auf bestimmte Rohstoffe hat oder aufwendige Leitungssysteme unterhalten muss, wie es bei der Eisenbahn oder der Versorgung mit Strom, Wasser und Gas der Fall ist. So bemüht man sich in letzter Zeit, mehr Wettbewerb in diese Märkte zu tragen, indem man die Unterhaltung der Leitungsnetze (Schienennetz der Bundesbahn, Stromleitungen der Elektrizitätswirtschaft, Gasleitungen der Energiewirtschaft) von der Produktionsaktivität dieser Unternehmen (Betrieb der Züge, Stromgewinnung in Kraftwerken, Förderung von Naturgas) trennt.

Rechtliche Monopole

Monopole existieren vielfach aufgrund gesetzlicher Bestimmungen. So werden weltweit Patente und Urheberrechte gewährt, die Unternehmen für begrenzte Zeit ein Monopol einräumen. Unternehmen würden ohne Patentschutz deutlich weniger in Forschung und Entwicklung investieren. Softwareentwicklung und Publikationen aller Art würden ohne Urheberrechte weniger intensiv betrieben. Historisch gesehen gab es viele Staatsmonopole (Briefmonopol, Zündholzmonopol, Salzregal), die aber im Verlauf der Jahre weitgehend abgeschafft wurden.

Box 4.1

Kaffeemonopol

Die Heimat des Kaffees liegt im heutigen Eritrea (Äthiopien). Seit Mitte des 15. Jahrhunderts wurde Kaffee im damaligen Arabien getrunken. Anfang des 17. Jahrhunderts kam der erste Kaffee nach Europa. 1673 wurde das erste Kaffeehaus in Deutschland in der Hansestadt Bremen eröffnet. 1766 hatte Kaiser Friedrich II. den Einfuhrhandel mit Kaffee zum Staatsmonopol erklärt. Kaffee durfte nur noch in den königlichen Röstereien gebrannt werden. Nach dem Tod von Friedrich II. wurde das Monopol wieder abgeschafft. Um 1850 war Kaffe endgültig zum Volksgetränk geworden. Zu Beginn des 20. Jahrhunderts wurde Brasilien zum größten Kaffeeproduzenten der Welt. Die Überproduktion Brasiliens im Jahr 1903 drückte den Kaffeepreis auf das niedrigste Niveau, das je erfasst wurde. 1906 kaufte Brasilien auf dem Weltmarkt große Mengen an Kaffe auf, um den Preis auf einem höheren Niveau zu stabilisieren.

Zündwarenmonopol

Der Schwede Ivar Kreuger baute die Swedish Match zu einer Holding aus, die in den 30er Jahren 60 % der Weltproduktion an Zündhölzern kontrollierte. Die deutsche Reichregierung, geschwächt durch die Weltwirtschaftskrise, war an einer Staatsanleihe interessiert, die Kreuger schon an 17 andere Staaten vergeben hatte. Als Gegenleistung für die Gewährung eines Kredites in Höhe von 500 Millionen Reichsmarkt sicherte ihm die Weimarer Republik ein staatliches Monopol auf Zündwaren zu. 1930 wurde in Deutschland ein Zündwarenmonopol erlassen. Zündhölzer (Welthölzer) wurden nur von der Deutschen Zündwaren-Monopolgesellschaft verkauft. Die Produktionskontingente und Marktanteile waren staatlich geregelt. Erst 1983 wurde das Zündwarenmonopol in der Bundesrepublik Deutschland aufgehoben.

Bundesagentur für Elektrizität, Gas, Telekommunikation, Post und Eisenbahn

Die Bundesagentur für Elektrizität, Gas, Telekommunikation, Post und Eisenbahn ist eine deutsche Bundesbehörde (Regulierungsbehörde). Die Behörde wurde 1998 als Regulierungsbehörde für Telekommunikation und Post gegründet. Ihre Aufgabe ist die Aufrechterhaltung und Förderung des Wettbewerbs in den fünf Netzwerken. Nach der Privatisierung der Deutschen Bundespost in drei eigenständige Unternehmen wurde eine Behörde für die Regulierung der betroffenen Märkte geschaffen. Wettbewerbern der ehemaligen Monopolisten soll damit die Chancengleichheit eröffnet werden. Zu ihren Aufgaben gehört die Prüfung und Genehmigung aller Tarifänderungen von Unternehmen, die eine marktbeherrschende Stellung innehaben. Die Bundesagentur muss weiterhin Sorge tragen, dass der Monopolist Konkurrenten alle Leistungen zu wirtschaftlich begründbaren Konditionen anbietet. Die Bundesagentur ist auch für die Überwachung des Zugangs zur Eisenbahninfrastruktur zuständig. Die Bundesagentur übernimmt auch die Aufsicht über die Strom- und Gasmärkte. Ihre wesentliche Aufgabe ist dabei die Kontrolle und Genehmigung der Nutzungsentgelte.

Vertragliche Monopole

Vertragliche Monopole bestehen, wenn sich die Anbieter oder Nachfrager im Rahmen von Kartellabsprachen (z.B. OPEC) auf bestimmte Preise und Mengen festlegen und damit der Wettbewerb behindert wird. Es gibt aber auch Kollektivmonopole (z.B. Tarifpartner), bei dem sich sowohl die Anbieter (z.B. Gewerkschaften) als auch die Nachfrager (z.B. Arbeitgeber) auf Preise und Leistungen verständigen. Derartige Kollektivmonopole sind im Rahmen der sozialen Marktwirtschaft mit einem marktwirtschaftlichen System zu vereinbaren.

Kartellabsprachen sind in vielen Staaten nicht erlaubt. Nach dem Gesetz gegen Wettbewerbsbeschränkungen sind derartige Absprachen illegal. Zusammenschlüsse von Unternehmen müssen der Kartellbehörde angezeigt werden, wenn die Unternehmen einen bestimmten Jahresumsatz erreichen. Der Zusammenschluss wird untersagt, wenn eine marktbeherrschende Stellung entsteht. Auch kann die Kartellbehörde eingreifen, wenn einem Unternehmen nachgewiesen wird, dass es seine Marktmacht missbräuchlich ausnutzt.

Oligopole

Das besondere Kennzeichen der Oligopole ist, dass eine Reaktion zwischen den Entscheidungen über Preise und Mengen durch die verschiedenen Anbieter zu beobachten ist. Die folgenden verschiedenen Reaktionen der Anbieter sind denkbar:

Preisführer

Ein Oligopolist, oft der leistungsfähigste Produzent, wird von den anderen Produzenten als Preisführer anerkannt. Die anderen Anbieter verändern ihren Preis erst dann, wenn der Preisführer ein neuen Preis festgesetzt hat.

Kartelle

Unter wenigen Produzenten eines Marktes lassen sich abgestimmtes Verhalten und Preis- und Mengenabsprachen leicht organisieren. Oft genügt ein Telefonanruf. Kartellbildungen dieser Art sind in Sektoren verbreitet, in denen homogene Produkte (z.B. Zucker, Kraftstoffe, Zement) verkauft werden oder hohe Transportkosten die Anzahl der Anbieter reduzieren (z. B. Baugewerbe).

Ruinöser Wettbewerb

In einigen Branchen ist die minimale Betriebsgröße relativ groß (z.B. Stahlfabrikation, Raffinerien, Stromgewinnung). Durch aggressives Preisverhalten wird vielfach versucht, Konkurrenten aus dem Markt zu drängen. Ist der Konkurrent den Preissenkungen nicht gewachsen, ist der Weg zum Monopol nicht mehr weit.

Preisstarrheit

Die Marktmacht der Oligopolisten führt oft dazu, dass allzu lange die alten Preisen beibehalten werden, obwohl der Markt schon längst eine Änderung erfordert hätte. Die Angst unter starken und schwachen Konkurrenten, dass der Konkurrent die eigene Strategie durchkreuzt, hält die Unternehmen davon ab, beizeiten die Preise zu ändern.

Vollkommener Markt

In der mikroökonomischen Theorie wird vielfach das Modell des vollkommenen Marktes verwendet. Dieses Modell ist eher als ein Leitbild zu verstehen als ein Modell, das in der Lage ist, das reale Geschehen auf dem Markt abzubilden. In der Realität sind nie sämtliche Bedingungen eines vollkommenen Marktes erfüllt.

Für einen vollkommen Markt müssen folgende Bedingungen erfüllt sein:

- **Homogene Güter und Produktionsfaktoren**
  Es handelt sich um völlig gleichwertige Güter und Produktionsfaktoren, die sich in der Qualität, Zuverlässigkeit und Eigenschaften nicht unterscheiden. Gute Beispiele für homogene Güter unterschiedlicher Hersteller sind Strom und Benzin. Bei den Produktionsfaktoren sind gleichwertige Maschinen oder Boden gleicher Qualität zu nennen.

- **Persönliche und sachliche Präferenzen**
  Es bestehen keine persönlichen oder sachlichen Präferenzen der Anbieter und Nachfrager. Ein Gut wird dort gekauft, wo es am günstigsten angeboten wird. Ein Arbeitnehmer wird bei einer Firma aufgrund seiner Leistungsfähigkeit eingestellt, ohne dass das sein Geschlecht oder seine Herkunft eine Rolle spielen.

- **Zeit**
  Zeitliche Dimensionen werden ebenfalls nicht berücksichtigt. Die Dauer der Produktionsaktivitäten, Konsumaktivitäten und Investitionsaktivitäten spielt keine Rolle. Jeder Marktteilnehmer reagiert sofort auf jede Veränderung am Markt. Damit wird bei allen Aktivitäten und Entscheidungen eine unendlich hohe Reaktionsgeschwindigkeit unterstellt.

- **Raum**
  Räumliche Dimensionen werden nicht berücksichtigt. Damit wird unterstellt, dass Transportkosten keine Rolle spielen. Man spricht deshalb auch von der vereinfachenden Annahme einer Punktwirtschaft.

- **Transaktionen**
  Es wird unterstellt, dass für die Marktteilnehmer keine Transaktionskosten auftreten. Informationsbeschaffungskosten, Abwicklungskosten und Folgekosten finden keine Berücksichtigung.

- **Markttransparenz**
  Jeder Teilnehmer des Marktes ist vollständig über die Marktlage informiert. Es besitzt vollkommene Information über alle Aspekte des Angebots und der Nachfrage.

- **Marktzutritt**
  Auf dem Markt besteht freier Marktzutritt. Patente und Urheberrechte beschränken zumindest für eine gewisse Zeit den freien Marktzutritt. Hohe Zölle und Importkontingente behindern den freien Marktzutritt. Nicht-tarifäre Handelshemmnisse wie Verbote, Regulierungen, Quoten oder technische Vorschriften und unterschiedliche Normen erschweren den Marktzutritt.

- **Freizügigkeit**

  Ein vollkommener Markt erfordert nicht nur Freizügigkeit für Güter und Dienstleistungen, sondern auch Freizügigkeit für Arbeit, Kapital und Boden. Zölle, Visa, Arbeitsgenehmigungen und Grundverkehrskontrollen beim Erwerb von Immobilien sind mit einem vollkommenen Markt nicht vereinbar.

Monopolistische Konkurrenz

Unter der monopolistischen Konkurrenz versteht man einen Markt, auf dem zwar ähnlich viele Anbieter auftreten wie in der vollständigen Konkurrenz, der aber unvollkommen ist. Die Unvollkommenheit des Marktes kann dadurch hervorgerufen werden, dass die Nachfrager räumliche, zeitliche oder persönliche Präferenzen haben. Unternehmen bemühen sich, durch Produktdifferenzierung für Güter individuelle Märkte zu schaffen, die an sich homogen sind. Das geschieht oft dadurch, dass homogene Produkte sich nur durch Verpackung oder eine geringfügig abgeänderte Rezeptur unterscheiden. In der Realität ist diese Marktform sehr häufig anzutreffen. Beispiele für derartige Märkte finden sich in jedem Supermarkt.

Aufgrund der Transportkosten, Produktdifferenzierung oder persönlicher Präferenzen verfügt der Anbieter über einen eigenen kleinen Markt mit einem gewissen monopolistischen Spielraum. Innerhalb enger Grenzen kann der Anbieter wie beim Monopol über Mengen und Preise entscheiden. Verlässt der Anbieter dagegen den monopolistischen Bereich, verliert er die Nachfrager an die Konkurrenz, die entweder den weiten Weg zum Konkurrenten nicht scheuen oder sich für ein ähnlichen Produkt entscheiden.

4.3   Preisbildung

Auf dem Markt wird ein homogenes Gut gehandelt. Jedes homogene Gut hat seinen eigenen Preis und besitzt seinen eigenen Markt. Preise bilden sich durch Angebot und Nachfrage am Markt. Die Anbieter verlangen zunächst einen hohen Preis und wären zu diesem hohen Preis auch bereit, eine große Menge zu verkaufen. Nachfrager dagegen sind nicht bereit, bei diesem hohen Preis eine große Menge zu kaufen. Sie bieten dagegen einen deutlich niedrigeren Preis, bei dem sie auch bereit sind, eine große Menge abzunehmen. Da es bei dieser Divergenz der Preisvorstellungen zu keinem Abschluss des Geschäftes kommt, reduziert der Anbieter seinen Angebotspreis und die Angebotsmenge, während der Nachfrager ebenfalls seinen Nachfragepreis und die Nachfragemenge erhöht. Der Verhandlungsprozess wird solange fortgesetzt, bis die nachgefragte Menge der Haushalte genau der angebotenen Menge der Unternehmen entspricht und man sich auf einen gemeinsamen Marktpreis geeinigt hat.

Der Marktpreis liegt im Schnittpunkt der Angebotsfunktion und Nachfragefunktion. Bei dem Gleichgewichtspreis p_m in **Abbildung 4.3** entspricht die Gleichgewichtsmenge x_M der nachgefragten Menge der Haushalte und der angebotenen Menge der Unternehmen. Nur der Gleichgewichtspreis führt zur ‚Markträumung'. In diesem Fall wird die angebotene Gütermengen in voller Höhe nachgefragt und auch tatsächlich verkauft. Beim Preis p_A dagegen besteht ein Angebotsüberschuss. In dieser Situation produzieren die Unternehmen am Bedarf des Marktes vorbei, denn nur ein Teil der Produktion kann zu dem hohen Preis verkauft werden. Bei dem Preis p_B dagegen besteht ein Nachfrageüberschuss. Es bilden sich Warteschlangen, da zu diesem niedrigen Preis die Unternehmen eine geringere Menge produzieren, als nachgefragt wird. Es kommt zur Unterversorgung der Bevölkerung.

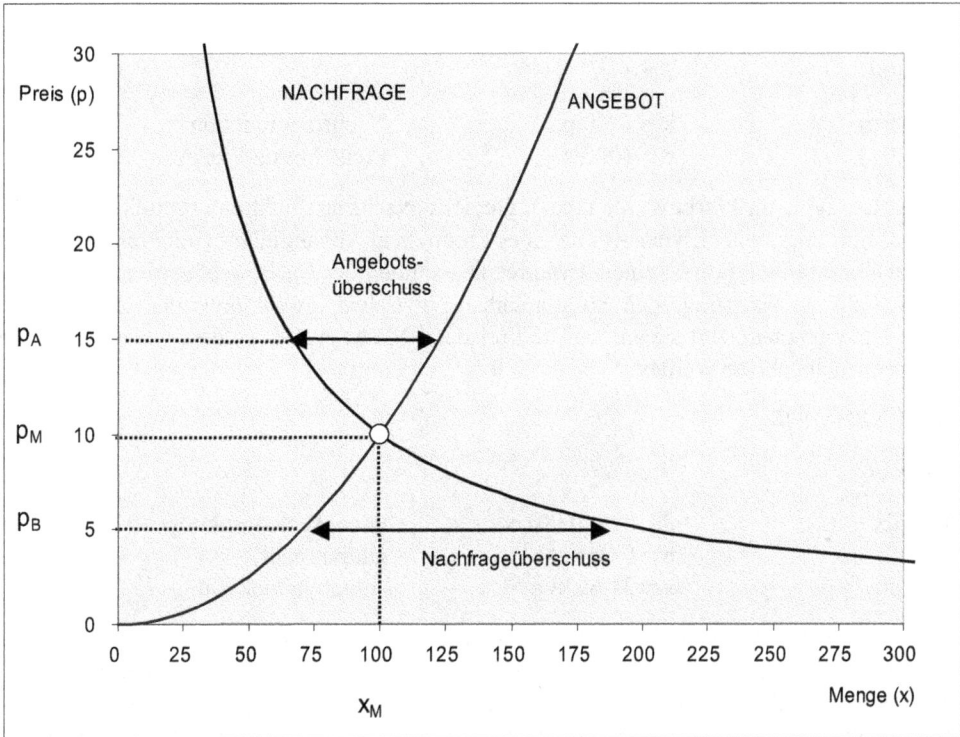

Abbildung 4.3: Marktpreis, Angebot und Nachfrage
Beim Gleichgewichtspreis p_M entspricht die angebotene Menge der nachgefragten Menge. Dieser Marktpreis führt zur Gleichgewichtsmenge x_M. Man spricht in diesem Fall auch von Marträumung, da bei diesem Preis alle angebotenen Güter auch tatsächlich nachgefragt und verkauft werden. Beim Preis p_A dagegen ergibt sich ein Angebotsüberschuss. Ein Teil der Produktion kann zu diesem hohen Preis nicht verkauft werden. Beim Preis p_B dagegen wird am Markt ein Nachfrageüberschuss beobachtet. Bei diesem niedrigen Preis ist die Nachfrage deutlich größer als das Angebot. Es bilden sich Warteschlangen und es kommt zur Unterversorgung.

Unternehmen, die ein Gut zu einem höheren Preis anbieten als dem Gleichgewichtspreis, können nicht alle produzierten Güter absetzen. Sie werden deshalb sowohl den Produktpreis als auch die Produktionsmenge entsprechend ihrer Angebotskurve reduzieren. Bieten dagegen Unternehmen ein Gut unter dem Gleichgewichtspreis an, so werden sie feststellen, dass sich Warteschlangen bilden und nicht alle Kunden versorgt werden können. In dieser Situation sind Nachfrager bereit, einen höheren Preis zu zahlen, da nur so eine schlechte Versorgung vermieden werden kann. Die Unternehmen werden daraufhin den Preis erhöhen und die Angebotsmenge erhöhen.

Dem Beispiel in Abbildung 4.3 liegt folgendes Beispiel zugrunde.

HAUSHALTE

Allgemein	*Beispiel*	
(1) $x = f(p)$	$x = 1000/p$	Nachfragefunktion
(2) $p = f(x)$	$p = 1000/x$	Preis-Absatz-Funktion

Für die Haushalte am Markt wurde eine aggregierte Nachfragefunktion ermittelt. Die Nachfragefunktion zeigt, wie sich der Absatz eines Produkts in Abhängigkeit vom Preis verändert. Die Preis-Absatz-Funktion ist eine alternative Darstellung der Nachfragefunktion. Sie erfasst aus der Sicht der Nachfrage den Zusammenhang zwischen Produktpreis und Gütermenge. Für die Unternehmen zeigt sie an, welche Preise am Markt erzielt werden, wenn bestimmte Gütermengen angeboten werden.

UNTERNEHMEN

Allgemein	*Beispiel*	
(3) $dK/dx = f(x)$	$dK/dx = 0.001\ x^{2.0}$	Grenzkostenfunktion
(4) $p = dk/dx$	$p = 0.001\ x^{2.0}$	Outputregel
(5) $x = f(p)$	$x = 31.6228\ p^{0.5}$	Angebotsfunktion

Für die Unternehmen am Markt wurde eine aggregierte Grenzkostenfunktion ermittelt. Nach der Outputregel ist die Grenzkostenfunktion die Angebotsfunktion der Unternehmen, wenn die Unternehmen das Ziel der Gewinnmaximierung verfolgen. Für das Modell der vollkommenen Konkurrenz ist die Outputregel erfüllt, wenn der Produktpreis den Grenzkosten entspricht. Die aggregierte Angebotsfunktion der Unternehmen $x = f(p)$ erhält man, wenn man die Outputregel nach der Produktmenge auflöst.

MARKT

Allgemein	*Beispiel*	
(6) $x^A = x^N$	$31.6228\ p^{0.5} = 1000/p$	Angebotsmenge = Nachfragemenge
	$p^{1.5} = 1000/31.6228$	
	$p = (1000/31.6228)^{(1/1.5)}$	
	$p = 10$	Gleichgewichtspreis
(7) $x^N = f(p)$	$x^N = 1000/p$	Nachfragemenge
	$x^N = 1000/10$	
	$x^N = 100$	

(8) $x^A = f(p)$ $x^A = 31.6228 \, p^{0.5}$ Angebotsmenge

$x^A = 31.6228/10^{0.5}$

$x^A = 100$

Berücksichtigt man in der Gleichgewichtsbedingung (6) auf der linken Seite die Angebots-funktion der Unternehmen und auf der rechten Seite die Nachfragefunktion der Haushalte, so kann man den Gleichgewichtspreis berechnen.

Berücksichtigt man diesen Gleichgewichtspreis in den entsprechenden Angebots- und Nach-fragefunktionen, erhält man das Ergebnis für die angebotenen und nachgefragten Gütermen-gen. Nur bei diesem Marktpreis entspricht die angebotene Gütermenge genau der nachge-fragten Gütermenge.

Dieser Prozess der Preisbildung durch Angebot und Nachfrage vollzieht sich in einer Marktwirtschaft am besten, wenn auf dem Markt die vier wesentlichen Bedingungen der vollkommen Konkurrenz erfüllt sind. Vollkommene Konkurrenz ist gegeben, wenn zugleich viele Anbieter und viele Nachfrager beobachtet werden, für alle beteiligten Marktteilnehmer freier Marktzutritt garantiert ist und vollkommene Information über alle Aspekte des Markt-geschehens gegeben ist.

In entwickelten Volkswirtschaften ist die Preisbildung durch Angebot und Nachfrage weni-ger direkt zu beobachten als auf einem einfachen Markt. Dort wird noch über den Preis ver-handelt. In den meisten Geschäften kann über den Preis einer Ware nicht verhandelt werden. Gleichwohl kann der Nachfrager frei entscheiden, das nächste Geschäft aufzusuchen, wenn er mit dem Angebot und dem Preis nicht zufrieden ist. Das ist ein Grund, warum sich viel-fach in Städten Geschäfte an bestimmten Standorten und Strassen ansiedeln, die ähnlicher Produkte verkaufen. Strassen mit mehreren Möbelgeschäften, Textilgeschäften, Juwelier-geschäfte, Computergeschäften oder Restaurants mögen als Beispiel dienen. Die räumliche Agglomeration erhöht für die Verbraucher ohne Zweifel die Markttransparenz. Bei der An-schaffung von langlebigen Konsumgütern (Auto, Haus, Teppiche) besteht durchaus auch in der heutigen Zeit die Möglichkeit, mit den Anbietern direkt über den Preis zu verhandeln.

Die Anbieter eines homogenen Gutes haben auf einem Markt der vollkommenen Konkurrenz nicht die Marktmacht, Preise zu verlangen, die deutlich höher sind als die jeweiligen mini-malen Stückkosten in dieser Branche. Geschieht dies dennoch, so muss der Anbieter damit rechnen, dass der Nachfrager seinen Laden verlässt und beim Konkurrenten kauft, der das gleiche Gut billiger anbietet. Bei vollkommener Konkurrenz besteht die Tendenz, dass resi-duale Gewinne durch Konkurrenz beseitigt werden. Das heißt allerdings nicht, dass in einer Volkswirtschaft, in der auf den meisten Märkten die Bedingungen der vollkommenen Kon-kurrenz erfüllt sind, keine Einkommen aus Unternehmertätigkeit und Vermögen erzielt wer-den. Mieten, Pachten, Zinsen, Dividenden, sonstige Gewinne sind derartige Einkommen aus Unternehmertätigkeit und Vermögen. Entscheidend ist, dass die Entlohnung der Produktions-faktoren über die Preisbildung auf dem Arbeitsmarkt, dem Kapitalmarkt und dem Märkten für natürliche Ressourcen bestimmt wird. Sind auf einem Markt die Bedingungen der voll-kommenen Konkurrenz erfüllt, so ist zu erwarten, dass Gewinneinkommen nicht in nen-nenswerter Höhe als residuale Größen erwirtschaftet werden können.

Ein hoher residualer Gewinn tritt auf, wenn die Einnahmen eines Unternehmens für eine Produktionsperiode höher sind als die Gesamtkosten. Die Gesamtkosten umfassen in diesem Fall die Entlohnung aller Produktionsfaktoren (Vorleistungen, Arbeit, Kapital, natürliche Ressourcen). Treten dennoch hohe residuale Gewinne auf, so wird ein Unternehmen seine Produktionskapazitäten erweitern, um durch Ausdehnung der Produktion einen noch höheren Gewinn zu erzielen. Bei freiem Marktzutritt und vollkommener Information ist außerdem damit zurechnen, dass andere Unternehmen die Produktion dieses Gutes aufnehmen und damit als zusätzliche Anbieter auf diesem Markt auftreten. Das erhöhte Angebot führt dazu, dass auf dem Markt der Preis fällt, bis alle residualen Gewinne verschwinden. Langfristig werden in diesem Markt nur Unternehmen überleben, die keine ungünstigeren Kostenstrukturen haben als ihre Konkurrenten. Es ist daher zu erwarten, dass bei vollkommener Konkurrenz die Produktpreise eine Höhe erreichen, die im Bereich der minimalen Stückkosten liegt, die für diese Branche typisch sind. Erst zu diesem kostendeckenden Preis sind Unternehmen freiwillig bereit, die Güter und Dienstleistungen zu produzieren, die von den Haushalten nachfragt werden.

Dieser Preismechanismus sorgt dafür, dass Produzenten diejenigen Güter und Dienstleistungen produzieren und anbieten, die die Nachfrager zu kaufen wünschen. Es ist der Preismechanismus als dezentraler Entscheidungsmechanismus und nicht eine Planungsbehörde, der darüber entscheidet, ob und in welchem Maß die Wünsche der Verbraucher erfüllt werden. Das ist der vielleicht größte Vorteil der Marktwirtschaft und war möglicherweise der größte Nachteil der sozialistischen Planwirtschaften. Unternehmen, die am Bedarf des Marktes vorbei produzieren, sind vom Konkurs bedroht. Eine dauernde Missachtung der Konsumentensouveränität wird dazu führen, dass das Unternehmen aus dem Markt ausscheiden muss.

Preise haben drei grundlegende Funktionen:

- **Wertmaßstab**
  Preise diesen in einer Volkswirtschaft als Wertmaßstab für Güter und Produktionsfaktoren. Als Bezugsgröße für den Preis dient in der Regel Geld, welches den Tauschwert von Gütern und Produktionsfaktoren angibt. Der Preis von Gütern und Produktionsfaktoren ist zugleich ein wichtiger Knappheitsindikator. Aus den Kosten eines Gutes einerseits und der Nachfrage eines Gutes andererseits ergibt sich sein Wert.

- **Steuerungsinstrument**
  Gleichgewichtspreise bilden sich durch Angebot und Nachfrage auf Märkten. Sie sorgen für die Abstimmung von Angebot und Nachfrage und bestimmen, welche Güter und Dienstleistungen produziert (Allokation der Güter) und welche Produktionsfaktoren eingesetzt werden (Allokation der Produktionsfaktoren).

- **Finanzierungsinstrument**
  Preise sind zugleich Finanzierungsinstrumente. Erst wenn ein Gut zu einem annehmbaren Preis verkauft wird, können die Kosten der Herstellung gedeckt werden. Von der Höhe des Preises und der Lage der Angebots- und Nachfragefunktionen hängt es ab, welchen Nutzen die Anbieter (Produzentenrente) und die Nachfrager (Konsumentenrente) aus der Herstellung und dem Verkauf eines Gutes ziehen.

Für die meisten Güter des täglichen Bedarfs haben Anbieter und Nachfrager in der heutigen Zeit eine gute Übersicht über Preise und Qualitätsunterschiede. Durch die Nutzung des Internet hat die Markttransparenz in vielen Bereichen deutlich zugenommen. Hier sind neuartige Märkte entstanden, die zur mehr Wettbewerb im Sinne der vollkommenen Konkurrenz geführt haben. Viele Produzenten und Verbraucher haben daraus große Vorteile gezogen.

Unübersehbar ist auch, dass die Erweiterung und Integration der Europäischen Union zu mehr Wettbewerb auf dem Binnenmarkt geführt hat. Binnenzölle sind nicht mehr existent und zahlreiche nichttarifäre Handelshemmnisse sind erfolgreich abgebaut worden. Auch die World Trade Organisation (WTO) ist bemüht, den Welthandel durch Abbau von Zöllen und Handelshemmnissen zu unterstützen. Die Globalisierung der Weltwirtschaft hat zu größeren Märkten und in vielen Bereichen zu mehr Wettbewerb geführt. Die Bildung größerer Binnenmärkte hat unübersehbar zu mehr Konkurrenz geführt. Dazu zählen die Europäische Union (EU), die European Free Trade Association (EFTA) und das North American Free Trade Agreement (NAFTA).

4.4 Marktinterventionen

In der Wirtschaftsgeschichte gibt es zahlreiche Beispiele für Marktinterventionen. Meistens sind es staatliche Interventionen. Es gibt triftige sozialökonomische Gründe für derartige wirtschaftspolitische Maßnahmen aber auch fragwürdige Begründungen für einige Marktinterventionen. Im folgenden werden drei Beispiele erörtert: Gemeinsame Agrarpolitik der EU, Mietpreiskontrolle in Deutschland, Einführung einer Mineralölsteuer.

4.4.1 Gemeinsame Agrarpolitik der Europäischen Union

In fast allen Ländern dieser Welt wird das freie Spiel von Angebot und Nachfrage auf dem Agrarmarkt durch staatliche Eingriffe beeinflusst. Der Staat beschränkt vielfach durch hohe Agrarzölle und Importkontingente die Einfuhr von Agrargütern in der Absicht, die Landwirte vor ausländischer Konkurrenz zu schützen. Staatlich garantierte Mindestpreise für bestimmte Agrargüter sollen den Landwirten ein höheres Einkommen sichern.

Auch nach der Reform der Gemeinsamen Agrarpolitik (GAP) sind in der Europäischen Union im Rahmen der gemeinsamen Marktorganisation für Milch und Milcherzeugnisse weiterhin Interventionen für Milcherzeugnisse und die öffentliche Lagerhaltung von Butter vorgesehen.

In **Abbildung 4.4** wird analysiert, wie sich eine derartige staatliche Intervention auf den Markt für Milch auswirkt. Der staatliche garantierte Mindestpreis für Milch liegt über dem Gleichgewichtspreis, da nur so den Landwirten höhere Einkommen gesichert werden können. Die unangenehme Folge dieser staatlichen Intervention ist die Überschussproduktion. Da die privaten Verbraucher bei diesem hohen Milchpreis nicht bereit sind, die gesamte Produktion abzunehmen, ist der Staat gezwungen, die Überschussproduktion zu dem von ihm garantierten Preis aufzukaufen. Es entstehen Milchseen, Butterberge, Weinseen und Getreideberge, die zunächst in Lagerhäusern und Silos gehortet werden. Der Staat hat nun lediglich die Option, die Überschussmengen zu vernichten, höherwertige Produkte (Butter) in minderwertige Produkte (Butterfett) umzuwandeln oder sie zu Weltmarktpreisen im Ausland zu verkaufen oder an Entwicklungsländer zu verschenken. Derartige Maßnahmen gehen zu Lasten der Steuerzahler und ruinieren die Agrarmärkte der dritten Welt durch subventionierte Agrarexporte der Industriestaaten.

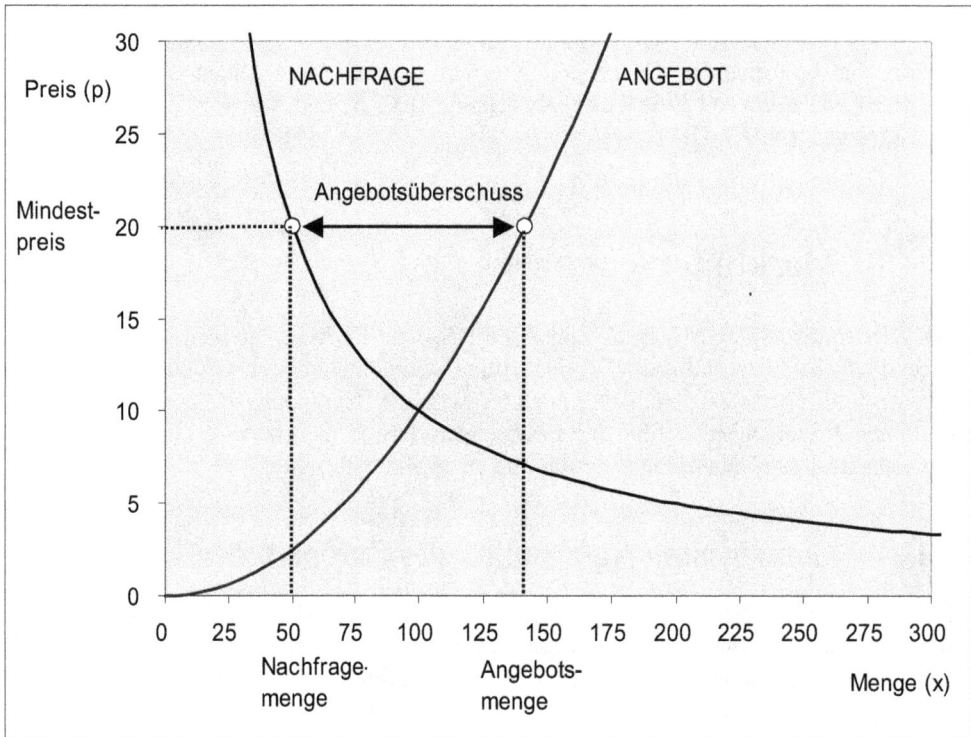

Abbildung 4.4: Mindestpreis für Milch

Der Staat legt einen Mindestpreis für Milch fest, der über dem Gleichgewichtspreis des Marktes liegt. Dadurch werden den Landwirten höhere Einkommen gesichert, die sie unter Marktbedingungen nicht erzielen können. Die Folge ist ein Angebotsüberschuss. Da die Nachfrager nicht bereit sind, zu dem hohen Mindestpreis die produzierte Menge abzunehmen, ist der Staat gezwungen, die Überschussmenge zu dem staatlich garantierten Mindestpreis aufzukaufen.

Eine andere Option des Staates besteht darin, für die Landwirtschaft eine Mengenbeschränkung vorzusehen (Kontingentierung). Dies Maßnahme führt dazu, dass die Landwirte nur diejenige Menge zu dem hohen staatlich garantierten Preis absetzten können, die auch tatsächlich von den Nachfragern gekauft wird. Durch eine derartige Maßnahme werden aber die Einkommen der Landwirte kräftig reduziert und es wäre zu prüfen, ob der Marktpreis nicht zu einer besseren Situation für die Landwirte führt.

Eine weitere Option besteht in einer Preissubvention für Agrargüter durch den Staat. In diesem Fall erlösen die Bauern den staatlich garantierten Mindestpreis, die Verbraucher dagegen zahlen ein weit geringeren staatlich subventionierten Preis, bei dem die produzierte Menge auch tatsächlich nachgefragt und gekauft wird. Die entsprechenden Subventionen sind wiederum vom Steuerzahler und damit letztlich vom Verbraucher zu tragen.

4.4.2   Mietpreiskontrolle in Deutschland

In vielen Ländern interveniert der Staat auch in der heutigen Zeit noch auf dem Wohnungsmarkt. So bestehen nach wie vor in Deutschland Mietpreiskontrolle im öffentlich geförderten Wohnungsbau. Die Mietpreisgestaltung im öffentlich geförderten Wohnungsbau orientiert sich an der Kostenmiete, die vom jeweiligen Vermieter aufzustellen und einzuhalten ist. In Fällen, in denen eine Überhöhung der preisrechtlich zulässigen Kostenmiete festgestellt wird, können Maßnahmen bei Verstößen gegen die Zweckbestimmung von Sozialwohnungen eingeleitet werden.

Box 4.2

Wohnraumbewirtschaftung

Nach dem zweiten Weltkrieg waren im Jahr 1945 rund 20 Prozent aller Wohnungen in der Bundesrepublik Deutschland zerstört. Der verbliebene Bestand wurde durch staatliche Stellen bewirtschaftet und die Mieten unterlagen einer staatlichen Kontrolle. Nur so war sichergestellt, dass der Wohnraum nicht zum Spekulationsobjekt wurde. Mit öffentlichen Zuschüssen wurden im „sozialen Wohnungsbau" für Familien mit mittlerem und kleinem Einkommen Wohnungen gebaut. Für den sozialen Wohnungsbau galt ebenso wie für Altbauten (Wohnungen, die vor 1949 erbaut waren) Mietpreisbindung, das heißt, die Mieten durften nicht willkürlich vom Vermieter erhöht werden. Seit Juli 1963 wurde in Gebieten, in denen weniger als 3 Prozent Wohnungen fehlten (sie wurden „weiße Kreise" genannt), die Mietpreisbindung aufgehoben. Um entstehende Härten bei einkommensschwachen Familien zu vermeiden, wurde der Kündigungsschutz verbessert und ein staatlicher Zuschuss (Wohngeld) gewährt.

Wohnraumbewirtschaftung, die Kontrolle der Wohnungszuteilung und -belegung durch kommunale Wohnungsämter, gehörte in der Bundesrepublik zur Phase des Wiederaufbaus in den ersten zwei Jahrzehnten nach dem Krieg. Sie wird nach Aufgabe der Wohnungszwangswirtschaft seit 1960 nur noch im Bereich der Sozialwohnungen weitergeführt, die mit öffentlichen Mitteln errichtet wurden.

In **Abbildung 4.5** wird die Wirkungsweise von staatlichen Mietpreiskontrollen analysiert. In diesem Fall legt der Staat zum Schutz der Verbraucher vor Spekulation und Willkür für ein Gut einen Höchstpreis fest, der unter dem Gleichgewichtspreis des Marktes liegt. Bei diesem Höchstpreis überschreitet die Nachfrage nach Wohnraum das oft durch einen Krieg dezimierte Angebot. Es kommt zu Wohnungsmangel und Warteschlangen. Bei dem niedrigen Höchstpreis sind die Anbieter nicht bereit, das Angebot an Wohnraum zu erhöhen. Die Folge ist eine anhaltend schlechte Versorgung der Bevölkerung mit Wohnraum.

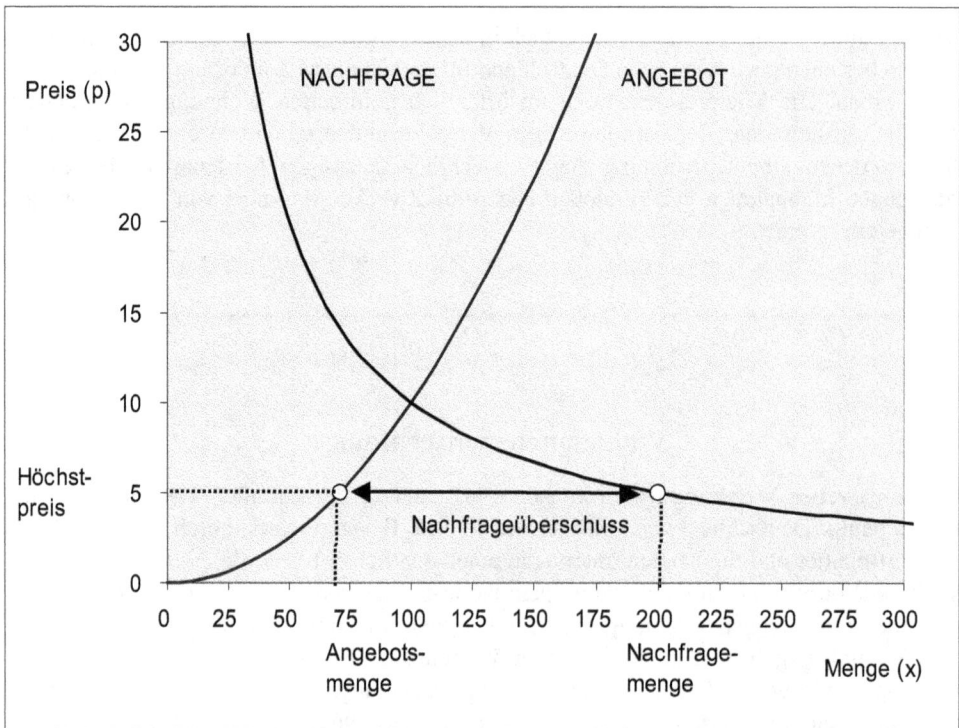

Abbildung 4.5: Mietpreiskontrolle in Deutschland
Der Staat legt einen Höchstpreis für Wohnraum fest, der unter dem Gleichgewichtspreis des Marktes liegt. Durch diese Maßnahme werden den Haushalten Mietkosten gesichert, die unter Marktbedingungen wesentlich höher wären. Die Folge der Intervention ist ein Nachfrageüberschuss. Da die Anbieter nicht bereit sind, bei dem niedrigen Höchstpreis für Wohnraum die nachgefragte Menge freiwillig bereitzustellen, entstehen Warteschlangen und eine Unterversorgung der Bevölkerung mit Wohnraum.

Auf dem Weg zur Liberalisierung dieses Marktes sieht die Wohnungspolitik verschiedene Maßnahmen vor:

- Der Staat zahlt den Mietern ein Wohngeld, damit sie eine Wohnung auf dem freien Wohnungsmarkt anmieten können. Das Wohngeld wird aus Steuermitteln finanziert.

- Der Staat teilt nach der Bedürftigkeit Wohnraum zu. Diese Maßnahme wurde vielfach in Kriegszeiten durchgeführt und in sozialistischen Staaten angewendet.

- Der Staat verschiebt durch Wohnbauförderung (Eigenheimzulage) die Nachfragefunktion nach oben und durch Wohnbausubventionen die Angebotsfunktion nach rechts.

4.4.3   Einführung einer Mineralölsteuer

Produktionssteuern umfassen Umsatzsteuer und wichtige Verbrauchssteuern wie Tabaksteuer, Alkoholsteuer und Mineralölsteuer. In Deutschland wird als Umsatzsteuer die Mehrwertsteuer erhoben, die den Mehrwert einer Unternehmung besteuert. Die Berechtigung von Unternehmen zum Vorsteuerabzug der Mehrwertsteuer führt letztlich dazu, dass die Mehrwertsteuer eine reine Steuer auf den privaten Konsum ist. Die Tabaksteuer, Alkoholsteuer und Mineralölsteuer sind reine Mengensteuer. Sie zählen zu den indirekten Steuern, die in der Regel in den Preisen der Gütern und Dienstleistungen berücksichtigt sind. Doch wer trägt wirklich die Verbrauchsteuer? Das Unternehmen oder der Konsument oder gar beide? Welchen Einfluss hat eine Verbrauchssteuer auf die Preise? Diese Fragen sollen beispielhaft für die Mineralölsteuer untersucht werden.

Ausgangspunkt der Überlegung ist eine gesamtwirtschaftliche Kostenfunktion für die Mineralölindustrie, die fixe und variable Produktionskosten umfasst. Der Staat erhebt eine Mengensteuer auf Benzin, die von den Mineralölkonzernen direkt an den Staat abgeführt wird.

Allgemein   *Beispiel*

(9) $K = f(x_1)$ $K = 100 + 0.25x_1^{2.0}$ Kostenfunktion ohne Mineralölsteuer

(10) $T = tx_1$ $T = 10x_1$ Mengensteuer

(11) $C = K + T$ $C = 100 + 0.25x_1^{2.0} + 10x_1$ Kostenfunktion mit Mineralölsteuer

(12) $dK/dx_1 = f(x_1)$ $dK/dx_1 = 0.5x_1$ Grenzkosten ohne Mineralölsteuer

(13) $dC/dx_1 = f(x_1)$ $dC/dx_1 = 0.5x_1 + 10$ Grenzkosten mit Mineralölsteuer

Legende

K = Gesamtkosten ohne Mineralölsteuer

T = Mineralölsteuer

t = Mineralölsteuersatz (Euro pro Liter)

C = Gesamtkosten einschließlich Mineralölsteuer

x_1 = Menge an Mineralöl

Die Nachfrage nach Mineralöl sei gekennzeichnet durch eine fallende lineare Nachfragefunktion. Ihr entspricht die Preis-Absatz-Funktion der Unternehmen in diesem Markt.

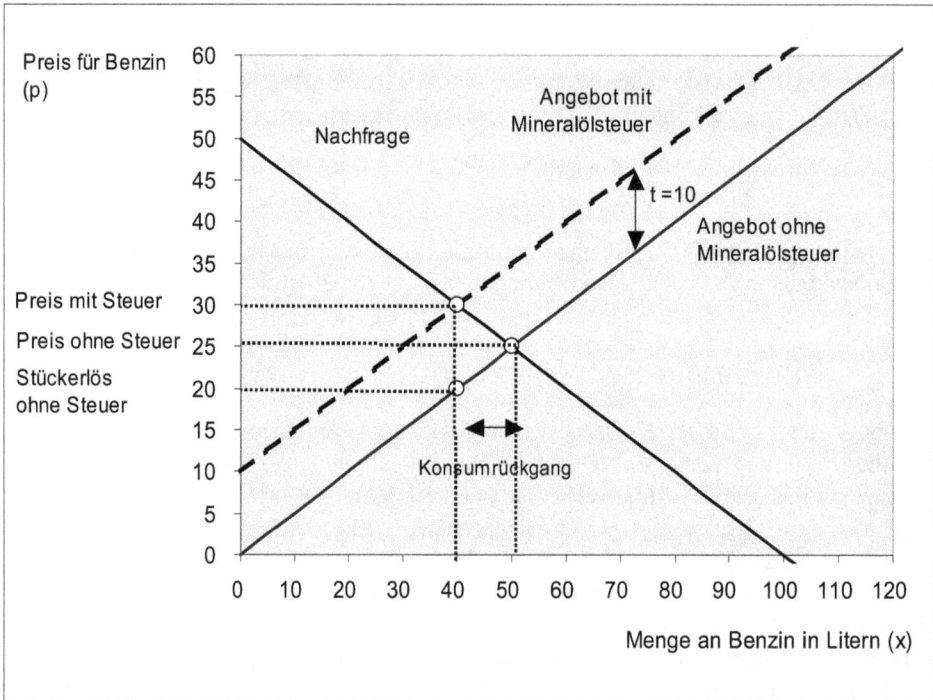

Preis für Benzin (p) — y-axis values: 60, 55, 50, 45, 40, 35, 30, 25, 20, 15, 10, 5, 0

Angebot mit Mineralölsteuer

Nachfrage

t = 10

Angebot ohne Mineralölsteuer

Preis mit Steuer 30
Preis ohne Steuer 25
Stückerlös ohne Steuer 20

Konsumrückgang

Menge an Benzin in Litern (x) — x-axis values: 0, 10, 20, 30, 40, 50, 60, 70, 80, 90, 100, 110, 120

Abbildung 4.6: Einführung einer Mineralölsteuer

Die Einführung einer Mineralölsteuer verschiebt die Angebotskurve um den Steuersatz (t) nach oben. Der Produktpreis erhöht sich und die nachgefragte Menge geht zurück. Im gegebenen Fall wird die Mineralölsteuer aber nicht voll auf die Konsumenten überwälzt, sondern die Produzenten tragen einen Teil der Steuer.

Allgemein *Beispiel*

(14) $x_1 = f(p_1)$ $x_1 = 100 - 2p_1$ Nachfragefunktion nach Mineralöl
(15) $p_1 = f(x_1)$ $p_1 = 50 - 0.5x_1$ Preis-Absatz-Funktion für Mineralöl

Legende
x_1 = Menge an Mineralöl
p_1 = Preis für Mineralöl

Zunächst wird für die Ausgangssituation ohne Mineralölsteuer der Gleichgewichtspreis für Benzin berechnet.

Allgemein *Beispiel*

(16) $p_1 = dK/dx_1$ $p_1 = 0.5x_1$ Outputregel für Mineralölproduzenten
(17) $x_1 = f(p_1)$ $x_1 = 2p_1$ Angebotsfunktion der Unternehmung

(18) $x_1 = f(p_1)$	$x_1 = 100 - 2p_1$	Nachfragefunktion nach Mineralöl

(19) $x_1^A = x_1^N$	$2p_1 = 100 - 2p_1$	Angebotsmenge = Nachfragemenge
	$p_1 = 25$	Gleichgewichtspreis ohne Mineralölsteuer

(20) $x_1^A = f(p_1)$	$x_1 = 2(25)$	Angebotsmenge der Unternehmung
	$x_1 = 50$	

(21) $x_1^N = f(p_1)$	$x_1 = 100 - 2(25)$	Nachfragemenge der Unternehmung
	$x_1 = 50$	

Ohne Mineralölsteuer ergibt sich ein Gleichgewichtspreis von $p_M = 25$ und eine Gleichge-wichtsmenge von $x_M = 50$.

Der Staat führte eine Mineralölsteuer als Mengensteuer ein. Der Steuersatz beträgt $t = 10$ Geldeinheiten pro Liter. Bei unveränderter Nachfrage ergeben sich höhere Grenzkosten, da die Unternehmen die Mineralölsteuer abzuführen haben. Die Berechnung der Gleichge-wichtsmenge und des Gleichgewichtspreises unter Berücksichtigung der Mineralölsteuer führt zu einer Erhöhung des Mineralölpreises von $p_1 = 25$ auf $p_1 = 30$ und eine Reduktion der nachgefragten Menge an Mineralöl von $x_1 = 50$ auf $x_1 = 40$.

Allgemein   *Beispiel*

(22) $p_1 = dK/dx_1$	$p_1 = 0.5x_1 + 10$	Outputregel für Mineralölproduzenten
(23) $x_1 = f(p_1)$	$x_1 = 2p_1 - 20$	Angebotsfunktion der Unternehmung

(24) $x_1 = f(p_1)$	$x_1 = 100 - 2p_1$	Nachfragefunktion nach Mineralöl

(25) $x_1^A = x_1^N$	$2p_1 - 20 = 100 - 2p_1$	Angebotsmenge = Nachfragemenge
	$p_1 = 30$	Gleichgewichtspreis mit Mineralölsteuer

(26) $x_1^A = f(p_1)$	$x_1 = 2(30) - 20$	Angebotsmenge der Unternehmung
	$x_1 = 40$	

(27) $x_1^N = f(p_1)$	$x_1 = 100 - 2(30)$	Nachfragemenge der Haushalte
	$x_1 = 40$	

Es stellen sich nun zwei entscheidende Fragen. Wird der Preis für Mineralöl am Markt nach der Steuereinführung steigen und werden die Nachfrager darauf mit ihrer mengenmäßigen Nachfrage reagieren? Wer trägt nun letztlich die Mineralölsteuer, die Verbraucher oder die Produzenten?

In unserem Beispiel tragen jeweils zur Hälfte die Verbraucher und Produzenten die Mineral-ölsteuer. Gegenüber der Ausgangssituation ist der Produktpreis nur um 5 Geldeinheiten ge-stiegen, obwohl pro Produkteinheit zusätzlich 10 Geldeinheiten Mineralölsteuer an den Staat abzuführen sind. Eine vollkommene Überwälzung der Mineralölsteuer durch die Produzen-ten auf die Verbraucher war also offensichtlich nicht möglich. Es hängt entscheidend von den Steigungen der Angebots- und Nachfragefunktionen ab, welches Ausmaß die Überwäl-zung der Steuern auf die Produktpreise tatsächlich annimmt und welchen Anteil der Steuern jeweils die Verbraucher und Produzenten zu tragen haben.

Je flacher die Nachfragefunktion ist, desto empfindlicher reagieren die Verbraucher mit ihrer mengenmäßigen Nachfrage auf Preisränderungen am Markt. Je preiselastischer die Nachfragefunktion also ist, desto schlechter gelingt den Unternehmen eine Überwälzung der Mineralölsteuer auf den Preis. Das entlastet die Verbraucher.

Bei einer vertikalen Nachfragefunktion dagegen gelingt dem Unternehmen eine vollkommene Überwälzung der Steuern auf den Preis. Vertikale Nachfragefunktionen deuten auf eine hohe Abhängigkeit der Verbraucher hin, die ganz bestimmte Mengen dieses Gutes (Medikamente, Drogen) benötigen und bereit sind, für diese Mengen jeden Preis zu zahlen.

Im anderen Extremfall einer horizontalen Nachfragefunktion hat der Produzent die gesamte Steuer zu zahlen.

Box 4.3

Mineralölsteuer

Deutschland hat im Jahr 2005 den zweithöchsten Mineralölsteuersätze für Benzin und Diesel in der EU erhoben. Für Benzin betrug der Satz 65 Cents pro Liter und für Diesel 47 Cents pro Liter. Nur im Vereinigten Königreich werden höhere Mineralölsteuern gefordert. Da die Mehrwertsteuer auf Mineralölprodukte nicht nur auf den Wert der Ware, sondern auch auf die Mineralölsteuer erhoben wird, ergibt sich bei einem angenommenen Preis von 115 Cent pro Liter Superbenzin (Euro Super 95) eine Mehrwertsteuer von 16 Cent pro Liter.

Die gesamte fiskalische Belastung von Benzin erreicht damit 81 Cent pro Liter. Die Steuern sind fast zweieinhalb mal so hoch wie der Preis des Produktes ohne Steuern. Bei Diesel ist die steuerliche Belastung mit 61 Cents pro Liter geringer. Aber auch hier gilt, dass die Steuern deutlich höher sind als ein Preis des Produktes ohne Steuern.

Steuerbelastung von Benzin (Euro Super 95) und Diesel in Deutschland 2005

	Euro pro Liter	
	Benzin	Diesel
Preis ohne Steuern	0.34	0.40
Mineralölsteuer	0.65	0.47
Preis mit Mineralölsteuer	0.99	0.87
MwSt	0.16	0.14
Verbraucherpreis für Benzin	1.15	1.01
Gesamtsteuern	0.81	0.61
Gesamtsteuern in % des Preises	71%	60%

Preise bilden sich durch Angebot und Nachfrage auf den Märkten. Steuererhöhungen und allgemeine Kostenerhöhungen haben nicht notwendigerweise zur Folge, dass sich die Preise im gleichen Ausmaß erhöhen. Steigende Kosten lassen sich genau wie steigende Steuern oft nicht vollständig auf die Preise und damit auf die Käufer überwälzen. Die einzige Ausnahme ist eine vollkommen preisunelastische Nachfrage (vertikale Nachfragefunktion). Wenn allerdings alle Unternehmen einer Branche im Bereich der Preisuntergrenze (Minimum der Stückkosten) produzieren, werden notwendigerweise die Preise bei erhöhten Kosten oder Steuern steigen. In dieser Situation wird zusätzlich eine Anpassung der Faktorpreise und Produktivitäten notwenig sein, um die Unternehmen aus der Verlustzone herauszuführen.

4.5   Vollständige Konkurrenz

In den beiden Abschnitten 4.5 und 4.6 wird eine Situation am Markt diskutiert, die von der vollständigen Konkurrenz und einem Monopol geprägt ist. Um die Vergleichbarkeit der Aussagen zu sichern, wird für beide Fälle unterstellt, dass die Unternehmen mit der gleichen Kostenfunktion produzieren. In Abschnitt 4.7 wird analysiert, welche Vor- und Nachteile die verschiedenen Marktformen der vollkommene Konkurrenz und des Monopols für Unternehmen und Haushalte haben.

Vollständige Konkurrenz ist auf einem Markt gegeben, wenn die folgenden vier zentralen Bedingungen erfüllt sind:

1. Viele Anbieter
2. Viele Nachfrager
3. Freier Marktzutritt
4. Vollkommene Information

Die Unternehmen der vollkommenen Konkurrenz produzieren auf dem Markt des Gutes 1 mit einer einheitlichen Produktionsfunktion, die sich als die beste Produktionsfunktion erwiesen hat. Auf allen Märkten sind die Bedingungen der vollkommenen Konkurrenz erfüllt. Die Produkt- und Faktorpreise sind gegeben.

Allgemein	*Beispiel*	
(28) $x_1 = a\, v_1^{\,b}\, v_2^{\,c}$	$x_1 = 1.00\, v_1^{\,0.50}\, v_2^{\,0.25}$	Produktionsfunktion
(29) $v_2 = v_2^{\,\circ}$	$v_2^{\,\circ} = 100$	Faktorbeschränkung für Kapital
(30) $p_1 = p_1^{\,\circ}$	$p_1 = 120$	Produktpreis für Gut 1
(31 $q_1 = q_1^{\,\circ}$	$q_1 = 30$	Faktorpreis für Arbeit
(32) $q_2 = q_2^{\,\circ}$	$q_2 = 12$	Faktorpreis für Kapital

Im ersten Schritt wird die aggregierte Kostenfunktion für die Unternehmen der vollkommenen Konkurrenz ermittelt.

Allgemein	*Beispiel*	
(33) $x_1 = a\, v_1^{\,b}\, v_2^{\,\circ\,c}$	$x_1 = 1.00\, v_1^{\,0.50}\, 100^{\,0.25}$	Partielle Ertragsfunktion
	$x_1 = 3.1623\, v_1^{\,0.50}$	

Box 4.4

Aufgabenblatt 5: Marktformen

Aufgabe 10: Marktformen

Ein Unternehmen produziert ein Konsumgut mit den Produktionsfaktoren Arbeit und Kapital. Gegeben sei eine Cobb-Douglas-Produktionsfunktion. Die Einsatzmenge des Produktionsfaktors Kapital kann kurzfristig nicht variiert werden. Auf den Faktormärkten herrscht vollkommene Konkurrenz.

(1) $x_1 = 1.0\, v_1^{0.50}\, v_2^{0.25}$ Cobb-Douglas-Produktionsfunktion
(2) $v_2 = 100$ Faktorbeschränkung für Kapital
(3) $q_1 = 30$ Faktorpreis für Arbeit
(4) $q_2 = 12$ Faktorpreis für Kapital

x_1 = Produktionsmenge des Gutes 1
v_1 = Einsatzmenge an Arbeit
v_2 = Einsatzmenge an Kapital
p_1 = Preis des Gutes 1
q_1 = Faktorpreis für Arbeit
q_2 = Faktorpreis für Kapital

(a) Vollkommene Konkurrenz

Auf dem Konsumgütermarkt herrscht vollkommene Konkurrenz. Der Preis des Gutes 1 sei gegeben. Ermitteln Sie den gewinnmaximalen Produktionsplan. Skizzieren Sie die Lösung in einem Diagramm.

(5) $p_1 = 120$ Preis des Gutes 1

(b) Monopol

Unterstellen Sie, dass das Gut 1 lediglich von einem Anbieter angeboten wird. Der Marktzutritt ist anderen Konkurrenten verwehrt. Für den Monopolisten ist eine Preis-Absatz-Funktion gegeben. Ermitteln Sie den gewinnmaximalen Produktionsplan und skizzieren Sie die Lösung in einem Diagramm. Wo liegt der Cournot'sche Punkt?

(6) $p_1 = 360 - 12\, x_1$ Preis-Absatz-Funktion

(c) Zusammenfassung der Ergebnisse

Schildern Sie die wesentlichen Unterschiede der beiden Lösungen. Welcher Marktform geben Sie den Vorzug? Begründen Sie Ihre Aussage.

Die Aufgaben werden im Kapitel 4 (Märkte und Preisbildung) behandelt.

(34) $v_1 = (x_1/av_2^c)^{1/b}$	$v_1 = 0.1\, x_1^{2.0}$	Faktorverbrauchsfunktion
(35) $K = q_1v_1 + q_2v_2$	$K = 30v_1 + 12v_2$	Kostendefinition
(36) $K = q_1v_1 + q_2v_2^\circ$	$K = 30v_1 + 12(100)$	Variable und fixe Kosten
	$K = 1200 + 30v_1$	
(37) $K = q_2v_2^\circ + q_1(x_1/av_2^c)^{1/b}$	$K = 1200 + 30(0.1\, x_1^{2.0})$	Kostenfunktion $K = f(x_1)$
$K = q_2v_2^\circ + q_1(1/av_2^c)^{1/b}x_1^{1/b}$	$K = 1200 + 3\, x_1^{2.0}$	

Die Erlösfunktion der Unternehmen lautet:

(38) $E = p_1 x_1$	$E = 120\, x_1$	Erlösfunktion $E = f(x_1)$

Der gewinnmaximale Produktionsplan für die Unternehmen der vollkommenen Konkurrenz wird mit der Outputregel (Preis = Grenzkosten) berechnet.

(39) $dK/dx_1 = (1/b)q_1(1/av_2^c)^{1/b}x_1^{(1/b)-1}$	$dK/dx_1 = 6\, x_1$	Grenzkostenfunktion
(40) $dE/dx_1 = p_1$	$dE/dx_1 = 120$	Grenzerlösfunktion
(41) $dK/dx_1 = p_1$	$6x_1 = 120$	Outputregel
$\quad (1/b)q_1(1/av_2^c)^{1/b}x_1^{(1/b)-1} = p_1$		
(42) $x_1 = [(p_1b/q_1)(av_2^c)^{1/b}]^{b/(1-b)}$	$x_1 = 20$	Produktmenge Gmax

Der gewinnmaximale Produktionsplan für Unternehmung der vollständigen Konkurenz lautet:

Mengen
$x_1 = 20$ Produktmenge
$v_1 = 40$ Faktoreinsatzmenge für Arbeit
$v_2 = 100$ Faktoreinsatzmenge für Kapital

Preise
$p_1 = 120$ Produktpreis für Gut 1
$q_1 = 30$ Faktorpreis für Arbeit
$q_2 = 12$ Faktorpreis für Kapital

Werte
$E = 2400$ Erlös (Umsatz)
$Kv = 1200$ Arbeitskosten
$Kf = 1200$ Kapitalkosten
$K = 2400$ Gesamtkosten
$G = 0$ Gewinn

Abbildung 4.7 zeigt, dass in der vollständigen Konkurrenz durch freien Marktzutritt ein Marktpreis erzielt wird, der keine residualen Gewinne ermöglicht. Bei vollkommener Information und freiem Marktzutritt nutzen die Unternehmen die beste Produktionsfunktion. Da auf den Faktormärkten vollständige Konkurrenz herrscht, zahlen alle Unternehmen für die Produktionsfaktoren die gleichen Faktorpreise. Unter diesen Voraussetzungen produzieren alle Unternehmen an der Preisuntergrenze.

Wie aus **Tabelle 4.1** ersichtlich ist, bieten die Unternehmen am Markt eine Produktmenge an, die dem Minimum ihrer gesamten Durchschnittskosten (Stückkosten) entspricht.

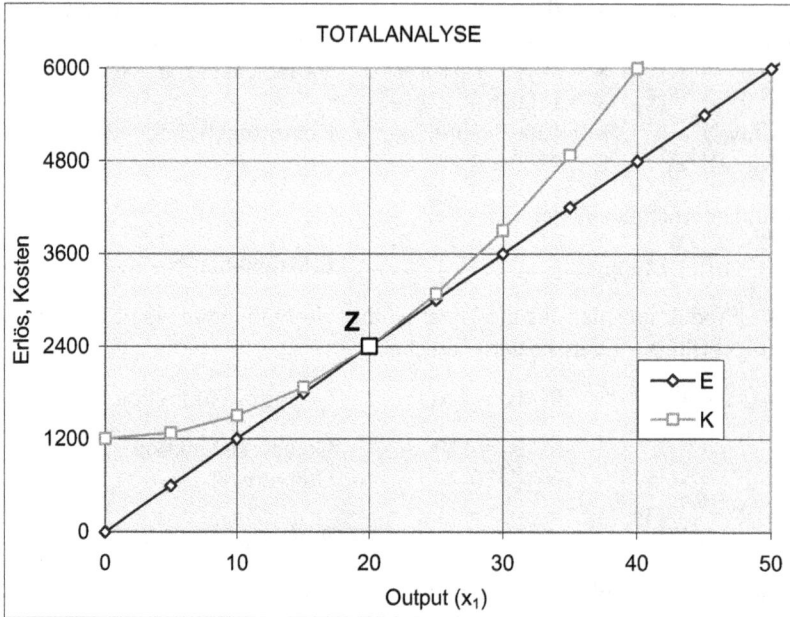

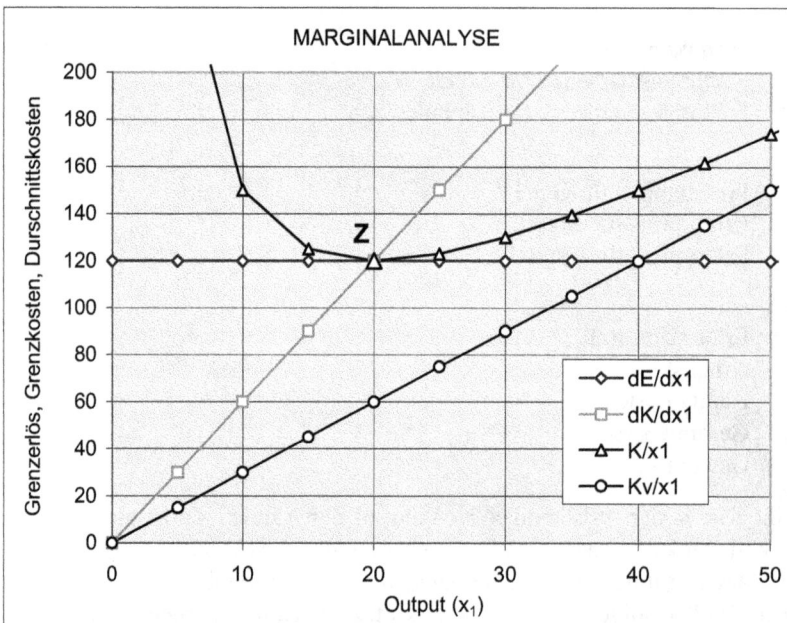

Abbildung 4.7: Vollständige Konkurrenz

Die Unternehmen der vollständigen Konkurrenz produzieren im Minimum der totalen Durchschnittskosten. Die Erlöse decken alle Produktionskosten. Es entstehen Arbeitseinkommen und Kapitaleinkommen aber keine residualen Gewinne.

Bei der vollständigen Konkurrenz (Polypol) gibt es eine Vielzahl von Anbietern und Nachfragern für ein Gut auf dem Markt. Das Ausscheiden eines Anbieters oder Nachfragers hat keinen Einfluss auf das Geschehen auf dem Markt. Der einzelne Anbieter oder Nachfrager hat also keinerlei Marktmacht. Der Marktpreis wird durch Angebot und Nachfrage gebildet. Bei homogenen Gütern hat der einzelne Anbieter und Nachfrager keinen Einfluss auf den Preis. Bei vollständiger Konkurrenz entspricht der Marktpreis dem ‚natürlichen Preis' von Adam Smith. Der natürliche Wert eines Gutes wird nach seiner Vorstellung von den Durchschnittskosten bestimmt.

Plan				Z			
Menge	x_1	0	10	20	30	40	50
Preis	p_1	120	120	120	120	120	120
Erlös	E	0	1200	2400	3600	4800	6000
Kosten	K	1200	1500	2400	3900	6000	8700
Gewinn	G	-1200	-300	0	-300	-1200	-2700
Grenzerlös	dE/dx_1	120	120	120	120	120	120
Grenzkosten	dK/dx_1	0	60	120	180	240	300
Durchschnittskosten	K/x_1	-	150	120	130	150	174
Variable Durchschnittskosten	Kv/x_1	-	30	60	90	120	150

Tabelle 4.2: Vollständige Konkurrenz
Der Produktionsplan Z ist der gewinnmaximale Produktionsplan des Unternehmens in der vollständigen Konkurrenz. Der Marktpreis deckt alle Kosten. Das Unternehmen erwirtschaftet keinen residualen Gewinn.

4.6   Monopol

Ein Monopol liegt vor, wenn nur ein einziger Anbieter ein Gut anbietet. Der Monopolist versorgt den gesamten Markt und kann daher für seine Planungen die aggregierte Nachfragefunktion berücksichtigen. Der Produktpreis wird nicht mehr vom Markt durch Angebot und Nachfrage vieler Haushalte und Unternehmen bestimmt. Der Monopolist hat die Marktmacht, die für ihn optimale Kombination von Preis und Menge zu bestimmen.

Mit dem folgenden Beispiel wird der Fall des Angebotsmonopolisten behandelt. Wie bei den Unternehmen der vollständigen Konkurrenz unterstellen wir, dass der Monopolist das Ziel der Gewinnmaximierung verfolgt. Ein Angebotsmonopol liegt vor, wenn auf einem Markt folgende vier Bedingungen gegeben sind:

1. Ein Anbieter
2. Viele Nachfrager
3. Kein freier Marktzutritt
4. Keine vollkommene Information

Der Monopolist hat keine Konkurrenten, die gleiche oder ähnliche Güter am Markt anbieten. Auf dem Gütermarkt kann er Preis und Menge bestimmen. Auf den Faktormärkten dagegen handelt er als Mengenanpasser. Damit wird unterstellt, dass auf dem Arbeitsmarkt und dem Kapitalmarkt die Bedingungen der vollständigen Konkurrenz erfüllt sind. Auf der Nachfrageseite stehen dem Monopolisten zahlreiche Haushalte gegenüber, die als Mengenanpasser agieren.

4.6.1 Erlösfunktion des Monopolisten

Für den Monopolisten ist nicht der Marktpreis sondern die gesamte aggregierte Nachfragefunktion gegeben. Er versorgt den gesamten Markt. Er hat die Marktmacht entweder den für ihn optimalen Produktpreis festzusetzen oder die für ihn gewinnmaximale Produktmenge.

Ausgangspunkt der Überlegungen ist der Einfachheit halber eine lineare aggregierte Nachfragefunktion. Das Fallbeispiel wird in Gleichung (1) erfasst und in **Abbildung 4.8** dargestellt. Der Monopolist kann aufgrund der Nachfragefunktion genau die Menge festlegen, die die Nachfrager bei einem von ihm festgelegten Preis bereit sind zu kaufen. Die Nachfrager sind bereit einen maximalen Preis von $p_1 = 30$ Geldeinheiten für das Gut zu zahlen. Bei einem Preis von $p_1 = 0$ dagegen werden maximale 30 Mengeneinheiten abgesetzt.

Für die Produktionsplanung ist der Monopolist am Erlös in Abhängigkeit der Produktionsmenge interessiert. Die aggregierte Nachfragefunktion wird deshalb im nächsten Schritt in die entsprechende Preis-Absatz-Funktion umgewandelt.

Allgemein	*Beispiel*	
(43) $x_1 = a/b - (1/b)p_1$	$x_1 = (360/12) - (1/12)p_1$	Nachfragefunktion
	$x_1 = 30 - 0.08333\,p_1$	
(44) $p_1 = a - bx_1$	$p_1 = 360 - 12x_1$	Preis-Absatz-Funktion

Die aggregierte Nachfragefunktion gibt an, welche Mengen die Konsumenten bei gegebenen Güterpreisen nachfragen. Die entsprechende Preis-Absatz-Funktion gibt an, welche Produktpreise für vorgegebene Gütermengen erzielt werden können.

Für die gegebene lineare Nachfragefunktion wird ein maximaler Erlös von $E = 2700$ Geldeinheiten bei einem Preis von $p_1 = 180$ erzielt werden. Bei diesem Preis nimmt die Preiselastizität der Nachfrage einen Wert von $e = -1.0$ an. Bei dem Maximalpreis von $p_1 = 360$ beträgt die Preiselastizität der Nachfrage $e =$ unendlich, bei dem Preis $p_1 = 0$ beträgt die Preiselastizität der Nachfrage dagegen $e = 0$.

Die Preiselastizität der Nachfrage gibt an, mit welcher relativen Veränderung die nachgefragte Menge auf eine relative Veränderung des Preises reagiert.

(45) $e = (dx_1/x_1)/(dp_1/p_1)$ Preiselastizität der Nachfrage
$e = (dx_1/dp_1)/(x_1/p_1)$

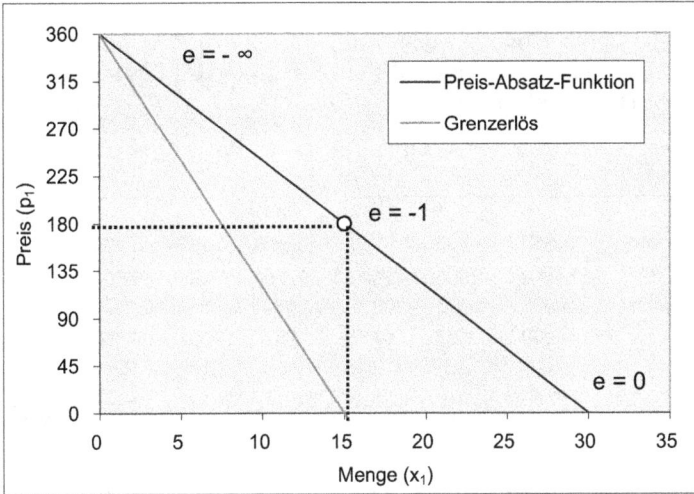

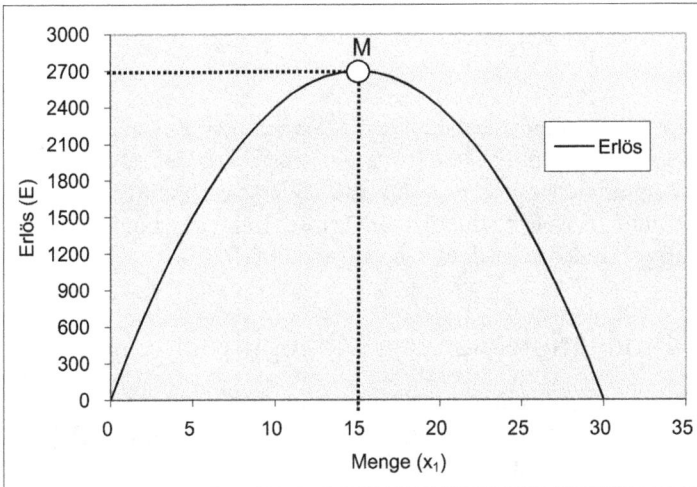

Abbildung 4.8: Preis-Absatz-Funktion und Erlösfunktion des Monopolisten
Im Falle einer linearen Nachfragefunktion verläuft die Erlösfunktion des Monopolisten glockenförmig. Der maximale Erlös (M) wird erzielt, wenn der Grenzerlös $dE/dx_1 = 0$ ist. In diesem Fall ist die Preiselastizität der Nachfrage $e = -1$.

Im Fall einer linearen Nachfragefunktion kann die Grenzerlösfunktion durch den Preis und die Preiselastizität der Nachfrage ausgedrückt werden. Diese Beziehung wird auch als Robinson-Amoroso-Relation bezeichnet.

(46) $dE/dx_1 = p_1(1 + 1/e)$ Grenzerlösfunktion

Bei der vollständigen Konkurrenz nehmen die Unternehmen an, dass sie beliebige Produktmengen zu dem gegebenen Marktpreis absetzen können, die im Bereich ihrer Produktionsmöglichkeiten liegen. Das Ergebnis ist eine lineare Erlösfunktion durch den Ursprung, deren Steigung durch den Produktpreis bestimmt ist.

Menge	x_1	0	5	10	15	20	25	30
Preis	p_1	360	300	240	180	120	60	0
Erlös	E	0	1500	2400	2700	2400	1500	0
Steigung Nachfragefunktion	dx_1/dp_1	-0.0833	-0.0833	-0.0833	-0.0833	-0.0833	-0.0833	-0.0833
Menge/Preis	x_1/p_1	0.0000	0.0167	0.0417	0.0833	0.1667	0.4167	unendl.
Nachfrageelastizität	e	unendl.	-5.0	-2.0	-1.0	-0.5	-0.2	0.0
Grenzerlös	$p_1(1+1/e)$	360.00	240	120	0	-120	-240	-360

Tabelle 4.3: Preiselastizität der Nachfrage
Bei einer linearen Nachfragefunktion nimmt die Preiselastizität der Nachfrage Werte zwischen e = unendlich (Ordinatenabschnitt) und e = 0 (Abszisseabschnitt) an. Der maximale Erlös wird bei einer Preiselastizität von e = -1.0 erzielt.

Für das Monopol ergibt sich nun eine fundamental andere Erlösfunktion. Für lineare Nachfragefunktionen verläuft die Erlösfunktion glockenförmig mit einem klar definierten Erlösmaximum. Beim Erlösmaximum erreicht der Grenzerlös einen Wert von Null. Eine weitere Erhöhung der Produktmenge führt zu einer Reduktion der Erlöse. Bei der maximal nachgefragten Menge (Sättigungsmenge) ist der Erlös des Monopolisten gleich Null.

4.6.2 Optimaler Produktionsplan des Monopolisten

Damit die Vergleichbarkeit des Monopolisten mit den Unternehmen der vollständigen Konkurrenz gesichert ist, wird angenommen, dass der Monopolist das Gut 1 mit der gleichen Produktionsfunktion produziert wie die Unternehmen der Vollkommenen Konkurrenz. Auf den Faktormärkten sind wiederum die Bedingungen der vollkommenen Konkurrenz erfüllt. Der Monopolist hat die gleichen Faktortpreise zu zahlen wie die Unternehmen der vollständigen Konkurrenz.

Der wesentliche Unterschied zu dem vorherigen Modell ist die Tatsache, dass für den Monopolisten der Produktpreis variabel ist. Der Monopolist hat eine Preis-Absatz-Funktion zu beachten, die die Gesamtnachfrage am Markt abbildet.

Der Monopolist hat folgende Angaben zu beachten:

Allgemein   *Beispiel*

(47) $x_1 = a\, v_1^b v_2^c$ $x_1 = 1.00\, v_1^{0.50} v_2^{0.25}$ Produktionsfunktion
(48) $v_2 = v_2^\circ$ $v_2^\circ = 100$ Faktorbeschränkung Kapital
(49) $p_1 = a - bx_1$ $p_1 = 360 - 12x_1$ Preis-Absatz-Funktion Gut 1

(50) $q_1 = q_1°$ $q_1 = 30$ Faktorpreis für Arbeit
(51) $q_2 = q_2°$ $q_2 = 12$ Faktorpreis für Kapital

Für den Monopolisten ergibt sich die gleiche Kostenfunktion wie für die Unternehmen der vollständigen Konkurrenz. Die Erlösfunktion wurde aus der gegeben Preis-Absatz-Funktion abgeleitet.

(52) $K = q_2 v_2° + q_1(1/av_2^c)^{1/b} x_1^{1/b}$ $K = 1200 + 3 x_1^{2.0}$ Kostenfunktion
(53) $E = ax_1 - bx_1^2$ $E = 360 x_1 - 12 x_1^2$ Erlösfunktion
(54) $dK/dx_1 = (1/b)q_1(1/av_2^c)^{1/b}(x_1^{(1/b)-1})$ $dK/dx_1 = 6 x_1$ Grenzkostenfunktion
(55) $dE/dx_1 = a - 2bx_1^2$ $dE/dx_1 = 360 - 2(12) x_1$ Grenzerlösfunktion
                                                    $dE/dx_1 = 360 - 24x_1$

Die Outputregel (Grenzerlös = Grenzkosten) führt zur gewinnmaximalen Produktmenge des Monopolisten.

(56) $dK/dx_1 = dE/dx_1$ $6x_1 = 360 - 24x_1$ Outputregel
     $dK/dx_1 = a - 2bx_1^2$
(57) $x_1 = x_1^*$ $x_1 = 12$ Produktmenge Gmax

Berücksichtigt man die gewinnmaximale Produktmenge des Monopolisten in der Preis-Absatzfunktion, so erhält man den Produktpreis für den Monopolisten.

(58) $p_1 = a - bx_1^*$ $p_1 = 360 - 12(12)$ Preis-Absatz-Funktion Gut 1
                                         $p_1 = 216$ Monopolpreis für Gut 1

Der gewinnmaximale Produktionsplan für den Monopolisten lautet:

Mengen
$x_1 = 12$ Produktmenge
$v_1 = 14.4$ Faktoreinsatzmenge für Arbeit
$v_2 = 100$ Faktoreinsatzmenge für Kapital

Preise
$p_1 = 216$ Produktpreis für Gut 1
$q_1 = 30$ Faktorpreis für Arbeit
$q_2 = 12$ Faktorpreis für Kapital

Werte
$E = 2592$ Erlös (Umsatz)
$Kv = 432$ Arbeitskosten
$Kf = 1200$ Kapitalkosten
$K = 1632$ Gesamtkosten
$G = 960$ Gewinn

Wie bereits erwähnt wurde, hat der Monopolist die Marktmacht, Preis und Menge für das Gut 1 festzusetzen. Aus **Abbildung 4.9** ist ersichtlich, dass der Monopolist unter den gegebenen Voraussetzungen einen Marktpreis von $p_1 = 216$ Euro festlegt und $x_1 = 12$ Mengeneinheiten produziert, die zu diesem Preis am Marktes verkauft werden können.

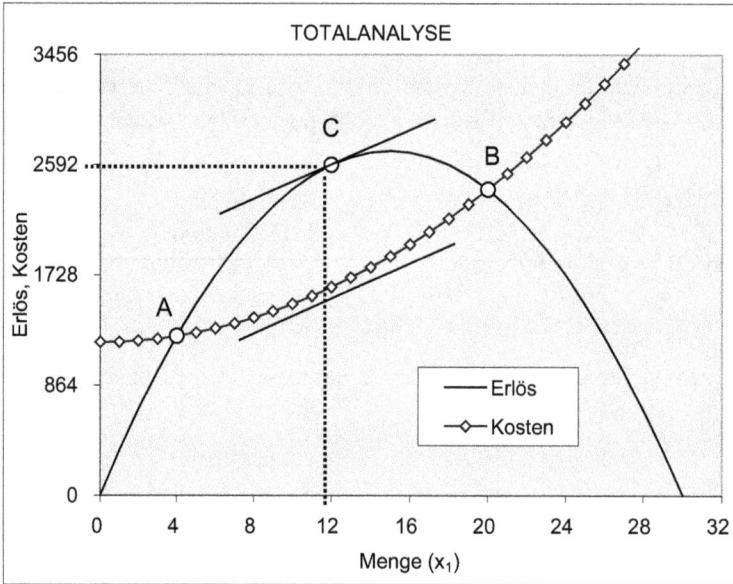

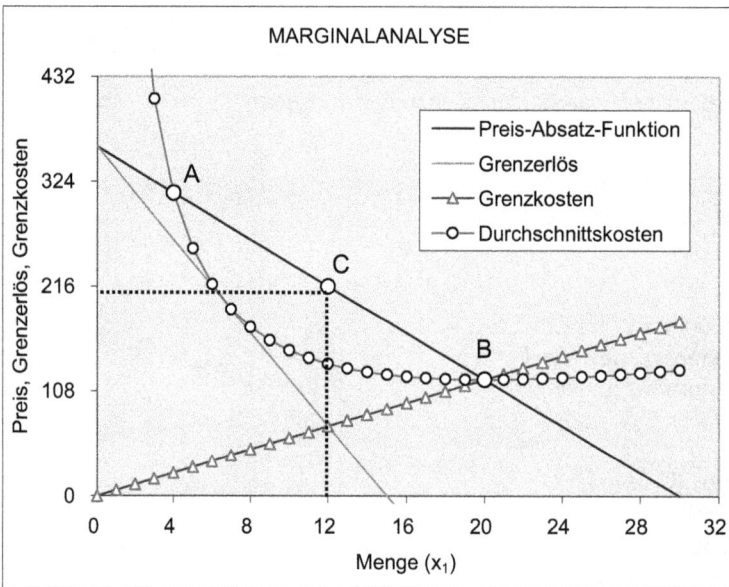

Abbildung 4.9: Monopol

Der Monopolist realisiert den Produktionsplan C (Cornot'scher Punkt). Im gewinnmaxima-len Produktionsplan entspricht die Steigung der Erlösfunktion (Grenzerlös) der Steigung der Kostenfunktion (Grenzkosten)

Der Produktionsplan führt zu einem Erlös von E = 2592 Euro, denen lediglich Kosten in Höhe von K = 1632 Euro gegenüberstehen. Es entsteht ein residualer Gewinn G = 960 Euro, der keinem Produktionsfaktor direkt zugerechnet werden kann. Der residuale Gewinn ist letztlich als eine Entlohnung für die Marktmacht des Unternehmens bzw. seinen ‚good will' zu betrachten.

Zu Ehren des französischen Ökonomen Antoine Augustin Cournot (1801–1877) wird der gewinnmaximale Produktionsplan des Monopolisten auch Cournot'scher Punkt genannt. Dieser Plan wird in der **Abbildung 4.**9 mit ‚C' bezeichnet.

Der gewinnmaximale Produktionsplan des Monopolisten wird ebenso wie bei der vollständigen Konkurrenz mit der Outputregel berechnet. In der allgemeinen Form Grenzerlös = Grenzkosten führt die Outputregel für alle Marktformen zu einem gewinnmaximalen Produktionsplan. Wenn die Kosten der zuletzt produzierten Einheit genau dem Erlös dieser Einheit entsprechen, kann der Gewinn der Unternehmung nicht mehr vergrößert werden.

Aus **Tabelle 4.4** ist ersichtlich, dass der Monopolist nicht im Minimum der Stückkosten produziert, sondern höhere Stückkosten in Kauf nimmt, um seinen Gewinn zu maximieren.

Der Monopolist muss bei seiner Preisgestaltung lediglich auf die Nachfrage Rücksicht nehmen. Dabei hat er zu beachten, dass höhere Preise zu einem Rückgang der Nachfrage am Markt führen. Bei mehreren Konkurrenten ergäbe sich ein niedriger Preis, der näher an den Produktionskosten orientiert ist. Auch wäre eine größere Angebotsmenge zu erwarten, die zu einer besseren Versorgung der Bevölkerung führt. Insbesondere bei natürlichen und rechtlichen Monopolen greift der Staat deshalb häufig in die Preisgestaltung der Monopolisten ein. So gibt es in der Bundesrepublik Regulierungsbehörden (z.B. Telekommunikation) und eine Genehmigungspflicht für bestimmte Tarife (Strom, Telefon, Briefporto).

Plan			A		C		B	
Menge	x_1	0	4	8	12	15	20	24	30
Preis	p_1	360	312	264	216	180	120	72	0
Erlös	E	0	1248	2112	2592	2700	2400	1728	0
Kosten	K	1200	1248	1392	1632	1875	2400	2928	3900
Gewinn	G	-1200	0	720	960	825	0	-1200	-3900
Grenzerlös	dE/dx_1	360	264	168	72	0	-120	-216	-360
Grenzkosten	dK/dx_1	0	24	48	72	90	120	144	180
Durchschnittskosten	K/x_1	-	312	174	136	125	120	122	130
Nachfrageelastizität	e	unendl.	-6.5	-2.8	-1.5	-1.0	-0.5	-0.3	0.0
Grenzerlös	$p_1(1+1/e)$	360	264	168	72	0	-120	-216	-360

e = Preiselastizität der Nachfrage $(dx_1/x_1)/(dp_1/p_1)$

Tabelle 4.4: Monopol
Der Produktionsplan C (Cornot'scher Punkt) ist der gewinnmaximale Produktionsplan des Monopolisten. Die Produktionspläne A und B bezeichnen Break-Even-Pläne, bei denen die Erlöse genau den Kosten entsprechen.

4.7 Vollständige Konkurrenz vs. Monopol

Es gibt viele Gesichtpunkte, die es als fragwürdig erscheinen lassen, ob die Marktform der vollständigen Konkurrenz in der Realität überhaupt existiert. Allein die Berücksichtigung von zeitlichen und räumlichen Dimensionen führt zu der Beobachtung, dass die monopolistische Konkurrenz und nicht die vollständige Konkurrenz die vorherrschende Marktform ist.

Schon alleine aufgrund von Transportkosten hat jedes Unternehmen seinen eigenen Markt. Der freie Marktzutritt jedoch sorgt dafür, dass keine zu hohen Gewinne entstehen.

Auch das Monopol in seiner reinen Form ist nur auf wenigen Märkten anzutreffen. Am ehesten ist die Marktform bei den natürlichen Monopolen auf regionalen Märkten anzutreffen.

Gleichwohl lässt sich eine zentrale Aussage machen. Die Marktform der vollständigen Konkurrenz ist die anzustrebende Markform, nicht das Monopol. Vorraussetzung für die Aussage ist allerdings die Annahme, dass Unternehmen ausschließlich das Ziel der Gewinnmaximierung verfolgen. Auch ist zu beachten, dass das Model der vollständigen Konkurrenz mit seinem freien Marktzutritt vielfach zu Übernutzung von ökologischen System (z.B. Fischerei) führt. Zu Sicherung einer tragfähigen Entwicklung sind vielfach Zugangsbeschränkungen und Regulierungen erforderlich.

Als Ergebnis bleibt festzuhalten: Der Monopolist bietet ein homogenes Gut zu einem höheren Preis an als ein Unternehmen der vollständigen Konkurrenz. Noch entscheidender aber ist die Tatsache, dass der Monopolist nicht nur am Markt einen höheren Preis durchsetzt, sondern sich auch für eine geringere Produktionsmenge entscheidet als die Unternehmen der vollständigen Konkurrenz. Wenn Monopole die Märkte beherrschen, die ausschließlich das Ziel der Gewinnmaximierung verfolgen, kommt es zu einer schlechteren Versorgung der Bevölkerung als bei anderen Marktformen.

Aus **Abbildung 4.10** ist ersichtlich, dass in unserem Fallbeispiel der Monopolist aufgrund der Nachfrage einen Marktpreis von $p_1 = 216$ für das Gut 1 festlegt. Ein freier Marktzutritt im Rahmen der vollständigen Konkurrenz würde dagegen dafür sorgen, dass der Marktpreis des Gutes sich bei $p_1 = 120$ einstellen würde. Bei diesem Marktpreis können alle Unternehmen kostendeckend produzieren. Zusätzlich ist sichergestellt, dass die Produktionsfaktoren nach ihren Wertgrenzprodukten entlohnt werden.

Unter den gegebenen Voraussetzungen produziert der Monopolist eine Menge von $x_1 = 12$ für den Markt. Im Modell der vollständigen Konkurrenz sind die Unternehmer bereit, eine Produktionsmenge von $x_1 = 20$ herzustellen. Das hat natürlich Konsequenzen für die Versorgung der Bevölkerung und die Beschäftigungslage auf dem Arbeitsmarkt.

Wenn der Angebotsmonopolist seine Zielsetzung der Gewinnmaximierung aufgibt und sich das Ziel setzt, für eine möglichst gute Versorgung des Marktes unter der Maxime der Verlustvermeidung zu sorgen, wird der Monopolist den Produktionsplan V in Abbildung 4.10 realisieren. In diesem Fall agiert er wie ein Mengenanpasser im Modell der vollständigen Konkurrenz.

TOTALANALYSE

MARGINALANALYSE

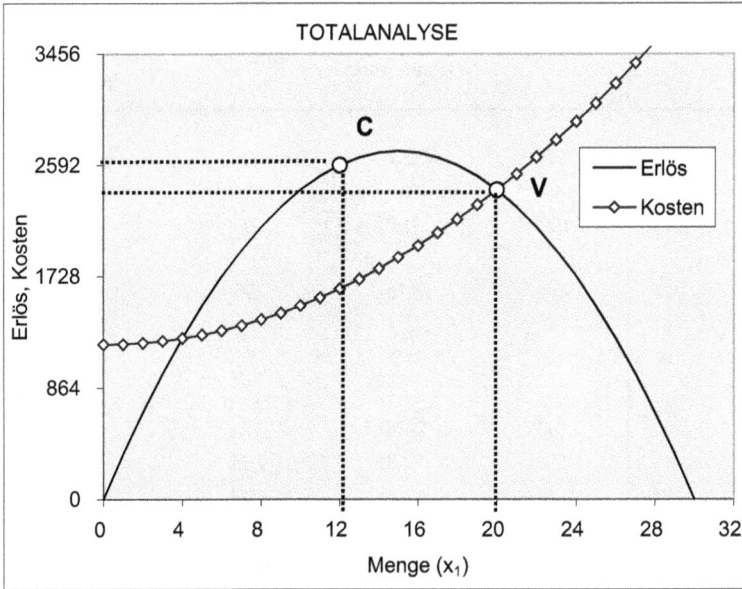

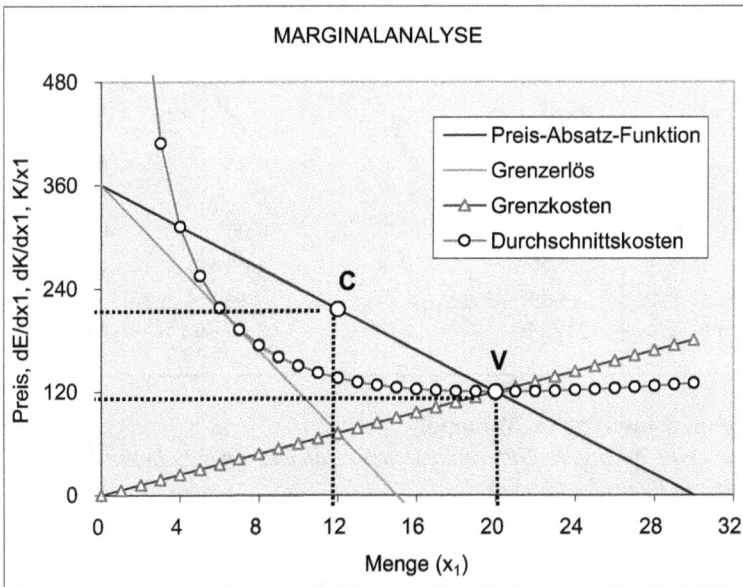

Abbildung 4.10: Vollständige Konkurrenz vs. Monopol
Der Monopolist wählt den gewinnmaximalen Produktionsplan C. Unternehmen der vollständigen Konkurrenz dagegen entscheiden sich für den Produktionsplan V.

		Monopol	Vollstädinge Konkurrenz	Differenz	Prozentuale Veränderung in %
Produktmenge	x_1	12	20	8	67
Arbeitseinsatz	v_1	14.4	40	26	178
Kapitaleinsatz	v_2	100	100	0	0
Produktpreis	p_1	216	120	-96	-44
Faktorpreis Arbeit	q_1	30	30	0	0
Faktorpreis Kapital	q_2	12	12	0	0
Erlös	E	2592	2400	-192	-7
Arbeitskosten	Kv	432	1200	768	178
Kapitalkosten	Kf	1200	1200	0	0
Gesamtkosten	K	1632	2400	768	47
Gewinn	G	960	0	-960	-
Grenzerlös	dE/dx_1	72	120	48	67
Grenzkosten	dK/dx_1	72	120	48	67
Durchschnittskosten	K/x_1	136	60	-76	-56
Reallohnsatz	q_1/p_1	0.14	0.25	0.11	80
Realzinssatz	$q_2 p_1$	0.06	0.10	0.04	80
Realeinkommen Arbeit	Kv/p_1	2.00	10.00	8.00	400
Realeinkommen Kapital	Kf/p_1	5.56	10.00	4.44	80
Realeinkommen Gewinn	G/p_1	4.44	0.00	-4.44	-
Realeinkommen insgesamt	E/p_1	12.00	20.00	8.00	67

Tabelle 4.5: Vollständige Konkurrenz vs. Monopol
Der Monopolist produziert eine geringere Gütermenge und realisiert einen höheren Preis als die Unternehmen der vollständigen Konkurrenz.

Verfolgt der Monopolist dagegen das Ziel der Gewinnmaximierung, kommt es in dem vorliegenden Fall zu einer sehr einseitigen Einkommensverteilung. Bei der folgenden Analyse wird unterstellt, dass Kapitaleinkommen und residuale Gewinne den Unternehmerhaushalten zufließen und Arbeitseinkommen den Arbeitnehmerhaushalten. Aus Tabelle 4.5 ist ersichtlich, dass das Gesamteinkommen von E = 2592 Geldeinheiten sich sehr ungleich auf Kapitaleinkommen, Gewinneinkommen und Arbeitseinkommen verteilt. Einem Geldbetrag von $K_f + G = 2160$ Geldeinheiten für Kapitaleinkommen (K_f) und Gewinneinkommen (G) steht lediglich ein Arbeitseinkommen von K_v = 432 Geldeinheiten gegenüber. Bei der vollständigen Konkurrenz dagegen verteilt sich das Gesamteinkommen in Höhe von E = 2400 Geldeinheiten zu gleichen Teilen auf Arbeitseinkommen und Kapital- und Gewinneinkommen.

Entscheidend für die Beurteilung der verschiedenen Marktformen ist aber die realwirtschaftliche Entlohnung der Produktionsfaktoren. Der Reallohnsatz (q_1/p_1) spiegelt die reale Kaufkraft des Nominallohns wieder. Der Realzinssatz (q_2/p_1) entspricht der realen Kaufkraft des nominalen Kapitalnutzungspreises. Überträgt man das Konzept der Realentlohnung auf dieses Beispiel, so erweist sich, dass im Fall des Monopols die gesamte Güterproduktion in Höhe von x_1 = 12 Gütereinheiten nur zu einem geringen Teil zur Entlohnung des Produktionsfaktors Arbeit herangezogen wird. Die Realentlohnung des Produktionsfaktors Arbeit beträgt im vorliegenden Fall lediglich Kv/p_1 = 2.0 Gütereinheiten.

Im Fall der vollständigen Konkurrenz kommt es insgesamt zu einer deutlich höheren Realentlohnung, da die insgesamt produzierte Gütermenge wesentlich größer ist. Im vorliegenden Fall werden die Realeinkommen jeweils zur Hälfte an den Produktionsfaktor Arbeit und Kapital verteilt.

4.8 Gesamtwirtschaftliches Gleichgewicht

Ein gesamtwirtschaftliches Gleichgewicht ist erreicht, wenn auf allen Märkten die Gesamtnachfrage dem Gesamtangebot entspricht. Unter den Bedingungen der vollkommenen Konkurrenz spielen sich die Preise auf den Märkten so ein, dass eine Überschussnachfrage oder ein Überangebot beseitigt wird. Die Marktpreise sorgen dafür, dass die angebotenen Mengen genau den nachgefragten Mengen entsprechen. In dieser Situation werden keine Warteschlangen und keine Überproduktion beobachtet. Ein weiteres wichtiges Merkmal des Gleichgewichts ist die Beobachtung, dass die Produktion von Gütern und Dienstleistungen und der Einsatz der Produktionsfaktoren nicht von einer Planbehörde, sondern vom Markt nach den Wünschen der Verbraucher bestimm wird.

In einem marktwirtschaftlichen System bestimmen die relativen Preise die Allokation der Ressourcen (Arbeit, Kapital, natürliche Ressourcen) und die Allokation der Güterproduktion (Konsumgüter, Investitionsgüter). Die setzt voraus, dass Haushalte und Unternehmen in der Lage sind, optimale Konsum-, Arbeits- und Produktionspläne aufzustellen.

In dem Flussdiagramm der **Abbildung 4.11** wird unter Berücksichtigung des Staates dargestellt, wer als Anbieter und Nachfrager auf den Güter- und Faktormärkten auftritt. Es wird unterstellt, das die Haushalte Eigentümer der Unternehmen sind und Ansprache auf alle Einkommen haben, die in der Untermnehmung erzielt werden. Der Staat bietet unentgeltlich wichtige staatliche Dienstleistungen an, die über direkte und indirekte Steuern finanziert werden. Gleichgewicht auf den Märkten ist erreicht, wenn die tatsächliche Produktion auf den Märkten in voller Höhe verkauft wird und die Produktionsfaktoren von den Haushalten zu den gegebenen Faktorpreisen in den für die Produktion benötigten Mengen bereitgestellt werden. Eine Veränderung der Präferenzen der Haushalte oder eine Veränderung der Produktion hat sofort Konsequenzen für das gesamtwirtschaftliche Gleichgewicht. Veränderte relative Preise führen zu neuen Arbeit-Konsum-Plänen der Haushalte und zu neuen Produktionsplänen der Unternehmen, bis ein neues gesamtwirtschaftliches Gleichgewicht erreicht ist.

Einkommen entstehen aus Arbeit, Unternehmertätigkeit und Vermögen. Freier Marktzugang und vollkommene Informationen bewirken, dass residuale Gewinnen durch Konkurrenz und Wettbewerb beseitigt werden. Wichtig ist, dass die Entlohnung der Produktionsfaktoren über den Markt erfolgt. Kontraktbestimmte Einkommen ergeben sich auf Grund von Angebot und Nachfrage auf den Faktormärkten und sind durch bindende Verträge und Absprachen gesichert.

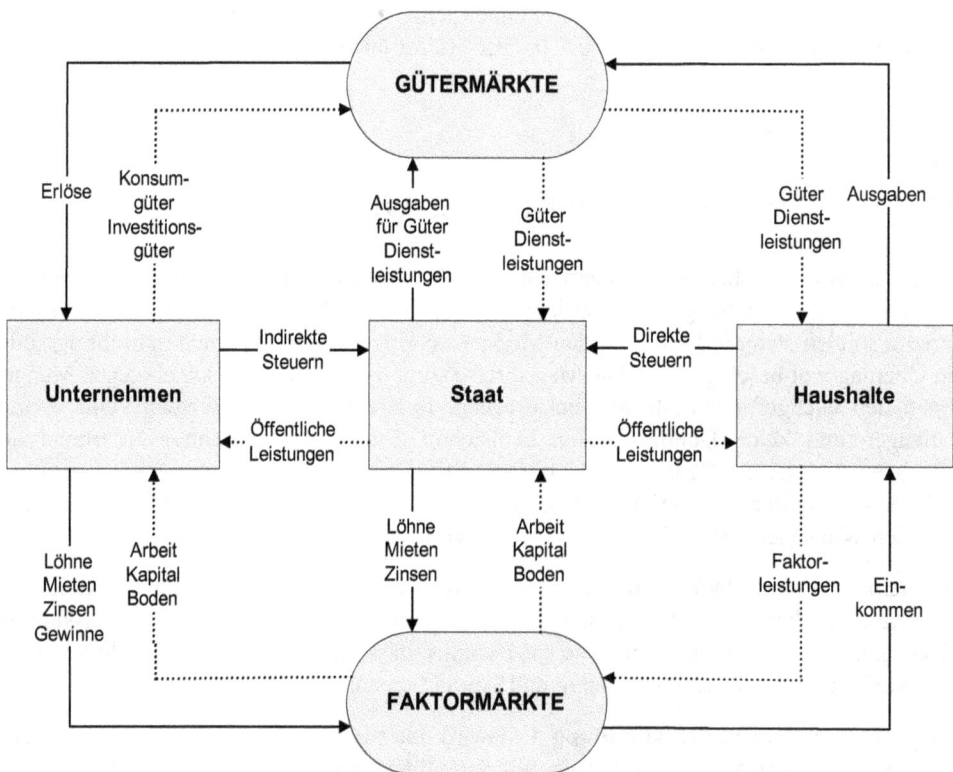

Abbildung 4.11: Gesamtwirtschaftliches Gleichgewicht
Ein gesamtwirtschaftliches Gleichgewicht liegt vor, wenn alle Märkte geräumt sind. Auf den Faktormärkten und Gütermärkten werden Marktpreise beobachtet, bei denen die angebotenen Mengen den nachgefragten Mengen entsprechen.

Marktgleichgewicht

Für das gesamtwirtschaftliche Gleichgewicht gehen wir von folgenden Annahmen aus: Auf allen Märkten sind die Bedingungen der vollkommenen Konkurrenz erfüllt. Das einzelne Unternehmen geht davon aus, dass sie auf den Faktormärkten beliebige Mengen der Produktionsfaktoren beschaffen kann. Haushalte verfolgen das Ziel der Nutzenmaximierung und Unternehmen das Ziel der Gewinnmaximierung.

HAUSHALTE

1. Haushaltsoptimum
Maximiere
$U_h = f(x_1, x_2, ..., x_n, v_1, v_2, ..., v_m)$
unter der Nebenbedingung
$M_h = p_1x_1 + p_2x_2 + ... + p_nx_n = q_1v_1 + q_2v_2 + ... + q_mv_m$

2. Nachfragefunktionen
$x_{ih}^N = f(p_1, p_2, ..., p_n, q_1, q_2, ..., q_m)$

3. Angebotsfunktionen
$v_{ih}^A = f(p_1, p_2, ..., p_n, q_1, q_2, ..., q_m)$

4. Aggregation der Nachfragefunktionen

$$x_j^N = \sum_{h=1}^{r} x_{jh}^N$$

5. Aggregation der Angebotsfunktionen

$$v_i^A = \sum_{h=1}^{r} v_{ih}^A$$

UNTERNEHMEN

6. Optimaler Produktionsplan
Maximiere
$G_k = p_1x_1 + p_2x_2 + ... + p_nx_n - [q_1v_1 + q_2v_2 + ... + q_mv_m]$
unter der Nebenbedingung
$x_{ik} = f(v_1, v_2, ..., v_m)$

7. Angebotsfunktionen
$x_{jk}^A = f(p_1, p_2, ..., p_n, q_1, q_2, ..., q_m)$

8. Nachfragefunktionen
$v_{ik}^N = f(p_1, p_2, ..., p_n, q_1, q_2, ..., q_m)$

9. Aggregation der Angebotsfunktionen

$$x_j^A = \sum_{k=1}^{s} x_{jk}^A$$

10. Aggregation der Nachfragefunktionen

$$v_i^N = \sum_{k=1}^{s} v_{ik}^N$$

11. Gleichgewichtsbedingung
$$x_i^N = x_j^A$$
$$v_i^A = v_i^N$$

Haushalte (h = 1, 2, ..., r)
Güter (j = 1, 2, ..., n)
Produktionsfaktoren (i = 1, 2, ..., m)

Unternehmen (k = 1, 2, ..., s)
Güter (j = 1, 2, ..., n)
Produktionsfaktoren (i = 1, 2, ..., m)

Übersicht 4.1: Gesamtwirtschaftliches Gleichgewicht
Ein gesamtwirtschaftliches Gleichgewicht besteht, wenn auf allen Märkten die Gesamtnachfrage dem Gesamtangebot entspricht.

Die Nachfrage und das Angebot der Haushalte und Unternehmen wird von ihren Präferenzen, dem technisch-organisatorischen Wissen, den Güterpreisen und den Faktorpreisen bestimmt. Ein allgemeines Gleichgewicht herrscht dann, wenn auf allen Märkten die Gesamtnachfrage dem Gesamtangebot entspricht (**Übersicht 4.1**).

Damit ein gesamtwirtschaftliche Gleichgewicht erreicht werden kann, müssen folgende Gleichgewichtsbedingungen zugleich erfüllt sein:

HAUSHALTE

1. Konsumgüter $(\partial U/\partial x_1)/(\partial U/\partial x_2) = p_1/p_2$ Haushaltsgleichgewicht
2. Arbeit und Konsum $(\partial U/\partial v_1)/(\partial U/\partial x_1) = q_1/p_1$
                  $(\partial U/\partial v_1)/(\partial U/\partial x_2) = q_1/p_2$
3. Kapital und Konsum $(\partial U/\partial v_2)/(\partial U/\partial x_1) = q_2/p_1$
                  $(\partial U/\partial v_2)/(\partial U/\partial x_2) = q_2/p_2$

UNTERNEHMEN

4. Produktionsfaktoren $\partial x_1/\partial v_1/\partial x_1/\partial v_2 = q_1/q_2$ Minimalkostenkombination
                  $\partial x_2/\partial v_1/\partial x_2/\partial v_2 = q_1/q_2$
5. Kosten und Erlöse $dE/dx_1 = dK/dx_1$ Outputregel
                  $dE/dx_2 = dK/dx_2$
6. Arbeit und Output $\partial x_1/\partial v_1 = q_1/p_1$ Inputregel
                  $\partial x_2/\partial v_1 = q_1/p_2$
7. Kapital und Output $\partial x_1/\partial v_2 = q_2/p_1$
                  $\partial x_2/\partial v_2 = q_2/p_2$

MÄRKTE

8. Gut 1 $x_1^A = x_1^N$ Angebot und Nachfrage
9. Gut 2 $x_2^A = x_2^N$
10. Arbeit $v_1^A = v_1^N$
11. Kapital $v_2^A = v_2^N$

VOLKSWIRTSCHAFT

12. Produktion $GRT = GRS = p_1/p_2$ Sozialökonomisches Optimum
                  $(\partial v_{11}/\partial x_1)/(\partial v_{12}/\partial x_2)$
                  $= (\partial v_{21}/\partial x_1)/(\partial v_{22}/\partial x_2)$
                  $= \partial U/\partial x_1/\partial U/\partial x_2$
                  $= p_1/p_2$
13. Arbeit und Kapital $(\partial x_1/\partial v_1)/(\partial x_1/\partial v_2)$ Effiziente Produktion
                  $= (\partial x_2/\partial v_1)/(\partial x_2/\partial v_2)$
                  $= q_1/q_2$
14. Güter $\partial U_1/\partial x_1/\partial U_1/\partial x_2$ Optimale Verteilung
                  $= \partial U_2/\partial x_1/\partial U_2/\partial x_2$
                  $= p_1/p_2$

Legende
U = Nutzenindex
x_1 = Menge an Konsumgütern
x_2 = Menge an Kapitalgütern
p_1 = Preis der Konsumgüter
p_2 = Preis der Kapitalgüter
v_1 = Menge an Arbeit
v_1 = Menge an Kapital
q_1 = Faktorpreis für Arbeit
q_2 = Faktorpreis für Kapital
GRT = Grenzrate der Transformation (Steigung der Transformationsfunktion)
GRS = Grenzrate der Substitution (Steigung der Nutzenindexfunktion)

Die **Haushalte** bestimmen zugleich ihr Angebot an Produktionsfaktoren und ihre Nachfrage nach Gütern und Dienstleistungen. Der optimale Arbeits- und Konsumplan wird von den relativen Güterpreisen, dem Reallohnsatz, dem Realzinssatz und den Grenznutzen für Konsum und die Nutzung von Arbeit und Kapital bestimmt.

Die **Unternehmen** treten auf den Faktormärkten als Nachfrager und auf den Gütermärkten als Anbieter auf. Ihr Angebot wird von der Outputregel bestimmt. Sie führt zum gewinnmaximalen Produktionsplan. Mit Hilfe der Outputregel kann die optimale Produktionsmenge und das Güterangebot bestimmt werden. Die Inputregel wird verwendet, um die Faktornachfrage nach Arbeit und Kapital zu ermitteln. Die Produktivität der Faktoren, die Faktorpreise und die Güterpreisen bestimmen die Faktornachfrage der Unternehmen.

Auf den **Märkten** herrscht Gleichgewicht, wenn die angebotenen Mengen den nachgefragten Mengen entsprechen. Ist die Nachfrage größer als das Angebot, steigen die Preise. Ist dagegen die Nachfrage kleiner als das Angebot, sinken die Preise. Bei freiem Marktzutritt und flexiblen Preisen sind weder Überproduktion noch Engpässe und Warteschlagen auf den Märkten zu erwarten. Das gesamtwirtschaftliche Gleichgewicht ist erreicht, wenn auf allen Märkten (Gütermarkt, Arbeitsmarkt, Kapitalmarkt) die angebotenen Mengen den nachgefragten Mengen entsprechen.

Die **Volkswirtschaft** erreicht ein sozialökonomisches Optimum, wenn die tatsächliche Produktion mit den Wünschen der Verbraucher übereinstimmt. In dieser Situation kann keiner der Beteiligten seine Situation verbessern, ohne einen anderen zu benachteiligen. Voraussetzung ist, dass die Bedingungen der vollkommenen Konkurrenz verwirklicht sind. Flexible Preise und eine stete Anpassung der Allokation bewirken eine effiziente Produktion und eine optimale Verteilung der Güter und Ressourcen.

Das nach dem italienischen Ökonomen Vilfredo Pareto (1848–1923) bezeichnete **Pareto-Optimum** bezeichnet eine Allokation, in der es nicht möglich ist, ein Wirtschaftssubjekt besser zu stellen, ohne gleichzeitig mindestens ein anderes Wirtschaftssubjekt schlechter zu stellen. Bei vollkommener Konkurrenz aller Märkte ist das resultierende Gleichgewicht ein Pareto-Optimum.

Einkommensverteilung

Die makroökonomische Grenzproduktivitätstheorie geht von der neoklassischen Produktionsfunktion aus, die eine Substitution zwischen den Produktionsfaktoren Arbeit (v_1) und Kapital (v_2) zulässt und bei partieller Faktorvariation abnehmende Ertragszuwächse aufweist. Oft wird die Annahmen gesetzt, dass auf allen Märkten die Marktform der vollkommenen Konkurrenz gegeben ist und die Exponenten der neoklassischen Cobb-Douglas-Produktionsfunktion sich zu eins ergänzen. In diesem Fall gilt für die Gesamtproduktion bzw. das Realeinkommen:

Allgemein   *Cobb-Douglas*

(59) $x_1 = f(v_1,v_2)$ $x_1 = av_1^b v_2^{1-b}$ Produktionsfunktion

Nach der Inputregel ergibt sich der folgende Reallohn, wenn die Unternehmen das Ziel der Gewinnmaximierung verfolgen:

(60) $q_1/p_1 = \partial x_1/\partial v_1$ $q_1/p_1 = bav_1^{b-1} v_2^c$ Inputregel

$q_1/p_1 = bx_1/v_1$

Multipliziert man den Lohnsatz mit der Arbeitsmenge und den Produktpreis mit der Produktmenge, so kann man die Lohnquote berechnen. Der Parameter b der Cobb-Douglas-Produktionsfunktion kann daher als ein Verteilungsparameter interpretiert werden, der regelt, welcher Anteil der Produktionsfaktor Arbeit am Volkseinkommen hat.

(61) $q_1v_1/p_1x_1 = (\partial x_1/\partial v_1)(v_1/x_1)$ $q_1v_1/p_1x_1 = bx_1v_1/v_1x_1$ Lohnquote

$q_1v_1/p_1x_1 = b$

Der Anteil der Löhne am Bruttoinlandsprodukt entspricht der Produktionselastizität der Arbeit und damit dem Verhältnis zwischen dem physischen Grenzprodukt der Arbeit und seinem Durchschnittsprodukt.

Ein Beispiel

Mit dem folgenden Beispiel wird ein gesamtwirtschaftliches Gleichgewicht für eine denkbar einfache Volkswirtschaft vorgestellt. Sie besteht aus zwei Produktionssektoren und zwei Gruppen von Haushalten. Es werden zwei Güter hergestellt, für die die Produktionsfaktoren Arbeit, Kapital und Boden benötigt werden. Die Haushalte verfolgen das Ziel der Nutzenmaximierung für Arbeit und Konsum. Sie sind Eigentümer der Unternehmen. Die Unternehmen verfolgen das Ziel der Gewinnmaximierung.

Auf allen Märkten sind die Bedingungen der vollkommenen Konkurrenz erfüllt. Preise bilden sich durch Angebot und Nachfrage auf den Märkten. Sowohl Haushalte als auch Unternehmer agieren als Mengenanpasser. In beiden Produktionen sind sinkende Skalenerträge zu beobachten, die auf die Beschränktheit des Bodens (natürliche Ressourcen) zurückzuführen sind.

In **Tabelle 4.6** werden die Angaben und Ergebnisse des Fallbeispieles zusammengefasst. Für diese Volkswirtschaft steht für die Produktionsperiode eine maximale Faktorausstattung an Arbeit und Kapital von jeweils 100 Einheiten zur Verfügung. Diese Faktorausstattung wird durch die Größe der Bevölkerung und den Bestand an Gebäuden und Maschinen bestimmt.

Beide Sektoren produzieren mit Cobb-Douglas-Produktionsfunktionen, die ihnen eine Substitution der Produktionsfaktoren erlauben. Die Nutzenindexfunktion der Haushalte wird durch eine beschränkt substitutionale Funktion abgebildet.

		Produktion Gut 1	Produktion Gut 2	Haushalte
			Angaben	
PRODUKTIONS-/NUTZENFUNKTION				
Niveauparameter	a	1.0	1.0	1.0
Exponent b	b	1/3	1/4	2/3
Exponent c	c	1/3	1/4	1/2
Exponent d	d	1/3	1/2	-
FAKTORAUSSTATTUNG				
Obergrenze für Faktormenge an Arbeit	v_1	-	-	100.0
Obergrenze für Faktormenge an Kapital	v_2	-	-	100.0
Fixe Faktormenge an Boden	v_3	1.0	1.0	2.0
PREISE				
Produktpreis Gut 1	p_1	60.00	-	60.00
Produktpreis Gut 2	p_2	-	120.00	120.00
Faktorpreis für Arbeit	q_1	5.00	5.00	5.00
Faktorpreis für Kapital	q_2	5.00	5.00	5.00
Faktorpreis für Boden Produktion Gut 1	q_3	320.00	-	320.00
Faktorpreis für Boden Produktion Gut 2	q_3	-	360.00	360.00
			Ergebnisse	
GÜTERANGEBOT/GÜTERNACHFRAGE				
Menge Gut 1	x_1	16.0	-	16.0
Menge Gut 1	x_2	-	6.0	6.0
FAKTORNACHFRAGE/FAKTORANGEBOT				
Faktormenge an Arbeit	v_1	64.0	36.0	100.0
Faktormenge an Kapital	v_2	64.0	36.0	100.0
WERTE				
Erlös/Konsumausgaben	E	960.00	720.00	1680.00
Kosten/Lohn-, Kapital- und Bodeneinkommen	K	960.00	720.00	1680.00
Gewinn/Gewinneinkommen	G	0.00	0.00	0.00
ZIELFUNKTION				
Nutzenindex	U	-	-	15.55

Tabelle 4.6: Beispiel für ein sozialökonomisches Optimum
Im sozialökonomischen Optimum kann kein Wirtschaftssubjekt besser gestellt werden, ohne mindestens ein anderes Wirtschaftssubjekt schlechter zu stellen.

Das gesamtwirtschaftliche Gleichgewicht ist erreicht, wenn keine Allokation der Faktoren oder Güter gefunden werden kann, die zu einem höheren Wert der Nutzenindexfunktion führt. In dieser Situation sind alle Märkte geräumt. Das Produktionsprogramm der Unternehmer entspricht den Wünschen der Verbraucher. Relative Preise steuern als „unsichtbare Hand" die Allokation der Ressourcen und Güter. In den beiden Produktionsprozessen entstehen Einkommen, die für den Konsum der beiden Güter ausgegeben werden.

In diesem Modell wird unterstellt, dass die Kapitalgüter keinem Verschleiß unterliegen. Die Haushalte maximieren ihren Konsum, bilden keine Ersparnisse und nehmen keine Investitionen vor. Die Modellwirtschaft ist eine statische Volkswirtschaft, in der die benötigten Produktionsmittel in den Unternehmen als betriebsinterne Leistungen erstellt werden.

In dem Modell des gesamtwirtschaftlichen Gleichgewicht sind alle Preise gegeben. Drei Verhaltensfunktionen sind bemerkenswert. Es handelt sich um zwei Produktionsfunktionen mit konstanten Skalenerträgen und eine Nutzenindexfunktion mit beschränkter Substitutionsmöglichkeit der Güter.

Für die Produktionsfaktoren Arbeit und Kapital besteht eine Obergrenze von jeweils 100 Einheiten. Der Produktionsfaktor Boden (natürliche Ressourcen) ist mit einer fixen Menge von einer Einheit (numéraire) vorgegeben. Diese Annahme führt zu sinkenden Skalenerträge für die beiden Ertragsfunktionen $x_j = f(v_1, v_2, v_3°)$. Bis zur Obergrenze von 100 Einheiten können die Produktionsfaktoren Arbeit und Kapital in variablen Mengen eingesetzt werden. Der Produktionsfaktor Boden ist dagegen an jedem Standort mit einer fixen Menge von einer Einheit vorgegeben.

Für Unternehmen und Haushalte werden folgende aggregierte Produktionsfunktionen und Nutzenindexfunktion verwendet:

Allgemein   *Cobb-Douglas*

(62) $x_1 = f(v_1, v_2, v_3°)$ $x_1 = av_1^b v_2^c (v_3°)^d$ $x_1 = v_1^{1/3} v_2^{1/3} (v_3°)^{1/3}$ Produktionsfunktion Gut 1

(63) $x_2 = f(v_1, v_2, v_3°)$ $x_2 = av_1^b v_2^c (v_3°)^d$ $x_2 = v_1^{1/4} v_2^{1/4} (v_3°)^{1/2}$ Produktionsfunktion Gut 2

(64) $U = f(x_1, x_2)$ $U = x_1^e x_2^f$ $U = x_1^{2/3} x_2^{1/2}$ Nutzenindexfunktion

Sinkende Skalenerträge in der Produktion sind auf fixe Vorgaben von Produktionsfaktoren zurückzuführen, die die Prozesse beschränken und im Modell nicht spezifiziert sind. Treten residuale Gewinne auf, so kann das entweder auf Marktunvollkommenheiten oder die indirekte Entlohnung von fixen Produktionsfaktoren (natürliche Ressourcen) zurückgeführt werden, die nicht im Modell spezifiziert sind. Die Sozialverträglichkeit des sozialökonomischen Optimums hängt davon ab, ob die Arbeitnehmer auch Eigentumsrechte an den Unternehmen besitzen und nicht nur Arbeitseinkommen beziehen, sondern auch Einkommen aus der Nutzung von Kapital und Boden. Unterstellt man im Modell der vollkommenen Konkurrenz – wie es in der Wachstumstheorie üblich ist - lineare Skalenerträge in der Produktion, so wird das gesamte Einkommen auf die genutzten Produktionsfaktoren verteilt, ohne dass residuale Gewinne entstehen. Alle Faktoreinkommen gehen über den Markt.

Geht man jedoch von linearen Skalenerträgen in der Produktion aus und nimmt zusätzlich an, dass zu den gegebenen Preisen auf den Märkten beliebige Faktormengen beschafft und Gütermengen verkauft werden können, so lässt sich für die Unternehmen keine optimale

Betriebsgröße bestimmen. Für diesen Fall ist es nicht möglich, ein sozialökonomisches Optimum abzuleiten.

Für die Haushalte werden bei endogenem Einkommen ein nutzenmaximaler Arbeit-Kapital-Konsum-Plan und für die Unternehmen ein gewinnmaximales (**Abbildung 4.12**) berechnet. Hierbei handelt es sich um eine gesamtwirtschaftliche Betrachtung. Bei den vorliegenden Preisen führt das Marktgleichgewicht zur Vollbeschäftigung der Ressourcen. Die Marktpreise steuern dezentral die Wirtschaft. Änderungen der Präferenzen oder Produktionsfunktionen werden sofort eine Veränderung der Preise bewirken, die bei hinreichender Flexibilität der Märkte zu einem neuen Optimum führen. Das Beispiel beschreibt den dezentralen Selbststeuerungsmechanismus einer Marktwirtschaft.

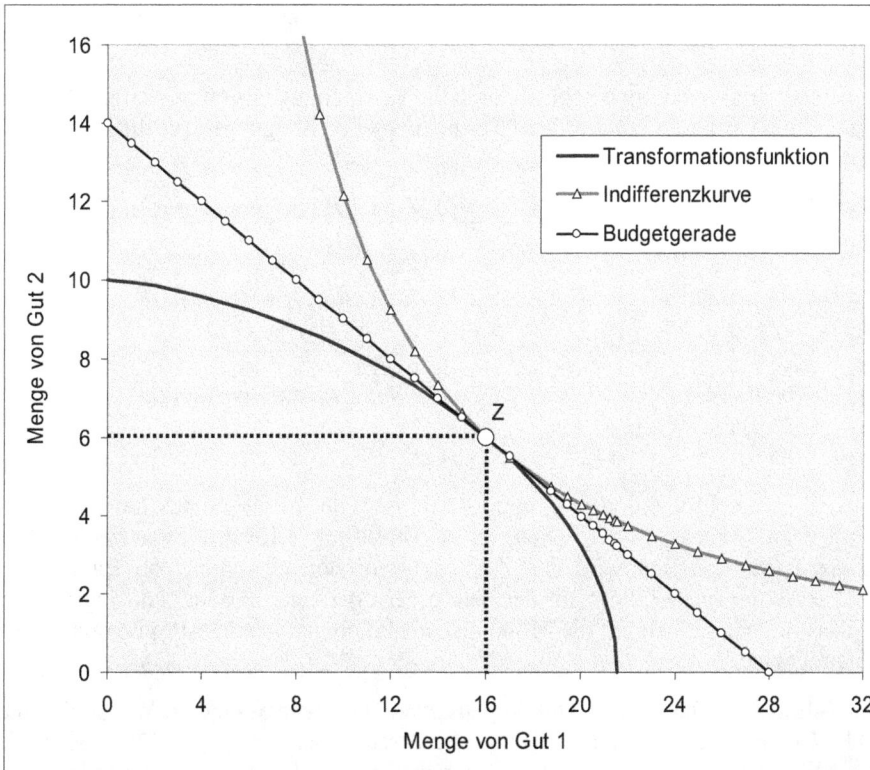

Abbildung 4.12: Gleichgewicht auf dem Gütermarkt
Das Gleichgewicht auf dem Gütermarkt entspricht einer Pareto-optimalen Produktionsstruktur. Die Grenzrate der Transformation (Produktionsmöglichkeiten), die Bewertung des Marktes (Relative Güterpreise) und die Bewertung der Haushalte (Grenzrate der Substitution) stimmen im Produktions- und Konsumplan Z überein.

Der vorliegende Plan ist nur dann ein sozialökonomisches Optimum, wenn die Grenzrate der Transformation (Steigung der Transformationsfunktion) und die Bewertung des Marktes (relative Güterpreise, Steigung der Budgetgeraden) und die Bewertung der Haushalte (Grenzrate der Substitution, Steigung der Indifferenzkurve) übereinstimmen.

Die Transformationsfunktion verläuft konkav, wenn sich die Faktorintensitäten der Produktion beider Güter unterscheiden und /oder mindestens ein Gut mit abnehmenden Skalenerträgen produziert wird. Die Transformationsfunktion ist nur dann eine Gerade, wenn die Produktion der beiden Güter mit gleicher Faktorintensität vorgenommen wird und beide Güter mit konstanten Skalenerträgen produziert werden.

(65) $x_2 = (100 - x_1^{3/2})^{1/2}$ Transformationsfunktion (Produktion)

(66) $x_2 = M/p_2 - (p_1/p_2)x_1$ Budgetgerade (Einkommen)

      $x_2 = 1680/120 - (60/120)x_1$

      $x_2 = 14 - 0.5x_1$

(67) $x_2 = (U°/ax_1^b)^{1/c}$ Indifferenzkurve (Zielsetzung)

      $x_2 = (15.55/x_1^{2/3})^{2.0}$

Die Steigungen der drei Funktionen können durch die 1. Ableitung bestimmt werden. Für das sozialökonomischen Optimum (Z) wurden übereinstimmende Steigungen für die drei Funktionen ermittelt.

(68) $dx_2/dx_1 = ((-3/2)x_1^{0.5})/2(100 - x_1^{3/2})^{0.5}$ Grenzrate der Transformation

      $dx_2/dx_1 = ((-3/2)16^{0.5})/2(100 - 16^{3/2})^{0.5}$

      $dx_2/dx_1 = -0.5$

(69) $dx_2/dx_1 = -p_1/p_2$ Verhältnis der Güterpreise

      $dx_2/dx_1 = -60/120$

      $dx_2/dx_1 = -0.5$

(70) $dx_2/dx_1 = -(b/c)(x_2/x_1)$ Grenzrate der Substitution

      $dx_2/dx_1 = -((2/3)/(1/2))(6/12)$

      $dx_2/dx_1 = -0.5$

Mit dem Plan Z ist das Produktionsprogramm bestimmt. Die für die Produktion erforderlichen Faktormengen können aus der Faktorbox in **Abbildung 4.13** abgelesen werden. Die Dimension der Edgeworth-Box wird von den Faktorvorräten an Arbeit und Kapital bestimmt. Der Produktionsplan Z liegt auf der Kurve der effizienten Produktion. Zugleich ist ersichtlich, dass in beiden Sektoren die Minimalkostenkombinationen der Produktionsfaktoren berücksichtigt sind.

Im nächsten Schritt wird die Güterproduktion auf zwei Haushalte aufgeteilt. Wir stellen die Frage, welche Güterverteilungen für die Haushalte Pareto-optimal sind. Die Dimension der Güterbox in **Abbildung 4.14** wird von den insgesamt hergestellten Gütermengen bestimmt. Der Einfachheit halber unterstellen wir, dass die beiden Gruppen von Haushalten die gleichen Nutzenindexfunktionen und Einkommen besitzen. Die Indifferenzkurven in der Güterbox bilden die Präferenzen der Verbraucher ab. Pareto-optimal sind nur Kombinationen von Gütermengen, die auf der Kontraktkurve von Tangentialpunkten der Indifferenzkurven liegen. Nur diese Tangentialpunkte sichern, dass ein Haushalt seine Position durch Tausch nicht verbessern kann, ohne einen anderen Haushalt schlechter zu stellen.

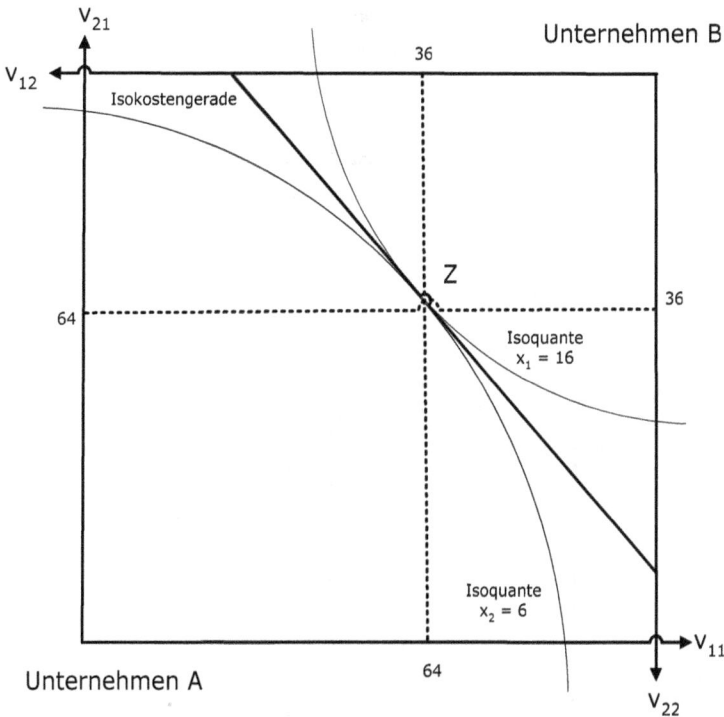

Abbildung 4.13: Gleichgewicht auf dem Faktormarkt

Das optimale Einsatzverhältnis der Produktionsfaktoren Arbeit und Kapital wird durch das Verhältnis der Faktorpreise und das Verhältnis der Grenzprodukte bestimmt. Im Produktionsplan Z stimmt das Verhältnis der Grenzprodukte in beiden Produktionen überein. Die Bewertung des Faktormarktes (Verhältnis der Faktorpreise) entspricht der Bewertung der Unternehmen (Verhältnis der Grenzprodukte). Die Minimalkostenkombination der Produktionsfaktoren ist in beiden Unternehmen erreicht.

Das sozialökonomische Optimum im Plan Z ist nur gesichert, wenn die Marktpreise der beiden Produkte dem Verhältnis der Grenznutzen von beiden Haushalten entspricht. Der Plan Z umfasst also zwei Haushaltsgleichgewichte, die zugleich erfüllt sein müssen. Die Haushalte bekunden aber nicht nur Präferenzen für die beiden Konsumgüter, sondern auch für Arbeit und Kapital.

Ohne Arbeit entsteht kein Lohneinkommen und ohne Konsumverzicht keine Ersparnis. Das Kapital wiederum bildet sich aus den kumulativen Ersparnissen (Investitionen) der Vergangenheit. In diesem Modell entstehen Einkommen endogen durch Arbeit und Kapital. **Abbildung 4.15** erfasst Angebot und Nachfrage nach Arbeit und Kapital, die sich im Produktionsplan Z ergeben. Im Sozialökonomischen Optimum müssen aus der Sicht der Unternehmen und Haushalte gleichzeitig vier Inputregeln für Arbeit und Kapital erfüllt sein.

Die entsprechenden Nachfragemengen der Unternehmen an Arbeit und Kapital können aber nur beschafft werden, wenn die Haushalte bereit sind, bei den Reallohnsätzen und Realzinsätzen des Marktes die gewünschten Faktormengen auch anzubieten.

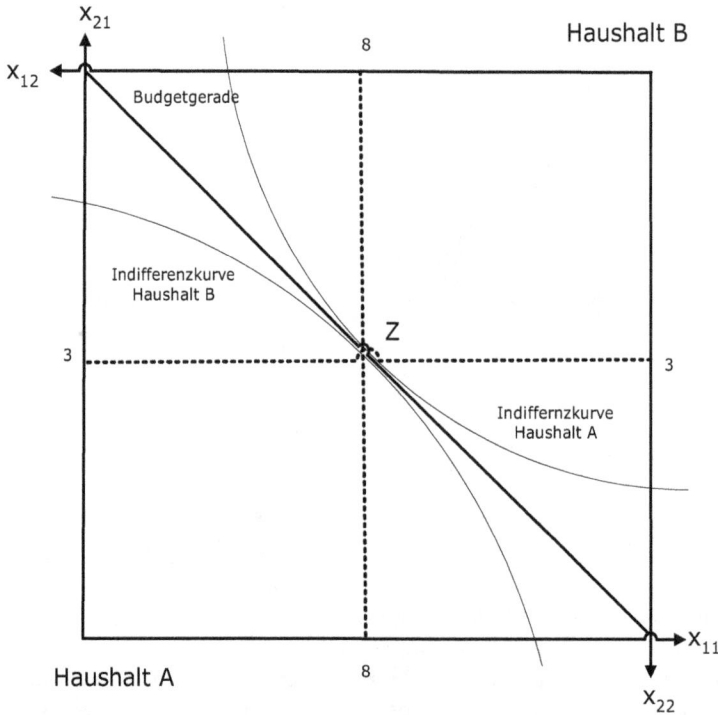

Abbildung 4.14: Gleichgewicht auf dem Gütermarkt

Die optimale Aufteilung der Güter wird durch das Verhältnis der Güterpreise, das Verhältnis der Grenznutzen der beiden Güter und die Einkommen bestimmt. Im Konsumplan Z stimmt das Verhältnis der Grenznutzen für beide Haushalte überein. Die Bewertung des Marktes (Verhältnis der Güterpreise) und die Bewertung der Haushalte (Verhältnis der Grenznutzen) stimmt im Marktgleichgewicht überein. Für beide Haushalte sind die Bedingungen des Haushaltsgleichgewichts erfüllt.

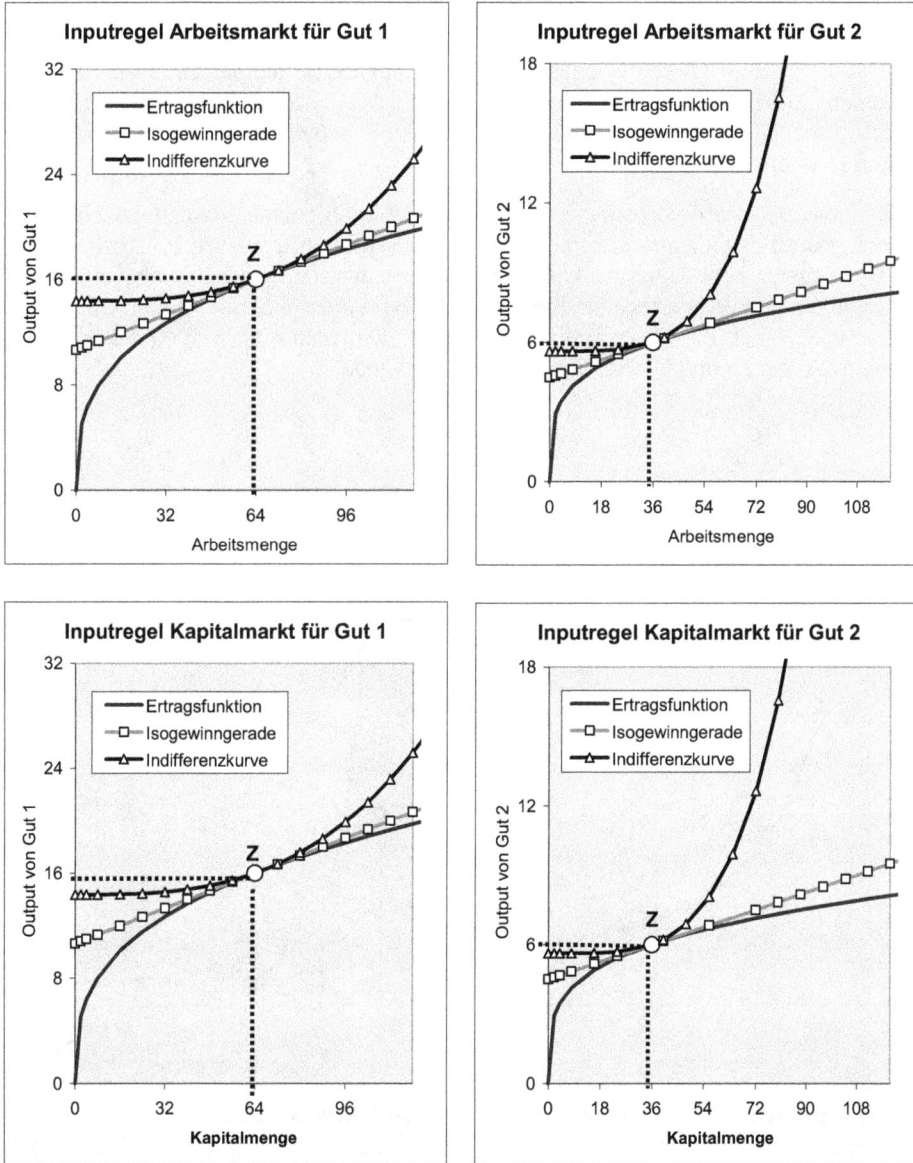

Abbildung 4.15: Inputregeln für die Faktormärkte
Die Inputregel ist erfüllt, wenn der Reallohnsatz (Realzinssatz) dem Grenzprodukt der Arbeit (Grenzprodukt des Kapitals) entspricht. Zugleich stimmt der Arbeit-Konsum-Plan mit den Wünschen der Haushalte überein.

In **Abbildung 4.16** wird zusätzlich demonstriert, dass im sozialökonomischen Optimum in beiden Unternehmen die Minimalkostenkombinationen der Produktionsfaktoren realisiert werden. Dieses Ergebnis war bereits aus der Edgeworth-Box für die beiden Produktionsfaktoren bekannt. Da beide Unternehmen annahmegemäß die gleichen Faktorpreise für Arbeit und Kapital zahlen, entsprechen die relativen Faktorpreise in beiden Unternehmen dem Verhältnis ihrer Grenzprodukte.

Wenn die Annahmen der vollkommenen Konkurrenz erfüllt sind, können Unternehmen keine hohen residualen Gewinne schöpfen. Bei freiem Marktzutritt werden bei Auftreten von residualen Gewinnen neue Unternehmen in den Markt eintreten, das Güterangebot erhöhen und in Reaktion auf die Nachfrage die Preise senken. Bei vollkommener Konkurrenz werden Güterpreise beobachtet, die Kostenpreisen und damit dem ‚natürlichen Wert' entsprechen, den bereits Adam Smith und David Ricardo analysiert haben.

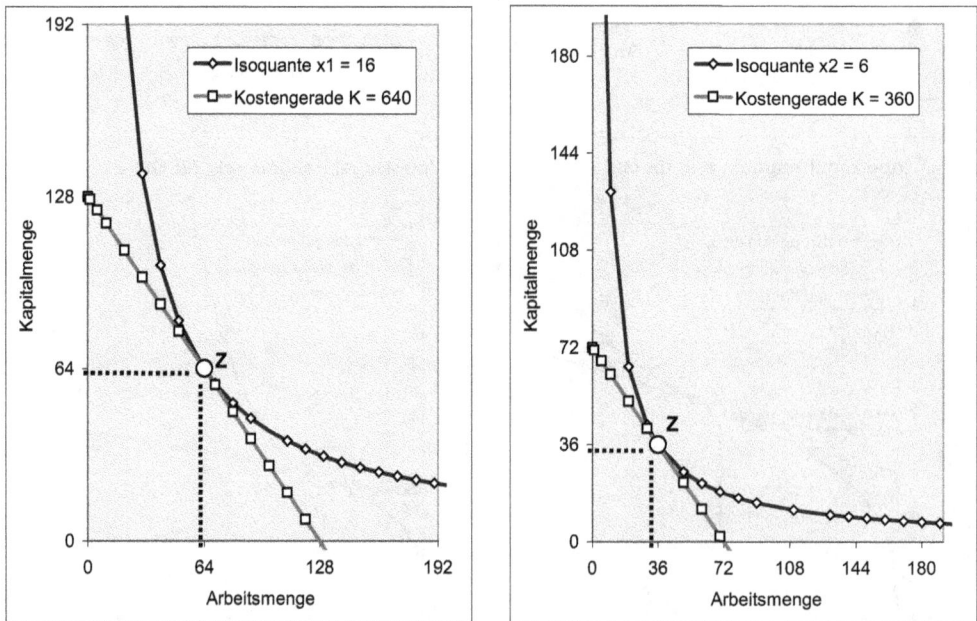

Abbildung 4.16: Minimalkostenkombination der Produktionsfaktoren
Die Minimalkostenkombination der Produktionsfaktoren ist erreicht, wenn das Faktorpreisverhältnis (Lohnsatz/Zinssatz) dem Verhältnis der Grenzprodukte von Arbeit und Kapital entspricht.

In unserem Beispiel decken die Erlöse der beiden Unternehmen genau die gesamten Produktionskosten (**Abbildung 4.17**). In diesem Fall stimmen Grenzkosten mit Grenzerlösen und Durchschnittskosten (Stückkosten) mit Stückerlösen überein. Die Unternehmen zahlen alle Einnahmen auf den Verkäufen der Produkte an die Haushalte für die Entlohnung der Produktionsfaktoren aus. Über die Höhe der Entlohnung wird durch Angebot und Nachfrage auf den Faktormärkten entschieden.

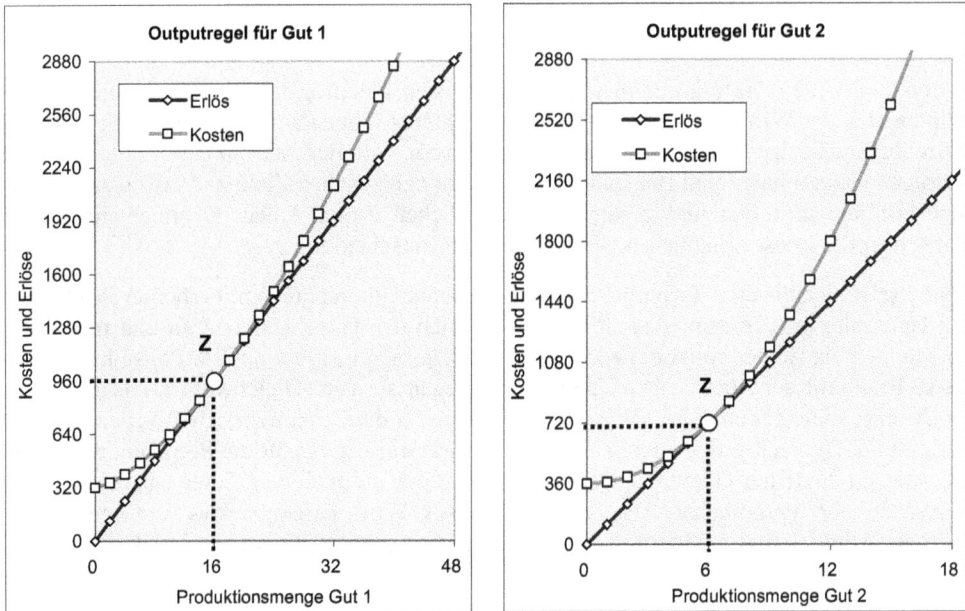

Abbildung 4.17: Outputregeln für die Gütermärkte
Die Outputregel für einen gewinnmaximalen Produktionsplan ist erfüllt, wenn der Produktpreis den Grenzkosten entspricht. Die Unternehmung erwirtschaftet Gewinne, wenn der Stückerlös größer als die Stückkosten ist.

Im vorliegenden Modell wird angenommen, dass in beiden Produktionen lineare Skalenerträge beobachtet werden. Dies setzt voraus, dass alle drei Faktoren (Arbeit, Kapital, Boden) in beliebigen Mengen auf den Faktormärkten beschafft werden können. Bei vollkommener Konkurrenz und linear-homogenen Produktionsfunktionen ergeben sich in diesem Fall lineare Kostenfunktionen. Lineare Kosten- und Erlösfunktionen führen nicht zu optimalen Betriebsgrößen. Unter diesen idealtypischen Annahmen kann kein sozialökonomisches Optimum berechnet werden. Die optimale Lösung ist unbestimmt.

Wir nehmen deshalb an, dass in beiden Sektoren zwei variable Produktionsfaktoren (Arbeit, Kapital) eingesetzt werden und ein fixer Produktionsfaktor (Boden) zu berücksichtigen ist. Für die variablen Faktoren ist eine Obergrenze festgelegt, die im Einklang mit der Bevölkerungsgröße und dem Kapitalbestand steht. Der fixe Produktionsfaktor Boden ist nicht variierbar. Er ist verantwortlich für die unterlinearen Skalenerträge in der Produktion. Damit ist die Konkavität der Produktionsfunktion begründet.

Ein allgemeines Gleichgewicht ist erreicht, wenn auf allen Märkten das Angebot der Nachfrage entspricht. Sofern wir für die Präferenzordnung Konvexität und für die Produktionsfunktionen Konkavität annehmen, ist unter den Bedingungen der vollkommenen Konkurrenz ein allgemeines Gleichgewicht auch zugleich ein Pareto-Optimum. Ein Pareto-Optimum ist keinesfalls ein Schlaraffenland. Aber immerhin ist eine Situation erreicht, in der sich niemand verbessern kann, ohne zugleich einen anderen schlechter zu stellen.

Faktor- und Gütermärkte koordinieren in den meisten Fällen effizient die heterogenen Einzelinteressen der Wirtschaftssubjekte. Staatliche Interventionen auf den Märkten bevorzugen in der Regel einzelne Gruppen der Gesellschaft. In der Welt der mikroökonomischen Theorie verfolgen Unternehmen und Haushalte ihre eigenen egoistischen Ziele und lassen sich wenig von Wohlfahrtskriterien und gesamtgesellschaftlichen Zielen leiten. Dennoch nimmt der Markt über die Preise erheblichen Einfluss auf ihre Entscheidungen.

Hohe Preise signalisieren Knappheit. Darauf reagieren Unternehmen mit erhöhter Produktion und Haushalte mit Konsumverzicht. Sie passen sich den Gegebenheiten an und reduzieren die Mengen, da sie bei vollkommener Konkurrenz keinen Einfluss auf die Preise haben. Die Preise bestimmt der Markt, aber Unternehmen legen sie fest. Gleichwohl ergibt sich trotz egoistischer Ziele der einzelnen Wirtschaftssubjekte für die Gesamtwirtschaft kein schlechtes Gesamtbild. Die rechzeitige Anpassung an die Marktpreise sorgt für die Räumung des Marktes. Alle produzierten Güter werden verkauft und die produzierten Güter entsprechen den Wünschen der Verbraucher. Das Ergebnis dieses Wirtschaftsprozesses ist eine paretooptimale Allokation von Gütern und Faktoren, die zu einer Verbesserung der Lebensbedingungen beiträgt.

Der Markt vermag die divergierenden Einzelinteressen der Wirtschaftssubjekte gut zu koordinieren. Deshalb spricht Adam Smith davon, dass der Markt die einzelnen mit ,unsichtbarer Hand' lenkt und zu einem gesellschaftlich wünschenswerten Ergebnis führt. Ohne es eigentlich zu wollen, tun die Beteiligten genau das, was der Gesellschaft nützt.

4.9   Unvollkommenheiten des Marktes

Ein gesamtwirtschaftliches Gleichgewicht wird erreicht, wenn auf allen Märkten die Bedingungen der vollständigen Konkurrenz erfüllt sind. Das Ergebnis entspricht einem Pareto-Optimum. Aus der gesamtwirtschaftlichen Sicht kann kein Plan gefunden werden, der ein einzelnes Wirtschaftssubjekt besser stellt, ohne zugleich ein anderes Wirtschaftssubjekt zu benachteiligen.

Märkte mit unvollständiger Konkurrenz entstehen, wenn der freie Marktzutritt nicht gewährleistet ist und Eigentumsrechte nicht klar zugeordnet oder einseitig verteilt sind. Marktfehler können die optimalen Ergebnisse eines allgemeinen Gleichgewichts verhindern. Hierzu zählen Marktmacht, negative externe Effekte und unvollkommene Information. Zudem ist es für die Bereitstellung öffentlicher Güter schwierig, entsprechende Märkte zu etablieren. Marktunvollkommenheiten, die Monopole, Oligopole und monopolistische Konkurrenz entstehen lassen, haben wir zuvor behandelt.

4.9.1   Stabilität

Bei komparativ-statischer Betrachtung des Wirtschaftsgeschehens werfen Preisschwankungen Fragen nach der Stabilität des Marktes auf. Auf vielen Märkten werden periodische Preis- und Mengenschwankungen beobachtet, die mit der Vorstellung eines allgemeinen volkswirtschaftlichen Gleichgewichts schwer vereinbar sind. Hierzu zählen insbesondere Schwankungen auf Märkten für Rohstoffe und Agrarprodukte. Am bekanntesten ist der Schweinezyklus in der Landwirtschaft. In Deutschland und den USA wurden um 1930 drei- bis vierjährige Zyklen der Schweinepreise beobachtet. Ursache dieser Zyklen ist die Tatsache, dass Landwirte (Anbieter) ihre Produktion nach den Preisen der Vorperiode festlegen, während Konsumenten (Nachfrager) ihre Konsumentscheidungen aufgrund der Preise der laufenden Periode treffen. Wird ein Markt nach einer Störung aber wieder ein neues Gleichgewicht finden? Störungen des Marktgleichgewichts können sowohl in der Veränderung der Nachfrage als auch in der Veränderung des Angebots begründet sein.

Die Nachfrage ändert sich, wenn Präferenzen, Güterpreise, Einkommen oder die Anzahl der Nachfrager sich verändern. Die Angebotsfunktion ändert ihren Verlauf und ihre Lage, wenn sich Produktionsfunktion, Güterpreise, Faktorpreise, oder die Anzahl der Anbieter ändert. Der in Ungarn geborene Ökonom **Nicholas Kaldor** (1908–1986) entwickelte ein dynamisches Modell, in dem zeitliche Verzögerungen für die Reaktion der Anbieter und Nachfrager auf Marktpreise berücksichtigt werden. Das Ergebnis sind zyklische Schwankungen von Preisen und Mengen, die an Spinngewebe erinnern. Das Modell wird deshalb auch als Spinnweb-Theorem (Cobweb Theory) bezeichnet.

Das Modell geht zunächst von der Prämisse aus, dass das Angebot der Unternehmen sich nach den Preisen der Vorperiode richtet, während die Nachfrage der Haushalte sich am Preis der laufenden Periode orientiert. Der Einfachheit halber werden im folgenden Modell lineare Angebots- und Nachfragefunktionen unterstellt.

Die Nachfrager bestimmen den Preis und die Anbieter die Menge.

(71) $x_t^N = a - bp_t$ Nachfragefunktion
(72) $x_t^A = c + dp_{t-1}$ Angebotsfunktion
(73) $x_t^A = x_t^N$ Marktgleichgewicht
(74) $p_t = [p_o - (c-a)/(b-d)] [d/b]^t + (c-a)/(b-d)$ Gleichgewichtspreis

Die Angebots- und Nachfragefunktionen zeigen, wie die Anbieter und Nachfrager ihre Mangen an den jeweiligen Marktpreis anpassen. Die Länge der Produktionsperiode (t) wird durch die Dauer der Produktion des herzustellenden Gutes bestimmt. Ausgangspunkt der Überlegungen ist ein Marktgleichgewicht.

Im nächsten Schritt wird eine Verschiebung der Angebotsfunktion analysiert. Welche Auswirkungen wird eine Änderung der Kosten auf die Stabilität des Marktes haben? Entscheidend für die Stabilität ist wiederum, welche absolute Steigung die Angebots- und Nachfragefunktionen haben. Im Modell der vollkommen Konkurrenz ist zu erwarten, dass Unternehmen die Marktmacht haben, gestiegene Kosten auf den Preis zu überwälzen. Es wird daher angenommen, dass die Nachfrager mit einer zeitlichen Verzögerung auf die Erhöhung des Marktpreises reagieren, während die Unternehmen einen Preis bestimmen, der ihre gesamten Produktionskosten deckt.

Die Anbieter bestimmen den Preis und die Nachfrager die Menge.

(75) $x_t^N = a - bp_{t-1}$ Nachfragefunktion
(76) $x_t^A = c + dp_t$ Angebotsfunktion
(77) $x_t^A = x_t^N$ Marktgleichgewicht
(78) $p_t = [p_o - (c-a)/(b-d)] [b/d]^t + (c-a)/(b-d)$ Gleichgewichtspreis

Die Differenzengleichungen 1. Ordnung geben die Preisentwicklung im Zeitablauf wieder. Der Ausdruck (c-a)/(b-d) entspricht dem Gleichgewichtspreis. Die Lösung der Modelle ist kompliziert, da Differenzengleichungen zu lösen sind. Es werden daher die graphischen Lösungen für die vier Fälle vorgestellt. Die Ergebnisse werden in **Abbildung 4.18** erfasst.

Bei der komparativ-statischen Analyse wird die Preisentwicklung im Zeitablauf analysiert, wenn sich die Nachfrage oder das Angebot ändert. Das Cobweb-Modell zeigt, dass es von den Steigungen der Angebots- und Nachfragefunktionen abhängt, ob ein neues Marktgleichgewicht erreicht wird. Vier Fälle werden unterschieden. Die Fälle unterscheiden sich durch unterschiedliche Steigungen und Verschiebungen der Angebots- und Nachfragefunktionen. In allen vier Fällen ist ein Marktgleichgewicht Ausgangspunkt der komparativ-statischen Analyse. Untersucht werden die Auswirkungen von Verschiebungen der Angebots- und Nachfragefunktionen auf die Stabilität des Marktes.

Im **Fall A** sind eine steile Angebotsfunktion und eine flache Nachfragefunktion gegeben, die zu einem neuen Marktgleichgewicht führt. Untersucht wird eine parallele Verschiebung der Nachfragefunktion. Die Nachfrager bestimmen den Preis und die Anbieter die Menge. Der Produktpreis der Vorperiode bestimmt die Produktion der Unternehmen. Im vorliegenden Fall werden konvergierende Preis- und Mengenfluktuationen beobachtet, die zu einem neuen Marktgleichgewicht führen. Der Markt ist stabil.

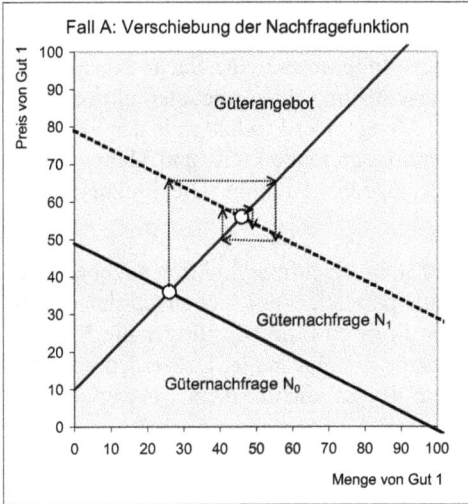

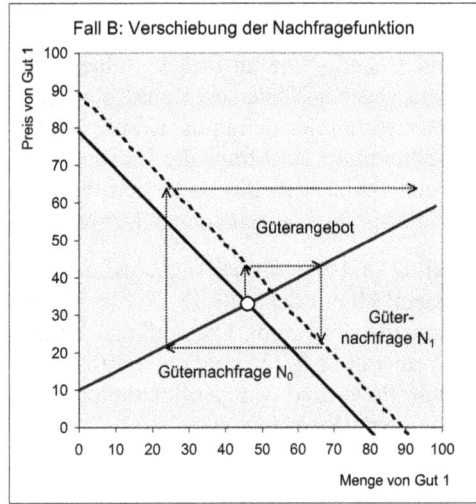

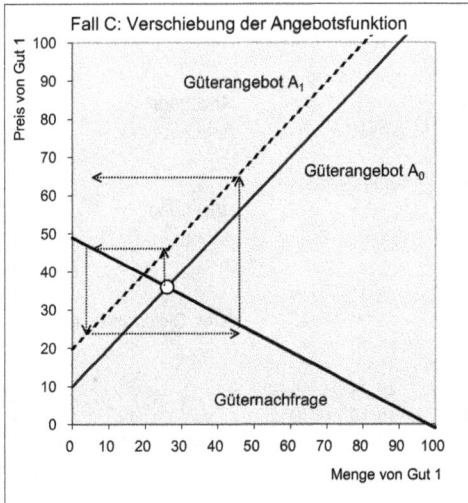

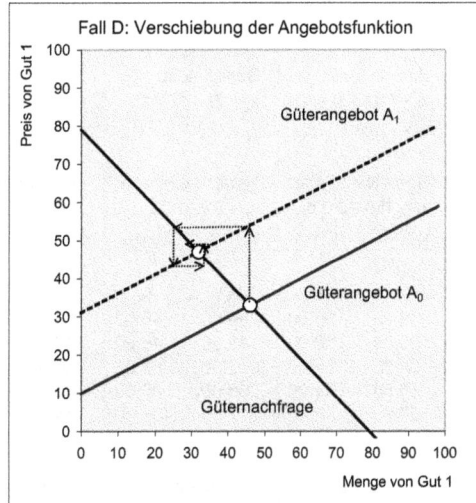

Abbildung 4.18: Stabilität

Das Cobweb-Modell analysiert die Stabilität der Märkte. Im Fall der Nachfrageverschiebung werden Preis- und Mengenfluktuationen beobachtet, die im Uhrzeigersinn verlaufen. Bei Verschiebung der Angebotsfunktion verlaufen die Anpassungen entgegen dem Uhrzeigersinn.

Im **Fall B** sind eine flache Angebotsfunktion und eine steile Nachfragefunktion gegeben. Wiederum wird eine parallele Verschiebungen der Nachfragefunktion untersucht. Wie im Fall A bestimmen die Nachfrager den Preis und die Anbieter die Menge. Der Produktpreis der Vorperiode bestimmt die Produktionsmenge der Unternehmen. Es werden divergierende

Preis- und Mengenfluktuationen beobachtet, die zu immer größeren Schwankungen führen. Es wird kein neues Marktgleichgewicht erreicht. Der Markt ist instabil.

Im **Fall C** sind – wie im Fall A – eine steile Angebotsfunktion und eine flache Nachfragefunktion gegeben. Untersucht wird eine parallele Verschiebung der Angebotsfunktion. Die Anbieter bestimmen den Preis und die Nachfrager die Menge. Der Produktpreis der Vorperiode bestimmt die Nachfrage der Haushalte. Es werden divergierende Preis- und Mengenfluktuationen beobachtet, die zu keinem neuen Marktgleichgewicht führen. Die Fluktuationen von Preis und Menge nehmen zu. Der Markt ist instabil.

Im **Fall D** sind eine flache Angebotsfunktion und eine steile Nachfragefunktion gegeben. Sie sind identisch mit dem Fall B. Wie im Fall C wird eine parallele Verschiebungen der Angebotsfunktion untersucht. Die Anbieter bestimmen den Preis und die Nachfrager die Menge. Der Produktpreis der Vorperiode bestimmt die Nachfrage der Haushalte. Es werden konvergierende Preis- und Mengenfluktuationen beobachtet, die zu einem neuen Marktgleichgewicht führen. Der Markt ist stabil.

	FALL A		FALL B		FALL C		FALL D		
	Basislösung		Basislösung		Basislösung		Basislösung		
	$x_t = 98 - 2.0\,p_t$		$x_t = 79 - 1.0\,p_t$		$x_t = 98 - 2.0\,p_{t-1}$		$x_t = 79 - 1.0\,p_{t-1}$		Nachfrage
	$x_t = -10 + 1.0\,p_{t-1}$		$x_t = -20 + 2.0\,p_{t-1}$		$x_t = -10 + 1.0\,p_t$		$x_t = -20 + 2.0\,p_t$		Angebot
	Neue Nachfrage		Neue Nachfrage		Neues Angebot		Neues Angebot		
	$x_t = 158 - 2.0\,p_t$		$x_t = 89 - 1.0\,p_t$		$x_t = 98 - 2.0\,p_{t-1}$		$x_t = 79 - 1.0\,p_{t-1}$		Nachfrage
	$x_t = -10 + 1.0\,p_{t-1}$		$x_t = -20 + 2.0\,p_{t-1}$		$x_t = -20 + 1.0\,p_t$		$x_t = -62 + 2.0\,p_t$		Angebot
t	p_t	x_t	p_t	x_t	p_t	x_t	p_t	x_t	
0	36.00	26.00	33.00	46.00	36.00	26.00	33.00	46.00	Altes Gleichgewicht
1	66.00	26.00	43.00	46.00	46.00	26.00	54.00	46.00	
2	51.00	56.00	23.00	66.00	26.00	6.00	43.50	25.00	
3	58.50	41.00	63.00	26.00	66.00	46.00	48.75	35.50	
4	54.75	48.50	-17.00	106.00	-14.00	-34.00	46.13	30.25	
100	56.00	46.00	-	-	-	-	47.00	32.00	Neues Gleichgewicht
	Stabil		Instabil		Instabil		Stabil		
	$|b| > |d|$		$|b| < |d|$		$|b| > |d|$		$|b| < |d|$		Steigung der Funktionen

Table 4.7: Spinnweb-Theorem
Das Spinnweb-Theorem analysiert die Stabilität der Märkte für den Fall von zeitlichen Verzögerungen. In den Fällen A und B bestimmen die Nachfrager den Preis und die Anbieter die Menge. In den Fällen C und D ist es umgekehrt.

Die numerischen Ergebnisse der vier Modelle werden in **Tabelle 4.7** erfasst. Der Einfachheit halber wird ein linearer Verlauf der Angebots- und Nachfragefunktionen unterstellt. Nichtlineare Angebots- und Nachfragefunktionen können je nach Verlauf die Anpassungsprobleme reduzieren und verstärken. Prinzipiell sind aber die gleichen Beobachtungen zu erwarten.

Verschiebung der Nachfragefunktion

Berücksichtigt man zeitliche Verzögerungen, so wird ein neuer Gleichgewichtspreis bei einer Nachfrageverschiebung nicht sofort, unter gewissen Bedingungen überhaupt nicht, erreicht. Ein neues Marktgleichgewicht ist abhängig von den Steigungen der Angebots- und Nachfragefunktionen. Wenn der absolute Wert der Steigung der Angebotsfunktion steiler ist als der absolute Wert der Steigung der Nachfragefunktion (Fall A), wird bei Nachfrageverschiebungen nach einem langen zyklischen Anpassungsprozess ein neues Marktgleichgewicht erreicht.

In der Basislösung ($t = 0$) werden ein Gleichgewichtspreis von $p_1 = 36$ und eine Gleichgewichtsmenge von $x_1 = 26$ erreicht. Die Verschiebung der Nachfragefunktion nach außen führt in der nächsten Periode ($t = 1$) zu einem deutlich höherem Preis von $p_1 = 66$. Bei diesem höheren Marktpreis produzieren die Unternehmen entsprechend ihrer Angebotsfunktion (Grenzkostenfunktion) eine größere Produktmenge von $x_1 = 56$. Die produzierte Gütermenge kann aber nicht zu dem Marktpreis der Periode $t = 1$ in Höhe von $p_1 = 66$ abgesetzt werden, sondern nur zu einem geringeren Marktpreis, der von den Nachfragern mit $p_1 = 51$ bestimmt wird. Aufgrund des Preisverfalls reduzieren die Unternehmen ihre Produktionskapazitäten und produzieren in der Periode $t = 2$ eine Produktmenge von $x_1 = 41$, die dem Marktpreis der Vorperiode entspricht. Die Nachfrager sind jedoch bereit, für diese Produktmenge einen höheren Preis als in der Vorperiode zu zahlen. Die Folge ist, dass der Marktpreis wieder nach oben geht. Der neue Gleichgewichtspreis wird erst nach vielen Perioden erreicht. Mit jeder Produktionsperiode nehmen allerdings die Schwankungen von Preis und Menge ab. Am Ende des Anpassungsprozesse wird ein neuer Marktkreis von $p_1 = 56$ und eine Produktmenge von $x_1 = 46$ erreicht. Für den Fall, dass es in den folgenden Perioden zu keinen weiteren Verschiebungen der Angebots- oder Nachfragefunktion kommt, verharrt der Markt in diesem Gleichgewicht.

Verschiebung der Angebotsfunktion

Im Modell der vollkommenen Konkurrenz ist die Grenzkostenfunktion die Angebotsfunktion der Unternehmung. Eine Verschiebung der Angebotsfunktion wird daher mit einer Verschiebung der Grenzkostenfunktion begründet. Faktorpreise, Produktivität der Faktoren und Faktorbeschränkungen bestimmen den Verlauf der Kostenfunktion.

Hat die Angebotsfunktion aufgrund eines ungünstigen Kostenverlaufs eine steilere Steigung als die Nachfragefunktion, so birgt eine Verschiebung der Angebotsfunktion Gefahren für die Stabilität des Marktes. Das belegt der Fall C. In dem vorliegenden Fall kommt es zu zyklischen Schwankungen, die schon nach 3 Perioden zu einem Zusammenbruch des Marktes führen.

Im Fall D dagegen weist die Angebotsfunktion eine geringere Steigung als die Nachfragefunktion auf. Die Anbieter reagieren flexibler mit ihren Mengen auf Preiserhöhungen als die Nachfrager. In der Basislösung ($t = 0$) werden ein Gleichgewichtspreis von $p_1 = 33$ und eine Gleichgewichtsmenge von $x_1 = 46$ beobachtet. Die Verschiebung der Angebotsfunktion nach oben führt in der nächsten Periode ($t = 1$) zu einem höherem Preis von $p_1 = 54$. In diesem Fall bestimmen die Anbieter den Preis und die Nachfrager die tatsächlich abgesetzte Menge. Zu diesem hohen Preis kann jedoch die gesamte Produktion nicht abgesetzt werden, da die Nachfrager bei diesem Preis nur bereit sind, eine Menge von $x_1 = 25$ abzunehmen. Diese geringe Menge sind die Unternehmen bereit, zu einem Preis von $p_1 = 43.50$ anzubieten, worauf die Nachfrager mit einer Erhöhung der nachgefragten Menge auf $x_1 = 35.50$ reagieren. Die immer geringer werdenden zyklischen Schwankungen enden in einem neuen Marktgleichgewicht mit einem Preis von $p_1 = 47$ und einer Menge von $x_1 = 32$. Die Kostenerhöhung in der Produktion führt zu einem höheren Gleichgewichtspreis und einer geringeren Gleichgewichtsmenge. Für den Fall, dass es in den folgenden Perioden zu keinen weiteren Verschiebungen der Angebots- oder Nachfragefunktion kommt, verharrt der Markt in dem neuen Gleichgewicht.

Bei gleicher absoluter Steigung der Angebots- und Nachfragefunktionen werden gleichmäßige Fluktuationen von Preisen und Mengen beobachtet, die zu keinem neuen Marktgleichgewicht führen. In diesem Fall treten zyklische Schwankungen um ein mögliches neues Marktgleichgewicht auf, das aber nicht erreicht wird. Derartige zyklische Schwankungen sind vielfach in verbundenen Märkten der Landwirtschaft beobachtet worden. Zyklische Schwankungen von Preisen und Mengen für Schweinen und Kartoffeln sind belegte Beispiele. Zwischen diesen Märkten besteht eine Abhängigkeit, da Kartoffeln in großen Mengen als wichtiges Futtermittel in der Schweinemast verwendet werden.

4.9.2 Externe Effekte

Die Allokation wird in einer Marktwirtschaft vielfach durch externe Effekte beeinflusst. Es handelt sich dabei um Auswirkungen von Produktions- und Konsumaktivitäten auf Dritte, die nicht kompensiert werden. Ein Geschädigter enthält keine Entschädigung für negative externe Effekte und ein Nutznießer muss für positive externe Effekte keinen Gegenleistung erbringen.

Externe Effekte sind eine häufige Form von Marktversagen und zeigen die Grenzen mikroökonomischer Theorie auf. Man unterscheidet zwischen positiven und negativen externen Effekten. In der folgenden Aufstellung wird zwischen Aktivitäten und ihren externen Effekten auf andere unterschieden.

Beispiele für positive externe Effekte von Konsumaktivitäten
- Arbeit des Nachbarn im Garten (schöner Anblick des Blumengartens)
- Renovierung eines Hauses (Ansprechendes Straßenbild)
- Restaurierung von historischen Gebäuden (wertvolles Stadtbild)
- Angebot von Bildungs- und Kulturaktivitäten (kulturelle Vielfalt)

Beispiele für negative externe Effekte von Konsumaktivitäten
- Rauchen (Gesundheitsprobleme durch Passivrauchen, Kippen auf den Gehwegen)
- Feiern, musizieren, streiten, Hunde bellen lassen (Lärmbelästigung durch Nachbarn, Rauch- und Geruchsbelästigung durch Grillfest)
- Auto fahren (Atemwegserkrankungen und Waldsterben durch Schadstoffemissionen, Zeitverlust durch Verkehrsstau)
- Kaugummi kauen (Kaugummiflecken in der Fußgängerzone, unter Schuhsolen und Kirchenbänken)
- Hundes spazieren führen (Hundedreck in den Straßen und Anlagen)
- Abfall in der Natur entsorgen (Schäden durch wilde Deponie)

Beispiele für positive externe Effekte von Produktionsaktivitäten

- Räumliche Konzentration von Wirtschaftsaktivitäten (Agglomerationseffekte in Städten)
- Imkerei und Obstkulturen (Vorteile benachbarter Wirtschaftsaktivitäten)
- Ausgebautes Verkehrsnetz (Reichhaltiges Angebot von Transportleistungen)
- Öffentlicher Nahverkehr (Einfacher Weg zur Arbeit)
- Neue Technologie (Diffusion von Technologien in andere Branchen)

Beispiele für negative externe Effekte von Produktionsaktivitäten

- Papierproduktion (Schäden in der Fischerei durch Wasserverschmutzung, höhere Kosten der Wasseraufbereitung in Kläranlagen)
- Stahlproduktion (Gesundheitsschäden durch Luft- und Wasserverschmutzung)
- Transport (Waldschäden und Gesundheitsschäden durch Schadstoffemissionen, Kosten durch Verkehrsstau)
- Landwirtschaft (Wasserverschmutzung durch Dünger und Pestizide)
- Emissionen der Industrie und des Verkehrs (Bodenverschmutzung durch sauren Regen)
- Schwefeldioxidemissionen von Kraftwerken (Bauschäden, Atemwegserkrankungen)
- Dioxinausstoß durch Müllverbrennungsanlagen (Krebserkrankungen)
- Schwermetallausstoß im Straßenverkehr durch verbleites Benzin und Katalysatoren (Atemwegserkrankungen, Vergiftungen)
- Lärm und Abgase von Flughäfen (Lärmbelästigung, Atemwegserkrankungen)
- Wildschäden in der Forstwirtschaft (Verbiss von Bäumen, Schädigung der Ernte)

Nicht immer verursachen externe Effekte auch externe Kosten. Wenn negative externe Effekte im Produktionsbereich auftreten weichen, die privaten Grenzkosten des einzelnen Unternehmens von den gesamtwirtschaftlichen sozialen Grenzkosten ab.

Produktion von Papier

In dem folgenden Beispiel wird gezeigt, wie die externen Kosten der Papierproduktion erfasst und die sozialen Gesamtkosten der Papierproduktion ermittelt werden können. Das Ziel der Überlegungen ist, die Papierindustrie dazu zu bewegen, die gesamten Kosten der Papierproduktion in ihrer Preiskalkulation zu berücksichtigen, die der Gesellschaft entstehen. In diesem Fall spricht man von Internalisierung der externen Kosten durch das Unternehmen.

Zur Produktion von Papier werden große Mengen von Wasser benötigt. Deshalb wählen Papierfabriken in der Regel einen Standort an Flüssen und Gewässern. Leitet die Papierfabrik ihre Abwässer ungeklärt in den Fluss, so ist damit zu rechnen, dass die Fischerei an diesem Fluss negativ betroffen und die Trinkwasseraufbereitung aus Flusswasser erheblich teurer wird. In dem folgenden Beispiel wird deshalb die Papierfabrik durch eine staatliche Verordnung verpflichtet, eine eigene Kläranlage zu betreiben und nur geklärtes Abwasser in den Fluss einzuleiten.

Ausgangspunkt der Überlegung ist eine gesamtwirtschaftliche Kostenfunktion für die Papierindustrie, die fixe und variable Produktionskosten umfasst. Die Kosten der Wasseraufbereitung steigen linear mit der produzierten Menge an Papier.

Allgemein   *Beispiel*

(79) $K = f(x_1)$ $K = 1000 + x_1^{2.0}$ Kostenfunktion ohne externe Kosten
(80) $E = ex_1$ $E = 30x_1$ Externe Kosten
(81) $C = K + E$ $C = 1000 + x_1^{2.0} + 30x_1$ Kostenfunktion mit externen Kosten

(82) $dK/dx_1 = f(x_1)$ $dK/dx_1 = 2x_1$ Grenzkosten ohne externe Kosten
(83) $dC/dx_1 = f(x_1)$ $dC/dx_1 = 2x_1 + 30$ Grenzkosten mit externen Kosten

Legende
K = Gesamtkosten ohne externe Kosten (Euro)
E = Externe Kosten der Wasseraufbereitung (Euro)
e = Externe Kosten pro Produkteinheit (Euro pro Tonne)
C = Gesamtkosten einschließlich der externen Kosten
x_1 = Menge an Papier (Tonnen)

Allgemein   *Beispiel*

(84) $x_1 = f(p_1)$ $x_1 = 120 - p_1$ Nachfragefunktion nach Papier
(85) $p_1 = f(x_1)$ $p_1 = 120 - x_1$ Preis-Absatz-Funktion für Papier

Legende
x_1 = Menge an Papier
p_1 = Preis für Papier

Zunächst wird für die Ausgangssituation ohne externe Kosten der Gleichgewichtspreis für Papier berechnet.

Allgemein   *Beispiel*

(86) $p_1 = dK/dx_1$ $p_1 = 2x_1$ Outputregel für Papierproduzenten
(87) $x_1 = f(p_1)$ $x_1 = 0.5p_1$ Angebotsfunktion der Unternehmung
(89) $x_1 = f(p_1)$ $x_1 = 120 - p_1$ Nachfragefunktion nach Papier
(90) $x_1^A = x_1^N$ $0.5p_1 = 120 - p_1$ Angebotsmenge = Nachfragemenge
                          $p_1 = 80$ Gleichgewichtspreis ohne externe Kosten
(91) $x_1^A = f(p_1)$ $x_1 = 0.5(80)$ Angebotsmenge der Unternehmung
                          $x_1 = 40$
(92) $x_1^N = f(p_1)$ $x_1 = 120 - (80)$ Nachfragemenge der Unternehmung
                          $x_1 = 40$

Ohne externe Kosten ergibt sich ein Gleichgewichtspreis von $p_M = 80$ und eine Gleichgewichtsmenge von $x_M = 40$.

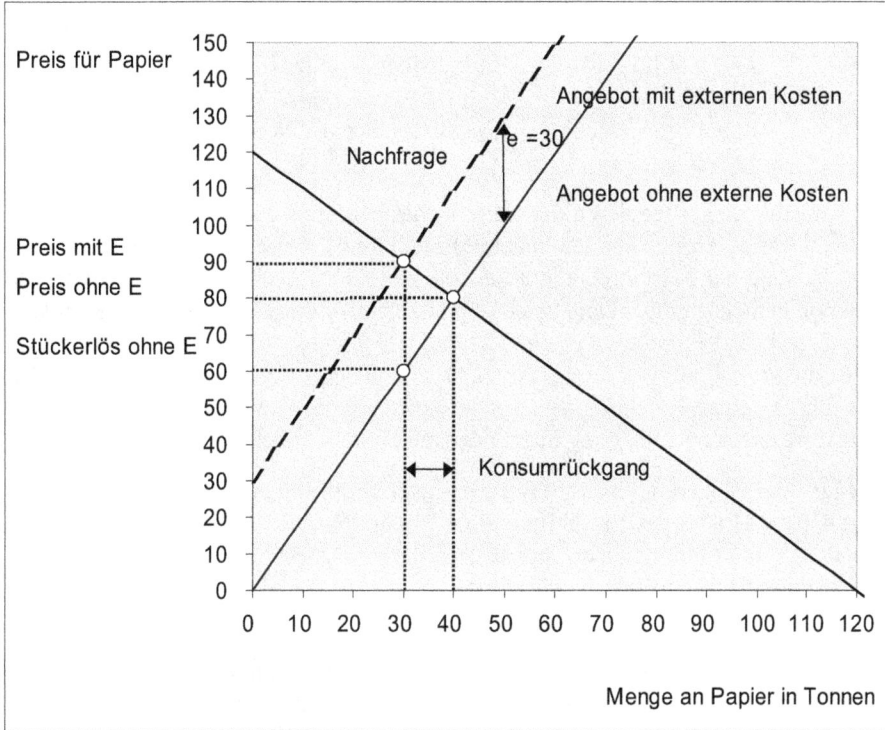

Abbildung 4.6: Berücksichtigung externer Kosten

Die Berücksichtigung externer Kosten verschiebt die Angebotskurve um die externen Kosten pro Produkteinheit (e = 30) nach oben. Bei Berücksichtigung der externen Kosten erhöht sich der Produktpreis, und die nachgefragte und produzierte Menge geht zurück. Die Internalisierung der externen Kosten im Produktpreis führt dazu, dass Nachfrager und Anbieter die externen Kosten gemeinsam tragen.

Der Staat verpflichtet die Papierfabrik, eine eigene Kläranlage zu betreiben. Die Betriebskosten der Kläranlage betragen e = 30 Geldeinheiten pro Tonne Papier. Bei unveränderter Nachfrage ergeben sich höhere Grenzkosten, da die Unternehmen die gesamten Produktionskosten in ihrer Angebotsfunktion berücksichtigen. Die Berechnung der Gleichgewichtsmenge und des Gleichgewichtspreises unter Berücksichtigung der externen Kosten führt zu einer Erhöhung des Papierpreises am Markt auf $p_1 = 90$ und eine Reduktion der nachgefragten Menge an Papier auf $x_1 = 30$.

Allgemein	*Beispiel*	
(93) $p_1 = dK/dx_1$	$p_1 = 2x_1 + 30$	Outputregel für Papierproduzenten
(94) $x_1 = f(p_1)$	$x_1 = 0.5p_1 - 15$	Angebotsfunktion der Unternehmung
(95) $x_1 = f(p_1)$	$x_1 = 120 - p_1$	Nachfragefunktion nach Papier

(96) $x_1^A = x_1^N$ $0.5p_1 - 15 = 120 - p_1$ Angebotsmenge = Nachfragemenge

                    $p_1 = 90$ Gleichgewichtspreis mit externen Kosten

(97) $x_1^A = f(p_1)$ $x_1 = 0.5(90) - 15$ Angebotsmenge der Unternehmung

                    $x_1 = 30$

(98) $x_1^N = f(p_1)$ $x_1 = 120 - (90)$ Nachfragemenge der Haushalte

                    $x_1 = 30$

Wie bei der Mineralölsteuer reagieren die Verbraucher bei ihrem Papierverbrauch mit einer Reduktion der Nachfragemenge auf den höheren Produktpreis. Entscheidend für die effiziente Allokation ist, dass der Marktpreis die gesamten gesellschaftlichen (sozialen) Kosten der Papierproduktion berücksichtigt. Wenn keine schmutzigen Abwässer in die Flüsse eingeleitet werden sollen, wird der Verbraucher einen höheren Produktpreis für Papier zu zahlen haben. Schließlich ist die Produktion von Papier mit einer Kläranlage aufwendiger als ohne sie. Der höhere Preis führt zu einer Reduktion der nachgefragten und produzierten Mengen und einer verringerten Abwassermenge, die einer Kläranlage zugeführt werden muss.

Das Modell zur Internalisierung externer Kosten entspricht in seiner formalen Struktur dem bereits vorgestellten Modell der Einführung einer Mineralölsteuer. Bei der Mineralölsteuer handelt es sich um eine Mengensteuer, während in diesem Beispiel die externen Kosten and die Produktionsmenge von Papier gebunden sind.

Nicht alle externen Kosten lassen sich in ähnlich überzeugender Weise in der Kostenkalkulation von Unternehmen berücksichtigen, wie die Kosten einer Kläranlage für die Papierproduktion. Die Zurechnung von Umweltschäden durch Emissionen des Verkehrs sind ungleich schwieriger, wenn es um Schäden wie das Waldsterben oder die Zunahme von Atemwegserkrankungen geht.

Externe Effekte treten auf, weil vielfach Unternehmen bei ihren gewinnmaximalen Produktionsplänen nur Kosten berücksichtigen, die sie selbst tragen müssen, nicht aber Kosten, die Dritten oder der Allgemeinheit entstehen. Die gleiche Beobachtung gilt auch für Haushalte, die bei ihren nutzenmaximalen Konsumplänen lediglich Ausgaben berücksichtigen, die ihnen persönlich entstehen, nicht aber die Kosten, die Dritten oder der Gesellschaft als Folge ihrer Konsumaktivitäten entstehen.

Es existieren zwei wichtige Instrumente, mit denen soziale und private Grenzkosten in Übereinstimmung gebracht werden können: Die Pigou-Steuer und die Verhandlungslösung von Coase.

Pigou-Steuer

Die Pigou-Steuer wurde 1912 von dem englischen Ökonomen **Arthur Cecil Pigou** (1877–1959) vorgestellt. Mit der Pigou-Steuer soll das Verhalten der Wirtschaftssubjekte so beeinflusst werden, dass ein Pareto-Optimum erreicht wird. Die Pigou-Steuer verfolgt primär nicht den fiskalischen Zweck, Steuereinahmen zu sichern, sondern will als Lenkungsabgabe die Entscheidungen der Wirtschaftssubjekte beeinflussen. Die Mineralölsteuer, die Tabaksteuern und die Alkoholsteuer können als Pigou-Steuern interpretiert werden. Die Berechnung des Steuersatzes einer Pigou-Steuer setzt genaue Kenntnis der Grenzschadenskosten voraus, die als Differenz zwischen den gesamten (sozialen) Grenzkosten und den Grenzkosten des Produzenten definiert sind. Wird im Optimum eine Steuer in Höhe des Grenzschadens erhoben, so werden die externen Kosten in der Kostenrechnung der Unternehmung berücksichtigt (internalisiert). Das Steueraufkommen einer Pigou-Steuer entspricht genau der Summe der externen Kosten, die der Gesellschaft entstehen.

Box 4.4

Private und soziale Kosten

Zwei Produzenten haben ihren Standort an einem Fluss. Eine Papierfabrik leitet das im Rahmen der Produktion entstehende Abwasser ungeklärt in den Fluss. Ein Fischer hat sein Revier weiter unten am Fluss. Durch das Abwasser der Fabrik wird der Gewinn des Fischers verringert. Ohne Regulierung wird die Papierfabrik eine optimale Produktionsmenge festlegen, ohne die externen Auswirkungen auf den Fischer zu beachten. Obwohl beide Produzenten das Ziel der Gewinnmaximierung verfolgen, führen die einzelwirtschaftlichen Lösungen nicht zu einem sozialen Optimum.

Es gibt mehrerer Möglichkeiten, die Papierfabrik zu einer geringeren Verschmutzung des Flusses zu bewegen:

1. Der Staat legt eine Obergrenze für die Verschmutzung des Flusses durch die Papierfabrik fest.

2. Der Handel mit Emissionsrechten für Abwassereinleitungen schränkt die Produktion der Papierfabrik ein.

3. Der Staat erhebt eine Pigousteuer.

4. Eine der beiden Parteien wird nach dem Coase-Theorem das Eigentum an dem Fluss zugesprochen. Es kommt zu einer einvernehmlichen Lösung. Es spielt keine Rolle, wem das Eigentumsrecht zugesprochen wird.

Verhandlungslösung

Der britische Ökonom **Ronald Coase** (*1910) hat gezeigt, dass die Teilnehmer des Marktes Probleme, die durch externe Effekte entstehen, auch ohne staatliche Eingriffe selber lösen können, wenn sie über die Allokation der Ressourcen verhandeln und diese ohne Kosten tauschen können. Das Coase-Theorem[12] setzt die Einführung von Eigentumsrechten voraus. Die Verhandlungspartner müssen völlige Klarheit über ihre Verfügungsrechte haben. Bei

---

[12] Coase, Ronald: The Problem of Social Cost, in: Journal of Law and Economics, Vol. 3 (1960), S. 1–44.

Auftreten von externen Effekten ist das Coase-Theorem die privatwirtschaftliche Antwort auf staatliche Eingriffe. Nach Coase sind unzureichend formulierte Eigentumsrechte oft die Ursache des Auftretens externer Effekte. Wären Eigentumsrechte klar geregelt, würden die Betroffenen in Verhandlungen eintreten und auf diesem Weg ein soziales Optimum erreichen. Die Einführung von Eigentumsrechten führt zur Vermeidung von externen Effekten, unabhängig davon, wem die Eigentumsrechte eingeräumt werden. Beispiele für das Auftreten externer Effekte bei fehlenden Eigentumsrechten oder Regulierungen sind die Übernutzung natürlicher Ressourcen durch Überfischung der Gewässer, Sammeln von Pilzen in Wäldern und Nutzung von Weideland in Allgemeinbesitz.

In der Fischerei führt das Modell des freien Markzutritts zur Übernutzung der erneuerbaren Ressource Fisch[13]. Das Mittelmeer ist seit geraumer Zeit leer gefischt. Ähnliche Nachrichten kommen in letzter Zeit aus dem Atlantik. Die Bestände an Kabeljau und Hering sind extrem zurückgegangen. Das Modell der vollkommenen Konkurrenz mit der Forderung nach freiem Marktzutritt ist hier keine akzeptable Lösung. Regulierungen, Eigentumsrechte und das Modell der monopolistischen Konkurrenz führen bei erneuerbaren Ressourcen zu besseren Lösungen im Sinn eines sozialen Optimums.

Es geht aber auch um eine adäquate Definition der Eigentumsrechte. Kollektiveigentum kann zu Problemen führen, wie die „Tragödie der Allmende" zeigt. Die Allmende (mittelhochdeutsch „Was allen gemein ist") ist ein im Besitz der Dorfgemeinschaft befindliches Grundeigentum. Die Allmende bestand im Mittelalter vor allen Dingen aus Wald, Gewässern und Gemeindewiesen, auf der alle Dorfbewohner ihre Nutztiere weiden lassen können. Neben diesen Gemeindewiesen gibt es auch Wiesen, die sich im Privatbesitz befinden.

Vergleichen wir ein Dorf, in dem alle Wiesen Gemeindewiesen sind, mit einem Dorf, in dem sämtliche Wiesen in Privatbesitz sind, so werden wir feststellen, das bemerkenswerte Unterschiede in der Nutzung festzustellen sind. Bei Privateigentum wird der Besitzer sorgfältig darauf achten, wie viele Kühe auf der Wiese weiden, damit Überweidung und Beeinträchtigung der Wiese durch Trittschäden vermieden wird. Bei Gemeineigentum dagegen, hat jeder Bauer das Recht, unentgeltlich und so oft wie er will, seine Kühe auf die Weide zu schicken. Ohne einen Mechanismus der Beschränkung wird die Wiese zum Schaden aller zu stark abgeweidet werden.

Privatbesitz unterbindet übermäßige Nutzung, da die Verwendung des Eigentums durch den Eigentümer kontrolliert und andere Wirtschaftssubjekte an übermäßiger Nutzung gehindert werden. Für die effiziente Nutzung eines Gemeineigentums sind Regeln nötig, die festlegen, wie viele Kühe auf der Dorfallmende weiden dürfen. Nur wenn diese Regeln auch durchgesetzt werden, wird die Tragödie der Allmende vermieden. Ineffizienzen können insbesondere aus Situationen entstehen, in denen es keine Möglichkeit gibt, andere von der Nutzung auszuschließen. Diese Beobachtung führt zur Diskussion der Art und Bedeutung öffentlicher Güter.

---

[13] Gordon, H. Scott: The economic theory of a common-property resources, in: Journal of Political Economy, Vo. 62, 1954, S. 124–142.

4.9.3   Öffentliche Güter

Öffentliche Güter sind Güter und Dienstleistungen, bei denen niemand von der Nutzung ausgeschlossen werden kann. Alle Beteiligten konsumieren gemeinsam ein öffentliches Gut. Beispiele für öffentliche Güter sind saubere Luft, Frieden und Sicherheit.

Private Güter zeichnen sich dadurch aus, dass andere Konsumenten von der Nutzung ausgeschlossen werden können. Die Teilbarkeit und Begrenztheit der Güter macht die Konsumenten zu Rivalen. Brot ist ein Beispiel für ein rein privates Gut. Das Brot, das eine Person verzehrt, kann nicht erneut von einer zweiten Person gegessen werden. Bei großem Hunger ist offensichtlich, dass Menschen zu Rivalen werden. Rivalität entsteht oft aus der Tatsache, dass Bedarf besteht, die Güter aber begrenzt und teilbar sind. Personen die nicht bezahlen, werden in einer Marktwirtschaft von dem Konsum des Gutes ausgeschlossen.

In einer entwickelten Marktwirtschaft gibt es viele Mischformen von quasi-öffentlichen Gütern, die zum Teil den Charakter von öffentlichen Gütern, aber auch den Charakter von privaten Gütern haben. Hierzu zählen Fische in den Ozeanen, öffentliche Strandbäder, Strassen, Rundfunk und Fernsehen.

Zwei Kriterien – das Ausschlussprinzip und das Rivalitätsprinzip – helfen, eine sinnvolle Aufteilung von öffentlichen, privaten und quasi-öffentlichen Gütern vorzunehmen. Bei dieser Einteilung stehen zwei Fragen im Vordergrund:

- Werden andere Nachfrager vom Konsum des Gutes ausgeschlossen? (Ausschlussprinzip)

- Verhalten Konsumenten sich als Rivalen? (Rivalitätsprinzip)

Konsumenten, die nicht bereit oder in der Lage sind, den Marktpreis eines Gutes zu bezahlen, werden vom Konsum dieses Gutes ausgeschlossen. Regeln, Verbote und Eigentumsrechte führen ebenfalls zum Ausschluss vom Konsum eines Gutes. Wenn ein Gut teilbar ist, vermindert der Besitz oder der Konsum eines Gutes die Chancen anderer Konsumenten zum Erwerb dieses Gutes. Die Konsumenten verhalten sich beim Erwerb derartiger Güter als Rivalen.

In **Abbildung 4.7** werden private Güter, öffentliche Güter und quasi-öffentliche Güter nach diesen beiden Kriterien in vier Kategorien eingeteilt.

I. Private Güter

Bei privaten Gütern sind sowohl die Rivalität als auch die Ausschlussmöglichkeit gegeben. Wenn ein Konsument eine Currywurst kauft, erwirbt er das Eigentum an dieser Currywurst. Er kann frei bestimmen, ob er diese Wurst an andere weitergibt. Verspeist er die Wurst im nächsten Augenblick, so kann kein anderer Konsument diese Wurst ebenfalls aufessen. Kauft ein Konsument ein Haus, so kann er bestimmen, wer das Haus nutzen und betreten darf. Vor dem Kauf haben viele andere Interessenten erwogen, das Haus zu kaufen. Unser Konsument hat ein höheres Gebot abgegeben und die anderen Rivalen überboten.

Mit zunehmender Entwicklung der Volkswirtschaften wird mehr Wettbewerb durch Öffnung und Deregulierung der Märkten beobachtet. Auch besteht eine Tendenz, wo immer es möglich ist, die Produktion von quasi-öffentlichen Gütern zu privatisieren. In den traditionellen

Bereichen der privaten Märkte hat die Öffnung, Erweiterung und Integration der Märkte für mehr Wettbewerb gesorgt.

	RIVALITÄT	
	Ja	Nein
Ja	**I** **Private Güter** • Brot • Kleidung • Auto • Bücher • Wohnung	**II** **Quasi-öffentliche Güter** **mit der Tendenz zur Unterversorgung** • Theater, Museum, Konzerte • Öffentlicher Nahverkehr • Wasser- und Stromversorgung • Kabelfernsehen • Öffentliches Schwimmbad mit Gebühr
Nein	**III** **Quasi-öffentliche Güter** **mit der Tendenz zur Übernutzung** • Fische im Ozean • Pilze im Wald • Öffentliche Toiletten • Badestrand am Meer • Öffentliches Schwimmbad ohne Gebühr	**IV** **Öffentliche Güter** • Saubere Luft • Innere und äußere Sicherheit • Rechtssicherheit • Forschung und Bildung • Straßen

(AUSSCHLUSS — links an den Zeilen "Ja" und "Nein")

Abbildung 4.7: Öffentliche und private Güter
Zwei Fragen klären, ob Güter und Dienstleistungen als private oder öffentliche Güter ange-sehen werden. Kann jemand von der Nutzung eines Gutes ausgeschlossen werden (Aus-schlussprinzip)? Vermindert der Konsum eines Gutes durch eine Person die Konsummög-lichkeiten einer anderen Person (Rivalität)?

II. Quasi-öffentliche Güter mit der Tendenz zur Unterversorgung

Wenn Nachfrager von dem Konsum eines Gutes ausgeschlossen werden können, aber keine Rivalität besteht, sprechen wir von quasi-öffentlichen Gütern mit der Tendenz zur Unterver-sorgung. In diesem Bereich öffentlicher Güter werden natürliche Monopole beobachtet, die an Leitungsnetze gebunden sind. Deutsche Bahn, Telekom, Wasserversorgung und Strom-versorgung sind Beispiele. Leitungssysteme sichern den Unternehmen ein natürliches Mono-pol. Die Trennung des Unterhalts der Leitungssysteme durch den Staat und der Nutzung der Leitungssysteme durch private Unternehmen sorgt für mehr Wettbewerb.

Quasi-öffentliche Güter, die oft von natürlichen Monopolen angeboten werden, bestimmen die Infrastruktur eines Landes. Hierzu zählen die Versorgung mit Energie und Wasser, die Entsorgung von Müll und Abwasser, die Kommunikation vom Rundfunk über Fernsehen bis zum Internet, die Verkehrsinfrastruktur des öffentlichen Verkehrs aber auch der Individual-verkehr auf Straßen, Radwegen und Gehwegen. Diese öffentliche Infrastruktur hat den Charakter von öffentlichen Gütern, sofern sie ohne Entgelt genutzt wird. Die öffentliche Infrastruktur wird meistens über Steuergelder finanziert. Zwischen den Ländern dieser Welt gibt es große Unterschiede in der Ausstattung mit öffentlicher Infrastruktur und damit in der Bereitstellung von öffentlichen Gütern.

Bei einem Theaterbesuch besteht keine Rivalität, sofern man eine Eintrittkarte erhalten hat, da man die Aufführung gemeinsam mit anderen Zuschauern genießt. Der Nachfrager jedoch, dem die Eintrittskarte zu teuer war, wird von der Vorstellung ausgeschlossen. Entscheidend für diese Klasse von öffentlichen Gütern ist, dass sie nicht teilbar sind.

Die Marktmacht von natürlichen Monopolen wird in entwickelten Volkswirtschaften von Regulierungs- und Aufsichtsbehörden kontrolliert. Private Bildungsinstitutionen, Theater und Orchester werden dagegen durch staatliche Subventionen unterstützt.

III. Quasi-öffentliche Güter mit der Tendenz zur Übernutzung

Güter, bei denen Rivalität auftritt, die Nutzer aber nicht vom Konsum des Gutes ausgeschlossen werden, führen vielfach zur Übernutzung. Das beste Beispiel für Übernutzung ist die Fischerei in den Ozeanen. Anders als am Bodensee ist es jedem freigestellt, in den Ozeanen außerhalb der Hoheitszonen Fische zu fangen. Lediglich für den Walfang gibt es internationale Beschränkungen. Wer zuerst einen großen Fischschwarm entdeckt, kann mit einem guten Fang rechnen. Fischer sind Rivalen. Außerhalb der Hoheitsgewässer kann niemand vom Fischfang ausgeschlossen werden. Der freie Marktzutritt führt zu Übernutzung natürlicher Ressourcen. Raubbau und Vernichtung einzelner Arten ist die Folge. Nicht das Modell der vollkommenen Konkurrenz mit gesichertem freien Marktzutritt, sondern das Modell der monopolistischen Konkurrenz mit Begrenzungen des Marktzutritts ist für die Nutzung von regenerativen natürlichen Ressourcen vorzuziehen. Voraussetzung ist, dass eine Regulierungsbehörde die Marktmacht der Monopole begrenzt und die Einhaltung von Regeln überwacht.

Ein anderes Beispiel für Übernutzung natürlicher Ressourcen ist das Pilzesammeln in den Wäldern. In Deutschland ist der freie Zutritt zu den Wäldern gewährleistet. Niemand kann vom Pilzesammeln ausgeschlossen werden. Wer früh aufsteht, findet mehr Pilze als der Langschäfer: Pilzesammler sind Rivalen und kennen geheime Plätze. Der freie Marktzutritt führt in vielen Regionen zur Übernutzung. Pilze sind seltener geworden. Zur Zeit darf man Pilze in der Gemeinde Ulten in Südtirol nur an geraden Tagen zwischen 7 Uhr und 19 Uhr sammeln. In der Schweiz gibt es seit geraumer Zeit Obergrenzen (2kg pro Person und Tag) und Einschränkungen für gewerbsmäßiges und organisiertes Sammeln von Pilzen.

Die Tragödie der Allmende hat sich – wie bereits erwähnt – im Mittelalter zugetragen. Doch auch in der heutigen Zeit beobachten wir Tragödien dieser Art. Fischerei in den Ozeanen und Brandrodung tropischer Regenwälder sind Beispiele für Übernutzung von natürlichen Ressourcen, die die Tragödie der Allmende bei weitem übersteigen. Die Lösung des Problems der Allmende und damit der Übernutzung natürlicher Ressourcen besteht entweder in staatlicher Kontrolle (Regulierungsbehörde) oder in einer klaren Zuweisung von Eigentumsrechten

(Besitz). Die Regulierungsbehörde beschränkt den Marktzutritt durch Quoten und zeitliche Begrenzungen. Eigentumsrechte sichern, dass ein Raubbau vermieden wird.

IV. Öffentliche Güter

Bei öffentlichen Gütern sind weder Rivalität noch Ausschlussmöglichkeiten gegeben. Niemand kann von der Nutzung des Gutes ausgeschlossen werden. Die Nutzung öffentlicher Güter beeinträchtigt niemanden, ebenfalls dieses öffentliche Gut zur gleichen Zeit zu nutzen. Saubere Luft und Sicherheit in Großstädten sind Beispiele für öffentliche Güter. In vielerlei Hinsicht gibt es fließende Grenzen zwischen öffentlichen Gütern und quasi-öffentlichen Gütern. Entscheidend für einen frei zugänglichen Badestrand ist, ob er an einem heißen Sommertag überfüllt ist. Der Stadtpark an einem normalen Tag entspricht einem öffentlichen Gut par excellence. Wird der Stadtpark jedoch bei einem Volksfest genutzt, tritt das Problem der Rivalität auf. Das Vergnügen wäre größer, wenn weniger Menschen den Park bevölkern und Betrunkene nicht mit ihrem Gegröle den Spaß verderben würden.

Öffentliche Güter sind ein Spezialfall externer Effekte. Allerdings handelt es sich hier um positive externe Effekte, denn schließlich bekommt man das öffentliche Gut ja umsonst. Im Gegensatz zu privaten Gütern kann niemand von der Nutzung eines öffentlichen Gutes ausgeschlossen werden. Auch vermindert der Konsum dieses öffentlichen Gutes nicht die Konsummöglichkeiten eines anderen Konsumenten. Daher wird bei dem Konsum eines öffentlichen Gutes keine Rivalität beobachten.

Da öffentliche Güter für jeden zugänglich sind, ist im Prinzip niemand bereit, für dieses Gut einen Preis oder eine Abgabe zu zahlen. Als Trittbrettfahrer kommt jeder in den Genuss des öffentlichen Gutes, ohne dafür zu zahlen. Private Unternehmen sind nicht bereit, öffentliche Güter zu produzieren. Wenn der Staat die Bereitstellung öffentlicher Güter übernimmt, muss er erkunden, welche Abgaben und Steuern die Bevölkerung bereit ist, für die Bereitstellung öffentlicher Güter zu zahlen. Im schlimmsten Fall ergibt sich eine Situation wie in einem schlechten Restaurant. Es wird bescheidenes Essen geboten und ein hoher Preis verlangt. Eine sorgfältige Kosten-Nutzenanalyse für die Bereitstellung öffentlicher Güter ist daher zwingend erforderlich.

4.10   Übungsaufgaben zu Märkten und Preisbildung

Aufgabe 1: Marktgleichgewicht

Der Markt für ein Gut sei durch eine Angebotsfunktion $x^A = 2p$ und eine Nachfragefunktion $x^N = 80 - 2p$ beschrieben.

(a) Bestimmen Sie den Gleichgewichtspreis und die Gleichgewichtsmenge und stellen Sie den Fall graphisch in einem Preis-Mengen-Diagramm (Abb. 1) dar.

(c) Wie lauten die Grenzkostenfunktion der Unternehmen und die Preis-Absatz-Funktion der Nachfrager? Welche Kostenfunktion könnte diesem Beispiel zugrunde liegen? Interpretieren Sie den Verlauf der Preis-Absatzfunktion.

(b) Der Staat führt für das Gut eine Mengensteuer von $T = 10x$ ein, die der Produzent an das Finanzamt abzuführen hat. Berechnen Sie den neuen Gleichgewichtspreis und die neue Gleichgewichtsmenge. Wer trägt die Mengensteuer, die Nachfrager, die Anbieter oder gar beide?

Aufgabe 2: Preise

Im Südkurier vom 29. Juni 2004 war folgende Notiz enthalten:

MÄRKTE

Ferkel

Aktuelle Festpreisnotierung der Landestelle für Landwirtschaftliche Marktkunde Schwä-bisch-Gmünd vom 21.06.-25.06: Durchschnittspreise einschl. aller Zu- und Abschläge (ohne Mykoplasmemimpfung) frei Sammelstelle für 25 kg Ferkel ohne MwSt. Zuschlag für Mehr-gewicht beträgt je nach Vermarktungsunternehmen 1,00 Euro/kg. Die angegebenen Preis-spannen beziehen sich auf die Minimum- und Maximumpreise der einzelnen Vermarkter. Grundpreis (Ferkel ohne Zu- und Abschläge): 37–41 Euro. Preis der 50er Gruppe (Ferkel in einer Gruppe mit ca. 50 Tieren, einheitlicher Genetik und einheitlichem Gewicht): 39–43 Euro. Durchschnittspreise 38,50 bzw. 41,20 Euro (unverändert).

Definieren Sie den Begriff der homogenen Güter. Nennen Sie Beispiele für homogene und nicht-homogene Güter aus Ihrem Erfahrungsbereich. Welche Rolle spielen Qualität und Produktdifferenzierung in diesem Zusammenhang? Gibt es keine einheitlichen Preise für Ferkel? Nehmen Sie Stellung zur der Meldung des Südkuriers.

Aufgabe 3: Monopol

Ein Unternehmen sei Alleinanbieter für ein Gut. Seine Kosten werden durch die Funktion $K = 0.5x^2 + 2x + 20$ beschrieben. Die Marktnachfrage nach dem Gut beträgt $x^N = 36 - 2p$. Hierbei bezeichnen x die Menge und p den Preis des Gutes.

(a) Berechnen Sie die optimale Angebotsmenge, den Preis, sowie den Gewinn, wenn der Monopolist das Gut zu einem einheitlichen Preis verkauft.

(b) Welcher Preis, welche Angebotsmenge und welcher Gewinn ergibt sich, wenn der Monopolist der Gewinnmaximierungsregel Preis = Grenzkosten der vollständigen Konkurrenz folgt?

(c) Vergleichen Sie die beiden Lösungen und interpretieren Sie die Ergebnisse. Warum gibt es Regulierungsbehörden für natürliche Monopole. Welche Aufgabe haben Sie und was regulieren Sie?

Aufgaben 4: Markt

Schildern sie den Prozess der Preisbildung auf einem Gütermarkt. Skizzieren Sie die Angebot- und Nachfragefunktion in einem Preis-Mengen-Diagramm (Abb.1). Von welchen Größen wird der Verlauf der Angebots- und Nachfragefunktionen bestimmt? Wann spricht man von einem Marktgleichgewicht? Welche Bedingungen müssen erfüllt sein, damit auf einem Markt viel Wettbewerb beobachtet wird? Warum gibt es immer wieder Marktinterventionen durch den Staat?

Aufgabe 5: Externe Kosten

Die landwirtschaftlichen Unternehmen eines Landes produzieren ein Agrargut mit der Kostenfunktion $K = 100 + 0.25\,x_1^2$. Die Funktion erfasst die gesamten internen Kosten der landwirtschaftlichen Betriebe. Die Nachfrage nach diesem Agrargut am Markt wird durch die Nachfragefunktion $x_1 = 100 - 2p_1$ bestimmt.

(a) Bestimmen Sie für dieses Agrargut den Marktpreis und die Gleichgewichtsmenge. Wie lauten die Angebots- und Nachfragefunktionen für das Gut 1? Skizzieren Sie die Lösung in einem Preis-Mengen Diagramm (Abb.1). Erläutern Sie ihre Vorgehensweise und das Ergebnis.

(b) Experten schätzen, dass durch Überdüngung mit Kunstdünger den Kommunen externe Kosten in Höhe von 10 Euro pro Mengeneinheit bei der Wasseraufbereitung entstehen. Die Höhe der externen Kosten wird deshalb mit $E = 10x_1$ angegeben. Der Staat beschließt, eine Steuer auf Kunstdünger in Höhe dieser externen Kosten zu erheben, die die Landwirte abzuführen haben. Wie lautet die Kostenfunktion der Landwirte mit Berücksichtigung der externen Kosten bzw. der Kunstdüngersteuer? Ermitteln Sie für den Markt die neuen Angebots- und Nachfragefunktionen unter Berücksichtigung der Kunstdüngersteuer. Berechnen Sie den neuen Marktpreis und die neue Gleichgewichtsmenge. Skizzieren Sie die alten und neuen Angebots- und Nachfragefunktionen in einem zweiten Preis-Mengen-Diagramm (Abb.2). Wie beurteilen Sie die Wirkung der Kunstdüngersteuer?

Aufgabe 6: Europäische Agrarpolitik

Europäische Agrarpolitik

Ziel der Gemeinsamen Agrarpolitik (GAP) ist die Sicherung eines angemessenen Lebensstandards der Landwirte und die Versorgung der Verbraucher mit hochwertigen Nahrungsmitteln zu vernünftigen Preisen. Die Verwirklichung dieser Ziele hat sich über die Jahre gewandelt. Inzwischen sind Nahrungsmittelsicherheit, die Erhaltung der ländlichen Umwelt und das Verhältnis von Kosten und Leistung stärker in den Mittelpunkt gerückt.

Im Wandel der Zeit

Vor 50 Jahren, als die Gründungsmitglieder der EU gerade mehr als ein Jahrzehnt der Nahrungsmittelknappheit hinter sich hatten, begann die Gemeinsame Agrarpolitik (GAP) zunächst mit der Subventionierung der wichtigsten Agrarerzeugnisse im Interesse der Selbstversorgung. In der heutigen GAP haben sich Direktzahlungen an die Landwirtschaftsbetriebe als bestes Mittel für angemessene Agrareinkommen, Nahrungsmittelsicherheit und Qualität und eine umweltverträgliche Produktion durchgesetzt.

Direktzahlungen sind besser geeignet, die Funktion der Landwirte bei der Verbesserung der Qualität, der Erhaltung der biologischen Vielfalt, der Landschaftspflege und der Dynamik der ländlichen Wirtschaft anzuerkennen. Sie ermöglichen den Einsatz der Haushaltsmittel dort wo sie am meisten gebraucht werden und gewährleisten den Verbrauchern sichere Nahrungsmittel zu angemessenen Preisen und den EU-Steuerzahlern eine entsprechende Leistung für ihr Geld.

Dieser Wandel begann vor mehreren Jahren, nachdem die Politik der permanenten Selbstversorgung zu erheblichen Überschüssen geführt hatte. Rindfleisch- und Butterberge, Milch- und Weinseen gehören inzwischen der Vergangenheit an. Erste Schritte zur Reform der GAP wurden bereits vor über zehn Jahren eingeleitet. Damals entfielen auf die Agrarpolitik noch nahezu 70% des EU-Haushalts. Durch die Beschränkung der Agrarausgaben und den Ausbau anderer Bereiche der EU-Politik liegt dieser Anteil heute deutlich unter 50%. Gleichzeitig wurden die aus dem Agrarbudget finanzierten Tätigkeiten um die Entwicklung des ländlichen Raums und Umweltmaßnahmen erweitert. Von allen öffentlichen Ausgaben in der EU gehen weniger als 1% in den Agrarsektor.

Europäische Kommission - Landwirtschaft

(a) Erläutern Sie, wie der Marktmechanismus funktioniert. Wieso produzieren Unternehmen freiwillig Güter und Dienstleistungen? Zeigen Sie, wie durch Angebot und Nachfrage sich Preise am Markt bilden. Benennen Sie die wichtigsten Bestimmungsgründe von Angebot und Nachfrage.

(b) Die landwirtschaftliche Produktion ist vielfach mit externen Kosten verbunden, die von der Allgemeinheit zu tragen sind. Auch werden in der Landwirtschaft vielfach natürliche Ressourcen genutzt, die nicht immer einen Markt und damit einen Preis haben. Diskutieren Sie das Problem der internen Kosten eines Unternehmens und externen Kosten der Gesellschaft. Geben Sie Beispiele.

(c) Zeigen Sie, warum Interventionen im Rahmen der Europäischen Agrarpolitik zur Überproduktion landwirtschaftlicher Produkte geführt haben. Welche Folgen hatte diese Überproduktion für Wirtschaft und Gesellschaft? Diskutieren Sie die Grundzüge einer radikalen Reform der Europäischen Agrarpolitik.

Aufgabe 7: Monopol

Ein Unternehmen sei Alleinanbieter für ein Gut. Seine Kosten werden durch die Funktion K = $1000 + x^2$ beschrieben. Die Marktnachfrage nach dem Gut wird durch die Preis-Absatz-

Funktion des Monopolisten $p = 400 - 4x$ erfasst. Hierbei bezeichnen x die Menge und p den Preis des Gutes. Berechnen Sie für den gewinnmaximalen Produktionsplan des Monopolisten die Angebotsmenge (x), den Monopolpreis (p), sowie den Erlös (E), die Kosten (K) und den Gewinn (G). Interpretieren Sie das Ergebnis. Auf welche Weise kann die Marktmacht von Monopolisten begrenzt werden? Geben Sie Beispiele. Welchen Preis würden Sie als staatliche Aufsichtsbehörde dem Monopol genehmigen? Begründen Sie Ihren Vorschlag.

Aufgabe 8: Steuern

Im Modell der vollkommenen Konkurrenz wurden folgende Nachfragefunktion, Preis-Absatz-Funktion und Erlösfunktion für die Unternehmen einer Branche ermittelt:

$x_1 = 100 - 2.0p_1$	Nachfragefunktion
$p_1 = 50 - 0.5x_1$	Preis-Absatz-Funktion
$E = 50x_1 - 0.5x_1^2$	Erlösfunktion

Die Kostenfunktion, Grenzkostenfunktion und Angebotsfunktion der Unternehmen lauten:

$K = 100 + 0.25 x_1^2$	Kostenfunktion
$dK/dx_1 = 0.50x_1$	Grenzkostenfunktion
$x_1 = 2p_1$	Angebotsfunktion

(a) Berechnen Sie den Gleichgewichtspreis und die Gleichgewichtsmenge für den Markt des Gutes 1.

(b) Der Staat beschließt, für das Gut 1 eine Mengensteuer in Höhe von 10 Prozent $T = 0.10$ x_1 einzuführen. Berechnen Sie den neuen Gleichgewichtspreis, die Gleichgewichtsmenge und das Steueraufkommen.

(c) Als Alternative beschließt der Staat, für das Gut 1 eine Umsatzsteuer in Höhe von 50 Prozent $T = 0.50K$ einzuführen. Berechnen Sie den neuen Gleichgewichtspreis, die Gleichgewichtsmenge und das Steueraufkommen. Welche Unterschiede ergeben sich im Vergleich zur Mengensteuer?

(d) Welche Wirkungen sind zu erwarten, wenn der Staat an Stelle der Mengensteuer oder Umsatzsteuer eine proportionale Einkommenssteuer einführt?

Literaturverzeichnis

Lehrbücher der Mikroökonomie

Böventer, Edwin von; Illing, Gerhard; Bauer, Antonie; Berger, Helge; Beutel, Jörg; John, Heimo Jürgen; Koll, Robert: Einführung in die Mikroökonomie, 9. Auflage, R. Oldenbourg Verlag, München/Wien 1997.

Frank, Robert H.: Microeconomics and Behaviour, Third Edition, Irwin McGraw Hill. Boston 1997.

Hirshleifer, Jack, Glazer, Amihai, Hirshleifer, David: Price Theory and Applications, Cambridge University Press, Cambridge 2005.

Mankiw, N. Gregory: Principles of Microeconomics, Third edition, South-Western, Mason (Ohio) 2004.

Mansfield, Edwin; Yohe, Gary: Microeconomics: Theory and Applications, Eleventh Edition, W.W. Norton & Company, New York/London 2003.

Mansfield, Edwin: Applied Microeconomics, Second Edition, WW Norton and Company, New York/London 1996.

Mas-Colell, Andreu; Whinston, Michael D.; Green, Jerry R.: Microeconomic Theory, Oxford University Press, New York, 1995.

Pindyck, Robert S.; Rubinfeld, Daniel L.: Microeconomics, Prentice Hall, Sixth Edition, Boston 2004. Deutsche Ausgabe: Mikroökonomie, 5. Auflage, Pearson Education, München/Boston 2003.

Varian, Hal R.: Microeconomic Analysis, Graduate Textbook in Microeconomics, Third Edition, WW Norton and Company, New York London 1992.

Varian, Hal R.: Intermediate Microeconomics. A Modern Approach, Undergraduate Textbook in Microeconomics, Sixth edition, WW Norton and Company, New York/London, 2002. Deutsche Ausgabe: Grundzüge der Mikroökonomik, 6. Auflage, Oldenbourg-Verlag, München/Wien 2004

Waldman, Don. E.: Microeconomics, Pearson Addison Wesley, Boston 2004.

Geschichte der ökonomischen Analyse

Piper, Nikolaus (Hrsg.): Die großen Ökonomen – Leben und Werk der wirtschaftswissen-schaftlichen Vordenker, 2. Auflage, Schäffer-Poeschel Verlag, Stuttgart 1996.

Pribram, Karl: A History of Economic Reasoning, John Hopkins University Press 1983. Deutsche Ausgabe: Geschichte des ökonomischen Denkens, Suhrkamp Verlag, Frankfurt am Main 1998.

Rothschild, Kurt W.: Die politischen Visionen großer Ökonomen, Wallstein-Verlag, Göttin-gen 2003.

Schumpeter, Joseph A.: History of Economic Analysis, 1954. Deutsche Ausgabe: Geschichte der ökonomischen Analyse, Vandenhoeck & Ruprecht, Göttingen 1965.

Theorie des Haushalts

Green, H. A. John: Consumer Theory, 2. ed., London 1976

Lancaster Kelvin: Consumer Demand: A New Approach, New York 1971

Streissler, Monika.: Theorie des Haushalts, Stuttgart 1974.

Becker, Gary S.: The Economic Approach to Human Behavior, 1976. Deutsche Ausgabe: Der ökonomische Ansatz zur Erklärung menschlichen Verhaltens, Mohr Siebeck, Tübin-gen 1993.

Theorie der Unternehmung

Arrow, Kenneth; Chenery, Hollis B.; Minhas, Bagicha Singh; Solow, Robert M.: Capital-Labor Substitution and Economic Efficiency, in: Review of Economics and Statistics, Vol. 43, 1961, S. 225–250.

Christensen, Laurits R.; Jorgenson, Dale W.; Lau, Lawrence J.: Transcendental Logarithmic Production Frontiers, in: The Review of Economics and Statistics, February 1973, S. 28–45.

Cobb, Charles W.; Douglas, Paul H. Douglas: A Theory of Production, in: American Eco-nomic Review, Vol. 18 (Supplement), March 1928, pp. 139–165.

Diewert, W. Erwin: An Application of the Shepard Duality Theorem: A Generalized Linear Production Function, in: Journal of Political Economy, Vol. 79, No: 3, S. 481–507, 1971.

Diewert, W. Erwin: Applications of Duality Theory, in: Michael D. Intriligator and David A. Kendrick (eds.): Frontiers of Quantitative Economics, Vol. II, S. 106–171, Amsterdam 1974.

Ferguson, Charles E.: The Neoclassical Theory of Production and Distribution, Cambridge University Press, Cambridge 1969.

Gutenberg, Erich: Grundlagen der Betriebswirtschaftslehre, Band I (Die Produktion), Band II (Der Absatz), Band III (Die Finanzen), Berlin/Heidelberg 1983.

Hesse, Helmut; Linde, Robert: Gesamtwirtschaftliche Produktionstheorie, Teil I und Teil II, Physica-Verlag, Würzburg/Wien 1976.

Intriligator, Michael D.: Mathematical Optimization and Economic Theory, Prentice Hall, Englewood Cliffs (N.J.) 1971.

Krelle, Wilhelm: Produktionstheorie, J.C.B. Mohr (Paul Siebeck), Tübingen 1969.

Kurz, Heinz D.; Salvadori, Neri: Theory of Production – A Long-Period Analysis, Cambridge University Press. Cambridge 1995.

Leontief, Wassily: Input-Output Economics. New York 1966.

Solow, Robert M.: A Contribution to the Theory of Economic Growth, in Quarterly Journal of Economics Band 70, 1956, S. 65–94.

Tintner, Gerhard: Econometrics, New York/London 1952.

Wittmann, Waldemar: Produktionstheorie, Springer-Verlag, Berlin/Heidelberg/New York 1968.

Märkte und Preisbildung

Coase, Ronald: The Problem of Social Cost, in: Journal of Law and Economics, Vol. 3 (1960), S. 1–44.

Gordon, H. Scott: The economic theory of a common-property resources, in: Journal of Political Economy, Vo. 62, 1954, S. 124–142.

Hildenbrand, Werner; Kirman, Alan: Introduction to Equilibrium Analysis, Amsterdam 1976.

Kuenne, Robert E.: The Theory of General Equilibrium, Princeton University Press, Princeton (N.J.) 1963.

Quirk, James P.; Saposnik, Rubin.: Introduction to General Equilibrium Theory and Welfare Econonics, McGraw-Hill, New York 1968.

Rothschild, Kurt W.: Einführung in die Ungleichgewichtstheorie, Springer-Verlag, Heidelberg/Berlin 1981.

Glossar

Abnehmender Ertragszuwachs Das Ertragsgesetz untersucht, wie die Produktionsmenge reagiert, wenn die Menge eines variablen Produktionsfaktors erhöht wird, die Mengen der anderen Produktionsfaktoren aber gleich bleiben (ceteris paribus). Das Gesetz vom abnehmenden Ertragsgesetz geht auf Anne Robert Jacques Turgot (1727–1781) und Johann Heinrich von Thünen (1783–1850) zurück.

Absoluter Vorteil Ein Land hat bei der Produktion eines Gutes geringere Produktionskosten als ein anderes Land. Siehe auch Relative Vorteile und Komparative Vorteile.

Aggregation Einzelwirtschaftliche Daten werden zu gesamtwirtschaftlichen Größen aggregiert.

Aggregierte Angebotsfunktion Individuelle Angebotsfunktionen der Unternehmen für Güter $x^A = f(p)$ und Angebotsfunktionen der Haushalte für Produktionsfaktoren $v^A = f(q)$ werden für gegebene Güterpreise durch horizontale Aggregation der Angebotsmengen zu gesamtwirtschaftlichen Angebotsfunktionen für den Markt aggregiert.

Aggregierte Nachfragefunktion Individuelle Nachfragefunktionen der Haushalte für Güter $x^N = f(p)$ und Nachfragefunktionen der Unternehmen für Produktionsfaktoren $v^N = f(q)$ werden für gegebene Faktorpreise durch horizontale Aggregation der Faktormengen zu gesamtwirtschaftlichen Nachfragefunktion für den Markt aggregiert.

Allgemeine Gleichgewichtstheorie Die allgemeine Gleichgewichtstheorie ist ein wichtiger Teil der modernen Mikroökonomie. Sie versucht zu erklären, wie Produktion und Konsum in einer Volkswirtschaft durch relative Preise bestimmt werden. Die zentrale Frage der Allgemeinen Gleichgewichtstheorie ist, ob es ein Preissystem gibt, bei dem auf allen Märkten genau so viel angeboten wie nachgefragt wird. Eine weitere zentrale Frage ist, ob die Marktkräfte die Ökonomie auf ein stabiles Gleichgewichts hinführen.

Allokation Zuordnung von knappen Ressourcen (lat. allocare) auf verschiedene Verwendungsmöglichkeiten. In einer Marktwirtschaft wird die Allokation von Produktionsfaktoren (Arbeit, Boden, Kapital) und die Allokation von Gütern und Dienstleistungen (Konsum, Investition, Export, Import) von den relativen Preisen bestimmt.

Angebot Menge eines Gutes oder einer Dienstleistung, die Unternehmen zu einem bestimmten Preis im Austausch gegen Geld oder im Realtausch anbieten. Menge eines Produktionsfaktors (Arbeit, Kapital, Boden), die Haushalte zu einem bestimmten Preis gegen Geld oder im Realtausch anbieten. In einer Volkswirtschaft besteht ein Angebot der Unternehmen für Güter und Dienstleistungen und ein Angebot der Haushalte für Produktionsfaktoren.

Angebotsfunktion Beziehung zwischen der angebotenen Menge eines Gutes und seinem Preis $x = f(p)$.

Angebotsfunktion für Güter Die allgemeine Angebotsfunktion der Unternehmung lautet $x_1^A = f(p_1, p_2, ..., p_n; q_1, q_2, ..., q_m)$. Das Angebot der Unternehmung an Gütern wird von der Produktionsfunktion, den Güterpreisen und den Faktorpreisen bestimmt. Die spezielle Angebotsfunktion der Unternehmung lautet $x_1^A = f(p_1)$. Bei der speziellen Angebotsfunktion wird unterstellt, dass sich lediglich der Produktpreis des Gutes 1 ändert.

Angebotsfunktion für Produktionsfaktoren Die allgemeine Angebotsfunktion der Haushalte für Produktionsfaktoren lautet $v_1^A = f(p_1, p_2, ..., p_n, q_1, G)$. Das Angebot der Haushalte wird von den Präferenzen für Arbeit und Freizeit, den Güterpreisen, dem Faktorpreis und den Gewinneinkommen bestimmt. Die spezielle Angebotsfunktion der Haushalte lautet $v_1^A = f(q_1)$. Bei der speziellen Angebotsfunktion wird unterstellt, dass sich lediglich der Faktorpreis für den Produktionsfaktor 1 ändert.

Angebotsmonopol Ein Angebotsmonopol (griechisch monos = allein und polein = verkaufen) nennt man eine Marktform, bei der auf dem Markt beobachtet wird, dass nur ein Anbieter das Gut anbietet. Der Monopolist hat die Marktmacht Preis und Menge festzulegen.

Angebotsoligopol Das Angebotsoligopol bezeichnet eine Marktform, bei der auf dem Markt wenige Anbieter und viele Nachfrager beobachtet werden. Siehe auch Oligopol.

Arbeitsangebot Siehe auch Angebotsfunktion für Produktionsfaktoren

Arbeit-Konsum-Plan Bei einem Arbeit-Konsum-Plan wird angenommen, dass das Einkommen durch Arbeit erwirtschaftet wird. Der Haushalt maximiert bei gegebenem Lohnsatz und Konsumgüterpreis den Nutzen aus Freizeit und Konsum unter der Nebenbedingung eines Zeitbudgets. Der Arbeit-Konsum-Plan bestimmt das Angebotsverhalten der Haushalte auf dem Arbeitsmarkt.

Arbeitsproduktivität Die Arbeitsproduktivität x_1/v_1 wird entweder als Produktionsmenge je Arbeiter (Pro-Kopf-Arbeitsproduktivität) oder Produktionsmenge je Arbeitsstunde (Arbeitsproduktivität je Stunde) gemessen.

Ausschlussprinzip Zwei Kriterien – das Ausschlussprinzip und das Rivalitätsprinzip – helfen, eine sinnvolle Aufteilung von öffentlichen, privaten und quasi-öffentlichen Gütern vorzunehmen. Bei dem Ausschlussprinzip geht es um die Frage, ob andere Nachfrager vom Konsum des Gutes ausgeschlossen werden. Ist ein Konsument nicht bereit, den verlangten Preis eines Gutes zu zahlen, wird er vom Konsum dieses Gutes ausgeschlossen.

Beschränktes Angebotsmonopol Ein beschränktes Angebotsmonopol liegt vor, wenn auf dem Markt ein Anbieter und wenige Nachfrager beobachtet werden.

Beschränktes Nachfragemonopol Ein beschränktes Nachfragemonopol liegt vor, wenn auf dem Markt ein Nachfrager und wenige Anbieter beobachtet werden.

Beschränkt substitutionale Produktionsfunktion Bei einer beschränkt substitutionalen Produktionsfunktion können Produktionsfaktoren in beschränktem Ausmaß ausgetauscht werden, jedoch können sie nicht vollständig ersetzt werden. Arbeit und Kapital sind Beispiele für unverzichtbare Produktionsfaktoren, die beschränkt substituiert werden können

Bestands- und Stromgrößen Bestandsgrößen werden an einem Stichtag und Stromgrößen dagegen für eine Periode erfasst. Zugänge und Abgänge bestimmen den Bestand. So verändert sich der Bevölkerungsbestand durch Geburten und Todesfälle eines Jahres und der Kapitalstock durch Investitionen und Abschreibungen (Abgänge).

Bilaterales Monopol Markt mit nur einem Anbieter und einem Nachfrager (z.B. Waffenproduzent und Verteidigungsministerium)

Bilaterales Oligopol Markt mit wenigen Anbietern und wenigen Nachfragern.

Budgetbeschränkung Das Einkommen beschränkt die Konsummöglichkeiten eines Haushalts. Das Einkommen ist größer oder gleich den Ausgaben $M \geq p_1 x_1 + p_2 x_2$.

Budgetgerade Alle Gütermengenkombinationen, bei denen die Ausgaben für Güter den gegebenen Einnahmen entsprechen $x_2 = M/p_2 - (p_1/p_2)x_1$. Die Steigung der Budgetgeraden wird von den relativen Preisen bestimmt, die Achsenabschnitte dagegen von der realen Kaufkraft.

Budgetgleichung Die Budgetgleichung bestimmt die Einkommen und Ausgaben eines Haushalts $M = p_1 x_1 + p_2 x_2$.

CES-Produktionsfunktion Die Produktionsfunktion wurde unter dem Namen „Constant Elasticity of Substitution Production Function" 1961 von Arrow, Chenery, Minhas und Solow entwickelt. Wie die Bezeichnung ausdrückt, ist bei dieser Produktionsfunktion die Substitutionselastizität der Produktionsfaktoren konstant, und kann beliebige Werte zwischen null und unendlich einnehmen.

Coase Theorem Ein Theorem von Ronald Coase (*1910), das besagt, dass ein Verhandlungsergebnis unabhängig von der Gestaltung der Eigentumsrechte effizient ist, wenn Parteien zu ihrem beiderseitigen Vorteil verhandeln können. Voraussetzung ist, dass die Eigentumsrechte eindeutig zugeteilt sind.

Cobb-Douglas-Nutzenindexfunktion Beschränkt substitutionale Nutzenindexfunktion in der Form $U = a x_1^b x_2^c$, wobei U = Nutzenindex, x_1 = Menge des Gutes 1, x_2 = Menge des Gutes 2, a = Niveauparameter, b = Elastizität für Gut 1, c = Elastizität für Gut 2.

Cobb-Douglas-Produktionsfunktion Beschränkt substitutionale Produktionsfunktion in der Form $x_1 = a v_1^b v_2^c$, wobei x_1 = Output, v_1 = Arbeit, v_2 = Kapital, a = Totale Faktorproduktivität (Niveauparameter), b = Produktionselastizität der Arbeit, c = Produktionselastizität des Kapital.

Cobweb-Theorem Der Ökonom Nicholas Kaldor (1908–1986) entwickelte ein dynamisches Modell, in dem zeitliche Verzögerungen für die Reaktion der Anbieter und Nachfrager auf Marktpreise berücksichtigt werden. Das Ergebnis sind zyklische Schwankungen von Preisen und Mengen, die an Spinngewebe erinnern. Das Modell wird deshalb auch als

Spinnweb-Theorem (Cobweb Theory) bezeichnet. Bei linearen Angebots- und Nachfragefunktionen bestimmen die Steigungen der Funktionen, ob ein Markt stabil oder instabil ist.

Cournot'sche-Punkt Der Cournot'sche Punkt bezeichnet das nach dem französischen Nationalökonomen Antoine Augustin Cournot (1801–1877) benannte Gewinnmaximum eines Monopolunternehmens.

Diewert-Produktionsfunktion W. Erwin Diewert entwickelte 1971 die „Allgemeine Lineare Produktionsfunktion" (General Linear Production Function) und die Allgemeine Leontief Kostenfunktion (Generalised Leontief Cost Function). Wie bei der Entwicklung der Translog-Produktionsfunktion werden in einem Dualitätsansatz (Duality Theory) zugleich die passenden Produktionsfunktionen und Kostenfunktionen entwickelt.

Differenzierbarkeit Es wird angenommen, dass die Indifferenzkurven einer Nutzenindexfunktion an jedem Punkt stetig differenzierbar sind. Auf diese Weise kann für beliebige Konsumpläne die Steigung der Indifferenzkurven berechnet und für optimale Konsumpläne die Grenzrate der Substitution bestimmt werden. Die gleiche Aussage gilt auch für die Isoquanten einer Produktionsfunktion.

Dualität Zu jedem Maximierungsproblem besteht ein duales Minimierungsproblem und umgekehrt.

Dupol Ein Markt, auf dem zwei Unternehmen miteinander konkurrieren.

Durchschnittliche Gesamtkosten Die durchschnittlichen Gesamtkosten (Stückkosten) werden berechnet, in dem man die Gesamtkosten des Unternehmens durch die Produktmenge (K/x) teilt.

Durchschnittsertrag Produktionsmenge (Output) geteilt durch Faktoreinsatzmenge (x/v)

Durchschnittskosten Kosten geteilt durch Produktmenge (K/x)

Durchschnittsprodukt Produktionsmenge (Output) geteilt durch Einsatzmenge eines bestimmten Produktionsfaktors (Inputs) (x/v).

Edgewoth-Box Ein Box-Diagramm, das alle möglichen Allokationen von zwei Produktionsfaktoren in zwei Unternehmen oder die Verteilung von zwei Gütern auf zwei Konsumenten darstellt.

Effiziente Allokation Das Pareto-Optimum ist eine Güterverteilung, bei der niemand besser gestellt werden kann, ohne dass dadurch ein anderer schlechter gestellt wird.

Effiziente Produktion Das ökonomische Prinzip besteht darin, eine gegebene Produktmenge (Output) mit möglichst geringem Faktoraufwand (Input) zu produzieren (Minimierungsprinzip) oder mit einem gegebenen Faktorbestand (Input) einen möglichst große Produktmenge (Output) zu produzieren (Maximierungsprinzip).

Eigentumsrechte Gesetze, die regeln, wer Eigentümer eines Wirtschaftsgutes ist und was mit dem Eigentum getan werden darf. Die Theorie der Verfügungsrechte als ein Teilgebiet der Institutionenökonomik untersucht Handlungs- und Verfügungsrechte (Eigentumsrechte, property rights) an Gütern.

Einkommenseffekt Änderung der Kaufkraft (Konsummöglichkeiten) durch eine Veränderung des Einkommens bei konstanten Preisen.

Einkommenselastizität der Nachfrage Prozentuale Änderung der nachgefragten Menge, wenn sich das Einkommen um ein Prozent erhöht.

Einkommens-Konsumkurve Expansionspfad der optimalen Konsumpläne, wenn sich das Einkommen bei konstanten Preisen ändert.

Elastizität Prozentuale Veränderung der abhängigen (endogenen) Variablen als Reaktion auf eine prozentuale Veränderung der unabhängigen (exogenen) Variablen. Mit der Elastizität wird gemessen, wie empfindlich eine ökonomische Größe auf eine relative Änderung einer anderen ökonomischen Größe reagiert.

Endogene Variable Abhängige Variable

Entlohnungsregel Nach der neoklassischen Theorie bestimmt das Wertgrenzprodukt eines Produktionsfaktors seine Entlohnung. Das Wertgrenzprodukt kann aus der Inputregel abgeleitet werden. Im gewinnmaximalen Produktionsplan entsprecht das Wertgrenzprodukt der Arbeit dem nominalen Lohnsatz $(\partial x_1/\partial v_1)p_1 = q_1$. Das Wertgrenzprodukt entspricht dem Grenzprodukt multipliziert mit dem Produktpreis. Die Produktmenge, die ein Arbeitnehmer in einer Arbeitsstunde $(\partial x_1/\partial v_1)$ erzeugt, wird mit dem Marktpreis (p_1) des erzeugten Produktes bewertet. Diesen geschaffenen Wert erhält der Arbeitnehmer als Nominallohnsatz (q_1). Die Tatsache, dass gemäß dieser Entlohnungsregel Arbeitnehmer nicht nach den Durchschnittsprodukt, sondern nach dem Grenzprodukt entlohnt werden, eröffnet dem Unternehmen die Möglichkeit, residuale Gewinne zu erwirtschaften. Für den Produktionsfaktor Kapital ergibt sich das Wertgrenzprodukt $(\partial x_1/\partial v_2)p_1 = q_2$.

Erlös Erlöse oder auch Umsatz bezeichnen Einnahmen in einem Unternehmen in einem bestimmten Zeitraum, die durch den Verkauf von Waren und Diensten entstehen. Man berechnet den Erlös, indem man die Absatzmenge mit dem Produktpreis multipliziert E = px.

Erlösfunktion Die Erlösfunktion erfasst die Erlöse in Abhängigkeit der Produktionsmenge E = f(x). Im Fall der vollkommenen Konkurrenz verläuft die Erlösfunktion linear, da der Unternehmer keinen Einfluss auf den Marktpreis hat.

Ertrag Allgemein wird der Ertrag als das Ergebnis der wirtschaftlichen Leistung bezeichnet. Volkswirtschaftlich gesehen handelt es sich in der Produktionstheorie um die erzeugte Produktionsmenge (Output) bezogen auf die eingesetzten Inputs, z.B. Output (kg) pro Arbeitseinheit (Std.) x = f(v). Betriebswirtschaftlich bezeichnet der Ertrag den Unternehmenserfolg durch die Erstellung, die Bereitstellung oder den Absatz von Gütern, dem ein bestimmter Aufwand gegenübersteht.

Ertragsfunktion Ausschnitt einer Produktionsfunktion $x = f(v_1, v_2^\circ)$ mit einem variablen Produktionsfaktor (v_1) und einem fixen Produktionsfaktor (v_2°)

Ertragsgebirge Dreidimensionale Darstellung der Produktionsfunktion $x = (v_1, v_2)$

Ertragsgesetz Das Ertragsgesetz untersucht, wie die Produktionsmenge reagiert, wenn die Menge eines variablen Produktionsfaktors erhöht wird, die anderen aber gleich bleiben (ceteris paribus). Das Gesetz vom abnehmenden Ertragsgesetz geht auf Anne Robert Jacques Turgot (1727–1781) und Johann Heinrich von Thünen (1783–1850) zurück

Euler's Theorem Im Modell der vollkommenen Konkurrenz werden die Produktionsfaktoren Arbeit (L) und Kapital (K) nach ihren Grenzprodukten entlohnt. $Y = MPL*L + MPK*K + Profit$. Wenn lineare Skalenerträge in der Produktion (r = 1.0) vorliegen, wird das gesamte Produkt (Y) zur Entlohnung der Produktionsfaktoren verwendet. Es entstehen keine residualen Gewinne $Y = MPL*L + MPK*K$. Diese Beobachtung wird als Euler's Theorem bezeichnet.

Exogene Variable Unabhängige Variable

Expansionspfad Tangentialpunkte der Isokostengerade und Isoquanten eines Unternehmens (Isokostenlinie) oder Tangentialpunkte der Budgetgeraden und Indifferenzkurven eines Haushalts (Einkommens-Konsum-Kurve).

Externe Effekte Als externen Effekt (Externalität) bezeichnet man in der Volkswirtschaftslehre die Auswirkung einer Produktionsaktivität oder Konsumaktivität auf Dritte, die nicht kompensiert wird. Ein Geschädigter erhält keine Entschädigung für einen negativen externen Effekt und ein Nutznießer muss für einen positiven externen Effekt keine Gegenleistung entrichten. Externe Effekte sind im Marktpreis nicht berücksichtigt.

Externe Kosten Kosten, die nicht vom Verursacher, sondern von anderen beglichen werden. Externe Kosten entstehen durch negative externe Effekte. Oft hat der Steuerzahler die Kosten zu tragen.

Faktoreinkommen Summe der Einkommen aus der Nutzung von Arbeit, Kapital und natürlichen Ressourcen. Hiezu zählen Arbeitseinkommen, Kapitaleinkommen (Zinsen), Mieten und Pachten für Boden, sofern sie als Leistungseinkommen von den Faktormärkten bestimmt sind. Residuale Gewinne, die ein Unternehmen als Differenz von Erlösen und Kosten erzielt, zählen nicht zu den Faktoreinkommen.

Faktornachfragefunktion Die Nachfrage der Unternehmung nach Produktionsfaktoren ist abhängig von dem technisch-organisatorischen Wissen der Unternehmung, den Produktpreisen auf den Gütermärkten und den Faktorpreisen auf den Faktormärkten. Die allgemeine Nachfragefunktion der Unternehmung nach Arbeit lautet: $v_1^N = f(q_1, q_2, ..., q_m, p_1, p_2, ..., p_n)$. Die spezielle Nachfragefunktion für Produktionsfaktor 1 lautet $v_1^N = f(q_1)$.

Faktorpreise Faktorpreise werden durch Angebot und Nachfrage auf den Faktormärkten bestimmt. Hierzu zählen insbesondere der Arbeitsmarkt, der Kapitalmarkt und der Immobilienmarkt. Bekannte Faktorpreise sind der Lohnsatz, der Zinssatz, die Leasinggebühr für eine gemietet Maschine, die Miete für ein Bürogebäude oder die Pacht für einen Acker. Siehe auch Preise.

Faktorverbrauchsfunktion Sie ermittelt den Faktorverbrauch in Abhängigkeit der Produktionsmenge v = f(x). In der Regel wird sie durch Umkehrung aus der Ertragsfunktion x = f(v) abgeleitet.

Fixer Produktionsfaktor Ein Produktionsfaktor, der in seiner Einsatzmenge nicht geändert werden kann. Es ist zwischen kurz- und langfristiger Analyse zu unterscheiden. Kurzfristig kann der Kapitalbestand einer Unternehmung oft nicht variiert werden, da viele Gebäude und Maschinen nur auf Bestellung produziert werden. Langfristig ist der Kapitalbestand einer Unternehmung aber als variabel anzusehen. Die Fläche einer Insel dagegen, lässt sich weder kurz- noch langfristig variieren.

Fixe Produktionskosten Kosten, die sich nicht mit der Produktionsmenge ändern.

Freier Marktzutritt Voraussetzung für vollkommene Konkurrenz in einem Markt ist der freie Marktzutritt. Das Unternehmen kann frei entscheiden, in den Markt einzutreten oder ihn zu verlassen. Es bestehen keine Hemmnisse wie Zölle, Patente oder Urheberrechte.

Freizeit-Konsum-Plan Siehe auch Arbeit-Konsum-Plan

Gesamtkosten Die gesamten Kosten der Produktion (Totalkosten). In der Regel bestehen sie aus Fixkosten und variablen Kosten.

Gesamtwirtschaftliches Gleichgewicht Aus der Sicht der Makroökonomie spricht man von einem gesamtwirtschaftlichen Gleichgewicht, wenn die Ziele der Wirtschaftspolitik Preisniveaustabilität, hoher Beschäftigungsstand, außenwirtschaftliches Gleichgewicht und angemessenes und stetiges Wirtschaftswachstum erreicht sind. Aus der Sicht der Mikroökonomie ist ein gesamtwirtschaftliches Gleichgewicht erreicht, wenn auf allen Märkten (Gütermarkt, Arbeitsmarkt, Kapitalmarkt) die angebotenen Mengen den nachgefragten Mengen entsprechen.

Gesellschaftliche Kosten Summe der Produktionskosten und externen Kosten.

Gesetz der abnehmenden Ertragszuwächse Beobachtung, dass mit zunehmenden Einsatz eines Produktionsfaktors die Ertragszuwächse der produzierten Gütermengen abnehmen, wenn andere Produktionsfaktoren fix vorgegeben sind.

Gewinn Einkommen aus Unternehmertätigkeit und Vermögen, kontraktbestimmtes Gewinneinkommen und residualer Gewinn. Der residuale Gewinn errechnet sich als Differenz der Erlöse und Kosten für alle Inputs.

Gewinnmaximierung In marktwirtschaftlichen Wirtschaftsystemen verfolgen die meisten Unternehmen das langfristige Ziel der Gewinnmaximierung als Oberziel. Andere Ziele von Unternehmen sind vielfach die Sicherung der Unternehmensexistenz, der Wirtschaftlichkeit, der Arbeitsplätze und der Versorgung der Bevölkerung.

Gewinnmaximaler Produktionsplan Ein gewinnmaximaler Produktionsplan ist abhängig von der Marktform. Im Modell der vollkommenen Konkurrenz hat der Unternehmer lediglich die Chance, optimale Mengen für Input und Output zu bestimmen. Die Preise werden vom Markt bestimmt. Im Modell des Monopols dagegen kann der Unternehmer Preise und Mengen festlegen. Ein gewinnmaximaler Produktionsplan kann auf folgende

Weise bestimmt werden: Maximiere Gewinn = Erlös – Kosten (Zielfunktion) unter der Nebenbedingung der Erlösfunktion E = f(x) und der Kostenfunktion K = f(x). Ein gewinnmaximaler Produktionsplan ist erreicht, wenn die Outputregel Grenzerlös = Grenzkosten erfüllt ist. Diese Regel gilt für alle Marktformen. Die Stückerlöse und Stückkosten und nicht die Grenzerlöse und Grenzkosten entscheiden darüber, ob ein Gewinn oder ein Verlust erreicht wird.

Gewogener Grenznutzen Der Grenznutzen eines Gutes $\partial U/\partial x_1$ gewichtet mit dem Produktpreis p_1 dieses Gutes ergibt den gewogenen Grenznutzen $(\partial U/\partial x_1)/p_1$ des Gutes 1. Letztlich geht es um die Entscheidung, welchen Nutzen das zuletzt bestellte Bier stiftet, und welche Ausgaben es verursacht. Der gewogene Grenznutzen versucht zu erfassen, ob sich die Bestellung lohnt oder ob man lieber eine andere Ausgabe tätigt.

Gleichgewicht Siehe auch Gesamtwirtschaftliches Gleichgewicht

Gleichgewichtsbedingung In der mikroökonomischen Theorie gibt es eine große Anzahl von Gleichgewichtsbedingungen für Haushalte, Unternehmen, den Markt und das gesamtwirtschaftliche Gleichgewicht. Der Haushalt hat das Haushaltsgleichgewicht bei der Festlegung eines optimalen Konsumplan zu beachten und zwei entsprechende Gleichgewichtsbedingungen für den Arbeit-Konsumplan und den Kapital-Konsum-Plan. Die Unternehmen bestimmen den optimalen Produktionsplan nach der Outputregel. Diese Regel setzt voraus, dass gleichzeitig eine Minimalkostenkombination der Produktionsfaktoren gefunden ist und die Inputregeln für den Faktoreinsatz erfüllt sind. Aus der Sicht der Gesamtwirtschaft ist ein Gleichgewicht erreicht, wenn alle Märkte geräumt sind. Warteschlangen und Überproduktion sind untrügliche Zeichen dafür, dass dieses nicht der Fall ist. Ein Pareto-Optimum und damit ein sozialökonomisches Optimum ist erreicht, wenn keine Verteilung gefunden werden kann, bei der sich ein einzelner besser stellt, ohne einen anderen schlechter zu stellen.

Gleichgewichtsmenge Die Gütermenge, bei der es weder zur Unterversorgung (Nachfrage > Angebot) noch zur Überproduktion (Nachfrage < Angebot) kommt. Die angebotene Menge entspricht der nachgefragten Menge $x^A = x^N$.

Gleichgewichtspreis Preis, bei dem die angebotene Menge der nachgefragten Menge entspricht.

Grenzerlös Erlös einer zusätzlichen Einheit eines Gutes (dE/dx).

Grenzertrag Synonymer Begriff für Grenzprodukt. Siehe auch Grenzprodukt.

Grenzkosten Kosten einer zusätzlichen Einheit eines Gutes (dK/dx).

Grenznutzen Die erste partielle Ableitung der Nutzenfunktion $U = f(x_1, x_2)$ nach der Menge eines der Konsumgüter wird Grenznutzen dieses Gutes $\partial U/\partial x_1$ genannt. Der Grenznutzen beantwortet die Frage, wie viel zusätzlichen Nutzen eine weitere Einheit des Gutes 1 stiften wird.

Grenzprodukt Die erste partielle Ableitung der Produktionsfunktion $x_1 = f(v_1, v_2)$ nach dem Produktionsfaktor 1 wird Grenzprodukt dieses Faktors $\partial x_1/\partial v_1$ genannt. Das Grenzprodukt erfasst die Zunahme der Produktmenge, wenn der Einsatz eines Produktionsfaktors um eine Einheit erhöht wird.

Grenzrate der Substitution Erfasst die Substitutionsbereitschaft (Tauschbereitschaft) eines Konsumenten für ein vorgegebenes Niveau des Nutzenindex. Die Menge eines Gutes, die ein Konsument aufzugeben bereit ist, wenn er zugleich eine zusätzliche Einheit eines anderen Gutes erhält (dx_2/dx_2).

Grenzrate der technischen Substitution Bereitschaft (Tauschbereitschaft) eines Produzenten, für eine vorgegebene Produktmenge die Produktionsfaktoren Arbeit und Kapital zu substituieren. Die Grenzrate der technischen Substitution bestimmt die Menge eines Produktionsfaktors, die ein Produzent aufzugeben bereit ist, wenn er zugleich eine zusätzliche Einheit eines anderen Produktionsfaktors erhält (dv_2/dv_2).

Grenzrate der Transformation Die Menge eines Gutes, die bei Vollauslastung der Ressourcen für die Produktion einer zusätzlichen Einheit eines anderen Gutes aufgegeben werden muss (dx_2/dx_1). Siehe auch Transformationfunktion.

Gutenberg-Produktionsfunktion Die Gutenberg-Produktionsfunktion versucht, die Kritik aufzugreifen, die sich gegen Leontief-Produktionsfunktionen und ihre Annahme der konstanten Produktionskoeffizienten richtet. Im Mittelpunkt des Ansatzes stehen deshalb Potentialfaktoren und Leistungsabgaben der Produktionsfaktoren. Die Produktionstheorie von Erich Gutenberg ist bis heute der zentrale betriebswirtschaftliche Ansatz zur Erklärung von Input-Output-Beziehungen in industriellen Unternehmen.

Güternachfrage Siehe auch Nachfragefunktion für Güter

Haushaltsgleichgewicht Ein Haushaltsgleichgewicht ist erreicht, wenn die Gleichgewichtsbedingung $(\partial U/\partial x_1)/(\partial U/\partial x_2) = p_1/p_2$ erfüllt ist. Das Verhältnis der Grenznutzen der Güter entspricht dem Verhältnis der Güterpreise (relative Preise). Die allgemeine Gleichgewichtsbedingung für den optimalen Konsumplan eines Haushalts besagt, dass die Bewertung des Haushalts für beide Güter in Einklang mit der Bewertung des Marktes steht.

Heterogene Güter Ein Nachfrager weist für verschiedene Fabrikate eines Gutes unterschiedliche Präferenzen auf. Ein typisches Beispiel für heterogene Güter sind Autos, die sich in Qualität, Ausstattung, Markenimage etc. unterscheiden.

Homogene Güter Homogene Güter sind vollständig gegeneinander austauschbar. Die Güter sind gleichartig. Beispiele für homogene Güter sind elektrischer Strom, Benzin, Aktien des gleichen Unternehmens.

Homogene Produktionsfunktion Eine Produktionsfunktion ist homogen vom Grad r, wenn bei einer Produktionsfunktion $x = f(L, K)$ eine Vervielfachung der Inputs um den Faktor h zur einer Vergrößerung des Outputs um das h^r-fache führt, so dass gilt $h^r x = f(hL, hK)$. x = Output, L = Arbeit, K = Kapital, h = Vervielfachungsfaktor, r = Skalenelastizität. Bei einer homogenen Produktionsfunktion ändert sich bei Niveauvariation die Art der Skalenerträge nicht. Siehe auch Skalenerträge.

Humankapital Humankapital umfasst die Fähigkeiten, Fertigkeiten und das Wissen der Menschen, das durch Ausbildung, Weiterbildung und Erfahrung erworben werden wird.

Indifferenzkurve Die Indifferenzkurve (lat. indifferens: sich nicht unterscheidend) stellt alle Kombinationen der Mengen von zwei Güter dar, die dem Haushalt den gleichen Nutzen stiften.

Indifferenzkurvensystem Grafische Abbildung einer Schar von Indifferenzkurven, die die Zielfunktion (Präferenzen) eines Haushalts abbilden.

Inputregel Ein gewinnmaximaler Produktionsplan setzt voraus, dass für alle Produktionsfaktoren die Inputregel erfüllt ist. Für die Produktionsfunktion $x_1 = f(v_1, v_2)$ mit zwei variablen Produktionsfaktoren müssen die beiden folgenden Inputregeln erfüllt sein. Für den Produktionsfaktor Arbeit gilt $\partial x_1 / \partial v_1 = q_1 / p_1$. Das Grenzprodukt der Arbeit entspricht dem Reallohnsatz. Für den Produktionsfaktor Kapital gilt $\partial x_1 / \partial v_2 = q_2 / p_1$. Das Grenzprodukt des Kapital entspricht dem Realzinssatz. In einem gewinnmaximalen Produktionsplan muss das Grenzprodukt eines Faktors seiner Bewertung auf dem Markt entsprechen.

Isokostengerade Alle Faktormengenkombinationen, bei denen die Kosten für die Produktionsfaktoren der gegebenen Kostensumme entsprechen $v_2 = K/q_2 - (q_1/q_2)v_1$.

Isoquante Geometrische Ort aller Kombinationen von Produktionsfaktoren, die den gleichen Output erzeugen.

Isoquantensystem Grafische Abbildung einer Schar von Isoquanten, die die Produktionsfunktion einer Unternehmung abbilden.

Kapazitätsgrenze Bei Cobb-Douglas-Produktionsfunktionen bestehen keine Kapazitätsgrenzen, es sei denn, beide Produktionsfaktoren stehen auf den Faktormärkten nur in begrenzter Mengen zur Verfügung. Bei Leontief-Produktionsfunktion dagegen sind klare Kapazitätsgrenzen zu beachten, wenn nur ein Produktionsfaktor nicht in beliebigen Mengen zur Verfügung steht. Dieser Faktor limitiert die Produktionsmöglichkeiten.

Kapitalnutzungspreis Entgelt für die Nutzung eines Kapitalgutes (Miete, Pacht, Zins, Leasingrate)

Kapital Vom Menschen geschaffenes physisches Kapital sind Gebäude, Maschinen und Transportmittel. Humankapital umfasst die Fähigkeiten, Fertigkeiten und das Wissen der Menschen, das durch Ausbildung, Weiterbildung und Erfahrung erworben werden wird. Das Naturkapital besteht aus den natürlichen Ressourcen Boden, Bodenschätze, Luft, Wasser, Vegetation und Tiere. Siehe auch Ressourcen.

Kapitalstock Bestand an Kapital an einem Stichtag. Das von den Menschen geschaffene physische Kapital besteht aus den kumulativen Investitionen der Vergangenheit. Der bestand des Kapital verändert sich durch Zugänge (Investitionen) und vermindert sich durch Abgänge (Abschreibungen). Die Investitionen und die durchschnittliche Nutzungsdauer der Kapitalgüter bestimmen den Kapitalstock (Bestand an Kapital).

Klassisches Ertragsgesetz Das klassische Ertragsgesetz ist eine Ertragsfunktion $x = f(v_1, v_2^°)$, die in der diagrammatischen Darstellung an die Gestalt eines nach rechts geneigten

S erinnert. Der Mehreinsatz des Produktionsfaktors 1 bei Konstanz des Produktionsfaktors 2 bewirkt zunächst zunehmende Ertragszuwächse (Grenzerträge oder Grenzprodukte), dann von einer bestimmten Einsatzmenge ab (Wendepunkt) abnehmende, und schließlich jenseits des Produktionsmaximum sogar negative Grenzerträge. Das klassische Ertragsgesetz wurde in der landwirtschaftlichen Produktion nachgewiesen. Siehe auch Ertragsgesetz.

Knappheit Für Güter, die auf einem Markt gehandelt werden, ist der Preis ein wichtiger Knappheitsindikator. Knappheit wird durch die Begrenztheit wichtiger materieller und immaterieller Güter hervorgerufen. Knappheit ist die Ursache des Wirtschaftens. Knappheit besteht, wenn die nachgefragte Menge die angebotene Menge übersteigt und sich Warteschlagen bilden.

Kollektive Güter Öffentliche Güter sind kollektive Güter. Siehe auch Öffentliche Güter.

Komparativer Vorteil Bei einem absoluten Vorteil hat ein Land bei der Produktion eines Gutes geringere Produktionskosten als ein anderes Land. Bei einem komparativen Vorteil dagegen hat ein Land relative Kostenvorteile gegenüber einem anderen Land. Die Theorie der komparativen Kostenvorteile (lat. comparare: vergleichen) wurde von David Ricardo als Weiterentwicklung der Theorie der absoluten Kostenvorteile Adam Smiths entwickelt. Die Theorie ist ein Kernpunkt der Außenwirtschaftstheorie und besagt, dass die Vorteilhaftigkeit des Handels zwischen zwei Ländern nicht von den absoluten Produktionskosten abhängt, sondern von den relativen Kosten der produzierten Güter zueinander. Handel zwischen zwei Ländern ist demnach vorteilhaft, wenn bei beiden Ländern unterschiedliche Produktionskosten existieren.

Komplementäre Güter Beim Konsum stehen komplementäre Güter in einem festen Einsatzverhältnis zueinander (Kochrezept). Erhöht sich der Preis eines solchen Gutes, so geht auch die nachgefragte Mengen des anderen Gutes zurück.

Konkavität Als konkav (lat. concavus = ausgehöhlt, einwärts gewölbt) bezeichnet man in der Mathematik und in der Optik Formen (Flächenteile, Linien), die nach innen gewölbt sind. Nach außen gewölbte Formen werden als konvex bezeichnet.

Konkurrierende Produktion Eine unbeschränkte Wahlmöglichkeit besteht bei der konkurrierenden Produktion. Die Produktionsprozesse hängen technisch insofern voneinander ab, als sie dieselben Produktionsfaktoren verwenden, also gleichsam um die Produktionsfaktoren konkurrieren. Beispiele für konkurrierende Produktion sind die Herstellung von Damenschuhen und Herrenschuhen in einer Schuhfabrik oder die Produktion verschiedener Autotypen in einer Automobilfabrik.

Konstante Skalenerträge Eine Produktionsfunktion ist homogen vom Grad r, wenn bei einer Produktionsfunktion $x = f(L, K)$ eine Vervielfachung der Inputs um den Faktor h zur einer Vergrößerung des Outputs um das h^r-fache führt, so dass gilt $h^r x = f(hL, hK)$. x = Output, L = Arbeit, K = Kapital, h = Vervielfachungsfaktor, r = Skalenelastizität. Ist r größer, gleich oder kleiner 1 heißt die Funktion überlinear, linear oder unterlinear homogen. Bei einer linear homogenen Produktionsfunktion führt eine Erhöhung des Faktoreinsatzes um z Prozent ebenfalls zu einer Erhöhung des Outputs um z Prozent. Bei einer

Verdopplung der Inputs verdoppelt sich in diesem Fall der Output. Bei homogenen Produktionsfunktionen stimmt der Homogenitätsgrad mit der Skalenelastizität überein.

Konsumplan Bei der Aufstellung eines Konsumplans muss der Haushalt sich über seine Präferenzen und Zielsetzung klar werden. Zusätzlich ist erforderlich, dass er sich sorgfältig über die Güterpreise und Art und Qualität der Güter am Markt informiert. Schließlich hat er sein Einkommen zu berücksichtigen, das seine Konsummöglichkeiten begrenzt. Die Nachfragemöglichkeiten des Haushalts sind bei gegebenen Konsumgüterpreisen durch die Höhe des Einkommens bestimmt. Siehe auch Haushaltsgleichgewicht.

Konvexität Als konvex (lat. convexus gewölbt, gerundet) bezeichnet man in der Mathematik und in der Optik Formen, die nach außen gewölbt sind. Nach innen gewölbte Formen werden als konkav bezeichnet.

Kosten Die Kosten einer Unternehmung entstehen durch den Gebrauch und Verbrauch von Produktionsfaktoren, die zur Erstellung der betrieblichen Leistung notwendig sind. Die Bewertung dieser Kosten erfolgt in der Regel in Geldeinheiten. Die Faktoreinsatzmengen in Form von Gütern, Dienstleistungen, Arbeitskraft und Kapitalnutzung werden mit den Faktorpreisen des Marktes bewertet.

Kostendefinition In der Kostendefinition werden die Ausgaben für alle Inputs erfasst. Die tatsächlich eingesetzten Faktormengen werden mit den Faktorpreisen bewertet. Eine Kostendefinition $K = q_1 v_1 + q_2 v_2$ ist keine Kostenfunktion, da in der Definition weder die Produktionsfunktion noch die entsprechenden Faktorverbrauchsfunktionen berücksichtigt werden. Im Prinzip geht es bei der Kostendefinition um eine Erfassung der aufgetretenen Arbeits- und Kapitalkosten.

Kostenfunktion Die Kostenfunktion gibt die Produktionskosten in Abhängigkeit der Produktionsmenge an $K = f(x)$.

Kuppelproduktion Bei Kuppelproduktion besteht ein komplementäres Verhältnis zwischen den Produktionsprozessen. Bei der Produktion eines Gutes wird technisch bedingt das andere Gut zugleich hergestellt. Vollständige Spezialisierung auf die Produktion eines Gutes ist ex definitione nicht möglich. Beispiele für Kuppelproduktion sind die Herstellung von Koks und Kokereigas in einer Kokerei, die Produktion von Elektrizität und Trinkwasser in einer Entsalzungsanlage oder die Produktion von Benzin und Schweröl bei der Verarbeitung von Rohöl in einer Raffinerie. Wichtige Kuppelprodukte sind auch Abfälle aller Art („Bads") die bei der Herstellung von Gütern und Dienstleistungen („Goods") und der Wahrnehmung von Konsumaktivitäten anfallen.

Kurzfristige Kostenfunktion Bei der kurzfristigen Kostenfunktion wird angenommen, dass die Menge eines Produktionsfaktors kurzfristig nicht variiert werden kann. Die kurzfristige Kostenfunktion umfasst fixe und variable Produktionskosten $K = K_f + K_v(x)$.

Langfristige Kostenfunktion Bei der langfristigen Kostenfunktion wird angenommen, dass alle Produktionsfaktoren auf den Märkten in variablen Mengen beschafft werden können $K = K(x)$.

Lagrangefunktion Die Funktion erfasst eine zu maximierende bzw. minimierende Funktion plus einer Variable (Lagrange-Multiplikator) multipliziert mit der Beschränkung. Das

Maximierungsproblem der Haushalte wird durch folgende Lagrangefunktion beschrieben: $L = f(x_1,x_2) + \lambda(M° - p_1x_1 - p_2x_2)$. Das duale Minimierungsproblem der Unternehmen lautet: $L = q_1v_1 - q_2v_2 + \lambda(x° - f(v_1, v_2))$.

Leontief-Produktionsfunktion Die linear-limitationale Produktionsfunktion wurde von dem Ökonomen Wassily Leontief entwickelt. Sie besitzt in der ökonomischen Theorie eine ähnliche Bedeutung wie die neo-klassische Cobb-Douglas-Produktionsfunktion. Die Leontief-Produktionsfunktion gilt als gute Annäherung zur Beschreibung industrieller Produktionsprozesse. Bei der linear-limitationalen Produktionsfunktion $x_1 = \min(v_1/a_1, v_2/a_2, ... v_m/a_m)$ variieren alle Faktoreinsatzmengen proportional mit der herzustellenden Produktmenge. Die Produktionsfaktoren stehen in einem festen technisch bestimmten Einsatzverhältnis zueinander (Kochrezept). Die Leontief-Produktionsfunktion ist eine linear-homogene Produktionsfunktion.

Limitationale Produktionsfunktion Bei den limitationalen Produktionsfunktionen ist eine Substitution der Produktionsfaktoren aus technischen Gründen nicht möglich. Die Inputmengen stehen in einem technisch bedingten festen Einsatzverhältnis zur geplanten Produktionsmenge. Zur Erzeugung eines bestimmten Ertrages ist eine technisch genau festgelegte Einsatzmenge jedes limitationalen Produktionsfaktors erforderlich. Die Faktorpreise haben keinen Einfluss auf dieses Einsatzverhältnis.

Lineare Optimierung Die Lineare Optimierung oder auch Lineare Programmierung ist ein Hauptverfahren des Operations Research. Sie beschäftigt sich mit der Optimierung linearer Zielfunktionen unter Nebenbedingungen, die durch lineare Beschränkungsgleichungen und Ungleichungen bestimmt sind. Die lineare Optimierung (lineare Planungsrechnung) geht auf George B. Dantzig zurück, der in den vierziger Jahren des vergangenen Jahrhunderts die Simplex-Methode entwickelt hat. Sie ist auch heute noch das wichtigste Verfahren zur Lösung linearer Optimierungsmodelle. Siehe auch Simplex-Verfahren.

Lohnsatz Lohn pro Arbeitsstunde (Euro/Std.).

Makroökonomie Die Makroökonomie beschäftigt sich mit dem Verhalten der Wirtschaft insgesamt, z.B. mit Änderungen des Gesamteinkommens oder des Beschäftigungsgrades, der Inflationsrate oder Konjunkturschwankungen. Sie versucht Erklärungen für diese Schwankungen in der Wirtschaft zu finden und die relevanten Steuergrößen und ihre Abhängigkeiten zu ermitteln. Diese Steuergrößen können dazu benutzt werden, Ziele wie Preisniveaustabilität, Vollbeschäftigung oder Wirtschaftswachstum zu erreichen. Die Makroökonomik arbeitet dabei immer mit aggregierten Größen, also zum Beispiel mit dem Einkommen aller Haushalte, den Investitionen aller Unternehmen oder dem Budgetdefizit des Staates.

Marginalanalyse Die Entstehung der neoklassischen Theorie ist eng mit der so genannten Revolution der Marginalanalyse verbunden. Die Grenznutzentheorie der Konsumnachfrage und des Wertes wurde gleichzeitig um 1870 von William Stanley Jevons in England, Carl Menger in Österreich und Léon Walras in der Schweiz entwickelt. Damit wurde die Wert- und Preistheorie der Klassiker als eine reine Produktionskostentheorie durch eine subjektive Werttheorie abgelöst. Die Neoklassik führt mit Hilfe der Marginalanalyse das gesamte Wirtschaftsgeschehen auf individuelle Optimierungsentscheidungen zurück. Unternehmen maximieren ihren Gewinn, woraus sich die Faktornachfragefunktionen und

Güterangebotsfunktionen ergeben. Haushalte maximieren ihren Nutzen, woraus wiederum Faktorangebotsfunktionen und Konsumgüternachfragefunktionen entstehen. Auf allen Märkten herrscht ein Gleichgewicht zwischen Angebot und Nachfrage, wodurch die Preise aller Konsumgüter und Produktionsfaktoren bestimmt sind.

Markt Der Begriff Markt (lat. mercatus Handel) bezeichnet im engeren Sinne den Ort, an dem Waren regelmäßig gehandelt oder getauscht werden. Im weiteren Sinne bezeichnet der Begriff heute das Zusammenführen von Angebot und Nachfrage von Gütern und Dienstleistungen aber auch von Arbeit, Kapital und natürlichen Ressourcen auf dem Markt..

Marktformen Märkte lassen sich am einfachsten nach der Zahl der Anbieter und Nachfrager in verschiedene Marktformen unterteilen. Je nachdem, ob auf der Angebots- und Nachfrageseite ein, wenige oder viele Marktteilnehmer beobachtet werden, ergeben sich neun unterschiedliche Marktformen. Vollständige Konkurrenz liegt vor, wenn auf einem Markt viele Anbieter und viele Nachfrager beobachtet werden. Ein Angebotsmonopol wird beobachtet, wenn nur ein Anbieter viele Nachfrager versorgt. Bei einem Angebotsoligopol bieten wenige Anbieter für viele Nachfrager Güter und Dienstleistungen an.

Marktgleichgewicht Ein Marktgleichgewicht liegt vor, wenn auf einem Markt sich ein Preis für ein Gut bildet, bei dem die angebotene Menge genau der nachgefragten Menge entspricht. Der Preis wird Gleichgewichtspreis und die verkaufte Menge Gleichgewichtsmenge genannt.

Marktinterventionen In der Wirtschaftsgeschichte gibt es zahlreiche Beispiele für Marktinterventionen. Meistens sind es staatliche Interventionen. Es gibt triftige sozialökonomische Gründe für derartige wirtschaftspolitische Maßnahmen aber auch fragwürdige Begründungen für einige Marktinterventionen. Beispiele für Marktinterventionen sind die Gemeinsame Agrarpolitik der EU, Mietpreiskontrollen in Deutschland und Erhebung von Verbrauchssteuern (z.B. Mineralölsteuer).

Marktmechanismus Ein Marktgleichgewicht liegt vor, wenn der Marktpreis zu gleich hohen Angebots- wie Nachfragemenge führt. Was passiert aber, wenn am Markt ein Preis beobachtet wird, bei dem sich kein Gleichgewicht einspielt. Da es bei niedrigen Preisen weniger Anbieter (Verkäufer) gibt als bei hohen Preisen, jedoch bei niedrigen Preisen die Anzahl der Nachfrager (Käufer) zunimmt, bei hohen Preisen dagegen rapide abnimmt, kommt es zu einer Anpassung des Marktpreises. Bei freiem Marktzutritt ist zu erwarten, dass sich Preise bilden, die den Markt räumen. Ein neues Marktgleichgewicht wird erreicht.

Marktpreis Der Marktpreis ist der von Anbietern und Nachfragern ausgehandelte Preis einer Ware.

Marktversagen Märkte mit unvollständiger Konkurrenz entstehen, wenn der freie Marktzutritt nicht gewährleistet ist und Eigentumsrechte nicht klar zugeordnet oder einseitig verteilt sind. Marktfehler können die optimalen Ergebnisse eines allgemeinen Gleichgewichts verhindern. Hierzu zählen Marktmacht, negative externe Effekte und unvollkommene Information. Zudem ist es für die Bereitstellung öffentlicher Güter schwierig, entsprechende Märkte zu etablieren. Marktunvollkommenheiten und Marktversagen sind aber auch zu beobachten, wenn Monopole, Oligopole und monopolistische Konkurrenz ihre Marktmacht missbrauchen.

Mengenanpasser Im Modell der vollkommenen Konkurrenz agieren sowohl die Nachfrager als auch die Anbieter als Mengenanpasser. Die Preise werden vom Markt bestimmt. Der Anbieter sucht einen Produktionsplan, bei dem der Marktpreis die Grenzkosten deckt. Der Anbieter passt seine Produktionsmenge an den ihm vorgegebenen Preis an. Der Nachfrager sucht einen Konsumplan, bei dem bei den vorgegebenen Preisen ein Haushaltsgleichgewicht erreicht wird. Er achtet darauf, dass der gewogene Grenznutzen der Güter gleich ist, die er kauft.

Mikroökonomie Die Mikroökonomie beschäftigt sich im Rahmen der Volkswirtschaftslehre mit Studien des wirtschaftlichen Verhaltens einzelner Konsumenten (Haushaltstheorie) und Unternehmen (Theorie der Unternehmung) sowie der Problematik der Verteilung von knappen Gütern und Einkommen. In der Mikroökonomie werden die Haushalte als Anbieter von Arbeit und Kapital angesehen. Sie konsumieren die produzierten Güter mit dem Ziel der Nutzenmaximierung. Die Betriebe setzen die Produktionsfaktoren Arbeit, Boden, Kapital, technischen Fortschritt mit dem Ziel der Gewinnmaximierung ein.

Minimalkostenkombination Eine Unternehmung erreicht eine Minimalkostenkombination der Produktionsfaktoren, wenn sie die Produktionsfaktoren zur Herstellung so kombiniert, dass die gegebene Gütermenge mit den geringsten Kosten produziert wird. Das ist der Fall, wenn das Verhältnis der Grenzproduktivitäten zweier Faktoren genau dem Verhältnis der entsprechenden Faktorpreise entspricht.

Minimalkostenlinie Die Verbindungslinie der Minimalkostenkombinationen für unterschiedliche Produktionsniveaus heißt Expansionspfad. Dieser Expansionspfad bestimmt das optimale Einsatzverhältnis der Produktionsfaktoren.

Monopol Der Monopolist versorgt als einziges Unternehmen den Markt. Der Monopolist hat die Marktmacht, Preis und Menge festzulegen.

Monopolistische Konkurrenz Unter der monopolistischen Konkurrenz versteht man einen Markt, auf dem viele Anbieter auftreten, der aber unvollkommen ist. Die Unvollkommenheit des Marktes kann dadurch hervorgerufen werden, dass die Nachfrager räumliche, zeitliche oder persönliche Präferenzen haben. Unternehmen bemühen sich, durch Produktdifferenzierung für Güter individuelle Märkte zu schaffen, die an sich homogen sind. Das geschieht oft dadurch, dass homogene Produkte sich nur durch Verpackung oder eine geringfügig abgeänderte Rezeptur unterscheiden. Räumliche Entfernungen und Transportkosten führen zur monopolistischen Konkurrenz. Dadurch gewinnt das Unternehmen sein kleines, regionales Monopol.

Monopson Unter einem Nachfragemonopol (auch Monopson) versteht man einen Markt mit vielen Anbietern, aber nur einem Nachfrager. Ein Beispiel ist die staatliche Nachfrage nach Lehrern. In der Realität kommt ein Monopson selten vor. Bei nur wenigen Anbietern und einem Nachfrager spricht man von einem beschränkten Monopson. Diese Marktform findet sich häufig bei Ausschreibungsverfahren im öffentlichen Bereich. Beispiele für Nachfragemonopole sind auf dem Rüstungsmarkt anzutreffen und bei Dienstleistungen für Behörden.

Nachfrage In einer Volkswirtschaft besteht Nachfrage nach Gütern und Dienstleitungen durch Haushalte und Nachfrage nach Produktionsfaktoren durch Unternehmen.

Nachfragefunktion Die Nachfragefunktion zeigt die Veränderung der nachgefragten Menge in Abhängigkeit des Preises.

Nachfragefunktion für Güter Die nachgefragte Menge eines Gutes durch einen Haushalt hängt von der gegebenen Präferenzordnung des Haushaltes, den Güterpreisen und dem Haushaltseinkommen ab. Die allgemeine Nachfragefunktion für Güter lautet: $x_1 = f(p_1, p_2, ..., p_n, E)$. Die spezielle Nachfragefunktion des Haushaltes für das Gut 1 zeigt die Veränderung der Nachfragemenge in Abhängigkeit des Preises für dieses Gut $x_1 = f(p_1)$ unter der Voraussetzung, dass sich die Präferenzen, die anderen Preise und das Einkommen nicht ändern.

Nachfragefunktion für Produktionsfaktoren Die nachgefragte Menge eines Produktionsfaktors durch ein Unternehmen hängt von der gegebenen Produktionsfunktion des Unternehmens, den Güterpreisen und den Faktorpreisen ab. Die allgemeine Nachfragefunktion für Produktionsfaktoren lautet: $v_1 = f(p_1, p_2, ..., p_n; q_1, q_2, ..., q_m)$. Die spezielle Nachfragefunktion des Unternehmung für den Produktionsfaktor 1 zeigt die Veränderung der Nachfragemenge in Abhängigkeit des Faktorpreises für diesen Faktor $v_1 = f(q_1)$ unter der Voraussetzung, dass sich die Produktionsfunktion, die Güterpreise und die anderen Faktorpreise nicht ändern.

Nachfragemonopol Siehe auch Monopson

Nachfrageoligopol Auf dem Markt werden wenige Nachfrager und viele Anbieter beobachtet.

Natürliche Ressourcen Boden, Bodenschätze, Pflanzen, Tiere, Luft, und Wasser.

Natürliches Monopol Natürliche Monopole liegen vor, wenn ein Anbieter alleine über bestimmte Rohstoffe verfügt oder aufwendige Leitungssysteme unterhalten muss, wie es bei der Eisenbahn oder der Versorgung mit Strom, Wasser und Gas der Fall ist.

Neoklassische Produktionsfunktion Die Cobb-Douglas-Produktionsfunktion ist eine typische neoklassische Produktionsfunktion. Es ist nur eine beschränkte Substitution der Produktionsfaktoren möglich. Bei partieller Faktorvariation werden abnehmende Ertragzuwächse beobachtet. Im Falle sinkender Skalenerträge handelt es sich um eine streng konkave Produktionsfunktion. Die CES-Produktionsfunktion, Translog-Produktionsfunktion und Diewert-Produktionsfunktion zählen ebenfalls zu den neoklassischen Produktionsfunktionen.

Nichtsättigung In der Theorie der Haushalte wird für jedes Güterbündel angenommen, dass der Haushalt die Sättigungsgrenze keines einzigen Gutes erreicht hat. Diese Nichtsättigungshypothese ist insbesondere für nicht-lagerfähige und verderbliche Lebensmittel nicht angemessen. In der Haushaltstheorie wird unterstellt, dass das Einkommen der Haushalte so gering ist, dass für alle Konsumgüter die Nichtsättigungsannahme gegeben ist.

Niveauvariation Bei der Niveauvariation handelt es sich um einen Diagonalschnitt durch das Ertragsgebirge einer Produktionsfunktion. Mit diesem Schnitt wird untersicht, wie sich eine Vervielfachung der Inputs in einem gegebenen Einsatzverhältnis auf den Output auswirkt.

Nominaler Preis Preis für ein Gut oder einen Produktionsfaktor, der tatsächlich am Markt zu zahlen ist. Reale Preise sind um die Inflationsrate bereinigt und spiegeln die reale Kaufkraft wieder. Sie auch Reallohnsatz und Realzinssatz.

Nutzen In der ökonomischen Theorie versteht man unter dem Nutzen das Maß für die Fähigkeit eines Gutes, die Bedürfnisse eines Haushaltes zu befriedigen. Nutzen ist somit ein Maß für Zufriedenheit. Nutzen ist subjektiv und nicht messbar. Eine Nutzenindexfunktion erlaubt Aussagen darüber, ob ein Haushalt Konsumpläne als besser, schlechter oder gleichwertig einstuft.

Nutzenfunktion Die Nutzenindexfunktion $U = f(x_1, x_2)$ bildet die Präferenzen eines Haushaltes ab. Grundlegende Annahme des Konzepts ist, dass der Haushalt als rationaler Nutzenmaximierer gesehen wird, der sich bemüht, Entscheidungen zu treffen, für die er den größtmöglichen Nutzen erwartet. Den Nutzen zieht er aus dem mengenmäßigen Konsum einzelner Güter oder aus der Entfaltung von Konsumaktivitäten.

Nutzenmaximierung Das Ziel der Haushalte ist es, den persönlichen Nutzen zu maximieren. Den Nutzen zieht er aus dem mengenmäßigen Konsum einzelner Güter oder aus der Entfaltung von Konsumaktivitäten. Wichtiger als die Nutzenfunktion selbst, ist die Überlegung, dass der Haushalt klar seine Ziele bekundet und eine Entscheidung trifft, die seine Zielfunktion und seine Nebenbedingungen berücksichtigt. Die Zielsetzung der Nutzenmaximierung ist nur sinnvoll, wenn keine Sättigungsgrenzen erreicht werden.

Öffentliche Güter Unter einem öffentlichen Gut bzw. reinen Kollektivgut versteht man ein Gut, bei dem niemand vom Konsum ausgeschlossen werden kann (Ausschließbarkeitsprinzip) und das zur gleichen Zeit von verschiedenen Individuen konsumiert werden kann (Rivalitätsprinzip). Saubere Luft, Frieden und Sicherheit sind typische öffentliche Güter. Bei Quasi-öffentlichen Gütern kann der Konsument entweder ausgeschlossen werden oder versteht sich als Rivale. Siehe auch Private Güter und Quasi-öffentliche Güter.

Ökonomisches Prinzip Das ökonomische Prinzip besteht darin, eine gegebene Produktmenge mit möglichst geringem Faktoraufwand zu produzieren (Minimierungsproblem) oder mit gegebenen Faktoreinsatz eine möglichst große Produktmenge herstellen (Maximierungsproblem). Beide Wege führen zum gleichen Erfolg. Beide Prinzipien gewährleisten eine effiziente Produktion. Verschiedentlich wird dieses Problem auch als Min-Max-Problem bezeichnet.

Oligopol Wenige Anbieter versorgen den Markt. Oligopolisten haben die Möglichkeit, auf Preis- und Mengenfestsetzungen der Konkurrenten zu reagieren. Es besteht eine strategische Interdependenz zwischen den Anbietern. Abgestimmte Verhaltensweisen bestimmen diese Marktform.

Operations Research Operations Research bzw. Unternehmensforschung ist ein Teilgebiet der Angewandten Mathematik, das sich mit der Optimierung von Prozessen und Verfahren beschäftigt. Die Lineare Optimierung (Lineare Programmierung) ist ein Hauptverfahren des Operations Research. Sie beschäftigt sich mit der Optimierung linearer Zielfunktionen unter der Nebenbedingung von Beschränkungen, die durch lineare Gleichungen und Ungleichungen gegeben sind. Siehe auch Lineare Optimierung.

Opportunitätskosten Unter Opportunitätskosten versteht man in der Wirtschaftswissenschaft Kosten, die dadurch entstehen, dass Möglichkeiten (Opportunitäten) nicht wahrgenommen wurden. Opportunitätskosten sind Kosten oder Nutzenentgang, der bei zwei Alternativen durch die Entscheidung für die eine und gegen die andere Möglichkeit entsteht. Die Berechnung von Schattenpreisen im Rahmen der linearen Optimierung kann als die Berechnung von Opportunitätskosten verstanden werden.

Optimaler Konsumplan Der optimale Konsumplan zeichnet sich dadurch aus, dass die Bedingung des Haushaltsgleichgewichts erfüllt ist. Das Verhältnis der Grenznutzen entspricht den relativen Preisen $(\partial U/\partial x_1)/(\partial U/\partial x_2) = p_1/p_2$. Die Bewertung des Haushalts stimmt mit der Bewertung des Marktes überein. Unter Beachtung der Beschränkungen (Einkommen, Preise) kann kein Konsumplan gefunden werden, der bei anderen Konsumgütermengen zu einem höheren Wert der Zielfunktion führt.

Optimaler Produktionsplan Der optimale Produktionsplan führt zum Gewinnmaximum für die Unternehmung. Voraussetzung ist, dass folgende Bedingungen erfüllt sind: 1. Minimalkostenkombination: Das Verhältnis der Grenzprodukte entspricht den relativen Faktorpreisen $(\partial x_1/\partial v_1)/(\partial x_1/\partial v_2) = q_1/q_2$. 2. Inputregel für Arbeit: Das Grenzprodukt der Arbeit entspricht dem Reallohnsatz $\partial x_1/\partial v_1 = q_1/p_1$. 3. Inputregel für Kapital: Das Grenzprodukt des Kapitals entspricht dem Realzinssatz $\partial x_1/\partial v_2 = q_2/p_1$. 4. Outputregel Grenzerlös (Produktpreis) = Grenzkosten $dE/dx_1 = dK/dx_1$. Unter Beachtung der Beschränkungen (Produktpreise, Faktorpreise) kann kein Produktionsplan gefunden werden, der bei anderen Faktormengen und Gütermengen zu einem höheren Gewinn führt.

Outputregel Wenn die Outputregel Grenzerlös (Produktpreis) = Grenzkosten $dE/dx_1 = dK/dx_1$ erfüllt ist, erreicht die Unternehmung einen gewinnmaximalen Produktionsplan bzw. einen Produktionsplan, der zu einem minimalen Verlust führt.

Parallele Produktion Bei paralleler Produktion sind die Produktionsprozesse technisch voneinander völlig unabhängig. Die Faktoren sind in diesem Fall jeweils nur zur Herstellung eines bestimmten Gutes geeignet. Es liegt je Gut eine einfache Produktion vor.

Pareto-Optimum Unter einem Pareto-Optimum (Vilfredo Pareto 1848–1923) versteht man in der Ökonomie eine Allokation, in der es nicht mehr möglich ist, ein Wirtschaftssubjekt besser zu stellen, ohne gleichzeitig (mindestens) ein Wirtschaftssubjekt schlechter zu stellen. Bei vollkommener Konkurrenz aller Märkte ist das resultierende Gleichgewicht Pareto-optimal.

Pigou-Steuer Die Pigou-Steuer wurde 1912 von dem englischen Ökonomen Arthur Cecil Pigou (1877–1959) vorgestellt. Mit der Pigou-Steuer soll das Verhalten der Wirtschaftssubjekte so beeinflusst werden, dass ein Pareto-Optimum erreicht wird. Die Pigou-Steuer verfolgt primär nicht den Zweck, Steuereinahmen zu sichern, sondern will als Lenkungsabgabe die Entscheidungen der Wirtschaftssubjekte beeinflussen. Die Mineralölsteuer, die Tabaksteuern und die Alkoholsteuer können als Pigou-Steuern interpretiert werden. Die Berechnung des Steuersatzes einer Pigou-Steuer setzt genaue Kenntnis der Grenzschadenskosten voraus, die als Differenz zwischen den gesamten (sozialen) Grenzkosten und den Grenzkosten des Produzenten definiert sind. Wird im Optimum eine Steuer in Höhe des Grenzschadens erhoben, so werden die externen Kosten in der Kostenrechnung der Unternehmung berücksichtigt (internalisiert). In diesem Fall entspricht das Steueraufkommen einer Pigou-Steuer genau der Summe der externen Kosten, die der Gesellschaft entstehen.

Präferenzen Ein Haushalt kann seine Präferenzen nur bekunden, wenn er in der Lage ist, zwischen Alternativen zu wählen und zugleich für die Alternativen eine Rangordnung anzugeben. In der mikroökonomischen Theorie geht es um die Präferenzen eines Haushalts bezüglich verschiedener Güterbündel, die er als besser, schlechter oder gleichwertig einstuft. Die Präferenzen bestimmen die Zielfunktion des Haushaltes.

Preis Der Preis eines Gutes oder einer Dienstleistung wird durch Angebot und Nachfrage auf den Gütermärkten bestimmt. Preise von Produktionsfaktoren dagegen ergeben sich durch Angebot und Nachfrage auf den Faktormärkten. Jedes homogene Gut hat seinen Produktpreis und jeder homogene Produktionsfaktor seinen Faktorpreis. Der Preis bezieht sich auf die Mengeneinheit, z.B. Euro pro Kilowattstunde für Strom, Euro pro Arbeitsstunde für eine Arbeitsleistung oder Euro pro Quadratmeter für eine Miete. Der Preis wird vielfach als Indikator für die Knappheitsindikator von Güter und Produktionsfaktoren angesehen.

Preisbildung Preise bilden sich auf Märkten durch Angebot und Nachfrage. Auf einem Markt der vollkommenen Konkurrenz pendelt sich der Preis durch das Wechselspiel von Angebot und Nachfrage so ein, dass er Angebot und Nachfrage ausgleicht (Marktgleichgewicht). Ist das Angebot größer als die Nachfrage, so sinkt der Preis. Ist dagegen das Angebot kleiner als die Nachfrage, so steigt der Preis. Den Preis, bei dem Nachfrage und Angebot gleich groß sind, nennt man Gleichgewichtspreis. Je nach Verlauf der Angebots- und Nachfragefunktionen kann es zu Preisfluktuation kommen. Verschieben sich die Angebots- und Nachfragefunktionen, so hängt es von der Steigung der Funktionen ab, ob ein neues Gleichgewicht erreicht wird oder Instabilität zu beobachten ist.

Preiselastizität der Nachfrage Die Preiselastizität der Nachfrage gibt an, wie stark sich eine Preisänderung bei einem Gut auf die nachgefragte Menge auswirkt $e = (dx/x)/(dp/p) = (dx/dp)(p/x)$.

Preismechanismus Siehe Marktmechanismus

Preisobergrenze Erwirtschaften Unternehmen hohe residuale Gewinne, so ist zu erwarten, dass die Eigentümer der Produktionsfaktoren höhere Faktorpreise verlangen. Eine Obergrenze für ihre Forderung ist durch den Produktionsplan gesetzt, bei dem die Erhöhung des Faktorpreises dazu führt, dass die Unternehmung keine residualen Gewinne mehr erwirtschaftet.

Preisuntergrenze Die Preisuntergrenze für den Güterpreis ist durch das Minimum der Durchschnittskosten (Stückkosten) bestimmt. Fällt der Produktpreis am Markt bis zu dem Wert der minimalen Stückkosten, so ist der residuale Gewinn gleich Null. Tiefere Produktpreise führen zu Verlusten der Unternehmung.

Preisverhältnis Die relativen Preise bestimmen die Allokation in einer Volkswirtschaft. Folgende Preisverhältnisse sind für den Zwei-Güter-Zwei-Faktoren-Fall zu beachten: p_1/p_2 = Verhältnis der Güterpreise, q_1/p_1= Reallohnsatz in Unternehmen 1, q_2/p_1= Realzinssatz in Unternehmen 1, q_1/p_2= Reallohnsatz in Unternehmen 2, q_2/p_2= Realzinssatz in Unternehmen 2.

Private Güter Bei privaten Gütern sind Eigentumsrechte gesichert. Es sind sowohl die Rivalität als auch die Ausschlussmöglichkeit gegeben. Der Eigentümer eines privaten Gutes kann andere von der Nutzung ausschließen. Sofern ein Gut teilbar ist, entsteht Rivalität, wenn dieses Gut knapp wird.

Produktionselastizität Die Produktionselastizität für Arbeit gibt an, wie sich eine Erhöhung der Einsatzmenge an Arbeit auf die produzierte Menge auswirkt $b = (dx/x)/(dv/v) = (dx/dv)(v/x)$. Wenn die Produktionselastizität der Arbeit den Wert $b = 0.5$ annimmt, so bewirkt eine Erhöhung des Arbeitseinsatzes um 1 Prozent eine Erhöhung des Outputs um 0.5 Prozent.

Produktionsfaktoren Die wichtigsten Produktionsfaktoren sind Arbeit, Kapital (Gebäude, Maschinen, Transportmittel), natürliche Ressourcen (Boden, Bodenschätze, Pflanzen, Tiere, Luft, Wasser) und Zwischenprodukte (Vorleistungen).

Produktionsfunktion Die Produktionsfunktion erfasst den Zusammenhang zwischen Faktoreinsatz (Input) und Produktionsmenge (Output). Die Produktionsfunktion lautet $x_j =$ $f(x_{ij}, L, K, N)$ wobei x_j = Output, x_{ij} = Vorleistungen, L = Arbeit, K = Kapital, N = Natürliche Ressourcen. Die Produktionsfunktion umfasst ausschliesslich effiziente Produktionspläne. Siehe auch Ökonomisches Prinzip.

Produktionskoeffizient Ein Produktionskoeffizient gibt den Faktoreinsatz pro Produkteinheit an $a_{ij} = v_{ij}/x_j$ wobei v_{ij}= Einsatzmenge des Faktors i in der Produktion des Gutes j und x_j = Produktmenge des Gutes j.

Produktionsplan Als Mengenanpasser der vollkommenen Konkurrenz legt das Unternehmen die optimalen Produktionsmengen und Faktoreinsatzmengen fest, die zu einem gewinnmaximalen Produktionsplan führen. Der Monopolist legt den optimalen Produktpreis und die optimale Produktmenge sowie die optimalen Faktoreinsatzmengen fest, die ein Gewinnmaximum garantieren.

Produktpreis Produktpreise werden durch Angebot und Nachfrage auf den Gütermärkten bestimmt. Hierzu zählen die Märkte für Güter und Dienstleistungen. Siehe auch Preis.

Produkttabelle Die Produkttabelle erfasst die Ergebnisse einer Produktionsfunktion. Auf einfache Weise kann die Entwicklung der Arbeits- und Kapitalproduktivität untersucht, die Substitutionsmöglichkeiten der Produktionsfaktoren studiert und Fragen der Niveauvariation (Skalenerträge) erörtert werden.

Produktivität Produktivität wird in Mengeneinheiten gemessen. Es geht um das Verhältnis zwischen Output und Input, um das Verhältnis zwischen Produktionsmenge und Faktoreinsatzmenge. Produktivität = Output/Input = Produktionsmenge/Einsatzmenge eines Produktionsfaktors. Will man die Arbeitsproduktivität messen, so geht es um das Verhältnis von Produktmenge (Tonnen Weizen) und geleisteter Arbeit (Arbeitsstunden). In der ökonomischen Theorie werden Arbeitsproduktivität, Kapitalproduktivität und totale Faktorproduktivität bzw. Multi-Faktorproduktivität unterschieden.

Quasi-öffentliche Güter Quasi-öffentliche Güter haben den Charakter von öffentlichen Gütern. Eine erste Gruppe bilden Güter, bei denen ein Konsument nicht von der Nutzung ausgeschlossen werden kann, aber Rivalität (Teilbarkeit) gegeben ist. Hierzu zählen Fische in den Ozeanen jenseits der Hoheitsgewässer oder Pilze im Wald. Bei diesen quasi-öffentlichen Gütern besteht die Tendenz zur Übernutzung, da niemand ausgeschlossen werden kann. Die Übernutzung zeigt aber deutlich, dass Rivalität gegeben ist. Eine zweie Gruppe bilden Güter, bei denen ein Ausschluss möglich ist, aber keine Rivalität vorliegt. Theater und Konzertbesuche und öffentlicher Nahverkehr sind Beispiele. Bei diesen quasi-öffentlichen Gütern besteht die Tendenz zur Unterversorgung. Ein Theaterbesucher, dem der Eintritt zu teuer ist, wird ausgeschlossen. Die Aufführung genießt man dagegen gemeinsam, da dieses Gut nicht teilbar ist. Siehe auch Private Güter und Öffentliche Güter.

Randlösungen Bei Optimierungsproblemen kann es unter gewissen Voraussetzungen zu Randlösungen kommen. Bei diesen Randlösungen sind in der Regel die Optimalbedingungen der neoklassischen Theorie nicht erfüllt. Die Optimalbedingungen sind vielmehr von $\geq$ Beziehungen oder $\leq$ Beziehungen bestimmt. Da in diesen Fällen die Differentialrechnung nicht eingesetzt werden kann, wurden Verfahren des Operations Research entwickelt, die zu optimalen Lösungen führen. Die Lineare Optimierung (Programmierung) ist ein Beispiel.

Rationale Wahl Eine rationale Wahl ist eine Entscheidung, die im Sinne der erklären Zielsetzung optimal ist. Das setzt voraus, dass der Haushalt oder der Unternehmer in der Lage ist, für sein Handeln eine klare Zielsetzung anzugeben. Ein Konsumplan ist eine rationale Wahl, wenn der Haushalt Gütermengen kauft, die er bezahlen kann und kein anderes Güterbündel ihm einen höheren Nutzen stiftet.

Reallohnsatz Der Reallohnsatz spiegelt die effektive Kaufkraft des nominalen Lohnsatzes wieder. Aus der Sicht der Theorie der Unternehmung ist der Reallohnsatz definiert als Reallohnsatz = Nominallohnsatz (Euro pro Stunde)/Produktpreis des Gutes 1 (Euro pro Tonne). Aus der Sicht der Makroökonomie gilt Reallohn = Nominallohn/Preisindex des privaten Verbrauchs. Der Reallohnsatz misst letztlich, wie viele Gütereinheiten pro Arbeitsstunde gekauft werden können.

Realzinssatz Der Realzinssatz spiegelt die effektive Kaufkraft des nominalen Zinssatzes wieder. Aus der Sicht der Theorie der Unternehmung ist der Realzinssatz definiert als Realzinssatz = Nominalzinssatz (Euro pro Kapitaleinheit)/Produktpreis des Gutes 1 (Euro pro Tonne). Aus der Sicht der Makroökonomie gilt Realeinkommen der Zinsen = Nominaleinkommen der Zinsen/Preisindex des privaten Verbrauchs. Der Realzinssatz misst letztlich, wie viele Gütereinheiten pro Kapitaleinheit gekauft werden können.

Rechtliche Monopole Monopole existieren vielfach aufgrund gesetzlicher Bestimmungen. So werden weltweit Patente und Urheberrechte gewährt, die Unternehmen für begrenzte Zeit ein Monopol einräumen. Historisch gesehen gab es viele Staatsmonopole (Briefmonopol, Zündholzmonopol, Salzregal), die aber im Verlauf der Jahre weitgehend abgeschafft wurden.

Relative Vorteile Bei einem komparativen Vorteil hat ein Land relative Kostenvorteile gegenüber einem anderen Land. Die Theorie der komparativen Kostenvorteile besagt, dass die Vorteilhaftigkeit des Handels zwischen zwei Ländern nicht von den absoluten Produktionskosten abhängt, sondern von den relativen Kosten der produzierten Güter zueinander. Handel zwischen zwei Ländern ist demnach immer vorteilhaft, wenn bei beiden Ländern unterschiedliche Produktionskosten existieren. Siehe auch Absolute Vorteile und Komparative Vorteile.

Ressourcen Die Ressourcen einer Volkswirtschaft bestehen aus Humankapital (Arbeit, Fähigkeit, Wissen, Bildung, Erfahrung), physischem vom Menschen geschaffenem Kapital (Gebäude, Maschinen, Transportmittel) und Natürlichen Ressourcen (Boden, Bodenschätze, Pflanzen, Tiere, Wasser, Luft). Siehe auch Humankapital und Kapital.

Rivalitätsprinzip Das Kriterium der Rivalität wird herangezogen, wenn zu klären es, ob ein Gut ein privates Gut, ein quasi-öffentliches Gut oder ein öffentliches Gut ist. Das Kriterium der Rivalität ist eng mit der Frage verbunden, ob ein Gut teilbar ist oder nicht. Bei den meisten Gütern, die teilbar sind, verhalten sich Menschen wie Rivalen. Ist dagegen ein Gut nicht teilbar als reines öffentliches Gut (Luft, Sicherheit) oder als quasi-öffentliches Gut mit der Tendenz zur Unterversorgung (gemeinsamer Besuch eines Konzertes) ist Rivalität nicht gegeben. Siehe auch Ausschlussprinzip, Private Güter, Öffentliche Güter und Quasi-öffentliche Güter.

Simplex-Verfahren Der Simplex-Algorithmus ist ein Verfahren der mathematischen Optimierung. Er wurde 1947 von George Dantzig entwickelt. Das Simplex-Verfahren löst lineare Optimierungsprobleme. Siehe auch Operations Research.

Skalenerträge Eine Produktionsfunktion ist homogen vom Grad r, wenn bei einer Produktionsfunktion x = f(L, K) eine Vervielfachung der Inputs um den Faktor h zur einer Vergrößerung des Outputs um das h^r-fache führt, so dass gilt h^r x = f(hL, hK). x = Output, L = Arbeit, K = Kapital, h = Vervielfachungsfaktor, r = Skalenelastizität. Ist r größer, gleich oder kleiner 1 heißt die Funktion überlinear, linear oder unterlinear homogen. Siehe auch Homogene Produktionsfunktionen.

Spieltherorie Die Spieltheorie (engl. game theory) ist ein Teilgebiet der Mathematik, das sich mit den Entscheidungen von unabhängigen Wirtschaftssubjekten beschäftigt, die sich bewusst sind, dass ihre Entscheidung Einfluss auf anedre Personen nehmen. In der Spieltheorie gehet es um Interaktionen und Spielstrategien. Anwendungen findet die Spieltheorie vor allem im Operations Research, in den Wirtschaftswissenschaften, aber auch in den Politikwissenschaften, in der Soziologie, und der Psychologie. Die Spieltheorie wurde in den vierziger Jahren des vergangenen Jahrhundert von John von Neumann (1903–1957) und Oskar Morgenstern (1902–1977) entwickelt.

Spinnweb-Theorem Siehe Cobweb-Theorem

Sozialökonomisches Optimum Ein sozialökonomisches Optimum ist erreicht, wenn die Produktion eines Gütervorrats effizient (Produktionsmaximum) erfolgt, die Produktion dieses Gütervorrats an der Bedürfnisstruktur der Haushalte (optimale Produktionsstruktur) ausgerichtet ist und die Verteilung der produzierten Güter auf die Haushalte Pareto-optimal (Handelsoptimum) ist.

Stetigkeit Stetige Funktionen haben keine Sprungstellen und sind differenzierbar. Das kommt darin zum Ausdruck, dass die Funktionen einen gleichförmigen Verlauf ohne Sprungstellen, Unterbrechungen oder plötzliche Richtungsänderungen haben.

Skalenerträge Skalenerträge kann man bei einer Niveauvariation der Produktionsfaktoren feststellen. Führt eine Verdopplung der Inputs in einem gegebenen Einsatzverhältnis genau zu einer Verdopplung des Outputs, so spricht man von linearen Skalenerträgen. In diesem Fall ist die Produktionsfunktion homogen vom Grad $r = 1.0$. Bei steigenden Skalenerträgen wird eine Skalenelastizität von $r > 1.0$ gemessen. Bei sinkenden Skalenerträgen dagegen eine Skalenelastizität von $r < 1.0$. Siehe auch Homogen Produktionsfunktionen.

Skalenelastizität Siehe Skalenerträge.

Stabilität Siehe Cobweb-Theorem.

Stückkosten Die Stückkosten entsprechen den Durchschnittskosten. Sie sind definiert als Stückkosten = Gesamtkosten/Produktionsmenge. Das Minimum der Stückkosten bestimmt die Preisuntergrenze der Unternehmung.

Substitution Bei der Substitution wird die Frage untersucht, ob ein Haushalt bereit ist, ein Konsumgut gegen ein anderes zu tauschen. Die Zielfunktion (Nutzenindexfunktion) gibt Auskunft darüber, ob ein Haushalt bereit ist, Konsumgüter zu substituieren. In der Theorie der Unternehmung bestimmt die Produktionsfunktion, ob ein Unternehmer Produktionsfaktoren substituieren (austauschen) kann.

Substitutionale Produktionsfunktion Bei den substitutionalen Produktionsfunktionen handelt es sich um Produktionsfunktionen, bei denen eine bestimmte Outputmenge effizient durch unterschiedliche Kombinationen von Inputmengen erzeugt werden kann. Die Technologie erlaubt eine Substitution der Produktionsfaktoren. Substitutionale Produktionsfaktoren können gegeneinander ausgetauscht werden, ohne dass dadurch die Produktionsmenge verändert wird. Unternehmen können in diesem Fall Produktionsfaktoren mit hohen Faktorpreisen durch Substitution ausweichen.

Technischer Fortschritt Technischer Fortschritt verbessert die Produktionsmöglichkeiten einer Volkswirtschaft. Innovationen wie Dampfmaschinen, Elektrizität, Ottomotoren, Kunstdünger, Medikamente, Computer und Internet waren Erfindungen die seit der Industrialisierung einen gewaltigen technischen Fortschritt ausgelöst haben. Durch technischen Fortschritt kann entweder eine gleiche Produktionsmenge (Output) mit einem geringeren Einsatz an Arbeit oder Produktionsmitteln (Inputs) produziert werden oder eine höhere Menge mit dem gleichen Einsatz an Produktionsmitteln und Arbeit. Man unterscheidet technischen Fortschritt, der die Arbeitsproduktivität, die Kapitalproduktivität oder die totale Faktorproduktivität des gesamten Prozesses erhöht. Siehe auch Produktivität.

Technologie Unter der Technologie (griech. technología = Verarbeitungslehre) versteht man die Gesamtheit der Verfahren zur Produktion von Gütern und Dienstleistungen, die einer

Volkswirtschaft zur Verfügung steht. In dieser weiten Fassung der Definition ist der Begriff der Technologie identisch mit dem Begriff der Produktionsfunktion. Wenn sich dagegen ein, Unternehmen bei gegebenen Faktorpreisen für ein Fertigungsverfahren und damit für ein bestimmtes Einsatzverhältnis von Arbeit und Kapital entschieden hat, spricht man oft auch von einer Technologie, die das Unternehmen in dieser Situation nutzt. In diesem Fall wird die gewählte Technologie von den relativen Faktorpreisen mitbestimmt. Bei der Leontief-Produktionsfunktion sind Produktionsfunktion und Technologie identisch. Bei der Cobb-Douglas-Produktionsfunktion hat der Unternehmer dagegen die Wahl, zwischen verschiedenen Herstellungsverfahren zu wählen, die in Abhängigkeit der Faktorpreise und produktivitäten arbeits- oder kapitalintensiv ausfallen. Siehe auch Produktionsfunktion.

Totalanalyse In der Mikroökonomischen Analyse wird zwischen Totalanalyse und Marginalanalyse unterschieden. In der Totalanalyse werden die tatsächlichen Beobachtungen für wichtige Verhaltenfunktionen (Kostenfunktion, Erlösfunktion) erfasst. In der Marginalanalyse dagegen werden die Eigenschaften (Steigung, Durchschnitt) dieser Verhaltensfunktionen analysiert. Siehe auch Marginalanalyse.

Totale Durchschnittskosten Die totalen Durchschnittskosten sind definiert als Gesamtkosten dividiert durch Produktionsmenge. Sie entsprechen den totalen Stückkosten. Wenn der Unternehmer Verluste vermeiden will, muss er am Markt Stückerlöse erzielen, die mindestens seinen Stückkosten entsprechen.

Totales Differential Das Totale Differential berechnet die absolute Veränderung einer endogenen Variablen in Abhängigkeit der Änderung von endogenen Variablen. Die Produktionsfunktion $x_1 = f(v_1, v_2)$ erfasst die Produktionsmöglichkeiten einer Unternehmung. Die absolute Veränderung des Output wird durch das totale Differential bestimmt. Das totale Differential ist definiert als $dx_1 = (\partial x_1/\partial v_1)dv_1 + (\partial x_1/\partial v_2)dv_2$. Bei ausgelasteten Kapazitäten ist eine absolute Erhöhung der Produktionsmenge (dx_1) nur möglich, wenn zugleich mehr Arbeit (dv_1) und mehr Kapital (dv_2) eingesetzt werden. Diese tatsächlichen Faktoreinsatzmengen werden mit der Leistungsfähigkeit der Produktionsfaktoren bewertet, dem Grenzprodukt für Arbeit ($\partial x_1/\partial v_1$) und dem Grenzprodukt für Kapital ($\partial x_1/\partial v_2$).

Transformationsfunktion Die Transformationsfunktion erfasst die Produktionsmöglichkeiten der Unternehmung. Die Produktionsmöglichkeiten werden von den beiden Produktionsfunktionen und den Faktorbeschränkung für Arbeit und Kapital bestimmt. Die Steigung der Transformationsfunktion wird von der Menge eines Gutes, die bei Vollauslastung der Ressourcen für die Produktion einer zusätzlichen Einheit eines anderen Gutes aufgegeben werden muss, bestimmt. $GRT = dx_2/dx_1$. Siehe auch Grenzrate der Transformation.

Transitivität Das Axiom der Transitivität besagt, das ein Haushalt sich bei einer Befragung zur Beurteilung von Konsumplänen nicht in Widersprüche verwickelt. Die Forderung ist, dass die Präferenzordnung eines Haushalts widerspruchsfrei ist.

Translog-Produktionsfunktion Christensen, Jorgenson und Lau haben 1973 eine Produktionsfunktion vorgestellt, die die Restriktionen der Cobb-Douglas-Produktionsfunktion und der allgemeiner gefassten CES-Produktionsfunktion überwindet. Diese Restriktionen betreffen insbesondere die Annahme der Additivität, Homogenität und Substitutionsmöglichkeiten. Der Name Translog-Produktionsfunktion geht auf die Bezeichnung „Transcendental Logarithmic Production Frontiers" zurück. Sowohl die Cobb-Douglas-Produktionsfunktion als auch die CES-Produktionsfunktion sind als Spezialfälle der Translog-Produktionsfunktion anzusehen.

Überschussangebot Die angebotene Menge auf einem Markt ist größer als die nachgefragte Menge. Die Überschussproduktion kann zum Marktpreis nicht abgesetzt werden. Die Folge ist, dass der Marktpreis sinkt und/oder Unternehmer aus der Produktion ausscheiden.

Überschussnachfrage Die nachgefragte Menge auf einem Markt ist größer als die angebotene Menge. Es bilden sich Warteschlangen und es kommt zur Unterversorgung. Die Unternehmen haben die Marktmacht, die Preise zu erhöhen. Die Folge ist, dass der Marktpreis steigt, die Unternehmen die Produktion ausdehnen und neue Unternehmen in den Markt eintreten.

Umsatz Der Umsatz ist das Produkt aus Preis und verkaufter Menge. Erlös und Umsatz sind synonyme Begriffe für die Einnahmen der Unternehmung aus dem Verkauf von Gütern. Siehe auch Erlös.

Unsicherheit In der Haushaltstheorie wird die Annahme getroffen, dass es für den Haushalt keinerlei Unsicherheiten über irgendwelche ökonomischen Tatbestände gibt. Es ist daher unnötig, Lager anzulegen, da die Beschaffungspreise und die Produktpreise bekannt sind und keinerlei Versorgungsengpässe auftreten. In der Realität beachten Haushalte Risiko und Unsicherheit. Sonst gäbe es keine ängstliche und mutige Menschen, keine Spieler und Rückversicherer. In der Entscheidungstheorie werden mit Unsicherheit Zustände beschrieben, für die keine Wahrscheinlichkeiten vorliegen. Unsicherheit wird in Ungewissheit, Risiko und Unwissen unterteilt. Bei Ungewissheit sind die Auswirkungen bekannt, jedoch ist die Eintrittswahrscheinlichkeit nicht bekannt. Beim Risiko ist die Eintrittswahrscheinlichkeit bekannt, nicht aber der Zeitpunkt. Beim Unwissen sind die Auswirkungen nicht bekannt.

Unsichtbare Hand Die Bezeichnung geht auf Adam Smith zurück Er schreibt in seinem Buch „Inquiry into the Nature and Causes of the Wealth of Nations" 1776, dass das Zusammenwirken der Menschen von einer unsichtbaren Hand geleitet wird, so dass jeder von ihnen einen Zweck fördert, den er in keiner Weise beabsichtigt hat. Die Theorie der unsichtbaren Hand wird von Vertretern des Liberalismus als Selbstorganisation des Marktes interpretiert, die zur optimalen Allokation der Ressourcen führt. Das eigennützige Streben der wirtschaftenden Menschen trägt im System der natürlichen Freiheit zum Wohl der gesamten Gesellschaft bei.

Variable Kosten Kosten, die in Abhängigkeit mit der Produktionsmenge variieren.

Vertragliche Monopole Anbieter oder Nachfrager legen im Rahmen von Kartellabsprachen (z.B. OPEC) auf bestimmte Zeit Preise und Mengen fest und behindern damit den Wettbewerb. Bei Kollektivmonopolen (z.B. Tarifpartner) verständigen sich sowohl die Anbieter (z.B. Gewerkschaften) als auch die Nachfrager (z.B. Arbeitgeber) auf Preise und Leistungen.

Variable Durchschnittskosten Variable Kosten dividiert durch die Produktionsmenge. Wenn der Produktpreis lediglich die variablen Durchschnittskosten deckt, erwirtschaftet die Unternehmung einen Verlust in Höhe der Fixkosten.

Verhandlungslösung Siehe auch Coase-Theorem

Vollkommene Konkurrenz Siehe auch vollständige Konkurrenz

Vollkommen substitutionale Produktionsfunktion Produktionsfunktion, bei der die Produktionsfaktoren vollkommenen substituiert werden können. $x_1 = 2v_1 + 4v_2$ ist ein Beispiel für eine vollkommen substitutionale Produktonsfunktion, wobei x_1 = Produktionsmenge des Gutes 1, v_1 = Einsatzmenge an ungelernter Arbeit, v_2 = Einsatzmenge an gelernter Arbeit. Siehe auch Produktionsfunktion.

Vollständige Konkurrenz Oft auch vollkommene Konkurrenz genannt. Auf dem Markt werden viele Nachfrager und viele Anbieter beobachtet. Es besteht freier Marktzutritt. Alle Beteiligten habe vollkommene Information. Die Börse und der Devisenmarkt für frei konvertierbare Währungen kommt dem Modell der vollkommenen Konkurrenz am nächsten.

Vollständigkeit Axiom der Haushaltstheorie. Die Präferenzordnung eines Haushalts ist vollständig. Der Haushalt kann für jedes beliebige Paar von Güterbündel angeben, ob die Alternative besser, schlechter oder gleich gut ist wie die Ausgangssituation.

Vorleistungen Zwischenprodukte in Form von Gütern und Dienstleistungen, die im Rahmen der arbeitsteiligen Produktion zwischen Unternehmen ausgetauscht werden.

Wertgrenzprodukt Das Wertgrenzprodukt kann aus der Inputregel abgeleitet werden. Im gewinnmaximalen Produktionsplan entspricht das Wertgrenzprodukt der Arbeit dem nominalen Lohnsatz $(\partial x_1/\partial v_1)p_1 = q_1$. Das Wertgrenzprodukt entspricht dem Grenzprodukt multipliziert mit dem Produktpreis. Für den Produktionsfaktor Kapital ergibt sich das Wertgrenzprodukt $(\partial x_1/\partial v_2)p_1 = q_2$. Siehe auch Entlohnungsregel.

Wettbewerb Verfolgen viele Personen dasselbe Ziel, so spricht man von Wettbewerb oder Konkurrenz (lat. concurrere = zusammenlaufen). Auf den Märkten dieser Welt wird nicht überall viel Wettbewerb beobachtet. Oft liegt es an der Art des Produktes, dass natürliche Monopole den Markt beherrschen. Patente und Urheberrechte gewähren Unternehmen ein Monopol auf Zeit. Entscheidend für Wettbewerb ist, dass freier Marktzutritt gewährt ist, vollkommene Information möglich und große Märkte mit vielen Anbietern und Nachfragern sich bilden können. Siehe auch Marktformen und vollständige Konkurrenz.

Wirtschaftskreislauf Der Wirtschaftskreislauf einer Volkswirtschaft erfasst die Geld- und Güterströme eines Jahres. In einem Wirtschaftskreislauf werden die wichtigsten Institutionen (Unternehmen, Haushalte, Staat, Ausland) und Funktionen (Produktion, Einkommen, Vermögensänderung) abgebildet. Zu unterscheiden sind Markttransaktionen (Konsum, Investitionen, Exporte, Importe, Löhne), sonstige Transaktionen (Steuern, Abschreibungen) und Salden (Gewinn, Ersparnisse, Nettoexport).

Wohlfahrtsökonomie Die Wohlfahrtsökonomie (welfare economics) untersucht die Auswirkungen von privaten und staatlichen Aktivitäten auf das Gesamteinkommen einer

Volkswirtschaft und seine Verteilung von Einkommen und Vermögen zwischen den Beteiligten. Ein Maßstab der Wohlfahrtsökonomie ist das Pareto-Optimum. Siehe auch Pareto-Optimum.

Zinssatz Der Zinssatz ist der Preis des Geldes. Zu unterscheiden ist der Zinssatz, der am Kapitalmarkt für eine Geldanlage erzielt werden kann, von dem Zinssatz, den ein Investor für einen aufgenommenen Kredit zu entrichten hat. Der Zinssatz ist der in Prozent ausgedrückte Preis für geliehenes Kapital, also der Zins als Prozentangabe. Zu unterscheiden sind kurzfristige und langfristige Zinssätze. Kurzfristige Zinssätze werden maßgeblich durch die geldpolitischen Instrumente der Zentralbank beeinflusst. Langfristige Zinssätze dagegen werden durch Angebot und Nachfrage am Kapitalmarkt bestimmt.

Zunehmende Skalenerträge Eine Produktionsfunktion ist homogen vom Grad r, wenn bei einer Produktionsfunktion $x = f(L, K)$ eine Vervielfachung der Inputs um den Faktor h zur einer Vergrößerung des Outputs um das h^r-fache führt, so dass gilt $h^r x = f(hL, hK)$. x = Output, L = Arbeit, K = Kapital, h = Vervielfachungsfaktor, r = Skalenelastizität. Ist r größer als 1 heißt die Funktion überlinear homogen. Mit einer Skalenelastizität $r > 1$ führt eine Erhöhung des Faktoreinsatzes um z Prozent zu einer Erhöhung des Outputs um z^r Prozent. Siehe auch Skalenelastizität.

Zwischenprodukte Siehe auch Vorleistungen.